Die Demenzfrüherkennung mittels genetischer & nicht-genetischer Biomarker

AF886946

Sarina Kahre-Krüger

Die Demenzfrüherkennung mittels genetischer & nicht-genetischer Biomarker

Eine Bewertung der Angemessenheit der Rechtslage unter Berücksichtigung medizinethischer Aspekte

Springer

Sarina Kahre-Krüger
Juristische Fakultät
Gottfried Wilhelm Leibniz Universität
Hannover
Barsinghausen, Deutschland

Diese Arbeit wurde im Jahr 2025 an der Juristischen Fakultät der Gottfried Wilhelm Leibniz Universität Hannover als Dissertation angenommen.

ISBN 978-3-658-50889-0 ISBN 978-3-658-50890-6 (eBook)
https://doi.org/10.1007/978-3-658-50890-6

Die Deutsche Nationalbibliothek verzeichnet diese Publikation in der Deutschen Nationalbibliografie; detaillierte bibliografische Daten sind im Internet über https://portal.dnb.de abrufbar.

© Der/die Herausgeber bzw. der/die Autor(en), exklusiv lizenziert an Springer Fachmedien Wiesbaden GmbH, ein Teil von Springer Nature 2026

Das Werk einschließlich aller seiner Teile ist urheberrechtlich geschützt. Jede Verwertung, die nicht ausdrücklich vom Urheberrechtsgesetz zugelassen ist, bedarf der vorherigen Zustimmung des Verlags. Das gilt insbesondere für Vervielfältigungen, Bearbeitungen, Übersetzungen, Mikroverfilmungen und die Einspeicherung und Verarbeitung in elektronischen Systemen.
Die Wiedergabe von allgemein beschreibenden Bezeichnungen, Marken, Unternehmensnamen etc. in diesem Werk bedeutet nicht, dass diese frei durch jede Person benutzt werden dürfen. Die Berechtigung zur Benutzung unterliegt, auch ohne gesonderten Hinweis hierzu, den Regeln des Markenrechts. Die Rechte des/der jeweiligen Zeicheninhaber*in sind zu beachten.
Der Verlag, die Autor*innen und die Herausgeber*innen gehen davon aus, dass die Angaben und Informationen in diesem Werk zum Zeitpunkt der Veröffentlichung vollständig und korrekt sind. Weder der Verlag noch die Autor*innen oder die Herausgeber*innen übernehmen, ausdrücklich oder implizit, Gewähr für den Inhalt des Werkes, etwaige Fehler oder Äußerungen. Der Verlag bleibt im Hinblick auf geografische Zuordnungen und Gebietsbezeichnungen in veröffentlichten Karten und Institutionsadressen neutral.

Planung/Lektorat: Karina Kowatsch
Springer ist ein Imprint der eingetragenen Gesellschaft Springer Fachmedien Wiesbaden GmbH und ist ein Teil von Springer Nature.
Die Anschrift der Gesellschaft ist: Abraham-Lincoln-Str. 46, 65189 Wiesbaden, Germany

Wenn Sie dieses Produkt entsorgen, geben Sie das Papier bitte zum Recycling.

Vorwort

Die vorliegende Dissertation entstand zum Großteil während meiner Zeit als wissenschaftliche Mitarbeiterin am Lehrstuhl von Frau Professorin Dr. Susanne Beck, LL. M. (LSE) für Strafrecht, Strafprozessrecht, Strafrechtsvergleichung und Rechtsphilosophie an der Leibniz Universität Hannover. Die Arbeit begleitete mich darüber hinaus durchs Referendariat und meinen Berufseinstieg in der Justiz bis kurz vor die Geburt meiner wundervollen Tochter.

Die große gesellschaftliche Relevanz von Demenzerkrankungen und die Möglichkeiten, die Wahrscheinlichkeit des späteren Eintritts einer solch gravierenden Erkrankung bereits viele Jahre im Voraus vorhersagen zu können, weckten von Beginn an mein Interesse, das über den gesamten Entstehungsprozess dieser Arbeit stetig wuchs. Zu untersuchen, wie das Recht mit den damit zusammenhängenden Herausforderungen umgeht und dabei auch interdisziplinär zu arbeiten, war für mich sehr lehrreich.

Ganz besonders und sehr herzlich möchte ich mich zunächst bei Frau Professorin Dr. Susanne Beck für die hervorragende wissenschaftliche Betreuung und Unterstützung bedanken. Mein Dank gebührt ebenso Herrn Professor Dr. Sascha Ziemann, der das Zweitgutachten zügig und mit wertvollen Anregungen versehen erstellt hat.

Bedanken möchte ich mich weiterhin bei allen wunderbaren Menschen, die mich auf meinem Weg durchs Studium, in der Zeit der Erstellung dieser Arbeit am Lehrstuhl und im Referendariat begleitet, unterstützt und stets ermutigt haben. Besonders bedanken möchte ich mich in diesem Zusammenhang bei Katharina Gierga, Dr. Angelika Reinelt-Broll und Victoria Brand, mit denen mich jeweils eine Freundschaft verbindet, die ich sehr wertschätze. Auch meiner langjährigen Freundin Clarissa Trojahn danke ich von Herzen für ihr jederzeit offenes Ohr und ihre bedingungslose Unterstützung. Für die Durchsicht meiner Arbeit bedanke ich mich zudem ganz herzlich bei meiner Mutter Sabine Kahre sowie meiner Schwiegermutter Beate Krüger.

Von ganzem Herzen bedanke ich mich vor allem bei meinen Eltern Sabine und Dirk Kahre sowie meinem Ehemann Niklas Krüger. Ihr Vertrauen in mich und meine Fähigkeiten, die unerschütterliche Unterstützung in jeglicher Hinsicht und ihre unendliche Liebe haben mir die Kraft und den Mut gegeben, diese Arbeit anzufertigen und meinen beruflichen Weg so zu beschreiten, wie ich es bisher getan habe.

Inhaltsverzeichnis

Einleitung

A. Einführung

Derzeit (Stand: Ende 2023) sind in Deutschland etwa 1,8 Millionen Menschen an Demenz erkrankt, im Jahr 2023 sind etwa 445.000 Fälle der Neuerkrankung bei Menschen über 65 in Erscheinung.[1] Aus den Umständen, dass die Lebenserwartung und die Wahrscheinlichkeit einer Demenzerkrankung mit zunehmendem Alter steigt und dass die geburtenstarken Jahrgänge so ein höheres Alter erreichen, ergibt sich eine zunehmende gesellschaftliche Relevanz von Demenzerkrankungen.[2]

Im Rahmen des Krankheitsverlaufs einer Demenz treten kognitive Beeinträchtigungen auf, die sich auf die Persönlichkeit der Betroffenen auswirken können. Dies kann tiefgehende Veränderungen sowohl für das Leben der erkrankten Person als auch für das Leben der Angehörigen bedeuten. Bei den verschiedenen Arten der Demenz handelt es sich also um Krankheiten, die in der Gesellschaft eine nicht unerhebliche Relevanz entfalten.

Eine Möglichkeit zu erkennen, ob eine Demenzerkrankung zu einem späteren Zeitpunkt bei potentiell Betroffenen mit einer gewissen Wahrscheinlichkeit eintritt, bietet die sog. Demenzprädiktion oder auch Demenzfrüherkennung. Mit den Erkenntnissen einer solchen Untersuchung, die auf verschiedene Arten möglich ist, stehen den Betroffenen Informationen zur Verfügung, auf deren Grundlage sich Entscheidungen zum Verlauf des weiteren Lebens treffen lassen, insbesondere auch solche Informationen, die zur Grundlage einer Patientenverfügung werden könnten.[3]

Doch diese Chance der Erkenntnis birgt auch Risiken. Einige Menschen wollen solche Informationen nicht erlangen; sie möchten in der Gegenwart nicht mit diesen konfrontiert sein. Andere wiederum möchten auf der Grundlage dieser Erkenntnisse wichtige Entscheidungen für den Verlauf ihres weiteren Lebens treffen.[4] Beide Positionen sind vom verfassungsrechtlich garantierten Selbstbestimmungsrecht gem. Art. 2 Abs. 1 i.V.m. Art. 1 Abs. 1 GG[5] geschützt.[6] Um diesem zur bestmöglichen Geltung zu verhelfen, ist die Früherkennung auch Gegenstand

---

[1] Deutsche Alzheimer Gesellschaft e.V., Die Häufigkeit von Demenzerkrankungen (Informationsblatt 1), S. 1.
[2] Kurz/Freter/Saxl/Nickel, S. 8; hierzu auch Weyerer, S. 11 – 15.
[3] Vgl. dazu auch: Hildt, Autonomie in der biomedizinischen Ethik, S. 197.
[4] Dazu auch beispielsweise Bartram, S. 99.
[5] Alle Art. ohne weitere Bezeichnung sind solche des GG.
[6] Vgl. *Di Fabio* in: Maunz/Dürig, GG Art. 2 Rn. 204; dieses Recht wird in diesem Kontext auch als Grundrecht auf bioethische Selbstbestimmung bezeichnet, vgl. dazu auch Koppernock, Das Grundrecht auf bioethische Selbstbestimmung, 1997.

© Der/die Autor(en), exklusiv lizenziert an
Springer Fachmedien Wiesbaden GmbH, ein Teil von Springer Nature 2026
S. Kahre-Krüger, *Die Demenzfrüherkennung mittels genetischer & nicht-genetischer Biomarker*, https://doi.org/10.1007/978-3-658-50890-6_1

der einfachen Gesetzgebung. Die rechtlichen Rahmenbedingungen der prädiktiven genetischen Diagnostik regelt in Deutschland seit 2010 das Gendiagnostikgesetz.

Aktuell wird, um in Zukunft früher mit einer etwaig in Betracht kommenden Therapie zu beginnen, national und international auch die Demenzprädiktion mittels nichtgenetischer Biomarker erforscht.[7] Als Biomarker kommen sowohl solche genetischer Art, als auch neurologische Biomarker, einfache neuro-psychologische Kognitionstests und schließlich Bluttests in Betracht.[8] Aber auch Verfahren im Zusammenhang mit künstlicher Intelligenz[9], ggf. in Verbindung mit „Virtual Reality" Systemen[10] sowie sog. Augenscans[11] werden intensiv beforscht und erscheinen vielversprechend.

Aufgrund des Umstandes, dass es sich bei Demenzerkrankungen um sehr schwere Erkrankungen mit erheblichem Einfluss auf die Lebensführung handelt, denen bislang nur sehr limitiert vorgebeugt und die nur wenig behandelt werden können, ist besonders sorgsam mit diesen prädiktiv-diagnostischen Optionen umzugehen, die zudem lediglich eine gewisse Wahrscheinlichkeit des späteren Krankheitseintritts abbilden.[12] Aus den sich immer weiter entwickelnden Möglichkeiten zur Früherkennung von Demenzerkrankungen ergeben sich also sowohl Chancen als auch Risiken, auf die das geltende Recht eine angemessene Reaktion bereithalten sollte. Hierbei sind zunächst die medizinischen, medizinethischen und rechtlichen Grundlagen sowie die Regelungen der Demenzfrüherkennung mittels nichtgenetischer und genetischer Biomarker de lege lata in den Blick zu nehmen. Auch ist sich mit der Frage zu befassen, inwieweit für den Fall des späteren Krankheitseintritts wirksam verfügt werden kann, also zum Beispiel wie mit

---

[7] Beck/Schicktanz, S. 161; Schmitz-Luhn/Jessen/Woopen, Deutsches Ärzteblatt 2019 S. 1592, 1592.
[8] Beck/Schicktanz, S. 162.
[9] https://www.newscientist.com/article/2147472-ai-spots-alzheimers-brain-changes-years-before-symptoms-emerge/ (zuletzt abgerufen am 18.03.2021 15:20); https://www.derstandard.de/story/2000064227122/kuenstliche-intelligenz-kann-alzheimer-neun-jahre-im-voraus-erkennen (zuletzt abgerufen am 18.03.2021 15:25).
[10] https://www.wissenschaftsjahr.de/2019/neues-aus-der-wissenschaft/das-sagt-die-wissenschaft/das-potential-von-virtual-reality-vr/index.html (zuletzt abgerufen am 18.03.2021 15:22).
[11] Daran wird im Projekt MOON geforscht, vgl. zu einem Überblick https://www.aerztezeitung.de/Medizin/Diagnose-von-Alzheimer-durchs-Auge-310171.html (zuletzt abgerufen am 18.03.2021 15:24).
[12] Schmitz-Luhn/Jessen/Woopen, Deutsches Ärzteblatt 2019 S. 1592, 1592, 1596.

der jeweiligen Person verfahren werden soll, wenn diese selbst nicht mehr in der Lage ist, bestimmte Entscheidungen zu treffen.[13] Zudem kann relevant werden, ob und inwiefern die entsprechenden Rechte der Betroffenen auch auf Angehörige und Dritte wie Arbeitgebende oder Versicherungen auszuweiten sind.[14]

In diesem Zusammenhang entschied der *BGH* im Jahr 2014 einen Fall, der die Schwierigkeiten des geltenden Rechts im Zusammenhang mit der speziellen Situation der Prädiktion offenbarte.[15] Diese Entscheidung hatte die Schadensersatzforderung einer geschiedenen Ehefrau gegen den Oberarzt eines Krankenhauses zum Gegenstand.[16] Der Arzt hatte sie, ohne zu wissen, ob sie diese Informationen überhaupt erhalten wollte oder nicht, darüber in Kenntnis gesetzt, dass die gemeinsamen Kinder der geschiedenen Eheleute mit 50 % Wahrscheinlichkeit die Erbkrankheit, die bei dem geschiedenen Ehemann diagnostiziert wurde, geerbt hätten.[17] Ob dies der Fall sei oder nicht, ließ sich im Rahmen einer prädiktiven Diagnostik bei den Kindern nicht in rechtlich zulässiger Weise feststellen.[18] In dem Urteil formulierte der *BGH*, dass das allgemeine Persönlichkeitsrecht ein Recht auf Nichtwissen der persönlichen genetischen Veranlagung beinhalte, das davor schütze, Informationen über persönliche genetische Umstände mit Aussagekraft für die eigene Zukunft zu erhalten.[19] Ein Schadensersatzanspruch bestehe jedoch deshalb nicht, weil sich die Klägerin nicht auf die Verletzung ihres eigenen Rechts auf Nichtwissen berufe, sondern auf ein solches, das die genetische Disposition ihres geschiedenen Ehemannes bzw. die der gemeinsamen Kinder betreffe.[20] Auch aus § 823 Abs. 2 BGB i.V.m. dem GenDG ergebe sich ein solcher Schadensersatzanspruch nicht, da das Gesetz keine Norm beinhalte, die eine schriftliche Einwilligung vor der Mitteilung der Ergebnisse der Diagnostik erfordere, wenn die Informierte nicht genetisch mit dem Betroffenen verwandt sei.[21] Die Klägerin litt unter Depressionen, mit welchen eine Erwerbsunfähigkeit einherging.[22] Offen bleibt aber

---

[13] Beck/Barnikol/Birnbacher/Langenberg/Steinert/Schulenburg/Fangerau, Prädiktive Medizin – eine rechtliche Perspektive, MedR 2016 S. 757.
[14] Beck/Barnikol/Birnbacher/Langenberg/Steinert/Schulenburg/Fangerau, Prädiktive Medizin – eine rechtliche Perspektive, MedR 2016 S. 757.
[15] BGH NJW 2014, 2190 – 2192; siehe auch MedR 2015, 186 – 189; vgl. zu dieser Entscheidung auch Cramer, MedR 2016, S. 512, 513.
[16] BGH NJW 2014, 2190, 2190; MedR 2015, 186, 187.
[17] BGH NJW 2014, 2190, 2190; MedR 2015, 186, 187.
[18] BGH NJW 2014, 2190, 2190; MedR 2015, 186, 187.
[19] BGH NJW 2014, 2190, 2190.
[20] BGH NJW 2014, 2190, 2192.
[21] BGH NJW 2014, 2190, 2192.
[22] BGH NJW 2014, 2190, 2190.

unter anderem, wann eine Verletzung des Rechts auf Nichtwissen zu einem Schadensersatzanspruch führt.[23]

Ob das geltende Recht für die genannten Chancen und Risiken bereits Lösungsmöglichkeiten bereithält oder ob in dieser Hinsicht Reformbedarf besteht, ist Gegenstand dieser Untersuchung.

B. Relevante Fragestellungen

Dabei sind verschiedene Fragestellungen in den Blick zu nehmen, die der Untersuchung zugrunde gelegt werden sollen. Zunächst soll geklärt werden was aus medizinischer Sicht unter der Demenzfrüherkennung mittels genetischer und nichtgenetischer Biomarker zu verstehen ist. Anschließend wird der Stand der medizinethischen Debatte bzgl. der Fragen, die sich im Zusammenhang mit der Demenzprädiktion stellen, dargelegt. Sodann soll dargestellt werden, wie die Demenzfrüherkennung de lege lata in Bezug auf Untersuchungen mittels nichtgenetischer und genetischer Biomarker geregelt ist und welche Regelungen es de lege lata im Hinblick auf Vorausverfügungen auf Grundlage der Ergebnisse der Demenzfrüherkennung gibt. Im Anschluss werden die Regelungen de lege lata aus rechtsinterner, insbesondere verfassungsrechtlicher, und rechtsexterner Perspektive bewertet. Schließlich wird die Frage danach, welche Veränderungen das Recht ggf. de lege ferenda erfahren sollte, um auf die Probleme im Kontext der Demenzfrüherkennung besser reagieren zu können, geklärt.

C. Gang der Untersuchung

Im ersten Teil der Untersuchung wird zunächst auf die medizinischen Grundlagen der Demenzfrüherkennung eingegangen. Dazu gehören sowohl die Definitionen der medizinischen Grundbegriffe als auch die Erläuterung der verschiedenen Formen, in denen Demenz auftreten kann (Kapitel 1). Ein Grundverständnis der medizinischen Vorgänge bei den verschiedenen Möglichkeiten der Demenzprädiktion ist unerlässlich zur Bewertung der rechtlichen Regulierung.

Anschließend wird der aktuelle Stand der medizinethischen Debatte dargestellt (Kapitel 2), wobei die Probleme, die sich im Zusammenhang mit solchen Untersuchungen stellen können, herausgearbeitet werden sollen. Dieses Kapitel soll die Grundlage der rechtsexternen Bewertung der Normen bieten.

Darauffolgend soll im Rahmen der rechtlichen Grundlagen (Kapitel 3) darauf eingegangen werden, welche verfassungsrechtlichen Komponenten im Rahmen der Demenzfrüherkennung eine

---

[23] Beck/Barnikol/Birnbacher/Langenberg/Steinert/Schulenburg/Fangerau, Prädiktive Medizin – eine rechtliche Perspektive, MedR 2016 S. 754.

wichtige Rolle spielen. Dies soll dem grundlegenden Verständnis der Hintergründe der gesetzlichen Regelungen, die die Demenzfrüherkennung betreffen und in Teil zwei der Untersuchung dargelegt werden, dienen und eine Basis für die in Teil drei der Untersuchung erfolgende verfassungsrechtliche Bewertung der Normen bieten.

Im zweiten Teil der Untersuchung soll auf die rechtliche Regulierung der Demenzfrüherkennung de lege lata eingegangen werden. Dazu werden die Regelungen de lege lata zu Untersuchungen mittels nichtgenetischer (Kapitel 4) und genetischer Biomarker (Kapitel 5) dargestellt. Sodann werden die Regelungen in Bezug auf Vorausverfügungen auf Basis der Untersuchungen zum Zweck der Demenzfrüherkennung in den Blick genommen (Kapitel 6), wobei insbesondere die Patientenverfügung und die etwaige Möglichkeit einer Forschungsverfügung Beachtung finden sollen. Die Ausführungen erfolgen, um die derzeit auf die verschiedenen Situationen der Demenzfrüherkennung anwendbaren Regelungen zu erfassen und diese sodann in Teil drei der Untersuchung einer Bewertung unterziehen zu können.

Im dritten Teil soll eine Bewertung der Rechtslage de lege lata erfolgen. Dazu werden die dargestellten Regelungen jeweils sowohl aus rechtsinterner, insbesondere verfassungsrechtlicher (Kapitel 7), und aus rechtsexterner Perspektive (Kapitel 8) bewertet. Auf dieser Basis sollen de lege ferenda Vorschläge zur Lösung der in den vorherigen Teilen festgestellten Probleme erarbeitet werden (Kapitel 9).

Abschließend folgt im vierten Teil der Untersuchung eine Zusammenfassung und ein Fazit.

Teil I: Grundlagen der Demenzfrüherkennung

Kapitel 1: Medizinische Grundlagen

Zuerst soll auf die medizinischen Grundlagen der Demenzprädiktion eingegangen werden, um verstehen zu können, warum das Wissen um die Wahrscheinlichkeit einer zukünftigen Demenzerkrankung für Betroffene eine Belastung darstellen kann. Dabei werden die Demenzerkrankung im generellen sowie die häufigsten Arten dieser Erkrankung mitsamt ihrer Symptomatik dargestellt. Anschließend wird die Prädiktion bzw. Früherkennung definiert und die verschiedenen Möglichkeiten ebendieser im Kontext von Demenzerkrankungen erläutert.

A. Demenz

I. Definition

Die Demenz ist eine vielfältige Erkrankung, es existieren unterschiedliche Symptome, die wiederum auf verschiedene Ursachen zurückzuführen sind.[24] Es handelt sich bei dem Begriff der Demenz also um einen Oberbegriff für verschiedene Arten der Erkrankung, die jeweils auf unterschiedlichen Ursachen beruhen.[25] Alle Demenzarten haben jedoch gemeinsam, dass im Krankheitsverlauf im Vergleich zum vorherigen Zustand eine Verschlechterung der kognitiven Fähigkeiten auftritt.[26] Unter kognitiven Fähigkeiten ist die Leistung des Gedächtnisses, die Aufmerksamkeit sowie Auffassungsgabe, Sprache und Denkvermögen und schließlich der Orientierungssinn zu verstehen.[27]

Es sind primäre und sekundäre Demenzen zu unterscheiden.[28]

1. Primäre Demenz

Eine primäre Demenz ist eine eigenständige Erkrankung, deren Entstehung nicht mit einer anderen Krankheit in Zusammenhang steht.[29] Etwa 80 % aller Demenzerkrankungen sind primäre

---

[24] Kurz/Freter/Saxl/Nickel, S. 6; siehe dazu ausführlich auch bei Wetzstein, S. 41 – 48.
[25] Weyerer, S. 8.
[26] Beck/Schicktanz, S. 161; EKD, S. 28; Kurz/Freter/Saxl/Nickel, S. 6; Stoffers, S. 7; siehe dazu auch Linsa, ZfMER Heft 2 2012 S. 18.
[27] Beck/Schicktanz, S. 161; Kurz/Freter/Saxl/Nickel, S. 6.
[28] Stoffers, S. 9.
[29] Schaade/Kubny-Lüke, S. 12.

© Der/die Autor(en), exklusiv lizenziert an
Springer Fachmedien Wiesbaden GmbH, ein Teil von Springer Nature 2026
S. Kahre-Krüger, *Die Demenzfrüherkennung mittels genetischer & nicht-genetischer Biomarker*, https://doi.org/10.1007/978-3-658-50890-6_2

Demenzen.[30] Primäre Demenzen sind auf neurodegenerative Veränderungen des Gehirns zurückzuführen.[31] Das bedeutet, dass Nervenzellen mit der Zeit absterben und infolgedessen Verbindungen zwischen den betreffenden Zellen irreversibel verloren gehen. Zu diesen degenerativen Demenzen zählen insbesondere die Alzheimerkrankheit und die vaskuläre Demenz.[32]

Diesen ist immanent, dass es derzeit keine Möglichkeit gibt, den Verlauf solcher neurodegenerativen Prozesse zu hemmen und so den fortschreitenden Abbauprozess im Gehirn zu stoppen oder zumindest effektiv abmildern zu können.[33] Die Erkrankung an einer primären Demenz ist derzeit nicht heilbar. Ein Durchbruch bei der Forschung nach Medikamenten, die sich als wirksam erweisen könnten, ist derzeit auch eher nicht zu erwarten.[34] Durch eine Behandlung, die aus dem soeben genannten Grund der Unheilbarkeit primär auf die Verbesserung der Lebensqualität von den Betroffenen und deren Angehörigen abzielt, kann aber unter Umständen eine Verzögerung des Krankheitsverlaufs erreicht werden.[35] Bei an Alzheimer-Demenz Erkrankten werden so beispielsweise enzymhemmende Medikamente verabreicht, die das Voranschreiten der Symptome[36] verlangsamen können.[37] Aber auch hierdurch ist es nicht möglich, den tatsächlichen Krankheitsprozess, der sich auf Veränderungen im Gehirn stützt[38], zu verlangsamen oder gänzlich zu beenden.[39]

2. Sekundäre Demenz

Die sekundäre Demenz entsteht durch Vorerkrankungen, die durch mechanische Einflüsse hervorgerufenen wurden, wie Tumore oder Schädel-Hirnverletzungen, aber auch durch solche, die nicht primär auf Hirnverletzungen zurückzuführen sind.[40] Zu den möglichen Ursachen einer

---

[30] Kastner/Löbach, S. 29.
[31] Stoffers, S. 9.
[32] Schaade/Kubny-Lüke, S. 13; Weyerer, S. 8.
[33] Kastner/Löbach, S. 29; Stoffers, S. 9, ausführlich auch auf S. 21.
[34] Vgl. dazu ausführlich bei Stoffers, S. 21.
[35] Vgl. dazu ausführlich bei Kastner/Löbach, ab S. 65; https://www.bundesgesundheitsministerium.de/themen/pflege/online-ratgeber-demenz/krankheitsbild-und-verlauf.html#c8240 (zuletzt abgerufen am 04.08.2020 um 08:48 Uhr).
[36] Vgl. zu einem Überblick zu den Symptomen von Demenzerkrankungen sogleich ab S. 10 sowie ab S. 14.
[37] https://www.bundesgesundheitsministerium.de/themen/pflege/online-ratgeber-demenz/krankheitsbild-und-verlauf.html#c8240 (zuletzt abgerufen am 04.08.2020 um 08:48 Uhr).
[38] Vgl. hierzu sogleich ab S. 10 sowie ab S. 13.
[39] https://www.bundesgesundheitsministerium.de/themen/pflege/online-ratgeber-demenz/krankheitsbild-und-verlauf.html#c8240 (zuletzt abgerufen am 04.08.2020 um 08:48 Uhr).
[40] Kastner/Löbach, S. 37; Schaade/Kubny-Lüke, S. 13; Stoffers, S. 9.

sekundären Demenz zählen auch toxische Einflüsse, Stoffwechselstörungen, schwere Infektionskrankheiten sowie ausgeprägte Mangelerscheinungen.[41] Die sekundäre Demenz kann mitunter geheilt werden, soweit die genannten Ursachen behandelt werden können.[42] Man bezeichnet sie auch als nichtdegenerative, also nicht fortschreitende, Demenz.[43]

3. Zwischenfazit

Primäre Demenzen sollen aufgrund des Umstandes, dass bei diesen keine Heilungsmöglichkeit besteht, in den Fokus der Untersuchung gerückt werden. Mit der Nichtheilbarkeit dieser Erkrankung gehen die besonderen Fragestellungen einher, die eingangs[44] erwähnt wurden. Die häufigsten Arten der primären Demenz sollen im Folgenden dargestellt werden.

II. Arten

Es gibt zahlreiche Ursachen und somit auch Arten einer primären Demenz, von denen die beiden häufigsten, die Alzheimer-Krankheit und die vaskuläre Demenz, im Folgenden im Hinblick auf ihre Ursachen und Symptomatik dargestellt werden sollen.

1. Alzheimer-Krankheit

a) Definition

Die Alzheimer-Krankheit ist die häufigste Ursache einer Demenzerkrankung.[45] Studien haben hierzu ergeben, dass etwa zwei Drittel der Demenzerkrankungen in den westlichen Industrieländern auf die Alzheimer-Krankheit zurückzuführen sind.[46]

b) Veränderungen im Gehirn

Wesentlich am Krankheitsverlauf beteiligt sind die Proteine *β-Amyloid*, aus dem die Plaques außerhalb der Nervenzellen entstehen, und *Tau*, auf das die Neurofibrillenbündel im Inneren der Zelle zurückzuführen sind.[47] Durch die fehlerhafte Verarbeitung der Proteine erfolgt eine Zusammenlagerung, die zu einer Schädigung der Nervenzellen führt.[48] Dies resultiert in einem erheblichen Verlust von Nervenzellen, welcher wiederum zu einer Atrophie[49] in der betroffenen

---

[41] Schaade/Kubny-Lüke, S. 13.
[42] Kastner/Löbach, S. 29.
[43] Kastner/Löbach, S. 29.
[44] Vgl. dazu oben ab S. 4.
[45] EKD, S. 28; Kurz/Freter/Saxl/Nickel, S. 12; Linsa, ZfMER Heft 2 2012 S. 18; Schaade/Kubny-Lüke, S. 13; Stoffers, S. 9; Weyerer, S. 8.
[46] Weyerer, S. 8 m.w.N.
[47] Kurz/Freter/Saxl/Nickel, S. 12; Schaade/Kubny-Lüke, S. 14.
[48] Kastner/Löbach, S. 30; Kurz/Freter/Saxl/Nickel, S. 10; Stoffers, S. 9.
[49] Schrumpfung des Hirngewebes, Kurz/Freter/Saxl/Nickel, S. 10.

Gehirnregion führt.[50] Der Ausfall von Nervenzellen führt schließlich zu einer Beeinträchtigung der Signalübertragung im Gewebe des Gehirns, das noch funktionsfähig wäre.[51] Involviert sind dabei zum einen der Überträgerstoff *Acetylcholin*, der nicht mehr ausreichend produziert wird und zum anderen *Glutamat*, das übermäßig viel ausgeschüttet wird.[52]

c) Symptomatik

Kennzeichen der Alzheimer-Erkrankung ist ein sich langsam entwickelnder Verlust von Nervenzellen vorrangig im Bereich der Schläfenlappen und Scheitellappen des Gehirns.[53] Die betreffenden Gehirnabschnitte sind essentiell für das Gedächtnis, die Sprache sowie die Fähigkeit zur Orientierung.[54] Zudem treten oft Persönlichkeitsveränderungen, Störungen der Motorik, Depressivität oder Wahnvorstellungen auf.[55] Um einen Eindruck davon zu bekommen, mit welchem Krankheitsverlauf die Betroffenen, die sich für eine Untersuchung zum Zweck der Demenzfrüherkennung entscheiden, gegebenenfalls bei einem späteren Eintritt der Krankheit rechnen müssen, sollen diese Stadien kurz dargestellt werden.

Bei der Alzheimer-Demenz werden im Wesentlichen drei bis vier verschiedene Stadien des Verlaufs der Erkrankung unterschieden.[56] Die Symptomatik ist im jeweiligen Stadium jeweils davon abhängig, welcher Bereich des Gehirns geschädigt wird.[57] Zu beachten ist weiterhin, dass der Übergang zwischen den Stadien aufgrund des kontinuierlichen Fortschreitens der Krankheit fließend ist.[58] Der Verlauf der Erkrankung nimmt zumeist etwa vier bis acht Jahre in Anspruch.[59]

aa) Leichte kognitive Beeinträchtigung

Einige Zeit vor dem Eintritt des neurodegenerativen Prozesses treten die ersten Symptome der Alzheimer-Krankheit auf.[60] Diese äußern sich oft durch leichte, aber dennoch erfassbare Einschränkungen kognitiver Fähigkeiten, meist des Kurzzeitgedächtnisses, welche allerdings noch

---

[50] Helmchen/Lauter, S. 6; Kurz/Freter/Saxl/Nickel, S. 10.
[51] Kastner/Löbach, S. 30; Kurz/Freter/Saxl/Nickel, S. 12.
[52] Kurz/Freter/Saxl/Nickel, S. 12; zur Entstehung der Alzheimer-Demenz siehe auch Linsa, ZfMER Heft 2 2012 S. 18f.
[53] Helmchen/Lauter, S. 6; Kurz/Freter/Saxl/Nickel, S. 12.
[54] Kurz/Freter/Saxl/Nickel, S. 12.
[55] Helmchen/Lauter, S. 6; hierzu auch Quinn, S. 8.
[56] EKD, S. 29; Kurz/Freter/Saxl/Nickel, S. 19, 20.
[57] Kurz/Freter/Saxl/Nickel, S. 19; Stoffers, S. 13.
[58] Kurz/Freter/Saxl/Nickel, S. 19.
[59] EKD, S. 29.
[60] Kurz/Freter/Saxl/Nickel, S. 20; Schaade/Kubny-Lüke, S. 24.

keine nachteilige Wirkung auf das Leben im Alltag der Betroffenen haben.[61] Bei Sonderformen der Alzheimer-Krankheit können in diesem Stadium auch Einschränkungen der Sprechfähigkeit, Persönlichkeitsveränderungen oder Störungen der optischen Wahrnehmung im Vordergrund stehen.[62]

bb) Leichtgradige Demenz

Treten zu den beschriebenen leichten kognitiven Beeinträchtigungen Einschränkungen in der Führung des täglichen Lebens hinzu, so ist von der ersten Stufe der Demenzerkrankung auszugehen.[63] Die Gedächtnisstörungen äußern sich bei den Betroffenen zumeist in Wortfindungsstörungen, einer Einschränkung der Auffassungsgabe und Schwierigkeiten bei der zeitlichen und räumlichen Orientierung.[64] Die Betroffenen sind teilweise auf Hilfe angewiesen, die Geschäfts- und Testierfähigkeit ist in der Regel aber noch nicht beeinträchtigt.[65] Das Ausüben der beruflichen Tätigkeit kann jedoch ggf. nicht mehr möglich sein.[66] Die Betroffenen nehmen den Eintritt dieser Symptome in der Regel zumindest im Kern wahr, was oft zu depressiven Verstimmungen und einem Rückzug aus dem sozialen Leben führt.[67]

cc) Mittelschwere Demenz

Prägen sich die kognitiven Störungen so stark aus, dass die Betroffenen auch bei einfachen alltäglichen Aufgaben auf Hilfe anderer angewiesen sind, so ist von einer mittelschweren Demenzerkrankung auszugehen.[68] Es kommt zu einem Abbau des Langzeitgedächtnisses, die Fähigkeit zur zeitlichen und räumlichen Orientierung wird weiter verringert, auch das Sprechvermögen erfährt größere Einschränkungen, sodass eine Verständigung zusehends schwierig wird.[69] Dies alles führt dazu, dass die Betroffenen oft nicht mehr in der Lage sind, ihr Leben selbstständig zu führen.[70] Dies resultiert wiederum häufig darin, dass sie antriebslos, unruhig und reizbar, aber auch aggressiv werden können. Selten kommt es auch zu Störungen des Bezugs zur Wirklichkeit, Epilepsie oder Inkontinenz.[71]

---

[61] Kurz/Freter/Saxl/Nickel, S. 20; Stoffers, S. 17; im Englischen wird dies auch als Mild Cognitive Impairment (MCI) bezeichnet; vgl. auch Schaade/Kubny-Lüke, S. 24; Müller, S. 5.
[62] Kurz/Freter/Saxl/Nickel, S. 22.
[63] Kurz/Freter/Saxl/Nickel, S. 20; hierzu ausführlich auch Schaade/Kubny-Lüke, S. 22f.
[64] Kurz/Freter/Saxl/Nickel, S. 20; Schaade/Kubny-Lüke, S. 24; Stoffers, S. 12.
[65] EKD, S. 29; Kurz/Freter/Saxl/Nickel, S. 20; Schaade/Kubny-Lüke, S. 24.
[66] Kurz/Freter/Saxl/Nickel, S. 20.
[67] Kurz/Freter/Saxl/Nickel, S. 20; Schaade/Kubny-Lüke, S. 24.
[68] EKD, S. 29; Kurz/Freter/Saxl/Nickel, S. 21; Schaade/Kubny-Lüke, S. 24.
[69] Kurz/Freter/Saxl/Nickel, S. 21.
[70] Kurz/Freter/Saxl/Nickel, S. 21; Schaade/Kubny-Lüke, S. 24.
[71] Kurz/Freter/Saxl/Nickel, S. 21; Schaade/Kubny-Lüke, S. 24.

dd) Schwere Demenz

Im Stadium der schweren Demenz sind die Betroffenen oft bettlägerig, eine sprachliche Verständigung gelingt nur noch selten.[72] Zudem versteifen sich die Gliedmaßen, auch Essstörungen treten häufig auf.[73] Die Betroffenen, die nun vollständig pflegebedürftig sind, sind besonders anfällig für Infektionen, sodass die häufigste Todesursache in diesem Stadium eine Lungenentzündung darstellt.[74] Zudem können die Betroffenen sich nur noch an Teile ihrer Vergangenheit erinnern, neue Informationen können nicht mehr aufgenommen werden.[75] Auch werden Familienmitglieder häufig nicht mehr erkannt.[76]

2. Vaskuläre Demenz

Neben der bereits dargestellten Alzheimer-Erkrankung kann sich eine Demenzerkrankung auch infolge vaskulärer Ursachen zeigen.

a) Definition

15 % bis 20 % der Demenzerkrankungen in westlichen Industrieländern beruhen auf Durchblutungsstörungen des Gehirns, die damit die zweithäufigste Ursache der Demenz bilden.[77] Diese werden als vaskuläre Demenzen bezeichnet.[78]

b) Veränderungen im Gehirn

Die verschlechterte Blutversorgung tiefliegender Bereiche des Gehirns ist auf eine Erkrankung der Hirngefäße zurückzuführen.[79] Diese stellt sich zumeist als Verengung von Gefäßen dar.[80] Dabei betreffen die Veränderungen vorrangig kleine Arterien, die sowohl Nervenzellverbände unter der Hirnrinde als auch die Verbindungsbahnen zwischen den Abschnitten ebendieser versorgen.[81] Durch die Gefäßverengungen werden Teile des Gehirns nicht mehr mit genügend Blut versorgt, sodass es zu lochförmigen Defekten im Hirngewebe und zur Schädigung oder sogar Zerstörung von Nervenfasern kommt.[82] Dieses Resultat ist insoweit mit der Alzheimer-Krankheit vergleichbar.[83]

---

[72] Kurz/Freter/Saxl/Nickel, S. 21; Schaade/Kubny-Lüke, S. 26.
[73] Kurz/Freter/Saxl/Nickel, S. 21; Schaade/Kubny-Lüke, S. 26.
[74] Kurz/Freter/Saxl/Nickel, S. 21; hierzu auch Kastner/Löbach, S. 32.
[75] EKD, S. 29.
[76] EKD, S. 29.
[77] Kastner/Löbach, S. 33; Stoffers, S. 9; Weyerer, S. 8.
[78] Weyerer, S. 9.
[79] Kastner/Löbach, S. 33; Kurz/Freter/Saxl/Nickel, S. 10.
[80] Kurz/Freter/Saxl/Nickel, S. 13.
[81] Kurz/Freter/Saxl/Nickel, S. 13.
[82] Kurz/Freter/Saxl/Nickel, S. 13.
[83] Kastner/Löbach, S. 33; Kurz/Freter/Saxl/Nickel, S. 10.

Auch können sich die Durchblutungsstörung und die damit einhergehenden kognitiven Beeinträchtigungen aus der Einlagerung von *β-Amyloid* in der Wand kleinerer Blutgefäße ergeben. Durch diese Einlagerungen kommt es zu einer erhöhten Brüchigkeit der Gefäßwand, was zu kleinen Blutungen führt, durch die anliegende Nervenzellverbände und Nervenfasern letztlich geschädigt werden.[84]

c) Symptomatik

Bei Gefäßkrankheiten, die eine vaskuläre Demenz zur Folge haben, werden verschiedene Symptome, abhängig von den betroffenen Nervenzellverbänden oder Verbindungsbahnen, hervorgerufen.[85] Damit geht einher, dass es keinen regelmäßigen Verlauf gibt.[86] Kennzeichnend ist im Gegensatz zur Alzheimer-Krankheit jedoch ein plötzlicher Krankheitsbeginn.[87]

Infolge der Hirngefäßerkrankung in Form der nicht mehr ausreichenden Durchblutung von Nervenzellverbänden oder essentiellen Faserverbindungen unterhalb der Hirnrinde erfährt die Weiterleitung von Informationen im Gehirn eine Einschränkung. Dies resultiert in einer verminderten Aufmerksamkeit sowie einer Verlangsamung der Denkprozesse.[88] Anstelle von Gedächtnisstörungen leiden viele Betroffene kontinuierlich an Depressionen, Stimmungsschwankungen sowie Antriebslosigkeit.[89]

III. Ursachen

Weiterhin werden die möglichen Ursachen der dargestellten Demenzerkrankungen in den Blick genommen. Diese sind vor allem mit Blick auf die verschiedenen Möglichkeiten der Untersuchungen zum Zweck der Demenzfrüherkennung mittels genetischer und nichtgenetischer Biomarker relevant. Teilweise können die Umstände, die Ursachen einer Demenzerkrankung darstellen können, nämlich bereits weit im Voraus ermittelt werden.[90]

---

[84] Kurz/Freter/Saxl/Nickel, S. 13.
[85] Kurz/Freter/Saxl/Nickel, S. 22.
[86] Kurz/Freter/Saxl/Nickel, S. 22; Zaudig, S. 121.
[87] Kastner/Löbach, S. 33; Stoffers, S. 17.
[88] Kurz/Freter/Saxl/Nickel, S. 13, 22.
[89] Kurz/Freter/Saxl/Nickel, S. 22.
[90] Vgl. zu den verschiedenen Möglichkeiten der Untersuchungen zum Zweck der Demenzfrüherkennung sogleich ab S. 16.

1. Alter

In der Wissenschaft besteht zunächst Einigkeit darüber, dass das Lebensalter in Zusammenhang mit der Entstehung der Alzheimer-Krankheit steht.[91]

2. Genetische Disposition

Neben dem Alter kann aber auch die genetische Disposition eine Rolle spielen. Es gibt eine erbliche Form der Alzheimer-Krankheit, die durch Veränderungen an drei verschiedenen Stellen der Erbinformation entsteht.[92] Die betreffenden Gene sind hierbei an der Stoffwechsel-Steuerung der *ß-Amyloid*-Proteine beteiligt.[93] Die Symptome treten oft bereits vor Erreichen des 65. Lebensjahres ein und die Krankheit schreitet rapide voran.[94] Charakteristisch für diese erbliche Form der Alzheimer-Krankheit ist, dass pro Generation mehrere Mitglieder der Familie erkranken.[95] Wenn jedoch bei mehreren Familienmitgliedern im höheren Alter eine Erkrankung auftritt, ist dies eher auf die im Alter ansteigende Erkrankungswahrscheinlichkeit zurückzuführen als auf eine Vererbung.[96] Zu beachten ist aber, dass diese erbliche Form der Alzheimer-Krankheit nur einen sehr geringen Anteil an allen auftretenden Erkrankungen hat.[97] Auch vaskuläre Demenzen können aus der Vererbung resultieren.[98]

3. Körperlicher Zustand

Neben den oben genannten können auch andere Faktoren das Risiko erhöhen, an einer Demenz zu erkranken.[99] Das sind zum einen die Faktoren, die auch das Risiko für Gefäßerkrankungen erhöhen, also Bluthochdruck, Diabetes, Herzrhythmusstörungen, erhöhte Cholesterin- und Homocysteinwerte, Rauchen, übermäßiger Konsum von Alkohol sowie Übergewicht.[100] Zum an-

---

[91] Deutsche Alzheimer Gesellschaft e.V. – Die Genetik der Alzheimer-Krankheit (Informationsblatt 4), S. 1; Kurz/Freter/Saxl/Nickel, S. 16; Schaade/Kubny-Lüke, S. 14; Weyerer, S. 10.

[92] EKD, S. 28; Kurz/Freter/Saxl/Nickel, S. 16; hierzu auch Stoffers, S. 21.

[93] Kurz/Freter/Saxl/Nickel, S. 16.

[94] Kurz/Freter/Saxl/Nickel, S. 16.

[95] Kurz/Freter/Saxl/Nickel, S. 16.

[96] Kurz/Freter/Saxl/Nickel, S. 16; dazu auch Schaade/Kubny-Lüke, S. 15; Wetzstein, S. 61.

[97] Deutsche Alzheimer Gesellschaft e.V. – Die Genetik der Alzheimer-Krankheit (Informationsblatt 4), S. 1; EKD, S. 28; Kurz/Freter/Saxl/Nickel, S. 16; Stoffers, S. 21; Wetzstein, S. 60; zur Genomforschung i.R.d. prädiktiven genetischen Diagnostik im Allgemeinen: Ropers, Zur Zukunft der Genomforschung und prädiktiven genetischen Diagnostik, S. 127, 128.

[98] Kurz/Freter/Saxl/Nickel, S. 16.

[99] Kurz/Freter/Saxl/Nickel, S. 17.

[100] *Jox* in: Kurze, Vorsorgerecht, § 1901a Rn. 43; Kurz/Freter/Saxl/Nickel, S. 17; Weyerer, S. 10; Zaudig, S. 124.

deren begünstigen Schädelhirnverletzungen, Depressionen und eine geringe Aktivität der geistigen, sozialen sowie körperlichen Fähigkeiten die Wahrscheinlichkeit des Auftretens einer Demenzerkrankung.[101]

B. Prädiktion

I. Definition

Unter Prädiktion oder auch Früherkennung ist hier die Prognose der Wahrscheinlichkeit des späteren Auftretens einer Krankheit, also die Vorhersage des Risikos der Erkrankung bezogen auf einen (noch) gesunden Menschen, zu verstehen.[102]

§ 3 Nr. 8a GenDG normiert für den speziellen Fall der prädiktiven genetischen Untersuchung, dass es sich dabei um eine genetische Untersuchung handelt, die dem Ziel der Abklärung einer in der Zukunft auftretenden Erkrankung oder gesundheitlichen Störung dient. Die Situation der Prädiktion ist somit von einem Zustand abzugrenzen, in dem beim Betroffenen bereits Symptome der Krankheit aufgetreten sind.[103] Es geht also nicht um den gegenwärtigen, sondern den zukünftigen Gesundheitszustand.[104]

Die Mitteilung ebendieses Risikos kann bei den Betroffenen im Hinblick auf die Symptomatik und den Krankheitsverlauf erhebliche Unsicherheiten und schließlich gravierende psychische und soziale Folgen haben.[105]

II. Möglichkeiten der Demenzfrüherkennung

Die Früherkennung von Demenzerkrankungen ist auf verschiedenen Wegen denkbar. Zum einen ist es möglich, anhand genetischer Informationen zu bestimmen, ob später mit einer gewissen Wahrscheinlichkeit eine Demenzerkrankung eintreten wird, also mithilfe sogenannter genetischer Biomarker.[106] Zum anderen wird derzeit die Demenzfrüherkennung mittels anderer

---

[101] *Jox* in: Kurze, Vorsorgerecht, § 1901a Rn. 43; Kurz/Freter/Saxl/Nickel, S. 17.
[102] AG „Konfliktfall Demenzvorhersage“, Stellungnahme, S. 1; Bartram, S. 99; Bundesärztekammer, Deutsches Ärzteblatt 2003, 1297, 1299; Damm, GesR 2013, 385, 385; Fündling, S. 63, 64; Günther, ZStW 1990, S. 269, 273f.; Hildt, Autonomie in der biomedizinischen Ethik, S. 197; Hildt, JCSW, 37, 44, 45; Hilgendorf, Kapitel 11 Rn. 14; Schmitz-Luhn/Jessen/Woopen, Deutsches Ärzteblatt 2019 S. 1592, 1592; zur genetischen Prädiktion: Lindner, MedR 2007, 286, 287; Taupitz; Individualisierte Medizin: Die internationalrechtliche Perspektive, 219, 226.
[103] Damm, GesR 2013, 385, 385.
[104] Damm, DuD 2011, 859, 859; Hildt, JCSW, 37, 45.
[105] EKD, S. 32; Hildt, JCSW, 37, 47; vgl. hierzu aus medizinethischer Sicht ausführlich unten ab S. 32.
[106] Beck/Schicktanz, S. 162; EKD, S. 31; zur Entwicklung der prädiktiven genetischen Diagnostik auch Hildt, JCSW 2004, 37, 44.

Biomarker intensiv beforscht.[107] Unter dem Begriff Biomarker versteht man messbare Substanzen sowie körperliche Zustände, die Hinweise auf eine Krankheit geben können.[108] Auch Untersuchungen im Zusammenhang mit nichtgenetischen Biomarkern ermöglichen lediglich Vorhersagen einer gewissen Wahrscheinlichkeit des späteren Krankheitseintritts – nicht jede Person, bei der ein entsprechender Biomarker festgestellt wird, wird auch auf jeden Fall erkranken.[109]

1. Demenzfrüherkennung mittels genetischer Biomarker

Die prädiktive Gendiagnostik basiert darauf, dass das Vorkommen bestimmter Genotypen beim Betroffenen gezielt untersucht wird.[110] Im Rahmen der Demenzfrüherkennung mittels genetischer Biomarker wird untersucht, ob das Allel *APOE ε4* in der DNA der zu untersuchenden Person zu finden ist.[111] Bei dem *APOE ε4* -Genotyp handelt es sich um den wichtigsten genetischen Risikofaktor für die Alzheimer-Erkrankung.[112] Es weist im Rahmen seiner Expression im Vergleich zu den Genotypen *APOE 2* und *3* Unterschiede auf.[113] Diese Differenzen, die Aufbau und Struktur der zu vergleichenden drei Proteine betreffen, wirken sich auf verschiedene Prozesse im Gehirn aus.[114] Ob das *APOE ε4* Allel beim potentiellen Merkmalsträger vorliegt, lässt sich anhand einer Untersuchung der DNA feststellen.[115] Das Untersuchungsmaterial kann dabei sowohl mittels Speichelprobe als auch mittels Blutentnahme gewonnen werden, auch Haar- und Hautzellen können Trägerinnen der DNA-Informationen sein – in jeder Zelle des menschlichen Körpers ist die DNA enthalten.[116] Eine solche genetische Untersuchung ist aber nur dazu fähig, ein gewisses Erkrankungsrisiko bzw. die Wahrscheinlichkeit eines späteren Krankheitseintritts vorauszusagen.[117]

2. Demenzfrüherkennung mittels nichtgenetischer Biomarker

Wie zuvor[118] bereits erläutert, finden sich die Ursachen einer Demenz-Erkrankung zum überwiegenden Teil nicht in der genetischen Disposition. Vielmehr erhöhen oft andere Risikofak-

---

[107] Beck/Schicktanz, S. 161; EKD, S. 31; hierzu auch Müller, S. 6; Quinn, S. 11.
[108] AG „Konfliktfall Demenzvorhersage“, Stellungnahme, S. 1.
[109] Beck/Schicktanz, S. 163.
[110] Bundesärztekammer, Deutsches Ärzteblatt 2003, 1297, 1299; Radau, S. 174.
[111] Beck/Schicktanz, S. 162.
[112] Maetzler/Berg, labor&more 2014, S. 18, 19.
[113] Maetzler/Berg, labor&more 2014, S. 18.
[114] Maetzler/Berg, labor&more 2014, S. 18.
[115] Beck/Schicktanz, S. 162.
[116] Clark, Molecular Biology, S. 23; Purves Biologie, S. 9.
[117] EKD, S. 32; Hildt, JCSW, 37, 47.
[118] Siehe dazu oben auf S. 15.

toren die Wahrscheinlichkeit des Eintritts einer Demenz-Erkrankung zu einem späteren Zeitpunkt.[119] Aus diesem Grunde werden nichtgenetische Biomarker für Demenz intensiv beforscht.[120] Diese sollen eine präzisere Voraussage der Erkrankungswahrscheinlichkeit als genetische Biomarker ermöglichen.[121] Ziel der Forschung ist der zukünftig signifikant früher mögliche Beginn etwaiger Therapien zur Verlangsamung des Krankheitsfortschrittes.[122]

Derzeit werden diese von der Bundesärztekammer jedoch noch nicht empfohlen.[123] Begründet wird dies damit, dass die zugehörigen Studien bisher nicht als hinreichend valide eingestuft werden.[124] Es bedürfe einer intensiven ärztlichen Aufklärung von Personen, die dennoch den Wunsch haben, an derartige prädiktive Informationen zu gelangen.[125]

a) Vaskuläre Risikofaktoren

Zunächst besteht die Möglichkeit, die Betroffenen im Hinblick auf vaskuläre Risikofaktoren zu untersuchen. Unter vaskulären Risikofaktoren versteht man zu den Blutgefäßen gehörende Eigenschaften, die bei Vorliegen ein Indikator für die erhöhte Wahrscheinlichkeit sind, an einer bestimmten Krankheit zu erkranken.[126] Aus Durchblutungsstörungen im Gehirn kann sich eine vaskuläre Demenz entwickeln.[127]

b) Neurologische Biomarker

Auch gibt es eine Vielzahl von neurologischen Biomarkern, die auf eine spätere Demenzerkrankung hindeuten können. Neurologische Biomarker sind solche, die das Nervensystem der zu untersuchenden Person betreffen. Zu Untersuchungen auf neurologische Biomarker zählen sog. Positron Emission Tomographie-Untersuchungen (PET) von *β-Amyloid*-Plaques, zerebrospinale Flüssigkeitsuntersuchungen und anatomische sowie funktionale Magnetic Resonance Imaging-Messungen im Hippocampus.[128] Bisher ist die Alzheimer-Krankheit erst erkennbar, wenn sich die oben genannten Plaques im Gehirn gebildet haben, wobei zu diesem Zeitpunkt keine Therapie mehr möglich scheint.[129]

---

119 Siehe dazu oben, S. 20.
120 Beck/Schicktanz, S. 162; dazu auch Jessen, Deutsches Ärzteblatt 2016, 1028, 1029; Schmitz-Luhn/Jessen/Woppen, Deutsches Ärzteblatt 2019, 1592 ff.
121 EKD, S. 32.
122 Beck/Schicktanz, S. 161.
123 BÄK, Stellungnahme, S. A4.
124 BÄK, Stellungnahme, S. A4.
125 BÄK, Stellungnahme, S. A4.
126 Siehe dazu Busch, CardioVasc 2011 S. 32 – 38.
127 *Jox* in: Kurze, Vorsorgerecht, § 1901a Rn. 43; zur vaskulären Demenz siehe oben unter A. I. 2. b).
128 Beck/Schicktanz, S. 162.
129 http://praediadem.de/ (zuletzt abgerufen am 16.08.2019 um 10:49 Uhr).

c) Neurophysiologische Kognitionstests und Bluttests

Zumeist sind die Untersuchungen auf vaskuläre Risikofaktoren oder neurologische Biomarker entweder invasiv[130], zeitaufwändig oder mit hohen Kosten verbunden, sodass für ein breites Screening auch einfache neuro-physiologische Kognitionstest wie zum Beispiel MiniMental-State und Bluttests in Betracht gezogen werden.[131] Das *β-Amyloid*-Protein faltet sich schon bis zu zwanzig Jahre vor dem Auftreten der ersten Symptome der Alzheimer-Erkrankung falsch, was sich mittels Bluttest diagnostizieren und somit im Durchschnitt bereits acht Jahre vor dem Auftreten der ersten klinischen Symptome erkennen lässt.[132] Diese Untersuchungen bergen derzeit noch gewisse Unsicherheiten: So treten etwa neun Prozent falsch positive Diagnosen zu Tage, sodass die Optimierung dieser Testverfahren derzeit weiter intensiv beforscht wird.[133]

Weiterhin kann bei den durch den Bluttest positiv getesteten Personen eine Untersuchung des aus dem Rückenmark entnommenen Nervenwassers (Liquor) auf das *Tau*-Protein, einen demenzspezifischen Biomarker, vorgenommen werden, wobei dann schließlich nur drei Prozent falsch positiv diagnostiziert werden.[134]

d) Weitere nichtgenetische Prädiktionsmöglichkeiten

Auch Verfahren im Zusammenhang mit künstlicher Intelligenz[135], ggf. in Verbindung mit „Virtual Reality“ Systemen[136] sowie sog. Augenscans[137] werden intensiv beforscht und erscheinen vielversprechend, um die spezielle Form der Alzheimer-Demenz bereits lange vor dem Ausbruch zu erkennen. Das Verfahren im Zusammenhang mit künstlicher Intelligenz etwa erkennt die Veranlagung für eine spätere Alzheimer-Demenz mit einer Genauigkeit von über 80 %.[138] Diese Methoden sind aber bisher auch nicht in ausreichendem Maße erforscht und bilden ebenfalls nur gewisse Wahrscheinlichkeiten des späteren Krankheitsausbruches ab.

---

130 Invasiv bedeutet in diesem Zusammenhang, dass die Diagnostik Gewebeverletzungen nach sich ziehen kann.

131 Beck/Schicktanz, S. 162; Müller, S. 7f.; Quinn, S. 11.

132 http://praediadem.de/ (zuletzt abgerufen am 16.08.2019 um 10:49 Uhr).

133 http://praediadem.de/ (zuletzt abgerufen am 16.08.2019 um 10:49 Uhr).

134 http://praediadem.de/ (zuletzt abgerufen am 16.08.2019 um 10:49 Uhr).

135 https://www.newscientist.com/article/2147472-ai-spots-alzheimers-brain-changes-years-before-symptoms-emerge/ (zuletzt abgerufen am 18.04.2023 10:44); https://www.derstandard.de/story/2000064227122/kuenstliche-intelligenz-kann-alzheimer-neun-jahre-im-voraus-erkennen (zuletzt abgerufen am 18.03.2021 15:25).

136 https://www.wissenschaftsjahr.de/2019/neues-aus-der-wissenschaft/das-sagt-die-wissenschaft/das-potential-von-virtual-reality-vr/index.html (zuletzt abgerufen am 18.03.2021 15:22).

137 Daran wird im Projekt MOON geforscht, vgl. zu einem Überblick https://www.aerztezeitung.de/Medizin/Diagnose-von-Alzheimer-durchs-Auge-310171.html (zuletzt abgerufen am 18.03.2021 15:24).

138 https://www.newscientist.com/article/2147472-ai-spots-alzheimers-brain-changes-years-before-symptoms-emerge/ (zuletzt abgerufen am 18.04.2023 10:44).

III. Zwischenfazit

Die dargestellten Methoden der Demenzfrüherkennung haben zunächst gemeinsam, dass sie auf verschiedenen Wegen eine Möglichkeit bieten, vor dem Krankheitseintritt zu erkennen, dass die betreffenden Betroffenen mit einer gewissen Wahrscheinlichkeit später an einer Demenz erkranken werden. Es ist grundsätzlich von gesellschaftlichem, wissenschaftlichem und ggf. individuellem Interesse, bei gesunden Menschen eine Vorhersage einer späteren Demenzerkrankung vornehmen zu können.[139]

Problematisch ist allerdings, dass diese Möglichkeiten der Früherkennung, also sowohl genetische als auch nichtgenetische Biomarker, aktuell noch mit Unsicherheiten einhergehen.[140] Eine genetische Untersuchung ist lediglich in der Lage, ein mehr oder weniger erhöhtes Erkrankungsrisiko vorauszusagen.[141] Auch für nichtgenetische Biomarker ist bisher nicht abschließend geklärt, bei welchen Betroffenen welche frühen diagnostischen Nachweise mit Sicherheit zu einer Form der Demenzerkrankung führen.[142] Die medizinische Indikation der Demenzfrüherkennung kann dabei fraglich sein – eine prädiktive Diagnostik sollte nicht allein zum Selbstzweck erfolgen, sondern einen positiven Effekt auf das Wohl der untersuchten Betroffenen bewirken.[143] Ein solcher könnte darin liegen, dass die Betroffenen das Wissen um die Wahrscheinlichkeit des späteren Krankheitseintritts erlangen, an dem sie beispielsweise ihre weitere Lebensplanung ausrichten können.[144] Fehldiagnosen hingegen bergen die Gefahr, dass belastende Umstände in Kauf genommen werden, die sich hinterher als nicht von Nöten erweisen.[145]

C. Zusammenfassung zu Kapitel 1

Es lässt sich festhalten, dass die Demenz eine vielfältige Erkrankung ist: Es existieren unterschiedliche Symptome, die wiederum auf verschiedene Ursachen zurückzuführen sind.[146] Es sind primäre und sekundäre Demenzen zu unterscheiden, wobei primäre Demenzen aufgrund des Umstandes, dass diese derzeit nicht heilbar sind, in den Fokus der Untersuchung gerückt werden sollen.

---

[139] AG „Konfliktfall Demenzvorhersage", Stellungnahme, S. 1.
[140] AG „Konfliktfall Demenzvorhersage", Stellungnahme, S. 1; EKD, S. 32; Fündling, S. 40f.; Regenbogen/Henn, MedR 2003, 152, 153.
[141] EKD, S. 32; Hildt, JCSW, 37, 47.
[142] EKD, S. 32.
[143] Schmitz-Luhn/Jessen/Woopen, Deutsches Ärzteblatt 2019 S. 1592, 1594.
[144] Schmitz-Luhn/Jessen/Woopen, Deutsches Ärzteblatt 2019 S. 1592, 1594.
[145] Fündling, S. 40; zur Problematik auch ausführlich bei AG „Konfliktfall Demenzvorhersage", Stellungnahme, S. 1.
[146] Kurz/Freter/Saxl/Nickel, S. 6; Wetzstein, S. 41 – 48.

Die häufigsten Arten der Demenz sind die Alzheimer-Erkrankung und die vaskuläre Demenz. Gemeinsam haben diese, dass sie infolge der kognitiven Beeinträchtigungen zu einer Veränderung der Persönlichkeit und damit zu einer mit fortschreitender Krankheit intensiveren Beeinträchtigung der Lebensführung der Betroffenen führen.[147]Auch münden diese in ein ähnliches Endstadium, dass mit starken Einschränkungen einhergeht.[148]

Unter Prädiktion oder auch Früherkennung versteht man in diesem Zusammenhang die Vorhersage der Wahrscheinlichkeit des späteren Auftretens einer Krankheit bei einem (noch) gesunden Menschen.[149] Die Prädiktion ist bei Demenz mittels genetischer und nichtgenetischer Biomarker möglich. Diese Möglichkeiten haben gemeinsam, dass sie mit der Unsicherheit einhergehen, dass nur ein gewisses Risiko der Erkrankung vorhergesagt werden kann, nicht jedoch, ob diese wirklich eintreten wird oder nicht.[150] Die Mitteilung ebendieses Risikos kann bei den Betroffenen im Hinblick auf die Symptomatik und den Krankheitsverlauf erhebliche Unsicherheiten und schließlich gravierende psychische und soziale Folgen haben.[151] Gleichzeitig sollte das gesellschaftliche, wissenschaftliche und individuelle Interesse daran berücksichtigt werden, auch schon bei Gesunden die Wahrscheinlichkeit einer späteren Demenzerkrankung vorhersagen zu können.[152]

[147] Stoffers, S. 13.
[148] Vgl. dazu ausführlich bei *Jox* in: Kurze, Vorsorgerecht, § 1901a BGB Rn. 44.
[149] Bundesärztekammer, Deutsches Ärzteblatt 2003, 1297, 1299; Hildt, Autonomie in der biomedizinischen Ethik, S. 197; Damm, GesR 2013, 385, 385; Fündling, S. 63, 64.
[150] EKD, S. 32.
[151] EKD, S. 32; Hildt, JCSW, 37, 47.
[152] AG „Konfliktfall Demenzvorhersage“, Stellungnahme, S. 1.

Kapitel 2: Aktueller Stand der medizinethischen Debatte

Gesetze, die sich auf ärztliches Handeln mit Betroffenen beziehen, finden ihre Grundlage auch in medizinethischen Erwägungen.[153] Der Gesetzeserlass selbst ist als menschliche Handlung einer moralischen Beurteilung zugänglich, die anhand der Kriterien der Ethik erfolgen kann.[154] Die Bewertung der Angemessenheit einer Regulierung ist also nicht nur aus rechtlicher Perspektive, sondern auch aus einer rechtsexternen Perspektive, wie der Ethik, vorzunehmen.[155] Der aktuelle Stand der medizinethischen Debatte rund um die Themen, die mit der Demenzfrüherkennung einhergehen, wird aus diesem Grund im Folgenden dargelegt.

A. Einführung in die Medizinethik

Die Medizinethik ist ein Teilbereich der Ethik, also der Moraltheorie.[156] Unter Moral wird dabei zumeist die Summe von Bewertungen und Vorgaben verstanden, die sich auf den Umgang mit anderen Lebewesen beziehen.[157] Ethik (griechisch: *ethos*) bedeutet Gewohnheit bzw. Sitte oder auch Brauch.[158] Die Medizinethik befasst sich demnach mit Fragestellungen, die das moralisch Gesollte, Erlaubte sowie Zulässige insbesondere im Umgang mit der Krankheit und Gesundheit des Menschen betreffen.[159]

Die Ethik bringt keine verbindlichen Anordnungen hervor, sondern bietet allenfalls moralische Anhaltspunkte, an denen sich das Verhalten des Einzelnen (ohne Sanktionsmöglichkeit bei Nichteinhaltung oder ähnlichem) orientieren kann.[160] Daher sind ethische Gesichtspunkte selbst kein unmittelbarer Gegenstand des Rechts, der Verbindlichkeit entfaltet, sondern vielmehr Bestandteil des Verfahrens der Bewertung und Begründung von Normen.[161] Moralische Aspekte können für die Allgemeinheit nur bindend sein, wenn diese im Gesetzgebungsverfahren in staatlichem Recht niedergelegt werden.[162] Daher wird das Gesetzgebungsverfahren auch als Schauplatz des Kampfes um die Einführung ethischer Aspekte in die Rechtsordnung charakterisiert.[163]

---

[153] Reimer, S. 23.
[154] Beck, Was ist ein gutes Strafgesetz? S. 52.
[155] Vgl. hierzu auch Beck, Was ist ein gutes Strafgesetz? S. 46.
[156] Schöne-Seifert, S. 9.; dazu auch ausführlich: Hildt, Autonomie in der biomedizinischen Ethik, S. 18-23.; so auch Reimer, S. 24.
[157] Schöne-Seifert, S. 9; dazu auch Ammann, S. 155f.; zum Wesen der Moral ausführlich: Frankena, S. 6 ff.
[158] Ausführlich zur Definition von Ethik: Spranger, S. 31.
[159] Schöne-Seifert, S. 10; vgl. auch Spranger, S. 16; Reimer, S. 24.
[160] Spranger, S. 32; zum Verhältnis von Ethik und Recht siehe auch Kreß, ZRP 2012 S. 28-30.
[161] Spranger, S. 32.
[162] Spranger, S. 32.
[163] Wieacker, JZ 1961, 337, 341; dazu auch Spranger, S. 32.

© Der/die Autor(en), exklusiv lizenziert an
Springer Fachmedien Wiesbaden GmbH, ein Teil von Springer Nature 2026
S. Kahre-Krüger, *Die Demenzfrüherkennung mittels genetischer & nicht-genetischer Biomarker*, https://doi.org/10.1007/978-3-658-50890-6_3

Um die Angemessenheit der derzeitigen rechtlichen Regulierung der Demenzfrüherkennung beurteilen und gegebenenfalls de lege ferenda Änderungen vorschlagen zu können, ist also auch die medizinethische Debatte rund um diese Thematik in den Blick zu nehmen. Die Medizinethik ist hier Ausgangspunkt der Bewertung von Normen aus einer rechtsexternen Perspektive.[164] Hierbei soll im Allgemeinen untersucht werden, ob das Recht einen angemessenen Interessenausgleich mit sich bringt, soziale Differenzen nachhaltig beseitigt und im gesamtgesellschaftlichen Kontext mehr Vorteile als Nachteile mit sich bringt.[165] Im Rahmen der Bewertung der Regelung der Demenzfrüherkennung sind also sowohl die Interessen Einzelner, insbesondere der Umgang mit den Ergebnissen der Untersuchung der Demenzfrüherkennung, als auch die Interessen der Gesellschaft zu berücksichtigen.[166]

B. Medizinethische Debatte

I. Grundlagen

1. Einführung in die medizinethische Argumentationsstruktur

Die Medizinethik hält unterschiedliche Arten der Argumentationsstruktur bereit.[167]

a) Deontologischer Ansatz

Zunächst ist dabei das deontologische Begründungsmodell zu nennen, das im Wesentlichen auf den kategorischen Imperativ *Kants* zurückgeht.[168] Beim deontologischen Begründungsmodell wird danach gefragt, ob eine Handlung einer moralischen Pflicht oder einem anerkannten moralischen Prinzip entspricht.[169]

b) Konsequentialistischer Ansatz

Dagegen steht beim konsequentialistischen Begründungsmodell der Begriff des Nutzens im Mittelpunkt.[170] Demzufolge wird eine Handlung im Wesentlichen vor dem Hintergrund ihrer Folgen bewertet.[171]

---

[164] Vgl. dazu Beck, Was ist ein gutes Strafgesetz? S. 46.
[165] Beck, Was ist ein gutes Strafgesetz? S. 50.
[166] Ueding, S. 60.
[167] Ammann, S. 166; Reimer, S. 24; ausführlich zur Begründung in der Ethik und zur Funktion ethischer Theorie auch Hildt, Autonomie in der biomedizinischen Ethik, S. 24-44.
[168] Kant, Kritik der praktischen Vernunft, S. 36 ff.; siehe dazu Ammann, S. 166; Wiesing ab S. 26.
[169] Reimer, S. 24; Wiesing, S. 25f; vgl. ausführlich bei Kant, Grundlegung zur Metaphysik der Sitten, S. 393; Kant, Kritik der praktischen Vernunft, S. 36ff; dazu auch Ammann, S. 166; Magnus, S. 39 ff.; sowie Reimer, S. 25.
[170] Ammann, S. 169.
[171] Ammann, S. 170; Reimer, S. 25; Wiesing, S. 28.

c) Tugendethik

Die Tugendethik, bei der umstritten ist, ob es sich hierbei um einen unabhängigen Typ Ethik handelt, geht auf *Platon* und *Aristoteles* zurück.[172] Bei tugendethischen Ansätzen wird grundsätzlich davon ausgegangen, dass für die Orientierung der Handlung die bewusste Formung von Charaktereigenschaften in Bezug auf bestimmte Situationen entscheidend sei.[173] Eine tugendhafte Einstellung, die sich durch Besonnenheit, Gerechtigkeit sowie Klugheit und Tapferkeit auszeichne, ermögliche es, im Einzelfall ohne übergeordnete Vorgaben im Wege einer eigenen Beurteilung einen Ausgleich zwischen maßlosem und unzureichendem Handeln zu erreichen.[174]

d) Kasuistischer Ansatz

Beim kasuistischen Ansatz hingegen werden die Argumente in der jeweiligen speziellen Situation aus einer Einzelfallabwägung gewonnen.[175] In Einzelfällen kann sich dies zwar durchaus als gewinnbringend erweisen, nichtsdestotrotz ist im Rahmen der Medizinethik ein Bedarf an einem konsensfähigen Mindeststandard nicht von der Hand zu weisen.[176]

e) Kohärentischer Ansatz

Schließlich wird in der Medizinethik häufig der kohärentische oder auch prinzipienorientierte Ansatz von *Beauchamp/Childress*[177] vertreten, der eine solche abstrakte Grundorientierung bereithält und im Allgemeinen ansatzübergreifend Zustimmung erfahren sollte.[178] Beim Ansatz von *Beauchamp/Childress*[179] werden abstrakt vier Prinzipien konstituiert, an denen sich orientiert werden kann.[180] Diese vier Prinzipien gliedern sich in das Autonomieprinzip, die Prinzipien des Nichtschadens und Wohltuns bzw. Fürsorge-Prinzip sowie in das Gerechtigkeitsprinzip auf.[181] Sie sind als Leitlinien zu verstehen, die im Rahmen der medizinethischen Debatte gewissermaßen als Standard angesehen werden können.[182] Gültigkeit entfalten die Prinzipien

---

172 Reimer, S. 25 m.w.N.
173 Reimer, S. 25; Wiesing, S. 29.
174 Reimer, S. 25 m.w.N.
175 Schöne-Seifert, S. 27, 31; Reimer, S. 25.
176 Reimer, S. 25.
177 Beauchamp/Childress, Principles of Biomedical Ethics, New York 2013; dazu auch Ammann, S. 185 ff.; Schöne-Seifert, S. 32 ff.
178 Vgl. dazu auch Reimer, S. 25 m.w.N; Wiesing, S. 32 ff.
179 Beauchamp/Childress, Principles of Biomedical Ethics, New York 2013; allgemein dazu auch Childress, Method in Bioethics, S. 15 – 45.
180 Siehe dazu Reimer, S. 25; ausführlicher dazu sogleich.
181 Dazu u.a. bei Reimer, S. 25, Wiesing, S. 35f., Schöne-Seifert, S. 32 ff.
182 Reimer, S. 25f.

so lange, wie sie nicht mit gleichwertigen oder höher einzustufenden Verpflichtungen aufeinandertreffen.[183]

Bei diesen allgemein formulierten Grundsätzen besteht zwar die Gefahr, dass die Prinzipien auf verschiedene Weisen interpretiert werden können.[184] Vorteilhaft ist hieran jedoch, dass diese einen gewissen medizinethischen Rahmen bieten, der im einzelnen Fall noch für individuelle Beurteilungen Spielraum lässt und so zu der Erreichung eines Konsens beitragen können.[185] Aus diesem Grund ist eine fallbezogene Interpretation und Abwägung der Prinzipien untereinander erforderlich.[186] Die für die Situation der Demenzfrüherkennung und der medizinethischen Probleme, die mit dieser einhergehen, besonders relevanten Gesichtspunkte des kohärentischen Ansatzes sollen daher im Laufe dieses Kapitels dargelegt und in dieser Hinsicht konkretisiert werden.

2. Medizinethische Probleme im Kontext der Demenzfrüherkennung

Den Betroffenen, die sich für eine Untersuchung zur Demenzfrüherkennung entscheiden, können durch die eingangs dargestellten Methoden Informationen bereitgestellt werden, auf deren Basis Entscheidungen im Hinblick auf die Zukunft getroffen werden können.[187] Jedoch möchten einige Betroffene diese Chance bewusst nicht nutzen, um in der Gegenwart nicht mit Informationen belastet zu werden, die sich später entweder sicher oder selbst nur mit einer gewissen Wahrscheinlichkeit realisieren könnten.[188] Die Entscheidung für oder gegen Untersuchungen, die eine frühe Erkenntnis einer späteren Demenzerkrankung mit einer gewissen Wahrscheinlichkeit ermöglichen sowie der Umgang mit den Ergebnissen solcher Untersuchungen, sind individuell.[189]

---

183 Reimer, S. 26; Wiesing, S. 35.
184 Reimer, S. 26.
185 Wiesing, S. 35.
186 Wiesing, S. 35.
187 Vgl. dazu: Hildt, Autonomie in der biomedizinischen Ethik, S. 197; sowie oben S. 16 ff.; zu den Hintergründen, Dynamiken und Folgen der prädiktiven Diagnostik siehe Lemke/Kollek, S. 163 ff.
188 Eine Studie zur Einstellung der Bevölkerung zur prädiktiven Diagnostik findet sich bei Illes/Rietz u.a., EthikMed 2003 S. 268 – 281. Diese belegt, dass eine Mehrheit der Befragten eine freiwillige Möglichkeit zur Entscheidung über prädiktive genetische Untersuchungen wünscht (hier in Bezug auf Schizophrenie und Depressionen). Verpflichtende Untersuchungen werden jedoch zumeist abgelehnt.
189 *Di Fabio* in: Maunz/Dürig, GG, Art. 2 Rn. 204; dieses Recht wird in diesem Kontext auch als Grundrecht auf bioethische Selbstbestimmung bezeichnet, vgl. dazu auch Koppernock, Das Grundrecht auf bioethische Selbstbestimmung, 1997; siehe auch Sperling, S. 25.

Aufgrund der Individualität dieser Entscheidung ist auch das Verhältnis von ärztlichem Fachpersonal und Betroffenen in den Blick zu nehmen. Dieses hat sich mit der Zeit von einem paternalistisch geprägten zu einem partnerschaftlichen Modell gewandelt.[190] Das bedeutet, dass nicht das ärztliche Fachpersonal alleine, sondern in Kooperation mit den Betroffenen auf Grundlage einer umfassenden Aufklärung relevante Entscheidungen trifft.[191]

Die Autonomie und das Selbstbestimmungsrecht der Betroffenen sind Kern der medizinethischen Debatte rund um die medizinische Behandlung und damit auch in Bezug auf Untersuchungen zum Zweck der Demenzfrüherkennung und Vorausverfügungen auf Basis der Ergebnisse dieser Untersuchungen.[192]

Aber auch der Aspekt des Nutzens bzw. Nichtschadens spielt in der medizinethischen Debatte zur Demenzfrüherkennung eine Rolle.[193] Dabei werden im Wesentlichen Nutzen und Risiken der Untersuchungen zum Zweck Demenzfrüherkennung beleuchtet, wobei auch die Validität, Spezifität und Sensitivität der Untersuchungsmethoden eine Rolle spielt. Problematisch ist dabei im Rahmen der Methoden zur Demenzfrüherkennung vor allem, dass die Möglichkeiten der Prävention stark eingeschränkt sind.[194]

Schließlich sind auch die besonderen Aspekte der medizinethischen Debatte in Bezug auf die Humanforschung zu beachten, die im Kontext einer Vorausverfügung in Form einer Forschungsverfügung von Bedeutung sind. Das Prinzip des Gleichgewichts sowie die Autonomie und informierte Zustimmung bilden das Kerngerüst der medizinethischen Grundsätze der Humanforschung. Im Rahmen der Humanforschung im Kontext der Demenzfrüherkennung ist weiter zwischen der Forschung mit individuellem Nutzen und der besonders problematischen nicht-eigennützigen Forschung zu differenzieren.

---

[190] Gaul, EthikMed 2002, S. 160, 161; vgl. auch ausführlich Hildt, Autonomie in der biomedizinischen Ethik, S. 117-122; sowie Huber, Ethik Med 2006, S. 133ff; Magnus, S. 16 ff.; dazu auch Reimer, S. 26.
[191] Gaul, EthikMed 2002, S. 160, 161; vgl. auch ausführlich Hildt, Autonomie in der biomedizinischen Ethik, S. 117-122; sowie Huber, Ethik Med 2006, S. 133ff; Magnus, S. 16 ff.; dazu auch Reimer, S. 26.
[192] Auch beispielsweise *Schindelhauer-Deutscher/Henn* in: Patientenverfügungen, S. 403, 403 sehen die Patientenautonomie als wichtigstes ethisches Prinzip im Fall der genetischen Diagnostik an, so auch Damm, MedR 2010, S. 452.
[193] Siehe zu den medizinethischen Besonderheiten der prädiktiven Gendiagnostik Sperling, S. 25 ff.
[194] Ueding, S. 82.

II. Autonomie

1. Problemkonstellationen

a) Früherkennungsergebnisse als Wahrscheinlichkeitsaussagen

Im Zusammenhang mit der Demenzfrüherkennung ist zunächst bedeutsam, dass nach der Erkenntnis, dass mit einer gewissen Wahrscheinlichkeit zukünftig eine Demenzerkrankung eintreten kann, keine heilende oder den Erkrankungseintritt gänzlich verhindernde Behandlung erfolgen kann.[195] Einige Behandlungsmaßnahmen können den Eintritt der Krankheit verzögern, den Fortschritt der Krankheit verlangsamen oder ihre Symptome abmildern.[196] Ziel von Untersuchungen zur Früherkennung ist demnach nicht etwa die Heilung der Krankheit, sondern vielmehr, den Betroffenen in die Lage zu versetzen, auf Grundlage der gewonnenen Daten Entscheidungen über seinen weiteren Lebensverlauf treffen zu können.[197]

b) Verlust kognitiver Fähigkeiten bei Eintritt von Demenzerkrankungen

Betroffene büßen im Verlauf einer Demenzerkrankung kognitive Fähigkeiten ein.[198] Dies führt dazu, dass sie nach und nach nicht mehr in der Lage sind, für sich selbst zu entscheiden, sondern auf Hilfe von anderen angewiesen sind.[199] Daher ist die Autonomie auch ein zentraler Begriff im Rahmen der Beschäftigung mit Demenzerkrankungen, die bereits eingetreten sind.[200] Dies kann im Kontext der Untersuchung insbesondere im Rahmen von Vorausverfügungen relevant werden.

c) Abgrenzung von Gesundheit und Krankheit

Seit jeher wurde die Gesundheit als optimaler Zustand beschrieben, wobei sich die Anforderungen an dieses Optimum mit der Zeit gewandelt haben.[201] Durch die Veränderungen der diagnostischen Möglichkeiten wandelte sich das Verständnis der Gesundheit von einem subjektivorientierten zu einem Begriff, der objektiv messbar und damit nachprüfbar erscheint.[202] Man kann also gewissermaßen davon sprechen, dass den Betroffenen die Möglichkeit der eigenen

---

[195] Hildt, BGesBl. 2008, S. 829; dazu auch Ueding, S. 60; zum Problem des Umgangs mit Wahrscheinlichkeiten am Beispiel der Krebsfrüherkennung siehe Strech, Ethik Med 2005 S. 103-113 (im Gegensatz zu einer Demenzerkrankung ist dabei eine Heilungsmöglichkeit denkbar).
[196] Ueding, S. 67; vgl. hierzu aus medizinischer Sicht bereits oben ab S. 7.
[197] Hildt, BGesBl. 2008, S. 829, 830.
[198] Siehe dazu oben S. 7 ff.
[199] Deutscher Ethikrat, Demenz und Selbstbestimmung – Stellungnahme, S. 50.
[200] Wunder, ZfMER 2 2012 S. 48; Hildt, JCSW 2004, S. 47.
[201] Bauer, S. 166.
[202] Ausführlich hierzu bei Bauer, S. 167.

Bestimmung über Gesundheit und Krankheit entzogen und in die Hände medizinischer Experten gelegt wurde.[203]

Die beschriebenen zusätzlichen Möglichkeiten der Früherkennung von Demenzerkrankungen bewirken, dass Gesundheit und Krankheit nur noch schwer voneinander abzugrenzen sind:[204] Auch ein Mensch, der nach seiner Ansicht und auch körperlich im derzeitigen Stadium noch als gesund zu bezeichnen wäre, könnte aufgrund prädiktiver Informationen als „krankheitsgefährdet" und in der Folge als nicht mehr vollständig gesund charakterisiert werden.[205] Bei „kranken Gesunden" ist noch keine Erkrankung festgestellt, aber ganz gesund sind diese eben auch nicht, da eine Diagnose für eine erhöhte Erkrankungswahrscheinlichkeit existiert.[206] Dies kann zu Verunsicherung und Verängstigung der Betroffenen und auch zu Überinterpretationen und Irrtümern bei diesen führen, die diese letztlich in ihrer Autonomie beschneiden könnten.[207]

2. Begriffserklärungen

Der Begriff der Autonomie ergibt sich aus den griechischen Wörtern „autós" und „nómos" und bedeutet dem Wortsinn nach „Selbstgesetzgebung". [208] Unter Autonomie versteht man die Fähigkeit eines handlungsfähigen Daseins, sein eigenes Verhalten innerhalb eines ihm zuerkannten Bereichs frei und nach seinen individuellen Maßstäben zu bestimmen.[209] Aus dieser Fähigkeit wird wiederum das Selbstbestimmungsrecht abgeleitet, wobei man unter Selbstbestimmung die konkrete Umsetzung der Entscheidungen versteht, die im Rahmen der Autonomie getroffen wurden.[210]

---

[203] Bauer, S. 167; grundlegend zu den Konzepten von Gesundheit und Krankheit siehe Fangerau/Martin, S. 51 ff.; sowie ausführlich bei Magnus, S. 23 ff.; zum Krankheitsbegriff im strafrechtlichen Zusammenhang der Körperverletzungsdelikte siehe Beck, Krankheitsbegriff im Kontext der Körperverletzungsdelikte, S. 101 ff., insbesondere S. 117 ff.; zum Krankheitsbegriff im Zusammenhang mit dem Patientenstatus siehe Magnus, S. 23 ff.

[204] Bauer, S. 167.

[205] Bauer, S. 167, 168; dazu auch Schallenberg, medgen 2016 S. 463.

[206] Deutscher Ethikrat, Die Zukunft der genetischen Diagnostik – Stellungnahme, S. 117.

[207] Deutscher Ethikrat, Die Zukunft der genetischen Diagnostik – Stellungnahme, S. 117.

[208] Bobbert/Werner, Autonomie/Selbstbestimmung, S. 105; Hildt, BGesBl. 2008, S. 827; Hildt, JCSW 2004, S. 38; Magnus, S. 39.

[209] Bobbert/Werner, Autonomie/Selbstbestimmung, S. 105; so auch Fündling, S. 98; zum Autonomiebegriff auch Huber, Ethik Med 2006, S. 134, siehe zur Autonomie im Recht Damm, MedR 2002, S. 376; hierzu auch Magnus, S. 39.

[210] Fündling, S. 98, 99; wobei Selbstbestimmung und Autonomie im Schrifttum teilweise synonym verwendet werden, siehe beispielsweise Bobbert/Werner, Autonomie/Selbstbestimmung, S. 105.

3. Autonomiekonzept nach *Beauchamp/Childress*

Beauchamp/Childress[211] formulieren vier Prinzipien als Leitlinien, die solange gültig sein sollen, wie sie nicht mit Verpflichtungen gleichwertiger oder höherer Art kollidieren.[212]

Das Autonomieprinzip soll hierbei vor paternalistischer ärztlicher Bevormundung der Betroffenen schützen, die sog. negative Freiheit. Den Betroffenen wird eine persönliche Hoheit in Entscheidungsfragen in Bezug auf die eigene Gesundheit zugesprochen, die sog. positive Freiheit.[213] Daraus wird etwa die ärztliche Pflicht abgeleitet, die Betroffenen vor der Behandlung über diese ausreichend zu informieren, damit diese zustimmen können (*informed consent*).[214]

Beauchamp/Childress zufolge sind autonome Entscheidungen an drei Bedingungen geknüpft: die Entscheidung muss intentional getroffen werden, der Mensch muss verstanden haben, was er entscheidet bzw. tut und schließlich muss er die Entscheidung frei von äußeren Einflüssen vornehmen können.[215]

4. Zwischenfazit

Die Selbstbestimmung eines Menschen setzt voraus, dass diesem einige mögliche Alternativen zur Verfügung stehen, für die er sich aus persönlichen Gründen in dem Bewusstsein der eigenen Urheberschaft entscheiden kann. [216] Das erfordert wiederum, dass wesentliche Informationen verstanden und anschließend beurteilt werden, sodass der Mensch zu einem Ergebnis gelangt, das er frei gegenüber Dritten äußern kann. [217]

Im Rahmen des medizinethischen Autonomiekonzepts von *Beauchamp/Childress* ist die Unterscheidung zwischen der Autonomie des ärztlichen Fachpersonals, eine Behandlung bspw. aufgrund eines Gewissenskonflikts zu verweigern und der Autonomie der Betroffenen, nach einer umfassenden Aufklärung selbst darüber zu entscheiden, ob gewisse Behandlungen an ihnen vorgenommen werden, von Bedeutung.[218]

Hier soll aufgrund der zuvor geschilderten Problematik der Demenzfrüherkennung vor allem die Autonomie der Betroffenen in den Fokus gerückt werden. Im Kontext der medizinischen

---

[211] Beauchamp/Childress, Principles of Biomedical Ethics, New York 2013.
[212] Siehe dazu auch Magnus, S. 56 ff.; Reimer, S. 25 ff.; vgl. hierzu einführend bereits soeben ab S. 25.
[213] Beauchamp/Childress, S. 101 ff.; dazu Magnus, S. 60; sowie Reimer, S. 26.
[214] Beauchamp/Childress, S. 120 ff.; dazu auch Reimer, S. 26.
[215] Beauchamp/Childress, S. 104 ff.; siehe dazu auch Magnus, S. 57.
[216] Wunder, ZfMER 2 2012 S. 48, 49.
[217] Wunder, ZfMER 2 2012 S. 49; ausführlicher zum Autonomiekonzept in der Ethik: Jennings, Autonomy, S. 72 – 89 sowie Hildt, Autonomie in der biomedizinischen Ethik, S. 41-110.
[218] Hildt, BGesBl. 2008, S. 828; hierzu auch Birnbacher, MedR 2012, S. 560, 562f.

Ethik ist hierbei relevant, dass zum einen ausreichende Informationen vorliegen müssen, auf deren Grundlage sich eine autonome Entscheidung treffen lässt (sog. positive Freiheit), zum anderen darf keine Einflussnahme von außen erfolgen, die die freie Entscheidungsfindung der Betroffenen zu beeinflussen geeignet sein kann (sog. negative Freiheit).[219] Schließlich ist zu beachten, dass die Autonomie als Eigenschaft des Menschen angesehen wird, aus der Rechte und Pflichten folgen und bei der jede Einschränkung einer ethischen Begründung bedarf.[220]

5. Autonomie im Rahmen der prädiktiven Diagnostik

a) Grundlegende Erwägungen

Durch die Früherkennung von Demenz ergibt sich für die Betroffenen die Möglichkeit, die individuelle Lebensplanung an die Ergebnisse der Untersuchung anzupassen.[221] So tritt bei den Betroffenen mit einem negativen Ergebnis oft eine große Erleichterung ein, während Betroffene, bei denen ein positives Ergebnis vorliegt, die Möglichkeit haben, ihre Autonomie im Hinblick auf den erwarteten gesundheitlichen Verlauf wahrzunehmen, beispielsweise durch Vorausverfügungen auf Basis der Untersuchungsergebnisse.[222] Dabei ist zu beachten, dass der Krankheitseintritt bei der Demenz nicht durch Medikamentengabe oder ähnliches verhindert, sondern lediglich hinausgezögert werden kann.[223] Daher kann ein eventueller Gewinn an Autonomie durch die Demenzfrüherkennung allenfalls zeitlich begrenzt erfolgen.[224]

Es kann aber auch in Frage gestellt werden, ob die Kenntnis einer Möglichkeit des späteren Krankheitseintritts die Autonomie der Betroffenen nicht nur unterstützt, sondern diese zum Teil auch beschneidet.[225] So könnte man vertreten, dass sich die Auswahl an verfügbaren Handlungsalternativen durch die Kenntnis, dass später wahrscheinlich eine Demenzerkrankung auftreten könnte, verringert.[226] Die Betroffenen könnten sich verunsichert und verzweifelt fühlen und infolge der Kenntnis der Ergebnisse der Untersuchung zum Zweck der Demenzfrüherkennung zu bestimmten Entscheidungen gezwungen sehen.[227] Ein solcher Zwang kann beispiels-

---

[219] Hildt, BGesBl. 2008, S. 828; siehe dazu auch ausführlich oben.
[220] Ueding, S. 69.
[221] Hildt, BGesBl. 2008, S. 830; so auch Ueding, S. 69; Hildt, Autonomie in der biomedizinischen Ethik, S. 308 ff.; Meinicke/Kosinski/Zerres/Maio, Nervenarzt 2003 S. 414f. (im Fall der genetischen Diagnostik von Chorea Huntington).
[222] Hildt, BGesBl. 2008, S. 830; Ueding, S. 69.
[223] Ueding, S. 71; siehe auch Seite 7 zur Nichtheilbarkeit der hier in den Fokus gerückten primären Demenzen.
[224] Ueding, S. 71.
[225] Dazu Hildt, BGesBl. 2008, S. 830; hierzu auch Hildt, Autonomie in der biomedizinischen Ethik, S. 223 ff.
[226] Dazu Hildt, BGesBl. 2008, S. 830; so auch Ueding, S. 69.
[227] Dazu Hildt, BGesBl. 2008, S. 830.

weise in der Verantwortung des Einzelnen, sein Leben am Untersuchungsergebnis zu orientieren, liegen.[228] So könnte etwa eine Tätigkeit wie ein Hobby zum Zweck der Risikominimierung aufgegeben werden, aber auch gewichtigere Entscheidungen im Kontext der eigenen Familienplanung könnten hiervon beeinflusst werden.[229] Die Betroffenen könnten sich also aufgrund des Untersuchungsergebnisses selbst in ihrer Freiheit beschneiden, bestimmte Dinge zu tun.[230] Ein solcher selbst auferlegter Verzicht mag zwar zunächst dazu beitragen, mit dem Untersuchungsergebnis besser umgehen zu können, resultiert aber schließlich in einer Verleugnung des eigenen Selbst.[231] Die Untersuchungsergebnisse liegen letztlich nicht im kontrollierbaren Bereich der Betroffenen, was eine Ausrichtung des eigenen Lebens an diesen nicht mit dem Autonomie-Gedanken vereinbar erscheinen lässt.[232] Insbesondere im Hinblick darauf, dass eine Untersuchung zur Demenzfrüherkennung nur die Wahrscheinlichkeit eines späteren Krankheitseintritts bestimmen kann, könnten die selbst auferlegten Einschränkungen auch unbegründet sein, wenn die Krankheit nicht auftritt.[233]

Auch lässt sich anführen, dass Autonomie und die Kenntnis einer möglicherweise später auftretenden Krankheit nicht zwingend in einem Alternativverhältnis stehen.[234] So ist hierbei eine übergeordnete Dimension in den Blick zu nehmen.[235] Indem die Freiheit der Betroffenen nach ihren Wünschen beschränkt wird, wird ihren Plänen und Absichten Rechnung getragen.[236] Die Person erlegt sich selbst autonom den Zwang auf, auf Grundlage des Analyseergebnisses bestimmte Handlungen vorzunehmen, sodass gerade durch die selbst auferlegte Beschränkung der Freiheit eine fortdauernde Selbstbestimmung ermöglicht wird.[237] Nichtsdestotrotz besteht die erhebliche Gefahr einer unangemessenen, selbst auferlegten Beschränkung durch das Ergebnis der Untersuchung.[238] Insoweit ist es an den jeweiligen Betroffenen, selbst zu entscheiden, ob sie dieses Risiko individuell eingehen möchten. Dies ist als Ausdruck der Autonomie von Einzelnen anzusehen.

---

[228] Dazu Hildt, BGesBl. 2008, S. 830.
[229] Dazu Hildt, BGesBl. 2008, S. 830.
[230] Dazu Birnbacher, Patientenautonomie und ärztliche Ethik am Beispiel der prädiktiven Diagnostik, S. 106; Hildt, BGesBl. 2008, S. 830, 831.
[231] Dazu Hildt, BGesBl. 2008, S. 831.
[232] Dazu Hildt, BGesBl. 2008, S. 831.
[233] Dazu Ueding, S. 70.
[234] Hildt, BGesBl. 2008, S. 831.
[235] Hildt, BGesBl. 2008, S. 831.
[236] Hildt, BGesBl. 2008, S. 831.
[237] Hildt, BGesBl. 2008, S. 831.
[238] Hildt, BGesBl. 2008, S. 831.

b) Spezielle Probleme der Wahrung der Autonomie bei der Demenzfrüherkennung

aa) „*informed consent*"

Die Entscheidung, eine Untersuchung durchführen zu lassen, die mit einer gewissen Wahrscheinlichkeit den Eintritt einer späteren Demenzerkrankung vorhersagen kann, soll eine autonome Entscheidung der Betroffenen darstellen.[239] In diesem Zusammenhang wird der *informed consent* relevant, der infolge der Veränderung des ursprünglich paternalistischen Verhältnis von Betroffenen und ärztlichem Fachpersonal zu einem partnerschaftlichen Modell signifikant an Bedeutung gewonnen hat.[240] Unter *informed consent* versteht man, dass die Durchführung einer medizinische Behandlung nur dann erfolgt, wenn der Patient dieser nach einer umfassenden Aufklärung über seine individuelle gesundheitliche Situation, die Chancen und Risiken der Behandlung sowie alternative Methoden freiwillig zugestimmt hat.[241]

Die Betroffenen müssen sich in einem Zustand, indem die Bedeutung und Tragweite der Entscheidung nachvollzogen werden kann,[242] befinden und über ausreichende Kenntnis hinsichtlich ihres eigenen Gesundheitszustandes und der medizinischen Gesichtspunkte im Zusammenhang mit der Behandlung verfügen.[243] Auf Basis dieses Wissens kann anschließend über den weiteren Verlauf der Behandlung entschieden werden.[244] Daraus resultiert die Pflicht des ärztlichen Fachpersonals, die Betroffenen vor der Behandlung aufzuklären, sodass diese nach Reflexion eine selbstbestimmte Entscheidung hinsichtlich der in Frage stehenden Maßnahme treffen können.[245] Um diese Entscheidung treffen zu können, müssen die Betroffenen dazu in der Lage sein, die verschiedenen Handlungsoptionen einschließlich ihrer Konsequenzen zu erkennen und diese rational gegeneinander abzuwägen.[246]

Probleme ergeben sich hierbei vor allem im Kontext der Grundidee und Beachtung von Kriterien dafür, ob die Betroffenen in ausreichendem Maße verstanden haben, welchen Maßnahmen genau zugestimmt wird, also ob diese überhaupt genug Informationen haben, um die Tragweite

---

[239] Hildt, BGesBl. 2008, S. 830.
[240] Hildt, BGesBl. 2008, S. 828; Hildt, Autonomie in der biomedizinischen Ethik, S. 115, 123 ff.; hierzu auch Damm, MedR 2002 S. 380; zur Wandlung des Verhältnisses zwischen ärztlichem Fachpersonal und Betroffenen bei Gaul, EthikMed 2002, S. 160, 161; vgl. auch ausführlich Hildt, Autonomie in der biomedizinischen Ethik, S. 117-122; sowie Huber, Ethik Med 2006, S. 133ff; Magnus, S. 16 ff.; dazu auch Reimer, S. 26.
[241] Hildt, BGesBl. 2008, S. 828; Ueding, S. 77; Hildt, Autonomie in der biomedizinischen Ethik, S. 115, 123 ff.; hierzu auch Huber, Ethik Med 2006, S. 133.
[242] Dieser Zustand wird auch als kognitive und emotionale Kompetenz bezeichnet, vgl. Bobbert/Werner, Autonomie/Selbstbestimmung, S. 110.
[243] Bobbert/Werner, Autonomie/Selbstbestimmung, S. 110f.; Hildt, BGesBl. 2008, S. 828; Ueding, S. 77.
[244] Bobbert/Werner, Autonomie/Selbstbestimmung, S. 111; Hildt, BGesBl. 2008, S. 828.
[245] Hildt, BGesBl. 2008, S. 828.
[246] Hildt, BGesBl. 2008, S. 828.

und Bedeutung ihrer Entscheidung in ausreichendem Maße nachvollziehen zu können.[247] Zudem soll vermieden werden, dass Betroffene manipuliert oder in sonstiger Weise in Bezug auf ihre Entscheidung über die Vornahme einer medizinischen Maßnahme unter Druck gesetzt werden.[248] In der Praxis wird es oft so gehandhabt, dass eine grundlegende Aufklärung erfolgt, die dann individuell im Hinblick auf spezielle Nachfragen der Betroffenen spezifiziert werden kann.[249] Kritisiert wird an dem Konzept des *informed consent*, dass dies auf Vertrauen, Kommunikation und Verantwortung beruhe, eine Beschränkung des Selbstbestimmungsrechts auf die Wahl oder Ablehnung einer medizinischen Maßnahme im Zustand der Bedürftigkeit im Fall einer Krankheit könne aber schwerlich als autonomiekonform gewertet werden.[250]

Im Rahmen der Demenzfrüherkennung müssen die Betroffenen die jeweiligen Tests, die durchführbar sind, dem Grunde nach verstehen können und auch dazu in die Lage gebracht werden, die Risiken, die mit diesen eventuell verbunden sind, auf Grundlage umfassender Informationen selbst abzuwägen.[251] Auch muss Klarheit über die möglichen Ergebnisse der Untersuchung herrschen.[252] Zudem sind die Folgen der Demenzfrüherkennung sowie die eventuell veränderten Lebensumstände bei Krankheitseintritt zu erläutern, um den Betroffenen eine ausreichende Informationsgrundlage für die Entscheidung über die Vornahme einer Untersuchung zur Demenzfrüherkennung zu bieten.[253] Schließlich ist dabei auch die aktuelle geistige Leistungsfähigkeit der Betroffenen zu beachten.[254] Von untergeordneter Rolle ist in diesem Kontext die etwaige Bedürftigkeit aufgrund eines akuten Krankheitszustandes, da eine Entscheidung über die Vornahme einer Untersuchung zum Zweck der Demenzfrüherkennung in einem Stadium erfolgt, in dem die Betroffenen noch als gesund einzustufen sind.

[247] Bobbert/Werner, Autonomie/Selbstbestimmung, S. 111.
[248] Bobbert/Werner, Autonomie/Selbstbestimmung, S. 111.
[249] Bobbert/Werner, Autonomie/Selbstbestimmung, S. 111.
[250] Dazu bei Bobbert/Werner, Autonomie/Selbstbestimmung, S. 111.
[251] Ueding, S. 77.
[252] Ueding, S. 77.
[253] Ueding, S. 78.
[254] Ueding, S. 78.

bb) Recht auf Wissen und Recht auf Nichtwissen

(1) Recht auf Wissen

Grundlegende Bedingung für die persönliche Autonomie und die Ausübung ebendieser im Rahmen der Selbstbestimmung ist, wie bereits soeben beim *informed consent* gesehen, das Wissen.[255] Daher soll es Betroffenen im Rahmen von Untersuchungen zum Zweck der Demenzfrüherkennung dem Grunde nach möglich sein, Informationen über ihre gesundheitliche Verfassung zu erlangen, die Aufschluss über die Wahrscheinlichkeit eines späteren Krankheitsausbruchs geben können.[256] Sie haben in diesem Zusammenhang also das Recht auf Wissen.

Auch muss der Einzelne autonom entscheiden können, wem die Ergebnisse der Früherkennungsuntersuchung, wenn diese durchgeführt wird, zugänglich gemacht werden sollen.[257] Dies spielt insbesondere im Hinblick auf den Abschluss von Versicherungen (wie beispielsweise Kranken- oder auch Lebensversicherungen) oder eines Arbeitsvertrages eine Rolle.[258] Die Krankenkasse könnte zum Beispiel bei Kenntnis der Möglichkeit eines Eintritts einer späteren Demenzerkrankung höhere Beiträge fordern oder es gänzlich ablehnen, die Betroffenen aufzunehmen.[259]

(2) Diskussion um das Recht auf Nichtwissen[260]

(a) Grundlegende Erwägungen

Da die Informationen infolge einer Untersuchung zum Zweck der Demenzfrüherkennung aber wie zuvor bereits dargestellt auch negative Auswirkungen für die Betroffenen haben können, könnte im Gegensatz zum Recht auf Wissen auch das Recht garantiert werden, keine Informationen über die Wahrscheinlichkeit eines späteren Krankheitseintritts zu erlangen, das Recht

---

[255] Fündling, S. 99; Ueding, S. 71; dazu auch Beauchamp/Childress, S. 121; hierzu auch Bucholtz/Eckardt, ZfMER Heft 2 2012 S. 29; einige Autoren gehen sogar von einer Pflicht zum Wissen aus, vgl. bspw. Ost, Journal of Medicine and Philosophy, 1984, S. 301 ff.

[256] Zum Recht auf Wissen bzw. Nichtwissen im Rahmen prädiktiver genetischer Untersuchungen siehe Fündling, S. 98 ff.

[257] Ueding, S. 72.

[258] Beck/Barnikol/Birnbacher/Langenberg/Steinert/Schulenburg/Fangerau, Prädiktive Medizin – eine rechtliche Perspektive, MedR 2016 S. 757; Ueding, S. 72; Zu den ethischen Aspekten in Bezug auf Versicherungen siehe Nationaler Ethikrat, Stellungnahme zu prädiktiven Gesundheitsinformationen beim Abschluss von Versicherungen, Berlin 2007.

[259] Ueding, S. 72.

[260] Siehe dazu ausführlich bei Fündling, S. 100 ff; m.w.N. zur Diskussion um das Recht auf Wissen bzw. Nichtwissen in der Gendiagnostik.

auf Nichtwissen.[261] Das Wissen um die gesundheitliche Konstitution kann Handlungsoptionen ausdehnen, aber auch wesentlich einschränken bzw. gänzlich zerstören.[262] Daher könnte man vertreten, dass im Rahmen der Autonomie und Selbstbestimmung niemand dazu gezwungen werden soll, dieses Wissen zu erlangen.[263]

(b) Weitgehende Anerkennung des Rechts auf Nichtwissen in der medizinethischen Debatte

Zuerst diskutiert wurde das Recht auf Nichtwissen im Zusammenhang mit der sich stetig weiterentwickelnden Gendiagnostik in den 1980er Jahren.[264] Dies hatte vor allem den Grund, dass der Fortschritt der Gentechnologie, insbesondere bezüglich ihrer Anwendung am Menschen, Ängste wachsen ließ.[265] Die genetische Determination könne nach *Jonas* negative Auswirkungen auf die Entwicklung des Menschen haben, unabhängig von der tatsächlichen Manifestation der genetischen Veranlagung.[266] Daher plädiert *Jonas* für ein Recht auf Nichtwissen, nach dem der Einzelne die Möglichkeit haben solle, frei zu wählen, auf Grundlage welcher Erkenntnisse er sein Leben planen wolle.[267] Seitdem hat das Recht auf Nichtwissen, vor allem in medizinethischen Diskussionen im Kontext der Gendiagnostik, weitgehend Zustimmung gefunden.[268]

(c) Kritik an der Anerkennung des Rechts auf Nichtwissen

Die Existenz eines Rechts auf Nichtwissen wird von einigen Autoren bezweifelt.[269]

Ost geht allgemein davon aus, dass sogar eine Pflicht zum Wissen bestehe, um die Autonomie des Einzelnen zu fördern.[270]

---

261 Fündling, S. 99; zur Diskussion um das Recht auf Wissen und das Recht auf Nichtwissen in der Gendiagnostik m.w.N. bei Fündling, S. 100 ff.
262 Fündling, S. 100; dazu auch allgemein bereits oben ab S. 3228.
263 Fündling, S. 100; Ueding, S. 72.
264 *Jonas*, S. 162 ff.; *Stockter* in: Duttge/Engel/Zoll, S. 28, siehe dazu auch Fündling, S. 98.
265 Fündling, S. 98; *Stockter* in: Duttge/Engel/Zoll, S. 28.
266 Jonas, S. 189; dazu auch *Stockter* in: Duttge/Engel/Zoll, S. 28.
267 Jonas, S. 194; dazu auch *Stockter* in: Duttge/Engel/Zoll, S. 28, 29.
268 Beck/Barnikol/Birnbacher/Langenberg/Steinert/Schulenburg/Fangerau, Prädiktive Medizin – eine rechtliche Perspektive, MedR 2016 S. 754; Damm. MedR 1999, 437, 446; Duttge, DuD 2010, 34 – 38; Duttge, Rechtlich-Normative Implikationen des Rechts auf Nichtwissen in der Medizin, S. 78 ff.; Duttge, MedR 2016, S. 666 ff.; Fündling, S. 105 m.w.N. ; Hildt, Autonomie in der biomedizinischen Ethik, S. 234; Regenbogen/Henn, MedR 2003, 152, 154 f.; Ropers, Genomsequenzierung – Konsequenzen für die prädiktive genetische Diagnostik, S. 61, 68; Schröder, Gendiagnostische Gerechtigkeit, S. 319 m.w.N.; Sperling, S. 25 ff.; Taupitz, in: FS-Wiese, 538, 583; kritisch hingegen etwa Wolf, S. 113 ff.
269 Dazu darstellend Fündling, S. 101f. m.w.N.
270 Ost, Journal of Medicine and Philosophy, 1984, S. 301 ff.

Auch wird eine Kritik am Recht auf Nichtwissen mit Blick auf Dritte begründet: Wenn ein Schaden für Dritte drohe, habe das Recht auf Nichtwissen zurückzutreten.[271] *Shaw* etwa positioniert sich dahingehend, dass sie im Zusammenhang mit der Erbkrankheit Chorea Huntington eine ethische Pflicht zum Wissen um die eigene genetische Konstitution annimmt, wenn bei einer anderen, etwa genetisch verwandten Person auch das Risiko einer Erkrankung bestehe.[272] Es bestehe in einem solchen Fall eine Pflicht zum Wissen.[273] Dies wird damit begründet, dass eine ethische Verpflichtung gegenüber potentiellen Nachkommen bestehe, diese nicht zu schädigen.[274] Dieser könne nur Genüge getan werden, wenn man um die eigene genetische Konstitution wisse und so ggf. Krankheiten von künftigen Generationen abwenden könne.[275] Darüber hinaus bestehe diese Pflicht auch gegenüber dem Ehepartner, um diesen vor wirtschaftlichen und emotionalen Schäden zu bewahren.[276]

(d) Stellungnahme

Die Anerkennung des Rechts auf Nichtwissen und die formulierte Kritik hieran schließen sich nicht zwangsläufig aus. Selbst bei einer, auch im Hinblick auf die Autonomie des Einzelnen, zu befürwortenden Anerkennung eines Rechts auf Nichtwissen ist keine uneingeschränkte Ausübung dieses Rechts garantiert. Vielmehr ist die Möglichkeit in Betracht zu ziehen, das Recht auf Nichtwissen in Konstellationen, in denen Dritte betroffen sein können, im Wege einer Einzelfallausübung unter Umständen einzuschränken oder sogar ganz zurücktreten zu lassen. Umgekehrt ist auch für Dritte (wie etwa Angehörige) ein Recht auf Nichtwissen anzunehmen, um deren Autonomie ebenso zu gewährleisten.

(3) Das Recht auf Wissen und das Recht auf Nichtwissen im Kontext der Demenzfrüherkennung

(a) Sonderrolle genetischer Daten

Wie im ersten Kapitel dargestellt, ist die Früherkennung einer später mit einer gewissen Wahrscheinlichkeit eintretenden Demenzerkrankung sowohl mittels genetischer, als auch zukünftig

[271] Shaw, American Journal of Medical Genetics 1987, S. 243 – 246.
[272] Shaw, American Journal of Medical Genetics 1987, S. 243 – 246.
[273] Shaw, American Journal of Medical Genetics 1987, S. 243 – 246.
[274] Shaw, American Journal of Medical Genetics 1987, S. 243, 245 m.w.N.
[275] Shaw, American Journal of Medical Genetics 1987, S. 243, 245 m.w.N.
[276] Shaw, American Journal of Medical Genetics 1987, S. 243, 245; dabei solle jedoch das Recht, sich nicht testen zu lassen, unberührt bleiben; der Ehepartner solle im Gegenzug aber ggf. über die Wahrscheinlichkeit, dass beim Ehepartner eine genetische Konstitution vorliegt, die Krankheiten hervorrufen kann, informiert werden.

mit Biomarkern nichtgenetischer Art denkbar.[277] In der Diskussion um das Recht auf Wissen und das Recht auf Nichtwissen nehmen genetische Informationen eine Sonderstellung ein, nach der sie eines besonderen Schutzes bedürfen.[278]

Diese Sonderstellung wird damit begründet, dass genetische Informationen identitätsrelevant und nicht abänderbar seien sowie eine weit in die Zukunft reichende Voraussagekraft innehaben.[279] Aus diesem Umstand könne wiederum eine Belastung für die Lebensgestaltung des Betroffenen resultieren.[280] Um den Einzelnen vor Diskriminierung im Hinblick auf die oft angenommene deterministische Macht genetischer Konstitution zu bewahren, bedürfe es des Schutzes durch den Gesetzgeber.[281]

Kritisiert wird an der Annahme des genetischen Exzeptionalismus jedoch richtigerweise, dass auch Untersuchungen, die nicht-genetische Informationen betreffen, in der Lage sind, prädiktive Informationen hervorzubringen und damit auch die Gefahr von Stigmatisierung und Diskriminierung bergen.[282] Zudem wird die Annahme der Unabänderlichkeit unter dem Einfluss des Betroffenen dahingehend kritisiert, als dass auch Faktoren nicht-genetischer Art dem Einfluss des Betroffenen entzogen sein können.[283] Hinzu kommt, dass sich genetische Dispositionen nicht immer manifestieren, sodass auch die Annahme einer genetischen Determiniertheit nicht vollends überzeugen kann.[284] Aus diesem Grund ist grundsätzlich allen medizinischen Daten, die Auskunft über eine spätere Erkrankungswahrscheinlichkeit geben können, eine gewisse Persönlichkeitsrelevanz zuzuschreiben.[285]

Das Recht auf Wissen und das Recht auf Nichtwissen sind als Ausfluss des Selbstbestimmungsrechts daher im Zusammenhang mit der Demenzfrüherkennung mittels genetischer und nichtgenetischer Biomarker anzuerkennen.[286]

---

[277] Siehe dazu unter II. Möglichkeiten der Demenzfrüherkennung ab S. 16 ff.
[278] Fündling, S. 139.
[279] Fündling, S. 139; so auch Kersten, JZ 2001, S. 161, 167 m.w.N.
[280] Fündling, S. 139.
[281] Fündling, S. 139; Kersten, JZ 2011, S. 161, 167.
[282] Fündling, S. 139, 140; Kiehntopf/Pagel, MedR 2008, S. 344, 347; siehe zur Problematik der Exzeptionalität genetischer Daten im Recht auch Damm/König, MedR 2008, S. 62 ff.
[283] Fündling, S. 140; Kiehntopf/Pagel, MedR 2008, S. 344, 347.
[284] Fündling, S. 140; Kiehntopf/Pagel, MedR 2008, S. 344, 347.
[285] Fündling, S. 141; zustimmend auch Dabrock, S. 252.
[286] So im Ergebnis auch Fündling, S. 142 – 144.

(b) Probleme im Zusammenhang mit Dritten

Zu beachten ist in diesem Kontext schließlich die Situation von Angehörigen, Arbeitgebenden oder Versicherungen, wie beispielsweise Krankenkassen.[287]

Die Angehörigen von Personen, die eine Untersuchung zum Zweck der Demenzfrüherkennung vornehmen lassen, können von Entscheidungen, die die Betroffenen auf Grundlage des Ergebnisses der Demenzfrüherkennung treffen, ebenso betroffen sein oder selbst das erhöhte Risiko einer später auftretenden Demenzerkrankung erwarten, ohne jedoch davon Kenntnis zu haben.[288] Problematisch kann in dieser Hinsicht in bestimmten Situationen werden, dass auch Angehörigen ein Recht auf Wissen oder ein Recht auf Nichtwissen zustehen kann.[289] Diese könnten, insbesondere wenn eine schwere Gesundheitsschädigung durch die frühzeitige Mitteilung des Erkrankungsrisikos vermieden werden kann, ein Recht auf Wissen bzw. Mitteilung der Erkrankungswahrscheinlichkeit haben. Gerade wenn es, wie bei primären Demenzen, jedoch keine Heilungsmöglichkeit gibt, kann eine Mitteilung, dass eine genetisch verwandte Person ein erhöhtes Erkrankungsrisiko hat, zu Belastungen der Angehörigen oder deren Familien kommen, sodass diesen zu deren Schutz ebenfalls ein Recht auf Nichtwissen zustehen kann.[290] Dies kann zum einen darin bestehen, dass diese gar nicht von der Erkrankungswahrscheinlichkeit des Angehörigen erfahren oder dass diese bei Kenntnis davon selbst dazu berechtigt sind, die Vornahme eines eigenen Gentest zu verweigern.[291]

Beim Abschluss einer Krankenversicherung gem. §§ 192 ff. VVG oder eines Arbeitsvertrages gem. § 611a BGB könnten Krankenkassen oder Arbeitgebende Interesse daran haben, hinsichtlich später eventuell auftretender Krankheiten des Vertragspartners informiert zu werden.[292] Die Krankenkassen könnten, bei Kenntnis von der Möglichkeit eines Eintritts einer späteren Demenzerkrankung, beispielsweise höhere Beiträge fordern oder es gänzlich ablehnen, Betroffene aufzunehmen[293], Arbeitgebende könnten möglicherweise von einem Abschluss eines Vertrags absehen wollen.[294] Auch wenn dieses Interesse aus wirtschaftlichen Gesichtspunkt

[287] Ueding, S. 76.
[288] Ueding, S. 76.
[289] Ueding, S. 77; siehe zu dieser Problematik bereits die Einleitung, in der auf das Urteil BGH NJW 2014, 2190 – 2192 verwiesen wird.
[290] Deutscher Ethikrat, Die Zukunft der genetischen Diagnostik – Stellungnahme, S. 117.
[291] Schröder, Gendiagnostische Gerechtigkeit, S. 373.
[292] Beck/Barnikol/Birnbacher/Langenberg/Steinert/Schulenburg/Fangerau, MedR 2016 S. 757; Ueding, S. 72.
[293] Ueding, S. 72.
[294] Schöne-Seifert, S. 97.

zunächst nachvollziehbar erscheint[295], so ist die zu befürchtende Benachteiligung der Betroffenen im Kontext der Demenzfrüherkennung in der Regel als schwerwiegender gegenüber diesem Interesse zu werten. Das bedeutet, dass Arbeitgebende und Versicherungen in solchen Konstellationen regelmäßig kein Recht darauf haben, über Ergebnisse von Untersuchungen zum Zweck der Demenzfrüherkennung unterrichtet zu werden, geschweige denn diese zu einer Bedingung eines Vertragsabschlusses zu machen.[296]

Dies lässt sich im Hinblick auf Arbeitgebende damit begründen, dass grundsätzlich kein Anspruch auf derartige Informationen besteht und dass Demenzerkrankungen vermehrt bei älteren Menschen auftreten, die dann entweder nur noch wenige Jahre oder nicht mehr arbeiten. Auch bestehen für Arbeitgebende generell viele andere Risiken bei der Einstellung von Arbeitnehmenden.[297]

Im Kontext des Versicherungswesens stellt sich diese Problematik nur bei privaten Versicherungen, nicht jedoch bei Abschluss einer gesetzlichen Krankenversicherung.[298] Grundlage von Versicherungssystemen ist es, dass einzelne versicherte Personen gerade keine Kenntnis über zukünftige Erkrankungswahrscheinlichkeiten haben, sondern dass dieses Risiko gleichermaßen auf alle Versicherungsnehmenden verteilt wird.[299] Bei Sozialversicherungen wie insbesondere der gesetzlichen Krankenversicherung ist charakteristisch, dass die zu zahlende Prämie unabhängig vom Risiko des Eintritts eines Versicherungsfalles festgesetzt wird.[300] Bei privaten Versicherungen, wie insbesondere einer Risikolebensversicherung, stellt sich die Situation jedoch anders dar: bei Abschluss einer solchen Versicherung ist üblich, dass der Tod nicht voraussagbar ist. Wenn nun also der Patient durch bspw. einen Gentest einen Wissensvorsprung hat, ist dies auch für die Versicherung von Relevanz, hier sind allgemein gleiche Ausgangsvoraussetzungen für beide Parteien erforderlich.[301] Die Folge wäre, dass die Informationen dann an die Versicherung weitergegeben werden müssten, damit die Vertragsparteien bei Vertragsab-

---

295 Vgl. hierzu ausführlich bei Schröder, Gendiagnostische Gerechtigkeit, S. 275f.
296 Zu dieser Problematik auch Schöne-Seifert, S. 97.
297 Zu diesem Problem im Kontext spätmanifestierenden Krankheiten allgemein bei Schröder, Gendiagnostische Gerechtigkeit, S. 276 sowie S. 279 zu den Risiken bei Abschluss eines Arbeitsvertrages für Arbeitgebende.
298 Schröder, Gendiagnostische Gerechtigkeit, S. 285.
299 Schröder, Gendiagnostische Gerechtigkeit, S. 287.
300 Schröder, Gendiagnostische Gerechtigkeit, S. 288.
301 Schröder, Gendiagnostische Gerechtigkeit, S. 295f.; hier wird auch noch auf weitere Problemfelder in diesem Kontext eingegangen.

schluss den gleichen Kenntnisstand haben. Ein Recht der Versicherung an derartigen Informationen kann jedoch nicht uneingeschränkt bestehen, da ansonsten die Gefahr der Diskriminierung besteht. Hier ist eine Interessenabwägung erforderlich.

cc) Probleme der Wahrung der Autonomie bei Vorausverfügungen

Weitere Probleme der Wahrung der Autonomie im Zusammenhang mit Demenzerkrankungen sind mit Vorausverfügungen wie der Patientenverfügung verknüpft.[302] Unter Umständen könnten Betroffene, die zum Zeitpunkt der Einwilligungsfähigkeit für den Fall des späteren möglichen Demenzeintritts eine Patientenverfügung statuiert haben, sich aufgrund kognitiver Veränderungen zum Zeitpunkt der Einwilligungsunfähigkeit entgegen dieser Verfügung äußern.[303] Dadurch könnten Zweifel an der Verbindlichkeit der Verfügung entstehen, auch stellt sich die Frage nach der personaler Identität zwischen Verfügendem und später Erkranktem.[304] Zudem kann die Validität[305] einer Patientenverfügung aus dem Grund fraglich erscheinen, dass sich das Leben mit der Krankheit zum Zeitpunkt der Gesundheit nur schwer vorstellen lässt.[306] Schließlich kann auch eine Orientierung am sog. natürlichen Willen anstatt dem in der Vorausverfügung niedergelegten Willen zu Problemen im Kontext der Patientenautonomie führen.

(1) Die Frage nach der personalen Identität von Verfügendem und Erkranktem

Im Rahmen der Konstellation, in der der inzwischen einwilligungsunfähige Patient sich gegensätzlich zu seinem vorher im Zustand der Einwilligungsfähigkeit verfügten Willen äußert, wird teilweise argumentiert, dass der Verfügende und der letztlich von der Verfügung Betroffene nicht als identisch anzusehen seien.[307] Das sei darauf zurückzuführen, dass mit einer Demenzerkrankung gravierende Veränderungen der Persönlichkeit einhergehen, was die Erinnerung an

---

302 Speziell zur Autonomiekonzeption im Rahmen von Patientenverfügungen siehe Brauer, Ethik Med 2008 S. 230-239; siehe zu ethischen Aspekten von Patientenverfügungen auch Schicktanz, Ethik Med 2008 S. 181-190.

303 Deutscher Ethikrat, Demenz und Selbstbestimmung - Stellungnahme, S. 70f.; Schöne-Seifert, S. 62; dazu umfassend auch Birnbacher, EthikMed 2016, S. 283, 284; sowie Haupt/Seeber/Jänner, Nervenarzt 1999 S. 256, 257; siehe auch Jox/Ach/Schöne-Seifert, Deutsches Ärzteblatt Heft 10 7. März 2014 S. 394; sowie Merkel, Ethik Med 2004 S. 298-307.

304 Deutscher Ethikrat, Demenz und Selbstbestimmung - Stellungnahme, S. 70f.; Schöne-Seifert, S. 62; dazu umfassend auch Birnbacher, EthikMed 2016, S. 283, 284; sowie Haupt/Seeber/Jänner, Nervenarzt 1999 S. 256, 257; siehe auch Jox/Ach/Schöne-Seifert, Deutsches Ärzteblatt Heft 10 7. März 2014 S. 394; sowie Merkel, Ethik Med 2004 S. 298-307.

305 Zur Begriffserklärung siehe S. 48.

306 Birnbacher, EthikMed 2016, S. 283, 284.

307 Zu dieser Problematik siehe auch Berghmans, Journal of Medical Ethics 1998. S. 34ff; Birnbacher, EthikMed 2016, 283, 285; Schöne-Seifert, S. 62f; ausführlich auch Steenbreker, MedR 2012 S. 725, 726; Ringkamp, Ethik Med 2017 S. 119-132.

frühere Lebensphasen, aber auch den Charakter und gerade die Ansichten der Person betreffe.[308] Sollte in dieser Konsequenz nicht mehr von einer Identität der verfügenden und erkrankten Person auszugehen sein, so könne die Patientenverfügung in Anlehnung an *Dworkin*[309] nicht mehr als Selbstverfügung gesehen werden, was wiederum darin resultiert, dass sie als Fremdverfügung keine Verbindlichkeit entfalten könne.[310]

Dagegen argumentiert *Birnbacher* aber nachvollziehbar, dass Identität und Persönlichkeit einer Person nicht miteinander zu verwechseln seien, vielmehr sei bei der Persönlichkeit ein Weniger oder Mehr möglich, bei der Identität hingegen nicht.[311] Mit dem Fortschritt der Demenzerkrankung verändere sich das Identitätsbewusstsein der Betroffenen, dies wird damit umschrieben, dass sich die sogenannte *narrative* Identität auf zunehmend kürzere Phasen verenge.[312] Die Persönlichkeitsveränderung im Rahmen der Demenzerkrankung gehe kontinuierlich vonstatten, sodass vorrangig die sogenannte *numerische* Identität durch die wechselnden Phasen des Lebens mit ihren jeweils speziellen narrativen Identitäten von Interesse sei.[313] Brüche in dieser narrativen Identität seien aber nicht geeignet, die Wirksamkeit von Vorausverfügungen, wie der Patientenverfügung, aufzuheben.[314]

(2) Validität der Vorausverfügung

Bei einer Vorausverfügung kann weiterhin problematisch sein, dass sich die Betroffenen nur schwer in das Stadium der voranschreitenden Krankheit hineinversetzen können, sodass sie kaum eine Verfügung dieses Stadium betreffend statuieren können, die auch bei Eintritt der Krankheit ihren Willen adäquat widerspiegelt.[315]

Dies sei jedoch nicht zwingend ein Argument gegen die Verbindlichkeit von Vorausverfügungen, denn beispielsweise, wenn die Bestimmungen in der jeweiligen Verfügung aus Sicht des ärztlichen Fachpersonals eher erwünscht sind, ist das Argument der begrenzten Vorstellbarkeit

---

[308] Dazu Birnbacher, EthikMed 2016, 283, 285; dazu auch Ringkamp, Ethik Med 2017 S. 120 ff.
[309] Dworkin, S. 316f.
[310] Dworkin, S.216ff; zustimmend Dresser, Hastings Center Report Vol. 25 No. 6 (Nov.-Dec., 1995) S. 32 ff.; siehe hierzu auch Birnbacher, EthikMed 2016, 283, 285f.; Buchanan/Brock, S. 159 ff.
[311] Birnbacher, EthikMed 2016, 283, 286.
[312] Birnbacher, EthikMed 2016, 283, 286.
[313] Birnbacher, EthikMed 2016, 283, 286.
[314] Birnbacher, EthikMed 2016, 283, 286.
[315] Birnbacher, EthikMed 2016, 283, 286, 287; siehe hierzu auch Deutscher Ethikrat. Demenz und Selbstbestimmung – Stellungnahme, S. 71; sowie Hibbeler/Barnikol/Maier, https://www.aerzteblatt.de/nachrichten/54956 (Zugriff am 22.10.2018); siehe auch Merkel, Ethik Med 2004 S. 298-307.

nur von untergeordneter Relevanz.[316] Gerade im Hinblick auf sog. Forschungsverfügungen[317] entfaltet die Nicht-Vorstellbarkeit aus medizinischer Sicht keine spezifische Bedeutung, sodass diese auch bei der vorausverfügten Ablehnung einer Behandlung nicht übermäßig bedeutsam sein könne.[318]

Bevor eine Vorausverfügung statuiert wird, müssen die Betroffenen also ein realistisches Bild vom späteren Leben mit der Krankheit erhalten.[319] Zu beachten ist hierbei außerdem, dass sich Betroffene mehrheitlich eine Verbindlichkeit von Patientenverfügungen auch gegenüber Bevollmächtigten und Betreuenden wünschen, einige gestehen diesen hingegen zu, von ihrem vorausverfügten Willen abzuweichen.[320]

(3) Der sog. natürliche Wille

In der Praxis scheint es so, als orientieren sich Entscheidungen, die die Therapie von Demenzerkrankten betreffen, zunehmend mehr am sog. natürlichen Willen als am in der Vorausverfügung niedergelegten Willen.[321] Darunter versteht man Willensäußerungen zu einem Zeitpunkt, in dem die Betroffenen aufgrund kognitiver Einschränkungen nicht mehr in der Lage sind, Entscheidungen in verbindlicher Art und Weise zu treffen.[322] Der natürliche Wille ist an Indikatoren für das Befinden der zu diesem Zeitpunkt nicht mehr einwilligungsfähigen Betroffenen sowie an den Willen von Betreuenden oder Angehörigen geknüpft.[323] Indikator für den natürlichen Willen kann beispielsweise der Eindruck der Lebensfreude bei Betroffenen sein, auf der anderen Seite kann eine Ablehnung von medizinischen Maßnahmen seitens der Betroffenen darin gesehen werden, wenn diese sich beispielsweise beim Füttern von Nahrung abwenden oder den Mund zusammenkneifen.[324]

---

[316] Birnbacher, EthikMed 2016, 283, 287.
[317] Vgl. dazu Reimer, Die Forschungsverfügung, Berlin/Heidelberg 2017.
[318] Birnbacher, EthikMed 2016, 283, 287f.
[319] Birnbacher, EthikMed 2016, 283, 287.
[320] Dies geht zurück auf die Ergebnisse einer Studie von Jox/Krebs/Bickhardt/Heßdörfer/Roller/Borasio, Ethik Med 2009 S. 21-31.
[321] Birnbacher, EthikMed 2016, 283, 288; dies belegen auch mehrere Studien, auf die auf S. 289 der genannten Quelle verwiesen wird; dazu auch Jox/Ach/Schöne-Seifert, Deutsches Ärzteblatt Heft 10 7. März 2014 S. 395 m.w.N.
[322] Hibbeler/Barnikol/Maier, https://www.aerzteblatt.de/nachrichten/54956 (Zugriff am 22.10.2018).
[323] Birnbacher, EthikMed 2016, 283, 288f.; siehe zum sog. „natürlichen Willen“ und seiner ethischen Einordnung auch Jox/Ach/Schöne-Seifert, Deutsches Ärzteblatt Heft 10 7. März 2014 S. 394 – 396.
[324] Birnbacher, EthikMed 2016, 283, 289.

Vorteilhaft erscheint daran, den aktuellen Zustand der Betroffenen sowie deren natürliche Äußerung von Behandlungswünschen im Sinne der Autonomie zu berücksichtigen. An der vorrangigen Orientierung am natürlichen Willen erscheint aber problematisch, dass kein Grund dafür ersichtlich ist, Verfügungen, die ein fortgeschrittenes Stadium einer kognitiven Erkrankung wie den verschiedenen Arten der Demenz betreffen, aufgrund einer Äußerung des natürlichen Willens kategorisch nicht zu befolgen.[325] Das in der Verfügung zum Ausdruck gebrachte Vertrauen der Betroffenen, dass diese zum Zeitpunkt eines fortgeschrittenen Krankheitsverlaufs befolgt wird, könnte enttäuscht werden. Gerade hierin könnte ein Übergehen der zuvor ausgeübten Patientenautonomie im Wege der Vorausverfügung gesehen werden.[326]

III. Nutzen und Nichtschaden

1. Begriffserklärungen und Grundlagen

a) Nutzen und Nichtschaden

Das Prinzip des Nichtschadens betrifft das Unterlassen einer Handlung, die potentiell einen Schaden herbeiführen kann.[327] Es spielt im Zusammenhang mit den Rechtsgütern des Lebens und der körperlichen Unversehrtheit gerade in Bezug auf eine staatliche Verpflichtung zum Schutz dieser Rechtsgüter eine essentielle Rolle.[328]

Das Prinzip des Nutzens bzw. das Fürsorgeprinzip befasst sich hingegen abstrakt mit der Schadensbeseitigung und konkret mit der Ermittlung des individuellen Patientenwohls.[329] Dieses entfaltet seinen Einfluss vor allem in Hinblick auf die aktive Handlung des ärztlichen Fachpersonals zum Wohle der Betroffenen.[330] Das bedeutet, dass ärztliches Handeln darauf abzielen soll, den individuellen und subjektiven Vorstellungen der Betroffenen über ihr Wohlergehen Rechnung zu tragen.[331] Unproblematisch ist dies noch bei Krankheiten, die in der Regel recht einfach medizinisch behoben werden können, wie beispielsweise kleinere Wunden oder Knochenbrüchen oder ähnlichem. Bei schwerwiegenden Krankheiten oder auch psychischen Erkrankungen kann es in diesem Zusammenhang nicht immer einfach sein, die richtige Therapie

---

[325] Birnbacher, EthikMed 2016, 283, 289; dazu auch Merkel, Ethik Med 2004 S. 299f.
[326] Birnbacher, EthikMed 2016, 283, 289; zur Problematik siehe auch Merkel, Ethik Med 2004, S. 298-307.
[327] Ammann, S. 194; Beauchamp/Childress, S. 151 ff.
[328] Ammann, S.194, 195.
[329] Ammann, S. 194; Beauchamp/Childress, S. 151 ff.; dazu auch Reimer, S. 26f.
[330] Ammann, S. 195.
[331] Ammann, S. 195.

auszuwählen.[332] Dabei ist grundsätzlich zu beachten, dass Ärzten eine gewisse Einschätzungsprärogative zuzubilligen ist, wobei ärztliche Erfahrung und Wünsche der Betroffenen in Einklang zu bringen sind.[333]

Die Prinzipien des Nichtschadens und des Wohltuns oder auch Nutzens können oft miteinander in Konflikt stehen, da jede im Grunde medizinisch nützende Behandlung auch die Gefahr einer Schädigung für die Betroffenen bergen kann.[334] Dies macht in der Regel eine Abwägung der beiden Prinzipien im Einzelfall nötig.[335]

b) Validität, Spezifität und Sensitivität

Bei der Validität handelt es sich um ein Kriterium für die Eignung eines Testverfahrens.[336] Sie beschreibt die Genauigkeit eines Tests, mit welcher das Ergebnis vorausgesagt wird.[337] Wenn eine Untersuchungsmethode nicht die Wahrscheinlichkeit des späteren Eintritts einer Krankheit vorhersagt, aber zu einem solchen Zweck verwendet wird, kommt es dazu, dass falsch positive und falsch negative Ergebnisse daraus resultieren können.[338]

Spezifität beschreibt im medizinischen Kontext die Eignung einer diagnostischen Untersuchung zur Erkenntnis einer Erkrankung bei einem Menschen, bei dem diese Krankheit noch nicht ausgebrochen ist, also die Fähigkeit, wirklich-negative Ergebnisse hervorzubringen.[339]

Die Sensitivität bildet ab, bei welchem Anteil von Betroffenen, bei denen die Krankheit ausbricht, das Auftreten durch den Test tatsächlich vorhergesagt wurde, also den Anteil der wirklich-positiven Ergebnisse.[340] Das bedeutet, dass ein Test bei hoher Sensitivität die Krankheit mit höherer Sicherheit erfasst.[341] Mit einer geringen Sensitivität und Spezifität geht letztlich also eine geringe Validität einher, was wiederum darin resultiert, dass viele falsch positive oder falsch negative Ergebnisse erzielt werden.[342]

---

[332] Ammann, S. 195.
[333] Ammann, S. 195f.
[334] Beauchamp/Childress, S. 150 ff. sowie S. 202 ff.; dazu Reimer, S. 26, 27.
[335] Dazu Reimer, S. 27.
[336] Hildt, Autonomie in der biomedizinischen Ethik, S. 207; Ueding, S. 62 m.w.N.
[337] Hildt, Autonomie in der biomedizinischen Ethik, S. 207.
[338] Hildt, Autonomie in der biomedizinischen Ethik, S. 207; Ueding, S. 62.
[339] Hildt, Autonomie in der biomedizinischen Ethik, S. 207.
[340] Hildt, Autonomie in der biomedizinischen Ethik, S. 207; Ueding, S. 62.
[341] Ueding, S. 62.
[342] Hildt, Autonomie in der biomedizinischen Ethik, S. 207; Ueding, S. 62.

2. Nutzen und Nichtschaden im Rahmen der Demenzfrüherkennung

a) Nutzen und Nichtschaden

Je nach Methode der Früherkennung von Demenz sind verschiedene Risiken denkbar.[343] Tests mittels nichtgenetischer Biomarker sind teilweise weniger invasiv.[344] Die Informationen können beispielsweise mithilfe von neuropsychologischen Kognitionstests wie dem MiniMental-State gewonnen werden.[345] Gerade bei solchen Verfahren sind, je nach Zeitpunkt der Untersuchung, bereits eingetretene altersspezifische Veränderungen zu berücksichtigen, da das Niveau der kognitiven Funktionen im Alter nachlässt.[346] Ein weiterer Aspekt, der im Rahmen der Frage nach der Sicherheit von Maßnahmen im Zusammenhang mit der Früherkennung von Demenzerkrankungen bedeutsam ist, ist die Gabe von Medikamenten als sogenannte *primär-prädiktive Maßnahme*.[347] Zu beachten ist gerade bei der Alzheimer-Erkrankung aber, dass keine präventive Therapie zur Verfügung steht, die den Eintritt der Krankheit gänzlich verhindern kann[348], es besteht lediglich die Möglichkeit, diesen um eine gewisse Zeit zu verzögern.[349]

Eine wichtige Rolle spielt in diesem Zusammenhang zudem der Aspekt, dass bei einer möglichen Verzögerung des Eintritts der Krankheit die Autonomie der Betroffenen länger erhalten bleiben kann, die einzelne Person könnte sich also seine Entscheidungsfähigkeit länger bewahren.[350] Allerdings ist zu beachten, dass durch die frühzeitige Einnahme von Medikamenten eine vorzeitige Stigmatisierung des Einzelnen durch sein Umfeld als krank erfolgen kann, bevor die Demenzerkrankung bei diesem überhaupt aufgetreten ist.[351] Schließlich spielt auch die Selbststigmatisierung der Betroffenen eine Rolle.[352] Diese kann sogar dazu führen, dass die Betroffenen das Gefühl erlangen, schon zu diesem Zeitpunkt krank zu sein.[353]

Grundsätzlich soll eine Früherkennung von Krankheiten in ethischer Hinsicht möglichst dann erfolgen, wenn geeignete Maßnahmen der Prävention zur Verfügung stehen.[354] Bei Erkrankun-

---

[343] Zu den Risiken der Prädiktion psychiatrischer Krankheiten allgemein siehe Ueding, S. 64f.
[344] Siehe dazu oben: Demenzfrüherkennung mittels nichtgenetischer Biomarker S. 18.
[345] Beck/Schicktanz, S. 162; Müller, S. 7f.; Quinn, S. 11.
[346] Ueding, S. 65.
[347] Ueding, S. 65.
[348] Vgl. hierzu ausführlich oben ab S. 7.
[349] Ueding, S. 67.
[350] Ueding, S. 68.
[351] Ueding, S. 68.
[352] Ueding, S. 68.
[353] Ueding, S. 69.
[354] Ueding, S. 81.

gen wie der Demenz, bei denen die Prognose des Krankheitseintritts vor klinischer Manifestation erfolgen kann, aber für die trotz dieser Erkenntnis keine Heilungsmöglichkeit zur Verfügung steht, stellt sich die Frage der psychischen Auswirkungen der Diagnose.[355] Zum einen besteht die Möglichkeit der Beseitigung von Unsicherheiten, zum anderen können sich die Betroffenen auf die kommende Situation vorbereiten und entsprechende Vorkehrungen, wie beispielsweise das Verfassen einer Vorausverfügung, treffen.[356] Es könnte aber auch ein Gefühl der Hilflosigkeit entstehen, die Betroffenen wissen um die wahrscheinliche künftige Situation, vermögen diese jedoch nicht zu ändern.[357] Hier bietet sich nur eine individuelle Lösung unter Berücksichtigung der Autonomie der jeweiligen Betroffenen an.[358]

b) Validität, Spezifität und Sensitivität

Die Folgen einer Untersuchung zum Zweck der Früherkennung mit einer geringen Validität können für die Betroffenen, je nach Ergebnis, vielfältig sein.[359] Jemand, bei dem der Test ein geringes Risiko des Eintritts der Krankheit prognostiziert hat, und der dennoch erkrankt, könnte sich zunächst in Sicherheit wiegen und bei Auftreten der Erkrankung in seinem Vertrauen in die Medizin erschüttert werden und letztlich mehr unter der Erkrankung leiden als ein Mensch, der sich zuvor nicht mit dem Risiko befasst hat.[360] Umgekehrt muss jemand, bei dem die Prognose des Eintritts einer Demenzerkrankung zu einem späteren Zeitpunkt mit einer hohen Wahrscheinlichkeit gestellt wurde, bei dem diese letztlich aber nicht eintritt, mit der Erwartung des Krankheitseintritts leben.[361] Diese psychische Belastung kann sogar dazu führen, dass die Krankheit allein aufgrund der Erwartung derselben eintritt.[362] Die betreffenden Betroffenen wären also fälschlicherweise in ihrem Leben eingeschränkt und mit Fragestellungen ethischer Art konfrontiert.[363]

Im Hinblick auf die Validität der Untersuchungen zur Demenzfrüherkennung, seien sie mittels genetischer oder anderer Biomarker, ist auch die Prävalenz von Demenzerkrankungen in den Blick zu nehmen.[364] Unter Prävalenz versteht man die Anzahl von Erkrankungen zu einem bestimmten Zeitpunkt. Die Prävalenz von Demenzerkrankungen steigt mit zunehmendem Alter

---

355 Ueding, S. 82.
356 Ueding, S. 82.
357 Ueding, S. 82.
358 Ueding, S. 82.
359 Hildt, Autonomie in der biomedizinischen Ethik, S. 223.
360 Ueding, S. 62.
361 Ueding, S. 62.
362 Sog. “Self-Fulfilling Prophecy”, vgl. Dazu Ueding, S. 62.
363 Ueding, S. 62.
364 Ueding, S. 62.

des betroffenen Personenkreises an.[365] Beispielsweise liegt die Prävalenz von Demenzerkrankungen in Bezug auf Menschen, die 65 Jahre oder älter sind zwischen 5 und 8 %.[366] Bei den über 90-Jährigen beträgt die Prävalenz von Demenzerkrankungen sogar über 30 %.[367] Bei Personen, die jünger als 65 sind, ist die Prävalenz mit 0,1 bis 0,4 % weitaus geringer.[368] Insgesamt ergibt sich bei einer Übertragung auf die Bevölkerungsanzahl in Deutschland daraus eine Prävalenz von 6,5 – 7,3 %.[369] Personen, bei denen eine Demenzerkrankung auftritt, sind zumeist verschiedenen Risikofaktoren ausgesetzt.[370] Um Untersuchungen zur Früherkennung einer Demenzerkrankung mit einer hohen Validität zu erreichen, sind Personen, die diesen Risikofaktoren ausgesetzt sind, zu ermitteln.[371] Eine solche Risikogruppe stellen beispielsweise Menschen mit einem MCI[372] dar.[373]

Die Forschung, die im ersten Kapitel beschrieben wurde[374], führt dazu, dass sich in Zukunft und auch teilweise schon jetzt valide Verfahren zur Demenzfrüherkennung ausfindig machen lassen.[375] Dennoch bleibt das Risiko eines falsch positiven oder falsch negativen Ergebnisses bestehen, über das die Betroffenen in jedem Fall aufzuklären sind.[376] Die oben beschriebenen Folgen solcher Ergebnisse für den Einzelnen sind mit dem Nutzen einer Demenzfrüherkennung für eine Vielzahl von Personen abzuwägen.[377]

IV. Humanforschung

Die Demenzfrüherkennung eröffnet die Möglichkeit, nicht nur über die zukünftige Behandlung im Fall des Krankheitseintritts, sondern auch über die künftige Teilnahme an Forschungsvorhaben zu entscheiden.[378] Eine solche Entscheidung könnte trotz der Bedenken gegenüber der Forschung an Personen, die aufgrund kognitiver Einschränkungen nicht mehr in der Lage sind,

---

365 Weyerer, S.11.
366 Weyerer, S.11.
367 Weyerer, S.11f.
368 Weyerer, S.12.
369 Weyerer, S.11.
370 Ueding, S. 62f.; zu den Risikofaktoren im Fall der Altersdemenz siehe bspw. Weyerer, S. 10.
371 Ueding, S. 63.
372 Mild Cognitive Impairment.
373 Ueding, S. 63.
374 Siehe dazu oben: Demenzfrüherkennung mittels nichtgenetischer Biomarker S. 18.
375 Ueding, S. 64.
376 Ueding, S. 64.
377 Ueding, S. 64.
378 Beck/Barnikol/Birnbacher/Langenberg/Steinert/Schulenburg/Fangerau, MedR 2016, 753, 756; dazu auch Berghmans, J Med Ethics 1993, 32, 33.

über die Teilnahme an Forschungsvorhaben zu entscheiden, gerade im Hinblick auf die Notwendigkeit einer Forschung an Demenzkranken, relevant werden.[379] Daher sind auch die medizinethischen Grundlagen der Humanforschung in Grundzügen darzustellen.

1. Grundlagen und Problemaufriss

Im Gegensatz zur medizinischen Behandlung steht bei Forschungsvorhaben nicht primär das Wohl und die Bedürfnisse der Betroffenen, sondern vielmehr der Erkenntnisgewinn für die Allgemeinheit und der medizinische Fortschritt im Vordergrund.[380] Dieser Erkenntnisgewinn ist erforderlich, zugleich ist keine Legitimation von Forschung allein aus diesem Grund denkbar, auch die Belange der Testpersonen sind zu achten und zu schützen.[381]

Problematisch ist also in ethischer Hinsicht bei der Humanforschung in Bezug auf Arzneimittel, dass einer Testpersonengruppe einerseits keine unzureichend erforschten Arzneimittel verabreicht werden sollen, andererseits ist es aber auch mit Problemen verbunden, unerforschte Arzneimittel auf den Markt zu bringen und so einer Vielzahl von Betroffenen zugänglich zu machen oder von der Entwicklung neuer Arzneimitteln aufgrund der möglichen Risiken völlig abzusehen.[382] Es handelt sich also bei jeder Arzneimittelprüfung um einen ethischen Kompromiss, für den neben einer informierten Einwilligung[383] die Validität[384] sowie ein vertretbares Verhältnis von Nutzen und Risiko im Einzelfall erforderlich ist.[385] Diese soll sowohl aus ärztlicher, als auch aus der Sicht der Betroffenen akzeptabel sein.[386] Weiterhin wird die Nutzen-Risiko-Bilanz aus einer objektiven Sicht durch eine Ethik-Kommission vorab beurteilt.[387]

---

379 Beck/Barnikol/Birnbacher/Langenberg/Steinert/Schulenburg/Fangerau, MedR 2016, 753, 756; zum Bedarf der Forschung an Einwilligungsunfähigen im Bereich der Demenz auch Helmchen/Lauter, S. 2; Reimer, S. 17.
380 Haberstroh/Scholten/Wied/Gieselmann, Fo 2+3/2018, S. 41, 41.
381 Haberstroh/Scholten/Wied/Gieselmann, Fo 2+3/2018, S. 41, 41.
382 Reimer, S. 51, 52; hierzu auch bei Duttge, Die fremdnützige Forschung an Nichteinwilligungsfähigen, S. 226.
383 Hierzu bereits im Nürnberger Kodex von 1947; vgl. auch hierzu Haberstroh/Scholten/Wied/Gieselmann, Fo 2+3/2018, S. 41, 41.
384 Vgl. hierzu bereits oben ab S. 48.
385 Haberstroh/Scholten/Wied/Gieselmann, Fo 2+3/2018, S. 41, 41; Reimer, S. 52; so auch in der World Medical Association Declaration of Helsinki – Ethical Principles for medical research involvin human subjects, §§ 17, 18; vgl. vor allem zu finanziellen Interessenkonflikten ausführlich bei Lieb, Fo 2+3/2018, S. 37-40.
386 Reimer, S. 55; Schöne-Seifert, S. 103.
387 Schöne-Seifert, S. 104.

2. Medizinethische Grundsätze der Forschung an Menschen

a) Prinzip des Gleichgewichts

Nach dem Prinzip des Gleichgewichts ist das ärztliche Fachpersonal dazu verpflichtet, den Betroffenen die bestmögliche Behandlung zu bieten, was sich auch bereits aus den Grundprinzipien des Nutzens und Nichtschadens ergibt.[388] Forschungsvorhaben dürfen also nur bei einem akzeptablen Verhältnis von Nutzen und Risiken durchgeführt werden.[389]

b) Autonomie und *informed consent*

Von besonderer Bedeutung sind auch im Rahmen der Humanforschung die Autonomie sowie der *informed consent*.[390] Das bedeutet, dass Forschungsvorhaben auch bei einem akzeptablen Nutzen-Risiko-Verhältnis grundsätzlich nur bei ausdrücklicher Zustimmung der Betroffenen auf Basis einer umfänglichen Aufklärung erfolgen dürfen.[391] Dadurch wird zum einen gewährleistet, dass die Risiken nicht nur aus einer objektivierten, sondern auch aus der individuellen Sicht der Testpersonen hinnehmbar sind.[392] Zum anderen soll die Selbstbestimmung der Testpersonen dadurch gewahrt werden, dass diese selbst bei einer äußerst positiven Nutzen-Risiko-Analyse eine Teilnahme am Forschungsvorhaben verweigern können.[393] Dies soll unter anderem auch durch die Arbeit von Ethikkommissionen sichergestellt werden.[394]

3. Humanforschung im Kontext der Demenzfrüherkennung

a) Grundlegende Erwägungen

Das Kernproblem der Humanforschung im Kontext von Demenzerkrankungen besteht darin, dass die Testpersonen oft (dem fortschreitenden Krankheitsverlauf geschuldet) zum Zeitpunkt der Durchführung von Forschungsvorhaben einwilligungsunfähig sind.[395] Das ist der Fall, wenn die Testpersonen nicht dazu fähig sind, die Art, Bedeutung und Tragweite, also insbesondere die möglichen Risiken der Teilnahme am Forschungsvorhaben, zu beurteilen.[396] Einigkeit besteht darüber, dass Einwilligungsunfähige aufgrund ihrer abhängigen und schwachen Stel-

---

[388] Reimer, S. 55; siehe ausführlich zum Nutzen und Nichtschaden bereits soeben ab S. 47.
[389] Schöne-Seifert, S. 103.
[390] Reimer, S. 55; Schöne-Seifert, S. 103; siehe hierzu bereits ausführlich oben ab S. 34.
[391] Reimer, S. 55.
[392] Schöne-Seifert, S. 103.
[393] Schöne-Seifert, S. 103.
[394] Dazu ausführlicher bei Schöne-Seifert, S. 104.
[395] Haberstroh/Scholten/Wied/Gieselmann, Fo 2+3/2018, S. 41, 42.
[396] Haberstroh/Scholten/Wied/Gieselmann, Fo 2+3/2018, S. 41, 42.

lung in besonderem Maße vor einer Instrumentalisierung und damit einer Verletzung der Selbstbestimmung und Menschenwürde zu schützen sind.[397] Es sind dabei verschiedene Arten der Forschung zu unterscheiden.[398]

b) Forschung mit individuellem Nutzen

Forschungsvorhaben, die individuell auch der Testperson selbst nutzen können, werden medizinethisch bei aufgeklärter Zustimmung überwiegend als recht unproblematisch beurteilt.[399] Diese sind im Rahmen eines Heilversuchs oder auch mit mehreren Betroffenen denkbar und kollidieren nicht mit der eben geschilderten Gefahr der Instrumentalisierung des Einzelnen.[400] Dabei ist eine Unterscheidung zwischen dem aktuellen und zukünftigen potentiellen Nutzen in diesem Kontext weniger von Bedeutung.

c) Nicht-eigennützige Forschung

Weitaus problematischer ist hingegen die nicht-eigennützige Forschung an Einwilligungsunfähigen, bei der wiederum zwischen gruppennütziger und fremdnütziger Forschung differenziert wird.[401] Hierbei können die Testpersonen weder selbst zustimmen, noch liegt ein individueller Nutzen für diese vor.[402] Trotz dessen erlaubt bspw. die Deklaration von Helsinki die nicht-eigennützige Forschung an Einwilligungsunfähigen unter strengen Voraussetzungen.[403]

aa) Gruppennützige Forschung

Bei der gruppennützige Forschung liegt für die Testpersonen selbst kein Nutzen vor, ein solcher kann sich aber für die Gruppe ergeben, der die einzelnen Testpersonen angehören, hier also für andere Demenzerkrankte.[404] Gegen diese Forschung spricht das Verbot der Instrumentalisierung. Dafür wird jedoch überzeugend angeführt, dass einer Person kleinere Risiken zugemutet werden können, wenn daraus für viele andere Menschen, die derselben Gruppe angehören, erhebliche Vorteile erwachsen können.[405]

---

[397] Duttge, Die fremdnützige Forschung an Nichteinwilligungsfähigen, S. 226f.; Helmchen, Der Nervenarzt 2008, S. 1036. 1036; Haberstroh/Scholten/Wied/Gieselmann, Fo 2+3/2018, S. 41, 42; Reimer, S. 57; Schöne-Seifert, S. 107; so auch allgemein in der World Medical Association Declaration of Helsinki – Ethical Principles for medical research involvin human subjects, § 18.
[398] Zu dieser Unterscheidung auch Haberstroh/Scholten/Wied/Gieselmann, Fo 2+3/2018, S. 41, 42; Helmchen, Nervenarzt 2000, S. 700, 705.
[399] Reimer, S. 58.
[400] Reimer, S. 58.
[401] Haberstroh/Scholten/Wied/Gieselmann, Fo 2+3/2018, S. 41, 42.
[402] Haberstroh/Scholten/Wied/Gieselmann, Fo 2+3/2018, S. 41, 42.
[403] Haberstroh/Scholten/Wied/Gieselmann, Fo 2+3/2018, S. 41, 42; vgl. zu diesen Voraussetzungen ausführlich unten ab S. 206.
[404] BT-Drs. 14/9020, S. 194; Reimer, S. 58.
[405] Reimer, S. 59; Schöne-Seifert, S. 108; Zahn, S. 164 ff.

bb) Fremdnützige Forschung

Einigkeit besteht weitgehend hinsichtlich der Unzulässigkeit fremdnütziger Forschung an Einwilligungsunfähigen, bei der kein Bezug zur besonderen Krankheitssituation besteht.[406] Diese verstößt aus ethischer Sicht gegen das Instrumentalisierungsverbot.[407] Fraglich ist hierbei jedoch, ob Vorausverfügungen in Bezug auf eine solche Forschung dieses grundsätzliche Verbot suspendieren können.[408] Im Sinne der Autonomie des einzelnen erscheint dies zumindest nicht ausgeschlossen, es stellen sich hier jedoch die medizinethischen Probleme, die bereits zuvor geschildert wurden.[409]

d) Alternativen zur Einwilligung

Grundsätzlich ist für die Forschung am Menschen, wie soeben erläutert, eine Einwilligung erforderlich. Bei Einwilligungsunfähigen ist dies in dieser Form aber durch die Testperson selbst nicht möglich. Momentan wird die Einwilligung in der Praxis häufig durch eine Einwilligung einer Vertretung ersetzt.[410] Es werden aber auch die Möglichkeit des Verfassens einer Vorausverfügung in Bezug auf Forschung[411], eine rein interessenorientierte Lösung sowie die Beachtung des mutmaßlichen oder natürlichen Willens in verbaler und nonverbaler Form angedacht.[412]

Angedacht wird bspw. eine Einbeziehung der nicht-einwilligungsfähigen Testpersonen in den Entscheidungsprozess.[413] Bei dem Konzept der Entscheidungsassistenz besteht die Möglichkeit, eine informierte Zustimmung der Testperson zu fördern, indem bei der Ausübung des Selbstbestimmungsrechts assistiert wird.[414] Im Kontext von Demenzerkrankungen in Form leichter kognitiver Beeinträchtigungen[415] und leichter Demenz[416] wurden dabei positive Ergebnisse erzielt, bei fortgeschrittenen Demenzformen[417] ist jedoch aufgrund der dann eintretenden massiven kognitiven Einschränkungen nicht mit solchen Ergebnissen zu rechnen, sodass trotz

---

[406] Helmchen, Der Nervenarzt 2008, S. 1036, 1036; Reimer, S. 59.
[407] Helmchen, Der Nervenarzt 2008, S. 1036, 1036; Reimer, S. 59.
[408] Reimer, S. 59.
[409] Reimer, S. 59; vgl. zu den medizinethischen Problemen von Vorausverfügungen im Kontext der Autonomie bereits oben ab S. 43.
[410] Reimer, S. 60.
[411] Vgl. zur Neueinführung der Forschungsverfügung im AMG ausführlich unten ab S. 217.
[412] Dazu auch bei Haberstroh/Scholten/Wied/Gieselmann, Fo 2+3/2018, S. 41, 42; Reimer, S. 60; siehe hierzu ausführlich unten ab S. 277; zur Problematik der Beachtung des natürlichen Willens bereits oben ab S. 43 aus medizinethischer Sicht sowie aus rechtlicher Sicht ab S. 174.
[413] Vgl. dazu ausführlich bei Haberstroh/Scholten/Wied/Gieselmann, Fo 2+3/2018, S. 41, 42.
[414] Haberstroh/Scholten/Wied/Gieselmann, Fo 2+3/2018, S. 41, 43.
[415] Siehe dazu aus medizinischer Sicht oben S. 11.
[416] Siehe dazu aus medizinischer Sicht oben ab S. 11.
[417] Siehe dazu aus medizinischer Sicht oben ab S. 12.

Entscheidungsassistenz hier nicht mit einer eigenen informierten Zustimmung zu rechnen ist.[418] Die Entscheidungsassistenz soll in Form kommunikativer Prozesse mit Ärzten und engen Vertrauten der möglichen Testpersonen erfolgen.[419] Angedacht werden in Bezug auf Demenzerkrankte auch probeweise Entscheidungen sowie Wege, die der besonderen Krankheitssymptomatik Rechnung tragen, wie die Aktivierung vergangener Erfahrungen oder ein Rückgriff auf persönliche Informationen, Werte und Themen, mit denen sich die möglichen Testpersonen bisher in ihrem Leben befasst haben.[420]

C. Zusammenfassung und Zwischenfazit zu Kapitel 2

In der medizinethischen Debatte im Rahmen der Demenzfrüherkennung sind die Autonomie[421] sowie die Prinzipien des Nutzens und Nichtschadens im Rahmen der Untersuchungen sowie etwaiger Vorausverfügungen von zentraler Bedeutung. Die herausragend wichtige Rolle der Wahrung der Autonomie der Betroffenen soll durch die freie Möglichkeit der Nutzung der Maßnahmen zur Demenzfrüherkennung gewährleistet werden. Zudem spielt die Autonomie auch im Umgang mit den Ergebnissen einer solchen Untersuchung eine entscheidende Rolle. Voraussetzung der Vornahme einer Untersuchung zur Früherkennung einer Demenzerkrankung ist der *informed consent*, also die informierte Zustimmung der Betroffenen. Weiterhin ist das Recht auf Wissen und das Recht auf Nichtwissen von Relevanz. Das Prinzip des *informed consent* und die Rechte auf Wissen und Nichtwissen sind Ausdruck der Wahrung der Autonomie der Betroffenen im Rahmen der Demenzfrüherkennung. Gerade das Recht auf Nichtwissen kann dabei in Konstellationen, in denen das Wissen auch für Angehörige, Arbeitgebende und Versicherungen relevant sein kann, möglicherweise einzuschränken sein. Weitere Probleme der Wahrung der Autonomie können sich im Zusammenhang mit dem Eintritt der Demenzerkrankung daraus ergeben, dass die Verbindlichkeit und Validität von Patientenverfügungen aufgrund der mit einer fortschreitenden Demenzerkrankung einhergehenden Persönlichkeitsveränderung in Frage gestellt werden könnten.

Relevant sind außerdem die Prinzipien Nutzen und Nichtschaden. Hier ist in der Regel im Einzelfall abzuwägen, welche Chancen und Risiken eine Untersuchung der Demenzfrüherkennung für die jeweiligen Betroffenen bietet. Die genannten Aspekte und Probleme sind im Rahmen

[418] Haberstroh/Scholten/Wied/Gieselmann, Fo 2+3/2018, S. 41, 43 m.w.N.
[419] Ausführlich hierzu bei Haberstroh/Scholten/Wied/Gieselmann, Fo 2+3/2018, S. 41, 43 ff.
[420] Haberstroh/Scholten/Wied/Gieselmann, Fo 2+3/2018, S. 41, 45.
[421] Siehe hierzu auch bei Damm, MedR 2010, S. 451-463.

der Bewertung der Regelungen der Demenzfrüherkennung aus einer rechtsexternen Perspektive zu berücksichtigen.

Diese Einzelfallabwägung birgt insbesondere im Kontext der Humanforschung Herausforderungen. Im Hinblick auf Forschungsverfügungen, die auf Grundlage der Ergebnisse der Untersuchungen zum Zwecke der Demenzfrüherkennung statuiert werden könnten, sind zudem die medizinethischen Grundlagen der Humanforschung zu beachten. Die Arzneimittelprüfung stellt einen medizinethischen Kompromiss dar, der von einer Nutzen-Risiko-Analyse im Einzelfall abhängt. Auch hierbei sind das Selbstbestimmungsrecht der Testpersonen sowie eine informierte Zustimmung zu den Forschungsvorhaben von herausragender Bedeutung. Im Rahmen der Demenzforschung ist aber vor allem problematisch, dass die Testpersonen im Zeitpunkt der Durchführung des Forschungsvorhabens in der Regel einwilligungsunfähig und damit besonders schutzwürdig sind, insbesondere, was eine gruppennützige Forschung betrifft.

All diese genannten Gesichtspunkte und Problemstellungen betreffen wesentliche, von der Rechtsordnung geschützte Rechtsgüter. Diese sind im Rahmen der Regulierung der Demenzfrüherkennung zu berücksichtigen und in einen gerechten Ausgleich zu bringen.

Die Aspekte der medizinethischen Debatte wurden dargestellt, um die Beweggründe, die hinter Kodifikationen im Zusammenhang mit der Demenzfrüherkennung stehen, zu verstehen und aus einer rechtsexternen Perspektive bewerten zu können. Auch können medizinethische Aspekte, die im Rahmen der Normierung de lege lata noch keinen oder keinen ausreichenden Niederschlag gefunden haben, Anhaltspunkte für Änderungen der Gesetzeslage de lege ferenda bieten. Das Gesetzgebungsverfahren wird gewissermaßen als Schauplatz des Kampfes um die Einführung ethischer Aspekte, die an sich noch keine Verbindlichkeit über das Moralische hinaus entfalten, angesehen.[422]

---

[422] Siehe dazu oben, S. 23; dazu auch Wieacker, JZ 1961, 337, 341; Spranger, S. 32.

Kapitel 3: Rechtliche Grundlagen

A. Einführung

Die in Kapitel eins beschriebenen medizinischen Fortschritte im Zusammenhang mit der Demenzfrüherkennung werfen nicht nur die in Kapitel zwei dargestellten medizinethischen Fragestellungen, sondern auch solche rechtlicher Art auf. Dabei sind zum einen die Interessen der Betroffenen, zum anderen die Interessen von Dritten wie Angehörigen oder anderen Bezugspersonen, aber auch von Arbeitgebenden oder Versicherungen relevant.[423] Schließlich sind auch die Interessen des behandelnden ärztlichen Fachpersonals von Bedeutung. Als Grundlage der Bewertung, ob die derzeitige Regelung der Demenzfrüherkennung angemessen ist, ist aus einer rechtsinternen Perspektive[424] festzustellen, welche verfassungsrechtlich geschützten Positionen hierbei grundsätzlich relevant werden. Weiterhin soll grundlegend dargestellt werden, welche Regelungsbereiche die Demenzfrüherkennung allgemein betreffen. Diese Überlegungen sowie die ausführliche Darstellung der Regulierung der Demenzfrüherkennung de lege lata im zweiten Teil der Untersuchung sollen die Basis der Bewertung der Regelungen der Demenzfrüherkennung aus einer rechtsinternen Perspektive im dritten Teil der Untersuchung bilden.

B. Verfassungsrechtliche Grundlagen

I. Einführung

Die verfassungsrechtlichen Aspekte, die im Kontext der Demenzfrüherkennung eine Rolle spielen, sollen erläutert werden, um die derzeitigen Regelungen insbesondere im Hinblick auf die Normenhierarchie beurteilen zu können.[425] Einfachgesetzliche Regelungen werden an höherrangigem Recht gemessen und bei einem Verstoß als nicht rechtmäßig angesehen.[426]

II. Verfassungsrechtlich geschützte Interessen

1. Menschenwürde, Art. 1 Abs. 1 GG

Zunächst ist als verfassungsrechtlich geschützte Position der Betroffenen die Menschenwürde nach Art. 1 Abs. 1 GG zu nennen. Im Zusammenhang mit der Humangenetik, die für Untersuchungen zum Zweck der Demenzfrüherkennung mittels genetischer Biomarker relevant ist,

---

[423] Siehe dazu im Allgemeinen beispielsweise Beck/Barnikol/Birnbacher/Langenberg/Steinert/ Schulenburg/Fangerau, Prädiktive Medizin – eine rechtliche Perspektive, MedR 2016 S. 757 ff.
[424] Zur Bewertung von Normen (dabei in besonderem Bezug auf das Strafrecht) siehe Beck, Was ist ein gutes Strafgesetz? S. 45 ff.
[425] Vgl. zu dieser Bewertung ausführlich unten ab S. 230.
[426] Beck, Was ist ein gutes Strafgesetz? S. 48 f.

© Der/die Autor(en), exklusiv lizenziert an
Springer Fachmedien Wiesbaden GmbH, ein Teil von Springer Nature 2026
S. Kahre-Krüger, *Die Demenzfrüherkennung mittels genetischer & nicht-genetischer Biomarker*, https://doi.org/10.1007/978-3-658-50890-6_4

stellen sich zahlreiche Fragen, die sich mit der Vereinbarkeit neuer Methoden in der Medizin mit der Menschenwürde befassen.[427] Diese können auch im Kontext der Demenzfrüherkennung mittels nichtgenetischer Biomarker eine Rolle spielen.

a) Grundrechtsqualität

Weit überwiegend wird die Menschenwürde in Judikatur[428] und Schrifttum[429] als eigenständiges Grundrecht angesehen.[430] Was genau die Menschenwürde beinhaltet, ist schwierig zu bestimmen und hängt davon ab, welches Vorverständnis dem Begriff der Menschenwürde in einem philosophischen, religiösen oder ethischen Kontext zugrunde gelegt wird.[431]

b) Garantiegehalt

Zum inhaltlichen Gehalt der Menschenwürde werden verschiedene Ansichten vertreten, die aber letztlich erst in ihrem Zusammenspiel geeignet sind, diesen umfassend zu bestimmen.[432] Der Garantiegehalt der Menschenwürde erstreckt sich jedenfalls darauf, dass jedem Menschen ein unbedingt von der staatlichen Gewalt zu respektierender Wert zugesprochen wird.[433] Dies beinhaltet unter anderem, dass Menschen von Natur aus dazu in der Lage sind, frei über sich zu bestimmen und sich zu entfalten.[434] Art. 1 Abs. 1 GG umfasst auch den Schutz der personalen Identität, wozu u.a. das im Rahmen von Untersuchungen zum Zweck der Demenzfrüherkennung relevante Recht auf Kenntnis der eigenen Abstammung sowie der Schutz der seelisch-geistigen Integrität gezählt wird.[435] Die Freiheit zur Selbstbestimmung und Selbstentfaltung

---

[427] Siehe dazu zum Beispiel bei Cramer, S. 26 ff.; Kienle, S. 35 ff.; Kloepfer, § 55 Rn. 66; ausführlich dazu auch Kloepfer, JZ 2002, S. 417, 422; Radau, S. 19 ff. sowie Taupitz, JZ 1992, S. 1089, 1089 ff.; kritisch hierzu Herdegen, S. 1 ff.

[428] So beispielsweise BVerfG NJW 1980, S. 692, 695; BVerfG NJW 2010, S. 505, 507 f.; BVerfG NVwZ 2012, S. 1024 ff.

[429] Brückl, S. 104 f.; *Herdegen* in: Maunz/Dürig GG, Art. 1 Rn. 29; *Hillgruber* in: BeckOK GG, Art. 1 Rn. 1.1 m.w.N.; *Höfling* in: Sachs GG, Art. 1 Rn. 5-7; *Hofmann* in: S-B./H/H, GG Art. 1 Rn. 8; *Jarass* in: Jarass/Pieroth, GG, Art. 1 Rn. 3; Sachs, Kapitel 13 Rn. 3.

[430] Dies wird mit dem Wortlaut, der Systematik und dem Telos des Art. 1 Abs. 1 GG begründet, siehe zum Streitstand beispielsweise *Antoni* in: Hömig/Wolff GG, Art. 1 Rn. 9; *Hillgruber* in: BeckOK GG, Art. 1 Rn. 1.1; Ipsen, Rn. 234; Kloepfer, JZ 2002, S. 417, 422; Manssen, Rn. 231; Michael/Morlok, Rn. 132; Scherrer, S. 196 ff.; Zahn, S. 20 f.

[431] Brückl, S. 105; Kloepfer, § 55 Rn. 4; Manssen, Rn. 227; *Windthorst* in: Studienkommentar GG, Art. 1 Rn. 21; hierzu auch Zahn, S. 21 ff.

[432] Vgl. dazu ausführlich bei Kloepfer, § 55 Rn. 8, 9; sowie bei Michael/Morlok, Rn. 135 ff., wo auf die Objekt-Formel (Rn. 135), die Mitgifttheorie (Rn. 136) die Leistungstheorie (Rn. 137) und schließlich auf die Kommunikationstheorie (Rn. 138) eingegangen wird.

[433] BVerfG NJW 2004, S. 999, 1002; *Antoni* in: Hömig/Wolff GG, Art. 1 Rn. 4; *Hillgruber* in: BeckOK GG, Art. 1 Rn. 12; Sachs, Kapitel 13 Rn. 8 ff.

[434] BVerfG NJW 1977, S. 1525, 1526; BVerfG NJW 2013 S. 1058; *Hillgruber* in: BeckOK GG, Art. 1 Rn. 12; Kloepfer, § 55 Rn. 23; Radau, S. 21; *Windthorst* in: Studienkommentar GG, Art. 1 Rn. 22.

[435] *Windthorst* in: Studienkommentar GG, Art. 1 Rn. 36b, 38; zum Recht auf Kenntnis der eigenen Abstammung siehe auch BGH NJW 2014, S. 3786, 3788.

versteht das Grundgesetz nicht als die Freiheit eines isolierten Menschen, sondern als eine solche des gemeinschaftsbezogenen und -gebundenen Individuums.[436]

Die Menschenwürde entfaltet in allen Gebieten des Rechts uneingeschränkte Geltung, Menschen bleiben grundsätzlich jederzeit als für sich selbst verantwortliche Persönlichkeiten anerkannt.[437] Menschen sind aufgrund ihrer Würde als Rechtssubjekte anzusehen, diese bringt einen grundlegenden Bestand an Menschenrechten in die Rechtsordnung ein, die weder verletzlich, noch veräußerbar sind; Menschen dürfen nicht als bloßes Objekt staatlichen Handelns begriffen werden.[438]

c) Menschenwürde im Rahmen der Demenzfrüherkennung

Aufgrund dieses weiten Bedeutungsspektrums und des Umstandes, dass sich eine Abwägung anderer Grundrechtspositionen gegen die Menschen verbietet[439], ist der Begriff allgemein und auch im Zusammenhang mit der Demenzfrüherkennung restriktiv auszulegen. Die Menschenwürde schützt im Wesentlichen den Kernbereich menschlicher Existenz, sodass ein Schutz vor Verletzungen von Tabus und schwerwiegenden Beeinträchtigung von grundlegenden Persönlichkeitswerten nötig ist.[440]

Untersuchungen auf Biomarker genetischer und nichtgenetischer Art sind zumeist wenig invasiv und bewirken keine Veränderung des körperlichen Zustands.[441] Vielmehr zielen sie darauf ab, die Wahrscheinlichkeit eines späteren Krankheitseintritts zu bestimmen.[442] Eine Verletzung der Menschenwürde dürfte also[443] in der Regel nicht durch die Untersuchungen selbst, sondern zumeist infolge der Kenntnis der Wahrscheinlichkeit eines späteren Krankheitseintritts infrage kommen.[444] Eine umfassende Untersuchung der Menschenwürde im Allgemeinen ist im Kontext dieser Arbeit nicht möglich.

Eine Beeinträchtigung der Menschenwürde kommt hier vor allem durch die Preisgabe der Information, ob die betroffene Person später mit einer gewissen Wahrscheinlichkeit an Demenz

---

[436] BVerfG NJW 1977, S. 1525, 1526 m. w. N..
[437] BVerfG NJW 1977, S. 1525, 1526; *Hillgruber* in: BeckOK GG, Art. 1 Rn. 12; dazu auch Radau, S. 20.
[438] *Antoni* in: Hömig/Wolff GG, Art. 1 Rn. 2; *Hillgruber* in: BeckOK GG, Art. 1 Rn. 13; *Windthorst* in: Studienkommentar GG, Art. 1 Rn. 23.
[439] Vgl. dazu Brückl, S. 104 ff.
[440] Brückl, S. 107.
[441] Hierzu im Hinblick auf genetische Analysen Brückl, S. 112.
[442] Siehe dazu ausführlich in Kapitel 1.
[443] Wenn nicht schon die bloße Gewinnung genetischen Materials als Verletzung der Menschenwürde angesehen wird, siehe dazu etwa Keller, NJW 1989, S. 2289, 2293 f.
[444] Dazu im Zusammenhang mit genetischen Untersuchungen Brückl, S, 112.

erkranken wird sowie durch die Folgen dieses Wissens in Betracht.[445] In diesem Stadium, in dem noch unsicher ist, ob sich die mögliche Demenzerkrankung manifestieren wird, sehen sich die Betroffenen mit der Wahrscheinlichkeit des Eintritts einer schweren Krankheit konfrontiert, was zu psychischen Belastungen führen kann.[446] Auf Grundlage des Ergebnisses der Untersuchung zum Zweck der Demenzfrüherkennung könnte die weitere Lebensplanung in den verschiedensten Bereichen überdacht oder neu ausgerichtet werden – bspw. im Hinblick auf Familienplanung oder Berufswahl.[447] Diese Aspekte beziehen sich auf individuelle und dem Einzelnen in seiner Individualität zur Selbstbestimmung überlassene Gesichtspunkte. Insoweit könnte die Menschenwürde von der Kenntnis um die Wahrscheinlichkeit eines späteren Krankheitseintritts berührt werden. Auch die seelisch-geistige Integrität, die von der Menschenwürde nach Art. 1 Abs. 1 GG unter anderem umfasst wird, kann durch psychische Belastungen infolge der Kenntnis der Wahrscheinlichkeit einer späteren Demenzerkrankung tangiert werden.

Es liegt nahe, zumindest die erzwungene Erhebung und auch die anschließende ggf. erzwungene Verwertung von Informationen über eine Person, die ihr ggf. selbst nicht bekannt sind, im Hinblick auf die genannten Aspekte der Menschenwürde als problematisch anzusehen.[448] Eine Objektifizierung der betroffenen Person oder anderweitige Verletzung der Menschenwürde durch freiwillig vorgenommene Untersuchungen oder freiwillig verwertete Informationen, die zu psychischen Folgen führen, dürfte hingegen aufgrund der Zustimmung der Betroffenen die Menschenwürde nicht in relevanter Form berühren.

Es besteht zudem die Gefahr, genetische Informationen als Grundlage eines Vertragsabschlusses oder der Erfüllung eines Vertrages, zum Beispiel für Versicherungen oder Arbeitsverträge, heranzuziehen, was die Betroffenen zum Objekt wirtschaftlicher Interessen herabstufen könnte.[449] Gleiches muss so auch für Informationen, die aus Untersuchungen mittels nichtgenetischer Biomarker gewonnen werden können, gelten, da diese eine ähnliche Aussagekraft aufweisen. Der Objektifizierung des Menschen auf Grundlage prädiktiver Informationen, gleich ob genetischer oder nichtgenetischer Art, sollte zur Wahrung der Menschenwürde nach Art. 1 Abs. 1 GG Einhalt geboten werden.

---

[445] Brückl, S. 112.
[446] Brückl, S. 112.
[447] Brückl, S. 112.
[448] Stumper, DuD 1995, S. 511, 514; siehe dazu auch Brückl, S, 112, 113.
[449] Dazu im Allgemeinen Brückl, S. 113; hierzu auch Lindner, MedR 2007, S. 286, 290.

Schließlich ist die Menschenwürde im Rahmen des Umgangs mit bereits an Demenz erkrankten Menschen zu achten[450] – dies gilt im Rahmen der Untersuchung insbesondere im Kontext von Vorausverfügungen. Diese sollten zur Vermeidung von Kollisionen mit der Menschenwürde Ausdruck einer individuellen und selbstbestimmten Entscheidung sein und eine menschenwürdige Behandlung in den fortschreitenden Demenzstadien sicherstellen. Dabei sind gerade individuelle Entscheidungen zu berücksichtigen, die im Vorfeld, insbesondere in Kenntnis der Wahrscheinlichkeit eines späteren Krankheitseintritts, getroffen wurden.

2. Allgemeines Persönlichkeitsrecht, Art. 2 Abs. 1 i.V.m. Art. 1 Abs. 1 GG

Das allgemeine Persönlichkeitsrecht wird aus Art. 1 Abs. 1 und Art. 2 Abs. 1 GG abgeleitet,[451] sodass auch hier die Unantastbarkeit der Würde des Menschen im Rahmen der Auslegung Berücksichtigung finden muss.[452] Inhalt des allgemeinen Persönlichkeitsrechtes ist die Absicherung der persönlichen Lebenssphäre sowie das Erhalten derer grundlegenden Bedingungen.[453] Auch soll die Integrität der Persönlichkeit an sich Schutz erfahren.[454] Das allgemeine Persönlichkeitsrecht schützt somit insbesondere vor neuartigen Gefährdungen der Entfaltung der Persönlichkeit, die nicht bereits durch spezielle Freiheitsgarantien geschützt sind.[455] Es hat verschiedene Erscheinungsformen, wie das Selbstbestimmungsrecht, die Rechte auf Wissen und Nichtwissen sowie das Recht auf informationelle Selbstbestimmung.[456] Auf diese soll im Folgenden näher eingegangen werden.

a) Selbstbestimmungsrecht

Das Selbstbestimmungsrecht schützt als Ausprägung des allgemeinen Persönlichkeitsrechts[457] vor Verletzungen der freien Entfaltung des eigenen Selbst.[458] Allgemein wird darunter unter

---

[450] Vgl. dazu bspw. BGH RDG 2021, S. 99, 101.

[451] *Antoni* in: Hömig/Wolff GG, Art. 1 Rn. 10; Koppernock, S. 18 ff.; Manssen, Rn. 267; *Windthorst* in: Studienkommentar GG, Art. 2 Rn. 66.

[452] Brückl, S. 117.

[453] *Antoni* in: Hömig/Wolff GG, Art. 1 Rn. 10; Brückl, S. 117; Ipsen, Rn. 315; Michael/Morlok, Rn. 417; *Windthorst* in: Studienkommentar GG, Art. 2 Rn. 75.

[454] *Murswiek/Rixen* in: Sachs GG, Art. 2 Rn. 59.

[455] *Antoni* in: Hömig/Wolff GG, Art. 1 Rn. 10; Brückl, S. 117; Manssen, Rn. 267; *Windthorst* in: Studienkommentar GG, Art. 2 Rn. 75.

[456] Siehe dazu beispielsweise bei *Antoni* in: Hömig/Wolff GG, Art. 1 Rn. 11, 14; Damm, MedR 2011, S. 7, 14f.; Kloepfer, § 56 Rn. 46; Lindner, MedR 2007, S. 286, 289.

[457] Graf von Vitzthum, Gentechnik und Grundgesetz – Eine Zwischenbilanz, S. 185, 187; Lindner, MedR 2007, S. 286, 289; Dieses Recht wird in diesem Kontext auch als Grundrecht auf bioethische Selbstbestimmung bezeichnet, vgl. dazu auch Koppernock, Das Grundrecht auf bioethische Selbstbestimmung, 1997; die Zuordnung des Selbstbestimmungsrechts zu einem Grundrecht ist umstritten, im Ergebnis kommt es aber auf eine Zuordnung innerhalb des Art. 2 GG gar nicht an, vgl. dazu darstellend Hufen, NJW 2001, S. 849, 851 m.w.N.

[458] Höfling, Individualisierte Medizin. Anmerkungen und Einordnungen aus gesundheits(verfassungs)rechtlicher Perspektive, S. 203, 210 m.w.N.; Zahn, S. 35.

anderem ein Recht auf Verfügung über den eigenen Körper verstanden.[459] Dies beinhaltet, dass jede Behandlung, die von Ärzten vorgenommen wird, zunächst eine Zustimmung der Betroffenen voraussetzt.[460] Zudem zählt dazu auch das Recht auf informationelle Selbstbestimmung, auf das aufgrund der besonderen Relevanz im Kontext der Untersuchung sogleich gesondert eingegangen wird.

b) Recht auf Wissen und Recht auf Nichtwissen

aa) Recht auf Wissen

Durch das allgemeine Persönlichkeitsrecht wird auch das Recht auf Wissen um die eigene gesundheitliche Konstitution garantiert.[461] Jede Person muss also im Rahmen ihres Selbstbestimmungsrechts entscheiden können, dass sie die Wahrscheinlichkeit eines späteren Auftretens einer Demenzerkrankung mitgeteilt bekommen möchte.[462] Dieses Recht steht im Zusammenhang mit Untersuchungen zum Zweck der Demenzfrüherkennung nicht nur den Betroffenen selbst, sondern auch den Angehörigen zu - auch diese können unter Umständen ein Interesse daran haben, Informationen über den späteren Ausbruch einer Erbkrankheit zu erlangen.[463]

bb) Recht auf Nichtwissen

Umgekehrt wird nach weit überwiegender Ansicht auch garantiert, keine Informationen über die eigentliche gesundheitliche Konstitution im Hinblick auf später mit einer gewissen Wahrscheinlichkeit auftretenden Krankheit erhalten zu müssen.[464] Dies wird als Recht auf Nichtwissen bezeichnet.[465] Das Recht auf Nichtwissen bezieht sich im Kontext der Gendiagnostik auf die genetische Konstitution einer Person, im allgemeinen Medizinrecht sind sämtliche Informationen über den Gesundheitszustand einer Person Anknüpfungspunkt.[466]

---

[459] *Di Fabio* in: Maunz/Dürig, GG, Art. 2 Rn. 204; Radau, S. 23f.
[460] Koppernock, S. 49.
[461] Zum Recht auf Kenntnis der genetischen Konstellation siehe Brückl, S. 121; sowie Lindner, MedR 2007, S. 286, 289 und Wollenschläger, S. 167 ff.
[462] Siehe hierzu in Bezug auf die Prädiktion im Allgemeinen Damm, MedR 2011, S. 7, 14.
[463] Vgl. hierzu ausführlich Beck/Barnikol/Birnbacher/Langenberg/Steinert/Schulenburg/Fangerau, Prädiktive Medizin – eine rechtliche Perspektive, MedR 2016 S. 756.
[464] Duttge, DuD 2010, S. 34, 38f.; *Di Fabio* in: Maunz/Dürig, GG, Art. 2 Rn. 204; Eberbach, MedR 2011 S. 757, 765; Graf von Vitzthum, Gentechnik und Grundgesetz – Eine Zwischenbilanz, S. 185, 188; Gräfin von Hardenberg, ZD 2014, S. 115, 116; Kern, S. 62; Koppernock, S. 89; Lindner, MedR 2007, S. 286, 289; Neuner, ZfpW 2015, S. 257, 258; Wollenschläger, S. 169 ff.; eine einfachgesetzliche Kodifikation findet sich bspw. in § 9 Abs. 2 Nr. 5 GenDG, vgl. *Fenger* in: Spickhoff, Medizinrecht, § 9 GenDG Rn. 1.
[465] Ein Überblick über die medizinrechtliche Diskussion zum Recht auf Nichtwissen findet sich bei Fündling ab S. 103.
[466] Fündling, S. 240.

Die Rechtsprechung erkennt mit den Urteilen des *BVerfG*[467] vom 31.01.1989 und des *BGH*[468] vom 20.05.2014 die Existenz eines Rechts auf Nichtwissen in Bezug auf die Gendiagnostik grundsätzlich an.[469] In der Gendiagnostik hat das Recht auf Nichtwissen auch im Schrifttum weitgehend Zustimmung gefunden.[470] Dabei bestand jedoch Uneinigkeit hinsichtlich der dogmatischen Herleitung: einige sehen das Recht auf Nichtwissen als spezielle Ausprägung des Rechts auf informationelle Selbstbestimmung an[471], andere sehen das Recht auf Nichtwissen als eigenständige Ausprägung des allgemeinen Persönlichkeitsrechts an.[472] Zum Teil werden explizit für den Bereich der Gendiagnostik sogar eigene Rechte gefordert.[473] Teilweise werden in diesem Kontext auch Weiterentwicklungen des allgemeinen Persönlichkeitsrechts[474] oder eigenständige Schutzkonzepte[475] vorgeschlagen. Überwiegend erfolgt jedoch eine Zuordnung zum allgemeinen Persönlichkeitsrecht.[476]

Auch das Recht auf Nichtwissen findet nach überwiegender Ansicht entsprechend Anwendung auf die Angehörigen der Betroffenen.[477] Es ist zu beachten, dass das Recht auf Wissen und das Recht auf Nichtwissen von Betroffenen und Angehörigen ggf. – jedoch unter grundsätzlicher Beachtung der ärztlichen Schweigepflicht - gegeneinander abgewogen werden müssen.[478]

Das Recht auf Wissen und das Recht auf Nichtwissen sind auch Gegenstand der europarechtlichen und internationalen Diskussion.[479] Im Rahmen der EMRK schützt Art. 8[480] indirekt auch

[467] BVerfG NJW 1989, 891 – 893, wobei hier positiv das Recht auf Kenntnis der eigenen Abstammung als Bestandteil des allgemeinen Persönlichkeitsrechts anerkannt wird; siehe dazu auch Fündling, S. 106.
[468] BGH NJW 2014, 2190 – 2192; siehe auch MedR 2015, 186 – 189.
[469] Weitere Urteile, in denen das Recht auf Nichtwissen ebenfalls anerkannt wird: OLG Celle, NJW 2004, 449 – 451 (hier wurde ein heimlicher Vaterschaftstest als Eingriff in das Recht des Kindes auf Nichtwissen gewertet, vgl. auch Fündling, S. 106); VG Darmstadt, NVwZ-RR 2006, 566 – 569 (in diesem Fall verweigerte eine Lehrerin einen Gentest in Bezug auf ihre Einstellung als Beamtin auf Probe, die ihr verweigert wurde, weil in ihrer Familie ein Fall der Erbkrankheit Chorea Huntington aufgetreten war, vgl. auch Fündling, S. 106).
[470] Fündling, S. 105 m.w.N.
[471] Cramer, S. 181 ff.; Damm, MedR 2002, S. 375, 380; Damm, MedR 2014, S. 139, 140; Herdegen, JZ 2000, S. 633, 635; dazu auch Fündling, S. 105 m.w.N.
[472] So beispielsweise Lindner, MedR 2007, S. 286, 289; Scherrer, S. 276; vgl. m.w.N. dazu auch Fündling, S. 105.
[473] Etwa Fisahn, ZRP 2001, S. 49, 52 spricht sich für ein „Grundrecht am eigenen genetischen Code“ aus; Sternberg-Lieben, NJW 1987, S. 1242, 1245 spricht das „Recht auf gen-informationelle Selbstbestimmung“ an; vgl. dazu auch Fündling, S. 105.
[474] So etwa Taupitz in: FS-Wiese, S. 583 ff.; vgl. dazu auch Fündling, S. 105.
[475] Koppernock, Das Grundrecht auf bioethische Selbstbestimmung, 1997; dazu auch Fündling, S. 106.
[476] Vgl. ausführlich hierzu bei Fündling ab S. 170.
[477] Vgl. hierzu ausführlich Beck/Barnikol/Birnbacher/Langenberg/Steinert/Schulenburg/Fangerau, Prädiktive Medizin – eine rechtliche Perspektive, MedR 2016 S. 756.
[478] Beck/Barnikol/Birnbacher/Langenberg/Steinert/Schulenburg/Fangerau, Prädiktive Medizin – eine rechtliche Perspektive, MedR 2016 S. 756; Kern, S. 67 ff.
[479] Dazu ein Überblick bei Fündling, S. 107 – 129.
[480] Art. 8 EMRK gewährt ein Recht auf Achtung des Privat- und Familienlebens.

die Autonomie und Selbstbestimmung im Kontext medizinischer Entscheidungen.[481] Der EMRK kommt im Verhältnis zum Grundgesetz der Rang eines einfachen Bundesgesetzes zu.[482] Art. 10 in Kapitel III der Biomedizin-Konvention[483] und in Zusatzprotokollen der Konvention werden die Rechte auf Wissen und Nichtwissen kodifiziert.[484] Auch in einer UNESCO-Deklaration, die eine Absichtserklärung politischer Art darstellt, ohne rechtliche Verbindlichkeit zu entfalten, klingen das Recht auf Wissen und das Recht auf Nichtwissen im Hinblick auf die Gendiagnostik an.[485]

c) Recht auf informationelle Selbstbestimmung

Das Recht auf informationelle Selbstbestimmung, das ebenfalls aus dem allgemeinen Persönlichkeitsrecht abgeleitet wird,[486] garantiert dem Einzelnen, dass dieser selbst darüber entscheiden kann, ob seine persönlichen Daten preisgegeben oder verwendet werden.[487] Dabei geht es in erster Linie um personenbezogene Daten.[488] Zum Teil wird dies im Zusammenhang mit der Gendiagnostik auch als Grundrecht auf geninformationelle Selbstbestimmung bezeichnet.[489]

Im Zusammenhang mit Untersuchungen zum Zweck der Demenzfrüherkennung schützt dieses Recht insbesondere vor einer Verwendung der erhobenen genetischen oder nichtgenetischen

481 EGMR NJW 2002, 2851, 2853; dazu auch Fündling, S. 109.
482 Zehetgruber, ZJS 2016, S. 52, 52 m.w.N..
483 Diese hat Deutschland zwar unterzeichnet, bisher aber nicht ratifiziert; vgl. dazu Fündling, S. 110.
484 Fündling, S. 110.
485 Fündling, S. 113.
486 BVerfG NJW 1984, S. 419, 422; Ipsen, Rn. 316; Kloepfer, § 56 Rn. 69; Lindner, MedR 2007, S. 286, 290; Manssen, Rn. 270; Neuner, ZfpW 2015, S. 257, 259; Taupitz, JZ 1992, S. 1089, 1090; *Windthorst* in: Studienkommentar GG, Art. 2 Rn. 87a; Wollenschläger, S. 166; Duttge, Rechtlich-Normative Implikationen des Rechts auf Nichtwissen in der Medizin, S. 83 geht davon aus, dass auch hierunter das Recht auf Nichtwissen gefasst werden kann.
487 *Antoni* in: Hömig/Wolff GG, Art. 1 Rn. 14; Brückl, S. 117; Herdegen, JZ 2000, S. 633, 635; Kloepfer, § 56 Rn. 73; Menzel, NJW 1989, S. 2041, 2042; Michael/Morlok, Rn. 426; Radau, S. 25 ff.; *Windthorst* in: Studienkommentar GG, Art. 2 Rn. 87a; vgl. dazu auch Wollenschläger, S. 172 ff., der sogar von einem Grundrecht auf Geheimhaltung genetischer Informationen im Rahmen des Grundrechts auf informationelle Selbstbestimmung ausgeht.
488 Kloepfer, § 56 Rn. 74; Menzel, NJW 1989, S. 2041, 2042; *Windthorst* in: Studienkommentar GG, Art. 2 Rn. 87c.
489 Hierzu beispielsweise Heyers, MedR 2009, S. 507, 507 m.w.N; sowie Raudau, S. 26 m.w.N.

Daten ohne die eindeutige Zustimmung der Betroffenen.[490] Dies kann im Kontext der Demenzfrüherkennung vor allem im Verhältnis zu Arbeitgebenden oder Versicherungen Relevanz entfalten.[491]

3. Recht auf Leben und körperliche Unversehrtheit, Art. 2 Abs. 2 S. 1 GG

Das Grundrecht auf Leben und körperliche Unversehrtheit schützt in erster Linie vor gezielten Eingriffen in die physiologische Gesundheit.[492] Offen erscheint hier im Rahmen der Rechtsprechung des *BVerfG*, inwiefern sich dieser Schutzbereich auch auf den psychischen Bereich, also die geistige Gesundheit, erstreckt.[493] Dagegen könnte der Wortlaut angeführt werden, allerdings dürfte zu beachten sein, dass der Körper und Geist eine Einheit bilden, in der oft Wechselwirkungen auftreten, sodass eine isolierte Betrachtung diesem Umstand nicht gerecht werden dürfte.[494] Erfasst ist jedenfalls das Recht auf Schmerzfreiheit, sodass solche geistigen Beeinträchtigungen im Schutzbereich erfasst sind, die in ihrer Ausprägung analog zu einem physiologischen Eingriff sind.[495] Körperlich wirkende oder erfolgende ärztliche Heileingriffe sind als Eingriffe in dieses Grundrecht zu werten, die aber durch eine Einwilligung eine Rechtfertigung erfahren können.[496]

Ein Eingriff in die körperliche Unversehrtheit kommt im Rahmen der Demenzfrüherkennung vor allem im Zusammenhang mit den Untersuchungen zur Ermittlung der Wahrscheinlichkeit eines späteren Krankheitseintritts in Betracht.[497] Dies kann durch die Untersuchungen selbst erfolgen, wie beispielsweise durch eine Blutentnahme, möglich ist aber auch eine Verletzung der körperlichen Unversehrtheit infolge der Mitteilung der Untersuchungsergebnisse, die ggf. starke psychische Folgen nach sich ziehen können, die auch einen physischen Niederschlag aufweisen können.[498]

---

[490] *Antoni* in: Hömig/Wolff GG, Art. 1 Rn. 18; dazu auch Kloepfer, § 56 Rn. 74; zu informationellen Persönlichkeitsrechten in der Medizin im Allgemeinen vgl. Damm, MedR 1999, 437, 438 ff. sowie Gräfin von Hardenberg, ZD 2014, S. 115, 116.

[491] Beck/Barnikol/Birnbacher/Langenberg/Steinert/Schulenburg/Fangerau, Prädiktive Medizin – eine rechtliche Perspektive, MedR 2016 S. 756; dazu auch Herdegen, JZ 2000, S. 633, 635f.; Lindner, MedR 2007, S. 286, 290; Wolf, S. 117f.

[492] *Antoni* in: Hömig/Wolff GG, Art. 2 Rn. 12; Ipsen, Rn. 257; Kloepfer, § 57 Rn. 7; Manssen, Rn. 299; Michael/Morlok, Rn. 165; *Windthorst* in: Studienkommentar GG, Art. 2 Rn. 118; Zahn, S. 39 ff.

[493] *Antoni* in: Hömig/Wolff GG, Art. 2 Rn. 12; *Windthorst* in: Studienkommentar GG, Art. 2 Rn. 118.

[494] *Windthorst* in: Studienkommentar GG, Art. 2 Rn. 118.

[495] *Antoni* in: Hömig/Wolff GG, Art. 2 Rn. 12; Kloepfer, § 57 Rn. 7; Manssen, Rn. 300; *Windthorst* in: Studienkommentar GG, Art. 2 Rn. 118.

[496] *Antoni* in: Hömig/Wolff GG, Art. 2 Rn. 12 m.w.N.

[497] Siehe dazu bzgl. der Entnahme des Materials für eine genetische Analyse Keller, NJW 1989, 2289, 2292; sowie Lindner, MedR 2007, S. 286, 289; zu den einzelnen möglichen Untersuchungsmethoden siehe Kapitel 1.

[498] Vgl. insoweit auch das eingangs erwähnte Urteil BGH NJW 2014, 2190, 2190; MedR 2015, 186, 187.

3. Gewissensfreiheit, Art. 4 Abs. 1 GG

Die Gewissensfreiheit beinhaltet den Schutz von Entscheidungen in Bezug auf unabdingbare moralisch-ethische Qualifikationen des eigenen Handelns von Personen.[499] Eine solche Gewissensentscheidung wird als jede ernste sittliche Entscheidung eines Einzelnen charakterisiert, die dieser in der konkreten Situation als für sich verbindlich empfindet.[500]

Dies könnte im Rahmen der Situation der Demenzfrüherkennung vor allem relevant werden, wenn das ärztliche Fachpersonal es aufgrund des Gewissens nicht mit sich vereinbaren könnte, eine Behandlung auf Basis einer Vorausverfügung, die auf Grundlage der Ergebnisse der Untersuchungen zum Zweck der Demenzfrüherkennung statuiert wurde, abzubrechen oder fortzuführen. Ärztliches Fachpersonal und anderes medizinisches Personal sollen dem Grunde nach nämlich nicht entgegen ihrer inneren Einstellung zur Vornahme bzw. Nichtvornahme bestimmter medizinischer Maßnahmen gezwungen sein.[501]

4. Allgemeines Gleichheitsrecht, Art. 3 Abs. 1 GG

Der Schutzbereich des allgemeinen Gleichheitsrechts aus Art. 3 Abs. 1 GG umfasst den Schutz vor der nicht gerechtfertigten Ungleichbehandlung von wesentlich Gleichem und der Gleichbehandlung von wesentlich Ungleichem.[502]

Im Zusammenhang mit der Demenzfrüherkennung ergeben sich unterschiedliche Konstellationen, in denen das allgemeine Gleichheitsrecht relevant werden kann. Es ist denkbar, dass eine Ungleichbehandlung von wesentlich Gleichem allgemein darin liegen könnte, dass die Untersuchung mittels genetischer Biomarker eine Regelung im GenDG erfahren hat und die Untersuchungsmöglichkeiten auf Basis von nichtgenetischen Biomarkern bisher nicht spezieller Gegenstand der Gesetzgebung waren.[503]

Auch werden Fragen des allgemeinen Gleichheitsrechts im Zusammenhang mit dem Arbeits- und Versicherungswesen relevant.[504] Es ist eine ungerechtfertigte Benachteiligung im Arbeitsleben denkbar, wenn Personen, die mit einer gewissen Wahrscheinlichkeit später an Demenz erkranken können, von der Ausübung bestimmter Berufe ganz oder teilweise ausgeschlossen

---

[499] *Germann* in: BeckOK GG, Art. 4 Rn. 87.
[500] BVerfG NJW 2006, S. 77, 87; *Germann* in: BeckOK GG, Art. 4 Rn. 87.
[501] *Kurze* in: Kurze, Vorsorgerecht, § 1827 BGB Rn. 213.
[502] *Kischel* in: BeckOK GG, Art. 3 Rn. 14; Scherrer, S. 388; *Schmidt* in: Erfurter Kommentar zum Arbeitsrecht, Art. 3 GG Rn. 33; *Wolff* in: Hömig/Wolff GG, Art. 3 Rn. 6.
[503] Siehe hierzu Scherrer, S. 389.
[504] Vgl. hierzu Scherrer, S. 395 ff., sowie 401 ff. sowie ausführlich bei Kern, Zivilrechtliche Aspekte der Humangenetik, S. 27 ff.

bzw. darin gehindert werden.[505] Entsprechend könnten Betroffene von diversen Versicherungsleistungen, wie beispielsweise Lebensversicherungen, ausgeschlossen werden.[506] Auch besteht die Gefahr, Untersuchungen zum Zweck der Früherkennung von Krankheiten im Allgemeinen zur Bedingung eines Vertragsabschlusses in diesen Bereichen zu machen, wodurch ebenfalls eine Diskriminierung Betroffener möglich ist.

Es stellt sich zusammengefasst die Frage, inwiefern durch die Regelungen, die die angesprochenen Themen betreffen, die Betroffenen oder auch Dritte wie Versichernde und Arbeitgebende benachteiligt werden könnten.[507]

5. Wissenschafts- und Forschungsfreiheit, Art. 5 Abs. 3 S. 1 GG

Auch sind die Wissenschafts- und Forschungsfreiheit gem. Art. 5 Abs. 3 S. 1 GG im Zusammenhang mit der Demenzfrüherkennung, vor allem im Hinblick auf die Möglichkeit einer Vorausverfügung in Form einer Forschungsverfügung, seitens des behandelnden ärztlichen Fachpersonals von Bedeutung.

Wissenschaft ist als Oberbegriff im Verhältnis zu Forschung und Lehre zu verstehen.[508] Der Begriff der Wissenschaft wird zwar wandelbar und offen interpretiert und damit weit ausgelegt, dennoch lässt sich die Wissenschaft als Tätigkeit beschreiben, die nach ihrer Form und ihrem Inhalt als planmäßiger, ernstlicher Versuch der Wahrheitsermittlung gesehen werden kann.[509] Geschützt werden sowohl wissenschaftliche Theorien und Auffassungen als auch Mindermeinungen sowie die Ansätze und Ergebnisse der Forschung, egal, ob sie sich zu einem späteren Zeitpunkt als wahr oder unwahr erweisen.[510] Wissenschaft ist demnach das Streben nach neuen Erkenntnissen auf methodische Art und Weise.[511]

Forschung wird als die geistige Tätigkeit definiert, die das Ziel verfolgt, neue Erkenntnisse auf methodische, systematische und nachprüfbare Art und Weise zu erlangen.[512] Erfasst werden

---

[505] Lindner, MedR 2007, S. 286, 290.
[506] Dazu allgemein Lindner, MedR 2007, S. 286, 290.
[507] Lindner, MedR 2007, S. 286, 290; vgl. hierzu in Bezug auf Gentests Scherrer, S. 395.
[508] Ipsen, Rn. 528; *Kempen* in: BeckOK GG Art. 5 Rn. 179.
[509] BVerfG NJW 1973, 1176, 1176; hierzu auch *Antoni* in: Hömig/Wolff GG, Art. 5 Rn. 32; Ipsen, Rn.530; *Kempen* in: BeckOK GG Art. 5 Rn. 179, 180.
[510] BVerfG NJW 1994, 1781, 1781; *Antoni* in: Hömig/Wolff GG, Art. 5 Rn. 32; *Kempen* in: BeckOK GG Art. 5 Rn. 180.
[511] *Kempen* in: BeckOK GG Art. 5 Rn. 181.
[512] BVerfG NJW 1973, 1176, 1176; *Kempen* in: BeckOK GG Art. 5 Rn. 182.

also die der Forschung zugrundeliegende Fragestellung, die Methodik sowie die Bewertung der Ergebnisse der Forschung und schließlich ihre Verbreitung.[513]

Im Zusammenhang mit der Demenzfrüherkennung kann die Wissenschafts- und Forschungsfreiheit von Ärzten relevant werden. Die fremdnützige Forschung an Einwilligungsunfähigen wird zwar grundsätzlich als problematisch angesehen[514], ist aber gerade im Zusammenhang mit Demenzerkrankungen dem Grunde nach erforderlich.[515] Die Demenzfrüherkennung hält für die Betroffenen die Möglichkeit bereit, in einem Zeitpunkt, in dem sie noch einwilligungsfähig[516] sind, für einen späteren Zeitpunkt entscheiden zu können, ob im möglichen Zustand der Einwilligungsunfähigkeit an Forschungsvorhaben teilgenommen werden soll.[517] Auch wenn diese Entscheidung schwer zu antizipieren sein mag[518], könnte eine solche Möglichkeit die ärztliche Forschungsfreiheit im Hinblick auf Demenzerkrankungen erheblich ausweiten – die Versagung könnte umgekehrt eine Verletzung ebendieser bedeuten.

6. Berufsfreiheit, Art. 12 GG

Schließlich ist auch das Grundrecht der Berufsfreiheit für das ärztliche Fachpersonal, Versicherungen und Arbeitgebende im Zusammenhang mit der Demenzfrüherkennung von Bedeutung. Die Berufsfreiheit beinhaltet sowohl die Freiheit der Wahl des Berufs, als auch die grundsätzliche Berufsausübungsfreiheit.[519] Unter den Beruf fällt jede dauerhaft angestrebte Tätigkeit, die der Schaffung und Erhaltung einer Lebensgrundlage dient.[520] Dieser Begriff ist weit zu verstehen und umfasst auch die Vertragsfreiheit von Unternehmern, wie beispielsweise der privaten Krankenversicherung[521] und Arbeitgebenden im Allgemeinen.

---

[513] *Kempen* in: BeckOK GG Art. 5 Rn. 182; dazu auch Radau, S. 27.
[514] Beck/Barnikol/Birnbacher/Langenberg/Steinert/Schulenburg/Fangerau, Prädiktive Medizin – eine rechtliche Perspektive, MedR 2016 S. 735, 756 m.w.N.; Berghmans, J Med Ethics 1998, S. 33; Irmer, S. 29 ff.; Jansen, S. 24; Spranger, MedR 2001, S. 238 ff., Reimer, S. 61 ff.; vgl. zu dieser Problematik aus medizinethischer Sicht bereits oben ab S. 53.
[515] Vgl. auch hierzu bereits oben ab S. 54.
[516] Vgl. zur Einwilligungsfähigkeit unten ab S. 84.
[517] Beck/Barnikol/Birnbacher/Langenberg/Steinert/Schulenburg/Fangerau, Prädiktive Medizin – eine rechtliche Perspektive, MedR 2016 S. 735, 756; zur Forschung an Demenzkranken auch Grüber, Menschenwürde und Forschungsinteressen, S. 53, 54; zur Wissenschaftsfreiheit im Zusammenhang mit prädiktiver Gendiagnostik siehe Lindner, MedR 2007, S. 286, 291.
[518] Beck/Barnikol/Birnbacher/Langenberg/Steinert/Schulenburg/Fangerau, Prädiktive Medizin – eine rechtliche Perspektive, MedR 2016 S. 735, 756.
[519] *Ruffert* in: BeckOK GG, Art. 12 Rn. 40.
[520] *Ruffert* in: BeckOK GG, Art. 12 Rn. 40.
[521] BVerfG NJW 2009, S. 2033, 2042; *Steiner* in: Spickhoff Medizinrecht, Art. 12 GG Rn. 1.

Im Rahmen der Demenzfrüherkennung könnten Interessen von Arbeitsgebern und Versicherungen berührt sein, wenn diese vor Abschluss eines Vertrages beispielsweise keine Untersuchungen zum Zweck der Demenzfrüherkennung verlangen dürften. Ärztliche Interessen könnten dahingehend tangiert sein, dass beispielsweise bestimmte Untersuchungen lediglich durch Fachärzte durchgeführt werden dürfen oder dass grundsätzlich Vorschriften im Hinblick auf die Ausübung ihrer medizinischen Tätigkeit existieren.

C. Zusammenfassung und Zwischenfazit

Festzuhalten bleibt an dieser Stelle zunächst, dass die Untersuchungen zum Zweck der Demenzfrüherkennung sowie die Auswirkungen der Kenntnis von der Möglichkeit eines späteren Krankheitseintritts eine Vielzahl von grundrechtlich geschützten Positionen betreffen können.

Im Zusammenhang mit der Demenzfrüherkennung sind die Menschenwürde nach Art. 1 Abs. 1 GG, das allgemeine Persönlichkeitsrecht gem. Art. 2 Abs. 2 i.V.m. Art. 1 Abs. 1 GG in seinen Ausprägungen als Selbstbestimmungsrecht, Recht auf Wissen und Recht auf Nichtwissen sowie als Recht auf informationelle Selbstbestimmung, das Recht auf körperliche Unversehrtheit nach Art. 2 Abs. 2 S. 1 GG, die Gewissensfreiheit gem. Art. 4 Abs. 1 GG, das allgemeine Gleichheitsrecht nach Art. 3 Abs. 1 GG, die Wissenschafts- und Forschungsfreiheit nach Art. 5 Abs. 3 S. 1 GG sowie die Berufsfreiheit aus Art. 12 Abs. 1 GG zu berücksichtigen.

Eine Verletzung der Menschenwürde, insbesondere der damit unter anderem geschützten seelisch-geistige Integrität, kommt infolge der Kenntnis der Wahrscheinlichkeit eines späteren Krankheitseintritts in Betracht.[522] Eingriffe in die körperliche Unversehrtheit kommen im Rahmen der der Arbeit zugrundeliegenden Fragestellung im Zusammenhang mit den Untersuchungen zum Zweck der Demenzfrüherkennung selbst in Betracht,[523] denkbar ist aber auch eine Verletzung der körperlichen Unversehrtheit infolge der Mitteilung der Untersuchungsergebnisse, die ggf. starke psychische Folgen nach sich ziehen können, die auch einen physischen Niederschlag aufweisen können.[524] Das allgemeine Gleichheitsrecht nach Art. 3 Abs. 1 GG wird an verschiedenen Punkten der der Untersuchung zugrundeliegenden Konstellation relevant: zum einen ist denkbar, dass eine Ungleichbehandlung von wesentlich Gleichem allgemein darin liegen könnte, dass die Untersuchung mittels genetischer Biomarker eine Regelung im

---

[522] Dazu im Zusammenhang mit genetischen Untersuchungen Brückl, S, 112.
[523] Siehe dazu bzgl. der Entnahme des Materials für eine genetische Analyse Keller, NJW 1989, 2289, 2292; sowie Lindner, MedR 2007, S. 286, 289; zu den einzelnen möglichen Untersuchungsmethoden siehe Kapitel 1.
[524] Vgl. insoweit auch das eingangs erwähnte Urteil BGH NJW 2014, 2190, 2190; MedR 2015, 186, 187.

GenDG erfahren hat und die Untersuchungsmöglichkeiten auf Basis von nichtgenetischen Biomarkern bisher nicht spezieller Gegenstand der Gesetzgebung waren.[525] Zudem entfalten Fragen des allgemeinen Gleichheitsrechts, insbesondere bzgl. denkbarerer ungerechtfertigter Benachteiligungen der von der Untersuchung Betroffenen, im Zusammenhang mit dem Arbeits- und Versicherungswesen Bedeutung.[526]

Zu beachten ist außerdem, dass diese Grundrechte nicht nur Betroffenen, sondern auch Dritten wie den Angehörigen, Versicherungen, Arbeitsgebern und auch ärztlichem Personal zustehen können. Die Gewissensfreiheit nach Art. 4 Abs. 1 GG kann im Rahmen der Situation der Demenzfrüherkennung im Hinblick auf das ärztliche Fachpersonal insofern von Bedeutung sein, dass das Personal es aufgrund des Gewissens ggf. nicht mit sich vereinbaren kann, eine Behandlung auf Basis einer Vorausverfügung, die auf Grundlage der Ergebnisse der Untersuchungen zum Zweck der Demenzfrüherkennung statuiert wurde, abzubrechen oder fortzuführen. Auch die nach Art. 12 GG geschützte Berufsfreiheit kann im Rahmen der Demenzfrüherkennung in Form von Interessen von Arbeitgebenden und Versicherungen an den Informationen bei Vertragsabschlüssen berührt sein. Ärztliche Interessen könnten insoweit betroffen sein, dass bestimmte Untersuchungen nur durch Fachärzte durchgeführt werden dürfen oder dass Vorschriften im Hinblick auf die Ausübung ihrer Tätigkeit existieren.

Es können im Rahmen der Demenzfrüherkennung die angesprochenen Grundrechte betroffen sein, unter denen ggf. Konflikte entstehen können, für die das Recht angemessene Lösungsmöglichkeiten bereithalten sollte.[527] Ob dies der Fall ist, soll im Rahmen der Bewertung der Regelungen, die in Teil zwei dargelegt werden[528], festgestellt werden.

---

525 Siehe hierzu Scherrer, S. 389.

526 Vgl. hierzu Scherrer, S. 395 ff., sowie 401 ff. sowie ausführlich bei Kern, Zivilrechtliche Aspekte der Humangenetik, S. 27 ff.

527 Siehe hierzu auch Beck/Barnikol/Birnbacher/Langenberg/Steinert/Schulenburg/Fangerau, Prädiktive Medizin – eine rechtliche Perspektive, MedR 2016 S. 757.

528 Vgl. dazu sogleich ab S. 77.

Teil II: Regelung der Demenzfrüherkennung de lege lata

In den folgenden Kapiteln wird die rechtliche Regulierung der Demenzfrüherkennung de lege lata dargestellt. Zuerst werden die Regelungen dargelegt, die die Untersuchung zum Zweck der Demenzfrüherkennung mittels nichtgenetischer und genetischer Biomarker erfassen. Sodann wird auf die Regelungen eingegangen, die Vorausverfügungen auf Basis der Ergebnisse der Untersuchung betreffen. Diese Darstellung ist die Grundlage der im Anschluss in Teil drei der Arbeit erfolgenden Bewertung der derzeitigen Rechtslage aus rechtsinterner und rechtsexterner Perspektive.

Kapitel 4: Demenzfrüherkennung mittels nichtgenetischer Biomarker

A. Einführung

Charakteristisch für die Demenzfrüherkennung mittels nichtgenetischer Biomarker ist, dass diese sich nicht auf die genetische Disposition beziehen.[529] Das GenDG, das spezielle Regelungen für prädiktive Untersuchungen enthält, ist nach § 2 GenDG nur auf Untersuchungen, die genetische Merkmale einer Person betreffen, anwendbar.[530] Stattdessen sind für Untersuchungen aus Basis nichtgenetischer Biomarker de lege lata lediglich allgemeine Regelungen anwendbar. Welche das im Einzelnen sind und welche Probleme sich hieraus ergeben, ist Gegenstand dieses Kapitels.

B. Regelung der Demenzfrüherkennung mittels nichtgenetischer Biomarker

I. Grundlagen

Im Rahmen von Untersuchungen zum Zweck der Demenzfrüherkennung sind verschiedene Stadien zu unterscheiden. Zu differenzieren ist zwischen den strafrechtlichen und zivilrechtlichen Regelungen zur Gewinnung von Informationen, den Vorschriften, die den Umgang mit den Ergebnissen betreffen und schließlich den Regelungen in Bezug auf Dritte wie Angehörige, Versicherungen und Arbeitgebende. Hierbei werden die Regelungen jeweils ausgehend von den strafrechtlichen und zivilrechtlichen Konsequenzen bei Verstößen dargelegt.

II. Informationsgewinnung

Unter die Regelungen zur Informationsgewinnung fallen Normen, die die Zulässigkeit der Vornahme von Untersuchungen zum Zweck der Demenzfrüherkennung mittels nichtgenetischer Biomarker betreffen. Kern der Regelungen ist die Einwilligung der Betroffenen. Die Vornahme einer Untersuchung ohne Einwilligung kann sowohl strafrechtliche, als auch zivilrechtliche Konsequenzen nach sich ziehen.

1. Strafbarkeit nach §§ 223 ff. StGB wegen einer Untersuchung ohne die erforderliche Einwilligung

a) Ärztlicher Heileingriff

Es ist grundsätzlich umstritten, ob und inwieweit ärztliche Heileingriffe, die im Rahmen der invasiven und nichtinvasiven Untersuchungen zum Zweck der Demenzfrüherkennung im

---

[529] Siehe dazu oben ab S. 18 m.w.N.; darunter fallen vor allem vaskuläre Risikofaktoren, neurologische Biomarker sowie neuro-physiologische Kognitionstest sowie Bluttests.
[530] Siehe dazu ausführlich sogleich ab S. 133.

© Der/die Autor(en), exklusiv lizenziert an
Springer Fachmedien Wiesbaden GmbH, ein Teil von Springer Nature 2026
S. Kahre-Krüger, *Die Demenzfrüherkennung mittels genetischer & nicht-genetischer Biomarker*, https://doi.org/10.1007/978-3-658-50890-6_5

Grunde in Betracht kommen, den Tatbestand des § 223 Abs. 1 StGB zu erfüllen geeignet sind.[531]

Teilweise wird vertreten, dass die Zustimmung der Betroffenen bereits auf Tatbestandsebene als tatbestandsausschließendes Einverständnis wirke.[532] Ein ärztlicher Heileingriff ohne Zustimmung der Betroffenen sei schon tatbestandlich keine Körperverletzung, wenn die Behandlung medizinisch geboten sei, lege artis und erfolgreich durchgeführt werde und keine wesentliche Substanzverletzung verursache.[533] Es sei mit dem Bestimmtheitsgrundsatz des Art. 103 Abs. 2 GG nicht in Einklang zu bringen, dass jede Behandlung oder Diagnose durch ärztliches Fachpersonal unabhängig von ihrem Ausgang und den damit zwangsläufig einhergehenden Begleiterscheinungen als vorsätzliche Körperverletzung zu verstehen sei.[534] Nicht substanzverletzende oder schmerzverursachende Eingriffe erfüllen den Tatbestand des § 223 StGB nicht; gleiches gelte für ärztliche Eingriffe, die nur eine geringe Invasivität aufweisen und den Gesundheitszustand lediglich verbessern.[535]

Größtenteils und vorzugswürdig wird jedoch in Judikatur und Schrifttum vertreten, dass ein ärztlicher Heileingriff eine tatbestandliche Körperverletzung darstellt, soweit dieser die Kriterien einer körperlichen Misshandlung oder Gesundheitsschädigung erfüllt; eine Rechtfertigung ist im Wege der Einwilligung auf Ebene der Rechtswidrigkeit möglich.[536] Eine Rechtfertigung kann nicht durch das ärztliche Berufsrecht an sich erfolgen, da der Patientenwille über dem Patientenwohl steht.[537] Dies ist im Hinblick auf die Wahrung des Selbstbestimmungsrechts[538] der Betroffenen grundsätzlich vorzugswürdig.

Grundlegend ist im Kontext der Regulierung der Zulässigkeit von Untersuchungen zum Zweck der Gewinnung von Informationen über nichtgenetischer Biomarker, die tatbestandsmäßig eine

---

531 Vgl. dazu allgemein etwa *Hardtung* in: MüKo StGB, § 223 Rn. 72 f.

532 So etwa *Kühl* in: Lackner/Kühl StGB, § 223 Rn. 8 m.w.N sowie *Sternberg-Lieben* in Schönke/Schröder StGB, § 223 Rn. 31, Rn. 37.

533 Teilweise werden auch nicht alle der genannten Voraussetzungen für den Tatbestandsausschluss verlangt; vgl. etwa *Sternberg-Lieben* in Schönke/Schröder StGB, § 223 Rn. 32; *Knauer/Brose* in: Spickhoff Medizinrecht, § 223 Rn. 20; ein Überblick m. w. N. findet sich bei *Hardtung* in: MüKo StGB, § 223 Rn. 74, der diese Ansicht selbst jedoch nicht vertritt.

534 *Knauer/Brose* in: Spickhoff Medizinrecht, § 223 Rn. 20.

535 *Knauer/Brose* in: Spickhoff Medizinrecht, § 223 Rn. 20.

536 BGH NStZ 2004, 442; BGH NJW 2011 1088 - 1090; BGH NJW 2013, 1688 – 1689; *Eser* in: Schönke/Schröder StGB, § 223 Rn. 47-47b; Fischer, StGB § 223 Rn. 16 ff.; darstellend *Knauer/Brose* in: Spickhoff Medizinrecht, § 223 StGB Rn. 16 – 19; *Paeffgen/Zabel* in: Kindhäuser/Neumann/Paeffgen StGB, § 228 Rn. 56; Reimer, S. 32; Schöch, S. 53; Sowada, NStZ 2012, 1, 3, 4.

537 Vgl. *Hardtung* in: MüKo StGB, § 223 Rn. 73 m. w. N.

538 Siehe dazu ausführlich oben, S. 65, 68, 236.

Körperverletzung darstellen können, zwischen invasiven und nichtinvasiven Untersuchungen zu differenzieren. Der Begriff des ärztlichen Heileingriffs erfasst in seiner Vielfältigkeit grundsätzlich sowohl diagnostische als auch therapeutische Maßnahmen.[539] Ob aber alle denkbaren Eingriffe im Kontext von Untersuchungen zum Zweck der Demenzfrüherkennung eine für eine Strafbarkeit nach § 223 Abs. 1 StGB erforderliche körperliche Misshandlung oder Gesundheitsschädigung darstellen, ist fraglich und soll im Folgenden einer näheren Betrachtung unterzogen werden.

b) Invasive Untersuchungen auf nichtgenetische Biomarker

aa) Körperliche Misshandlung

Es lassen sich keine generellen Aussagen darüber treffen, ob Untersuchungen auf nichtgenetische Marker stets tatbestandlich eine körperliche Misshandlung darstellen. Dies richtet sich danach, welche Untersuchung im Einzelfall erfolgt. Bei invasiveren Untersuchungen wie beispielsweise den Untersuchungen auf vaskuläre Risikofaktoren und neurologische Biomarker[540] ist das Vorliegen einer körperlichen Misshandlung zumindest nicht ausgeschlossen. Unter einer körperlichen Misshandlung versteht man generell jede üble und unangemessene Behandlung, die das körperliche Wohlbefinden oder die körperliche Unversehrtheit nicht nur unerheblich beeinträchtigt.[541] Das Überschreiten der Erheblichkeitsschwelle ist im konkreten Einzelfall von einem objektiven Standpunkt aus zu beurteilen und richtet sich im Wesentlichen nach Dauer und Intensität der Beeinflussung des Körpers.[542]

bb) Gesundheitsschädigung

Im Rahmen der Frage, ob Untersuchungen mittels nichtgenetischer Biomarker zum Zweck der Demenzfrüherkennung eine Gesundheitsschädigung i. S. d. § 223 Abs. 1 StGB darstellen können, aber auch im Hinblick auf den Sinn und Zweck des § 223 Abs. 1 StGB,[543] ist zunächst zu klären, was unter den Begriffen Krankheit und Gesundheit zu verstehen ist. Gerade im Rahmen prädiktiver Maßnahmen, wie der Untersuchung zum Zweck der Demenzfrüherkennung, ist problematisch, ob diese als reine Diagnoseuntersuchungen, die nicht- oder nur geringinvasiv

---

[539] *Knauer/Brose* in: Spickhoff Medizinrecht, § 223 StGB Rn. 15.

[540] Zur Invasivität dieser Untersuchungen bereits oben auf S. 19.

[541] BGH NJW 1991, S. 2918, 2919; BGH NStZ 1997, S. 123, 123; Beck, Krankheitsbegriff im Kontext der Körperverletzungsdelikte, S. 104; *Eschelbach* in: BeckOK StGB § 223 Rn. 17; Fehr, S. 79; Fischer, StGB, § 223 Rn. 4; Hardtung, JuS 2008, S. 864, 865; *Heger* in: Lackner/Kühl StGB, § 223 Rn. 4; *Joecks (Hardtung)* in: MüKo StGB § 223 Rn. 4; Mühe, S. 81; *Paeffgen/Böse* in: Kindhäuser/Neumann/Paeffgen, StGB § 223 Rn. 8; Rengier, BT II, § 13 Rn. 9; *Sternberg-Lieben* in: Schönke/Schröder StGB § 223 Rn. 3; Utsch, S. 27.

[542] *Eschelbach* in: BeckOK StGB § 223 Rn. 22; *Sternberg-Lieben* in: Schönke/Schröder StGB § 223 Rn. 4a.

[543] Vgl. dazu auch Beck, Krankheitsbegriff im Kontext der Körperverletzungsdelikte, S. 103.

sind, eine Gesundheitsschädigung im Sinne des § 223 Abs. 1 StGB darstellen können. Eine Gesundheitsschädigung wird beschrieben als das zumindest vorrübergehende Hervorrufen oder Steigern eines von Normalzustand abweichenden, pathologischen Zustandes.[544]

(1) Gesundheitsbegriff

Laut der *WHO* versteht man unter Gesundheit einen Zustand, in dem vollumfängliches körperliches, geistiges, seelisches und soziales Wohlbefinden vorliegt, nicht bloß das Fehlen von Krankheiten oder Gebrechen.[545] Problematisch ist an dieser Definition, dass es hiernach kaum gesunde Menschen gäbe.[546] Daher wird dem Gesundheitsbegriff im engeren Sinn das subjektive Empfinden des Einzelnen zur Abwesenheit körperlicher oder geistiger Störungen bzw. einem Zustand, in dem keine Krankheiten oder ähnliches nachweisbar sind, zugrunde gelegt.[547] Teilweise wird Gesundheit auch als soziales Konstrukt begriffen.[548] Hierbei zeigt sich ein grundsätzlich dualistisches Verständnis von Geist und Körper.[549]

Dies lässt sich trotz neuerer Erkenntnisse, die den Zusammenhang von körperlichem und seelischem Wohlbefinden betonen, damit begründen, dass das körperliche Wohlbefinden die Grundlage des Wohlbefindens auch im Kontext der Autonomie einzelner Personen bildet.[550] Fraglich bleibt jedoch, warum eine Übernahme der Definitionen aus einem medizinischen in einen juristischen Kontext sinnvoll ist,[551] da mit der Bestimmung des Begriffs in diesem Fachgebiet andere Zwecke verfolgt werden.[552] Auch ist zu beachten, dass der Gesundheitsbegriff dem Wandel der Zeit unterliegt und dem Wertmaßstab der Gesellschaft anzupassen ist.[553]

---

[544] BGH NJW 1960 S. 2253, 2253; BGH NStZ 2015, S. 269, 269; Beck, Krankheitsbegriff im Kontext der Körperverletzungsdelikte, S. 105; *Eschelbach* in: BeckOK StGB § 223 Rn. 24; Fehr, S. 79; Fischer, StGB, § 223 Rn. 8; Hardtung, JuS 2008, S. 864, 867; *Heger* in: Lackner/Kühl StGB, § 223 Rn. 5; *Joecks (Hardtung)* in: MüKo StGB, § 223 Rn. 29; Mühe, S. 83; *Paeffgen/Böse* in: Kindhäuser/Neumann/Paeffgen, StGB § 223 Rn. 14; Rengier, BT II, § 13 Rn. 16; *Sternberg-Lieben* in: Schönke/Schröder StGB § 223 Rn. 5; Utsch, S. 33.
[545] Präambel der Satzung der WHO, S. 1, abrufbar unter http://apps.who.int/gb/bd/PDF/bd47/EN/constitution-en.pdf?ua= 1 (zuletzt abgerufen am 23.07.2019, 8:00 Uhr).
[546] *Joecks (Hardtung)* in: MüKo StGB, § 223 Rn. 31.
[547] *Joecks (Hardtung)* in: MüKo StGB, § 223 Rn. 31 m.w.N.
[548] *Paeffgen/Böse* in: Kindhäuser/Neumann/Paeffgen StGB, § 223 Rn. 14.
[549] Beck, Krankheitsbegriff im Kontext der Körperverletzungsdelikte, S. 103.
[550] Vgl. dazu ausführlich bei Beck, Krankheitsbegriff im Kontext der Körperverletzungsdelikte, S. 103.
[551] Beck, Krankheitsbegriff im Kontext der Körperverletzungsdelikte, S. 105f.
[552] Beck, Krankheitsbegriff im Kontext der Körperverletzungsdelikte, S. 118.
[553] Mühe, S. 101.

(2) Krankheitsbegriff

Hinsichtlich des Krankheitsbegriffs werden verschiedene Herangehensweisen vertreten, die im Kontext der Auslegung des § 223 Abs. 1 StGB relevant werden könnten.

Universalistische Krankheitsbegriffe definieren die Krankheit losgelöst vom historischen oder kulturellen Kontext, im Gegensatz dazu gehen relativistische Krankheitsbegriffe nicht davon aus, dass eine Allgemeingültigkeit besteht.[554] Für die naturalistischen Krankheitsbegriffe ist charakteristisch, dass sie sich allein an objektiven Kriterien orientieren, während normative Begriffe Wertungen Einzug gewähren.[555]

Für eine adäquate Begriffsbestimmung im rechtlichen Kontext und insbesondere im Zusammenhang mit nicht- oder geringinvasiven prädiktiven Untersuchungen sind daher autonome Kriterien notwendig.[556] Hierbei besteht die Möglichkeit, dass sich entweder auf das subjektive Wohlbefinden oder auf objektivierbare Kriterien wie bspw. Abweichungen von statistischen Werten bezogen wird.[557] Dabei sollte im Hinblick auf die Rechtssicherheit eine gewisse Objektivität gewährleistet sein, sodass hierbei der sog. „*Maßstab-Homunculus*“ angelegt wird, bei dem individuelle Gesichtspunkte nur mit einbezogen werden können, wenn sie sich hinreichend objektivieren lassen.[558] Schließlich können auch gesellschaftliche Aspekte mit Blick auf den Charakter des Strafrechts als Kommunikationsmittel sozial-moralischer Regeln berücksichtigt werden.[559]

(3) Invasive Maßnahmen als Gesundheitsschädigungen?

Durch die Vornahme von Untersuchungen zum Zweck der Demenzfrüherkennung mittels nichtgenetischer Biomarker kann nach den eben dargelegten Grundsätzen tatbestandlich eine Gesundheitsschädigung vorliegen. Die Anforderungen sind jedoch, insbesondere im Hinblick auf die notwendige Objektivierbarkeit individueller Gesichtspunkte, im Kontext derartiger diagnostischer Untersuchungen recht hoch und daher in der Regel nur bei Untersuchungsmethoden erfüllt, die eine gewisse Invasivität aufweisen. Nichtinvasive Untersuchungen stellen nach

---

[554] Beck, Krankheitsbegriff im Kontext der Körperverletzungsdelikte, S. 117.
[555] Beck, Krankheitsbegriff im Kontext der Körperverletzungsdelikte, S. 117.
[556] Beck, Krankheitsbegriff im Kontext der Körperverletzungsdelikte, S. 119.
[557] Beck, Krankheitsbegriff im Kontext der Körperverletzungsdelikte, S. 119.
[558] BGH NJW 1991, S. 2918, 2919, *Paeffgen/Böse* in: Kindhäuser/Neumann/Paeffgen StGB, § 223 Rn. 8; vgl. dazu auch bei Beck, Krankheitsbegriff im Kontext der Körperverletzungsdelikte, S. 119; sowie bei Mühe, S. 85.
[559] Beck, Krankheitsbegriff im Kontext der Körperverletzungsdelikte, S. 119, 120.

den dargelegten Maßstäben hingegen keine Gesundheitsschädigungen nach dieser Auslegung dar.

cc) Möglichkeit der Einwilligung

Auch wenn invasive Untersuchungen auf nichtgenetische Biomarker tatbestandlich eine Körperverletzung darstellen können[560], besteht für die Betroffenen im Sinne der Wahrung ihres Rechts auf Selbstbestimmung die Möglichkeit einer Einwilligung in die Vornahme dieser Untersuchungen.

Unter einer Einwilligung versteht man allgemein die bewusste vorherige Zustimmung zu einem Verhalten einer anderen Person.[561] Im Kontext des Strafrechts bildet die Einwilligung nach der überwiegenden Ansicht einen zwar ungeschriebenen, aber gewohnheitsrechtlich anerkannten Rechtfertigungsgrund.[562]

Im Folgenden werden die Voraussetzungen, unter denen eine Einwilligung in Untersuchungen zum Zweck der Demenzfrüherkennung mittels nichtgenetischer Biomarker als wirksam anzusehen ist, erläutert.

(1) Disponibles Rechtsgut und Dispositionsbefugnis

Im Rahmen der Demenzfrüherkennung geht es für die Betroffenen vor allem um das Selbstbestimmungsrecht sowie die körperliche Unversehrtheit.[563] Dabei handelt es sich um Individualrechtsgüter, die die für eine Einwilligung erforderliche Disponibilität[564] aufweisen. Jeder Mensch ist alleiniger Inhaber des Rechtsguts seiner körperlichen Unversehrtheit und seines

---

[560] Vgl. allgemein zum ärztlichen Heileingriff soeben ab S. 78.

[561] *Hirsch* in: LeiKo StGB, § 228 Rn. 3; *Paeffgen/Zabel* in: Kindhäuser/Neumann/Paeffgen, StGB § 228 Rn. 13.; ein Überblick zur sog. Körperverletzungsdoktrin der Rechtsprechung findet sich bei *Katzenmeier* in: Laufs/Katzenmeier/Lipp, Arztrecht, V. Rn. 8-13.

[562] BGH NJW 2004, 2458; BGH NStZ 2004, 442; Amelung/Eymann, JuS 2001, 937, 938; Beckert, JA 2013, S. 507, 508; *Eschelbach* in: BeckOK StGB § 228 Rn. 1; Fischer, StGB, vor § 32 Rn. 3a ff.; Heinrich, AT Rn. 453; *Hirsch* in: LeiKo StGB, § 228 Rn. 1 m.w.N.; Jescheck/Weigend, AT, § 34 I; Kindhäuser, AT, § 12 Rn. 2; Kühl, AT, § 9 Rn. 20; *Heger* in: Lackner/Kühl, StGB, § 228 Rn. 1; *Paeffgen/Zabel* in: NK, § 228 Rn. 8; Rengier, AT, § 23 Rn. 1, 7; *Rosenau* in: Satzger/Schluckebier/Widmaier, StGB, vor §§ 32 ff. Rn. 31; Wessels/Beulke/Satzger, AT, Rn. 551.

[563] Vgl. hierzu ausführlich oben S. 65 und 69.

[564] Amelung/Eymann, JuS 2001 S. 937, 939; Beckert, JA 2013, S. 507, 509; Heinrich, AT, Rn. 455; Gropp/Sinn, AT, § 5 Rn. 76; Jescheck/Weigend, AT, § 34 III 1.; Joecks, Studienkommentar StGB, vor § 32 Rn. 23; Kindhäuser, AT, § 12 Rn. 10; Roxin/Greco, AT I, § 13 Rn. 33; Rengier, AT, § 23 Rn. 9; *Rosenau* in: Satzger/Schluckebier/Widmaier, StGB, vor §§ 32 ff. Rn. 36; *Schlehofer* in: MüKo StGB, Vorbem. Zu § 32, Rn. 151; Wessels/Beulke/Satzger, AT, Rn. 564.

Selbstbestimmungsrechts, sodass die Betroffenen als zustimmende Personen auch dazu befugt sind, über diese Rechtsgüter zu verfügen.[565]

(2) Einwilligungsfähigkeit, Erklärung und Inhalt

Bei medizinischen Untersuchungen wie Untersuchungen zum Zweck der Demenzfrüherkennung mittels nichtgenetischer Biomarker hat sich die einwilligende Person regelmäßig eine Vorstellung von der Bedeutung des Rechtsguts sowie dem möglichen Verlauf und Folgen gemacht, ist also mangels schon vorliegendem Krankheitseintritts zumeist einwilligungsfähig.[566] Einwilligungsfähig ist, wer nach geistiger und sittlicher Reife dazu in der Lage ist, die Tragweite und Bedeutung des Verzichts auf das Rechtsgut zu erkennen und in sachgerechter Weise zu beurteilen.[567]

Nach der herrschenden Willensbekundungstheorie ist eine ausdrückliche oder zumindest konkludente Erklärung der Einwilligung vor bzw. im Zeitpunkt der Vornahme der Untersuchung von Nöten.[568] Diese Erklärung ist bis zur Vornahme der Untersuchung grundsätzlich frei widerrufbar und an keine bestimmte Form gebunden.[569]

(3) Nichtvorliegen von Willensmängeln, insbesondere ordnungsgemäße Aufklärung

Weiterhin darf sich die Einwilligung in Untersuchungen zum Zweck der Demenzfrüherkennung mittels nichtgenetischer Biomarker nicht auf wesentlichen Willensmängeln gründen.[570] Bei einer solchen Untersuchung, die einen ärztlichen Heileingriff darstellt, der die körperliche

---

[565] Vgl. dazu Amelung/Eymann, JuS 2001 S. 937, 940; Beckert, JA 2013, S. 507, 509; Joecks, Studienkommentar StGB, vor § 32 Rn. 22, 24; *Lencker/Sternberg-Lieben* in: Schönke/Schröder StGB, Vorbem. Zu §§ 32 ff. Rn. 36, 37; *Rosenau* in: Satzger/Schluckebier/Widmaier, StGB, vor §§ 32 ff. Rn. 37, Wessels/Beulke/Satzger, AT, Rn. 565.

[566] Heinrich, AT, Rn. 456; Kindhäuser, AT, § 12 Rn. 11.

[567] BGH NJW 1978, 1206; BGH NStZ 2000, 87, 88; Heinrich, AT, Rn. 456; *Hirsch* in: LeiKo StGB, § 228 Rn. 3; Joecks, Studienkommentar StGB, vor § 32 Rn. 27; Kindhäuser, AT, § 12 Rn. 11; *Rosenau* in: Satzger/Schluckebier/Widmaier, StGB, vor §§ 32 ff. Rn. 38; Wessels/Beulke/Satzger, AT, Rn. 566; Zahn, S. 52f.

[568] BGH NJW 1956, 1106, 1107; Amelung/Eymann, JuS 2001, 937, 941; Beckert, JA 2013, S. 507, 509; Heinrich, AT, Rn. 457; *Hirsch* in: LeiKo StGB, § 228 Rn. 3 m.w.N.; Jescheck/Weigend, AT, § 34 IV 2; dazu auch Joecks, Studienkommentar StGB vor § 32 Rn. 25; Kühl, AT, § 9 Rn. 31; *Heger* in: Lackner/Kühl, StGB, § 228 Rn. 4, 6; *Lencker/Sternberg-Lieben* in: Schönke/Schröder StGB, Vorbe. §§ 32 ff. Rn. 43; Rengier, AT, § 23 Rn. 21; *Rosenau* in: Satzger/Schluckebier/Widmaier, StGB, vor §§ 32 ff. Rn. 39; Wessels/Beulke/Satzger, AT, Rn. 578; *Wolters* in: SK-StGB § 228 Rn. 4; Zahn, S. 63 f.

[569] Beckert, JA 2013, S. 507, 509; Frister, AT, 15. Kapitel Rn. 5; Kindhäuser, AT, § 12 Rn. 13; *Rosenau* in: Satzger/Schluckebier/Widmaier, StGB, vor §§ 32 ff. Rn. 39; Wessels/Beulke/Satzger, AT, Rn. 578.

[570] Amelung/Eymann, JuS 2001 S. 937, 943; Beckert, JA 2013, S. 507, 509; Kindhäuser, AT, § 12 Rn. 14; *Rosenau* in: Satzger/Schluckebier/Widmaier, StGB, vor §§ 32 ff. Rn. 40; Wessels/Beulke/Satzger, AT, Rn. 569.

Integrität berührt, ist eine vorherige Aufklärung nötig.[571] Damit im Rahmen des Selbstbestimmungsrechts eine freie Entscheidung der Betroffenen erfolgen kann, ist das Wissen über die geplante Behandlung und deren mögliche Gefahren unerlässlich.[572] Die Einwilligung entfaltet hinsichtlich der Rechtfertigung eines ärztlichen Heileingriffs grundsätzlich nur Wirksamkeit, wenn die Betroffenen die Tragweite ihrer Entscheidung auf Grundlage der hierfür bedeutsamen Umstände überblicken können.[573] Die Betroffenen müssen also wissen, worin sie einwilligen, sogenannter *informed consent*.[574] Im Rahmen von Untersuchungen zum Zweck der Demenzfrüherkennung mittels nichtgenetischer Biomarker bedeutet das, dass die Betroffenen über die Untersuchungsmethode an sich sowie deren mögliche Folgen informiert werden müssen. Dabei steht vor allem im Vordergrund, dass die Untersuchung an sich regelmäßig nur wenig Komplikationen aufweist, der Umgang mit den Ergebnissen von Wahrscheinlichkeitsaussagen über den späteren Eintritt einer Demenzerkrankung jedoch mit erheblich mehr Schwierigkeiten behaftet ist, die es zu beachten und im Rahmen der Aufklärung zu thematisieren gilt. Auf diesen Aspekt wird im Kontext des Umgangs mit den Ergebnissen später ausführlich eingegangen.[575]

Je nach sachlichem Bezugspunkt der Aufklärung werden die therapeutische Aufklärung und die Selbstbestimmungsaufklärung unterschieden, die in der Praxis auch Überschneidungen aufweisen können.[576]

(a) Therapeutische Aufklärung

Die therapeutische Aufklärung betrifft die Mitteilung von Verhaltensregeln im Rahmen der Therapie und ist damit primär Bestandteil der ärztlichen Behandlung.[577] Diese ist im Hinblick auf die hier zu untersuchende Fragestellung weniger relevant, da weniger die Therapie einer Demenzerkrankung, sondern die Vornahme einer Untersuchung zum Zweck der Prädiktion im Fokus steht.

---

[571] Wessels/Beulke/Satzger, AT, Rn. 569.
[572] Hilgendorf, Kapitel 2 Rn. 39; Kraatz, Rn. 40; Ulsenheimer, Rn. 338; vgl. dazu auch bereits Wachsmuth/Schreiber, NJW 1981, 1985, 1985.
[573] BVerfG NJW 1979, S. 1925, 1929; Ulsenheimer, Rn. 338.
[574] Kraatz, Rn. 41; Schöch, S. 54; Ulsenheimer, Rn. 338; Zahn, S. 61; vgl. zum *informed consent* bereits oben, S. 40 ff.
[575] Vgl. dazu ab S. 102.
[576] Hilgendorf, Kapitel 2 Rn. 41.
[577] *Katzenmeier* in: Laufs/Katzenmeier/Lipp, Arztrecht, V. Rn. 16f.; C. Knauer, S. 24; Kraatz, Rn. 43; Reimer, S. 36; Schöch, S. 61; Ulsenheimer, Rn. 342.

(b) Selbstbestimmungsaufklärung

Relevant ist im Kontext des Untersuchungsgegenstandes aber die Selbstbestimmungsaufklärung.[578] Diese wird wiederum in die Diagnose-, Verlaufs- und Risikoaufklärung untergliedert.[579] Vor allem sind für die Regelungen zur Informationsgewinnung die Risiko-[580] und Verlaufsaufklärung von Bedeutung, die auch als Kernbereich der Verwirklichung des Selbstbestimmungsrechts angesehen werden.[581] Die Betroffenen sind bei der Verlaufsaufklärung über die Art, Schwere, den Umfang und die Durchführung der Untersuchung zu informieren.[582] Da sich die Untersuchungen gerade im Hinblick auf die Demenzfrüherkennung mittels nichtgenetischer Biomarker trotz ihrer Invasivität zumeist auf Blutentnahmen oder neuronale Messungen beschränken werden[583] wird dies zumindest im Hinblick auf die rein physischen Folgen der Untersuchungen eine untergeordnete Rolle spielen. Auch umfasst die Selbstbestimmungsaufklärung die Diagnoseaufklärung, die die Mitteilung der Ergebnisse der Untersuchung zum Gegenstand hat.[584] Im Rahmen der Demenzfrüherkennung bedeutet dies, dass die Betroffenen über die möglichen Ergebnisse der Untersuchung zur Demenzfrüherkennung aufzuklären sind.

Die Betroffenen sind im Rahmen der Risikoaufklärung über sichere oder denkbare Risiken der Untersuchung in Kenntnis zu setzen, wozu insbesondere die möglichen Gefahren hinsichtlich Entscheidungen für die weitere Lebensgestaltung zählen.[585] Auch an dieser Stelle ist zu berücksichtigen, dass die Ergebnisse der Untersuchung zum Zweck der Demenzfrüherkennung mittels nichtgenetischer Biomarker lediglich Wahrscheinlichkeitsaussagen hinsichtlich einer Krankheit beinhalten, die zukünftig nicht gänzlich geheilt oder verhindert werden kann.[586] Auch die verschwimmende Abgrenzbarkeit von Gesundheit und Krankheit[587] kann zu Verunsicherung und Verängstigung der Betroffenen führen,[588]die für diese nachteilige psychische Folgen aufweisen können.

---

[578] Siehe hierzu bei Hilgendorf, Kapitel 2 Rn. 41 ff.
[579] Hilgendorf, Kapitel 2 Rn. 41.
[580] Diese wird zum Teil auch als Eingriffsaufklärung bezeichnet, vgl. dazu beispielsweise Kraatz, Rn. 44.
[581] *Katzenmeier* in: Laufs/Katzenmeier/Lipp, Arztrecht, V. Rn. 14, 15; Kraatz, Rn. 44; Ulsenheimer, Rn. 350.
[582] BGH NJW 1984, S. 1395, 1395; BGH NJW 1989, S. 1533f.; *Katzenmeier* in: Laufs/Katzenmeier/Lipp, Arztrecht, V. Rn. 26; Kraatz, Rn. 49; Schöch, S. 58f.; Ulsenheimer, Rn. 350.
[583] Vgl. dazu oben ab S. 18.
[584] BVerfG NJW 2005, S. 1103 ff.; BGH NJW 2005, S. 427, 428; BGH NJW 2005 S. 1718 ff.; *Katzenmeier* in: Laufs/Katzenmeier/Lipp, Arztrecht, V. Rn. 14; C. Knauer, S. 23; Kraatz, Rn. 44; Reimer, S. 36; Schöch, S. 57f.; Ulsenheimer, Rn. 345.
[585] Kraatz, Rn. 53; Schöch, S. 59; welche Gefahren gerade im Hinblick auf die psychische Konstitution bestehen, ist in Teil I der Arbeit näher beleuchtet worden, vgl. bspw. ab S. 28.
[586] Hildt, BGesBl. 2008, S. 829, 830; dazu auch Ueding, S. 60, 67; siehe dazu auch bereits oben ab S. 28.
[587] Vgl. dazu m.w.N. bereits oben ab S. 28.
[588] Deutscher Ethikrat, Die Zukunft der genetischen Diagnostik – Stellungnahme, S. 117.

Bei diagnostischen Eingriffen ohne therapeutischen Eigenwert, wie der Demenzfrüherkennung[589], bestehen aus diesen Gründen erhöhte Anforderungen an die Aufklärung vor Vornahme einer solchen Untersuchung.[590] Welche der Informationen zu erteilen sind, richtet sich nach den Umständen des Einzelfalles.[591] Dabei handelt es sich aber jedenfalls um alle für die Untersuchung typischen Risiken, die bei Laien in der Regel unbekannt sind, aber die die Entscheidung der Betroffenen über die Durchführung der Untersuchung beeinflussen.[592] Bei diagnostischen Eingriffen ohne therapeutischen Eigenwert gelten gesteigerte Anforderungen, sodass ein Hinweis auf das schwerwiegendste Risiko, dass auch bei sehr kleinen Komplikationsraten besteht, erfolgen muss.[593] Hierbei sollte bei Untersuchungen zum Zweck der Demenzfrüherkennung mittels nichtgenetischer Biomarker vor allem auf die möglichen psychischen Folgen eingegangen werden, die insbesondere aufgrund des Umstandes entstehen, dass die Ergebnisse lediglich Wahrscheinlichkeitsaussagen hinsichtlich des Eintritts einer nicht vollständig heilbaren, schwerwiegenden Krankheit beinhalten.

(4) Subjektives Element

Die behandelnde ärztliche Person muss im Rahmen von Untersuchungen zum Zweck der Demenzfrüherkennung mittels nichtgenetischer Biomarker schließlich wissen, dass die vorgenommene Untersuchung aufgrund des Einverständnisses der Betroffenen und mit diesem erfolgt.[594]

dd) Zwischenfazit

Hinsichtlich der Untersuchung auf nichtgenetische Biomarker zum Zweck der Demenzfrüherkennung ist zwischen invasiven und nichtinvasiven Untersuchungen zu unterscheiden. Invasive Untersuchungen können tatbestandlich die Voraussetzungen der Körperverletzung nah § 223 Abs. 1 StGB erfüllen, es ist jedoch im Wege der Einwilligung eine Rechtfertigung möglich.

Von besonderer Relevanz ist im Rahmen der Untersuchung zum Zweck der Demenzfrüherkennung mittels nichtgenetischer Biomarker die Aufklärung der Betroffenen, um deren verfassungsrechtlich garantiertes Selbstbestimmungsrecht zu schützen. Die Betroffenen müssen also

---

[589] Vgl. dazu oben, S. 16 ff.
[590] Kraatz, Rn. 54 m.w.N.; vgl. so bereits auch OLG Oldenburg MedR 1983, S. 192, 193 sowie BGH MedR 1984, S. 227, 228.
[591] *Katzenmeier* in: Laufs/Katzenmeier/Lipp, Arztrecht, V. Rn. 26; C. Knauer, S. 24; Kraatz, Rn. 49; Zahn, S. 61; zum Inhalt des Aufklärungsgespräch vor allem im Zusammenhang mit dem Deliktsrecht vgl. bereits Schmid, NJW 1984, S. 2601, 2601 ff.
[592] BGH NJW 2007, S. 217, 218; Ulsenheimer, Rn. 351.
[593] Schöch, S. 69; Ulsenheimer, Rn. 367.
[594] Beckert, JA 2013, S. 507, 510; Wessels/Beulke/Satzger, AT, Rn. 579; *Wolters* in: SK-StGB § 228 Rn. 2.

über die Untersuchungsmethode selbst und hier vor allem über deren mögliche psychische Konsequenzen in Kenntnis gesetzt werden. Die Selbstbestimmungsaufklärung steht dabei im Vordergrund und wird in die Diagnose-, Verlaufs- und Risikoaufklärung unterteilt.[595] Die Verlaufsaufklärung über die Untersuchungsmethode an sich wird aufgrund der zumeist geringen Invasivität der Untersuchungen zum Zweck der Demenzfrüherkennung mittels nichtgenetischer Biomarker eine untergeordnete Rolle spielen. Die Diagnoseaufklärung, die die Mitteilung der Untersuchungsergebnisse zum Gegenstand hat,[596] und die Risikoaufklärung spielen eine entscheidende Rolle im Hinblick auf die möglichen psychischen Folgen der Mitteilung von Untersuchungsergebnissen, die Wahrscheinlichkeitsaussagen hinsichtlich einer späteren Demenzerkrankung darstellen.[597] Es lässt sich also festhalten, dass bei Untersuchungen zum Zweck der Demenzfrüherkennung mittels nichtgenetischer Biomarker erhöhte Anforderungen je nach Einzelfall an die Aufklärung vor der Vornahme einer solchen Untersuchung zu stellen sind.[598] Dabei sollten insbesondere möglichen psychischen Folgen der Untersuchung angesprochen werden, die aufgrund des Umstandes eintreten, dass die Ergebnisse lediglich Wahrscheinlichkeitsaussagen hinsichtlich des Eintritts einer nicht vollständig heilbaren, schwerwiegenden Krankheit beinhalten.

Bei einer irrigen, sorgfaltspflichtwidrigen Annahme einer Einwilligung ist auch eine fahrlässige Körperverletzung nach § 229 StGB denkbar.

c) Nicht- oder geringinvasive Untersuchungen auf nichtgenetische Biomarker

Es sind, gerade im Kontext der aktuellen Forschung, auch nichtinvasive oder nur gering invasive Untersuchungen zum Zweck der Demenzfrüherkennung denkbar.[599] Daher stellt sich die Frage, ob diese Eingriffe trotz ihrer geringen oder nicht vorhandenen Invasivität[600] als ärztliche Heileingriffe und damit als tatbestandliche Körperverletzung einzustufen sind.[601] Andernfalls wäre für diese Eingriffe im Gegensatz zu den invasiven Untersuchungen keine Einwilligung

---

[595] Hilgendorf, Kapitel 2 Rn. 41.

[596] BVerfG NJW 2005, S. 1103 ff.; BGH NJW 2005, S. 427, 428; BGH NJW 2005 S. 1718 ff.; *Katzenmeier* in: Laufs/Katzenmeier/Lipp, Arztrecht, V. Rn. 14; C. Knauer, S. 23; Kraatz, Rn. 44; Reimer, S. 36; Schöch, S. 57f.; Ulsenheimer, Rn. 345.

[597] Hildt, BGesBl. 2008, S. 829, 830; dazu auch Ueding, S. 60, 67; siehe dazu auch bereits oben ab S. 28.

[598] Kraatz, Rn. 54 m.w.N.; vgl. so bereits auch OLG Oldenburg MedR 1983, S. 192, 193 sowie BGH MedR 1984, S. 227, 228; *Katzenmeier* in: Laufs/Katzenmeier/Lipp, Arztrecht, V. Rn. 26; C. Knauer, S. 24; Kraatz, Rn. 49; Zahn, S. 61; zum Inhalt des Aufklärungsgespräch vor allem im Zusammenhang mit dem Deliktsrecht vgl. bereits Schmid, NJW 1984, S. 2601, 2601 ff.

[599] Dazu zählen beispielsweise einfache neuro-physiologische Kognitionstests, vgl. dazu oben ab S. 19.

[600] Siehe dazu ausführlich oben ab S. 18.

[601] Vgl. zum ärztlichen Heileingriff allgemein oben ab S. 78.

erforderlich. Insbesondere scheint eine Subsumtion unter die Begriffe der körperlichen Misshandlung oder Gesundheitsschädigung sowie das Erreichen der geforderten Erheblichkeitsschwelle problematisch.[602]

Gerade im Hinblick auf den Bestimmtheitsgrundsatz nach Art. 103 Abs. 2 GG ist es problematisch, jede Diagnosemaßnahme unabhängig von ihren Konsequenzen kategorisch als Körperverletzung im Sinne des § 223 Abs. 1 StGB einzuordnen.[603] Auch soll der Normzweck des § 223 Abs. 1 StGB Beachtung finden, welcher bei der Annahme einer Körperverletzung bei einer medizinisch indizierten, nützlichen Behandlung bei einer in dem Verhältnis geringfügigen körperlichen Folge in den Hintergrund geraten könnte.[604] Weiterhin ist zu berücksichtigen, dass das Schutzgut des § 223 Abs. 1 StGB grundsätzlich die körperliche Unversehrtheit und gerade nicht das Selbstbestimmungsrecht der Betroffenen ist.[605] Daher wird bspw. von *Knauer* vorgeschlagen, den ärztlichen Heileingriff einer differenzierteren Betrachtungsweise zu unterziehen.[606] Nach dieser Betrachtungsweise würden diagnostische Maßnahmen, die nicht zu einer Verschlechterung des Gesundheitszustandes der Betroffenen führen und keine Nebenwirkungen mit sich bringen, nicht den Tatbestand des § 223 Abs. 1 StGB erfüllen.[607] Zudem würden Eingriffe, die nur minimalinvasiv sind, nicht als Körperverletzung zu qualifizieren sein, wenn durch sie der Gesundheitszustand der Betroffenen verbessert und sich die Misshandlung gegenüber dem Erfolg der Heilung als unerheblich erweist.[608]

Diese Untersuchungen erfolgen zum Teil durch Befragung oder Beobachtung der Betroffenen [609] oder durch bildgebende Verfahren, die so wenig invasiv sind, dass zumeist nicht von einer körperlichen Misshandlung oder Gesundheitsschädigung durch die Untersuchung selbst ausgegangen werden kann. Daher kommt bei einer Vornahme einer nichtinvasiven Untersuchung ohne die Einwilligung der Betroffenen de lege lata keine Strafbarkeit gem. §§ 223 ff. StGB in Betracht.

---

[602] *Knauer/Brose* in: Spickhoff Medizinrecht, § 223 StGB Rn. 20; vgl. zu den begriffen sowie den Voraussetzungen des Erreichens der Erheblichkeitsschwelle soeben ab S. 80.
[603] *Knauer/Brose* in: Spickhoff Medizinrecht, § 223 StGB Rn. 20.
[604] *Knauer/Brose* in: Spickhoff Medizinrecht, § 223 StGB Rn. 20.
[605] C. Knauer, S. 17.
[606] C. Knauer, S. 20, 21; hierzu auch bei *Knauer/Böse* in: Spickhoff, Medizinrecht, § 223 StGB Rn. 20.
[607] C. Knauer, S. 20; *Knauer/Brose* in: Spickhoff, Medizinrecht, § 223 StGB Rn. 20.
[608] C. Knauer, S. 20; *Knauer/Brose* in: Spickhoff, Medizinrecht, § 223 StGB Rn. 20.
[609] Siehe dazu oben ab S. 18.

d) Zusammenfassung und Zwischenfazit

Es lässt sich festhalten, dass invasive Untersuchungen mittels nichtgenetischer Biomarker nach der überwiegenden Ansicht, nach der die ärztliche Heilbehandlung eine tatbestandliche Körperverletzung darstellt, zumindest überwiegend in den angesprochenen Konstellationen den Tatbestand des § 223 Abs. 1 StGB erfüllen. Eine Rechtfertigung im Wege der Einwilligung ist möglich. Aus strafrechtlicher Sicht besteht zumindest bei Untersuchungen mit einer gewissen Invasivität die Möglichkeit einer Strafbarkeit nach § 223 Abs. 1 StGB, wenn diese gegen den Willen der Betroffenen oder ohne eine wirksame Einwilligung vorgenommen werden. Problematisch ist dies im Hinblick auf die Untersuchungsmöglichkeiten, die minimal- oder nichtinvasiv sind. Hier besteht de lege lata keine Möglichkeit der Bestrafung nach §§ 223 ff. StGB, wenn diese ohne eine Einwilligung der Betroffenen vorgenommen werden.

2. Zivilrechtliche Folgen der Untersuchung ohne Einwilligung der Betroffenen

a) Vertragliche Haftung bei Vornahme der Untersuchung ohne die erforderliche Einwilligung

aa) Grundlagen

Im Gegensatz zum Strafrecht hat die Einwilligung im Rahmen des Patientenrechtegesetzes vom 20. Februar 2013 zum 26. Februar 2013 Einzug in das BGB erhalten.[610] § 630d Abs. 1 S. 1 BGB regelt, dass vor der Durchführung einer medizinischen Maßnahme, insbesondere eines Eingriffs in den Körper oder die Gesundheit, die Einwilligung der Betroffenen einzuholen ist. Dies dient der Wahrung des Selbstbestimmungsrechts der Betroffenen.[611]

Es wird zwischen der behandelnden ärztlichen Person und den Betroffenen bzgl. der Untersuchung ein Behandlungsvertrag gem. § 630a BGB geschlossen. Mangels eigenständiger Regelungen in den §§ 630a ff. BGB richtet sich ein vertraglicher Anspruch auf Schadensersatz bei der Verletzung einer Pflicht aus dem Behandlungsvertrag nach § 280 Abs. 1 BGB.[612] Dieser

---

[610] BT-Drs. 17/10488; *Katzenmeier* in: BeckOK BGB, § 630a Rn. 1 (zur Normhistorie ausführlich Rn. 2 ff.); *Katzenmeier* in: Laufs/Katzenmeier/Lipp, Arztrecht, V. Rn. 3; Katzenmeier, NJW 2013, S. 817, 817; *Mansel* in: Jauernig BGB, Vorbem. zu § 630a Rn. 1; Medicus/Lorenz, § 32 Rn. 2; Schneider, JuS 2013, S. 104, 104; *Spickhoff* in: Spickhoff Medizinrecht, § 630a BGB Rn. 1-5; *Wagner* in: MüKo BGB, Vorbem. zu § 630a Rn. 2; Walker in: Brox/Walker, Besonderes Schuldrecht, § 22 Rn. 1; vgl. auch ausführlich zur Geschichte des Behandlungsvertrags bei Franzki, S. 5-28.

[611] *Katzenmeier* in: BeckOK BGB, § 630d Rn. 3; *Katzenmeier* in: Laufs/Katzenmeier/Lipp, Arztrecht, V. Rn. 6; *Mansel* in: Jauernig BGB, § 630d Rn. 1; Medicus/Lorenz, § 32 Rn. 13; *Spickhoff* in: Spickhoff Medizinrecht, § 630d BGB Rn. 1.

[612] Baltz, S. 21 ff.; *Ehlers* in: Ehlers/Broglie, Arzthaftungsrecht, Rn. 739; Medicus/Lorenz, § 32 Rn. 21.

setzt voraus, dass vertragliche Pflichten verletzt werden und ein zu vertretender, ersatzfähiger Schaden entsteht.[613]

Als Verletzung vertraglicher Pflichten kommen im Kontext der Demenzfrüherkennung insbesondere Verstöße gegen das Erfordernis der Einholung einer Einwilligung bzw. das Unterlassen einer ordnungsgemäßen Aufklärung vor Durchführung der Behandlung gem. § 630d Abs. 1 S. 1 BGB[614] sowie ein Verstoß gegen die Informationspflicht nach § 630c Abs. 2 S. 1 BGB in Frage.[615] Eine Differenzierung zwischen invasiven und nicht-invasiven Untersuchungen wird gesetzlich nicht impliziert. Es wird überwiegend davon ausgegangen, dass eine umfassende Schadensersatzpflicht bei Verletzungen der Aufklärungspflicht besteht.[616]

Der Schaden der Betroffenen kann in materieller Hinsicht in der Verpflichtung zur Zahlung einer Vergütung aus dem Behandlungsvertrag bestehen, sodass sich ein Schadensersatzanspruch entsprechend auf die Befreiung von dieser Verpflichtung richten kann.[617] Auch ist als Rechtsfolge Schmerzensgeld als Ersatz für ggf. erlittene immaterielle Schäden gem. § 253 Abs. 2 BGB denkbar.[618] Voraussetzung hierfür ist, dass eines der dort aufgeführten Rechtsgüter, insbesondere der Körper oder die Gesundheit, verletzt worden ist.[619] Auch wenn dies nicht ausdrücklich in § 253 Abs. 2 BGB genannt wird, ist ein Schmerzensgeldanspruch auch bei einer Verletzung des allgemeinen Persönlichkeitsrechts möglich,[620] zu dem auch das Selbstbestimmungsrecht gehört.[621] Die Höhe des Schmerzensgeldes richtet sich nach den Gesamtumständen des konkreten Falls.[622]

---

[613] *Lorenz* in: BeckOK BGB, § 280 Rn. 3.

[614] *Ehlers* in: Ehlers/Broglie, Arzthaftungsrecht, Rn. 788; *J.Prütting/Merrem* in: Prütting Medizinrecht, § 630e BGB Rn. 44; *Katzenmeier* in: BeckOK BGB, § 630a Rn. 7; *ders.* § 630d Rn. 27; *Mansel* in: Jauernig BGB, § 630d Rn. 1; Olzen/Kaya, JA 2013, S. 661, 665; *Spickhoff* in: Spickhoff Medizinrecht, § 630h BGB Rn. 2; *Walker* in: Brox/Walker, Besonderes Schuldrecht, § 22 Rn. 27; *Wagner* in: MüKo BGB, Vorbem. zu § 630a Rn. 17 ff.

[615] *Mansel* in: Jauernig BGB, § 630c Rn. 6; *Spickhoff* in: Spickhoff Medizinrecht, § 630h BGB Rn. 2.

[616] *Katzenmeier* in: BeckOK BGB, § 630e Rn. 64 m.w.N.; dazu, dass eine Schadensersatzpflicht als Schaden auch einen Gesundheitsschaden erfordere *J. Prütting/Merrem* in: Prütting, Medizinrecht § 630e BGB Rn. 64 m.w.N.

[617] *Walker* in: Brox/Walker, Besonderes Schuldrecht, § 22 Rn. 27.

[618] *Broglie* in: Ehlers/Broglie, Arzthaftungsrecht, Rn. 783; Medicus/Lorenz, § 32 Rn. 21; *Walker* in: Brox/Walker, Besonderes Schuldrecht, § 22 Rn. 29.

[619] *Walker* in: Brox/Walker, Besonderes Schuldrecht, § 22 Rn. 29.

[620] Wandt, Gesetzliche Schuldverhältnisse, § 25 Rn. 43.

[621] Siehe dazu bereits oben ab S. 65.

[622] *Ehlers* in: Ehlers/Broglie, Arzthaftungsrecht, Rn. 830.

bb) Abschluss eines Behandlungsvertrags nach § 630a BGB

In der Situation der Demenzfrüherkennung ist der Abschluss eines Behandlungsvertrages nach § 630a BGB erforderlich. Die Untersuchungen zur Demenzfrüherkennung mittels nichtgenetischer Biomarker zählen aufgrund des Umstandes, dass ihre Ergebnisse Wahrscheinlichkeitsaussagen abbilden und eine große Relevanz für die weitere Lebensgestaltung haben, nicht zu einfachen Untersuchungen, deren Ergebnisse keine Zweifel auslösen, sodass in dieser Situation von einem Behandlungsvertragsschluss auszugehen ist.[623]

Der Behandlungsvertrag ist eine spezielle Form des Dienstvertrags,[624] unabhängig davon, ob ein Vertragsschluss mit Kassen- oder Privatversicherten vorliegt.[625] Er umfasst Fälle, in denen die Zusage einer medizinischen Behandlung gegen die Vereinbarung der Gewährung einer Gebühr erfolgt.[626] Der Begriff der medizinischen Behandlung wird zwar gesetzlich nicht definiert, aber weit verstanden und umfasst sowohl die Tätigkeit von ärztlichem Fachpersonal, als auch die von Angehörigen anderer Heilberufe.[627] Unter die Tätigkeit in Form der Behandlung fallen alle Maßnahmen und Eingriffe am Körper eines Menschen zur Verhütung, Erkenntnis, Heilung oder Linderung von Krankheiten, körperlicher oder seelischer Beschwerden und Leiden.[628] Dazu gehört neben der Befunderhebung bzw. Untersuchung auch die Diagnose, also Bestimmung einer Krankheit körperlicher oder psychischer Art.[629] Einfache Diagnoseverträge sowie Laboruntersuchungen, deren Ergebnis nicht bezweifelt werden kann, sollen hingegen unter das Werkvertragsrecht fallen.[630]

---

[623] Zu den einzelnen medizinischen Möglichkeiten der Vornahme einer Demenzfrüherkennung mittels nichtgenetischer Biomarker siehe oben ab S. 18; bereits bei der Einholung einer zweiten Meinung wird ein Behandlungsvertrag aufgrund der Unwägbarkeiten des menschlichen Organismus angenommen, hierzu *Katzenmeier* in: BeckOK BGB, § 630a Rn. 24.

[624] BT-Drs. 17/10488, S. 17; *J.Prütting/Merrem* in: Prütting Medizinrecht, § 630a BGB Rn. 1f.; *Katzenmeier* in: BeckOK BGB, § 630a Rn. 20; Katzenmeier, NJW 2013, S. 817, 817; *Mansel* in: Jauernig BGB, Vorbem. zu § 630a Rn. 2; Medicus/Lorenz, § 32 Rn. 2; *Spickhoff* in: Spickhoff Medizinrecht, § 630a BGB Rn. 6; *Wagner* in: MüKo BGB, § 630a Rn. 3; *Walker* in: Brox/Walker, Besonderes Schuldrecht, § 22 Rn. 1; dies wird u.a. mit der Gesetzessystematik begründet.

[625] Medicus/Lorenz, § 32 Rn. 6; Schneider, JuS 2013, S. 104, 104.

[626] *Wagner* in: MüKo BGB, § 630a Rn. 9; *Walker* in: Brox/Walker, Besonderes Schuldrecht, § 22 Rn. 1.

[627] *Katzenmeier* in: BeckOK BGB, § 630a Rn. 30 ff.; Katzenmeier, NJW 2013, S. 817, 818; Medicus/Lorenz, § 32 Rn. 3; *Wagner* in: MüKo BGB, § 630a Rn. 10.

[628] BT-Drs. 17/10488 S. 17; *Mansel* in: Jauernig BGB, § 630a Rn. 5.

[629] *Katzenmeier* in: BeckOK BGB, § 630a Rn. 106.

[630] So bspw. *Spickhoff* in: Spickhoff Medizinrecht, § 630a BGB Rn. 9.

cc) Voraussetzungen der Einwilligung

(1) Grundlegende Voraussetzungen

Im Wesentlichen müssen auch im Rahmen des Zivilrechts die inhaltlichen Anforderungen erfüllt werden, die im Strafrecht an eine wirksame Einwilligung in Untersuchungen zum Zweck der Demenzfrüherkennung gestellt werden.[631] Diese haben eine Kodifikation erfahren; das Zivilrecht statuiert aus Gründen der Beweissicherung weitgehende formelle Anforderungen an die Einwilligung[632] der Betroffenen.[633]

Nach § 630d Abs. 1 S. 2 BGB ist die Einwilligungsfähigkeit der Betroffenen erforderlich.[634] Fehlt es daran, ist die Einwilligung eines hierzu Berechtigten relevant, soweit nicht eine Patientenverfügung die Maßnahme gestattet oder untersagt, § 630d Abs. 1 S. 2 BGB. Eine gesetzliche Vertretung erfolgt durch Personensorgeberechtigte (§ 1626 BGB), Vormünder (§ 1793 BGB) oder Betreuende (§§ 1896 f., 1901 BGB).[635] Die rechtzeitige Bestimmung eines solchen Berechtigten auf den genannten Wegen kann in Konsequenz der Demenzfrüherkennung für die Betroffenen spezifisch für den Fall eines späteren Demenzeintritts ermöglicht werden. Für den Fall des Krankheitseintritts kann eine entsprechende Person bestimmt werden. Auch ist es möglich, eine vorrangig zu berücksichtigende Patientenverfügung zu errichten, die sich explizit mit der Wahrscheinlichkeit einer späteren Demenzerkrankung auseinandersetzt und Bestimmungen für den Fall des Krankheitseintritts trifft, die dem Willen der Betroffenen entsprechen.[636]

Auch muss die Einwilligung in eine Untersuchung zum Zweck der Demenzfrüherkennung nach § 630d Abs. 1 S. 1 BGB vor der Durchführung der Untersuchung eingeholt und kann nach § 630d Abs. 3 BGB jederzeit ohne die Angabe von Gründen und formlos widerrufen werden.[637]

---

[631] Vgl. dazu soeben ab S. 83.
[632] Dazu kann auch die Aufklärung über die Kosten der Maßnahme zählen, die auf die Wirksamkeit der Einwilligung im Kontext des Strafrechts in der Regel keinen Einfluss haben wird.
[633] So bspw. auch bei Hilgendorf, Kapitel 2 Rn. 50.
[634] BT-Drs. 17/10488, S. 23; Franzki, S. 113; *Katzenmeier* in: BeckOK BGB, § 630d Rn. 8; Katzenmeier, NJW 2013, S. 817, 820; *Mansel* in: Jauernig BGB, § 630d Rn. 3; Medicus/Lorenz, § 32 Rn. 14; *Spickhoff* in: Spickhoff Medizinrecht, § 630d BGB Rn. 3 ff.; Dabei kommt es nicht auf die Geschäftsfähigkeit an, *Katzenmeier* in: Laufs/Katzenmeier/Lipp, Arztrecht, V. Rn. 51; vgl. zur Definition der Einwilligungsfähigkeit bereits oben, S. 84.
[635] Kindhäuser, AT, § 12 Rn. 18; *Spickhoff* in: Spickhoff Medizinrecht, § 630d BGB Rn. 6, 10.
[636] Vgl. zur Patientenverfügung unten ab S. 161.
[637] BT-Drs. 17/10488, S. 23; Dazu auch *Katzenmeier* in: BeckOK BGB, § 630d Rn. 5 ff., 29 zur Widerrufbarkeit; *Mansel* in: Jauernig BGB, § 630d Rn. 7; Medicus/Lorenz, § 32 Rn. 17; *Spickhoff* in: Spickhoff Medizinrecht, § 630d BGB Rn. 14.

(2) Insbesondere: Aufklärung und Beratung

§ 630d Abs. 2 BGB statuiert, dass nach § 630a BGB eine vorherige Aufklärung der Betroffenen nach Maßgabe des § 630e BGB erforderlich ist.[638] Diese ist so essentiell für die Selbstbestimmung der Betroffenen, dass die Aufklärungspflicht des ärztlichen Fachpersonals als Hauptpflicht im Sinne des Behandlungsvertrags angesehen wird.[639] Die Aufklärung der Betroffenen im Vorfeld einer Untersuchung zum Zweck der Demenzfrüherkennung mittels nichtgenetischer Biomarker ist also auch im Zivilrecht essentiell.

(a) Inhalt der Aufklärung

§ 630e Abs. 1 BGB regelt die Anforderungen, die allgemein inhaltlich an die Aufklärung gestellt werden.[640] Die Aufklärung sollte möglichst schonend erfolgen.[641] Das behandelnden ärztliche Fachpersonal ist vertraglich zur Vornahme der Selbstbestimmungsaufklärung verpflichtet.[642] Dies gilt daher auch im Rahmen von Untersuchungen zum Zweck der Demenzfrüherkennung.

Nach § 630e Abs. 1 S. 2 BGB gehören zu den wesentlichen Umständen, über die die Betroffenen nach § 630e Abs. 1 S. 1 BGB aufzuklären sind, dem Grunde nach Art, Umfang, Durchführung, Folgen und Risiken, die von der Maßnahme zu erwarten sind sowie die Notwendigkeit, Dringlichkeit, Eignung und Erfolgsaussichten der Maßnahme in Bezug auf die Diagnose oder Therapie.[643] Nach § 630e Abs. 1 S. 3 BGB soll auch ein Hinweis auf mögliche Alternativen erfolgen, wenn mehrere medizinisch gleichermaßen indizierte und übliche Methoden zu signifikant unterschiedlichen Belastungen, Risiken oder Chancen der Heilung führen.[644] Auch hier

---

[638] Dazu auch BT-Drs. 17/10488, S. 24 f.; hierbei handelt es sich um den sog. *informed consent*, vgl. hierzu bspw. *Katzenmeier* in: BeckOK BGB, § 630a Rn. 15, § 630d Rn. 26, § 630e; *Katzenmeier* in: Laufs/Katzenmeier/Lipp, Arztrecht, V. Rn. 5, 6; Katzenmeier, NJW 2013, S. 817, 819; Schneider, JuS 2013, S. 104, 106; *Spickhoff* in: Spickhoff Medizinrecht, § 630d BGB Rn. 13; § 630e BGB Rn. 1; *Walker* in: Brox/Walker, Besonderes Schuldrecht, § 22 Rn. 18.

[639] So bereits BGH NJW 1984, S. 1807, 1808f.; hierzu auch *Spickhoff* in: Spickhoff Medizinrecht, § 630a BGB Rn. 46.

[640] Dies entspricht im Wesentlichen der oben bereits näher erläuterten Selbstbestimmungsaufklärung (S. 86), *Katzenmeier* in: BeckOK BGB, § 630e Rn. 1 ff.; *Mansel* in: Jauernig BGB, § 630e Rn. 1, 2; Medicus/Lorenz, § 32 Rn. 16; vgl. dazu auch *J.Prütting/Merrem* in: Prütting Medizinrecht, § 630e BGB Rn. 5 ff.; *Walker* in: Brox/Walker, Besonderes Schuldrecht, § 22 Rn. 19; sowie Wessels/Beulke/Satzger, AT, Rn. 570.

[641] *Katzenmeier* in: Laufs/Katzenmeier/Lipp, Arztrecht, V. Rn. 45.

[642] Franzki, S. 125; Olzen/Metzmacher, JR 2012, S. 271, 274.

[643] Siehe dazu auch bei *J.Prütting/Merrem* in: Prütting Medizinrecht, § 630e BGB Rn. 5 ff.; *Walker* in: Brox/Walker, Besonderes Schuldrecht, § 22 Rn. 19.

[644] Vgl. dazu bspw. *J.Prütting/Merrem* in: Prütting Medizinrecht, § 630e BGB Rn. 17 ff.

hängt der konkrete Inhalt der Aufklärung von den Umständen des Einzelfalles ab.[645] Nicht geregelt wird, dass die Aufklärung umfassender sein soll, wenn die Maßnahme weniger dringend oder die Heilungschancen geringer sind,[646] wovon aber dennoch auszugehen ist.[647] Weiterhin sind die in § 630c BGB niedergelegten Informationspflichten zu beachten.[648] So kodifiziert § 630c Abs. 2 S. 1 BGB beispielsweise die therapeutische Aufklärung.[649]

Im Fall der Demenzfrüherkennung mittels nichtgenetischer Biomarker ist also über die jeweils vorgenommene Untersuchung[650] hinsichtlich ihrer jeweiligen Durchführung und Risiken aufzuklären. Dabei ist sowohl auf die Möglichkeiten und den Aussagegehalt der verschiedenen Methoden zur Demenzfrüherkennung mittels nichtgenetischer und auch genetischer Biomarker einzugehen. Zudem sind die Betroffenen darüber aufzuklären, dass es sich unabhängig von der gewählten Untersuchungsart nur um Wahrscheinlichkeitsaussagen handelt und der Eintritt einer wahrscheinlichen Demenzerkrankung lediglich verzögert, nicht aber verhindert werden kann. Außerdem sollten die Patienten darüber aufgeklärt werden, dass bislang keine Heilung möglich ist. Weiterhin sollten insbesondere auch die möglichen gravierenden psychischen Folgen, die die Diagnose der Wahrscheinlichkeit einer späteren Demenzerkrankung mit sich bringt, im Aufklärungsgespräch eine Rolle spielen. Dabei sollte auch auf mögliche Konsequenzen im Verhältnis zu Dritten wie Angehörigen, Arbeitgebenden und Versicherungen eingegangen werden.

(b) Formelle Anforderungen an die Aufklärung

§ 630e Abs. 2 S. 1 Nr. 1 BGB legt fest, dass die Aufklärung mündlich durch den Behandelnden oder durch eine Person erfolgen muss, die über eine Ausbildung verfügt, die für die Durchführung der Maßnahme erforderlich ist.[651] Dies ist grds. auch fernmündlich möglich, auf etwaige

---

645 *Walker* in: Brox/Walker, Besonderes Schuldrecht, § 22 Rn. 22; zum Umfang der Aufklärung auch *Spickhoff* in: Spickhoff Medizinrecht, § 630e BGB Rn. 2; vgl. hinsichtlich der einzelnen Formen der Aufklärung bereits oben, S.85.
646 So bspw. BGH MedR 2011, S. 809, 810; BGH NJW 1991, S. 2349; Lechner, MedR 2013 S. 429, 431; *Greiner* in: Geiß/Greiner, C. Rn. 8; kritisch dazu auch Franzki, S. 127.
647 Franzki, S. 127.
648 BT-Drs. 17/10488, S. 121-23; *J.Prütting/Merrem* in: Prütting Medizinrecht, § 630c BGB; *Katzenmeier* in: BeckOK BGB, § 630c; Medicus/Lorenz, § 32 Rn. 9 ff.; *Spickhoff* in: Spickhoff Medizinrecht, § 630c BGB.
649 Medicus/Lorenz, § 32 Rn. 10; vgl. zur therapeutischen Aufklärung bereits oben, S. 86; vgl. ausführlich zu den Informationspflichten nach § 630c BGB: *Mansel* in: Jauernig BGB, § 630c.
650 Zu den Möglichkeiten der Demenzfrüherkennung mittels nichtgenetischer Biomarker siehe oben ab S. 18.
651 Siehe hierzu auch Franzki, S. 128, 129; *J.Prütting/Merrem* in: Prütting Medizinrecht, § 630e BGB Rn. 28 ff.; *Katzenmeier* in: Laufs/Katzenmeier/Lipp, Arztrecht, V. Rn. 47 ff., 56; *Mansel* in: Jauernig BGB, § 630e Rn. 3; *Walker* in: Brox/Walker, Besonderes Schuldrecht, § 22 Rn. 20.

Unterlagen kann Bezug genommen werden.[652] Im Rahmen der Demenzfrüherkennung mittels nichtgenetischer Biomarker muss also eine entsprechend qualifizierte Person die Aufklärung durchführen. Nicht festgelegt ist jedoch, über welche Qualifikation die Person genau verfügen muss. Unklar ist, ob eine spezielle Ausbildung hinsichtlich prädiktiver Diagnostik nötig ist, da die Untersuchungsmethoden selbst auch von allgemeinem ärztlichen Fachpersonal durchgeführt werden können.

Weiterhin ist in § 630e Abs. 2 S. 1 Nr. 2 und 3 BGB geregelt, dass die Betroffenen in für sie verständlicher Art und Weise so rechtzeitig aufgeklärt werden müssen, dass sie ihre Entscheidung über die Einwilligung wohl überlegt treffen können.[653] Konkrete zeitliche Vorgaben wurden nicht aufgenommen.[654] Abhängig von der Bedeutsamkeit des Eingriffs ist den Betroffenen eine angemessene Frist zur Überlegung und Willensbildung zu gewähren, die konkrete Zeitspanne ist einzelfallabhängig.[655] Bei diagnostischen Maßnahmen wird eine Aufklärung am Tag der Behandlung grundsätzlich als hinreichend erachtet.[656] Das bedeutet, dass de lege lata eine Aufklärung über die Untersuchung zum Zweck der Demenzfrüherkennung als diagnostische Maßnahme dem Grunde nach am gleichen Tag erfolgen kann. Fraglich bleibt dabei aber, ob den Betroffenen genug Zeit eingeräumt wird, um sich über die möglichen einschneidenden psychischen Folgen, insbesondere im Umgang mit Wahrscheinlichkeitsaussagen über den späteren Krankheitseintritt, eine fundierte Meinung zu bilden. Dies könnte zu übereilten Entscheidungen führen, die die Betroffenen belasten könnten.

Die Aufklärung über die Vornahme von Untersuchungen zum Zweck der Demenzfrüherkennung muss auch für die einzelnen Betroffenen verständlich sein. Verständlichkeit bedeutet im Kontext der Aufklärung grundsätzlich, dass das ärztliche Fachpersonal sich auf den Empfängerhorizont der Betroffenen einstellt und die Aufklärung in einfacher Sprache und wenn nötig mehrfach vornimmt.[657] Es ist auch ein Verzicht auf die Aufklärung unter den normierten Voraussetzungen möglich, § 630e Abs. 3 BGB.[658]

---

[652] Franzki, S. 128.
[653] *Mansel* in: Jauernig BGB, § 630e Rn. 5, 6, 7; zu den formellen Anforderungen an die Aufklärung ausführlich bei *Spickhoff* in: Spickhoff Medizinrecht, § 630e BGB Rn. 3 ff.
[654] Franzki, S. 130; vgl. hierzu bereits Kubella, S. 109.
[655] Franzki, S. 130; *Katzenmeier* in: Laufs/Katzenmeier/Lipp, Arztrecht, V. Rn. 59, 60.
[656] BGH NJW 2000, S. 1784, 1787; BGH NJW 1995, S. 2410, 2411; Franzki, S. 130 m.w.N.
[657] BT-Drs. 17/10488, S. 25; Franzki, S. 131.
[658] Vgl. hierzu ausführlich bspw. bei Franzki, S. 138 ff.; *Spickhoff* in: Spickhoff Medizinrecht, § 630e BGB Rn. 11.

Auch besteht für das behandelnde ärztliche Fachpersonal die Verpflichtung, den Betroffenen der Untersuchungen zum Zweck der Demenzfrüherkennung Abschriften der unterzeichneten Aufklärungs- und Einwilligungsunterlagen auszuhändigen, § 630e Abs. 2 S. 2 BGB.[659] Damit wird bezweckt, den Betroffenen die Risiken und Maßnahmen zu verdeutlichen, in die eingewilligt wurden, zudem soll eine Grundlage für die Diskussion mit einer Vertrauensperson und eine etwaige Entscheidung zum Widerruf der Einwilligung geschaffen werden.[660] Insgesamt ist die Behandlung im Kontext der Untersuchung zum Zweck der Demenzfrüherkennung mittels nichtgenetischer Biomarker nach § 630f BGB zu dokumentieren.[661]

b) Deliktsrechtliche Haftung

Neben den möglichen vertraglichen Ansprüchen kommen auch Ansprüche deliktischer Natur in Betracht,[662] wenn eine Untersuchung zum Zweck der Demenzfrüherkennung mittels nichtgenetischer Biomarker ohne die erforderliche Einwilligung der Betroffenen vorgenommen wird.

aa) Ansprüche aus § 823 Abs. 1 BGB

Eine Einwilligung kann im Deliktsrecht einen Rechtfertigungsgrund darstellen.[663] Die Vornahme einer Untersuchung zum Zweck der Demenzfrüherkennung ohne die erforderliche Einwilligung kann eine Haftung aus unerlaubter Handlung nach § 823 Abs. 1 BGB nach sich ziehen.[664] Ebenso kann ein Verstoß gegen die Informationspflicht nach § 630c Abs. 2 S. 1 BGB einen solchen Anspruch begründen.[665] Das Schutzgut des § 823 Abs. 1 BGB ist hierbei das Selbstbestimmungsrecht der Betroffenen.[666] Bei einer Verletzung der Gesundheit oder des Körpers können auch diese taugliche Schutzgüter im Sinne des § 823 Abs. 1 BGB darstellen.[667] In der Rechtsfolge kommt auch hier ein Anspruch auf Schmerzensgeld nach § 253 Abs. 2 BGB in Frage.[668]

---

[659] Vgl. hierzu ausführlich auch bei Franzki, S. 135 ff.
[660] Franzki, S. 135.
[661] Vgl. dazu bspw. ausführlich bei Baltz, S. 22 ff.; Franzki, S. 146 ff.; *J.Prütting/Merrem* in: Prütting Medizinrecht, § 630f BGB; *Mansel* in: Jauernig BGB, § 630f; *Spickhoff* in: Spickhoff Medizinrecht, § 630f BGB.
[662] Zum Verhältnis vom Deliktsrecht zum Vertragsrecht vgl. bspw. BT-Drs. 17/10488 S. 17; Katzenmeier, NJW 2013, S. 817, 823; *Mansel* in: Jauernig BGB, § 630h Rn. 5; Medicus/Lorenz, § 32 Rn. 21.
[663] *Katzenmeier* in: BeckOK BGB, § 630d Rn. 2; *Walker* in: Brox/Walker, Besonderes Schuldrecht, § 22 Rn. 18; § 45 Rn. 61.
[664] BGH VersR 2009, S. 257, 257; *J.Prütting/Merrem* in: Prütting Medizinrecht, § 630e BGB Rn. 63; *Mansel* in: Jauernig BGB, § 630d Rn. 1.
[665] *Mansel* in: Jauernig BGB, § 630c Rn. 6; *Spickhoff* in: Spickhoff Medizinrecht, § 630h BGB Rn. 2.
[666] Vgl. dazu ausführlich bei *Wagner* in: MüKo BGB, Vorbem. zu § 630a Rn. 14.
[667] Medicus/Lorenz, § 32 Rn. 21.
[668] *Ehlers* in: Ehlers/Broglie, Arzthaftungsrecht, Rn. 729; 831; Medicus/Lorenz, § 54 Rn. 735.

bb) Weitere mögliche deliktsrechtliche Ansprüche der Betroffenen

Weiterhin kommt ggf. auch eine Haftung aus § 823 Abs. 2 BGB i.V.m. §§ 223 ff. StGB[669] sowie aus § 839 BGB in Betracht[670], wenn ohne eine Einwilligung eine Untersuchung mittels nichtgenetischer Biomarker vorgenommen wird. Auch bei Fehlern im Kontext der Untersuchungsvornahme kann sich eine Haftung aus den genannten Vorschriften ergeben.

3. Zusammenfassung und Zwischenfazit zu den Regelungen zur Informationsgewinnung

Mangels Anwendbarkeit der spezialgesetzlichen Regelungen des GenDG richtet sich die Zulässigkeit einer Untersuchung zum Zweck der Demenzfrüherkennung mittels nichtgenetischer Biomarker nach den allgemeinen Regelungen des Straf- und Zivilrechts. Kern dieser Regelungen ist die auf einer umfassenden Aufklärung beruhende Einwilligung der Betroffenen zur Wahrung des Selbstbestimmungsrechts. Die Aufklärung muss sich grundsätzlich einzelfallabhängig auf Art, Umfang, Durchführung, Folgen und Risiken, die von der Maßnahme zu erwarten sind sowie die Notwendigkeit, Dringlichkeit, Eignung und Erfolgsaussichten der Maßnahme in Bezug auf die Diagnose oder Therapie beziehen.[671] Problematisch ist jedoch, ob alle Aspekte der Demenzfrüherkennung mittels nichtgenetischer Biomarker, insbesondere die möglichen psychischen Belastungen, nach diesen allgemeinen Maßstäben aufklärungspflichtig sind – eine entsprechende Kodifikation ist in beiden Rechtsgebieten nicht ausfindig zu machen.

Ohne die erforderliche Aufklärung besteht in der Regel zumindest für die invasiven Untersuchungen eine Strafbarkeit wegen Körperverletzung. Problematisch gestaltet sich die Strafbarkeit der Vornahme einer minimal- oder nichtinvasiven Untersuchung ohne eine wirksame Einwilligung. Eine solche scheitert in der Regel die Erheblichkeitsschwelle des § 223 Abs. 1 StGB. Die Differenzierung der Maßnahmen nach Invasivität wird im Zivilrecht gerade nicht vorgenommen; hier sind bei einer Vornahme einer Untersuchung ohne die erforderliche Einwilligung der Betroffenen vertragliche und deliktische Schadensersatzansprüche denkbar, die in der Rechtsfolge vor allem auf Schmerzensgeld gerichtet sein können.

III. Umgang mit den Ergebnissen der Untersuchung

1. Regelungen zur Analyse der gewonnenen Informationen

Im Folgenden wird dargelegt, welche Vorschriften auf den Umgang mit den Ergebnissen der Untersuchung zum Zweck der Demenzfrüherkennung anzuwenden sind. Für die Verwendung

669 Vgl. dazu oben ab S. 78.
670 Medicus/Lorenz, § 32 Rn. 21.
671 Vgl. dazu m. w. N. oben ab S. Insbesondere: Aufklärung und Beratung96.

der mithilfe der Untersuchung gewonnenen Daten zum Zweck der Analyse sind grundsätzlich die Vorschriften der DSGVO und konkretisierend die Normen des BDSG zu beachten.[672] Aufgrund der mit dem Erlass der DSGVO bezweckten Harmonisierungswirkung gehen die Vorschiften der DSGVO denen des BDSG grundsätzlich vor.[673] Die DSGVO sieht aber zahlreiche Öffnungsklauseln vor, sodass Normen des BDSG, die im Einklang mit diesen stehen, weiterhin gelten können.[674]

a) Zivilrechtliche Folgen der Analyse gegen oder ohne den Willen der Betroffenen

aa) Grundlagen

Art. 82 Abs. 1 DSGVO legt fest, dass jeder Person ein Anspruch auf Schadensersatz zusteht, wenn wegen eines Verstoßes gegen die DSGVO ein Schaden materieller oder immaterieller Art entstanden ist. Dabei sind materielle Schäden nach den §§ 249 ff. BGB zu ersetzen, für Schäden immaterieller Art gelten die Grundsätze des § 253 BGB.[675] Sollte also im Stadium des Umgangs mit den Ergebnissen der Untersuchung zum Zweck der Demenzfrüherkennung gegen Vorschriften der DSGVO verstoßen werden, ist ein Schadensersatzanspruch der Betroffenen nach den genannten Normen denkbar. Die Voraussetzungen sollen für den Fall der rechtswidrigen Verarbeitung personenbezogener Daten nun dargestellt werden.

bb) Regelungen zur Zulässigkeit der Datenverarbeitung

Im Rahmen des Umgangs mit den Ergebnissen der Untersuchung zum Zweck der Demenzfrüherkennung werden personenbezogene Daten verarbeitet, sodass die DSGVO auf diese Situation grundsätzlich Anwendung findet.

Art. 2 Abs. 1 DSGVO legt fest, dass die Verordnung für die Verarbeitung personenbezogener Daten anwendbar ist. Verarbeiten meint nach Art. 4 Nr. 2 DSGVO jeden Vorgang im Zusammenhang mit personenbezogenen Daten, wie die Erhebung, Erfassung, Organisation, Speicherung, Anpassung oder Veränderung, Abfrage, Verwendung, Offenlegung durch Übermittlung, Verbreitung und den Abgleich sowie die Verknüpfung, Einschränkung und Vernichtung. Unter das Verwenden als Auffangtatbestand[676] fällt auch die Analyse zum Zweck des Erkenntnisgewinns.

---

[672] So auch § 1 Abs. 2 BDSG; *Katzenmeier* in: Laufs/Katzenmeier/Lipp, Arztrecht, IX Rn. 76.
[673] *Wolff/Brink* in: BeckOK Datenschutzrecht, Einleitung zur DSGVO Rn. 19.
[674] *Wolff/Brink* in: BeckOK Datenschutzrecht, Einleitung zur DSGVO Rn. 19.
[675] *Quaas* in: BeckOK Datenschutzrecht, Art. 82 DSGVO Rn. 28 ff., 31 ff.
[676] Siehe hierzu auch bei *Schild* in: BeckOK Datenschutzrecht, Art. 4 DSGVO Rn. 48.

Im Kontext der Demenzfrüherkennung ist die Krankheit im Stadium, in dem die Untersuchungen vorgenommen werden, zwar noch nicht ausgebrochen; Erwägungsgrund 35 der Verordnung[677] legt aber fest, dass diese Informationen, die aus der Prüfung genetischer Daten und biologischer Proben hervorgehen und den künftigen körperlichen oder geistigen Gesundheitszustand und Krankheitsrisiken der Person betreffen können, ebenfalls Daten sind, die unter die Verordnung fallen.[678]

Weiter ist im Kontext des Umgangs mit den Ergebnissen der Untersuchung zum Zweck der Demenzfrüherkennung zu beachten, dass die DSGVO zwischen verschiedenen Arten der personenbezogenen Daten differenziert. Nach Art. 4 Nr. 1 DSGVO sind unter personenbezogenen Daten allgemein alle Informationen zu fassen, die Bezug auf eine entweder identifizierte oder identifizierbare natürliche Person nehmen. Art. 4 Nr. 13 und Nr. 15 DSGVO unterscheiden sodann zwischen personenbezogenen genetischen (Nr. 13) und Gesundheitsdaten (Nr.15). Gesundheitsdaten sind nach Art. 4 Nr. 15 DSGVO personenbezogene Daten, die Bezug auf die körperliche und geistige Gesundheit einer natürlichen Person nehmen und aus denen sich Informationen über den Gesundheitszustand herleiten lassen. Art. 9 DSGVO enthält besondere Vorschriften zur Verarbeitung besonderer Kategorien personenbezogener Daten, worunter auch genetische Daten und Gesundheitsdaten fallen, Art. 9 Abs. 1 DSGVO. Nicht erfasst sind von dem besonderen Schutz des Art. 9 DSGVO aber Informationen zum Zweck der Untersuchungen im Rahmen der Demenzfrüherkennung, die nicht mittels biologischer Probengewinnung durchgeführt werden.[679] Diese fallen nur unter den Begriff der personenbezogene Daten nach Art. 4 Nr. 1 DSGVO, sodass sich die Rechtmäßigkeit ihrer Verarbeitung nach Art. 6 DSGVO richtet.

Im Kontext der Thematik der Untersuchung ergibt sich die Rechtmäßigkeit der Datenverarbeitung vor allem aus Art. 6 Abs. 1 lit. a DSGVO, also aus einer Einwilligung zur Verarbeitung für bestimmte Zwecke sowie aus Art. 6 Abs. 1 lit. b DSGVO, einer Erfüllung einer vertraglichen Pflicht. Wenn die Verarbeitung nicht auf einer Einwilligung beruht, ist zusätzlich Art. 6 Abs. 4 DSGVO zu beachten. Eine Einwilligung ist nach Art. 4 Nr. 11 DSGVO jede informierte, freiwillige und unmissverständlich eindeutig erklärte Willensbekundung, die beinhaltet, dass die betroffene Person mit der Verarbeitung von personenbezogenen Daten einverstanden ist.

---

[677] VO (EU) 2016/679.
[678] Hierzu auch *Schild* in: BeckOK Datenschutzrecht, Art. 4 DSGVO Rn. 142.
[679] Dazu zählen insbesondere nicht-invasive Untersuchungen wie beispielsweise psychologische Kognitionstest wie der MiniMentalState-Test, vgl. dazu oben ab S. 19.

Art. 9 Abs. 1 DSGVO statuiert ein grundsätzliches Verbot der Verarbeitung von genetischen Daten und Gesundheitsdaten,[680] also auch grundsätzlich von Daten, die im Rahmen von Untersuchungen zum Zweck der Demenzfrüherkennung gewonnen wurden. Nach Art. 9 Abs. 2 lit. a DSGVO ist die Verarbeitung solcher Daten ausnahmsweise zulässig, wenn eine ausdrückliche Einwilligung der betroffenen Person für einen oder mehrere festgelegte Zwecke vorliegt und diese Möglichkeit nicht durch nationales Recht ausgeschlossen wurde. Ein nationalrechtlicher Ausschluss dieser Möglichkeit lässt sich dem BDSG nicht entnehmen. Vielmehr ist die Verarbeitung besonderer Kategorien personenbezogener Daten nationalrechtlich nach § 22 Abs. 1 Nr. 1 lit. b BDSG zulässig, wenn diese für die medizinische Diagnostik erforderlich ist und die Verarbeitung durch Personen, die einer Pflicht zur Geheimhaltung unterliegen oder unter der Verantwortung einer solchen Person erfolgt. Das bedeutet, dass die Daten, die im Kontext der Untersuchungen zum Zweck der Demenzfrüherkennung gewonnen wurden, bei Vorliegen der Einwilligung der Betroffenen von Personen erfolgen darf, die der Geheimhaltung unterliegen – insbesondere durch medizinisches Fachpersonal in entsprechenden Laboren. Nach § 22 Abs. 2 BDSG sind dabei durch das entsprechende Personal angemessene und spezifische Maßnahmen zur Wahrung der Interessen der betroffenen Person zu ergreifen, (S. 1), in S. 2 werden beispielhaft mögliche Maßnahmen aufgeführt.[681]

Weiterhin existieren für den Fall anwendbare Regelungen, dass die Daten, die aus Untersuchungen zum Zweck der Demenzfrüherkennung gewonnen wurden, für Zwecke aus einem Beschäftigungsverhältnis, also im Verhältnis der Betroffenen zu (potentiellen) Arbeitgebenden, verwendet werden sollen. Ein derartiger Umgang mit den Daten ist in aller Regel nicht zulässig. § 26 BDSG enthält aufgrund der Öffnungsklausel des Art. 88 Abs. 1 DSGVO Sondervorschriften für die Datenverarbeitung für Zwecke, die sich aus einem Beschäftigungsverhältnis ergeben. Dies ist nach § 26 Abs. 1 S. 1 BDSG grundsätzlich zulässig, wenn dies für die Entscheidung über die Begründung eines Beschäftigungsverhältnisses erforderlich ist. Weiterhin statuiert § 26 Abs. 2 S. 1 BDSG besondere Anforderungen an die Freiwilligkeit der Einwilligung in die Datenverarbeitung, die unter anderem dem besonderen Umstand der Abhängigkeit von Be-

---

680 Zur Definition dieser Begriffe sogleich ab S. 103.

681 Art. 9 Abs. 3 DSGVO legt weiterhin fest, dass die Daten ausnahmsweise auch von Fachpersonal oder unter dessen Verantwortung verarbeitet werden müssen und dass dieses Fachpersonal nach nationalem Recht einem Berufsgeheimnis unterliegen muss. Möglich ist gem. Art. 9 Abs. 3 DSGVO auch, dass die Verarbeitung durch eine andere Person vorgenommen wird, die nach nationalem Recht einer Geheimhaltungspflicht unterliegt.

schäftigten Rechnung tragen soll. Zu den Beschäftigten zählen nach § 26 Abs. 8 neben Arbeitnehmenden (S. 1 Nr. 1) auch Personen, die sich bewerben (S. 2). Da es sich bei den im Kontext der Demenzfrüherkennung gewonnenen Daten um prädiktive Gesundheitsinformationen handelt, die den aktuellen Gesundheitszustand nicht betreffen, sondern Wahrscheinlichkeitsaussagen für einen späteren Krankheitseintritt in der Zukunft treffen, dürften diese für die Entscheidung über die Begründung eines Beschäftigungsverhältnisses nicht erforderlich sein.

Schließlich besteht nach § 32 BDSG die Pflicht, die betroffene Person darüber zu informieren, dass personenbezogene Daten erhoben werden. Die Betroffenen haben nach Art. 15 DSGVO und § 34 BDSG ein Auskunftsrecht. Dies gilt auch für Personen, die Untersuchungen zum Zweck der Demenzfrüherkennung vornehmen lassen.

b) Strafrechtliche Folgen der Analyse entgegen dem Willen der Betroffenen

aa) Art. 83, 84 DSGVO

Auch in strafrechtlicher Hinsicht können Verstöße gegen die eben dargestellten Regelungen der DSGVO, die auf den Umgang mit den Ergebnissen der Untersuchung zum Zweck der Demenzfrüherkennung Anwendung finden, Konsequenzen nach sich ziehen. Nach Art. 83 DSGVO können Geldstrafen verhängt werden. Besonders zu berücksichtigen sind dabei die in Art. 83 Abs. 2 S. 2 DSGVO genannten Umstände.

Nach Art. 84 Abs. 1 S. 1 DSGVO legen die Mitgliedsstaaten Normen über andere Sanktionen für Verstöße gegen diese Verordnung fest und treffen alle zu deren Anwendung erforderlichen Maßnahmen. Dies gilt insbesondere für Verstöße, die keiner Geldbuße nach Art. 83 DSGVO unterliegen. Dies ist in Deutschland in § 42 BDSG erfolgt, wobei im Untersuchungskontext insbesondere § 42 Abs. 2 BDSG von Relevanz ist.

bb) § 42 Abs. 2 BDSG

Wenn die zu analysierenden Daten, die bei einer Untersuchung zum Zweck der Demenzfrüherkennung gewonnen werden, erschlichen oder unberechtigt verarbeitet werden und daraus ein finanzieller Vorteil entstehen soll, ist eine Strafbarkeit nach § 42 Abs. 2 BDSG denkbar. Nicht strafbar ist jedoch das bloße Analysieren gegen oder ohne den Willen der Betroffenen, wenn daraus kein geldwerter Vorteil erwachsen soll. § 42 Abs. 2 BDSG enthält eine Strafvorschrift, die daran anknüpft, dass nicht allgemein zugängliche personenbezogene Daten gegen Entgelt oder in der Absicht, sich oder einen anderen zu bereichern oder einen anderen zu schädigen, ohne Berechtigung verarbeitet werden (Nr. 1) oder durch unrichtige Angaben erschlichen werden (Nr. 2). Es handelt sich nach § 42 Abs. 3 BDSG um ein Antragsdelikt, wobei neben der betroffenen Person auch Bundesbeauftragte und die Aufsichtsbehörde antragsberechtigt sind.

cc) §§ 202a ff. StGB

Weiterhin kommt im Kontext der Analyse der aus der Untersuchung gewonnenen Daten ggf. auch eine Strafbarkeit nach §§ 202a ff. StGB in Betracht. Diese können aufgrund der unterschiedlichen Schutzrichtung in Tateinheit mit § 42 BDSG stehen.[682]

Nach § 202a Abs. 1 StGB wird wegen Ausspähens von Daten bestraft, wer sich oder einem anderen unbefugt, ggf. unter Überwindung der Zugangssicherung, Zugang zu Daten verschafft, die nicht für diesen bestimmt und gegen unberechtigten Zugang besonders gesichert sind. Subsidiär[683] wird nach § 202b StGB wegen des Abfangens von Daten bestraft, wer sich oder einem anderen unbefugt nicht für diese bestimmten Daten bspw. aus einer nichtöffentlichen Datenermittlung verschafft. Auch das Vorbereiten dieser Straftaten ist gem. § 202c StGB unter Strafe gestellt. Schließlich ist nach § 202d StGB auch die Datenhehlerei strafbar. Diese setzt voraus, dass der Täter Daten, die nicht allgemein zugänglich sind und die ein anderer durch eine rechtswidrige Tat erlangt hat, sich oder einem anderen verschafft, überlasst o.ä., um sich oder einen Dritten zu bereichern oder einen anderen zu schädigen, § 202d Abs. 1 StGB. Dies gilt nach § 202d Abs. 3 StGB jedoch nicht für Handlungen, die ausschließlich der Erfüllung rechtmäßiger dienstlicher oder beruflicher Pflichten dienen, was im Hinblick auf die nach Abs. 1 erforderliche Bereicherungsabsicht für den Untersuchungsgegenstand von untergeordneter Rolle ist.

c) Zusammenfassung und Fazit zu den Regelungen zur Analyse der gewonnenen Informationen

Es können sich aus der Vornahme einer Analyse der bei der Demenzfrüherkennung gegen oder ohne den Willen der Betroffenen mittels nichtgenetischer Biomarker gewonnenen Daten und Proben zivilrechtliche und strafrechtliche Konsequenzen ergeben.

Als zivilrechtliche Folge ist ein Schadensersatzanspruch nach Art. 82 Abs. 1 DSGVO wegen einer rechtswidrigen Verarbeitung personenbezogener Daten möglich, der auf materiellen und immateriellen Schäden beruhen kann. Die in Form biologischer Proben vorliegenden Ergebnisse der Untersuchungen mittels genetischer Biomarker, wie beispielsweise Blutproben[684], fallen unter den Begriff der Gesundheitsdaten nach Art. 4 Nr. 15

[682] Hierzu ausführlich bei *Brodowski/Nowak* in: BeckOK Datenschutzrecht, § 42 BDSG Rn. 24, 67.
[683] Siehe § 202b StGB a.E.
[684] Siehe hierzu ausführlich oben ab S. 19.

DSGVO, die sich auch auf den künftigen Gesundheitszustand und Krankheitsrisiken beziehen können. Andere Daten fallen lediglich unter personenbezogene Daten nach Art. 4 Nr. 1 DSGVO.

Grundsätzlich ist es nach Art. 9 Abs. 1 DSGVO verboten, Gesundheitsdaten zu verarbeiten. Nach Art. 9 Abs. 2 lit. a besteht jedoch eine Ausnahme bei einer ausdrücklichen Einwilligung der Betroffenen, die auch im nationalen Recht in § 22 Abs. 1 Nr. 1 lit. b BDSG Niederschlag gefunden hat. § 26 BDSG statuiert infolge der Öffnungsklausel des Art. 88 DSGVO besondere Anforderungen an die Freiwilligkeit der Einwilligung im Kontext der Verarbeitung für Zwecke aus einem Beschäftigungsverhältnis. Eine weitere Ausnahme besteht nach Art. 9 Abs. 2 lit. h für Daten, die für die medizinische Diagnostik erforderlich sind. Schließlich regelt Art. 9 Abs. 3 DSGVO, dass die Verarbeitung nur von Fachpersonal oder sonstigen Personen, die einem Geheimhaltungsvorbehalt unterliegen, durchgeführt werden kann.

Problematisch ist im Untersuchungskontext, dass sich die Anforderungen an die Person, die die Analyse vornimmt, nicht auf deren fachliche Qualifikation, sondern lediglich auf deren Geheimhaltungspflicht stützen. Dies ist zwar mit dem Schutzzweck der DSGVO, dem Schutz der betroffenen Person vor Beeinträchtigungen ihres Persönlichkeitsrechts durch den Umgang mit personenbezogenen Daten[685], vereinbar, schützt die Betroffenen aber nur bedingt vor ggf. nicht validen Untersuchungsergebnissen, die sich aus der Analyse durch eine Person, die nicht die notwendige fachliche Qualifikation aufweist, ergeben können.

Aus strafrechtlicher Sicht kann die Analyse ohne oder gegen den Willen der Betroffenen eine Strafbarkeit nach Art. 83, 84 DSGVO i.V.m. § 42 Abs. 2 BDSG nach sich ziehen, wenn die zu analysierenden Daten unberechtigt verarbeitet oder erschlichen wurden und sich daraus ein Vorteil finanzieller Art ergeben soll. Nicht unter Strafe gestellt ist danach aber die bloße Vornahme der Analyse gegen oder ohne den Willen der Betroffenen, wenn daraus kein Vermögensvorteil entstehen soll. Weiterhin ist auch unter Umständen eine Strafbarkeit nach den §§ 202a ff. StGB möglich.

Festzuhalten bleibt, dass die Regelungen, die auf den Umgang mit den Ergebnissen von Untersuchungen zum Zweck der Demenzfrüherkennung anwendbar sind, ein dem Grunde nach hohes Schutzniveau aufweisen, aber dennoch die genannten Lücken im Hinblick auf den Gegenstand

[685] *Schild* in: BeckOK Datenschutzrecht, Art. 4 DSGVO Rn. 28.

dieser Arbeit aufweisen. Ob die Regelungen dennoch angemessen sind, gilt es in Teil III der Untersuchung zu untersuchen.

2. Regelungen zur Mitteilung der Untersuchungsergebnisse

Im Hinblick auf die Mitteilung der Ergebnisse der Untersuchung stellt sich insbesondere die Frage, ob zur Wahrung des Selbstbestimmungsrechts eine gesonderte Einwilligung in die Mitteilung der Untersuchungsergebnisse erforderlich ist.[686] Das Selbstbestimmungsrecht bezieht sich im Grunde nicht nur auf die körperliche, sondern auch auf die psychische Verfassung[687], in die aufgrund der Mitteilung von Ergebnissen aus einer Untersuchung zur Demenzfrüherkennung insbesondere eingegriffen werden kann.[688] Es gilt also zu untersuchen, inwiefern die Mitteilung der Ergebnisse der Untersuchung entgegen dem Willen der Betroffenen strafrechtliche und zivilrechtliche Folgen nach sich zieht.

a) Strafbarkeit nach § 223 Abs. 1 StGB

Grundsätzlich ist eine Strafbarkeit wegen Körperverletzung nach § 223 Abs. 1 StGB auch bei einer Mitteilung der Untersuchungsergebnisse gegen den Willen der Betroffenen denkbar. Problematisch ist dabei aber, ob die aus der Mitteilung des Ergebnisses einer gewissen Wahrscheinlichkeit des späteren Eintritts einer Demenzerkrankung entgegen des ausdrücklichen Betroffenenwillens[689] resultierenden möglichen vor allem psychischen Folgen von einer Strafbarkeit wegen Körperverletzung nach § 223 Abs. 1 StGB[690] erfasst sein können.[691] Das StGB bietet de lege lata keinen eigenständigen Tatbestand, der explizit die Psyche schützt.[692] Daher soll im Folgenden untersucht werden, ob psychischen Beeinträchtigungen infolge der Mitteilung der Diagnose im Fall der Demenzfrüherkennung eine Gesundheitsschädigung nach § 223 Abs. 1 StGB darstellen können.

aa) Argumentation gegen psychische Beeinträchtigungen als Gesundheitsschädigung

Überwiegend wird vertreten, dass rein psychische Beeinträchtigungen im Hinblick auf das Schutzgut des § 223 Abs. 1 StGB grundsätzlich nicht von dieser Norm geschützt werden.[693] §

---

686 Hierzu bspw. Gründel, NJW 2002, S. 2987, 2988: zu den strafrechtlichen Anforderungen an eine wirksame Einwilligung siehe oben ab S. 83; zu den zivilrechtlichen Anforderungen siehe oben ab S. 95.

687 Gründel, NJW 2002, S. 2987, 2988.

688 Vgl. zu einer ähnlichen Situation das bereits eingangs erwähnte Urteil BGH NJW 2014 S. 2190.

689 Also ohne die erforderliche Einwilligung.

690 Zu den tatbestandlichen Voraussetzungen des § 223 Abs. 1 StGB siehe bereits oben ab S. 80.

691 Ob § 223 Abs. 1 StGB auch psychische Beeinträchtigungen umfasst, wird seit längeren diskutiert, dazu bspw. ausführlich bei F. Knauer, S. 52 m.w.N.; Mühe, S. 80 ff.

692 Bloy, S. 233, 233; Mühe, S. 80.

693 *Kühl* in: Lackner/Kühl StGB § 223 Rn. 5 m.w.N.; *Lilie* in: LeiKo StGB § 223 Rn. 15; Rengier, BT II, § 13 Rn. 13; Tag, S. 46 m.w.N.; hierzu auch Utsch, S. 27.

223 Abs. 1 StGB schütze nicht (primär) die Autonomie, sondern die körperliche Unversehrtheit.[694] Es sei für eine Gesundheitsschädigung und erst recht für eine körperliche Misshandlung i.S.d. § 223 Abs. 1 StGB von Nöten, dass die psychischen Beeinträchtigungen sich in einem körperlichen pathologischen Zustand niederschlagen (sogenannter somatologischer Krankheitsbegriff).[695] In systematischer Hinsicht wird dies mit der bereits in § 225 Abs. 3 Nr. 2 StGB angelegten Unterscheidung zwischen körperlichen und seelischen Beeinträchtigungen begründet.[696]Außerdem sei § 223 StGB im 17. Abschnitt des StGB als Straftat gegen die körperliche Unversehrtheit eingeordnet sowie mit der amtlichen Überschrift Körperverletzung versehen, was auf den somatologischen Krankheitsbegriff schließen lasse.[697] Auch lässt sich anführen, dass ansonsten ein Verstoß gegen den Bestimmtheitsgrundsatz und das Analogieverbot[698] aus Art. 103 Abs. 2 GG vorläge.[699] Dies liege daran, dass sich psychische Schädigungen schwerer nachweisen lassen als körperliche.[700] Zudem habe sich die Rechtspraxis an den medizinischen Krankheitsbegriffen zu orientieren.[701] Schließlich sei hiernach für die Frage des Schutzes vor psychischen Erkrankungen durch § 223 Abs. 1 StGB nicht das kriminalpolitische Bedürfnis zugrunde zu legen, sondern, ob dies mit dem Tatbestand de lege lata vereinbar sei.[702]

bb) Argumentation für psychische Beeinträchtigungen als Gesundheitsschädigungen

Andererseits wird vertreten, dass auch psychische Erkrankungen zumindest unter den Begriff der Gesundheitsschädigung subsumiert werden können.[703] Teilweise wird das Zugrundelegen des somatologischen Krankheitsbegriffs, der auf die Definition der WHO[704] zurückgeht, mit dem Hinweis abgelehnt, dass dieser nicht zur Dogmatik des deutschen Strafrechts passe.[705] Des

---

[694] *Eschelbach* in: BeckOK StGB § 223 Rn. 1; dazu auch *Paeffgen/Böse* in: Kindhäuser/Neumann/Paeffgen, § 223 Rn. 2; Schroeder in: FS-Hirsch, S. 725, 734; Steinberg, S. 93.

[695] BGH NStZ 2015 S. 269, 269; BGH NStZ 1997, S. 123; Bloy, S. 233, 234; *Eschelbach* in: BeckOK StGB § 223 Rn. 2; Hardtung, JuS 2008, S. 864, 866; *Lilie* in: LeiKo StGB § 223 Rn. 15; *Paeffgen/Böse* in: Kindhäuser/Neumann/Paeffgen StGB § 223 Rn. 3, 15; dazu auch bei Beck, Krankheitsbegriff im Kontext der Körperverletzungsdelikte, S. 106,

[696] Hierzu auch Hardtung, JuS 2008, S. 864, 866; so auch Mühe, S. 84; Utsch, S. 37.

[697] So beispielsweise Ruppert, JR 2016, S. 686, 689.

[698] Mühe, S. 81 m.w.N.

[699] *Eschelbach* in: BeckOK StGB § 223 Rn. 1; ausführlich dazu auch F. Knauer, S. 200; *Paeffgen/Böse* in: Kindhäuser/Neumann/Paeffgen, § 223 Rn. 2.

[700] Hierzu auch Steinberg, S. 122.

[701] *Eschelbach* in: BeckOK StGB § 223 Rn. 27; vgl. zu den Begriffen Gesundheit und Krankheit bereits oben ab S. 80.

[702] Ruppert, JR 2016, S. 686, 693.

[703] Hardtung, JuS 2008, S. 864, 867 m.w.N.; Krey/Hellmann/Heinrich, BT 1, Rn. 193; *Sternberg-Lieben* in: Schönke/Schröder StGB § 223 Rn. 6; Wolfslast, S. 19; hierzu auch ausführlich bei Mühe, S. 82 ff.; ausführliche Nachweise hierzu auch bei Bloy, S. 233, 235.

[704] Präambel der Satzung der WHO, S. 1, abrufbar unter http://apps.who.int/gb/bd/PDF/bd47/EN/constitution-en.pdf?ua= 1 (zuletzt abgerufen am 23.07.2019, 8:00 Uhr).

[705] So beispielsweise *Paeffgen/Böse* in: Kindhäuser/Neumann/Paeffgen, § 223 Rn. 3.

Weiteren zeige bereits § 20 StGB, dass das Strafrecht auch seelische Krankheiten erfassen könne.[706] Auch sei der Wortlaut des § 223 Abs. 1 StGB nicht auf körperliche Gesundheitsschädigungen beschränkt, auch die Überschrift könne die tatbestandlichen Handlungsalternativen nur teilweise erfassen.[707] Zudem könne das systematische Argument hinsichtlich der Überschrift des siebzehnten Abschnitts des StGB, in dem sich die Vorschrift befindet, damit entkräftet werden, dass §§ 225 Abs. 3 Nr. 2, 226 I Nr. 3 StGB auch seelische bzw. geistige Krankheiten umfasse und im selben Abschnitt zu finden seien.[708] Gerade da in § 226 Abs. 1 Nr. 3 ein Hervorrufen einer psychischen Erkrankung für eine schwere Körperverletzung ausreiche, solle dies erst recht für § 223 Abs. 1 StGB als Grundtatbestand gelten.[709] Zudem habe der Gesetzgeber bei der Handlungsalternative der körperlichen Misshandlung eine Einschränkung auf körperliche Folgen vorgenommen, was bei der Handlungsalternative der Gesundheitsschädigung gerade nicht erfolgt ist.[710] Auch könne das Argument, psychische Beeinträchtigungen seien schwerer feststellbar als körperliche dadurch entkräftet werden, dass das Strafrecht an vielen Punkten mit schwer greifbaren Begriffen arbeite.[711] Hierzu lässt sich auch anführen, dass sich, trotz der Schwierigkeiten der Abgrenzung zwischen normaler menschlicher Reaktion und psychisch krankhafter Reaktion, heute nahezu eindeutig diagnostizieren lässt, ob eine psychische Krankheit vorliegt.[712] Zudem ist es möglich festzustellen, ob eine seelische Beeinträchtigung unterhalb der Erheblichkeitsschwelle für die Annahme einer Gesundheitsschädigung i.S.d. § 223 Abs. 1 StGB liegt.[713] Schließlich ist auch in Bezug auf den Begriff der Gesundheit im Kontext des § 223 Abs. 1 StGB[714], der dem Wandel der Zeit unterliegt, festzustellen, dass die psychische Gesundheit heute nach dem Verständnis der Allgemeinheit zur Gesundheit gehört.[715]

---

[706] Dort wird ausdrücklich von einer „krankhaften seelischen Störung" gesprochen, vgl. hierzu Hardtung, JuS 2008 S. 864, 867; sowie Utsch, S. 38, die sich dafür ausspricht, dass dieser Gesundheitsbegriff schuldspezifisch und daher nicht auf § 223 StGB übertragbar sei, ebenso *Lilie* in: LeiKo StGB § 223 Rn. 15.

[707] Hardtung, JuS 2008 S. 864, 867; dort wird ein Vergleich zur Urkundenfälschung nach § 267 StGB bemüht, unter den nicht nur die Fälschung, sondern auch den Gebrauch dieser Urkunde falle.

[708] Hardtung, JuS 2008 S. 864, 867.

[709] Hardtung, JuS 2008 S. 864, 867; so auch Mühe, S. 90.

[710] Mühe, S. 89.

[711] Steinberg, S. 122.

[712] Mühe, S. 88; Wolfslast, S. 20.

[713] Fehr, S. 82; zum Erfordernis des Übertretens der Erheblichkeitsschwelle auch Utsch, S. 40.

[714] Vgl. hierzu ausführlich oben ab S. 80.

[715] Fehr, S. 81; vgl. hierzu auch ausführlich bei Mühe, S. 101.

cc) Stellungnahme und Zwischenfazit

Bei der Demenzfrüherkennung wird nicht eine bereits ausgebrochene Krankheit erkannt, sondern die Wahrscheinlichkeit des späteren Eintritts der Krankheit. Aus der Mitteilung des Bestehens dieser Wahrscheinlichkeit können psychische Erkrankungen wie Depressionen resultieren[716], die nach der überwiegenden Ansicht ohne körperliche Auswirkungen nicht unter § 223 Abs. 1 StGB subsumiert werden können. De lege lata wird nach der herrschenden Auffassung aber nicht berücksichtigt, dass auch psychische Krankheiten ohne physischen Niederschlag dazu geeignet sind, den Gesundheitszustand zu beeinträchtigen.[717] Eine Strafbarkeit wegen Körperverletzung nach § 223 Abs. 1 StGB kommt im Zusammenhang mit der Mitteilung der Ergebnisse der Untersuchung de lege lata nur in Frage, wenn keine Einwilligung der Betroffenen vorliegt und wenn sich eine psychische Folge der Mitteilung physisch niedergeschlagen hat. Ob dies als angemessene Regelung im Untersuchungskontext zu werten ist, gilt es in Teil III der Untersuchung herauszuarbeiten.

b) Strafbarkeit nach § 203 Abs. 1 Nr. 1 StGB

Weiterhin zieht die unbefugte Mitteilung der Untersuchungsergebnisse an Dritte durch das behandelnde ärztliche Fachpersonal eine Strafbarkeit wegen der Verletzung von Privatgeheimnissen nach § 203 Abs. 1 Nr. 1 StGB nach sich.

aa) Tatbestandsvoraussetzungen

Geschützt werden mit § 203 StGB das allgemeine Persönlichkeitsrecht sowie das Recht auf informationelle Selbstbestimmung der Betroffenen.[718] Bestraft wird nach § 203 Abs. 1 Nr. 1 Alt. 1 StGB, wer unbefugt ein zum persönlichen Lebensbereich gehörendes Geheimnis offenbart, das ihm als Arzt anvertraut oder sonst bekannt geworden ist.

Unter einem Geheimnis versteht man dabei Tatsachen in Bezug auf den Betroffenen, die nur einer überschaubaren Anzahl von Personen zugänglich sind.[719] Zusätzlich ist nach der herrschenden Auffassung von Nöten, dass der Betroffene ein sachlich begründetes Interesse an der Geheimhaltung dieser Tatsachen hat.[720] Aus welchem Lebensbereich das Geheimnis stammt,

---

[716] Vgl. hierzu nur die ähnliche Situation in BGH NJW 2014, 2190, 2190; MedR 2015, 186, 187.

[717] So auch beispielsweise *Eschelbach* in: BeckOK StGB § 223 Rn. 27.

[718] *Weidemann* in: BeckOK StGB § 203 Rn. 2.

[719] OLG Dresden, NJW 2007, S. 3509, 3509; BGH NJW 1957, S. 680, 681; *Weidemann* in: BeckOK StGB § 203 Rn. 4.

[720] OLG Köln NJW 2000, S. 3656, 3657; OLG Hamm NJW 2001, S. 1957, 1958; *Weidemann* in: BeckOK StGB § 203 Rn. 5.

ist grundsätzlich unerheblich.[721] Zu beachten ist im Kontext der Demenzfrüherkennung, dass die ärztliche Schweigepflicht alle Erkenntnisse umfasst, die aus einer ärztlichen Behandlung resultieren.[722] Es sind also auch die Erkenntnisse aus Untersuchungen zum Zweck der Demenzfrüherkennung erfasst. Unter Anvertrauen wird dabei das Einweihen in ein Geheimnis verstanden, das ausdrücklich oder aus den Umständen erkennbar verschwiegen werden soll.[723]

Wenn das behandelnde ärztliche Fachpersonal entgegen dem Willen der Betroffenen die Ergebnisse der Untersuchung der Demenzfrüherkennung Dritten mitteilt, wird auch unbefugt ein Geheimnis im Sinne der Vorschrift offenbart. Tathandlung des § 203 Abs. 1 Nr. 1 Alt. 1 StGB ist das Offenbaren, worunter jede Äußerung des Geheimnisses gegenüber Dritten verstanden wird,[724] wobei sowohl die Tatsache als auch der Betroffene des Geheimnisses mitgeteilt werden müssen.[725] Unbefugt geschieht dies, wenn keine Zustimmung des Betroffenen vorliegt.[726]

bb) Rechtfertigung

Eine Rechtfertigung kommt insbesondere im Wege des rechtfertigenden Notstandes nach § 34 StGB in Frage.[727] Eine solche wird im Kontext der Mitteilung von Aids-Erkrankungen an Sexualpartner der Betroffenen diskutiert.[728] Hier darf das behandelnde ärztliche Fachpersonal als ultima ratio die Angehörigen informieren, ohne sich nach § 203 Abs. 1 Nr. 1 StGB strafbar zu machen.[729]

Da es sich bei den primären Demenzen um Erkrankungen handelt, die zur Zeit keiner Heilungsmöglichkeit zugänglich sind[730], spielt dies hier allenfalls eine untergeordnete Rolle.

---

[721] *Weidemann* in: BeckOK StGB § 203 Rn. 6.
[722] Auffermann/Vogel, NStZ 2016, S. 387, 389; *Weidemann* in: BeckOK StGB § 203 Rn. 6.2.
[723] OLG Köln NStZ 1983, S. 412, 412; OLG Dresden NStZ 2008, S. 462, 463; *Cierniak/Niehaus* in: MüKo StGB § 203 Rn. 48; *Weidemann* in: BeckOK StGB § 203 Rn. 13.
[724] Auffermann/Vogel, NStZ 2016, S. 387, 387; *Cierniak/Niehaus* in: MüKo StGB § 203 Rn. 51; *Eisele* in: Schönke/Schröder StGB, § 203 Rn. 20; *Weidemann* in: BeckOK StGB § 203 Rn. 34.
[725] *Weidemann* in: BeckOK StGB § 203 Rn. 35.
[726] Umstritten ist, ob es sich bei der Befugniserteilung um ein Einverständnis oder eine Einwilligung handelt; zum Meinungsstand etwa *Cierniak/Niehaus* in: MüKo StGB § 203 Rn. 62 ff. sowie *Weidemann* in: BeckOK StGB, § 203 Rn. 40 ff.
[727] *Weidemann* in: BeckOK StGB § 203 Rn. 59.
[728] Dazu bspw. LG Hamburg NJW 1989, S. 1551 ff.; Loschelder, NJW 1987, S. 1467 ff.; Ulsenheimer, Rn. 892 m.w.N.: In dieser Situation kollidiert die ärztliche Schweigepflicht mit dem Recht auf körperliche Unversehrtheit und Leben der Sexualpartner, wobei aufgrund der schweren gesundheitlichen Folgen und der hohen Ansteckungsgefahr regelmäßig von einem wesentlichen Überwiegen des Rechtsguts auf körperliche Unversehrtheit ausgegangen wird.
[729] Ulsenheimer, Rn. 892.
[730] Siehe hierzu bereits oben ab S. 7.

Weiterhin ist nach der überwiegenden Auffassung außerhalb des § 34 StGB, etwa nach den Grundsätzen über die Abwägung widerstreitender Pflichten oder Interessen[731], eine Rechtfertigung möglich, wenn die Ergebnisse nach einer Abwägung der kollidierenden Rechtsgüter Dritten mitgeteilt werden.[732] Auch insofern wird regelmäßig kein Überwiegen der Interessen von Dritten gegeben sein.

cc) Zwischenfazit

§ 203 Abs. 1 Nr. 1 StGB schützt das Selbstbestimmungsrecht der Betroffenen, indem er das unbefugte Mitteilen der Ergebnisse an Dritte durch das behandelnde ärztliche Fachpersonal unter Strafe stellt. § 203 Abs. 1 Nr. 1 StGB erfasst de lege lata nicht, dass den Betroffenen die Ergebnisse der Untersuchung gegen ihren Willen mitgeteilt werden. Die Norm erfasst lediglich den Fall der Mitteilung an Dritte.[733]

c) Zivilrechtliche Folgen

aa) Vertragliche Haftung

Wie bereits erwähnt, wird im Kontext von Untersuchungen zum Zweck der Demenzfrüherkennung ein Behandlungsvertrag geschlossen[734], der im Wege der Auslegung nach §§ 133, 157 BGB auch die Mitteilung der Untersuchungsergebnisse in der Regel erfasst. Eine Information über die Ergebnisse einer Untersuchung ohne oder entgegen dem Willen der Betroffenen im Kontext des Behandlungsvertrages kann demnach grundsätzlich eine Pflichtverletzung darstellen, die einen Schadensersatzanspruch aus § 280 Abs. 1 BGB nach sich ziehen kann.[735]

Im Rahmen des Behandlungsvertrages nach § 630a BGB[736] ist das behandelnde ärztliche Fachpersonal nach § 630c Abs. 2 S. 1 BGB dazu verpflichtet, die Betroffenen in verständlicher Weise zu Beginn und bei Erforderlichkeit im Verlauf der Behandlung die Diagnose, die voraussichtliche gesundheitliche Entwicklung sowie die Therapiemöglichkeiten zu erläutern. Dem bedarf es nach § 630c Abs. 4 BGB nicht, wenn der Patient auf die Information ausdrücklich verzichtet hat. Dies ist bei der Demenzfrüherkennung mittels nichtgenetischer Biomarker

---

[731] Dazu BGH NJW 1968, S. 2288, 2290.

[732] Dies ist umstritten, vgl. zustimmend etwa BGH NJW 1968, S. 2288, 2290; OLG Karlsruhe NJW 1984, S. 676, 676; KG NJW 1994, S. 462, 463; OLG Köln NJW 2000, S. 3656, 3657; *Weidemann* in: BeckOK StGB § 203 Rn. 59; Ulsenheimer, Rn. 888; ablehnend Bohnert, NStZ 2004, S. 301, 306; *Cierniak/Niehaus* in: MüKo StGB § 203 Rn. 85; im Untersuchungskontext spielt dies, da primäre Demenzerkrankungen derzeit nicht heilbar sind, nur eine untergeordnete Rolle.

[733] Hierzu auch ausführlich bei *Häberle* in: Erbs/Kohlhaas, § 11 GenDG Rn. 2 m.w.N.

[734] Vgl. dazu oben ab S. 92.

[735] Siehe zu den Voraussetzungen und Rechtsfolgen einer Haftung nach § 280 Abs. 1 BGB bereits oben ab S. 92.

[736] Siehe hierzu ausführlich oben ab S. 95.

jedoch nur bedingt relevant, da es hier um reine Informationen geht, auf deren Basis sich nur eingeschränkt therapeutische Maßnahmen treffen lassen, die den Krankheitseintritt nicht verhindern, sondern lediglich zeitlich nach hinten verschieben können.[737]

Auch aus § 630e BGB lässt sich im Grunde keine Pflicht entnehmen, eine zusätzliche Einwilligung in die Mitteilung der Ergebnisse einzuholen, wenn eine wirksame Einwilligung in die Vornahme der Untersuchung zum Zweck der Demenzfrüherkennung mittels nichtgenetischer Biomarker erfolgt ist. § 630d BGB kodifiziert die Pflicht des behandelnden ärztlichen Fachpersonals, eine Einwilligung nach wirksamer Aufklärung vor einer medizinischen Maßnahme einzuholen.[738] Als medizinische Maßnahme wird aber eher die Vornahme der Untersuchung an sich und nicht die Mitteilung der sich aus ihr ergebenden Resultate qualifiziert.

Festzuhalten ist daher, dass sich de lege lata keine Schadensersatzpflicht aus § 280 Abs. 1 BGB herleiten lässt, wenn die Untersuchungsergebnisse gegen oder ohne den Willen der Betroffenen mitgeteilt werden, wenn dieser wirksam in die Vornahme der Untersuchung eingewilligt hat.

Es ist aber weiter denkbar, dass aus aufgrund einer Diagnose eintretenden psychischen Belastungen oder Vermögensdispositionen ein Schadensersatzanspruch nach § 280 Abs. 1 BGB resultieren kann.[739] Dies kann im Hinblick darauf, dass das Ergebnis der Untersuchung lediglich eine gewisse Wahrscheinlichkeit des späteren Krankheitseintrittes abbildet, möglich sein.[740]

bb) Deliktsrechtliche Haftung

Im Rahmen der deliktischen Haftung ist auch bei einer Mitteilung der Ergebnisse ein Anspruch aus § 823 Abs. 1 BGB aufgrund einer Verletzung des informationellen Selbstbestimmungsrechts, insbesondere in seiner Form als Recht auf Nichtwissen, denkbar.[741] Zudem ist eine Verletzung der Gesundheit, die einen Anspruch aus § 823 Abs. 1 BGB begründet, im Wege einer

---

[737] Hierzu bereits oben ab S. 7.

[738] *Katzenmeier* in: BeckOK BGB § 630d Rn. 1.

[739] *Ehlers* in: Ehlers/Broglie, Arzthaftungsrecht, Rn. 782; *Spickhoff* in: Spickhoff Medizinrecht, § 630h BGB Rn. 2; *Wagner* in: MüKo BGB, § 630a Rn. 125.

[740] Vgl. zu dieser Problematik auch das eingangs erwähnte Urteil BGH NJW 2014, 2190, 2190; MedR 2015, 186, 187.

[741] Vgl. im Einzelnen zu den Voraussetzungen und Rechtsfolgen einer Haftung nach § 823 Abs. 1 BGB bereits oben ab S. 100; Zum Recht auf Nichtwissen im Kontext des § 823 Abs. 1 BGB vgl. auch BGH NJW 2014, S. 2190, 2190.

psychischen Störung, die durch die Mitteilung belastender Informationen entsteht, denkbar.[742] Im Gegensatz zum Strafrecht[743] sind psychische Beeinträchtigungen erfasst.[744]

3. Regelungen zum anschließenden Umgang mit den gewonnenen Informationen

Auch die bereits dargelegten datenschutzrechtlichen Regelungen zur Analyse der gewonnenen Daten sind im Hinblick auf die Aufbewahrung der Ergebnisse der Untersuchung entsprechend anwendbar.[745] Zusätzlich besteht unter den Voraussetzungen von Art. 17 DSGVO, § 35 BDSG ein Recht auf Löschung der Daten. Schließlich kommt ggf. eine Strafbarkeit nach § 203 Abs. 1 Nr. 1 StGB in Betracht.[746]

IV. Regelungen in Bezug auf Dritte

1. Angehörige

Auch Angehörigen der Betroffenen können durch Untersuchungen zum Zweck der Demenzfrüherkennung psychische Folgen aus der unbefugten Mitteilung der Ergebnisse bei ihren Angehörigen erwachsen. Diese können strafrechtliche und zivilrechtliche Konsequenzen nach sich ziehen.

a) Strafrechtliche Folgen

aa) § 223 Abs. 1 StGB

In Bezug auf Angehörige ist eine Strafbarkeit nach § 223 Abs. 1 StGB denkbar, wenn sie psychische Konsequenzen aus der nicht gewollten Mitteilung der Ergebnisse davontragen, die sich physisch auswirken.[747]

---

[742] So auch beim eingangs erwähnten Urteil BGH NJW 2014, S. 2190; vgl. hierzu auch bereits BGH NJW 2007, S. 2764, 2765; siehe auch bei *Kern* in: Jauernig BGB, § 823 Rn. 3.

[743] Vgl. zum Meinungsstand ausführlich oben ab S. 110.

[744] *Kern* in: Jauernig BGB, § 823 Rn. 3; hinsichtlich der weiteren möglichen deliktischen Anspruchsgrundlagen in dieser Konstellation sei nach oben verwiesen, S. 101.

[745] Siehe oben ab S. 102.

[746] Zu den Voraussetzungen einer Strafbarkeit nach § 203 Abs. 1 Nr. 1 StGB siehe soeben ab S. 114.

[747] Vgl. zur Darstellung der Problematik, die damit einhergeht, bereits oben ab S. 110.

bb) § 203 Abs. 1 Nr. 1 StGB

Weiterhin tritt eine Strafbarkeit nach § 203 Abs. 1 Nr. 1 StGB ein, wenn Angehörigen als Dritten Ergebnisse aus den Untersuchungen zum Zweck der Demenzfrüherkennung mitgeteilt werden.[748] § 203 StGB bezweckt nicht primär deren Schutz, sondern vermag vorrangig das informationelle Selbstbestimmungsrecht der Betroffenen zu schützen.[749]

b) Zivilrechtliche Folgen

aa) Vertragliche und vertragsähnliche Ansprüche

Dritte werden in der Regel nicht automatisch Parteien des Behandlungsvertrages nach § 630a BGB.[750] Möglich ist lediglich ein Vertrag zugunsten Dritter, § 328 BGB. Für den echten Vertrag zugunsten Dritter nach § 328 Abs. 1 BGB ist nötig, dass die Angehörigen als Dritte nach dem Willen derjenigen, die den Vertrag schließen, ein originäres Forderungsrecht erhalten, welches einen wichtigen Inhalt der Leistungspflicht darstellen muss.[751] Dies ist klassischerweise anzunehmen, wenn Eltern einen Behandlungsvertrag zugunsten ihres Kindes abschließen,[752] entspricht jedoch in aller nicht der Interessenlage bei Untersuchungen zum Zweck der Demenzfrüherkennung – hier geht es vorrangig darum, Informationen über die eigene künftige gesundheitliche Konstitution zu erlangen. Aus diesem Grund kommt auch kein unechter Vertrag zugunsten Dritter in Frage, bei dem zwar kein eigener Anspruch auf die Leistung erlangt werden soll, das ärztliche Fachpersonal aber dazu berechtigt oder verpflichtet wäre, die Leistung an einen Dritten zu erbringen.[753]

Letztlich besteht noch die Möglichkeit, eine vertragliche Haftung im Wege eines Vertrages mit Schutzwirkung zugunsten Dritter zu konstruieren.[754] Dies wird im Rahmen des Behandlungsvertragsrechts bspw. bei Betroffenen angenommen, die an einer ansteckenden Erkrankung leiden, wie bspw. AIDS, bei denen sich der Schutzbereich dann auf Personen, mit denen Geschlechtsverkehr stattfindet, erstreckt.[755] Letztlich kommt es aber auf die Auslegung des Vertrags im jeweiligen Einzelfall an.[756] Im Rahmen der Demenzfrüherkennung geht es nicht um eine Ansteckungsgefahr, sondern darum, dass Angehörige mittelbar von der Kenntnis einer

---

[748] Zu den Voraussetzungen ausführlich soeben ab S. 114.
[749] So auch bereits oben, S. 114.
[750] Grundsatz der Relativität von Schuldverhältnissen; siehe dazu bei *Wagner* in: MüKo BGB § 630a Rn. 25.
[751] *Janoschek* in: BeckOK BGB § 328 Rn. 1.
[752] *Kern/Rehborn* in: Laufs/Kern/Rehborn, § 43 Rn. 51; *Wagner* in: MüKo BGB § 630a Rn. 27.
[753] *Janoschek* in: BeckOK BGB § 328 Rn. 2.
[754] *Wagner* in: MüKo BGB § 630a Rn. 28.
[755] *Kern/Rehborn* in: Laufs/Kern/Rehborn, § 43 Rn. 51.
[756] *Katzenmeier* in: BeckOK BGB, § 630a Rn. 84; *Mansel* in: Jauernig BGB, § 630a Rn. 3.

späteren Demenzerkrankung oder vom späteren Eintritt der Krankheit betroffen sein können. Gerade bei derartigen rein diagnostischen Maßnahmen liegt es in der Regel fern, einen solchen Vertrag mit Schutzwirkung zugunsten Dritter anzunehmen.

bb) Deliktische Ansprüche

Es besteht aber die Möglichkeit, dass Dritte durch die Mitteilung der Ergebnisse Schäden erleiden, die über das Deliktsrecht ersatzfähig sein können. Einen solchen Fall hatte der BGH im Jahr 2014 zu entscheiden.[757] Bestätigt wurde durch die Entscheidung zunächst, dass durch die Mitteilung belastender Informationen hervorgerufene psychische Störungen von Krankheitswert können grundsätzlich eine Verletzung der Gesundheit i.S.d. § 823 Abs. 1 BGB darstellen können.[758] Im konkreten Fall wurde aber festgestellt, dass § 823 Abs. 1 BGB nicht den Schutz Dritter vor den psychischen Belastungen bezwecke, die mit der Kenntniserlangung einer Diagnose zur Wahrscheinlichkeit des Eintritts einer späteren Erkrankung[759] einhergehen.[760] Die psychischen Folgen seien dem ärztlichen Fachpersonal, das die Mitteilung getätigt hatte, nicht zuzurechnen.[761] Begründet wird dies damit, dass die Schadensersatzpflicht nach § 823 Abs. 1 BGB durch den Schutzzweck der Norm begrenzt sei, sodass ein Anspruch auf Schadensersatz nur für Folgen aus dem Bereich der Gefahr herrühren könne, zu deren Verhinderung die verletzte Norm erlassen sei.[762] Die verletzte Norm müsse den Schutz Einzelner bezwecken und der Verletzte müsse dem hierdurch geschützten Personenkreis zugeordnet werden können.[763] Auch müsse die Norm den Schutz des verletzten Rechtsguts sowie die konkrete Schädigungsart umfassen.[764] Differenziert wird zwischen einer Gesundheitsverletzung und der Verletzung des Rechts auf Nichtwissen der Angehörigen.[765] Es könne keine Haftung entstehen, wenn sich eine Gefahr realisiert habe, die dem Risikobereich des Geschädigten in Form des allgemeinen Lebensrisikos zuzurechnen sei.[766] Im konkreten Fall bestand die Möglichkeit, dass die Geschädigte die betreffenden Informationen auch jederzeit auf anderem Wege hätte erhalten können, da durch den Betroffenen offen mit den Informationen umgegangen werden sollte.[767]

---

757 Dabei handelt es sich um den eingangs erwähnten Fall, BGH NJW 2014 S. 2190.
758 BGH NJW 2014 S. 2190, 2190; so auch bereits BGH NJW 2007, S. 2764, 2765; BGH NJW 1996, S. 2425, 2426; *Wagner* in: MüKo BGB § 823 Rn. 242.
759 In diesem Fall ging es um die vererbbare Krankheit Chorea Huntington.
760 Erster Leitsatz des Urteils BGH NJW 2014 S. 2190.
761 BGH NJW 2014 S. 2190, 2190.
762 BGH NJW 2014 S. 2190, 2191 m.w.N.
763 BGH NJW 2014 S. 2190, 2191.
764 BGH NJW 2014 S. 2190, 2191.
765 Schneider, NJW 2014, S. 3133, 3133.
766 BGH NJW 2014 S. 2190, 2191.
767 BGH NJW 2014 S. 2190, 2191; zustimmend auch Wellenhofer, JuS 2015 S. 651f.

Infolge der Entscheidung lässt sich de lege lata festhalten, dass ein Recht auf Nichtwissen lediglich für genetisch Betroffene, nicht aber für andere Angehörige, durch den BGH anerkannt wird.[768] Der entscheidende Unterschied besteht darin, das genetisch Betroffene selbst mit einer gewissen Wahrscheinlichkeit eine vergleichbare genetische Konstitution aufweisen, anhand der sich Wahrscheinlichkeitsaussagen im Hinblick auf den späteren Eintritt einer vererbbaren Krankheit treffen lassen. Nicht genetisch verwandte Angehörige selbst dagegen können für sich aus der genetischen Konstitution der Betroffenen keine Rückschlüsse auf sich selbst ziehen.[769] Die Kenntnis des möglichen späteren Krankheitseintritts bei Angehörigen wird für diese Personengruppe dem allgemeinen Lebensrisiko zugeordnet, das den Schutzzweck der Norm laut BGH begrenzt. Ihr Recht auf Nichtwissen erfährt daher derzeit keinen zivilrechtlichen Schutz. Nur für genetisch Betroffene kann sich ein Schadensersatzanspruch aus § 823 Abs. 1 BGB für den Fall der Mitteilung der Ergebnisse ergeben. Es hindert den genetisch Betroffenen nichts daran, das Wissen über seine eigene genetische Konstitution mit seinen Angehörigen zu teilen, die nicht genetisch mit ihm verwandt sind.[770]

c) Zusammenfassung und Zwischenfazit

De lege lata besteht für nicht genetisch verwandte Angehörige kein zivilrechtlicher Schutz des Rechts auf Nichtwissen. Strafrechtlich werden diese, zumindest mittelbar, über § 203 Abs. 1 Nr. 1 StGB geschützt, der aber primär den Schutz des informationellen Selbstbestimmungsrechts der Betroffenen bezweckt. Zudem ist eine Strafbarkeit wegen Körperverletzung nach § 223 Abs. 1 StGB möglich, wenn sich die psychische Reaktion physisch niedergeschlagen hat.

2. Versicherungsbereich und Arbeitsleben

Versichernde sind daran interessiert, vor Abschluss von Versicherungen umfassende Informationen über die Gesundheit des Versicherten zu erlangen.[771] Das bedeutet, dass es nur um Versicherungen gehen kann, die durch Abschluss eines Vertrages zustande kommen.[772] Damit ist die gesetzliche Sozialversicherung nicht erfasst, die sich gerade nicht auf einen Vertragsschluss gründet – vielmehr geht es um private Versicherungsverträge.[773] Nicht hinderlich ist ein gesetzlicher Abschlusszwang wie bspw. bei einer Pflichtversicherung nach § 113 Abs. 1 VVG.[774]

---

[768] *Wagner* in: MüKo BGB § 823 Rn. 244.
[769] Zur Differenzierung zwischen genetisch und nicht-genetisch Verwandten auch bereits oben im Kontext des GenDG ab S. 147.
[770] *Wagner* in: MüKo BGB § 823 Rn. 244.
[771] Geneger, NJW 2010, S. 113, 116.
[772] Lensing, VuR 2009, S. 411, 412.
[773] Lensing, VuR 2009, S. 411, 412; Präve, VersR 2009, S. 857, 857.
[774] Lensing, VuR 2009, S. 411, 412.

Vergleichbar damit ist es auch im Interesse von Arbeitgebenden, vor Abschluss eines Arbeitsvertrages nach § 611a BGB den künftigen Gesundheitszustand potentieller Arbeitnehmender zu kennen, um Kosten wie die Entgeltfortzahlung bei Krankheit o.ä. zu vermeiden.[775] Es besteht die Gefahr, dass Versicherungs- und Arbeitgebende die Betroffenen auf Grundlage der Ergebnisse der Untersuchung benachteiligen. Weiterhin ist eine Einflussnahme auf Betroffene denkbar, die Untersuchung durchzuführen, obwohl dies nicht deren eigenem Willen entspricht. Dies kann dem Selbstbestimmungsrecht der Betroffenen in entscheidendem Maße zuwiderlaufen und sie in eine Zwangslage versetzen.

a) Strafrechtliche Folgen der Benachteiligung und Einflussnahme

Tatbestände aus dem Strafgesetzbuch, die eine Benachteiligung explizit unterbinden können, sind de lege lata nicht vorhanden. Im Hinblick auf eine Einflussnahme auf Betroffene zur Vornahme einer Untersuchung zum Zweck der Demenzfrüherkennung oder der Offenbarung der Ergebnisse einer ist allenfalls eine Nötigung nach § 240 Abs. 1 StGB denkbar.

Der Tatbestand des § 240 Abs. 1 StGB ist grundsätzlich erfüllt, wenn jemand mittels Gewalt oder Drohung mit einem empfindlichen Übel zur Vornahme einer Untersuchung zum Zweck der Demenzfrüherkennung oder Mitteilung der Ergebnisse einer solchen Untersuchung bewegt werden soll. Ein Übel ist jede als nachteilig wahrgenommene Veränderung der Außenwelt,[776] also etwas Unangenehmes, das im konkreten Fall vermieden werden soll und das Opfer zu dem vom Täter gewollten Verhalten zu bestimmen geeignet ist.[777] Empfindlich ist ein Übel, wenn es so erheblich erscheint, dass der Bedrohte durch die Inaussichtstellung zu der gewünschten Handlung bewegt wird.[778] Denkbar ist im Untersuchungskontext vor allem, dass durch den gewünschten Vertragspartner in Aussicht gestellt wird, bei Nichtvornahme der Untersuchung oder Nichtmitteilung der Ergebnisse einer bereits erfolgten Untersuchung keinen oder zu schlechteren Bedingungen einen Versicherungs- oder Arbeitsvertrag abzuschließen. Der Nichtabschluss eines gewünschten Vertrages kann grundsätzlich als ein empfindliches Übel gesehen werden.

Auf Ebene der Rechtswidrigkeit nach § 240 Abs. 2 StGB ist darüber hinaus erforderlich, dass die Androhung dieses Übels zu dem angestrebten Zweck als verwerflich anzusehen ist. Verwerflich ist eine Handlung, die eine erhöhte Schwelle an sittlicher Missbilligung überschreitet,

---

[775] Geneger, NJW 2010, S. 113, 116.
[776] *Valerius* in: BeckOK StGB, § 240 Rn. 36 m.w.N.
[777] *Sinn* in: MüKo StGB, § 240 Rn. 71.
[778] BGH NStZ 1987, S. 222, 223; *Valerius* in: BeckOK StGB, § 240 Rn. 37.

sodass sie als strafwürdiges Unrecht anzusehen ist.[779] Die Beurteilung ist nicht vorrangig anhand ethischer Maßstäbe vorzunehmen; um sozialadäquate Verhaltensweisen aus dem Anwendungsbereich des § 240 StGB auszunehmen, ist relevant, ob die Handlung als sozial unerträglich bzw. sozialwidrig anzusehen ist.[780] Die Verwerflichkeit kann sich im Wege einer Gesamtwürdigung aus der Relation von angewandtem Nötigungsmittel und dem angestrebten Zweck ergeben.[781] Der angestrebte Zweck in diesem Sinne ist das konkrete Verhalten, das durch den Täter erzwungen werden soll, wobei der soziale Sinngehalt des abgenötigten Verhaltens zu erfassen ist, um die nach einer isolierten Betrachtung zumeist bestehende Sozialadäquanz ggf. auszuschließen.[782] Es ist der unmittelbare Beweggrund zu betrachten, aus dem das Opfer zu einem bestimmten Verhalten gebracht werden soll.[783] Im Wege der Gesamtwürdigung zur Bestimmung der Verwerflichkeit der Zweck-Mittel-Relation sind die Vereinbarkeit der abgenötigten Handlung mit der Rechtsordnung, das Geringfügigkeitsprinzip, das Prinzip des Vorrangs staatlicher Zwangsmittel, das Prinzip des mangelnden Zusammenhangs sowie das Autonomieprinzip zu berücksichtigen.[784]

Das angekündigte Übel, die Nichtvornahme eines Vertragsschlusses, ist im Untersuchungskontext von der Privatautonomie gedeckt, grundsätzlich sozialadäquat und mit der Rechtsordnung vereinbar. Handlungen sind nach dem Geringfügigkeitsprinzip nicht als verwerflich zu bewerten, wenn sie nur Beeinträchtigungen des Opfers mit Bagatellcharakter oder von geringer Dauer hervorrufen.[785] Beides ist im Kontext von Untersuchungen zum Zweck der Demenzfrüherkennung aufgrund der einschneidenden Auswirkungen auf die weitere Lebensplanung sowie die möglichen psychischen Folgen des Umgangs mit Wahrscheinlichkeitsaussagen aber abzulehnen. Der fehlende Zusammenhang kann im Rahmen von Arbeitsvertragsschlüssen relevant werden – die Wahrscheinlichkeit eines späteren Demenzeintritts, weit überwiegend wohl erst im Rentenalter, dürfte keinen Bezug zum Abschluss eines Arbeitsvertrages aufweisen. Anders ist dies im Kontext von Versicherungen zu beurteilen, die ein Leben lang gelten. Hier dürfte eine Verwerflichkeit abzulehnen sein.

---

[779] BGH NJW 1962, S. 1923, 1924 ff.; *Valerius* in: BeckOK StGB, § 240 Rn. 48 m.w.N..
[780] BGH NJW 2014, S. 401, 403; *Valerius* in: BeckOK StGB, § 240 Rn. 48 m.w.N..
[781] BGH NJW 1952, S. 593, 594; *Valerius* in: BeckOK StGB, § 240 Rn. 47 m.w.N..
[782] BGH NJW 1988, S. 362, 363; *Valerius* in: BeckOK StGB, § 240 Rn. 50 m.w.N..
[783] *Valerius* in: BeckOK StGB, § 240 Rn. 50 m.w.N..
[784] *Valerius* in: BeckOK StGB, § 240 Rn. 53 m.w.N..
[785] *Valerius* in: BeckOK StGB, § 240 Rn. 56 m.w.N..

Festzuhalten ist daher, dass eine Nötigung nur im Kontext von Arbeitsverträgen in Betracht kommt; im Kontext von Versicherungsverträgen scheidet eine Verwerflichkeit nach § 240 Abs. 2 StGB aus den genannten Gründen aus.

b) Zivilrechtliche Folgen der Benachteiligung und unzulässigen Einflussnahme

Eine Verletzung eines normierten Benachteiligungsverbots kann zu einer Vertragsnichtigkeit nach § 134 BGB führen.[786] Ein Verstoß gegen ein gesetzliches Verbot führt jedoch nur zur Nichtigkeit, wenn dies dem Zweck dieser Norm entspricht.[787] Den Betroffenen geht es aber in der Regel darum, Verträge mit Arbeitgebenden oder Versicherungen abzuschließen und nicht aufgrund ihrer gesundheitlichen Konstitution eine Verweigerung eines solchen Vertragsabschlusses zu erfahren. Daher spielt eine Nichtigkeit nach § 134 BGB im Fall der Verletzung eines Benachteiligungsverbotes im Kontext von Untersuchungen zum Zweck der Demenzfrüherkennung bei Verweigerung des Abschlusses eines Arbeits- oder Versicherungsvertrages keine Rolle.

Vielmehr kann den Betroffenen aus einem Folgenbeseitigungsanspruch gem. §§ 1004 Abs. 1 S. 1, 823 Abs. 1 BGB ein Anspruch auf Abschluss eines Vertrages zustehen, wenn gegen ein Benachteiligungsverbot verstoßen wird.[788] Dies gilt gem. § 15 Abs. 6 AGG jedoch nicht für den Abschluss eines Arbeitsvertrages. § 1004 Abs. 1 S. 1 BGB gewährt unmittelbar dem Eigentümer einen Anspruch auf Beseitigung einer Beeinträchtigung gegen den Störer, was entsprechend auf alle anderen absoluten Rechte und damit auch das allgemeine Persönlichkeitsrecht angewendet wird.[789] Der Anspruch soll den jeweils Berechtigten dazu befähigen, seine Rechte frei auszuüben.[790] Der verschuldensunabhängige Anspruch kann auch auf eine Verpflichtung zum Abschluss eines Versicherungsvertrages gerichtet sein.[791] Voraussetzung dafür

---

[786] BT-Drs. 17/10532, S. 23; Genenger, NJW 2010 S. 113, 117; Präve, VersR 2009, S. 857, 860; *Reuter* in: Kern, GenDG, § 4 Rn. 182.
[787] Präve, VersR 2009, S. 857, 860.
[788] Lensing, VuR 2009, S. 411, 417; dies wird zum Teil kritisch gesehen, vgl. dazu darstellend bspw. Armbrüster, NJW 2007, S. 1494 ff. (der im Ergebnis einen Kontrahierungszwang ablehnt); *Reuter* in: Kern GenDG § 4 Rn. 192-198 (hier wird ein Kontrahierungszwang im Ergebnis bejaht); ebenso bei Thüsing/von Hoff, NJW 2007, S. 21 ff.
[789] Lensing, VuR 2009, S. 411, 417.
[790] Lensing, VuR 2009, S. 411, 417.
[791] Lensing, VuR 2009, S. 411, 417; dies ist umstritten, vgl. dazu weitere Nachweise in der genannten Quelle (Fn. 105).

ist aber, dass es ohne den Verstoß gegen ein Benachteiligungsverbot zu einem Vertragsabschluss gekommen wäre – dies wird in der Praxis trotz Offenbarungspflicht über die Gründe der Ablehnung recht schwer nachzuweisen sein.[792]

Im Kontext von Untersuchungen zum Zweck der Demenzfrüherkennung bedeutet dies, dass ein Folgenbeseitigungsanspruch, der auf den Abschluss eines Privatversicherungsvertrages gerichtet ist, grundsätzlich aus einer Verletzung des allgemeinen Persönlichkeitsrechts von Betroffenen resultieren kann. Eine solche Verletzung kann insbesondere in einer Benachteiligung aufgrund der Vornahme oder Nichtvornahme einer Untersuchung zum Zweck der Demenzfrüherkennung oder der Nichtmitteilung der Ergebnisse einer solchen Untersuchung bestehen. Eine derartige Verletzung wird aber praktisch schwer nachweisbar sein, da die Ablehnung auch auf andere Gründe gestützt werden kann.

§ 15 AGG beinhaltet darüber hinaus eine Anspruchsgrundlage, die auf Schadensersatz oder Entschädigung gerichtet ist, wenn Arbeitgebende gegen § 7 AGG verstoßen. Auch kommen allgemeine Schadensersatzansprüche aus § 280 Abs. 1 BGB, §§ 280 Abs. 1, 311 Abs. 2, 241 Abs. 2 BGB (Culpa in contrahendo), § 823 Abs. 1 BGB aufgrund einer Verletzung des Rechts auf informationelle Selbstbestimmung bzw. des Rechts auf Nichtwissens sowie aus § 823 Abs. 2 BGB aufgrund einer Schutzgesetzverletzung in Betracht.[793] Zudem könnte ein Schadensersatzanspruch auch aus § 826 BGB resultieren, wobei nach Einzelfall zu differenzieren ist, ob eine Sittenwidrigkeit infolge der Diskriminierung gegeben ist, da ein bloßer Gesetzesverstoß allein noch nicht in der Lage ist, eine solche zu begründen.[794]

Im Rahmen von Untersuchungen zum Zweck der Demenzfrüherkennung können situationsabhängig Schadensersatzansprüche aus den genannten Anspruchsgrundlagen entstehen, wenn Betroffene im Untersuchungskontext Verletzungen der genannten Rechtspositionen erfahren.

Soweit eine Verletzung der geschützten Rechte infolge der Ablehnung der Begründung eines Arbeitsverhältnisses erfolgt, wäre im Grunde auch ein Anspruch aus § 15 AGG möglich. Das wäre jedoch nur der Fall, wenn die Ablehnung des Arbeitsvertragsschlusses aufgrund der Nichtdurchführung einer Untersuchung zum Zweck der Demenzfrüherkennung oder der Nichtmit-

---

[792] Vgl. auch hierzu Lensing, VuR 2009, S. 411, 417.
[793] Präve, VersR 2009, S. 857, 860; *Reuter* in: Kern, GenDG, § 4 Rn. 184 ff.; *Stockter* in: Prütting Medizinrecht, § 8 GenDG Rn. 25 sowie ausführlich im Zusammenhang mit einer Verletzung des § 18 GenDG *Stockter* in: Prütting Medizinrecht, § 18 GenDG Rn. 29 ff.
[794] Für den speziellen Fall der genetischen Diskriminierung *Reuter* in: Kern GenDG § 4 Rn. 187 m.w.N.

teilung der Ergebnisse einer solchen Untersuchung gegen ein gesetzliches Benachteiligungsverbot verstößt. Dies trifft de lege lata jedoch nicht zu, sodass eine derartige Benachteiligung keine zivilrechtlichen Konsequenzen nach sich zöge. Art. 3 Abs. 1 GG statuiert auf verfassungsrechtlicher Ebene das allgemeine Gleichbehandlungsgebot.[795] Dies umfasst den Schutz vor der nicht gerechtfertigten Ungleichbehandlung von wesentlich Gleichem und der Gleichbehandlung von wesentlich Ungleichem.[796] Einfachgesetzlich verfügen bspw. § 33c Abs. 1 S. 1 SGB I, § 19a Abs. 1 S. 1 SGB IV und § 7 AGG Benachteiligungsverbote bzw. Gleichbehandlungsgebote.[797] Gemeinsam haben diese, dass hinsichtlich des Benachteiligungsverbotes an die Rasse, ethnische Herkunft oder Behinderung angeknüpft wird, teilweise wird auch das Geschlecht, die Religion oder Weltanschauung, das Alter oder die sexuelle Identität genannt. Gerade der aktuelle oder künftige Gesundheitszustand wird jedoch nicht erfasst.

C. Zusammenfassung und Zwischenfazit zu Kapitel 4

Auf die Demenzfrüherkennung mittels nichtgenetischer Biomarker finden keine Spezialregelungen wie das GenDG, sondern allgemeine Normen Anwendung. Es sind verschiedene Situationen der Demenzfrüherkennung zu differenzieren: die Informationsgewinnung einerseits und der Umgang mit den Ergebnissen andererseits, was insbesondere die Mitteilung derselben einschließt. Auch sind Regelungen in Bezug auf Dritte wie Angehörige, Arbeitgebende oder Versicherungen im Untersuchungskontext in den Blick zu nehmen.

Hinsichtlich der Gewinnung von Informationen ist bei einer Handlung gegen den Willen der Betroffenen, also ohne die ggf. erforderliche Einwilligung, eine Strafbarkeit wegen Körperverletzung nach § 223 Abs. 1 StGB denkbar. Dabei ist zwischen invasiven und nicht- bzw. geringinvasiven Untersuchungen zu unterscheiden. Invasive Untersuchungen stellen in der Regel eine tatbestandliche Körperverletzung dar, die im Wege der Einwilligung gerechtfertigt sein kann. Gering- oder nichtinvasive Untersuchungen erfüllen die Tatbestandsvoraussetzungen des § 223 Abs. 1 StGB regelmäßig nicht, sodass ein Handeln entgegen dem Willen der Betroffenen keine Strafbarkeit nach § 223 Abs. 1 StGB begründen kann. Als zivilrechtliche Folgen der Untersuchung ohne Einwilligung der Betroffenen kommen sowohl eine vertragliche Haftung aus § 280 Abs. 1 BGB wegen einer Verletzung des Behandlungsvertrags sowie deliktische Ansprüche in

---

795 Vgl. dazu ausführlich oben, S. 70, 238.

796 *Kischel* in: BeckOK GG, Art. 3 Rn. 14; Scherrer, S. 388; *Schmidt* in: Erfurter Kommentar zum Arbeitsrecht, Art. 3 GG Rn. 33; *Wolff* in: Hömig/Wolff GG, Art. 3 Rn. 6; hierzu auch ausführlich ab S. S. 70, 238.

797 *Fenger* in: Spickhoff Medizinrecht, § 4 GenDG Rn. 3; *Reuter* in: Kern GenDG § 4 Rn. 203.

Betracht. Kern der Regelungen zur Informationsgewinnung ist die auf einer umfassenden Aufklärung beruhende Einwilligung der Betroffenen zur Wahrung ihres Selbstbestimmungsrechts. Eine Kodifikation hinsichtlich dieser Aufklärung, die alle Aspekte der Demenzfrüherkennung mittels nichtgenetischer Biomarker, insbesondere die möglichen psychischen Belastungen, betrifft, ist de lege lata nicht ausfindig zu machen. Die derzeitigen Regelungen beziehen sich vor allem auf die Vornahme und Folgen der körperlichen Untersuchung. Eine erweiternde Auslegung aufgrund dieser grundlegenden Differenzierung nicht denkbar.

Im Hinblick auf die Situation des Umgangs mit den Ergebnissen der Untersuchungen zum Zweck der Demenzfrüherkennung mittels nichtgenetischer Biomarker sind die Analyse der gewonnenen Proben und Daten, die Mitteilung der Ergebnisse und die anschließende Aufbewahrung der Proben und Daten auseinanderzuhalten. Es können sich aus der unbefugten Vornahme einer Analyse der bei der Demenzfrüherkennung mittels nichtgenetischer Biomarker gewonnenen Daten und Proben zivilrechtliche Konsequenzen in Form eines Schadensersatzanspruches aus § 83 Abs. 1 S. 1, Abs. 2 BDSG ergeben. Die Anforderungen an die Person, die die Analyse vornimmt, beziehen sich dabei nicht auf deren fachliche Qualifikation, sondern lediglich auf deren Geheimhaltungspflicht. Aus strafrechtlicher Sicht kann die Analyse ohne oder gegen den Willen der Betroffenen eine Strafbarkeit nach § 42 Abs. 2 BDSG nach sich ziehen, wenn sich ein Vorteil finanzieller Art ergeben soll. Nicht unter Strafe gestellt ist aber die bloße Vornahme der Analyse gegen oder ohne den Willen der Betroffenen, wenn daraus kein Vermögensvorteil erwachsen soll. Weiterhin ist auch unter Umständen eine Strafbarkeit nach den §§ 202a ff. StGB möglich. Entsprechendes gilt auch für den Umgang mit den Proben und Ergebnissen im Anschluss an die Analyse und Mitteilung.

Im Kontext der Mitteilung der Ergebnisse gegen oder ohne den Willen der Betroffenen sind psychische Folgen denkbar, die de lege lata ohne physischen Niederschlag nach der überwiegenden Meinung nicht von § 223 Abs. 1 StGB erfasst werden. Wird das Ergebnis der Untersuchung unbefugt an Dritte weitergegeben, tritt eine Strafbarkeit nach § 203 Abs. 1 Nr. 1 StGB ein. Nicht erfasst ist de lege lata die Mitteilung an den Betroffenen selbst ohne dessen explizite Zustimmung. Aus zivilrechtlicher Sicht lässt sich de lege lata keine Schadensersatzpflicht aus § 280 Abs. 1 BGB herleiten, wenn die Untersuchungsergebnisse gegen oder ohne den Willen der Betroffenen mitgeteilt werden, wenn dieser zuvor wirksam in die Vornahme der Untersuchung eingewilligt hat. Möglich ist aber bei einer Mitteilung an Betroffene, die mangels hinreichender Aufklärung nicht wirksam in die Untersuchung eingewilligt haben, ein Schadensersatzanspruch aus § 280 Abs. 1 BGB, wenn aufgrund einer Diagnose psychische Belastungen oder Vermögensdispositionen auftreten.

Im Rahmen der deliktischen Haftung tritt, auch bei rein psychischen Folgen bei den Betroffenen, bei einer unbefugten Mitteilung der Ergebnisse der Untersuchung zum Zweck der Demenzfrüherkennung bei Vorliegen eines Schadens im Sinne des Zivilrechts ein Anspruch der Betroffenen aus § 823 Abs. 1 BGB ein, der sich ggf. auch auf Schmerzensgeld richten kann.

Schließlich wurden auch die Regelungen hinsichtlich Dritter dargestellt, die im Zug der Untersuchung zum Zweck der Demenzfrüherkennung betroffen sein können. Dabei sind Angehörige, Arbeit- und Versicherungsgeber zu nennen.

Eine Strafbarkeit nach § 223 Abs. 1 StGB im Kontext psychischer Belastungen bei Angehörigen durch die Mitteilung der Untersuchungsergebnisse entgegen oder ohne ihren Willen kann, entsprechend der Ausführungen für die Betroffenen selbst, de lege lata nur bei einem physischen Niederschlag vorliegen. Wird ihnen entgegen oder ohne den Willen der Betroffenen das Ergebnis der Untersuchung mitgeteilt, zieht dies eine Strafbarkeit des ärztlichen Fachpersonals aus § 203 Abs. 1 Nr. 1 StGB nach sich. Dabei wird entsprechend des Schutzzwecks aber nicht auf den Willen der Angehörigen, sondern auf den der Betroffenen abgestellt, sodass hier nur das informationelle Selbstbestimmungsrecht der Betroffenen strafrechtlichem Schutz unterliegt, nicht aber das der Angehörigen. Zivilrechtlich kommt eine Haftung aus § 823 Abs. 1 BGB dem Grunde nach in Betracht, wobei diese nach einem Urteil des BGH[798] aufgrund der nur für deren eigene genetische Konstitution bestehende Aussagekraft lediglich für genetische Verwandte gilt und aufgrund des Schutzzwecks der Norm keine Zurechenbarkeit der möglichen psychischen Folgen besteht. Gerade im Hinblick auf den Schutz der Angehörigen bestehen also erhebliche Regelungslücken.

Im Versicherungs- und Arbeitsbereich kommt auf strafrechtlicher Ebene keine explizite Strafbarkeit bei einer Benachteiligung in Frage. Bei einer unzulässigen Einflussnahme auf die Betroffenen, um sie zur Vornahme von Untersuchungen zum Zweck der Demenzfrüherkennung oder zur Offenbarung der Ergebnisse zu bewegen, ist eine Strafbarkeit nach § 240 Abs. 1 StGB wegen Nötigung nur im Kontext von Arbeitsverträgen möglich. Dort besteht kein Zusammen-

---

[798] BGH NJW 2014 S. 2190, 2190.

hang zwischen Untersuchungen und Ergebnissen und der Arbeitsleistung an sich, da eine etwaig wahrscheinliche Demenzerkrankung ohnehin in den meisten Fällen erst im Rentenalter auftreten würde. Im Kontext von Versicherungsverträgen scheidet eine Verwerflichkeit nach § 240 Abs. 2 StGB aufgrund der Sozialadäquanz der Ablehnung eines Vertragsschlusses in diesem Bereich aber aus, da hier ein entsprechender Zusammenhang besteht. Als zivilrechtliche Folge ist zwar eine Vertragsnichtigkeit im Wege des § 134 BGB denkbar, aber keine günstige Folge für die Betroffenen, die in der Regel den Vertragsabschluss erreichen wollen. Auch erfassen die Schutzzwecke einzelner Benachteiligungsverbote in der Regel weder den aktuellen, noch den künftigen Gesundheitszustand der Betroffenen. Möglich ist aber ein auf den Abschluss eines Privatversicherungsvertrages gerichteter Folgenbeseitigungsanspruch aus §§ 1004 Abs. 1 S. 1, 823 Abs. 1 BGB.[799] Weitere Anspruchsgrundlagen, die im Fall einer Verletzung des Rechts auf informationelle Selbstbestimmung bzw. des Rechts auf Nichtwissens im Kontext des Versicherungs- und Arbeitslebens zu Schadensersatzansprüchen führen, finden sich in den §§ 280 Abs. 1 BGB, §§ 280 Abs. 1, 311 Abs. 2, 241 Abs. 2 BGB (Culpa in contrahendo) und § 823 Abs. 1 und 2 BGB.

Es bleibt festzuhalten, dass die Regelung der Demenzfrüherkennung mittels nicht genetischer Biomarker de lege lata im Hinblick auf die Bedeutung der Untersuchung zum Teil lückenhaft erscheint. Im Rahmen der Bewertung im dritten Teil soll auf diese Lücken sowie deren Angemessenheit ausführlich eingegangen werden.

[799] Lensing, VuR 2009, S. 411, 417.

Kapitel 5: Demenzfrüherkennung mittels genetischer Biomarker

A. Einführung

I. Sonderrolle genetischer Daten

Die Unterscheidung der Untersuchungen zum Zweck der Demenzfrüherkennung mittels genetischer oder nichtgenetischer Biomarker wirkt sich auf die Normierung aus. Grund dafür ist, dass der Gesetzgeber von einer Sonderrolle genetischer Daten ausgeht.[800]

Diese Annahme wird damit begründet, dass sich die Bedeutung genetischer Informationen über längere Zeiträume erstrecke und dass mit dieser Unveränderlichkeit ein erhöhtes Gefährdungspotential einhergehe.[801] Auch seien die genetischen Eigenschaften eines Menschen bereits bei der Geburt vorhanden, sodass dieser keinen Einfluss auf diese habe.[802] Zudem wird angeführt, dass es sich bei genetischen Daten um persönliche und für die Identität relevante Gesundheitsdaten handele, die mit einem hohen prädiktiven Potential einhergehen und auch Informationen über Verwandte enthalten.[803]

II. Hintergrund des GenDG

Auf Basis dieser Annahme des genetischen Exzeptionalismus hat der Gesetzgeber das Gendiagnostikgesetz erlassen. Das Gendiagnostikgesetz, das am 24.04.2009 im Bundestag beschlossen wurde[804] und am 01.02.2010 in Kraft trat[805], regelt die Zulässigkeit von genetischen Untersuchungen sowie der Analyse der gewonnenen Informationen.[806] Bezweckt wird die Verhinde-

---

[800] BT-Drs. 16/10532 S. 1; vgl. hierzu beispielsweise Fündling, S. 81; *Hahn* in: Kern, GenDG § 1 Rn. 10; kritisch wird dies auch teilweise als „genetischer Exzeptionalismus“ bezeichnet,vgl. zur Demenzfrüherkennung mittels genetischer Biomarker S. 17.

[801] BT-Drs. 16/10532 S. 1; dazu auch Fündling, S. 81f.; *Hahn* in: Kern, GenDG § 1 Rn. 10; Heyers, MedR 2009, S. 507, 508.

[802] BT-Drs. 16/10532 S. 1; Fündling, S. 82.

[803] BT-Drs. 16/10532 S. 1; Fündling, S. 82; zustimmend auch Heyers, MedR 2009, S. 507, 508.

[804] *Franzen* in: Erfurter Kommentar zum Arbeitsrecht, § 1 GenDG Rn. 1; *Laufs* in: Laufs/Kern/Rehborn, § 130 Rn. 92.

[805] Vgl. dazu auch § 27 GenDG; zur Entstehung des GenDG ausführlich bei Scherrer, S. 98-173 sowie Vossenkuhl, S. 63 ff.; siehe dazu auch bei Eberbach, MedR 2010, S. 155, 155.

[806] *Fenger* in: Spickhoff, Medizinrecht, § 1 GenDG Rn. 1; *Franzen* in: Erfurter Kommentar zum Arbeitsrecht, § 1 GenDG Rn. 1; *Häberle* in: Erbs/Kohlhaas, Vorbem. GenDG Rn. 2; *Hahn* in: Kern, GenDG, § 1 Rn. 1; ausführlich zum Hintergrund siehe auch bei Wollenschläger, S. 173 ff.

© Der/die Autor(en), exklusiv lizenziert an
Springer Fachmedien Wiesbaden GmbH, ein Teil von Springer Nature 2026
S. Kahre-Krüger, *Die Demenzfrüherkennung mittels genetischer & nicht-genetischer Biomarker*, https://doi.org/10.1007/978-3-658-50890-6_6

rung der Gefahr genetischer Diskriminierung, aber auch die Wahrung der Chancen, die die genetische Analyse für den Einzelnen darstellen kann.[807] Dem Gesetz liegt, wie § 1 GenDG ausdrücklich erwähnt, die Menschenwürde nach Art. 1 Abs. 1 GG[808] sowie das Grundrecht auf informationelle Selbstbestimmung gem. Art. 2 Abs. 1 i.V.m. Art. 1 Abs. 1 GG[809] zugrunde und soll der dem Staat aus diesen Grundrechten erwachsenen Schutzpflicht gerecht werden.[810]

B. Regelung der Prädiktion mittels genetischer Biomarker nach dem GenDG

I. Grundlagen

Der Anwendungsbereich des GenDG wird durch § 2 GenDG beschrieben. Nach § 2 Abs. 1 GenDG erstreckt sich dieser auf für genetische Untersuchungen und in diesem Rahmen durchgeführte genetische Analysen unter anderem bei geborenen Menschen sowie den Umgang mit den hierbei gewonnenen genetischen Proben und Daten zu medizinischen Zwecken und im Bereich von Versicherung und Arbeit.[811] Unter einer genetischen Analyse wird eine auf die Feststellung genetischer Eigenschaften gerichtete Analyse der Zahl und der Struktur der Chromosomen (zytogenetische Analyse, § 3 Nr. 2a GenDG), der molekularen Struktur der Desoxyribonukleinsäure oder der Ribonukleinsäure (molekulargenetische Analyse, § 3 Nr. 2b GenDG) oder der Produkte der Nukleinsäuren (Genproduktanalyse, § 3 Nr. 2c GenDG) verstanden.[812] Genetische Eigenschaften sind ererbte oder während der Befruchtung oder bis zur Geburt erworbene, vom Menschen stammende Erbinformationen, § 3 Nr. 4 GenDG.[813]

Hinsichtlich der Regelungen, die die Demenzfrüherkennung mittels genetischer Biomarker erfassen, ist im Wesentlichen, wie bei den nichtgenetischen Markern, zwischen den Situationen

---

[807] BT Drucks. 16/10532 S. 1, 16; *Fenger* in: Spickhoff, Medizinrecht, § 1 GenDG Rn. 3; *Franzen* in: Erfurter Kommentar zum Arbeitsrecht, § 1 GenDG Rn. 1; *Häberle* in: Erbs/Kohlhaas, Vorbem. GenDG Rn. 1; *Hahn* in: Kern GenDG § 1 Rn. 1, 8; Schillhorn/Heidemann, § 1 Rn. 2; *Stockter* in: Prütting Medizinrecht, § 1 GenDG Rn. 3 ff.; zum Ziel des Gesetzes siehe auch bei Scherrer, S. 174.

[808] Siehe hierzu oben, S. 61 ff. sowie S. 235.

[809] Siehe hierzu oben, ab S. 68 sowie ab S. 236.

[810] *Häberle* in: Erbs/Kohlhaas, Vorbem. GenDG Rn. 1; *Hahn* in: Kern GenDG § 1 Rn. 1; Schillhorn/Heidemann, § 1 vor Rn. 1; *Stockter* in: Prütting Medizinrecht, § 1 GenDG Rn. 5ff.; Vossenkuhl, S. 77ff.

[811] Hierzu auch bei *Fenger* in: Spickhoff Medizinrecht, § 2 GenDG Rn. 1; *Häberle* in: Erbs/Kohlhaas, § 2 GenDG Rn. 2; *Kern* in: Kern, GenDG, § 2 Rn. 1 ff.; Schillhorn/Heidemann, § 2 Rn. 2 ff., 8 ff.; sowie sehr ausführlich bei *Stockter* in: Prütting Medizinrecht, § 2 GenDG Rn. 1 ff.

[812] Vgl. hierzu auch Eberbach, MedR 2010, S. 155, 156; *Fenger* in: Spickhoff Medizinrecht, § 3 GenDG Rn. 2; *Hahn/Schwarz* in: Kern, GenDG, § 3 Rn. 10 ff.; Schillhorn/Heidemann, § 3 Rn. 11 ff.; *Stockter* in: Prütting Medizinrecht, § 3 GenDG Rn. 13f.

[813] Siehe hierzu auch bei *Hahn/Schwarz* in: Kern, GenDG, § 3 Rn. 21 ff.; Schillhorn/Heidemann, § 3 Rn. 24 ff.; *Stockter* in: Prütting Medizinrecht, § 3 GenDG Rn. 33 f.

der Informationsgewinnung und dem anschließenden Umgang mit den Ergebnissen zu differenzieren. Zudem gibt es spezielle Regelungen, die die Interessen von Dritten wie Angehörigen, Arbeitgebenden und Versicherungsgebern berücksichtigen sollen.

II. Informationsgewinnung

§§ 7 – 14 GenDG regeln die Voraussetzungen genetischer Untersuchungen zu medizinischen Zwecken. Nach § 8 GenDG ist für eine genetische Untersuchung eine Einwilligung der Betroffenen erforderlich. Die Wirksamkeit dieser Einwilligung ist u. a. an eine ordnungsgemäß erfolgte Aufklärung nach § 9 GenDG geknüpft. Dies dient vor allem dem Schutz des Selbstbestimmungsrechts der Betroffenen. Ein Zuwiderhandeln kann sowohl strafrechtliche als auch zivilrechtliche Konsequenzen nach sich ziehen.

1. Handeln ohne die erforderliche Einwilligung gem. § 25 Abs. 1 Nr. 1 GenDG

a) Grundlagen

§ 25 Abs. 1 Nr. 1 GenDG dient dem Schutz des Rechts auf informationelle Selbstbestimmung.[814] Hiernach wird bestraft, wer entgegen § 8 Abs. 1 S. 1 GenDG eine genetische Untersuchung ohne die erforderliche Einwilligung vornimmt.[815] Unter Strafe gestellt ist also die Vornahme einer genetischen Untersuchung zum Zweck der Demenzfrüherkennung ohne die wirksame Einwilligung der Betroffenen. § 25 Abs. 2 GenDG enthält eine Qualifikation; hiernach wird bestraft, wer eine in Abs. 1 unter Strafe gestellte Handlung gegen Entgelt[816] oder in der Absicht begeht, sich oder einen anderen zu bereichern oder einen anderen zu schädigen.[817] § 25 Abs. 3 S. 1 GenDG legt schließlich fest, dass es sich um ein absolutes Antragsdelikt handelt, wobei nach § 77 Abs. 1 StGB der Verletzte antragsberechtigt ist.[818]

Verstöße gegen § 25 Abs. 1 Nr. 1 und Nr. 5 GenDG werden mit einer Freiheitsstrafe bis zu einem Jahr oder mit Geldstrafe bestraft - es handelt sich um Vergehen gem. § 12 Abs. 2 StGB, deren Versuch nach § 23 Abs. 1 StGB nicht strafbar ist.[819] Die Rechtsfolge des § 25 Abs. 2

[814] BT-Drs. 16/10532, S. 40; *Häberle* in: Erbs/Kohlhaas, § 25 GenDG Rn. 3, 4; Kratz, S. 102; *Winkler* in: Kern GenDG § 25 Rn. 20; zum Recht auf informationelle Selbstbestimmung siehe oben S. 68.
[815] Vgl. hierzu ausführlich bei Kratz, S. 102 ff.
[816] Siehe hierzu die Legaldefinition in § 11 Abs. 1 Nr. 9 StGB, die auch in diesem Kontext anwendbar ist, *Häberle* in: Erbs/Kohlhaas, § 25 GenDG Rn. 9.
[817] Vgl. hierzu auch Schillhorn/Heidemann, § 25 Rn. 3; dies entspricht insoweit dem Tatbestand des § 203 Abs. 5 StGB, der die Verletzung von Privatgeheimnissen unter Strafe stellt, vgl. *Häberle* in: Erbs/Kohlhaas, § 25 GenDG Rn. 9.
[818] *Häberle* in: Erbs/Kohlhaas, § 25 GenDG Rn. 14; Schillhorn/Heidemann, § 25 Rn. 4 f.; eine Verfolgung im ausschließlich öffentlichen Interesse ist damit nicht möglich, vgl. Schillhorn/Heidemann, § 25 Rn. 5.
[819] Vgl. hierzu auch *Häberle* in: Erbs/Kohlhaas, § 25 GenDG Rn. 9, 10; Kratz, S. 111; Schillhorn/Heidemann, § 25 Rn. 2.

GenDG umfasst eine Freiheitsstrafe bis zu zwei Jahren oder eine Geldstrafe, sodass auch hierbei ein Vergehen nach § 12 Abs. 2 StGB vorliegt.[820]

b) Einwilligung nach § 8 GenDG

Voraussetzung einer Strafbarkeit nach § 25 Abs. 1 Nr. 1 GenDG ist ein Handeln ohne die Einwilligung der Betroffenen.[821] Umstritten ist, ob das Merkmal „ohne die erforderliche Einwilligung" als Tatbestandsmerkmal oder als Hinweis auf den ungeschriebenen Rechtfertigungsgrund der Einwilligung zu qualifizieren ist. Im Hinblick auf die Regelungen für Untersuchungen zum Zweck der Demenzfrüherkennung mittels genetischer Biomarker spielt die Frage der dogmatischen Einordnung keine Rolle, da ein solches Handeln jedenfalls unter Strafe gestellt ist.[822]

Im Folgenden werden die Anforderungen an die Wirksamkeit einer Einwilligung im Kontext des GenDG dargestellt. Von Bedeutung sind dabei neben den allgemeinen Anforderungen des § 8 GenDG die Aufklärungs- und Beratungserfordernisse nach §§ 9, 10 GenDG.

aa) Voraussetzungen des § 8 GenDG

Nach § 8 Abs. 1 S. 1 GenDG bedarf die genetische Untersuchung einer ausdrücklichen und schriftlichen Einwilligungserklärung der betroffenen Person gegenüber der verantwortlichen ärztlichen Person. Im Sinne des GenDG ist das nach § 3 Nr. 5 GenDG das ärztliche Fachpersonal, das die Untersuchung zu medizinischen Zwecken vornimmt.[823]

Inhaltlich muss sich die Einwilligung auf die Vornahme der Untersuchung, deren Umfang und die damit einhergehende Gewinnung genetischer Daten beziehen, § 8 Abs. 1 S. 2 GenDG.[824]

---

[820] Vgl. hierzu auch *Häberle* in: Erbs/Kohlhaas, § 25 GenDG Rn. 9, 10.

[821] Formell ist eine ausdrückliche, schriftliche Einwilligung gegenüber der verantwortlichen ärztlichen Person erforderlich, *Häberle* in: Erbs/Kohlhaas, § 25 GenDG Rn. 3, 4; siehe dazu auch oben S. 81; auch rein formelle Verstöße können zur Tatbestandsverwirklichung führen, vgl. *Häberle* in: Erbs/Kohlhaas, § 25 GenDG Rn. 3, 4; so auch *Winkler* in: Kern GenDG § 25 Rn. 22.

[822] *Häberle* in: Erbs/Kohlhaas, § 25 GenDG Rn. 3, 4 ordnet die Einwilligung ausnahmsweise entgegen der allgemeinen Strafrechtsdogmatik als Tatbestandsmerkmal ein; *Winkler* in: Kern GenDG § 25 Rn. 21 sieht die Einwilligung überzeugend auch hier als Rechtfertigungsmerkmal an.

[823] Siehe hierzu auch bei *Hahn/Schwarz* in: Kern, GenDG, § 3 Rn. 27, 28; Schillhorn/Heidemann, § 3 Rn. 27 ff.; Scherrer, S. 176; *Stockter* in: Prütting Medizinrecht, § 3 GenDG Rn. 41f, g.

[824] Siehe hierzu auch bei Schillhorn/Heidemann, § 8 Rn. 1 sowie ausführlich Rn. 7 ff.

Durch diese Regelung sollen die Betroffenen vor übereilten Entscheidungen und die verantwortlichen ärztlichen Personen vor Beweisschwierigkeiten geschützt werden.[825] Die Einwilligung muss sich auf die Krankheit beziehen, auf welche untersucht werden soll, nicht jedoch auf das konkrete Gen.[826] Adressat ist die verantwortliche ärztliche Person.[827]

§ 8 Abs. 2 S. 1 GenDG regelt, dass diese Einwilligung jederzeit mit Wirkung für die Zukunft gegenüber der verantwortlichen ärztlichen Person widerrufen werden kann.[828]

bb) Aufklärung, § 9 GenDG

(1) Allgemeine Anforderungen

§ 9 GenDG sieht eine umfassende Aufklärung der betroffenen Person vor, auf deren Grundlage sie eine sachgerechte Entscheidung über die Einwilligung in die genetische Untersuchung treffen kann.[829] Das bedeutet, dass die verantwortliche ärztliche Person die betroffene Person über Wesen, Bedeutung und Tragweite der genetischen Untersuchung informiert, § 9 Abs. 1 GenDG.[830] Zudem ist dieser eine angemessene Bedenkzeit bis zur Entscheidung über die Einwilligung zu gewähren, § 9 Abs. 1 S. 2 GenDG.[831] Was als „angemessen" anzusehen ist, legt das Gesetz nicht fest, dies ist vielmehr nach den Umständen des Einzelfalles zu ermitteln, wobei insbesondere die Bedeutung der Untersuchung und ihrer Ergebnisse für das Leben der Betroffenen eine Rolle spielen.[832] Bei Untersuchungen zum Zweck der Demenzfrüherkennung, die weitreichende Folgen für die Betroffenen und ihre Angehörigen haben kann,[833] ist je nach Situation und Vorkenntnissen der Betroffenen eine Bedenkzeit von einigen Tagen zu gewähren.

---

[825] *Fenger* in: Spickhoff Medizinrecht, § 8 GenDG Rn. 1.
[826] *Fenger* in: Spickhoff Medizinrecht, § 8 GenDG Rn. 1.
[827] Schillhorn/Heidemann, § 8 Rn. 6.
[828] Hierzu auch bei *Fenger* in: Spickhoff Medizinrecht, § 8 GenDG Rn. 1; *Häberle* in: Erbs/Kohlhaas, § 8 GenDG Rn. 3; Schillhorn/Heidemann, § 8 Rn. 15 ff.; ausführlich hierzu auch bei *Kern* in: Kern, GenDG, § 8; *Stockter* in: Prütting Medizinrecht, § 8 GenDG; Der Widerruf kann sowohl in schriftlicher als auch mündlicher Form erfolgen, der mündliche Widerruf ist nach § 8 Abs. 2 S. 2 GenDG unverzüglich zu dokumentieren und nach § 8 Abs. 2 S. 3 GenDG muss ein Nachweis des Widerrufs unverzüglich der nach § 7 Abs. 2 GenDG beauftragten Person oder Einrichtung übermittelt werden.
[829] Siehe hierzu auch bei *Fenger* in: Spickhoff Medizinrecht, § 9 GenDG Rn. 1; vgl. hierzu auch die Richtlinien zur prädiktiven genetischen Diagnostik der Bundesärztekammer, Deutsches Ärzteblatt 2003, S. 1297, 1302; zum *informed consent* siehe bereits oben ab S. 34.
[830] Siehe hierzu auch bei Schillhorn/Heidemann, § 9 Rn. 2, 3 ff.
[831] Siehe hierzu auch bei Schillhorn/Heidemann, § 9 Rn. 9.
[832] *Häberle* in: Erbs/Kohlhaas, § 9 GenDG Rn. 2; Schillhorn/Heidemann, § 9 Rn. 10; siehe zur Aufklärung nach § 9 GenDG auch bei *Kern* in: Kern, GenDG, § 9.
[833] Siehe dazu bereits oben beispielsweise ab S. 23.

Die Aufklärung und ihr Inhalt sind gem. § 9 Abs. 3 GenDG durch die verantwortliche ärztliche Person vor der genetischen Untersuchung zu dokumentieren.[834]

(2) Inhaltliche Anforderungen

§ 9 Abs. 2 GenDG normiert sodann, welche Gesichtspunkte in der Aufklärung durch die ärztliche Person anzusprechen sind.[835] Gem. § 9 Abs. 2 Nr. 1 GenDG umfasst die Aufklärung Zweck, Art, Umfang und Aussagekraft der Untersuchung.[836] Auch soll über die gesundheitlichen Risiken, die mit der Kenntnis des Ergebnisses der Untersuchung und der Gewinnung der erforderlichen genetischen Probe einhergehen, aufgeklärt werden, § 9 Abs. 2 Nr. 2 GenDG. Zudem umfasst die Aufklärung die vorgesehene Verwendung der genetischen Probe sowie die der Untersuchungs- und Analyseergebnisse, § 9 Abs. 2 Nr. 3 GenDG. Schließlich soll die betroffene Person gem. § 9 Abs. 2 Nr. 4 über ihr Recht, die Einwilligung jederzeit zu widerrufen sowie nach § 9 Abs. 2 Nr. 5 GenDG über ihr Recht auf Nichtwissen, was das Recht umfasst, das Ergebnis oder Teile davon nicht zur Kenntnis zu nehmen, sondern vernichten zu lassen, aufgeklärt werden.[837] Im Rahmen von genetischen Untersuchungen zum Zweck der Demenzfrüherkennung ist daher insbesondere darüber aufzuklären, dass es sich bei den gewonnenen Informationen lediglich um Wahrscheinlichkeitsaussagen hinsichtlich des späteren Krankheitseintritts handelt und dass die Kenntnis dieser Wahrscheinlichkeit psychische Auswirkungen haben kann. Auch sollten die Betroffenen darüber in Kenntnis gesetzt werden, dass derzeit keine Möglichkeit besteht, eine Demenzerkrankung vollständig zu heilen.

(3) Beratung, § 10 GenDG

Weiterhin besteht beim Sonderfall der prädiktiven genetischen Diagnostik zusätzlich zur Aufklärung ein Beratungserfordernis nach § 10 GenDG. Eine prädiktive genetische Untersuchung ist eine genetische Untersuchung mit dem Ziel der Abklärung einer erst zukünftig auftretenden

---

[834] Vgl. ausführlich zur Aufklärung auch bei *Stockter* in: Prütting Medizinrecht, § 9 GenDG.
[835] Vgl. hierzu Eberbach, MedR 2010, S. 155, 157; sowie ausführlich Schillhorn/Heidemann, § 9 Rn. 13 ff.
[836] Dazu zählen auch die mit dem vorgesehenen Untersuchungsmittel im Rahmen des Untersuchungszwecks möglichen Ergebnisse und die Bedeutung der zu untersuchenden genetischen Eigenschaften für eine Erkrankung sowie die Möglichkeiten der Vermeidung, Vorbeugung und Behandlung der Krankheit.
[837] Vgl. zum Inhalt der Aufklärung *Laufs* in: Laufs/Kern/Rehborn, § 130 Rn. 99.

Erkrankung oder gesundheitlichen Störung, § 3 Nr. 8a GenDG.[838] Es handelt sich bei dem Beratungserfordernis um eine ärztliche Leistung und nicht um eine Ergänzung der Aufklärung.[839] Die Beratung ist patientenbezogen und geht inhaltlich über die Aufklärung hinaus, die die geplante Methode der Untersuchung, die möglichen Ergebnisse sowie deren medizinische Bedeutung beinhaltet.[840] Sie dient dazu, die Betroffenen zu befähigen, eine informierte Entscheidung vornehmen und ihr Recht auf Nichtwissen wahren zu können.[841] Im Gegensatz zur Aufklärung muss die Durchführung dieser Beratung für die Wirksamkeit der Einwilligung in die Vornahme der Untersuchung keiner inhaltlichen Überprüfung standhalten; es muss lediglich ein Nachweis erbracht werden können, dass diese im Sinne des § 10 GenDG stattgefunden hat.[842] Im Rahmen von genetischen Untersuchungen zum Zweck der Demenzfrüherkennung sind Betroffene im Kontext dieser Beratung auf ihre individuelle Situation bezogen darüber in Kenntnis zu setzten, wie genau die Untersuchung ablaufen wird, welche Ergebnisse diese hervorbringen kann und insbesondere darüber, dass diese lediglich Wahrscheinlichkeitsaussagen hinsichtlich eines späteren Krankheitseintritts beinhalten.

Bei der prädiktiven Diagnostik ist nach § 10 Abs. 2 S. 1 GenDG eine genetische Beratung vor der Untersuchung erforderlich, soweit die betreffende Person nicht im Einzelfall nach vorheriger schriftlicher Information über die Beratungsinhalte auf diese schriftlich verzichtet hat.[843] Im Gegensatz zu § 10 Abs. 1 S. 1 GenDG handelt es sich hierbei nicht um eine Soll-Vorschrift, sondern um ein zwingendes Erfordernis.[844] Auch bestimmt § 10 Abs. 1 S. 2 GenDG, dass die Beratung zwingend zu erfolgen hat, wenn bei der betroffenen Person eine genetische Eigenschaft mit Bedeutung für eine nicht behandelbare Krankheit, wie die Demenz in den hier dargestellten Formen[845], festgestellt wird. Nach § 7 Abs. 3 GenDG darf die genetische Beratung nur von gem. § 7 Abs. 1 GenDG qualifizierten Ärztinnen oder Ärzten durchgeführt werden.

---

[838] *Hahn/Schwarz* in: Kern, GenDG, § 3 Rn. 40-42; auch kann darunter nach § 3 Nr. 8b GenDG eine genetische Untersuchung mit dem Ziel der Abklärung einer Anlageträgerschaft für Erkrankungen oder gesundheitliche Störungen bei Nachkommen verstanden werden; dazu *Fenger* in: Spickhoff Medizinrecht, § 3 GenDG Rn. 8; *Hahn/Schwarz* in: Kern, GenDG, § 3 Rn. 43; Schillhorn/Heidemann, § 3 Rn. 43 ff.
[839] BT-Drs. 16/10532, S. 28; *Stockter* in: Prütting Medizinrecht, § 10 GenDG Rn. 3.
[840] BT-Drs. 16/10532, S. 28; Schillhorn/Heidemann, § 10 Rn. 1, 2; *Stockter* in: Prütting Medizinrecht, § 10 GenDG Rn. 3a.
[841] BT-Drs. 16/10532, S. 28.
[842] BT-Drs. 16/10532, S. 28; *Stockter* in: Prütting Medizinrecht, § 10 GenDG Rn. 3a.
[843] Siehe hierzu auch bei Eberbach, MedR 2010, S. 155, 157; *Fenger* in: Spickhoff Medizinrecht, § 10 GenDG Rn. 2; *Häberle* in: Erbs/Kohlhaas, § 10 GenDG Rn. 1; zum Verzicht siehe Schillhorn/Heidemann, § 10 Rn. 29; ausführlich zu § 10 GenDG bei *Kern* in: Kern, GenDG, § 10.
[844] Hierzu auch Eberbach, MedR 2010, S. 155, 156; Schillhorn/Heidemann, § 10 Rn. 5, 6.
[845] Siehe dazu im Einzelnen in Kapitel 1.

§ 10 Abs. 3 GenDG normiert, wie die genetische Beratung zu erfolgen hat.[846] Nach S. 1 erfolgt diese in allgemein verständlicher Weise und ergebnisoffen. S. 2 regelt, dass insbesondere die eingehende Erörterung der möglichen medizinischen, psychischen und sozialen Fragestellungen im Zusammenhang mit einer Vornahme oder Nichtvornahme der Untersuchung und ihren möglichen Ergebnissen und der Möglichkeit zur Unterstützung bei physischen und psychischen Belastungen der betroffenen Person durch die Untersuchung und ihr Ergebnis umfasst sein sollen. Gem. S.3 besteht die Möglichkeit, mit Zustimmung der betroffenen Person eine weitere Sachverständige Person mitberatend hinzuzuziehen.[847]

Der betreffenden Person ist gem. § 10 Abs. 2 S. 2 GenDG nach der Beratung eine angemessene Bedenkzeit bis zur Untersuchung zu gewähren, wobei der Zeitabstand mit der Schwere des zu erwartenden Ergebnisses proportional ansteigen soll.[848] Das bedeutet im Rahmen der genetischen Untersuchung zum Zweck der Demenzfrüherkennung, dass ein eher höherer Zeitabstand von einigen Tagen bis zur Vornahme der Untersuchung eingehalten werden sollte, da die Ergebnisse lediglich Wahrscheinlichkeitsaussagen im Hinblick auf eine nicht heilbare Krankheit enthalten und, wie bereits dargelegt, einen enormen Einfluss auf die Betroffenen und ihre weitere Lebensführung haben können.

Schließlich sind Angebot, Vornahme und Inhalt der Beratung durch die verantwortliche ärztliche Person zu dokumentieren, § 10 Abs. 4 GenDG.[849]

Verstöße gegen das Beratungserfordernis sind nicht unter Strafe gestellt oder bußgeldbewehrt.[850] Ob eine fehlerhafte oder gänzlich fehlende Beratung zur Unwirksamkeit der Einwilligung fehlt, ist noch nicht abschließend geklärt; dies wird aber auf Grund der Bedeutung dieses Erfordernisses regelmäßig angenommen.[851]

2. Handeln ohne die vorgeschriebene Qualifikation, § 26 Abs. 1 Nr. 1 GenDG

Nach § 26 Abs. 1 Nr. 1 Alt. 1 GenDG handelt ordnungswidrig, wer entgegen § 7 Abs. 1, 2 GenDG, also ohne die gesetzlich vorgeschriebene Qualifikation, eine genetische Untersuchung

---

[846] Hierzu im Einzelnen auch bei Schillhorn/Heidemann, § 10 Rn. 16 ff.
[847] Weitere inhaltliche Anforderungen an die Beratung wurden ausführlich von der Gendiagnostik-Kommission in einer zu beachtenden Richtlinie festgehalten, § 23 GenDG; diese spielen im Untersuchungskontext jedoch keine entscheidende Rolle.
[848] *Fenger* in: Spickhoff Medizinrecht, § 10 GenDG Rn. 2; Schillhorn/Heidemann, § 10 Rn. 13.
[849] Hierzu auch Schillhorn/Heidemann, § 10 Rn. 30; ausführlich zu § 10 GenDG bei *Kern* in: Kern, GenDG, § 10 sowie auch bei *Stockter* in: Prütting Medizinrecht, § 10 GenDG.
[850] *Häberle* in: Erbs/Kohlhaas, § 10 GenDG Rn. 2.
[851] Schillhorn/Heidemann, § 10 Rn. 17.

vornimmt[852], soweit nicht die DSGVO in der jeweils geltenden Fassung unmittelbar zur Anwendung kommt, § 26 Abs. 3 GenDG. De lege lata findet sich dazu in der DSGVO keine Sondervorschrift, sodass es hier bei der Anwendbarkeit des § 26 Abs. 1 Nr. 1 Alt. 1 GenDG bleibt.

Die prädiktive genetische Untersuchung darf nach § 7 Abs. 1 GenDG nur durch Fachärztliches Personal für Humangenetik oder anderes ärztliche Fachpersonal, das sich beim Erwerb einer Fachärztlichen-, Schwerpunkt- oder Zusatzbezeichnung für genetische Untersuchungen im Rahmen des Fachgebietes qualifiziert haben, vorgenommen werden.[853] Unter den Begriff der Untersuchung fallen in diesem Kontext die Entscheidung des ärztliche Fachpersonals über die Indikation einer genetischen Untersuchung, die Gewinnung der genetischen Probe, die Durchführung der Analyse bzw. die Beauftragung eines Dritten mit ebendieser, die Mitteilung der Ergebnisse sowie die Aufklärung, Beratung und die Einholung der Einwilligung.[854] Dieser Facharztvorbehalt stellt eine Verschärfung zu diagnostischen genetischen Untersuchungen dar, die nach § 7 Abs. 1 GenDG unter einem einfachen Arztvorbehalt stehen.[855]

3. Weitere mögliche Strafbarkeiten

Neben den speziellen Tatbeständen des GenDG kommen grds. auch Tatbestände aus dem StGB in Betracht.[856] Hinsichtlich einer Blutentnahme, als invasive Untersuchung, kommt ohne wirksame Einwilligung eine Körperverletzung nach § 223 Abs. 1 StGB sowie bei irriger, sorgfaltspflichtwidriger Annahme einer Einwilligung eine fahrlässige Körperverletzung nach § 229 StGB in Betracht.[857]

4. Zivilrechtliche Folgen einer Handlung ohne Einwilligung

Das GenDG enthält keine Sonderregelungen im Sinne von eigenen Anspruchsgrundlagen hinsichtlich der zivilrechtlichen Folgen, die sich aus der Vornahme der Untersuchung zum Zweck der Demenzfrüherkennung mittels genetischer Biomarker ohne die Einwilligung der Betroffenen ergeben. Es sind die allgemeinen Vorschriften heranzuziehen.[858] Bei der Anwendung sind

---

[852] Vgl. hierzu auch *Häberle* in: Erbs/Kohlhaas, § 26 GenDG Rn. 8.
[853] Vgl. hierzu ausführlich bei *Kern* in: Kern, GenDG, § 7 Rn. 1 ff.; Schillhorn/Heidemann, § 7 Rn. 1 ff.
[854] Schillhorn/Heidemann, § 7 Rn. 3.
[855] Siehe hierzu auch bei *Fenger* in: Spickhoff Medizinrecht, § 7 GenDG Rn. 2; *Häberle* in: Erbs/Kohlhaas, § 7 GenDG Rn. 3; zur fachlichen Qualifikation des ärztlichen Fachpersonals vgl. Schillhorn/Heidemann, § 7 Rn. 5 ff.; ausführlich zu § 7 GenDG auch bei *Stockter* in: Prütting Medizinrecht, § 7 GenDG.
[856] *Häberle* in: Erbs/Kohlhaas, § 25 GenDG Rn. 15.
[857] *Häberle* in: Erbs/Kohlhaas, § 25 GenDG Rn. 15; vgl. hierzu bereits ausführlich oben ab S. 78, wobei die Untersuchungen auf genetische Biomarker in der Regel, wenn sie nicht mittels Blutentnahme vorgenommen werden, eher der Kategorie der nichtinvasiven Eingriffe zuzuordnen sind und damit eine Strafbarkeit nach den §§ 223 ff. StGB regelmäßig de lege lata ausscheidet.
[858] Vgl. hierzu ausführlich oben ab S. 92.

aber die Wertungen des GenDG zu beachten, damit diese nicht unterlaufen werden. Zudem besteht die Möglichkeit eines deliktischen Schadensersatzanspruchs aus § 823 Abs. 2 BGB i.V.m. einer Vorschrift aus dem GenDG.[859]

III. Umgang mit den Ergebnissen der Untersuchung

Hinsichtlich der Regelung, die den Umgang mit den Ergebnissen der Untersuchung zum Zweck der Demenzfrüherkennung erfassen, ist zwischen den Normen, die die Analyse der gewonnenen Informationen betreffen und den Regelungen, die sich auf die Mitteilung der Ergebnisse beziehen, zu differenzieren. Davon abzugrenzen sind weiterhin die Bestimmungen, die den anschließenden Umgang mit den gewonnenen Untersuchungsdaten im Hinblick auf die Wahrscheinlichkeit eines späteren Demenzeintritts betreffen.

1. Regelungen zur Analyse der gewonnenen Informationen

Neben den allgemeinen Regelungen aus der DSGVO und dem BDSG[860] enthält das GenDG spezielle Tatbestände, die im Kontext der Analyse der gewonnenen Daten aus den Untersuchungen zum Zweck der Demenzfrüherkennung mittels genetischer Biomarker Anwendung finden.

a) Strafbarkeit der Analyse ohne die erforderliche Einwilligung nach § 25 Abs. 1 Alt. 1 GenDG

Strafbar macht sich nach § 25 Abs. 1 Alt. 1 GenDG, wer eine genetische Analyse ohne die erforderliche Einwilligung vornimmt. Nach § 8 Abs. 1 S. 1 GenDG bedarf auch die Analyse einer vorherigen ausdrücklichen und schriftlichen Einwilligung. Dabei legt § 8 Abs. 1 S. 3 GenDG fest, dass die Einwilligung nach § 8 Abs. 1 S. 1 GenDG auch die Einwilligung in die Verarbeitung genetischer Daten umfasst. § 8 Abs. 1 S. 4 GenDG normiert, dass eine nach § 7 Abs. 2 GenDG beauftragte Person oder Einrichtung die genetische Analyse nur vornehmen darf, wenn ihr ein Nachweis dieser Einwilligung vorliegt.[861] Wer also bei einer genetischen Untersuchung zum Zweck der Demenzfrüherkennung Daten analysiert, ohne dass der Patient darin eingewilligt hat, macht sich strafbar.

---

[859] Zu dieser Möglichkeit auch bei Damm, MedR 2012, S. 705, 709; Fündling, S. 279; Schneider, NJW 2014, S. 3133, 3134; ähnlich auch Genenger, NJW 2010, S. 117; Wellenhofer, JuS 2015, S. 651, 652.

[860] Vgl. dazu ausführlich oben ab S. 102.

[861] Genaueres zur Einwilligung im Sinne des § 8 GenDG ab S. 135.

b) Konsequenz der unzulässigen Verwendung einer genetischen Probe nach § 26 Abs. 1 Nr. 1a GenDG

Wer entgegen § 13 Abs. 1 S. 1 oder Abs. 2 GenDG[862] eine genetische Probe verwendet, handelt nach § 26 Abs. 1 Nr. 1a GenDG ordnungswidrig, soweit nicht die DSGVO in der jeweils geltenden Fassung unmittelbar zur Anwendung kommt, § 26 Abs. 3 GenDG.[863] § 13 Abs. 1 S. 1 GenDG legt fest, dass eine genetische Probe nur für den Zweck, für den sie gewonnen wurde, verwendet werden darf. Sobald die Probe für diesen Zweck nicht mehr benötigt wird oder die Einwilligung nach § 8 Abs. 2 GenDG widerrufen wurde, ist diese gem. § 13 Abs. 1 S. 2 GenDG durch die verantwortliche ärztliche Person oder durch die nach § 7 Abs. 2 GenDG beauftragte Einrichtung zu vernichten.[864] § 13 Abs. 3 GenDG bestimmt, dass der Verwender einer genetischen Probe die erforderlichen organisatorischen und technischen Maßnahmen treffen muss, die die unzulässige Verwendung der Probe ausschließen.[865]

c) Konsequenz der Analyse ohne die erforderliche Qualifikation nach § 26 Abs. 1 Nr. 1 GenDG

Nach § 26 Abs. 1 Nr. 1 GenDG handelt ordnungswidrig, wer entgegen § 7 Abs. 1, 2 GenDG, also ohne die gesetzlich vorgeschriebene Qualifikation, eine genetische Analyse vornimmt,[866] soweit nicht die DSGVO in der jeweiligen Fassung unmittelbar gilt, § 26 Abs. 3 GenDG, wofür es in diesem Fall de lege lata aber keine Anhaltspunkte gibt.

2. Regelungen zur Mitteilung der Untersuchungsergebnisse

a) Strafbarkeit der Mitteilung der Ergebnisse ohne die erforderliche Einwilligung nach § 25 Abs. 1 Nr. 1 GenDG

Bei einer Mitteilung der Ergebnisse der Untersuchung ohne die nach § 8 Abs. 1 S. 2 GenDG erforderliche Einwilligung kommt eine Strafbarkeit nach § 25 Abs. 1 Nr. 1 GenDG in Betracht.[867] Daneben gelten auch hier die allgemeinen Ausführungen zu den §§ 223 ff. StGB.[868]

---

[862] Siehe hierzu oben S. 146.
[863] Vgl. hierzu auch *Häberle* in: Erbs/Kohlhaas, § 26 GenDG Rn. 10; eine entsprechende Regelung in der DSGVO findet sich de lege lata nicht, sodass § 26 Abs. 1 Nr. 1a GenDG weiterhin zur Anwendung kommt.
[864] Vgl. hierzu sogleich ab S. 144; § 13 Abs. 2 GenDG enthält eine Ausnahmeregelung, nach der die genetische Probe nur zu anderen Zwecken verwendet werden darf, soweit dies nach anderen gesetzlichen Vorschriften zulässig ist oder wenn die betroffene Person nach Unterrichtung über die anderen Zwecke in die Verwendung schriftlich und ausdrücklich eingewilligt hat.
[865] Hierzu auch bei *Fenger* in: Spickhoff Medizinrecht, § 13 GenDG Rn. 1; *Häberle* in: Erbs/Kohlhaas, § 13 GenDG Rn. 1-3; *Kern* in: Kern, GenDG, § 13 Rn. 1-10; *Stockter* in: Prütting Medizinrecht, § 13 GenDG.
[866] Vgl. hierzu auch *Häberle* in: Erbs/Kohlhaas, § 26 GenDG Rn. 8.
[867] Siehe hierzu ausführlich oben ab S. 134.
[868] Siehe hierzu oben ab S. 110.

Nach § 8 Abs. 1 S. 2 GenDG muss die Einwilligung der betreffenden Person auch die Entscheidung, ob und inwieweit die Ergebnisse der Untersuchung zur Kenntnis genommen werden oder ob diese vernichtet werden sollen, umfassen.[869] Im Rahmen von genetischen Untersuchungen zum Zweck der Demenzfrüherkennung bedeutet dies, dass sich die Einwilligung auf die Kenntnisnahme der Wahrscheinlichkeit eines späteren Demenzeintritts beziehen muss.

Laut § 10 Abs. 2 S. 1 GenDG hat bei einer prädiktiven genetischen Untersuchung, unter die auch die genetische Untersuchung zum Zweck der Demenzfrüherkennung fällt, zudem eine umfassende genetische Beratung auch nach Vorliegen der Untersuchungsergebnisse durch ärztliches Fachpersonal, das die Voraussetzungen des § 7 Abs. 1, 3 GenDG erfüllt, stattzufinden, soweit hierauf nicht schriftlich nach vorheriger schriftlicher Information über die Inhalte der Beratung verzichtet wurde.[870] Inhaltlich muss diese Beratung den bereits oben genannten Anforderungen nach § 10 Abs. 3 GenDG entsprechen.[871] Im Kontext der Untersuchung bedeutet dies, dass bei Mitteilung der gewissen Wahrscheinlichkeit einer späteren Demenzerkrankung erneut eine umfassende Beratung durch ärztliches Fachpersonal stattzufinden hat.

§ 11 GenDG normiert die Anforderungen, die im Einzelnen an die Mitteilung der Ergebnisse genetischer Untersuchungen und Analysen gestellt werden.[872] § 11 Abs. 2 GenDG regelt, dass die nach § 7 Abs. 2 GenDG mit der genetischen Analyse beauftragte Person oder Einrichtung das Ergebnis nur der ärztlichen Person mitteilen darf, die sie mit dieser beauftragt hat. Nach § 11 Abs. 1 GenDG darf das Ergebnis grundsätzlich nur durch die verantwortliche ärztliche Person oder das ärztliche Fachpersonal, das die genetische Beratung durchgeführt hat und nur der betroffenen Person mitgeteilt werden. Abs. 4 normiert, dass das Ergebnis der betroffenen Person nicht mitgeteilt werden darf, soweit diese im Sinne des § 8 Abs. 1 S. 1 i.V.m. S. 2 GenDG entschieden hat, dass das Ergebnis zu vernichten ist oder soweit die Einwilligung nach § 8 Abs. 2 GenDG widerrufen wurde.

---

[869] *Fenger* in: Spickhoff Medizinrecht, § 8 GenDG Rn. 1; hierzu auch Genenger, NJW 2010, S. 113, 114.
[870] Siehe hierzu auch bei *Häberle* in: Erbs/Kohlhaas, § 10 GenDG Rn. 1.
[871] Vgl. dazu oben ab S. 138.
[872] Siehe hierzu im Einzelnen bei *Kern* in: Kern, GenDG, § 11 Rn. 1-10; Schillhorn/Heidemann, § 11 Rn. 1-14 sowie bei *Stockter* in: Prütting Medizinrecht, § 11 GenDG.

Eine Weitergabe der Informationen, also der Wahrscheinlichkeit eines späteren Demenzeintritts, an Dritte ist gem. § 11 Abs. 3 GenDG nur mit ausdrücklicher schriftlicher oder in elektronischer Form vorliegender Einwilligung der Betroffenen zulässig.[873] Sanktionsmöglichkeiten bei einem Verstoß gegen diese Vorschriften sieht das GenDG selbst nicht vor.[874]

b) Strafbarkeit der unbefugten Mitteilung der Ergebnisse an Dritte

Weiterhin kommt nach den allgemeinen Regelungen eine Strafbarkeit wegen einer Verletzung von Privatgeheimnissen nach § 203 Abs. 1 Nr. 1 (auch i.V.m. Abs. 3 S. 2) StGB, soweit das Ergebnis unbefugt an Dritte übermittelt wird.[875]

3. Regelungen zum anschließenden Umgang mit den Ergebnissen und Proben

Es sind auch die Regelungen zu beachten, die sich mit dem anschließenden Umgang mit den Ergebnissen der Untersuchung zum Zweck der Demenzfrüherkennung mittels genetischer Biomarker befassen, die neben den allgemeinen Vorschriften Anwendung finden.[876]

a) Folgen eines nicht ordnungsgemäßen Vernichtens entgegen § 12 Abs. 1 S. 2, 3 GenDG

Nach § 26 Abs. 1 Nr. 2 GenDG handelte bis zu einer Änderung des GenDG im Jahre 2019[877] ordnungswidrig, wer entgegen § 12 Abs. 1 S. 2 oder 3[878], jeweils auch in Verbindung mit Abs. 2, das Ergebnis einer genetischen Untersuchung oder Analyse nicht oder nicht rechtzeitig vernichtet oder nicht oder nicht rechtzeitig sperrt.[879] Im Zuge der Gesetzesänderung wurde § 26 Abs. 1 Nr. 2 GenDG gestrichen. Stattdessen enthält § 26 Abs. 3 GenDG nun den Hinweis, dass die Abs. 1 und 2 nicht anzuwenden sind, soweit die DSGVO in der jeweils geltenden Fassung unmittelbar zur Geltung kommt.[880]

b) Nicht ordnungsgemäße Vernichtung einer genetischen Probe entgegen § 13 Abs. 1 S. 2 GenDG

Es begeht eine Ordnungswidrigkeit, wer entgegen § 13 Abs. 1 S. 2 GenDG eine genetische Probe nicht oder nicht rechtzeitig vernichtet (§ 26 Abs. 1 Nr. 1b GenDG).[881] Nach § 26 Abs. 2

---

[873] Siehe hierzu auch bei *Fenger* in: Spickhoff Medizinrecht, § 11 GenDG Rn. 1, 2.

[874] Daher ist insoweit lediglich auf die allgemeinen Regelungen zu verweisen, die bereits oben ab S. 109 dargestellt wurden.

[875] *Häberle* in: Erbs/Kohlhaas, § 25 GenDG Rn. 15; *Stockter* in: Prütting Medizinrecht, § 7 GenDG Rn. 19; siehe hierzu ausführlich oben ab S. 110.

[876] Vgl. zu diesen allgemeinen Regelungen bereits oben ab S. 118.

[877] BGBl. I S. 1626; Gesetz vom 20.11.2019 mWv 26.11. 2019.

[878] Siehe hierzu oben S. 146.

[879] Vgl. hierzu auch *Häberle* in: Erbs/Kohlhaas, § 26 GenDG Rn. 11.

[880] Zu den Folgen des nicht ordnungsgemäßen Vernichtens der Daten nach den allgemeinen Regelungen der DSGVO, die nun auch in diesem Fall gelten s.o. S. 118 mit Verweis auf S. 106 ff.

[881] Vgl. hierzu auch *Häberle* in: Erbs/Kohlhaas, § 26 GenDG Rn. 11.

GenDG können Ordnungswidrigkeiten nach § 26 Abs. 1 GenDG in der Rechtsfolge mit einer Geldbuße von bis zu 50.000 € geahndet werden.[882]

4. Zivilrechtliche Folgen der nicht ordnungsgemäßen Analyse und Mitteilung der Ergebnisse bei genetischen Untersuchungen

Auch in diesem Themenabschnitt hält das GenDG keine Sonderregelungen bereit, die die zivilrechtlichen Folgen der nicht ordnungsgemäßen Analyse, Mitteilung oder Vernichtung der Ergebnisse der Untersuchung zum Zweck der Demenzfrüherkennung mittels genetischer Biomarker betreffen, sodass auch hierzu grundsätzlich auf die allgemeinen Regelungen verwiesen werden kann.[883] Bei der Anwendung dieser Normen sind die Wertungen des GenDG zu beachten, um diese nicht zu unterlaufen. Zudem besteht die Möglichkeit eines deliktischen Schadensersatzanspruchs aus § 823 Abs. 2 BGB i.V.m. einer Vorschrift aus dem GenDG.[884]

IV. Regelungen in Bezug auf Dritte

1. Angehörige

Im Rahmen der Regelungen in Bezug auf Angehörige wird differenziert, ob eine genetische Verwandtschaft mit der untersuchten Person besteht oder nicht. Das GenDG schützt nur genetisch unmittelbar Betroffene oder Risikopersonen.[885]

a) § 10 Abs. 3 S. 4 GenDG

Die einzige Regelung unmittelbar in Bezug auf Angehörige, die das GenDG für die prädiktive Diagnostik bereithält, findet sich in § 10 Abs. 3 S. 4 GenDG.[886] Hiernach umfasst die genetische Beratung[887], wenn anzunehmen ist, dass genetisch Verwandte Träger der zu untersuchenden genetischen Eigenschaft mit Bedeutung für eine vermeidbare oder behandelbare Erkrankung oder gesundheitliche Störung sind, auch die Empfehlung, diesen Verwandten eine genetische Beratung nahezulegen.[888] Die Formen der Demenz, die Gegenstand dieser Arbeit sind, sind derzeit nicht heilbar[889], sodass sich in Bezug auf den Untersuchungsstand im GenDG für die

[882] Vgl. hierzu auch *Häberle* in: Erbs/Kohlhaas, § 26 GenDG Rn. 15.
[883] Vgl. hierzu ausführlich oben, insbesondere ab S. 116.
[884] Zu dieser Möglichkeit auch bei Damm, MedR 2012, S. 705, 709; Fündling, S. 279; Schneider, NJW 2014, S. 3133, 3134; ähnlich auch Genenger, NJW 2010, S. 117; Wellenhofer, JuS 2015, S. 651, 652.
[885] Damm, MedR 2014 S. 139, 140; dazu auch BGH NJW 2014 S. 2190 ff.
[886] Siehe hierzu auch bei Eberbach, MedR 2010, S. 155, 157.
[887] Näheres hierzu oben auf S. 138.
[888] Vgl. hierzu ausführlich Schillhorn/Heidemann, § 10 Rn. 22 ff.
[889] Siehe dazu oben in Kapitel 1.

verantwortliche ärztliche Person keine Möglichkeit findet, Angehörige zu informieren, dass eine Demenzerkrankung zu einem späteren Zeitpunkt bei ihnen ebenfalls auftreten könnte.

b) § 11 Abs. 3 GenDG

§ 11 Abs. 3 GenDG betrifft Angehörige mittelbar – das verantwortliche ärztliche Fachpersonal darf das Ergebnis der Untersuchung oder Analyse nur mit einer Einwilligung der betroffenen Person Dritten mitteilen. Diese Regelung dient aber nur dem Recht auf informationelle Selbstbestimmung der Betroffenen.[890] Nicht normiert wird, ob Angehörige, denen die Information mitgeteilt wird, hierin einwilligen sollen – daher ist davon auszugehen, dass dies de lege lata auch ohne eine Zustimmung dieser Personen möglich ist, ohne dass daraus Konsequenzen entstehen.[891]

c) Konsequenzen eines Verstoßes

Ein Verstoß gegen Regelungen, die genetisch Verwandte betreffen, wird nach dem GenDG nicht sanktioniert. Denkbar ist eine Strafbarkeit nach dem StGB.[892] Auch besteht die Möglichkeit eines deliktischen Schadensersatzanspruchs aus § 823 Abs. 2 BGB i.V.m. einer Vorschrift aus dem GenDG.[893] Das gilt aber nur für Vorschriften, die ihrem Normzweck nach einen Individualschutz bezwecken.[894] Das dürfte für die hier erörterte, aber im Fall der Demenzfrüherkennung nicht bedeutsame Vorschrift nach § 10 Abs. 3 S. 4 GenDG gelten, § 11 Abs. 3 GenDG schützt hingegen primär die Betroffenen selbst.[895]

2. Versicherungsbereich und Arbeitsleben

a) Grundlagen

In Bezug auf den Abschluss von Versicherungen und Arbeitsverträgen besteht nach Ansicht des Gesetzgebers die erhöhte Gefahr einer genetischen Diskriminierung, der durch das GenDG entgegengewirkt werden soll.[896] Grund hierfür sind im Bereich des Arbeitslebens die möglicherweise divergierenden Interessen von Arbeitnehmenden, für die die Begründung eines Arbeitsverhältnisses zumeist einen hohen Stellenwert im Leben aufweist, und Arbeitgebenden, die sowohl Kosten und Gefahren begrenzen, als auch den optimalen Einsatz der Arbeitnehmenden

[890] *Kern* in: Kern GenDG § 11 Rn. 1.
[891] Dazu auch bei Schneider, NJW 2014, S. 3133, 3134.
[892] Vgl. zu den hierbei in Frage kommenden Straftatbeständen ab S. 142.
[893] Zu dieser Möglichkeit auch bei Damm, MedR 2012, S. 705, 709; Schneider, NJW 2014, S. 3133, 3134; ähnlich auch Genenger, NJW 2010, S. 117; Wellenhofer, JuS 2015, S. 651, 652.
[894] Damm, MedR 2012, S. 705, 709.
[895] Schneider, NJW 2014, S. 3133, 3135; Wellenhofer, JuS 2015, S. 651, 652.
[896] Vgl. hierzu schon § 1 GenDG.

sicherstellen möchten.[897] Beschäftigte sind nach § 3 Nr. 12 GenDG unter anderem Arbeitnehmende (§ 3 Nr. 12a GenDG) und auch Personen, die sich für ein Beschäftigungsverhältnis bewerben sowie Personen, deren Beschäftigungsverhältnis beendet ist (§ 3 Nr. 12g GenDG).[898] Arbeitgebende sind nach § 3 Nr. 13 GenDG natürliche oder juristische Personen oder rechtsfähige Personengesellschaften, die Personen nach § 3 Nr. 12 GenDG beschäftigen.[899] Das bedeutet, dass im Rahmen von Untersuchungen mittels genetischer Biomarker zum Zweck der Demenzfrüherkennung ein erhöhtes Schutzniveau gegenüber den allgemeinen Regelungen, von denen Untersuchungen mittels nichtgenetischer Biomarker erfasst werden, besteht.[900]

b) § 4 GenDG

Grundlegend ist in § 4 GenDG ein allgemeines Benachteiligungsverbot im Hinblick auf genetische Daten niedergelegt, das an einigen Stellen des Gesetzes präzisiert wird.[901] Hiermit wird die Wahrung des allgemeinen Gleichheitssatzes nach Art. 3 Abs. 1 GG bezweckt, auch sollen das allgemeine Persönlichkeitsrecht und das Recht auf Nichtwissen geschützt werden.[902]

Nach § 4 Abs. 1 GenDG darf niemand wegen seiner oder der genetischen Eigenschaften einer genetisch verwandten Person, wegen der Vornahme oder der Nichtvornahme einer genetischen Untersuchung oder Analyse bei sich oder einer genetisch verwandten Person[903] oder wegen des Ergebnisses einer solchen Untersuchung oder Analyse benachteiligt werden.[904] § 4 Abs. 2 S. 1 GenDG bestimmt, dass die Geltung von Benachteiligungsverboten oder Geboten der Gleichbehandlung nach anderen Vorschriften und Grundsätzen durch das GenDG nicht berührt wird.[905] Dies gilt nach § 4 Abs. 2 S. 2 GenDG auch für öffentlich-rechtliche Vorschriften, die dem

---

[897] So schon Wiese, DuD 1993, S. 274, 275.
[898] Siehe hierzu auch bei *Hahn/Schwarz* in: Kern, GenDG, § 3 Rn. 55 ff.; Schillhorn/Heidemann, § 3 Rn. 62, 63; *Stockter* in: Prütting Medizinrecht, § 3 GenDG Rn. 87 f.
[899] Siehe hierzu auch bei *Hahn/Schwarz* in: Kern, GenDG, § 3 Rn. 59, 60; Schillhorn/Heidemann, § 3 Rn. 64; *Stockter* in: Prütting Medizinrecht, § 3 GenDG Rn. 89.
[900] Vgl. dazu soeben ab S. 122.
[901] *Reuter* in: Kern, GenDG, § 4 Rn. 4; hierzu auch sehr ausführlich bei *Stockter* in: Prütting Medizinrecht, § 4 GenDG.
[902] *Reuter* in: Kern, GenDG, § 4 Rn. 2; Schillhorn/Heidemann, § 4 Rn. 1; zum allgemeinen Gleichheitssatz siehe oben S. 70 sowie S. 238; zum allgemeinen Persönlichkeitsrecht und insbesondere dem Recht auf Nichtwissen siehe S. 65, 66, 236; durch § 4 GenDG werden völkerrechtlichen Vorgaben bspw. aus Art. 26 des internationalen Pakts über Bürgerliche und Politische Rechte vom 16.12.1966, Art. 14 EMRK und Art. 11 des Übereinkommens zum Schutz der Menschenrechte und Biomedizin des Europarates vom 4.4.1997 umgesetzt; hierzu ausführlich bei *Reuter* in: Kern, GenDG, § 4 Rn. 19 ff.; Schillhorn/Heidemann, § 4 Rn. 1.
[903] Dies richtet sich nach der genetischen und nicht nach der rechtlichen Verwandtschaft i.S.d. § 1589 BGB, vgl. BT-Drs. 16/10532, S. 19; *Reuter* in: Kern, GenDG, § 4 Rn. 34; Schillhorn/Heidemann, § 4 Rn. 5.
[904] Dazu auch bei *Fenger* in: Spickhoff Medizinrecht, § 4 GenDG Rn. 2 (insbesondere im Hinblick auf prädiktive genetische Untersuchungen) sowie *Häberle* in: Erbs/Kohlhaas, § 4 GenDG Rn. 1; *Reuter* in: Kern, GenDG, § 4 Rn. 21 ff.; Schillhorn/Heidemann, § 4 Rn. 2, 4.
[905] Hierzu zählt beispielsweise § 20 Abs. 1 S. 1 AGG, vgl. Schillhorn/Heidemann, § 4 Rn. 8.

Schutz bestimmter Personengruppen dienen.[906] Dieses Benachteiligungsverbot ist auch auf Ergebnisse von Untersuchungen zum Zweck der Demenzfrüherkennung mittels genetischer Biomarker anwendbar und bietet Personen, die sich für eine solche Untersuchung entschieden haben, ein erhöhtes Schutzniveau vor Diskriminierung. Im Kontext von Versicherungen und im Arbeitsleben dürfen Betroffene daher nicht benachteiligt werden.

c) Strafbarkeit nach § 25 Abs. 1 Nr. 5 GenDG

Gem. § 25 Abs. 1 Nr. 5 GenDG wird bestraft, wer entgegen § 18 Abs. 1 S. 1 Nr. 2, § 19 Nr. 2 oder § 20 Abs. 1 Nr. 2 GenDG[907] dort genannte Daten oder ein dort genanntes Ergebnis verwendet.[908]

aa) § 18 GenDG

In § 18 GenDG wird normiert, dass Versicherungen grundsätzlich keine genetischen Untersuchungen oder Analysen vom Versicherten verlangen dürfen.[909] Geschützt wird das informationelle Selbstbestimmungsrecht der Versicherten vor dem kollidierenden Interesse der Versicherungswirtschaft an personenbezogenen genetischen Daten, an denen das Risiko der Leistung der Versicherung ausgerichtet werden kann.[910] Unter dem Begriff des Versicherers fallen im Hinblick auf den Schutzzweck der Norm nur solche, bei denen ein Vertragsschluss von Nöten ist[911], wie bspw. Privatversicherer, nicht jedoch die gesetzliche Sozialversicherung, da hier das Versicherungsverhältnis kraft Gesetzes zustande kommt.[912]

Nach § 18 Abs. 1 Nr. 1 GenDG dürfen Versichernde vom Versicherten weder vor noch nach Abschluss des Versicherungsvertrages die Vornahme von genetischen Untersuchungen oder Analysen verlangen.[913] Hieraus ergibt sich auch das Verbot einer Frage nach der Vornahme eines bestimmten Gentests.[914] Zudem darf nach § 18 Abs. 1 Nr. 2 GenDG keine Mitteilung von

---

[906] Vgl. hierzu auch *Fenger* in: Spickhoff Medizinrecht, § 4 GenDG Rn. 3; Schillhorn/Heidemann, § 4 Rn. 8 ff.
[907] Siehe hierzu soeben auf S. 149 f.
[908] Siehe hierzu auch bei *Häberle* in: Erbs/Kohlhaas, § 19 GenDG Rn. 2 sowie § 25 Rn. 10.
[909] Nicht abschließend geklärt ist hierbei das Verhältnis von § 18 GenDG zu § 4 GenDG, vgl. dazu beispielsweise ausführlich bei Präve, VersR 2009, S. 857, 858, 859.
[910] BT-Drs. 16/10532 S. 36; Kröger, MedR 2010, S. 751, 752, 753; Lensing, VuR 2009, S. 411, 411; Schillhorn/Heidemann, § 18 Rn. 1.
[911] Selbst wenn hierzu eine Pflicht besteht wie beispielsweise bei der KFZ-Haftpflichtversicherung gem. § 1 PflVG, der privaten Pflegeversicherung gem. §§ 22, 23 Abs. 1, 3, 4 SGB XI aber auch der privaten Krankenversicherung gem. § 193 Abs. 3 VVG, vgl. dazu Präve, VersR 2009, S. 857, 858.
[912] Kröger, MedR 2010, S. 751, 752; Präve, VersR 2009, S. 857, 858.
[913] Vgl. hierzu auch Eberbach, MedR 2010, S. 155, 158; Genenger, NJW 2010, S. 113, 116; Kröger, MedR 2010, S. 751, 752; Lensing, VuR 2009, S. 411, 411, 412.
[914] *Häberle* in: Erbs/Kohlhaas, § 18 GenDG Rn. 2; ausführlich dazu auch Schillhorn/Heidemann, § 18 Rn. 2-16; *Stockter* in: Prütting Medizinrecht, § 18 GenDG Rn. 14, 15.

Ergebnissen oder Daten aus bereits vorgenommenen genetischen Untersuchungen verlangt werden; auch dürfen solche Daten oder Ergebnisse weder entgegengenommen, noch verwendet werden.[915] Eine Einwilligung der Betroffenen in die Verwendung ist aufgrund eines Verstoßes gegen § 134 BGB i.V.m. § 18 I 1 GenDG grundsätzlich unwirksam.[916] Dies gilt nach § 18 Abs. 1 a.E. bzw. S. 2 GenDG nicht für die Lebensversicherung, die Berufsunfähigkeitsversicherung, die Erwerbsunfähigkeitsversicherung und die Pflegerentenversicherung, wenn eine Leistung von mehr als 300.000 € oder mehr als 30.000 € als Jahresrente vereinbart wird.[917] Gem. § 18 Abs. 2 GenDG sind jedoch Vorerkrankungen und Erkrankungen anzuzeigen, insoweit wird auf die §§ 19-22 und 47 des Versicherungsvertragsgesetzes verwiesen.[918]

Die Entgegennahme und Verwendung, nicht aber das Verlangen, ist nach § 18 Abs. 1 S. 2 GenDG ausnahmsweise straflos, wenn die Versicherungssumme die normierten Grenzen überschreitet.

bb) §§ 19, 21, 22 GenDG

Entsprechend regeln die §§ 19 – 22 GenDG dies für die Auswirkungen genetischer Untersuchungen zum Zweck der Demenzfrüherkennung auf das Arbeitsleben.[919] § 19 GenDG bestimmt, dass Arbeitgebende von Beschäftigten weder vor noch nach Begründung des Beschäftigungsverhältnisses die Vornahme genetischer Untersuchungen oder Analysen verlangen dürfen (Nr. 1).[920] Zudem ist es nach § 19 Nr. 2 GenDG vor und nach der Begründung des Arbeitsverhältnisses untersagt, die Mitteilung der Ergebnisse bereits vorgenommener genetischer Untersuchungen oder Analysen zu verlangen, diese entgegenzunehmen oder zu verwenden. Im Vergleich zu § 18 GenDG ist keine Ausnahme vorgesehen, sodass die Bestimmung ein umfassenderes Verbot beinhaltet.[921] Diese Bestimmungen erfassen auch genetische Untersuchungen zum Zweck der Demenzfrüherkennung.

---

[915] Vgl. hierzu auch Eberbach, MedR 2010, S. 155, 158; Genenger, NJW 2010, S. 113, 116; Kröger, MedR 2010, S. 751, 752; *Stockter* in: Prütting Medizinrecht, § 18 GenDG Rn. 16 ff.

[916] Kröger, MedR 2010, S. 751, 756.

[917] Vgl. hierzu auch Eberbach, MedR 2010, S. 155, 158; Genenger, NJW 2010, S. 113, 116; Präve, VersR 2009, S. 857, 860; vgl. zur gesamten Thematik auch ausführlich bei *Stockter* in: Prütting Medizinrecht, § 18 GenDG.

[918] Hierzu auch bei *Fenger* in: Spickhoff Medizinrecht, § 18 GenDG Rn. 1-6; *Häberle* in: Erbs/Kohlhaas, § 18 GenDG Rn. 4; Lensing, VuR 2009, S. 411, 413.

[919] Siehe hierzu auch beispielsweise bei Genenger, NJW 2010, S. 113, 116; *Häberle* in: Erbs/Kohlhaas, § 19 GenDG Rn. 1; Heyers, MedR 2009, S. 507 – 512; ausführlich hierzu auch bei *Stockter* in: Prütting Medizinrecht, § 19, 20, 21 GenDG.

[920] Eberbach, MedR 2010, S. 155, 159; Kröger, MedR 2010, S. 751, 753; Schillhorn/Heidemann, § 19 Rn. 3f.

[921] Schillhorn/Heidemann, § 19 Rn. 2.

Nach § 21 S. 1 GenDG dürfen Arbeitgebende Beschäftigte bei einer Vereinbarung oder Maßnahme, insbesondere bei der Begründung des Beschäftigtenverhältnisses, beim beruflichen Ausstieg, bei einer Weisung oder der Beendigung des Beschäftigtenverhältnisses nicht wegen ihrer oder der genetischen Eigenschaften einer genetisch verwandten Person benachteiligen.[922] § 21 Abs. 1 S. 2 GenDG weitet dies dahingehend aus, dass das Benachteiligungsverbot auch gilt, wenn sich Beschäftigte weigern, genetische Untersuchungen oder Analysen bei sich vornehmen zu lassen oder die Ergebnisse bereits vorgenommener Untersuchungen oder Analysen zu offenbaren. § 21 GenDG ist damit als Konkretisierung des Diskriminierungsverbotes aus § 4 GenDG zu sehen.[923] § 22 GenDG regelt schließlich, dass sich die zuvor erläuterten Regelungen auch auf die dort genannten öffentlich-rechtlichen Dienstverhältnisse erstrecken.[924] Zu beachten ist allerdings, dass die Demenzfrüherkennung, wie bereits erwähnt, im Arbeitsleben nur eine untergeordnete Relevanz haben dürfte, da sich Demenzerkrankungen zumeist erst im höheren Alter nach Eintritt der Rente manifestieren.

d) Konsequenzen nach § 26 Abs. 1 Nr. 8, 9 GenDG a.F.

Bis zu einer Gesetzesänderung im Jahr 2019[925] handelte ordnungswidrig, wer entgegen §§ 18 Abs. 1 S. 1, 19 oder 20 Abs. 1 Nr. 2 GenDG die Vornahme einer genetischen Untersuchung oder Analyse oder die Mitteilung dort genannter Daten oder eines dort benannten Ergebnisses verlangte (§ 26 Abs. 1 Nr. 8 GenDG) und wer entgegen §§ 18 Abs. 1 S. 1 Nr. 2, 19 Nr. 2 oder 20 Abs. 1 Nr. 2 GenDG dort genannte Daten oder ein dort genanntes Ergebnis entgegennahm (§ 26 Abs. 1 Nr. 9 GenDG). Dies bzgl. wurde im Gesetzgebungsverfahren geprüft, ob eine Ausgestaltung als Straftat in Betracht kommt, was letztlich aber abgelehnt wurde.[926] Im Rahmen einer Gesetzesänderung im Jahr 2019[927] wurde § 26 GenDG neu gefasst, Nr. 8 und 9 wurden dabei gestrichen. Stattdessen finden nun hier die allgemeinen Regelungen Anwendung; § 26 Abs. 3 GenDG n.F. beinhaltet zudem den Hinweis, dass die Abs. 1 und 2 nicht anzuwenden sind, soweit die DSGVO in der jeweiligen Fassung unmittelbar zur Geltung kommt.[928]

---

[922] Siehe hierzu auch ausführlich bei *Franzen* in: Erfurter Kommentar zum Arbeitsrecht, § 21 GenDG Rn. 4; sowie bei Schillhorn/Heidemann, § 21 Rn. 1a.
[923] *Franzen* in: Erfurter Kommentar zum Arbeitsrecht, § 21 GenDG Rn. 2; *Häberle* in: Erbs/Kohlhaas, § 21 GenDG Rn. 1; Schillhorn/Heidemann, § 21 Rn. 1.
[924] Vgl. hierzu auch *Fenger* in: Spickhoff Medizinrecht, § 22 GenDG Rn. 1-6; *Franzen* in: Erfurter Kommentar zum Arbeitsrecht, § 22 GenDG Rn. 1; *Häberle* in: Erbs/Kohlhaas, § 22 GenDG Rn. 1.
[925] BGBl. I S. 1626; Gesetz vom 20.11.2019 mWv 26.11. 2019.
[926] BT-Drs. 16/10532 S. 52; hierzu auch *Häberle* in: Erbs/Kohlhaas, § 26 GenDG Rn. 1 ff.
[927] BGBl. I S. 1626; Gesetz vom 20.11.2019 mWv 26.11. 2019.
[928] Zu den Folgen des nicht ordnungsgemäßen Vernichtens der Daten nach den allgemeinen Regelungen der DSGVO, die nun auch in diesem Fall gelten s.o. S. 118 mit Verweis auf S. 106 ff.

c) Zivilrechtliche Rechtsfolgen

Es kommen grundsätzlich die bereits dargelegten allgemeinen zivilrechtlichen Rechtsfolgen in Betracht.[929] Zu beachten ist im Kontext der Rechtsfolge des § 134 BGB, dass das GenDG vor allem den Schutz vor genetischer Diskriminierung bezweckt, sodass vertragliche Abreden nur insofern nichtig sind, als sie auf solche Verstöße zurückzuführen sind.[930] Im Fall eines Verstoßes gegen die §§ 19-22 GenDG kommen Schadensersatz- und Entschädigungsansprüche aus §§ 21 Abs. 2 GenDG i.V.m. 15 Abs. 1, 2 AGG in Betracht, nicht jedoch ein Anspruch auf Einstellung, vgl. § 21 Abs. 2 GenDG i.V.m. § 15 Abs. 4 GenDG.[931] Aus einem Verstoß gegen die eben erläuterten Vorschriften folgt weiterhin die Unzulässigkeit einer Benachteiligung von Bewerbern aufgrund des Umstandes, dass diese sich weigern, entsprechende Untersuchungen vornehmen zu lassen bzw. Ergebnisse aus bereits erfolgten Untersuchungen mitzuteilen.[932] Ein Recht, gefälschte Unterlagen einzureichen besteht, wie ein Einstellungsanspruch, bei einer Verletzung dieser Vorschrift, nicht.[933]

C. Zusammenfassung und Zwischenfazit zu Kapitel 5

Auf Basis der Annahme einer Sonderrolle genetischer Daten hat der Gesetzgeber das GenDG erlassen, das die Untersuchungen zum Zweck der Demenzfrüherkennung mittels genetischer Biomarker gem. § 2 GenDG erfasst. Auch hier sind die Stadien der Informationsgewinnung sowie der anschließende Umgang mit den Ergebnissen zu unterscheiden, auch gibt es spezielle Regelungen, die die Interessen von Dritten berücksichtigen.

§§ 7 – 14 GenDG regeln die Voraussetzungen genetischer Untersuchungen zum Zweck der Demenzfrüherkennung. Im Fokus dieser Regelungen steht die nach § 8 GenDG erforderliche Einwilligung der Betroffenen. Ein ärztliches Handeln, das nicht von einer solchen Einwilligung umfasst ist, zieht eine Strafbarkeit nach § 25 Abs. 1 Nr. 1 GenDG nach sich. Hierbei wird kein Unterschied zwischen invasiven und nicht invasiven Untersuchungen gemacht, wie dies bei den Untersuchungen mittels nichtgenetischer Biomarker der Fall ist. Die Einwilligung nach § 8 GenDG muss ausdrücklich sein und sich auf die Vornahme, den Umfang und die gewonnenen genetischen Daten beziehen. Auch muss diese auf Basis einer umfassenden Aufklärung erfol-

---

[929] Vgl. dazu ausführlich oben ab S. 119.
[930] Präve, VersR 2009, S. 857, 860.
[931] Genenger, NJW 2010 S. 113, 117; *Reuter* in: Kern GenDG § 4 Rn. 182.
[932] *Franzen* in: Erfurter Kommentar zum Arbeitsrecht, § 19 GenDG Rn. 6.
[933] *Franzen* in: Erfurter Kommentar zum Arbeitsrecht, § 19 GenDG Rn. 6.

gen, deren Voraussetzungen detailliert in § 9 GenDG niedergelegt sind. Zusätzlich ist eine genetische Beratung bei Mitteilung der Ergebnisse nach § 10 GenDG erforderlich. Dabei ist auch auf die besondere Situation der Demenzfrüherkennung einzugehen, die sich daraus ergibt, dass die Untersuchungsergebnisse lediglich Wahrscheinlichkeitsaussagen hinsichtlich eines späteren Krankheitsauftrittes abbilden.

§ 7 Abs. 1, 2 GenDG sehen zudem einen Facharztvorbehalt vor. Es handelt nach § 26 Abs. 1 Nr. 1 GenDG ordnungswidrig, wer die Untersuchung ohne die vorgeschriebene Qualifikation vornimmt, soweit nicht die DSGVO unmittelbar gilt, § 26 Abs. 3 GenDG. Untersuchungen zum Zweck der Demenzfrüherkennung mittels genetischer Biomarker müssen also von Fachpersonal ausgeführt werden.

Weiterhin kommt bei Invasivität der genetischen Untersuchung eine Strafbarkeit nach § 223 Abs. 1 StGB in Betracht, wenn die genetische Untersuchung zum Zweck der Demenzfrüherkennung ohne die erforderliche Einwilligung erfolgt. Bei der irrigen, sorgfaltspflichtwidrigen Annahme einer solchen Einwilligung ist unter Umständen eine Strafbarkeit nach § 229 StGB denkbar.

In Bezug auf die Normen, die den Umgang mit den Ergebnissen der Untersuchung betreffen, ist zwischen der Analyse der gewonnenen genetischen Daten, der Mitteilung der Ergebnisse sowie dem anschließenden Umgang mit den Ergebnissen zu unterscheiden. Nach § 25 Abs. 1 Alt. 1 GenDG macht sich strafbar, wer eine genetische Analyse ohne die erforderliche Einwilligung der Betroffenen vornimmt, die auch hierfür nach § 8 Abs. 1 S. 1 GenDG von Nöten ist. Ordnungswidrig handelt nach § 26 Abs. 1 Nr. 1a GenDG, wer eine genetische Probe entgegen des Zwecks, für den sie gewonnen wurde, (§ 13 Abs. 1 S. 1 oder Abs. 2 GenDG) verwendet. Zudem handelt im Sinne des § 26 Abs. 1 Nr. 1 GenDG ordnungswidrig, wer entgegen § 7 Abs. 1, 2 GenDG, also ohne die vorgeschriebene Qualifikation, eine genetische Analyse durchführt. Darüber hinaus ergibt sich aus § 25 Abs. 1 Nr. 1 GenDG eine Strafbarkeit, wenn den Betroffenen die Ergebnisse der Untersuchung zum Zweck der Demenzfrüherkennung ohne die erforderliche Einwilligung nach § 8 Abs. 1 S. 2 GenDG mitgeteilt werden. Weiterhin kommen unter Umständen die allgemeinen Straftatbestände nach § 223 Abs. 1 StGB und § 203 Abs. 1 Nr. 1 StGB in Betracht.

Im Hinblick auf den anschließenden Umgang mit den Ergebnissen bestand bis zu einer Gesetzesänderung im Jahr 2019[934] die Möglichkeit der Begehung einer Ordnungswidrigkeit nach § 26 Abs. 1 Nr. 2 GenDG, wenn die Ergebnisse im Widerspruch zu § 12 Abs. 1 S. 2 oder 3, ggf. i.V.m. Abs. 2 GenDG nicht oder nicht rechtzeitig vernichtet werden. Diese Nr. wurde jedoch gestrichen, sodass nun die allgemeinen Regelungen der DSGVO zur Anwendung kommen. Schließlich kann eine Ordnungswidrigkeit nach § 26 Abs. 1 Nr. 1b GenDG begangen werden, wenn die genetische Probe entgegen § 13 Abs. 1 S. 2 GenDG nicht oder nicht rechtzeitig vernichtet wird, soweit nicht die DSGVO unmittelbar gilt, § 26 Abs. 3 GenDG.

Genetisch verwandte Personen von Betroffenen der Untersuchungen zum Zweck der Demenzfrüherkennung mittels genetischer Biomarker werden vom GenDG nur bedingt geschützt. In § 10 Abs. 3 S. 4 GenDG wird zwar normiert, dass im Rahmen der genetischen Beratung empfohlen werden soll, genetisch Verwandten eine genetische Untersuchung nahezulegen. Ein Verstoß gegen diese Vorschrift zieht keine besondere strafrechtliche Sanktion nach sich, hier sind lediglich die allgemeinen Vorschriften anwendbar.

Beim Abschluss von Versicherungen besteht nach dem Gesetzgeber eine Gefahr der genetischen Diskriminierung, der mithilfe von Sondervorschriften den GenDG, die diesen Bereich betreffen, entgegengewirkt werden soll. So wird nach § 25 Abs. 1 Nr. 5 GenDG bestraft, wer entgegen § 18 Abs. 1 S. 1 Nr. 2, § 19 Nr. 2 oder § 20 Abs. 1 Nr. 2 GenDG dort genannte Daten oder ein dort genanntes Ergebnis verwendet. Zudem handelte bis 2019[935] gem. § 26 Abs. 1 Nr. 8 GenDG ordnungswidrig, wer im Widerspruch zu § 18 Abs. 1 S. 1 GenDG die Vornahme einer genetischen Untersuchung, Analyse oder die Mitteilung von den genannten Daten und Ergebnissen verlangte. Wer ein dort genanntes Ergebnis entgegennahm, handelte gem. § 26 Abs. 1 Nr. 9 GenDG ebenfalls ordnungswidrig. Mit der Änderung des § 26 GenDG im Jahr 2019[936] wurde § 26 Abs. 1 Nr. 9 GenDG gestrichen, sodass nun die allgemeinen Regelungen Anwendung finden.

Die Diskriminierungsgefahr besteht ebenso grundsätzlich im Kontext des Arbeitslebens. Ihr soll durch die §§ 19-22 GenDG entgegengewirkt werden. Nach § 25 Abs. 1 Nr. 5 GenDG macht sich strafbar, wer entgegen § 19 Nr. 2 GenDG die Mitteilung von Ergebnissen verlangt, Ergebnisse entgegennimmt oder diese sogar verwendet. Zudem ergab sich bis 2019[937] aus § 26 Abs.

[934] BGBl. I S. 1626; Gesetz vom 20.11.2019 mWv 26.11. 2019.
[935] BGBl. I S. 1626; Gesetz vom 20.11.2019 mWv 26.11. 2019.
[936] BGBl. I S. 1626; Gesetz vom 20.11.2019 mWv 26.11. 2019.
[937] BGBl. I S. 1626; Gesetz vom 20.11.2019 mWv 26.11. 2019.

1 Nr. 8 GenDG, dass ordnungswidrig handelte, wer entgegen § 19 oder § 20 Abs. 1 Nr. 2 GenDG die Vornahme einer genetischen Untersuchung, Analyse oder der Mitteilung von dort genannten Ergebnissen verlangte. Schließlich handelte nach § 26 Abs. 1 Nr. 9 GenDG auch ordnungswidrig, wer entgegen § 19 Nr. 2 oder § 20 Abs. 1 Nr. 2 GenDG die dort genannten Informationen entgegennahm. Nun finden auch hier die allgemeinen Regelungen entsprechende Anwendung. In zivilrechtlicher Hinsicht kommen für den Fall des Verstoßes gegen die Vorschriften aus §§ 19-22 GenDG Schadensersatz- und Entschädigungsansprüche nach § 21 Abs. 2 GenDG i.V.m. § 15 Abs. 1, 2 AGG in Frage.

Hinsichtlich der zivilrechtlichen Folgen von Verstößen gegen Vorschriften des GenDG trifft das GenDG keine gesonderten Regelungen, sodass hierbei auf die bereits dargestellten allgemeinen Regelungen verwiesen werden kann. Bei der Anwendung sind aber die Wertungen des GenDG zu beachten, um diese nicht zu unterlaufen. Zudem besteht die Möglichkeit eines deliktischen Schadensersatzanspruchs aus § 823 Abs. 2 BGB i.V.m. einer Vorschrift aus dem GenDG.[938]

Mit dem GenDG hat der Gesetzgeber somit ein detailliertes Regelwerk mit Sonderregelungen für prädiktive genetische Untersuchungen geschaffen, die für den Fall der Demenzfrüherkennung mittels genetischer Biomarker unmittelbare Anwendung finden und im Vergleich zu den in Kapitel vier dargelegten Normen an vielen Punkten ein erhöhtes Schutzniveau für diese Art der Untersuchungen bieten.

---

[938] Zu dieser Möglichkeit auch bei Damm, MedR 2012, S. 705, 709; Fündling, S. 279; Schneider, NJW 2014, S. 3133, 3134; ähnlich auch Genenger, NJW 2010, S. 117; Wellenhofer, JuS 2015, S. 651, 652.

Kapitel 6: Vorausverfügungen auf Basis der Demenzfrüherkennung

A. Einführung

Auf der Grundlage von Untersuchungen zur Demenzfrüherkennung haben die Betroffenen die Möglichkeit, Vorausverfügungen für den möglichen Fall eines späteren Krankheitseintritts zu treffen.[939] Diese Vorausverfügungen können sich sowohl auf die Behandlung im Stadium des Krankheitseintritts, als auch auf die mögliche Vornahme von Forschungsvorhaben am Betroffenen in diesem Stadium beziehen. Sie bieten die Chance, das Selbstbestimmungsrecht der Betroffenen auch in einem fortgeschrittenen Krankheitsstadium zu wahren. Auch sollen Befürchtungen der Betroffenen, einer ungewollten medizinischen Behandlung ausgesetzt zu sein, eingedämmt werden.[940] Vorausverfügungen können jedoch im Hinblick auf eine infolge der Demenzerkrankung eintretenden Einwilligungsunfähigkeit und einem Verhalten entgegen der Patientenverfügung in diesem Stadium problematisch sein. Durch eine Äußerung des sog. natürlichen Willens kann es zu Problemen der Validität der Verfügung kommen, also insbesondere der Frage danach, ob diese im jeweiligen Einzelfall noch dem Willen der Betroffenen im Stadium des Krankheitseintritts entspricht und ob dieser ggf. im Zustand der Einwilligungsunfähigkeit geäußerte Wunsch trotz entgegenstehender Patientenverfügung beachtlich ist.[941] Ein weiteres Problem besteht im Kontext der für rechtmäßige medizinische Eingriffe erforderlichen Aufklärung der Betroffenen[942] darin, dass diese im Rahmen von Vorausverfügungen ihre Zustimmung in recht unbestimmte und unter Umständen weit in der Zukunft liegende Maßnahmen geben.[943]

B. Regelungen zu Vorausverfügungen in Bezug auf die Behandlung

Vorausverfügungen in Bezug auf die Vornahme oder Unterlassung einer Behandlung, die das Stadium des fortschreitenden Krankheitseintritts der Demenz betreffen, sind in Form von Patientenverfügungen möglich.

---

939 *Schindelhauer-Deutscher/Henn* in: Patientenverfügungen, S. 403, 409; siehe zur Perspektive von Patienten und Ärzten einführend bei Johnson, J R Soc Med 1996, S. 568-570.
940 Sahm, Patientenverfügung oder advanced care planning? S. 124.
941 Siehe zu dieser Problematik ausführlich bereits aus medizinethischer Sicht in Kapitel 2 ab S. 43.
942 Vgl. ausführlich zum Aufklärungserfordernis bereits oben ab S. 85.
943 Zur Problematik der Antizipierbarkeit vgl. grundlegend bei *Rissing-van Saan* in: Patientenverfügungen, S. 99, 101.

© Der/die Autor(en), exklusiv lizenziert an
Springer Fachmedien Wiesbaden GmbH, ein Teil von Springer Nature 2026
S. Kahre-Krüger, *Die Demenzfrüherkennung mittels genetischer & nicht-genetischer Biomarker*, https://doi.org/10.1007/978-3-658-50890-6_7

I. Grundlagen der Regelung der Patientenverfügung

Am 1. September 2009 trat das 3. BtÄndG vom 29. Juli 2009 (BGBl. I 2286) in Kraft, durch das die Patientenverfügung in Deutschland erstmalig normiert wurde.[944] Durch Gesetz vom 4. Mai 2021 wurden die entsprechenden Regelungen mit Wirkung zum 1. Januar 2023 neu gefasst (BGBl. I S. 882).[945]

Die Abfassung einer Patientenverfügung bietet den Betroffenen die Möglichkeit, ihren Willen in Bezug auf die Vornahme oder Nichtvornahme medizinischer Behandlungen für den Fall durchzusetzen, dass dieser infolge der psychischen oder physischen Konstitution nicht mehr geäußert werden kann.[946] Das Gesetz definiert die Patientenverfügung in § 1827 Abs. 1 S. 1 BGB als schriftliche Festlegung eines Volljährigen zum Zeitpunkt der Einwilligungsfähigkeit, die sich auf einen späteren Zeitpunkt der Einwilligungsunfähigkeit bezieht und regelt, ob in bestimmte, noch nicht unmittelbar bevorstehende ärztliche Eingriffe eingewilligt wird.[947] Die Patientenverfügung ist Ausdruck des Selbstbestimmungsrechts der Betroffenen.[948] Nach § 1827 Abs. 1 S. 1 und Abs. 5 BGB fällt es in den Aufgabenbereich der betreuenden Person, die Patientenverfügung auszulegen, wobei insbesondere zu prüfen ist, ob sie auf die aktuelle Lebens- und Behandlungssituation zutrifft.[949] Wenn dies der Fall ist, verschafft die betreuende Person der Patientenverfügung Geltung, § 1827 Abs. 1 S. 2 BGB.[950]

Für die Situation der Demenzfrüherkennung bedeutet dies, dass die Betroffenen auf Grundlage der Ergebnisse der Untersuchung für den Fall des späteren Krankheitseintritts Vorausverfügungen in Bezug darauf treffen können, in welche medizinischen Maßnahmen sie einwilligen und

[944] Beckmann, MedR 2009, S. 582, 582; Hoppe, FPR 2010, S. 257, 257; Lemmerz, S. 83; Müller, DNotZ 2010, S. 169, 169; *Müller-Engels* in: BeckOK BGB, § 1827 Rn. 1; siehe ausführlich zur Entstehungsgeschichte bei Klöpperpieper, FPR 2010, S. 260, 264; Lemmerz ab S. 75; Magnus, S. 184f.; Olzen, JR 2009 S. 354, 355 ff.; zuvor wurde die Patientenverfügung oftmals lediglich als Indiz für die Ermittlung des mutmaßlichen Willens betrachtet, vgl. dazu bspw. Langenfeld, S. 178 ff.

[945] Ein Überblick zur neuen Nummerierung der Vorschriften findet sich bspw. bei Sandhövel, ZErB 2023, S. 15; § 1901a BGB a.F. entspricht nun § 1827 BGB, § 1901b BGB a.F. ist in § 1828 BGB zu finden.

[946] *Götz* in: Grüneberg BGB § 1827 Rn. 2; Jin Choi, S. 160; Landwehr, S. 9; *Müller-Engels* in: BeckOK BGB, § 1827 Rn. 2; Olzen, JR 2009, S. 354, 355; Rickmann (dort wird dies noch als sog. Patiententestament bezeichnet), S. 11; *Rissing-van Saan* in: Patientenverfügungen, S. 99, 101.

[947] Vgl. hierzu auch BGH NJW 2014, S. 3572, 3574; Albrecht/Albrecht, MittBayNot 2009, S. 426, 427; Diehn/Rebhan, NJW 2010, S. 326, 326; *Götz* in: Grüneberg BGB § 1827 Rn. 2; Lemmerz, S. 83; Magnus, S. 185; Olzen, JR 2009, S. 354, 357; *Schneider* in: MüKo BGB § 1827 Rn. 8; Spickhoff, FamRZ 2009, S. 1949, 1950; *Verrel* in: Patientenverfügungen, S. 85, 86; ähnlich auch bereits Lipp, FamRZ 2004, S. 317, 320.

[948] Lemmerz, S. 67; Lipp, FamRZ 2004, S. 317, 320; vgl. ausführlich zum Selbstbestimmungsrecht bereits oben ab S. 65; vgl. hierzu aus verfassungsrechtlicher Sicht Hufen, S. 9 ff.

[949] Diehn/Rebhan, NJW 2010, S. 326, 327.

[950] Hierzu auch Diehn/Rebhan, NJW 2010, S. 326, 327.

in welche nicht. Zumeist wird es darum gehen, in Bezug auf ein sehr fortgeschrittenes Demenzstadium über das eigene Sterben, also bspw. die Entscheidung über die Vornahme einer künstlichen Ernährung mittels einer PEG[951]-Sonde, entscheiden zu können.[952] Problematisch ist im Kontext von Untersuchungen zum Zweck der Demenzfrüherkennung in Bezug auf Vorausverfügungen jedoch, dass sich unter Umständen nur bedingt in den Zustand einer demenzerkrankten Person hineinversetzt werden kann. Der Zustand einer fortgeschrittenen Demenz kann zudem mit Stigmatisierungen behaftet sein, an denen sich Betroffene vorschnell orientieren könnten und so Vorausverfügungen treffen, die unter Umständen nicht ihrem wirklichen Willen im Stadium des späteren Krankheitseintritts entsprechen.

II. Voraussetzungen einer wirksamen Patientenverfügung

Zunächst werden im Folgenden die Voraussetzungen einer Patientenverfügung de lege lata beleuchtet. Diese sind auch im Rahmen von Patientenverfügungen auf Basis der Ergebnisse der Untersuchungen zum Zweck der Demenzfrüherkennung zu beachten. Dabei wird jeweils auf die besonderen Probleme, die sich im Kontext der einzelnen Wirksamkeitsvoraussetzungen im Zusammenhang mit Vorausverfügungen auf Basis der Untersuchungen zum Zweck der Demenzfrüherkennung ergeben, eingegangen.

1. Einwilligungsfähigkeit

Zum Zeitpunkt der Demenzfrüherkennung sind die Betroffenen in der Regel noch einwilligungsfähig, da diese schon vor Beginn der Erkrankung möglich ist.[953] Für die Errichtung einer Patientenverfügung ist nach § 1827 Abs. 1 S. 1 BGB die Einwilligungsfähigkeit erforderlich.[954] Für Demenzerkrankungen ist ein fortschreitender Prozess charakteristisch[955], sodass ein Abbau der Einsichts- und Urteilsfähigkeit erst mit der Zeit eintritt.[956] Demenzerkrankungen führen weiterhin nicht zwangsläufig zum Zustand der Einwilligungsunfähigkeit; einer Studie zufolge sind 76 % der schwer an Demenz Erkrankten einwilligungsunfähig, 14 % sind Grenzfälle und 10 % werden als einwilligungsfähig eingestuft.[957] Von den Betroffenen, die sich in einem leich-

---

[951] PEG ist die Abkürzung für eine perkutane endoskopische Gastrostomie, vgl. *Rissing-van Saan* in: Patientenverfügungen, S. 99, 105.
[952] Hierzu allgemein bei Lemmerz, S. 69.
[953] Vgl. hierzu ausführlich oben ab S. 16.
[954] Landwehr, S. 13; Lemmerz, S. 83; *Verrel* in: Patientenverfügungen, S. 85, 87; zu den Voraussetzungen der Einwilligungsfähigkeit siehe ausführlich oben ab S. 84.
[955] Vgl. hierzu ausführlich oben ab S. 7.
[956] Golbs, S. 92.
[957] Golbs, S. 92.

ten bis mittelschweren Stadium der Erkrankung befinden, waren nur 14 % einwilligungsunfähig, 32 % im Grenzbereich und sogar 55 % zur Einwilligung fähig.[958] Diese Umstände werfen diverse Probleme der Wahrung der Autonomie bei Vorausverfügungen, wie die Frage nach der personalen Identität von verfügender und erkrankter Person, die Validität der Patientenverfügung sowie die etwaige Beachtlichkeit eines natürlichen Willens, auf.[959] Zudem haben die Betroffenen aus diesen Gründen oft später eine Vertretung, die im Falle des Krankheitseintrittes zunehmend mehr Aufgaben für sie wahrnimmt und eine Patientenverfügung zusammen mit dem ärztlichen Fachpersonal umsetzen kann.[960]

2. Volljährigkeit und Schriftform

Weiterhin ist die Volljährigkeit der errichtenden Person von Nöten, § 1827 Abs. 1 S. 1 BGB.[961] Minderjährigen, die einsichts- und urteilsfähig und damit einwilligungsfähig sind, bleibt also die Errichtung einer wirksamen Patientenverfügung verwehrt.[962] Zudem unterliegt die Patientenverfügung in formeller Hinsicht dem Schriftformerfordernis, § 1827 Abs. 1 S. 1 BGB i.V.m. § 126 BGB.[963] Die Patientenverfügung muss zu ihrer Wirksamkeit schriftlich verfasst und vom Betroffenen selbst unterschrieben worden sein.[964] Bezweckt wird damit der Schutz der Betroffenen vor unbedachten Entscheidungen sowie die Sicherung von Beweisen.[965] Dies ist auch im Rahmen von Vorausverfügungen auf Basis der Ergebnisse der Untersuchungen zum Zweck der Demenzfrüherkennung zu beachten.

3. Ärztliche Beratung

a) Kein Aufklärungserfordernis

Im Gegensatz zur aktuellen Einwilligung in eine medizinische Maßnahme hängt die Verbindlichkeit der Patientenverfügung de lege lata im Grunde nicht von einer vorherigen ärztlichen Aufklärung ab.[966] Dies wurde zwar bspw. im Gesetzentwurf von *Bosbach* im Hinblick auf eine

---

[958] Golbs, S. 92.
[959] Vgl. hierzu aus medizinethischer Sicht bereits oben ab S. 43.
[960] Albrecht/Albrecht, MittBayNot 2015, S. 110, 113.
[961] Lemmerz, S. 83; Müller, DNotZ 2010, S. 169, 182; *Verrel* in: Patientenverfügungen, S. 85, 87.
[962] Lemmerz, S. 84; dieses Erfordernis ist Kritik im Schrifttum ausgesetzt, vgl. ausführlich bei Sternberg-Lieben/Reichmann, NJW 2012, S. 257, 258 ff.; siehe hierzu auch bei *Götz* in: Grüneberg BGB § 1827 Rn. 4; Lemmerz, S. 84 ff. m.w.N.; Müller, DNotZ 2010, S. 169, 182; Olzen, JR 2009, S. 354, 357; Spickhoff, FamRZ 2009, S. 1949, 1950.
[963] Dazu auch *Götz* in: Grüneberg BGB § 1827 Rn. 5; Lemmerz, S. 85; Müller, DNotZ 2010, S. 169, 171; *Schneider* in: MüKo BGB § 1827 Rn. 12; *Verrel* in: Patientenverfügungen, S. 85, 87.
[964] Albrecht/Albrecht, MittBayNot 2009, S. 426, 430.
[965] BT-Drs. 16/8442, S. 13; dazu auch Albrecht/Albrecht, MittBayNot 2009, S. 426, 431; Lemmerz, S. 85, 86.
[966] Albrecht/Albrecht, MittBayNot 2009, S. 426, 433; Beckmann, MedR 2009, S. 582, 583; *Götz* in: Grüneberg BGB § 1827 Rn. 13; Magnus, S. 197f.; Müller, DNotZ 2010, S. 169, 171; Olzen, JR 2009, S. 354, 357.

Verfügung, die sich auf einen Abbruch bzw. die Nichtvornahme lebenserhaltender Maßnahmen bezieht, angedacht, aber letztlich nicht in die endgültige Gesetzesfassung übernommen.[967] Das wird unter anderem damit begründet, dass sich die Betroffenen in der Regel vor dem Abfassen der Verfügung zumindest im Groben über mögliche Behandlungsmaßnahmen informieren und so bereits Kenntnisse im Hinblick auf den Inhalt der Verfügung haben.[968] Auch bedürfe eine Verweigerung der Einwilligung grundsätzlich keiner ärztlichen Aufklärung.[969]

§ 630d Abs. 2 BGB setzt jedoch eine vorherige Aufklärung oder einen Verzicht auf eine solche für die Wirksamkeit der Einwilligung in eine medizinische Maßnahme voraus.[970] Fehlt es an beidem, so ist grundsätzlich für die Vornahme medizinischer Behandlungsmaßnahmen auch für bereits existente Verfügungen die Einholung einer erneuten Einwilligung der Betroffenen bei noch bestehender Einwilligungsfähigkeit, andernfalls bei der betreuenden Person, erforderlich.[971] Werden in der Verfügung ärztliche Maßnahmen abgelehnt, ist dies ohne vorherige Aufklärung wirksam.[972] Dies liegt daran, dass in einer solchen Verfügung ein konkludenter Verzicht auf die Aufklärung gesehen werden kann, der vom verfassungsrechtlich garantierten Selbstbestimmungsrecht gedeckt ist.[973] In der Praxis wird eine sog. positive Verfügung, in der von Betroffenen eine konkrete medizinische Behandlung statt des Unterlassens einer Behandlung gefordert wird, jedoch eher selten der Fall sein.[974]

b) Gespräch zur Feststellung des Patientenwillens, § 1828 BGB

Es findet in engem zeitlichen Zusammenhang zur Behandlung nach § 1828 BGB ein Gespräch zur Feststellung des Patientenwillens statt. Dabei wird zunächst durch das behandelnde ärztliche Fachpersonal überprüft, ob und welche Maßnahmen in Bezug auf die Prognose und den Gesamtzustand indiziert sind.[975] Durch die ärztliche Feststellung der Indikation einer Maßnahme kommt dem ärztlichen Fachpersonal eine grundlegende Verantwortung zu, da ansonsten keine Vornahme der Behandlungsmaßnahme erfolgt.[976] Im Rahmen von Demenzerkrankungen

---

[967] BT-Drs. 16/11360, S. 2, 4; dazu u.a. bei Coeppicus, ZRP 2003, S. 175, 177, Wietfeld, S. 269.
[968] Eisenbart, S. 139; Wietfeld, S. 271 m.w.N.
[969] Sternberg-Lieben in: FS-Eser, S. 1194.
[970] *Götz* in: Grüneberg BGB § 1827 Rn. 7; vgl. hierzu bereits oben ab S. 96.
[971] *Götz* in: Grüneberg BGB § 1827 Rn. 7.
[972] BT-Drs. 17/10488 S. 24; *Götz* in: Grüneberg BGB § 1827 Rn. 7; Olzen, JR 2009, S. 354, 357; so auch Wietfeld, S. 277.
[973] *Schneider* in: MüKo StGB, Vorbem. zu § 211 Rn. 143.
[974] Olzen, JR 2009, S. 354, 357.
[975] Albrecht/Albrecht, MittBayNot 2009, S. 426, 431; Diehn/Rebhan, NJW 2010, S. 326, 327; Olzen, JR 2009, S. 354, 358; Spickhoff, FamRZ 2009, S. 1949, 1952; *Verrel* in: Patientenverfügungen, S. 85, 88.
[976] Beckmann, MedR 2009, S. 582, 582.

kommt dabei in einem weit fortgeschrittenen Stadium vor allem eine künstliche Ernährung in Frage.

Die Möglichkeiten der Behandlung werden dann mit der betreuenden Person der Betroffenen erörtert, diese hat nach § 1828 Abs. 2 BGB Angehörigen und weiteren Vertrauenspersonen Gelegenheit zu geben, sich vor allem über den mutmaßlichen Willen der Betroffenen zu äußern.[977] Dies ist im Rahmen von Vorausverfügungen auf Basis der Ergebnisse von Untersuchungen zum Zweck der Demenzfrüherkennung insbesondere im Hinblick auf eine mit einer Demenzerkrankung oft eintretende Persönlichkeitsänderung mit Komplikationen behaftet.[978]

4. Inhaltliche Anforderungen

a) Grenzen

Die Möglichkeit der Errichtung einer Patientenverfügung wird inhaltlich grundsätzlich durch §§ 134, 138 BGB sowie durch die Schranken, die auch für die Einwilligung gelten, begrenzt.[979] In strafrechtlicher Hinsicht sind §§ 216, 228 StGB zu beachten.[980] Nach § 1827 Abs. 4 S. 1 BGB darf zudem niemand dazu verpflichtet werden, eine Patientenverfügung zu statuieren.[981] Schließlich darf die Errichtung einer Patientenverfügung nach § 1827 Abs. 4 S. 2 BGB nicht zur Bedingung des Abschlusses eines Vertrages gemacht werden.[982]

b) Bestimmtheit

Die Angaben der Betroffenen müssen sich zudem auf eine bestimmte, zum Zeitpunkt der Errichtung noch nicht unmittelbar bevorstehende Untersuchung des Gesundheitszustandes, der Heilbehandlung oder des ärztlichen Eingriffs beziehen, § 1827 Abs. 1 S. 1 BGB.[983] Problematisch ist insofern oft, ob die konkrete Behandlungssituation für den Betroffenen vorhersehbar ist.[984]

---

[977] Albrecht/Albrecht, MittBayNot 2009, S. 426, 431; Diehn/Rebhan, NJW 2010, S. 326, 327.
[978] Vgl. dazu sogleich ausführlich ab S. 169.
[979] Lemmerz, S. 94 ff.; Magnus, S. 199; *Verrel* in: Patientenverfügungen, S. 85, 87; vgl. zu den Grenzen der Einwilligung bereits oben ab S. 83, 85.
[980] Hierzu ausführlich bei *Rissing-van Saan* in: Patientenverfügungen, S. 99, 102.
[981] Siehe hierzu bspw. bei Spickhoff, FamRZ 2009, S. 1949, 1954.
[982] *Götz* in: Grüneberg BGB § 1827 Rn. 25; Magnus, S. 199.
[983] *Götz* in: Grüneberg BGB § 1827 Rn. 3; Hoppe, FPR 2010, S. 257, 259; *Kurze* in: Kurze, Vorsorgerecht, § 1901a BGB Rn. 119; Lemmerz, S. 93; *Verrel* in: Patientenverfügungen, S. 85, 88.
[984] Hierzu Magnus, S. 187 ff.; Magnus, Patientenverfügung und natürlicher Wille, S. 107 ff.; sowie Reus, JZ 2010, S. 80, 82, die sogar davon ausgeht, dass Patientenverfügungen aufgrund dessen nicht selten keine direkte Anwendung finden.

Unterschiedlich beurteilt wird der hierfür grundsätzlich erforderliche Grad der Bestimmtheit.[985] *Albrecht/Albrecht* halten es für erforderlich, dass ein Grad an Bestimmtheit vorliegt, der sich mit dem deckt, der in einer konkreten Situation gegeben ist, in der eine einwilligungsfähige Person ihren Willen hinsichtlich einer medizinischen Maßnahme äußert - sie legen das Bestimmtheitserfordernis also eng aus.[986] Es sei in der Regel eine ärztliche Beratung erforderlich, die zwar Unsicherheiten hinsichtlich atypischer Krankheitsverläufe enthalten kann, wobei aber der weitere Verlauf der Krankheit im Wesentlichen voraussehbar ist.[987] Überwiegend wird jedoch angenommen, dass es ausreicht, wenn die Behandlungs- und Lebenssituation hinreichend detailliert beschrieben werden, da hierdurch bereits garantiert wird, dass Anordnungen statuiert werden, die tatsächlich den Willen des Verfügenden widerspiegeln.[988] Selbst wenn einzelne ärztliche Maßnahmen nicht genau benannt werden, kann sich die nötige Bestimmtheit aus der Nennung einer ausreichend spezifizierten Krankheit oder Behandlungssituation ergeben.[989]

Im Kontext der Vorausverfügung auf Basis der Demenzfrüherkennung könnte man theoretisch annehmen, dass sich dieses Problem nur bedingt stellt, da die Betroffenen vorhersehen können, um welche Krankheit es sich handelt und wie diese in etwa verläuft.[990] Nach dieser Annahme könnten Patientenverfügungen auf Basis der Ergebnisse von Untersuchungen zum Zweck der Demenzfrüherkennung als besonders valide angesehen werden, da sich die betroffenen Personen explizit mit der Erkrankung auseinandergesetzt haben.

Praktisch gesehen ist es jedoch äußert schwierig, sowohl retrospektiv als auch erst recht prospektiv-prognostisch festzulegen, ab wann das Leiden größer sein wird als der Wunsch, weiterzuleben und auf dieser Basis eine Entscheidung bspw. darüber zu treffen, ob ab einem gewissen Krankheitsstadium noch eine künstliche Ernährung erfolgen oder ob eine solche nicht vorgenommen werden soll.[991] Die Patientenverfügung wird im gesunden Zustand abgefasst - hierbei

---

[985] Vgl. hierzu ausführlich Lemmerz, S. 93f.
[986] Albrecht/Albrecht, MittBayNot 2009, S. 426, 428.
[987] Albrecht/Albrecht, MittBayNot 2009, S. 426, 428; es wird von den Autoren dort allerdings selbst angemerkt, dass dies in der Praxis aufgrund der vielen unvorhersehbaren Krankheitssituationen erhebliche Schwierigkeiten birgt.
[988] BGH NJW 2017 S. 1737, 1738; BGH NJW 2016 S. 3297, 3301; Lemmerz, S. 93; Müller, DNotZ 2010, S. 169, 181; *Schneider* in: MüKo BGB § 1827 Rn. 20 f..
[989] BGH NJW 2019, S. 600, 601, 602.
[990] Magnus, Patientenverfügung und natürlicher Wille, S. 107/108; so auch allgemein in Bezug auf Krankheiten, deren Verlauf vorhersehbar ist und die letztlich darin münden, dass der Erkrankte einwilligungsunfähig ist: Seibl, NJW 2016 S. 3277, 3279; vgl. dazu auch Bach, NJW 2019 S. 1915, 1918.
[991] Bach, NJW 2019 S. 1915, 1918.

ist eine hohe Abstraktionsfähigkeit erforderlich.[992] Das Problem wird im Kontext der Demenzfrüherkennung noch dadurch verschärft, dass im Zeitpunkt der Demenzfrüherkennung lediglich Wahrscheinlichkeitsaussagen hinsichtlich eines späteren Krankheitseintritts und gerade keine sicheren Aussagen hierüber getroffen werden können – dies erfordert eine noch höhere Abstraktionsfähigkeit.

Zudem stellt eine Patientenverfügung, auch bei Kenntnis der Wahrscheinlichkeit eines bestimmten Krankheitseintritts, stets eine Willensäußerung zu einem vergangenen Zeitpunkt in Unkenntnis der speziellen Einzelfallumstände dar; es lässt sich vorher zwar vermuten, aber nicht sicher wissen, was im Krankheitsfall wirklich gewollt wird.[993] Gesunde Menschen schätzen den Lebenswert mit gravierenden Einschränkungen oft bedeutend geringer ein als es tatsächlich Betroffene tun.[994]

Es wurde aus den genannten Gründen im Rahmen des Gesetzgebungsverfahrens zu den Regelungen der Patientenverfügung angedacht, den Fall der Demenz als irreversibles Grundleiden, das aber nicht unmittelbar zum Tod führt, generell dem Regelungsbereich der Patientenverfügung zu entziehen, was sich letztlich aber nicht durchgesetzt hat.[995] § 1827 Abs. 1 S. 1 BGB sieht vor, dass zu einem bestimmten Zeitpunkt festgelegt wird, wie im Krankheitseintritt mit den Betroffenen zu verfahren ist. Weiterhin wird von der betreuenden Person geprüft, ob die Festlegungen auf die aktuelle Lebenssituation zutreffen. Wenn dies nicht der Fall ist, ist nach dem mutmaßlichen Willen der Betroffenen durch die betreuende Person zu entscheiden, § 1827 Abs. 2 S. 1 BGB. Bei der Ermittlung dieses mutmaßlichen Willens sind nach § 1827 Abs. 2 S. 3 BGB insbesondere frühere Äußerungen, ethische oder religiöse Überzeugungen oder sonstige persönliche Wertvorstellungen des Betreuten zu berücksichtigen. § 1827 Abs. 3 BGB stellt klar, dass die vorgenannten Regelungen unabhängig von Art und Schwere der Erkrankung gelten,

---

[992] Hierzu allgemein bei Seibl, NJW 2016 S. 3277, 3279; vgl. zu dieser Problematik aus medizinethischer Sicht oben ab S. 43.
[993] BT-Drs. 16/11360, S. 10.
[994] BT-Drs. 16/11360, S. 10 m.w.N..
[995] Zwischenbericht der Enquete-Kommission, BT-Drs. 15/3700, S. 38; Gesetzentwurf BT-Drs. 16/11360, S. 9; dazu auch Lanzrath, MedR 2017, S. 102, 103.

demnach auch in einem fortgeschrittenen Demenzstadium.[996] Eine Aktualisierung der Verfügung nach Ablauf eines bestimmten Zeitfensters ist de lege lata nicht erforderlich, wird aber z.T. empfohlen.[997]

Der Situation der Patientenverfügung auf Basis der Ergebnisse von Untersuchungen zum Zweck der Demenzfrüherkennung trägt das Gesetz de lege lata daher nicht hinreichend Rechnung. Im Rahmen der Situation der Demenzfrüherkennung resultiert das dargestellte Regelungskonstrukt darin, dass eine im Zustand der Einwilligungsfähigkeit getroffene Verfügung auch im Stadium des Voranschreitens der Demenzerkrankung weiterhin sowohl für das Straf- als auch für das Zivilrecht grundsätzlich Gültigkeit beansprucht. Die betreuende Person hat aber bei der Prüfung, ob die Patientenverfügung auf die jeweilige Situation passt, zu erkunden, ob diese noch dem Willen der Betroffenen entspricht.[998] Dabei ist auch einzubeziehen, ob das Verhalten der nicht mehr einwilligungsfähigen Person in der konkreten Lage darauf schließen lässt, dass der zuvor schriftlich festgehaltene Wille nicht mehr gelten soll oder ob darin ein Widerruf der Patientenverfügung zu sehen ist.[999] Anhaltspunkte können sich aus dem Verhalten der Betroffenen in der jeweiligen Behandlungssituation ergeben, wovon aber unwillkürliche Reflexe rein körperlicher Art zu differenzieren sind.[1000] Dies ist gerade bei fortgeschrittenen Demenzerkrankungen relevant.[1001]

Festzuhalten ist, dass die konkrete Behandlungssituation für viele Betroffene nicht in ausreichendem Maße antizipierbar sein dürfte, auch wenn sich die Ergebnisse der Untersuchung zum Zweck der Demenzfrüherkennung auf eine bestimmte Erkrankung beziehen. Da es sich bei den Ergebnissen lediglich um Wahrscheinlichkeitsaussagen handelt und eine Demenzerkrankung an sich nur erschwert antizipierbar ist, wirft das Bestimmtheitserfordernis des § 1827 Abs. 1 S. 1 BGB im Kontext von Vorausverfügungen und Demenzerkrankungen Probleme auf.

---

[996] Beckmann, MedR 2009, S. 582, 582; *Götz* in: Grüneberg BGB § 1827 Rn. 20; Müller, DNotZ 2010, S. 169, 171; vgl. zum sog. Verzicht auf Reichweitenbegrenzung auch Albrecht/Albrecht, MittBayNot 2009, S. 426, 429.
[997] BT-Drs. 16/8442 S. 14; BT-Drs. 16/13314 S. 19; Albrecht/Albrecht, MittBayNot 2009, S. 426, 433; *Götz* in: Grüneberg BGB § 1827 Rn. 8; Müller, DNotZ 2010, S. 169, 171.
[998] BT-Drs. 16/8442, S. 14.
[999] BT-Drs. 16/8442, S. 14/15; zur Problematik der Widerruflichkeit der Patientenverfügung im Fall einer fortgeschrittenen Demenzerkrankung sogleich ab S. 169.
[1000] BT-Drs. 16/8442, S. 15.
[1001] So auch explizit BT-Drs. 16/8442, S. 15; vgl. zur Problematik des sog. natürlichen Willens aus ethischer Sicht bereits ausführlich oben ab S. 46.

5. Widerruflichkeit

a) Grundlagen und Problemaufriss

Der Widerruf der Patientenverfügung ist nach § 1827 Abs. 1 S. 3 BGB grundsätzlich jederzeit formlos möglich.[1002] Ein solcher ist sowohl mündlich, als auch durch nonverbales Verhalten denkbar, wenn die Änderung des Willens in ausreichender Deutlichkeit artikuliert wird.[1003] Im Kontext der Vorausverfügung auf Basis der Demenzfrüherkennung sind im Wesentlichen zwei Fallkonstellationen denkbar, in denen ein Widerruf angedacht werden kann, wenn die Demenzerkrankung bereits eingetreten ist.

Es findet sich in Patientenverfügungen im Hinblick auf fortgeschrittene Demenzerkrankungen oft die Anordnung eines Behandlungsverzichts, wenn die Betroffenen in einem fortgeschrittenen Krankheitsstadium bspw. ihre Einsichts- oder Kommunikationsfähigkeit verlieren.[1004] Wenn die Betroffenen in diesem Stadium, zumindest vorrübergehend, Anzeichen eines natürlichen Lebenswillens[1005] zeigen, könnte dies auf einen Widerruf der zuvor statuierten Patientenverfügung hindeuten, aus dem wiederum ein mutmaßlicher Wille hinsichtlich einer Weiterführung lebenserhaltender Maßnahmen konstruiert werden könnte.[1006] Ein sog. natürlicher Lebenswille beschreibt verbale oder nonverbale Äußerungen, die auf ein unbestimmtes Ziel gerichtet sein können, wobei nicht erforderlich ist, dass diese auf einer für Dritte begreiflichen geistigen Reflexion basieren.[1007] Problematisch ist hieran, dass es auf der einen Seite menschenunwürdig erscheint, die Betroffenen in dieser Situation am geäußerten Willen festzuhalten, auf der anderen Seite könnte durch eine Nichtbeachtung der Patientenverfügung auf Basis dieses natürlichen Willens eine Entwertung des Instrumentes der Patientenverfügung eintreten.[1008]

Aber auch der umgekehrte Fall ist denkbar, wenn auch praktisch weniger oft relevant: es kann in der Patientenverfügung festgehalten werden, dass bei Eintritt der Demenzerkrankung alle medizinischen Möglichkeiten zur Verlängerung des Lebens ausgeschöpft werden sollen, im

---

[1002] Albrecht/Albrecht, MittBayNot 2009, S. 426, 431; *Götz* in: Grüneberg BGB § 1827 Rn. 10; Lange, ZEV 2009, S. 537, 541; Magnus, S. 190; Olzen, JR 2009, S. 354, 357; Spickhoff, FamRZ 2009, S. 1949, 1955.
[1003] BT-Drs. 16/8442, S. 13; *Schneider* in: MüKo BGB, § 1827 Rn. 37.
[1004] *Schneider* in: MüKo StGB, Vorbem. zu § 211 Rn. 147; vgl. zur Symptomatik von Demenzerkrankungen im Allgemeinen bereits oben ab S. 10.
[1005] Zum sog. natürlichen Willen aus medizinethischer Sicht bereits oben ab S. 46.
[1006] Lindner/Huber, NJW 2017, S. 6, 7; *Schneider* in: MüKo StGB, Vorbem. zu § 211 Rn. 147; zum sog. natürlichen Willen bereits aus ethischer Sicht oben ab S. 46.
[1007] *Heitmann/Götz* in: NK-BGB, § 1901a Rn. 33.
[1008] Lindner/Huber, NJW 2017, S. 6, 7.

Krankheitszustand wird hingegen der natürliche Wille, diese Maßnahmen zu unterlassen, deutlich.[1009]

Empirische Studien zeigen, dass die in den Patientenverfügung geäußerten Behandlungswünsche oft stabil bleiben, dies gilt insbesondere für die Ablehnung lebensverlängernder Maßnahmen.[1010] Noch beständiger wurden die entsprechenden Behandlungswünsche, wenn die Entscheidung einer nochmaligen Prüfung unterzogen wurde und eine ärztliche Beratung stattgefunden hat.[1011] Eine Abkehr von dem zuvor verfügten Willen zeigte sich hingegen häufiger, wenn der Wunsch geäußert wurde, dass in einem fortgeschrittenen Krankheitsstadium lebensverlängernde Maßnahmen durchgeführt werden sollten.[1012]

Angesichts der Ergebnisse dieser Studien ist fraglich, ob ein Widerruf der Patientenverfügung im Stadium der Einwilligungsunfähigkeit durch die Äußerung eines sog. natürlichen Willens möglich sein sollte. Das Gesetz macht dazu keine direkten Angaben,[1013] statuiert aber dem Grunde nach in § 1827 Abs. 3 BGB, dass die Regelungen zur Patientenverfügung in § 1827 Abs. 1, 2 BGB unabhängig von Art und Stadium der Erkrankung gelten sollen. Aus den verfassungsrechtlich garantierten Rechten auf Selbstbestimmung, Leben und körperliche Unversehrtheit ergibt sich im Grunde das Gebot, dem natürlichen Willen eines Betroffenen dem Grunde nach Beachtung zu schenken.[1014]

Im Folgenden soll daher zunächst die Argumentation gegen und für die Möglichkeit des Widerrufs der Patientenverfügung im Stadium der Einwilligungsunfähigkeit dargestellt werden. Zudem sollen weitere Möglichkeiten für die Einbeziehung des sog. natürlichen Willens dargelegt werden.

b) Argumentation gegen die Möglichkeit des Widerrufs der Patientenverfügung im Stadium der Einwilligungsunfähigkeit

Zunächst wird gegen die Möglichkeit des Widerrufs im Stadium der Einwilligungsfähigkeit als systematisches Argument vorgebracht, dass ein Abstellen auf den natürlichen Willen und damit solcher Widerruf bei Einwilligungsunfähigkeit im Fall der Patientenverfügung nicht möglich sei, da das Gesetz im Gegensatz zu § 1830 Abs. 1 S. 1 Nr. 1 BGB keine Angaben dazu macht,

---

[1009] Vgl. zu dieser und auch der anderen möglichen Fallkonstellation bei Lanzrath, MedR 2017, S. 102, 103.
[1010] Dazu Marckmann, ÄBW 2005, S. 332, 334 m.w.N.; so auch Reus, JZ 2010, S. 80, 83.
[1011] Dazu Marckmann, ÄBW 2005, S. 332, 334 m.w.N.
[1012] Dazu Marckmann, ÄBW 2005, S. 332, 334 m.w.N.
[1013] So auch Magnus, S. 191.
[1014] Lindner/Huber, NJW 2017, S. 6, 7.

dass der natürliche Wille von Einwilligungsunfähigen beachtlich sei.[1015] Die Vorschrift habe Ausnahmecharakter und könne daher nicht auf andere Situationen übertragen werden.[1016] Oft wird für den Widerruf als actus contrarius zur Patientenverfügung also ebenso die Einwilligungsfähigkeit der Betroffenen als erforderlich erachtet.[1017] Ansonsten bestehe die Gefahr einer Entwertung von Patientenverfügungen Demenzkranker, die als Akt der Selbstbestimmung auch in einem fortgeschrittenen Stadium zu respektieren seien.[1018] Hierzu kann auch angeführt werden, dass der natürliche Wille kein Wille im Rechtssinne sei; diese Terminologie könne sogar als suggestiv bezeichnet werden.[1019]

Schneider sieht eine rechtliche Möglichkeit des Widerrufs einer Patientenverfügung durch einen Einwilligungsfähigen im Fall einer Demenzerkrankung nur als gegeben an, wenn ein aussagekräftiges Verhalten der Betroffenen zutage tritt, was gerade bei weit fortgeschrittenen Demenzerkrankungen häufig nicht der Fall sein dürfte.[1020] Ein natürlicher Wille, von dem dieses Verhalten getragen sein könnte, sei gerade in einem fortgeschrittenen Demenzstadium schwer zu ermitteln – vielmehr handele es sich bei den Verhaltensweisen, in die dieser natürliche Wille hineininterpretiert werde, um instinkthaftes Verhalten und nicht um eine vom Willen getragene Persönlichkeitsäußerung auf Grundlage einer ausreichenden Reflektion.[1021] Es verbiete sich, gerade in diesem Kontext essentieller Bedeutung, weitreichende rechtliche Folgen an ein ansonsten als rechtlich irrelevant eingestuftes Verhalten zu knüpfen.[1022] Es dürfte aber Schwierigkeiten bergen, im Einzelfall zwischen Reflexen und dem geforderten Verhalten zweifelsfrei zu unterscheiden, was in einer Grenzsituation zwischen dem Tod und Leben äußerst problematisch erscheint.[1023] Eine Lösung des Problems könne *Schneider* zufolge darin bestehen, die Betroffenen im Stadium der Einwilligungsfähigkeit auf etwaige Bedenken hinzuweisen und so zu

---

[1015] Olzen/Schneider, MedR 2010, S. 745, 745; Olzen, JR 2009, S. 354, 358; dieser spricht sich aber dafür aus, dass eine entsprechende Regelung wünschenswert gewesen wäre, damit der natürliche Wille im Kontext von Patientenverfügungen ebenso berücksichtigt werden könne.
[1016] Lindner/Huber, NJW 2017, S. 6, 7; Steenbreker, NJW 2012, S. 3207, 3210.
[1017] So bspw. Lanzrath, MedR 2017, S. 102, 104; Lindner/Huber, NJW 2017, S. 6, 7; Spickhoff, FamRZ 2009, S. 1949, 1955; Steenbreker, NJW 2012, S. 3207, 3210; vgl. hierzu darstellend Magnus, S. 191.
[1018] *Schneider* in: MüKo StGB, Vorbem. zu § 211 Rn. 148; Spickhoff, FamRZ 2009, S. 1949, 1955; ähnlich auch Steenbreker, NJW 2012, S. 3207, 3211.
[1019] Reus, JZ 2010, S. 80, 83.
[1020] *Schneider* in: MüKo StGB, Vorbem. zu § 211 Rn. 148; hierbei sei aber wiederum umstritten, ob dadurch ein wirksamer Widerruf vorliege oder ob lediglich der Situationsbezug der Verfügung entfalle, vgl. dazu Fn. 586 der genannten Quelle m.w.N.
[1021] *Schneider* in: MüKo StGB, Vorbem. zu § 211 Rn. 148; zustimmend auch Steenbreker, NJW 2012, S. 3207, 3210.
[1022] *Schneider* in: MüKo StGB, Vorbem. zu § 211 Rn. 148.
[1023] Beermann, FPR 2010, S. 252, 254.

einer Änderung der Verfügung zu veranlassen.[1024] Tritt das Stadium der Einwilligungsunfähigkeit hingegen irreversibel ein[1025], wären die Betroffenen also stets ungeachtet ihres Verhaltens im Zustand der Einwilligungsunfähigkeit an ihre Patientenverfügung gebunden.[1026]

c) Argumentation für die Möglichkeit des Widerrufs der Patientenverfügung im Stadium der Einwilligungsunfähigkeit

Für die Möglichkeit, eine Patientenverfügung auch im Stadium der Einwilligungsunfähigkeit noch widerrufen zu können, wird zunächst mit dem Wortlaut des § 1827 Abs. 1 S. 3 BGB argumentiert: Da ein Widerruf „jederzeit" erfolgen könne, sei dies auch noch im Stadium der Einwilligungsunfähigkeit möglich, auf welches sich die Patientenverfügung bezieht.[1027] Auch wird in systematischer Hinsicht angeführt, dass die betreuende Person gem. § 1901 Abs. 3 BGB a.F. nicht mehr an vorher geäußerte Wünsche der Betroffenen gebunden sei, wenn diese erkennbar nicht mehr an diesen festhalten möchten.[1028] Dies zeige, dass dem Gesetzgeber ein Abstellen auf den sog. natürlichen Willen nicht fremd sei, sodass dieser auch für wichtige Fragen wie insbesondere Behandlungsabbrüche beachtlich sein solle.[1029] Beachtlich ist allerdings, dass im Rahmen der Reform des Betreuungsrechtes eine solche Regelung wie in § 1901 Abs. 3 BGB a.F. in den neu gefassten § 1821 Abs. 3 Nr. 1 und 2 BGB gerade nicht aufgenommen wurde – insofern hat sich der Gesetzgeber im Zuge der Reform von der Beachtlichkeit des natürlichen Willens ein Stück weit entfernt.

Der Gesetzgeber geht im Rahmen des ursprünglichen Gesetzesentwurfs davon aus, dass sich aus dem Verhalten der Betroffenen Anhaltspunkte dafür ergeben können, dass diese in der aktuellen Situation nicht mehr an der zuvor statuierten Patientenverfügung festhalten wollen.[1030] Diese Anhaltspunkte können sich auch aus spontanen Verhaltensweisen in der jeweiligen Situ-

---

[1024] *Schneider* in: MüKo StGB, Vorbem. zu § 211 Rn. 148; dies wird auch bei *Heitmann/Götz* in: NK-BGB § 1901a Rn. 33 empfohlen, wenngleich dort von einer Widerruflichkeit der Patientenverfügung auf Basis eines natürlichen Lebenswillens ausgegangen wird.
[1025] Dies ist bei den hier in den Fokus gerückten Demenzarten der Fall, da diese regelmäßig zu nicht mehr reversiblen Schäden im Gehirn führen, vgl. dazu auch Magnus, S. 190.
[1026] Magnus, S. 190/191.
[1027] *Loer* in: Betreuungsrecht Kommentar, § 1901a BGB Rn. 12; so auch *Heitmann/Götz* in: NK-BGB, § 1901a Rn. 33; darstellend dazu Magnus, S. 192.
[1028] *Loer* in: Betreuungsrecht Kommentar, § 1901 BGB Rn. 12.
[1029] *Loer* in: Betreuungsrecht Kommentar, § 1901 BGB Rn. 12.
[1030] BT-Drs. 16/8442, S. 14/15; darstellend auch bei *Loer* in: Betreuungsrecht Kommentar, § 1901a BGB Rn. 12.

ation ergeben, wobei diese von bloßen Reflexen abzugrenzen sind, die in der Regel unwillkürlich sind, und schließlich dazu führen, dass die betreuende Person von der Verfügung abweichen könne.[1031]

Letztlich führt *Magnus* auch die Patientenautonomie an; der natürliche Lebenswille sei anstatt einer Entscheidung der betreuenden Person bedeutsam.[1032] Es sei nicht hinnehmbar, dass jemand, der im Stadium der Einwilligungsfähigkeit erkennbar weiterleben wolle, sanktionslos durch bspw. den Abbruch einer künstlichen Ernährung, sterben könne, da sich auf den früher verfügten Willen berufen werde.[1033] Ein natürlicher Lebenswunsch dürfe aus ethischen und rechtlichen Gesichtspunkten nicht übergangen werden.[1034] Sonst liege eine paternalistische Entscheidung der betreuenden Person vor und es bestehe eine Missbrauchsgefahr.[1035]

In der Situation der Demenzfrüherkennung ist insoweit besonders, dass die Betroffenen wissen, dass sie an einer bestimmten, weit verbreiteten, Erkrankung mit einer gewissen Wahrscheinlichkeit erkranken könnten, und auf Basis dieses Wissens die Vorausverfügung getroffen haben. Dies könnte, wie bereits dargelegt,[1036] für eine erhöhte Validität der Patientenverfügung sprechen. Dies begegnet aber den bereits dargelegten praktischen Problemen, die sich auch insbesondere im Kontext mit dem Umgang mit Wahrscheinlichkeitsaussagen ergeben.

d) Weitere Möglichkeiten der Einbeziehung des natürlichen Willens

Anstatt in der Äußerung des natürlichen Willens einen Widerruf der zuvor statuierten Patientenverfügung zu sehen, werden auch andere dogmatische Konstruktionen und Möglichkeiten der Einbeziehung des natürlichen Willens in die aktuelle Entscheidung über die Vornahme oder Nichtvornahme einer medizinischen Behandlung angedacht, die im Kontext von Vorausverfügungen auf Basis der Ergebnisse der Untersuchungen zum Zweck der Demenzfrüherkennung eine Rolle spielen.

[1031] BT-Drs. 16/8442, S. 15; hier geht der Gesetzgeber auch darauf ein, dass dies insbesondere bei Demenzerkrankungen von Bedeutung sei; gleichzeitig wird aber auch darauf eingegangen, dass der geäußerte Wille nicht durch die Annahme eines mutmaßlichen Willen unterlaufen werden dürfe; zudem sei auch die Bestimmtheit der jeweiligen Patientenverfügung ein entscheidendes Kriterium.
[1032] Magnus, S. 193.
[1033] Magnus, S. 193.
[1034] Magnus, S. 193.
[1035] Magnus, S. 193.
[1036] Vgl. dazu soeben ab S. 165.

aa) Mutmaßlicher Wille

Zunächst wäre es denkbar, den Widerruf einer Patientenverfügung nicht über den natürlichen, sondern über den auch in § 1827 Abs. 2 S. 1 BGB angesprochenen mutmaßlichen Willen zu konstruieren.[1037] Dies steht jedoch im Widerspruch zur Systematik des § 1827 BGB, da nach § 1827 Abs. 2 BGB auf den mutmaßlichen Willen nur dann abgestellt werden kann, wenn gerade keine Patientenverfügung vorliegt oder die darin statuierten Festlegungen nicht auf den konkreten Behandlungsfall zutreffen.[1038]

bb) Natürlicher Wille als ungeschriebenes Tatbestandsmerkmal

Um der verfassungsrechtlichen Anforderung der Beachtlichkeit des natürlichen Willens Genüge zu tun, könnte der natürliche Wille dadurch Berücksichtigung finden, dass dieser als ungeschriebenes negatives Tatbestandsmerkmal der Patientenverfügung qualifiziert wird.[1039] Die betreuende Person hätte herauszufinden, ob das konkrete Verhalten von einwilligungsunfähigen Betroffenen darauf schließen lässt, dass diese in der jeweiligen Situation von dem zuvor schriftlich geäußerten Willen Abstand nehmen möchten.[1040] Problematisch ist hieran, dass der Gesetzgeber die Problematik des natürlichen Willens bei Erlass des Gesetzes durchaus vor Augen hatte und dennoch von einer entsprechenden Regelung abgesehen hat.[1041]

cc) Situationsbezogenheit

Der Gesetzgeber selbst schlägt eine Lösung im Kontext der Situationsbezogenheit der Patientenverfügung, die nach § 1827 Abs. 1 S. 1 BGB zu prüfen ist, vor.[1042] Gerade bei Demenzpatienten solle eine intensive Prüfung, ob bei den Festlegungen die aktuelle Situation mitbedacht wurde, erfolgen.[1043] Sollte der natürliche Wille entgegen der Patientenverfügung geäußert werden, könnte unter Umständen angenommen werden, dass diese Situation von den Betroffenen nicht mitbedacht wurde und dass die Patientenverfügung in der konkreten Behandlungssitua-

---

[1037] Lindner/Huber, NJW 2017, S. 6, 7.
[1038] Lindner/Huber, NJW 2017, S. 6, 7.
[1039] Lindner/Huber, NJW 2017, S. 6, 8.
[1040] Lindner/Huber, NJW 2017, S. 6, 8.
[1041] Lindner/Huber, NJW 2017, S. 6, 8; zugespitzt wird dies in der erneuten Reform des Betreuungsrechts sogar durch den Umstand, dass die Neuregelung des § 1901 BGB a.F. den genannten Passus, der auf eine Beachtlichkeit eines natürlichen Willens schließen lassen konnte, nicht mehr in § 1821 BGB n.F. aufgenommen hat.
[1042] BT-Drs. 16/8442, S. 15; darstellend Lanzrath, MedR 2017 S. 102, 104; Magnus, S. 191; so auch Deutscher Ethikrat, Demenz und Selbstbestimmung – Stellungnahme, S. 93; ausführlich zur Gesetzgebungsgeschichte, insbesondere im Hinblick auf die Widerruflichkeit der Patientenverfügung bei Hufen, S. 16 ff.
[1043] BT-Drs. 16/8442, S. 15; so auch Reus, JZ 2010, S. 80, 82; darstellend Lanzrath, MedR 2017 S. 102, 104.

tion keine Wirkung entfalten könne. Dadurch werde auch den Anforderungen an die Antizipation der jeweiligen Situation Genüge getan.[1044] Es ist im Einzelfall zu prüfen, ob den Betroffenen bei der Errichtung der Patientenverfügung bekannt war, wie sich die tatsächliche Lebens- und Krankheitssituation in einem fortgeschrittenen Demenzstadium gestaltet und ob sie davon Kenntnis hatten, dass Demenzkranke sich oft noch gut bewegen können, gerne essen und trinken und auch ein natürlicher Lebenswille zutage tritt.[1045] Sollte trotz dieser Kenntnis in der Patientenverfügung ein Wunsch dahingehend statuiert sein, den natürlichen Lebenswillen nicht zu beachten, ist dies im Sinne der Patientenautonomie zu respektieren.[1046] Auch wenn bspw. verfügt wurde, dass bei irreversibler Bewusstlosigkeit keine weiteren Behandlungsmaßnahmen ergriffen werden sollen, wurde diese Situation bedacht, sodass die Patientenverfügung dann auf die jeweilige Situation passen würde und grundsätzlich hinzunehmen ist.[1047] Dies wirft dennoch die genannten Probleme der Antizipierbarkeit auf.[1048]

Das Risiko eines gegenteiligen natürlichen Willens trage grundsätzlich die Person, die die Patientenverfügung errichte und sich so eine eigenverantwortliche Regelung ermögliche.[1049] Ob ein Patientenwille dahingehend vorliegt, dass der natürliche Wille Beachtung finden soll oder nicht, ist gem. § 133 BGB durch Auslegung zu ermitteln.[1050] Gerade seitens der Betroffenen der Untersuchungen zum Zweck der Demenzfrüherkennung könnte, wie bereits dargelegt, anzunehmen sein, dass diese sich mit der Situation Demenzerkrankter in einem fortgeschrittenen Stadium besonders auseinandergesetzt haben, sodass ein Behandlungsverzicht im Einzelfall auch ihrem wirklichen Willen entsprechen könnte.[1051] Hierbei ist zu prüfen, ob der Zustand des „lebensfrohen Demenzerkrankten“ verhindert werden sollte oder ob sich die Betroffenen nur das Endstadium einer Demenzerkrankung vorgestellt haben; auch der Umfang des jeweiligen Krankheitsfortschritts ist in diese Auslegung einzubeziehen.[1052] *Coeppicus* schlägt hierzu auch aus praktischen Gesichtspunkten vor, den Betroffenen Nahrung und Flüssigkeit zur Verfügung zu stellen und ihnen so die Entscheidung über eine Fortführung der Ernährung gewissermaßen selbst zu überlassen, da das Nichtanbieten inhuman sei.[1053] Aber auch insoweit ist die genannte

---

[1044] Reus, JZ 2010, S. 80, 84.
[1045] Coeppicus, NJW 2011, S. 2085, 2090; Reus, JZ 2010, S. 80, 83.
[1046] Coeppicus, NJW 2011, S. 2085, 2090.
[1047] Coeppicus, NJW 2011, S. 2085, 2090.
[1048] Vgl. dazu bereits oben ab S. 165.
[1049] Reus, JZ 2010, S. 80, 83.
[1050] Coeppicus, NJW 2011, S. 2085, 2090.
[1051] Coeppicus, NJW 2011, S. 2085, 2090; ähnlich auch Lindner/Huber, NJW 2017, S. 6, 8.
[1052] Coeppicus, NJW 2011, S. 2085, 2090.
[1053] Coeppicus, NJW 2011, S. 2085, 2091.

Problematik der Antizipierbarkeit, insbesondere im Kontext mit dem Umgang mit Wahrscheinlichkeitsaussage, zu beachten.

dd) Antizipierte Entscheidung über Beachtlichkeit des natürlichen Willens

Teilweise wird auch vertreten, dass der Verfasser der Patientenverfügung selbst regeln solle bzw. könne, ob der natürliche oder in der Verfügung niedergelegte Wille Vorrang genießen solle.[1054] Hierbei wird eine Beachtlichkeit des natürlichen Willens auf einem anderen rechtsdogmatischen Weg angenommen.[1055]

So schlug bspw. der Nationale Ethikrat vor, dass der natürliche Lebenswille die Bindungswirkung der Patientenverfügung nicht suspendieren könne, wenn die Patientenverfügung Bezug auf die Äußerung eines natürlichen Lebenswillens nimmt und ausschließt, dass dieser für die Entscheidung erheblich ist.[1056]

Dies wird aber aus ethischen Gesichtspunkten als „Selbstversklavungsbindung" zum Teil abgelehnt bzw. sehr kritisch betrachtet.[1057] Auch ist an dieser Argumentation kritisch zu sehen, dass stets nur der Fall der Äußerung eines Lebenswillens betrachtet wird, nicht jedoch der umgekehrte Fall, in dem eine Behandlung entgegen der Patientenverfügung auf Grundlage eines natürlichen Willens abgelehnt wird.[1058] Konsequent müsste dann eine Behandlung unterlassen werden, woran aber wieder problematisch wäre, ob diese Situation von einem Betroffenen bedacht wurde, der den natürlichen Willen im Rahmen seiner Patientenverfügung nicht ausschließt.[1059]

Damit bleibt festzuhalten, dass diese Konstruktion auch aufgrund des Umstandes, dass eine solche Vorrangregelung in der Praxis eher selten ist, keine Möglichkeit der vollständigen Lösung der Problematik bietet.[1060]

[1054] Sog. *Konnexitätslösung*, vgl. dazu u.a. die Empfehlungen bei BMJ, Patientenverfügung, S. 28; Coeppicus, NJW 2011, S. 2085, 2089; Marckmann, ÄBW 2005, S. 332, 334; Reus, JZ 2010, S. 80, 83; darstellend Lanzrath, MedR 2017, S. 102, 104; Lindner/Huber, NJW 2017, S. 6, 8; Magnus, Patientenverfügung und natürlicher Wille, S. 100; Steenbreker, NJW 2012, S. 3207, 3210.

[1055] Steenbreker, NJW 2012, S. 3207, 3210; dazu darstellend Lanzrath, MedR 2017, S. 102, 104.

[1056] Nationaler Ethikrat, Patientenverfügung, S. 34.

[1057] Wunder, Ethik Med 2008, S. 17, 25; dieser verlangt sogar, dies gesetzlich zu unterbinden; darstellend Lanzrath, MedR 2017 S. 102, 104; sowie ausführlich Lanzrath, S. 186 ff.

[1058] Lanzrath, MedR 2017 S. 102, 104.

[1059] Lanzrath, MedR 2017 S. 102, 104.

[1060] So auch Lanzrath, MedR 2017 S. 102, 104.

ee) Veto-Ansatz

Lanzrath entwickelte jüngst den sog. Veto-Ansatz.[1061] Dabei soll nicht nur, wie beim Widerruf zumeist, der behandlungsbejahende natürliche Wille entgegen der Patientenverfügung, sondern auch der behandlungsverneinende natürliche Wille Berücksichtigung finden.[1062] Es wird eine differenzierte Betrachtung vorgeschlagen, bei der die unterschiedlichen Willensäußerungen einen abgestuften Schutz erfahren sollen.[1063] Der natürliche Wille setze die Patientenverfügung nicht gänzlich außer Kraft, sondern suspendiere diese nur insoweit dieser vorliege; sobald der natürliche Wille wegfalle, lebe die Verfügung wieder auf.[1064] Er dürfe überwunden werden, wenn dies zum Schutz des Lebens oder vor einer gravierenden Schädigung der Gesundheit nötig sei.[1065]

Damit werde dem Umstand Rechnung getragen, dass der natürliche Wille laut Rechtsprechung grundsätzlich beachtlich sei.[1066] Weiterhin statuiert die Rechtsprechung, dass eine Übergehung des natürlichen Willens eine gesetzliche Ermächtigungsgrundlage erfordere und nur möglich sei, wenn das Leben oder der Schutz vor einer schweren Gesundheitsschädigung in einer Abwägung mit dem ebenfalls verfassungsrechtlich garantierten Selbstbestimmungsrecht überwiegen.[1067] Dies nimmt *Lanzrath* zum Anlass, die sog. Behandlungsveto-Dogmatik trotz der Unterschiede auf die Situation zu übertragen, in der ein natürlicher Wille entgegen den in der Patientenverfügung geäußerten Wünschen zutage tritt.[1068] Sowohl die mutmaßliche Einwilligung als auch die Patientenverfügung seien Ersatzinstrumente für den ausdrücklichen und wirksam geäußerten Willen der Betroffenen, was in der betreffenden Situation mangels Einwilligungsunfähigkeit aber nicht mehr möglich sei.[1069]

Schließlich wird argumentiert, dass dies auch mit den Wertungen des Grundgesetzes in Einklang stehe.[1070] Das Leben, das nach Art. 2 Abs. 2 S. 1 GG geschützt wird, sei insofern berücksichtigt, als das der behandlungsbejahende natürliche Wille die Patientenverfügung suspendiere

---

[1061] Lanzrath, MedR 2017, S. 102, 105; Lanzrath, S. 195 ff.
[1062] Lanzrath, MedR 2017, S. 107.
[1063] Lanzrath, MedR 2017, S. 102, 105, Lanzrath, S. 195 ff.
[1064] Lanzrath, MedR 2017, S. 102, 105, Lanzrath, S. 195 ff.
[1065] Lanzrath, MedR 2017, S. 102, 105, Lanzrath, S. 195 ff.
[1066] Lanzrath, MedR 2017, S. 102, 105; laut BGH liege ein rechtfertigungsbedürftiger Eingriff vor, wenn bei Nichtvorliegen einer Patientenverfügung eine Zwangsbehandlung entgegen eines natürlichen Willens erfolge, BGH NJW 2012, S. 2967, 2969; so auch bereits BVerfG NJW 2011, S. 2113, 2114.
[1067] BVerfG NJW 2011, S. 2113, 2114; BGH NJW 2012, S. 2967, 2969; dazu auch Lanzrath, MedR 2017, S. 102, 105.
[1068] Lanzrath, MedR 2017, S. 102, 105.
[1069] Lanzrath, MedR 2017, S. 102, 105.
[1070] Lanzrath, MedR 2017, S. 102, 106.

und eine Behandlung ermögliche. Ein natürlicher Wille, der die Behandlung hingegen ablehnt, könne dies hingegen nur, wenn dies nicht zur Lebensgefahr oder der Gefahr einer schweren Gesundheitsschädigung führt.[1071] Das lasse sich *Lanzrath* zufolge auch damit begründen, dass die Tragweite und Irreversibilität behandlungsbejahender Entscheidung geringer wiege als eine behandlungsverneinende Äußerung.[1072] Parallel hierzu schlägt der Autor vor, den natürlichen Willen auch im Strafrecht als eigenen Rechtfertigungsgrund anzusehen, der zur Einwilligung subsidiär sei.[1073]

ff) Annahme der Diskontinuität der Persönlichkeit von Demenzerkrankten in einem fortgeschrittenen Krankheitsstadium

Auch ist über eine antizipierte Entscheidung oder den Widerruf hinaus die weiterführende Annahme einer Diskontinuität der Persönlichkeit denkbar, auf die die Rechtmäßigkeit der Weiterführung lebenserhaltender Maßnahmen gestützt werden könnte.[1074] Hierbei wird davon ausgegangen, dass die Interessen der früheren und der derzeitigen Persönlichkeit im Fall der Äußerung eines natürlichen Willens kollidieren, was eine Interessenabwägung erfordere.[1075] Dies ist jedoch de lege lata im Hinblick auf den nun geltenden § 1827 BGB nur schwer vertretbar, da dieser gerade an den Fall der Nichteinwilligungsfähigkeit der Betroffenen anknüpft; § 1827 Abs. 3 BGB stellt sogar ausdrücklich klar, dass die Verfügung unabhängig vom Krankheitsstadium zu beachten ist.[1076] Auch wenn die Geltung des § 1827 Abs. 3 BGB im Kontext von Demenzerkrankungen im Gesetzgebungsverfahren diskutiert wurde, so hat sich der Gesetzgeber bewusst dazu entschieden, diese Art der Erkrankung nicht vom Anwendungsbereich des § 1827 Abs. 3 BGB auszunehmen.[1077] Die Annahme der Diskontinuität der Persönlichkeit von Demenzerkrankten in einem fortgeschrittenen Krankheitsstadium findet daher de lege lata keine Stütze im Gesetz und ist aus diesem Grunde als Möglichkeit für die Einbeziehung des natürlichen Willens abzulehnen.

[1071] Lanzrath, MedR 2017, S. 102, 106.
[1072] Lanzrath, MedR 2017, S. 102, 106.
[1073] Lanzrath, MedR 2017, S. 102, 107; alternativ wird ebenda eine Rechtfertigung über § 34 StGB angedacht, wobei darauf hingewiesen wird, dass diese interne Güterkollision dann am Maßstab des Selbstbestimmungsrechts zu entscheiden sei.
[1074] Merkel, JZ 1999, S. 502, 507; Merkel, Ethik Med 2004, S. 298, 303; dazu darstellend auch bei Lanzrath, MedR 2017, S. 102, 103; *Schneider* in: MüKo StGB, Vorbem. zu § 211 Rn. 147; hierzu aus medizinethischer Sicht bereits oben ab S. 44.
[1075] Merkel, JZ 1999, S. 502, 508; ablehnend Lanzrath, MedR 2017, S. 102, 103.
[1076] Lanzrath, MedR 2017, S. 102, 103, 107.
[1077] Dazu bereits oben ab S. 165 m.w.N..

e) Strafrechtliche Auswirkungen eines Widerrufs der Patientenverfügung

Im Fall der Annahme eines Widerrufs der Patientenverfügung durch Äußerung eines natürlichen Willens stellt sich zudem die Frage, wie sich dies auf die strafrechtliche Möglichkeit einer Rechtfertigung der Vornahme oder Unterlassung ärztlicher Maßnahmen auswirkt.

Eine ausdrückliche Einwilligung kann jedenfalls mangels Einwilligungsfähigkeit der Betroffenen im Stadium der fortgeschrittenen Demenz in der Regel nicht mehr erfolgen.[1078] Denkbar ist daher eine Rechtfertigung über das Institut der mutmaßlichen Einwilligung, wobei unklar ist, wie zu verfahren ist, wenn der natürliche Wille nach einiger Zeit nicht mehr in diese Richtung zutage tritt.[1079] Jedenfalls wäre dann aufgrund der angenommenen Aufhebung der Patientenverfügung kein Rückgriff mehr auf diese möglich.[1080] Zudem ist problematisch, ob ein Widerruf auch in der umgekehrten Konstellation, nämlich wenn eine lebensverneinende Äußerung des natürlichen Willens erfolgt, die einen Behandlungsabbruch auf dieser Grundlage zur Folge hat, möglich ist.[1081]

f) Zwischenfazit

Es ist festzuhalten, dass sowohl für das Erfordernis der Einwilligungsfähigkeit beim Widerruf der Patientenverfügung als auch gegen ein solches Erfordernis gute Gründe sprechen. Es handelt sich um einen Balanceakt zwischen dem natürlichen Willen und dem Willen, der zuvor in der Patientenverfügung festgelegt wurde. Neben zahlreichen Schwierigkeiten, die die Festlegung betreffen, ob ein geäußerter Wille vorliegt bzw. ob ein Verhalten der Betroffenen darauf hindeuten kann, dass die Verfügung auf den konkret vorliegenden Fall nicht passen könnte, ist vor allem die Frage in den Fokus zu stellen, inwieweit hier der Patientenautonomie am besten entsprochen werden kann. Die These von Magnus, dass dies gerade darin liege, dass der natürliche Wille vorrangig zu berücksichtigen sei, kann dadurch entkräftet werden, dass man die besondere Achtung der Autonomie auch darin sehen könnte, dessen zuvor im einwilligungsfähigen Zustand niedergelegten Willen zu entsprechen.

Trotz der zahlreichen Ansichten und Argumente lässt sich im Hinblick auf diese Fragestellung im Kontext der Demenzfrüherkennung de lege lata noch keine passende Lösung der Problema-

---

[1078] Lanzrath, MedR 2017, S. 102, 104; vgl. ausführlich zur Einwilligungsfähigkeit im Rahmen von Patientenverfügungen oben ab S. 162.
[1079] Lanzrath, MedR 2017, S. 102, 104.
[1080] Lanzrath, MedR 2017, S. 102, 104..
[1081] Lanzrath, MedR 2017, S. 102, 104.

tik erkennen. Die besondere Situation der in Frage stehenden Antizipierbarkeit von Demenzerkrankungen, insbesondere aufgrund der damit zumeist einhergehenden Änderung der Persönlichkeit der Betroffenen, sowie der Umgang mit Wahrscheinlichkeitsaussagen, bilden dabei besondere Herausforderungen. Diese werden de lege lata vom Gesetzgeber keiner hinreichenden Regelung zugeführt. Die Lösung des Konflikts zwischen verfügtem und natürlichen Willen könnte in alternativen Konzepten zur Patientenverfügung, wie bspw. dem sog. Advance Care Planning[1082] liegen. Hierauf wird im Rahmen der Bewertung der Regelungen und der Änderungsvorschläge de lege ferenda im dritten Teil der Untersuchung näher eingegangen.

III. Handeln entgegen einer wirksamen Patientenverfügung

1. Grundlagen

Da die Patientenverfügung ein Ausdruck des Selbstbestimmungsrechts ist, bedeutet ein Handeln entgegen einer wirksamen Patientenverfügung, selbst, wenn dies in einem objektiv medizinischen Interesse erfolgt, einen Eingriff in ebendieses Selbstbestimmungsrecht.[1083] Dies ist in der Praxis vor allem denkbar, indem ärztliche Maßnahmen vorgenommen werden, die durch die Patientenverfügung untersagt werden.[1084]

Die Patientenverfügung wird vom BGH hinsichtlich ihrer Wirkung als eine Art der Einwilligung charakterisiert, sodass die Annahme naheliegt, dass es sich hierbei, wie bei der aktuellen Einwilligung, um einen Rechtfertigungsgrund in Form der antizipierten Einwilligung handelt.[1085] Dies lässt auf den Zeitpunkt der Erteilung schließen: üblicherweise wird die Einwilligung in engem zeitlichem Zusammenhang zur Vornahme der ärztlichen Maßnahme erteilt, was damit zusammenhängt, dass diese noch dem aktuellen Willen der Betroffenen entsprechen muss.[1086] Im Kontext der Patientenverfügung wird die Zustimmung allerdings weit im Voraus an einen unbestimmten Adressatenkreis erklärt.[1087] Zum Zeitpunkt der Abfassung stehen auch

---

[1082] Vgl. hierzu bspw. bei Beck/Barnikol/Birnbacher/Langenberg/Steinert/ Schulenburg/Fangerau, MedR 2016, 753, 756 m.w.N.

[1083] So bereits BGH NJW 1991, S. 2357, Hufen, NJW 2001, S. 849, 854; Lemmerz, S. 70; *Rissing-van Saan* in: Patientenverfügungen, S. 99, 100; vgl. zum verfassungsrechtlich garantierten Selbstbestimmungsrecht bereits ausführlich oben ab S. 65.

[1084] Es könnten zum anderen auch Maßnahmen nicht erfolgen, die laut der Patientenverfügung ausdrücklich vom Patienten gewünscht sind; dies ist in der Praxis jedoch nur äußerst selten der Fall, sodass hierauf im Rahmen dieser Untersuchung nicht näher eingegangen wird.

[1085] BGH NJW 2010, S. 2963, 2966; hierzu auch Borrmann, S. 33; Knauf, S. 50; Lemmerz, S. 69; Magnus, S. 202; Medicus/Lorenz, § 32 Rn. 22; Spickhoff, FamRZ 2009, S. 1949, 1950.

[1086] Borrmann, S. 34.

[1087] Borrmann, S. 34, 35; hierzu auch Duttge in: PatV, S. 192 in Bezug auf das zum Zeitpunkt der Abfassung des Artikels noch im Entwurf steckende Patientenrechtegesetz.

die genauen Maßnahmen, in die eingewilligt wird, noch nicht fest.[1088] Zudem ist in diesem Zeitraum ein medizinischer Fortschritt sowie Veränderungen des Wertehorizontes der Betroffenen denkbar.[1089]

Gerade die mögliche Änderung des Wertehorizontes spielt im Kontext der Vorausverfügungen auf Basis der Ergebnisse von Untersuchungen zum Zweck der Demenzfrüherkennung eine entscheidende Rolle – die Untersuchung bietet zwar die Chance, sich auf den möglichen Eintritt einer späteren Demenzerkrankung vorzubereiten, aber birgt zugleich das Risiko, sich nicht hinreichend in diesen Zustand hineinversetzen zu können. Weiterhin kann keine so detaillierte Aufklärung vor der Einwilligung erfolgen, wie dies bei einer kürzeren Zeitspanne zwischen Einwilligung und medizinischem Eingriff der Fall ist.[1090] Es kann in der Errichtung der Patientenverfügung unter Umständen ein konkludenter Verzicht auf die Aufklärung zu sehen sein.[1091]

Die Annahme einer rechtfertigenden Wirkung einer Patientenverfügung würde grundsätzlich bedeuten, dass eine zivilrechtliche Haftung und eine etwaige Strafbarkeit bei Vorliegen einer wirksamen Patientenverfügung entfallen würden. Das ist jedoch gerade im Hinblick auf das Strafrecht nicht gänzlich unproblematisch. Zu fragen ist, ob die zivilrechtlichen Regelungen der Patientenverfügung auf das Strafrecht übertragen werden können oder ob eigene Maßstäbe gelten.[1092] Im Folgenden wird daher die Bedeutung der Patientenverfügung im Zivilrecht dargestellt. Sodann wird herausgearbeitet, welche Wirkung der Patientenverfügung im strafrechtlichen Kontext zuteilwird.

2. Bedeutung einer Patientenverfügung im Zivilrecht

a) Umsetzungsbedürftige Einwilligung bzw. Untersagung

§ 1827 ff. BGB enthalten Verfahrensregelungen, die die Behandlung oder Nichtbehandlung von Einwilligungsunfähigen, also oft Demenzerkrankte in einem fortgeschrittenen Stadium, betreffen.[1093] Die Patientenverfügung ist eine eigene Erklärung der Betroffenen.[1094] Diese be-

---

[1088] Borrmann, S. 39; Duttge in: PatV, S. 192.
[1089] Duttge in: PatV, S. 192.
[1090] Borrmann, S. 39; zu dem Problem bereits einführend oben ab S. 159.
[1091] Borrmann, S. 39.
[1092] Vgl. hierzu bspw. Borrmann, Akzessorietät des Strafrechts zu den betreuungsrechtlichen (Verfahrens-) Regelungen die Patientenverfügung betreffend (§§ 1901a ff. BGB), Berlin 2016.
[1093] *Kurze* in: Kurze, Vorsorgerecht, § 1901a BGB Rn. 1; in systematischer Hinsicht sind diese Vorschriften im vierten Buch des BGB, dem Familienrecht, in Abschnitt drei Titel zwei, der rechtlichen Betreuung, angesiedelt.
[1094] *Kurze* in: Kurze, Vorsorgerecht, § 1901a BGB Rn. 7; *Müller-Engels* in: BeckOK BGB, § 1827 Rn. 30 ff. m.w.N.

darf jedoch nach den Verfahrensvorschriften der §§ 1827 ff. BGB zur Entfaltung ihrer Wirksamkeit der Umsetzung durch eine betreuende Person.[1095] Aus zivilrechtlicher Sicht ist die Patientenverfügung also dem Grunde nach dogmatisch als umsetzungsbedürfte Einwilligung oder Untersagung einzuordnen.[1096]

b) Zivilrechtliche Rechtsfolgen bei Verstoß

aa) Mögliche Anspruchsgrundlagen

Grundsätzlich ist bei einem Verstoß gegen den in einer wirksame Patientenverfügung niedergelegten Willen der Betroffenen der Demenzfrüherkennung eine vertragliche Haftung aus § 280 Abs. 1 BGB wegen eines Verstoßes gegen den Behandlungsvertrag, insbesondere gegen §§ 630a Abs. 2, 630d, 630e BGB, sowie eine deliktische Haftung aus § 823 Abs. 1 BGB sowie aus § 823 Abs. 2 BGB i.V.m. §§ 223, 229 StGB denkbar.[1097]

bb) Problembereiche

Früher wurde abgelehnt, dass Behandlungen entgegen des Patientenwillens per se Schadensersatzansprüche auslösen können, was mit einer fehlenden rechtlichen Klärung begründet wurde.[1098] Dies wird nach der Rechtslage de lege lata nicht mehr abgelehnt.[1099] Problematisch ist in der wohl praktisch bedeutsamsten[1100] Konstellation der Vornahme lebenserhaltender Maßnahmen entgegen des Patientenwillens, ob eine vertragliche Pflicht des ärztlichen Fachpersonals durch die Weiterbehandlung verletzt wird und ob hierdurch ein ersatzfähiger Schaden entstehen kann.[1101] Das Problem tritt auf, wenn in einer Patientenverfügung der Wille niedergelegt wurde, keine lebenserhaltenden Maßnahmen in einem fortgeschrittenen Demenzstadium erhalten zu wollen, solche aber dennoch vorgenommen werden, bspw. weil der aktuelle Wille des nun demenzerkrankten Betroffenen in diese Richtung deutlich wird. Im Folgenden soll daher dargelegt werden, inwiefern eine vertragliche Pflicht durch die Vornahme lebenserhaltender Maßnahmen verletzt werden und ob eine Lebenserhaltung einen ersatzfähigen Schaden darstellen kann.

[1095] *Kurze* in: Kurze, Vorsorgerecht, § 1901a BGB Rn. 7; dies ist nicht gänzlich unumstritten, aber wohl die überwiegende Auffassung, vgl. zum Meinungsstand mit ausführlichen Nachweisen bei Borrmann, S. 43.
[1096] *Kurze* in: Kurze, Vorsorgerecht, § 1901a BGB Rn. 7.
[1097] Baltz, S. 131; Lemmerz, S. 74; Ludyga, NZFam 2017, S. 595, 595; vgl. zu den Rechtsfolgen der Vornahme medizinischer Maßnahmen ohne Einwilligung der Patienten bereits ausführlich oben ab S. 92.
[1098] LG Traunstein NJW-RR 2003 S. 221 ff.; zu diesem Fall darstellend auch bei Baltz, S. 128; Wietfeld, S. 151f.
[1099] *Kurze* in: Kurze, Vorsorgerecht, § 1901a BGB Rn. 215.
[1100] So auch Ludyga, NZFam 2017, S. 595, 597.
[1101] Bach, NJW 2019 S. 1915, 1916.

(1) Vertragliche Pflichtverletzung durch Vornahme lebenserhaltender Maßnahmen

(a) Mangelnde Indikation

Eine ärztliche Pflichtverletzung kann sich zunächst aus einer mangelnden Indikation der vorgenommenen lebenserhaltenden Maßnahme im fortgeschrittenen Demenzstadium ergeben, denn nach §§ 1828 Abs. 1 S. 1, 1829 Abs. 2 BGB stellt sich erst bei Vorliegen der Indikation die Frage nach der Einwilligung der Betroffenen, um die es im Kern im Rahmen der Patientenverfügung geht.[1102] Daher soll zunächst auf die ärztliche Pflichtverletzung durch Vornahme lebenserhaltender Maßnahmen bei mangelnder Indikation eingegangen werden, bevor die Kernproblematik der fehlenden Einwilligung beleuchtet wird.

Die Indikation beschreibt den Grund bzw. die Notwendigkeit einer ärztlichen Maßnahme und stellt eine Art Bindeglied zwischen dem erstrebten Ziel und der jeweiligen Behandlung dar.[1103] In der Regel sind lebensverlängernde Maßnahmen nicht mehr indiziert, wenn der Sterbeprozess bereits begonnen hat.[1104] Eine nicht indizierte Behandlung lässt sich nicht durch eine Patientenverfügung anordnen; oft geht es im Kontext der Untersuchung aber gerade nicht um die Anordnung einer lebenserhaltenden Maßnahme, sondern vielmehr um ihre Beendigung.[1105] Aber auch die Beendigung lebenserhaltender Maßnahmen kann medizinisch indiziert sein.[1106] Es stellt sich also die Frage, anhand welcher Kriterien die medizinische Indikation zu bestimmen ist.

Das Urteil über den Wert der medizinischen Behandlungsmaßnahme in der jeweiligen Situation[1107] wurde früher vor allem auf das Kriterium der unmittelbaren Todesnähe gestützt.[1108] Daran wurde jedoch zurecht kritisiert, dass dieser Anhaltspunkt aufgrund des ungewissen Todeszeitpunktes zu unbestimmt ist.[1109] Ein Mangel der Indikation kann sich aber daraus ergeben, dass die Maßnahme, die das Leben erhalten soll, wie bspw. eine künstliche Ernährung mittels

---

[1102] LG München MedR 2017 S. 889, 891; BT-Drs. 16/13314, S. 20; zur Indikation ausführlich bei Beckmann, MedR 2018, S. 556 ff.; so bereits auch bei Lipp, FamRZ 2004, S. 317, 319; *Kutzer* in: FS-Rissing-van Saan, S. 348 f.

[1103] Huber, Die medizinische Indikation als Grundrechtsproblem, S. 28 m.w.N.

[1104] BT-Drs. 16/8442, S. 7; dazu auch bereits bei Lipp, FamRZ 2004, S. 317, 319 m.w.N.

[1105] So auch bei LG München MedR 2017, S. 889, 891.

[1106] Ludyga, NZFam 2017, S. 595, 595.

[1107] So die Definition der Indikation laut BGH, vgl. BGH NJW 2003, S. 1588, 1593.

[1108] Wegweisend dazu die *Kemptener Entscheidung*: BGH NJW 1995, S. 204, zum Kriterium der unmittelbaren Todesnähe insbesondere S. 205.

[1109] LG München MedR 2017, S, 889, 891 m.w.N; vgl. kritisch insbesondere Stackmann, NJW 2003 S. 1568, 1568.

einer Sonde, den Leidensweg lediglich verlängern würde.[1110] Es wird eine einzelfallbezogene Abwägung ermöglicht, bei der das individuelle Behandlungsziel berücksichtigt werden soll.[1111] Auch wird zum Teil befürwortet, die Indikation anhand des Therapieziels zu bestimmen, dessen Erreichbarkeit durch das ärztliche Fachpersonal und dessen Erwünschtheit durch den Betroffenen festgelegt wird.[1112] Wenn die medizinische Indikation hinsichtlich einer lebenserhaltenden Maßnahme nicht mehr besteht, liegt die Annahme nahe, dass aus § 1828 Abs. 1 BGB die Pflicht des ärztlichen Fachpersonals erwächst, die betreuende Person über eine Veränderung des Gesundheitszustandes der Betroffenen in Kenntnis zu setzen, der sich auf die Indikation von lebenserhaltenden Maßnahmen auswirkt.[1113] Eine Pflichtverletzung des ärztlichen Fachpersonals, die einen Behandlungsfehler darstellt[1114] und die eingangs genannten Ansprüche begründen könnte, könnte sich daraus ergeben, dass das ärztliche Fachpersonal es unterlässt, die betreuende Person über den geänderten Gesundheitszustand in Kenntnis zu setzen. Problematisch ist an dieser Konstruktion eines Behandlungsfehlers, dass § 1828 Abs. 1 S. 1 BGB zwar festlegt, dass das ärztliche Fachpersonal die Indikation von Behandlungsmaßnahmen zwar prüft, § 1828 Abs. 1 S. 2 BGB aber nicht festlegt, auf wessen Initiative hin die Erörterung der Maßnahme zu erfolgen hat, zumindest wenn der betreuenden Person die wesentlichen Umstände des Gesundheitszustandes der Betroffenen bekannt sind.[1115]

Weitere Probleme können sich im Kontext der darüber hinaus nötigen Ursächlichkeit ergeben: es muss feststellbar sein, dass die lebenserhaltende Maßnahme gerade aufgrund des Behandlungsfehlers fortgeführt wurde.[1116] Dies bestimmt sich danach, ob die Betroffenen das Leben im konkreten Zustand noch als lebenswert einstufen würden, was als höchstpersönliche Entscheidung keiner allgemeinen Grundsätze zugänglich und jeweils im Einzelfall zu beurteilen ist.[1117]

[1110] LG München MedR 2017, S. 889, 891; *Knauer/Brose* in: Spickhoff Medizinrecht, § 216 StGB Rn. 17 insbesondere in Bezug auf die Nichtindikation künstlicher Ernährung bei einer weit fortgeschrittenen Demenzerkrankung.

[1111] LG München MedR 2017, S. 889, 891.

[1112] So bspw. Duttge, Anmerkung zu LG München I, Urteil vom 28.11.2016 – 9 O 5246/14, MedR 2017 S. 892, 894; ähnlich auch Bach, NJW 2019 S. 1915, 1916.

[1113] So LG München MedR 2017 S. 889, 891; vgl. dazu auch Bach, NJW 2019 S. 1915, 1916.

[1114] Zu diesem Ergebnis gelangt das LG München, vgl. MedR 2017 S. 889, 892; zustimmend hinsichtlich der Pflicht aus § 1828 BGB auch OLG München, MedR 2018 S. 317, 320.

[1115] Bach, NJW 2019 S. 1915, 1917; kritisch dazu auch Beckmann, MedR 2018 S. 556, 562; auch der BGH steht der Annahme eines Behandlungsfehlers in solchen Konstellationen zweifelnd gegenüber, vgl. BGH r+s 2019 S. 349, 350.

[1116] LG München MedR 2017 S. 889, 892; dazu auch OLG München MedR 2018, S. 317, 323.

[1117] LG München MedR 2017 S. 889, 892; so auch Bach, NJW 2019 S. 1915, 1916.

(b) Fehlende Einwilligung

Es besteht auch die Möglichkeit der Annahme, dass lebenserhaltende Maßnahmen die Verletzung einer Pflicht aus dem Behandlungsvertrag darstellen können, wenn diese nicht (mehr) von einer informierten Einwilligung gedeckt sind.[1118] Eine Pflichtverletzung kann aus dem Umstand resultieren, dass nicht ordnungsgemäß über den aktuellen Stand des Gesundheitszustandes aufgeklärt wurde, wie es für die fortgesetzte Einwilligung bei einer dauerhaften Maßnahme wie der künstlichen Ernährung erforderlich ist.[1119] Hierbei kann die fortlaufend geltende ärztliche Aufklärungspflicht aus § 630e BGB verletzt werden, sodass die zugrundeliegende Einwilligung ex nunc unwirksam wird.[1120]

Bspw. im Fall der künstlichen Ernährung mittels einer Sonde ist das behandelnde ärztliche Fachpersonal nach § 630e Abs. 1 S. 1 BGB verpflichtet, die Thematik der Aufrechterhaltung oder Beendigung dieser Maßnahme eingehend mit der betreuenden Person zu erörtern.[1121] Gerade wenn die Indikation nicht eindeutig feststellbar ist, ist dies in einem besonderen Umfang von Nöten.[1122] Dies ist insbesondere in Konstellation der weit fortgeschrittenen Demenzerkrankung häufig der Fall – oft wird in den genannten Leitlinien eine Sondenernährung für Betroffenen im finalen Demenzstadium nicht als indiziert angesehen.[1123] Dies wird damit begründet, dass in einem derartigen Krankheitsstadium unter Umständen kein Therapieziel im eigentlichen Sinne mehr mit der künstlichen Ernährung als ärztlicher Behandlungsmaßnahme verfolgt werden kann.[1124] In den Leitlinien ist u. a. niedergelegt, dass eine Ernährungssonde nicht nur zum Zweck der Reduktion des Pflegeaufwandes gelegt werden darf; diese muss durch Aussicht auf Besserung indiziert sein, wobei die Indikation in regelmäßigen Abständen erneuten Prüfungen zu unterziehen ist.[1125] Über diese Umstände hat das behandelnde ärztliche Personal die betreuende Person fortlaufend aufzuklären. Sollte dies unterbleiben, kann die zugrundeliegende Einwilligung ex nunc unwirksam werden.[1126]

[1118] Bach, NJW 2019 S. 1915, 1916; ähnlich bei Baltz, S. 129f.; vgl. zu Behandlungsfehlern aufgrund nicht konsentierter ärztlicher Maßnahmen ausführlich bereits oben ab S. 92.
[1119] OLG München MedR 2018 S. 317, 324; dazu auch Bach, NJW 2019 S. 1915, 1916.
[1120] Bach, NJW 2019 S. 1915, 1916.
[1121] OLG München MedR 2018 S. 317, 320.
[1122] OLG München MedR 2018 S. 317, 321 m.w.N.
[1123] Vgl. dazu ausführlich die bei OLG München MedR 2018 S. 317, 321-323 dargestellten verschiedenen Leitlinien (m.w.N.).
[1124] OLG München MedR 2018 S. 317, 321 m.w.N.
[1125] Vgl. dazu ausführlich die bei OLG München MedR 2018 S. 317, 321-323 dargestellten verschiedenen Leitlinien (m.w.N.).
[1126] Bach, NJW 2019 S. 1915, 1916.

(2) Lebenserhaltung als ersatzfähiger Schaden?

Weiter stellt sich in diesem Zusammenhang die Frage, ob ein ersatzfähiger Schaden darin bestehen kann, dass das menschliche Leben einer demenzerkrankten Person entgegen ihrem in einer Patientenverfügung niederlegten Willen durch künstliche Ernährung verlängert wird. Bei der Schadensbestimmung ist grundlegend zwischen materiellen und immateriellen Schäden zu differenzieren.

(a) Immaterieller Schaden

Ein immaterieller Schaden kann nach § 253 Abs. 2 BGB ersatzfähig sein.[1127] Der BGH vertritt die Auffassung, dass ein von der Rechtsordnung anerkannter Schaden nicht in einem Zustand des Weiterlebens mit krankheitsbedingten Schmerzen bestehen kann, wenn keine Option des Weiterlebens ohne oder mit weniger Schmerzen verfügbar ist.[1128] Das Leben sei als höchstrangiges Rechtsgut äußerst erhaltungswürdig, in dessen Weiterbestehen könne kein Schaden gesehen werden, Art. 1 Abs. 1, 2 Abs. 2 S. 1 GG.[1129] Dies wird auch im Schrifttum so beurteilt: das „gelebte Leben" könne im Rahmen einer immateriellen Schadensberechnung keinen Posten einnehmen.[1130] Auch aufgrund des Grundsatzes der mittelbaren Drittwirkung der Grundrechte im Zivilrecht, bei dem in diesem Kontext vor allem der Menschenwürde nach Art. 1 Abs. 1 GG eine herausragende Rolle zuteilwird, kann ein Leben, selbst bei ungünstiger Prognose am Lebensende, keinen Schaden im Rahmen der zivilrechtlichen Haftung darstellen.[1131] Auch wird das Dammbruch-Argument angeführt: es verbiete sich eine Unterscheidung von lebenswertem und lebensunwertem Dasein.[1132]

Im Schrifttum wird sich bisher zudem dafür ausgesprochen, dass Patientenverfügungen nicht in der Form auf das Schadensersatzrecht einwirken, als dass durch sie ein Leben als immaterieller Schaden betrachtet werden kann, da dem Schadensrecht und der Patientenverfügung gänzlich unterschiedliche Wertungen immanent seien.[1133]

[1127] Ludyga, NZFam 2017, S. 595, 596.
[1128] BGH r+s 2019 S. 349, 350.
[1129] BGH r+s 2019 S. 349, 350; hierzu auch Omlor, JuS 2019 S. 577, 578; dies hatte das OLG München noch anders beurteilt, vgl. OLG München MedR 2018 S. 317, 325; andere schlagen eine differenzierende Haftungsbeschränkung auf Fälle des eindeutig unvertretbaren Handelns des ärztlichen Fachpersonals vor, vgl. Deutsch/Spickhoff, Medizinrecht, Rn. 986.
[1130] Ludyga, NZFam 2017, S. 595, 597.
[1131] Ludyga, NZFam 2017, S. 595, 597.
[1132] Ludyga, NZFam 2017, S. 595, 598.
[1133] Ludyga, NZFam 2017, S. 595, 598.

Ob ein Schmerzensgeldanspruch insoweit aus der Verletzung des Selbstbestimmungsrechts resultieren kann, beantwortet die Rechtsprechung bislang nicht.[1134] Dass dies bald geklärt werden wird, liegt außerhalb des Bereichs des Wahrscheinlichen, da Schmerzensgeldansprüche aus Persönlichkeitsrechtsverletzungen nur vom Betroffenen selbst geltend gemacht werden können und nicht auf deren Erbberechtigte übergehen.[1135]

De lege lata kann ein immaterieller Schaden also nicht in einem Weiterleben entgegen einer Patientenverfügung einer demenzerkrankten Person gesehen werden.

(b) Materieller Schaden

Von Verfassung wegen ist aber denkbar, die wirtschaftliche Belastung im Kontext der menschlichen Existenz, also der Kosten der Weiterbehandlung der demenzerkrankten Person, als materiellen Schaden zu betrachten.[1136] Problematisch ist dabei laut BGH die Feststellung des erforderlichen Schutzzweckzusammenhangs, durch den die Haftung auf Schadensersatz begrenzt wird.[1137] Die ggf. verletzten Pflichten dienen nicht dem Zweck, den Betroffenen vor Belastungen wirtschaftlicher Art zu bewahren, die aus einem Weiterleben, ggf. trotz Schmerzen, resultieren.[1138] Die Aufklärungspflicht des ärztlichen Fachpersonals gegenüber der betreuende Person der Betroffenen diene lediglich dem vom dieser zu wahrenden Selbstbestimmungsrecht der Betroffenen; die Pflicht zur gewissenhaften Prüfung der medizinischen Indikation einer lebenserhaltenden Maßnahme bezweckt die Verhinderung der unnötigen Belastung des Sterbeprozesses und gerade nicht die Erhaltung des Vermögens der Betroffenen im Sinne der Erbberechtigten.[1139] Daher ist auch die Annahme eines materiellen Schadens in dieser Konstellation höchst problematisch.

c) Zusammenfassung und Zwischenfazit

Im Kontext der Demenzfrüherkennung, die den Betroffenen die Möglichkeit bietet, für den Fall eines Krankheitseintritts vorab Entscheidungen medizinischer Art zu treffen, stellt sich in der Praxis die Frage, inwieweit lebensverlängernde Maßnahmen, bspw. eine künstliche Ernährung, im Stadium einer fortgeschrittenen Demenzerkrankung durchgeführt werden sollen. Häufig

---

[1134] BGH r+s 2019 S. 349, 351; dazu auch Bach, NJW 2019 S. 1915, 1917.
[1135] BGH NJW 2014, S. 2871, 2871; Bach, NJW 2019 S. 1915, 1917; Omlor, JuS 2019, S. 577, 578.
[1136] BGH r+s 2019 S. 349, 352; so auch im Kern BVerfGE 96, 375; dazu auch Omlor, JuS 2019, S. 577, 578; vgl. auch jüngst BVerfG NJW 2023, 356 ff.
[1137] BGH r+s 2019 S. 349, 352.
[1138] BGH r+s 2019 S. 349, 352; auch dies hatte das OLG München im Hinblick auf ein Schmerzensgeld nach § 253 Abs. 2 BGB noch anders beurteilt, vgl. OLG München MedR 2018 S. 317, 326.
[1139] BGH r+s 2019 S. 349, 352.

geht es für die Betroffenen darum zu verfügen, dass eine solche ab einem bestimmten Demenzstadium nicht mehr vorgenommen werden soll.

Die Patientenverfügung ist aus zivilrechtlicher Sicht als umsetzungsbedürftige Einwilligung in bzw. Untersagung medizinischer, in diesem Kontext insbesondere lebensverlängernder, Maßnahmen zu verstehen. Bei einer Handlung entgegen dem in der Patientenverfügung zum Ausdruck kommenden Willen der Betroffenen kommen Schadensersatzansprüche aus § 280 Abs. 1 BGB wegen einer Verletzung einer Pflicht aus dem Behandlungsvertrag nach § 630a BGB sowie deliktische Ansprüche aus den §§ 823 ff. BGB in Betracht. Diese werden ggf. zumeist von den Erbberechtigten, auf die die Ansprüche im Fall des Todes der Betroffenen im Wege der Universalsukzession nach § 1922 BGB übergehen, geltend gemacht.[1140]

Eine zivilrechtliche Haftung wirft in diesem Kontext Probleme verschiedener Art auf. Zum einen ist die Feststellung der Pflichtverletzung des ärztlichen Fachpersonals problembehaftet. Es werden sowohl eine mangelnde Indikation als auch eine nicht mehr vorhandene Einwilligung infolge der Nicht-Aufklärung der betreuenden Person über geänderte medizinische Umstände als Gründe für die Annahme einer Pflichtverletzung angedacht. Zum anderen weisen die Bestimmung des für die Haftung erforderlichen Kausalzusammenhangs und vor allem die eines möglichen Schadens Schwierigkeiten auf. Bei immateriellen Schäden spielt vor allem die Menschenwürde nach Art. 1 Abs. 1 GG eine Rolle, die es im Wege der mittelbaren Drittwirkung der Grundrechte im Zivilrecht untersagt, den Wert eines Lebens, auch am Lebensende, einer rechtlichen Beurteilung in Form einer Schadensannahme zu unterziehen. Im Rahmen der Bestimmung etwaiger materieller Schadensposten ist vor allem der Schutzzweckzusammenhang ungewiss.

Dies resultiert darin, dass es in der hier beleuchteten Fallkonstellation im Kontext von Vorausverfügungen auf Basis der Ergebnisse der Untersuchungen zum Zweck der Demenzfrüherkennung de lege lata nur selten zu zivilrechtlicher Haftung kommen kann. Zum Teil wird aus diesem Grund eine privatautonome Modifikation des Behandlungsvertrages in der Art angedacht, dass die Vermeidung etwaiger Zusatzkosten durch lebensverlängernde Maßnahmen als ersatzfähiger Schaden festgelegt wird.[1141]

[1140] Ludyga, NZFam 2017, S. 595, 596.
[1141] Omlor, JuS 2019, S. 577, 579.

3. Bedeutung einer wirksamen Patientenverfügung im Strafrecht

a) Mögliche Fallkonstellationen und Straftatbestände

Ein Handeln entgegen einer Patientenverfügung mit strafrechtlicher Relevanz ist im Kontext der Demenzfrüherkennung im Wesentlichen auf zwei Arten möglich: Entweder könnte eine Behandlung der demenzerkrankten Person erfolgen, obwohl diese laut Patientenverfügung nicht vorgenommen werden soll, oder es könnte keine Behandlung erfolgen, obwohl der in der Patientenverfügung niedergelegte Wille der Betroffenen diese vorsieht.[1142] In der Praxis wird zumeist der erstgenannte Fall einschlägig sein: Betroffenen verfügen bspw. auf Basis der Ergebnisse von Untersuchungen zum Zweck der Demenzfrüherkennung, dass sie im Falle einer sehr fortgeschrittenen Demenzerkrankung keine weitere Behandlung wie eine künstliche Ernährung oder Beatmung wünschen.[1143] Das hängt auch damit zusammen, dass bei Indikation lebenserhaltende Maßnahmen grundsätzlich von Ärzten vorgenommen werden, sodass bei einem Wunsch nach Vornahme dieser Maßnahmen i.d.R. keine Patientenverfügung statuiert werden muss.[1144] Eine Beendigung der lebensverlängernden Maßnahmen ohne den Willen der Betroffenen könnte zwar ein Tötungsdelikt darstellen, soll aber hier aufgrund der eher geringen praktischen Relevanz dieser Konstellation im Kontext der Demenzfrüherkennung nicht weiter behandelt werden.[1145]

Ein Handeln entgegen einer Patientenverfügung, die bestimmt, dass ab einem gewissen Krankheitsstadium einzelne medizinische Maßnahmen nicht mehr erfolgen sollen, also bspw. die Vornahme und Aufrechterhaltung einer künstlichen Ernährung mittels einer PEG-Sonde, könnte als invasive Maßnahme[1146] bei einer bewussten Abweichung eine Strafbarkeit wegen Körperverletzung nach § 223 Abs. 1 StGB, bei einer unbewussten Abweichung wegen fahrlässiger Körperverletzung gem. § 229 StGB[1147], nach sich ziehen. Es kommen grundsätzlich auch

---

[1142] Hierzu auch im Allgemeinen bei *Rissing-van Saan* in: Patientenverfügungen, S. 99, 99.
[1143] Zur Häufigkeit dieser Konstellation bspw. bei Magnus, Patientenverfügung und natürlicher Wille, S. 98; *Schneider* in: MüKo StGB, Vorbem. Zu § 211 Rn. 145, 147 m.w.N.
[1144] Magnus, Patientenverfügung und natürlicher Wille, S. 98.
[1145] Vgl. hierzu bei Magnus, Patientenverfügung und natürlicher Wille, S. 106; Sternberg-Lieben in: FS-Roxin, S. 544 ff.; Die Verweigerung einer indizierten konsentierten medizinischen Behandlung kann unter Umständen auch eine Strafbarkeit wegen Körperverletzung durch Unterlassen begründen, §§ 223 Abs. 1, 13 Abs. 1 StGB; vgl. dazu bei Borrmann, S. 65; auf den darauffolgenden Seiten wird auch ausführlich die für eine Unterlassungsstrafbarkeit nötige Garantenstellung beleuchtet.
[1146] LG München MedR 2017 S. 889, 890; Borrmann, S. 64; *Eser/Sternberg-Lieben* in: Schönke/Schröder StGB, Vorbem. Zu § 211 ff., Rn. 28g; Hufen, NJW 2001, 849, 853; vgl. zur Unterscheidung invasiver und nicht-invasiver Untersuchungen im Kontext der Körperverletzungsdelikte bereits ausführlich oben ab S. 78.
[1147] Dies dürfte insbesondere bei einer Fehlinterpretation der Patientenverfügung in Betracht kommen, vgl. dazu Sternberg-Lieben in: FS-Roxin, S. 541.

weitere Straftatbestände, etwa die Nötigung nach § 240 StGB durch die Nichtbeachtung des Patientenwillen[1148] sowie die unterlassene Hilfeleistung gem. § 323c StGB[1149] in Betracht, die im Kontext der Untersuchung eine untergeordnete Rolle spielen und nur der Vollständigkeit halber genannt werden.

b) Patientenverfügung im Kontext der strafrechtlichen Einwilligung

Zu untersuchen ist, ob eine Strafbarkeit wegen Körperverletzung mangels einer entsprechenden Patientenverfügung auf Basis der Ergebnisse der Untersuchungen zum Zweck der Demenzfrüherkennung, die die Zustimmung zu einer künstlichen Ernährung enthält, parallel zur Strafbarkeit der Vornahme einer invasiven Untersuchung ohne die erforderliche Einwilligung[1150] zu behandeln ist, oder ob für die Konstellation der Vorausverfügung andere Regeln gelten.

Wenn die Voraussetzungen der aktuellen Einwilligung[1151] uneingeschränkt auf die Patientenverfügung auf Basis der Ergebnisse der Untersuchungen zum Zweck der Demenzfrüherkennung übertragen würden, hätte dies eine stärkere Bindungswirkung zur Folge, obwohl insbesondere im Hinblick auf die Aufklärung und Bestimmtheit geringere Anforderungen gelten.[1152] Die stärkere Bindungswirkung ergäbe sich daraus, dass die Maßnahmen, in die eingewilligt wird, noch nicht bestimmt wären und nicht unmittelbar bevorstünden, sodass sich der Patientenwille bei Eintritt der konkreten Situation, in der eine Behandlung nötig wird, geändert haben könnte, dieser aber wegen der dann bestehenden Einwilligungsunfähigkeit keine Änderungen mehr an der vorherigen Verfügung vornehmen könnte.[1153] Dieses Problem stellt sich insbesondere im Rahmen von Demenzerkrankungen, die häufig im Fortschreiten mit einer Persönlichkeitsänderung der Betroffenen einhergehen.

Es kann angedacht werden, das Vorliegen einer Patientenverfügung, die die zivilrechtlichen Voraussetzungen der §§ 1827 ff. BGB erfüllt, einer Einwilligung im strafrechtlichen Sinne und damit einem möglichen Rechtfertigungsgrund gleichzusetzen. Es könnten aber auch eigene Maßstäbe für das Strafrecht gelten. Weiterhin ist zu untersuchen, ob ein Verstoß, insbesondere

---

1148 Borrmann, S. 68.
1149 Borrmann, S. 69.
1150 Medicus/Lorenz, § 32 Rn. 22; *Neumann* in: Kindhäuser/Neumann/Paeffgen StGB, Vorbem. zu § 211 Rn. 116; Sternberg-Lieben in: FS-Roxin, S. 556; ein Beispielsfall, in dem sich auch die praktische Relevanz dieser möglichen Strafbarkeit zeigt, findet sich bei Gaul/Helm, Deutsches Ärzteblatt 16. Januar 2009, Heft 3, S. A 84-A 87; vgl. auch Borrmann, S. 88 ff. im Hinblick auf mögliche Fallkonstellationen.
1151 Vgl. dazu bereits oben ab S. 83.
1152 Borrmann, S. 40; vgl. dazu auch bereits den einleitenden Problemaufriss ab S. 182.
1153 Borrmann, S. 39/40; zur Problematik des Widerrufs einer Patientenverfügung im Stadium der Einwilligungsunfähigkeit vgl. ausführlich oben ab S. 169.

gegen die formellen Vorschriften der §§ 1827 ff. BGB, für sich genommen eine Strafbarkeit begründet.[1154] Anhand der Überlegungen können dann Schlüsse auf die Strafbarkeit einer künstlichen Ernährung eines Demenzpatienten entgegen einer entsprechenden Patientenverfügung gezogen werden.

bb) Möglichkeiten der Berücksichtigung der Patientenverfügung im Strafrecht

Im Strafrecht sind aus ärztlicher Sicht auch medizinisch indizierte Behandlungsmaßnahmen nur zulässig, wenn in diese eingewilligt wird.[1155] Wie dieser Wille aus strafrechtlicher Sicht festzustellen ist, ist nicht geregelt.[1156]

Es besteht die Möglichkeit, dass die Regelungen der §§ 1827 ff. BGB hierfür Anhaltspunkte bieten.[1157] Grundsätzlich hat der Gesetzgeber dies bzgl. angedacht, dass das Patientenverfügungsgesetz, insbesondere die §§ 1827 ff. BGB, die Grenzen der Einwilligung in einen Eingriff in die körperliche Unversehrtheit gem. §§ 228, 216 StGB unberührt lässt.[1158] Die Beurteilung, ob eine Einwilligung im strafrechtlichen Sinn vorliegt, kann auch nach der Rechtsprechung nicht lediglich als zivilrechtsakzessorisches Problem behandelt werden, sondern wird von den Gerichten vielmehr als eine strafrechtsspezifische Fragestellung betrachtet.[1159] Es können dabei im Sinne der Einheitlichkeit der Rechtsordnung zwar die Kodifikationen aus anderen Rechtsgebieten einbezogen werden, im Grunde sei aber eine autonome Entscheidung nach materiell-strafrechtlichen Kriterien zu fällen.[1160] Teilweise existieren rechtsgebietsübergreifende Verweise und Strafrecht und Zivilrecht stehen normenhierarchisch auf der gleichen Stufe.[1161] Das Strafrecht kann kein Verhalten bestrafen, welches bspw. aus zivilrechtlicher Sicht zulässig ist, umgekehrt müsse wegen des ultima ratio Prinzips noch keine Strafbarkeit gegeben sein, wenn gegen Vorschriften aus anderen Rechtsgebieten verstoßen werde.[1162]

[1154] Vgl. hierzu bspw. bei *Sternberg-Lieben* in: FS-Roxin, S. 548 ff., der dies i.E. ablehnt.
[1155] *Rissing-van Saan* in: Patientenverfügungen, S. 99, 107; vgl. hierzu bereits ausführlich oben ab S. 78.
[1156] *Rissing-van Saan* in: Patientenverfügungen, S. 99, 108; im Zivilrecht ist nach § 1827 Abs. 1 S. 1 BGB die betreuende Person zur Auslegung der Patientenverfügung und damit zur Feststellung des tatsächlichen Patientenwillen berufen, vgl. auch hierzu *Rissing-van Saan* in: Patientenverfügungen, S. 99, 108.
[1157] *Rissing-van Saan* in: Patientenverfügungen, S. 99, 108.
[1158] BT-Drs. 16/8442, S. 9; dazu auch BGH NJW 2010, S. 2963, 2966; *Rissing-van Saan* in: Patientenverfügungen, S. 99, 102.
[1159] BGH NJW 2010, S. 2963, 2966; sog. *Fuldaer-Entscheidung*; vgl. sehr ausführlich dazu auch bei Borrmann S. 134-138.
[1160] BGH NJW 2010, S. 2963, 2966 m.w.N.; so im Ergebnis auch *Sternberg-Lieben* in: FS-Roxin, S. 553f. m.w.N.
[1161] Borrmann, S. 114; vgl. ausführlich zum aktuellen Diskussionsstand im Hinblick auf das Verhältnis zwischen Strafrecht und Zivilrecht auch bei Borrmann ab S. 116-123.
[1162] Sternberg-Lieben in: FS-Roxin, S. 554.

Es werden verschiedene Wege zur Ermittlung des Patientenwillens im Kontext von Patientenverfügungen diskutiert, die im Folgenden näher beleuchtet werden sollen. Diese spielen auch im Rahmen der Ermittlung des Willens von Personen, die auf Basis der Ergebnisse einer Untersuchung zum Zweck der Demenzfrüherkennung eine Patientenverfügung statuiert haben, eine Rolle.

(1) §§ 1827 ff. BGB als Konkretisierung der strafrechtlichen Einwilligungsvoraussetzungen

Zum Teil wird die Patientenverfügung als eine Art Konkretisierung der zur tatsächlichen Einwilligung entwickelten Grundsätze begriffen, also eine Akzessorietät des Strafrechts zu den §§ 1827 ff. BGB angenommen.[1163] Dabei wird entgegen der Annahme der grundsätzlich notwendigen Umsetzung durch die betreuende Person [1164] von einer eigenen Einwilligung der Betroffenen ausgegangen.[1165] Personen, die eine Untersuchung zum Zweck der Demenzfrüherkennung haben durchführen lassen, würden also selbst eine Zustimmung bzw. Ablehnung bspw. hinsichtlich einer künstlichen Ernährung in einem späteren fortgeschrittenen Krankheitsstadium geben.

In Frage steht weiterhin, welche der Regelungen der §§ 1827 ff. BGB im Einzelnen im Strafrecht anzuwenden wären.[1166] Für die strafrechtliche Einwilligung ist keine bestimmte Form erforderlich - diese muss also nicht schriftlich, sondern kann auch mündlich, konkludent oder nonverbal erfolgen.[1167] Es wäre nicht erforderlich, die in den §§ 1827 ff. BGB vorgegebenen Vorgaben für das Verfahren genau einzuhalten; vielmehr ist von Relevanz, dass der tatsächliche oder mutmaßliche Wille der Betroffenen eine richtige Ermittlung und Umsetzung erfährt.[1168] Strafrechtliche Konsequenzen ergeben sich nicht zwingend daraus, dass Verfahrensvorgaben ggf. nicht eingehalten wurden, sondern allein danach, ob ärztliche Maßnahmen vom Willen der Betroffenen gedeckt waren.[1169] Patientenverfügungen in Bezug auf einen späteren Demenzeintritt müssten also nicht zwingend die strengeren Formvorgaben erfüllen.

[1163] Vgl. dazu darstellend bei Borrmann, S. 142-144.
[1164] Vgl. zur Umsetzungsbedürftigkeit oben ab S. 184.
[1165] Borrmann, S. 41; dies wird im Wesentlichen mit dem Wortlaut des § 1827 Abs. 2 BGB begründet, vgl. dazu auch BT-Drs. 16/8442, S. 14; teilweise wird die Umsetzung als lediglich untergeordnet relevante Verfahrensregelung betrachtet, sodass trotz der Annahme der Umsetzungsbedürftigkeit von einem materiell eigenen Willen des Patienten ausgegangen wird, vgl. *Müller-Engels* in: BeckOK BGB, § 1827 Rn. 30.
[1166] Borrmann, S. 42.
[1167] *Rissing-van Saan* in: Patientenverfügungen, S. 99, 107; vgl. dazu, dass die strafrechtliche Einwilligung an keine bestimmte Form gebunden ist bereits oben ab S. 84**Fehler! Textmarke nicht definiert.** m.w.N.
[1168] *Rissing-van Saan* in: Patientenverfügungen, S. 99, 109; so auch Sternberg-Lieben in: FS-Roxin, S. 553f.
[1169] *Rissing-van Saan* in: Patientenverfügungen, S. 99, 109.

Bei einem Verstoß gegen die Regelungen der §§ 1827 ff. BGB wäre bei dieser Konstruktion zudem kein Rückgriff auf die mutmaßliche Einwilligung möglich.[1170] Eine Straflosigkeit wäre dann lediglich über Irrtumskonstellationen oder andere Gründe, die zur Strafausschließung führen, denkbar.[1171] Zu beachten ist jedoch, dass § 1827 Abs. 1 BGB nach seinem Wortlaut einzig den Patientenwillen als legitimierend ansieht – dies ist auch bereits ohne diese Vorschrift im Strafrecht der Fall, sodass diese einen rein deskriptiven Charakter aufweist, und die hier vorgeschlagene Konkretisierung durch die §§ 1827 ff. BGB gar nicht notwendig ist.[1172]

(2) §§ 1827 ff. BGB als spezieller Rechtfertigungsgrund

Zudem wäre es möglich, die Patientenverfügung von Personen, die eine Untersuchung zum Zweck der Demenzfrüherkennung haben durchführen lassen, nicht als bloße Konkretisierung der Einwilligungsvoraussetzungen, sondern als einen originären, spezifischen Rechtfertigungsgrund anzusehen, der im Rahmen der §§ 1827 ff. BGB eine nähere Ausgestaltung erfährt, sodass auch die soeben angesprochenen Verfahrensregelungen gelten würden.[1173] Dies würde eine noch stärkere Akzessorietät zum Zivilrecht bedeuten.[1174] Hierbei besteht die Möglichkeit, die Regelungen zur Patientenverfügung als spezielleren Rechtfertigungsgrund aufzufassen, der keinen Rückgriff auf die mutmaßliche Einwilligung zulässt, wenn bspw. die Verfahrensvorschriften nicht eingehalten wurden, oder es kann davon ausgegangen werden, dass ein solcher Rückgriff weiterhin denkbar ist.[1175] Hierfür sprechen auch Gründe der Rechtsklarheit und der Einheit der Rechtsordnung: Wenn der Wille der Betroffenen nach §§ 1827 ff. BGB legitim durchgesetzt wird, solle dies keine strafrechtliche Pönalisierung erfahren.[1176]

(3) Strafrechtsautonome Lösung

Schließlich könnte auch eine Lösung darin bestehen, eine spezielle strafrechtliche Rechtfertigung gänzlich losgelöst von den §§ 1827 ff. BGB anhand der judikativ entwickelten Grundsätze

---

[1170] Borrmann, S. 42.
[1171] Borrmann, S. 70.
[1172] Borrmann, S. 270.
[1173] So wohl Gaede, NJW 2010, S. 2925, 2927; Ihrig, DNotZ 2011, 583, 586; auch *Reus* gelangt zu diesem Ergebnis, vgl. Reus, JZ 2010, S. 80, 83.
[1174] Diehn/Rebhan, NJW 2010, S. 326, 329; etwas abgeschwächter auch Dölling, ZIS 2011, S. 345, 348; mit anderer Begründung i.E. auch Walter, ZIS 2011, S. 76, 82.
[1175] Popp, ZStW 2006, S. 639, 680, dieser spricht sich für die Möglichkeit des Rückgriffs auf eine Rechtfertigung durch die mutmaßliche Einwilligung aus; so wohl auch Klöpperpieper, FPR 2010, S. 260, 265, 266; vgl. dazu darstellend Borrmann, S. 40, 41 m.w.N.
[1176] Gaede, NJW 2010, S. 2925, 2927; Klöpperpieper, FPR 2010, S. 260, 265.

zum Behandlungsabbruch anzunehmen.[1177] Den betreuungsrechtlichen Vorschriften aus §§ 1827 ff. BGB komme zwar die Funktion des Schutzes des Selbstbestimmungsrechts sowie des Lebens von einwilligungsunfähigen Personen infolge einer Demenzerkrankung zu, hieraus lasse sich aber kein Rückschluss auf die strafrechtliche Bewertung einer solchen Situation ziehen.[1178] Ein konsentierter Behandlungsabbruch stelle im Ergebnis einen rechtmäßigen Zustand dar, der auch bei einem etwaigen Verstoß gegen zivilrechtliche Formvorschriften kein strafwürdiges Unrecht darstellen könne.[1179] Umgekehrt könne auch die betreuungsgerichtliche Genehmigung nach § 1829 Abs. 2 BGB eine im Widerspruch zum Patientenwillen durchgeführte Behandlung nicht rechtfertigen, dies sei allein durch den (ggf. mutmaßlichen) Patientenwillen denkbar.[1180]

Im Hinblick auf einen strafrechtlichen Fahrlässigkeitsvorwurf könnte die Einhaltung der §§ 1827 ff. BGB hingegen Anhaltspunkte bieten.[1181] Diese Annahme steht auch damit in Einklang, dass überwiegend angenommen wird, dass die Patientenverfügung nach §§ 1827 ff. BGB der Umsetzung bedarf und keine unmittelbare Wirkung entfaltet.[1182] Hierbei wird die legitimierende Wirkung einzig aus dem erklärten Willen abgeleitet, sodass eine Rechtfertigung auch möglich ist, wenn die formellen Vorgaben der §§ 1827 ff. BGB nicht beachtet wurden.[1183]

c) Stellungnahme und Zwischenfazit

Die Argumentation, dass eine Verletzung reiner Verfahrensvorschriften der §§ 1827 ff. BGB für sich genommen kein strafwürdiges Unrecht darstellt, leuchtet auch vor dem ultima-ratio-Grundsatz, der im Strafrecht stets zu beachten ist, ein. Daraus lässt sich richtigerweise nicht generell die Annahme ableiten, dass der Patientenwille sich anders darstellt als in der Verfügung niedergelegt. Vor diesem Hintergrund erscheint insgesamt eine freie Ermittlung des Patientenwillens im Strafrecht angebracht. Die formellen Regelungen der §§ 1827 ff. BGB sind

[1177] Ingelfinger, S. 325 geht ohne nähere Begründung davon aus, dass eine Bestrafung des ärztlichen Fachpersonals wegen eines Tötungsdelikts bei bloßem Verstoß gegen verfahrensrechtliche Vorschriften unverhältnismäßig sei; Rissing-van-Saan, ZIS 2011, S. 544, 548; *Schneider* in: MüKo StGB, Vorbem. zu § 211 Rn. 179, 180; Verrel, NStZ 2011, S. 276, 277; darstellend Borrmann, S. 41, 145 ff. m.w.N.; Schneider, MittBayNot 2011, S. 102, 105.

[1178] *Schneider* in: MüKo StGB, Vorbem. zu § 211 Rn. 180.

[1179] *Schneider* in: MüKo StGB, Vorbem. zu § 211 Rn. 180; so auch Sternberg-Lieben in: FS-Roxin, ab S. 552.

[1180] *Schneider* in: MüKo StGB, Vorbem. zu § 211 Rn. 180.

[1181] Borrmann, S. 260; *Schneider* in: MüKo StGB, Vorbem. zu § 211 Rn. 180.

[1182] Borrmann, S. 44; vgl. zur Umsetzungsbedürftigkeit oben ab S. 184.

[1183] Coeppicus, NJW 2011, S. 2085, 2087; Engländer, JZ 2011, S. 513, 519; *Eser/Sternberg-Lieben* in: Schönke/Schröder StGB, Vorbem. Zu § 211 ff., Rn. 28g; darstellend Bormann, S. 145 ff.

dabei nicht für die Präzisierung der Voraussetzungen der tatsächlichen bzw. mutmaßlichen Einwilligung heranzuziehen.[1184] Lediglich im Rahmen der Ermittlung des für eine Fahrlässigkeitsstrafbarkeit nötigen Sorgfaltspflichtverstoßes können die Vorschriften der §§ 1827 ff. BGB Anhaltspunkte bieten.[1185]

Festzuhalten bleibt, dass sich bei Einhaltung der Vorgaben der §§ 1827 ff. BGB und bei Vorliegen eines entsprechenden Patientenwillens eine Rechtfertigung der durch die Vornahme einer künstlichen Ernährung verwirklichten tatbestandlichen Körperverletzung ergibt. Umgekehrt kann eine Strafbarkeit bestehen, wenn eine künstliche Ernährung entgegen dem Patientenwillen vorgenommen wird, und ggf. gegen (einige) der Verfahrensvorschriften verstoßen wird.[1186] Der Patientenwille der Personen, die auf Basis der Ergebnisse von Untersuchungen zum Zweck der Demenzfrüherkennung eine Patientenverfügung statuieren, ist nach strafrechtsautonomen Kriterien festzustellen.

IV. Zusammenfassung und Zwischenfazit

Die Patientenverfügung bietet für Menschen, die eine Untersuchung zur Demenzfrüherkennung mittels genetischer oder nichtgenetischer Biomarker haben vornehmen lassen, eine Möglichkeit, ihr Selbstbestimmungsrecht unter den genannten Voraussetzungen auch für den Fall des Eintritts der Demenzerkrankung auszuüben.

Ein Handeln entgegen einer wirksamen Patientenverfügung, das eher in einer nicht konsertierten Weiterbehandlung besteht, kann zivilrechtliche Ansprüche aus §§ 280 Abs. 1 BGB, 823 Abs. 1, Abs. 2 BGB i.V.m. dem StGB nach sich ziehen. Problematisch sind dabei vor allem die Feststellungen der ärztlichen Pflichtverletzung, des Kausalzusammenhangs sowie eines Schadens materieller und bzw. oder immaterieller Art.

In Bezug auf das Strafrecht weist die Feststellung der Bedeutung der Patientenverfügung bzw. eine etwaige Akzessorietät zu den zivilrechtlichen Vorschriften aus §§ 1827 ff. BGB Probleme auf. Aus strafrechtlicher Sicht ist bei der hier vordergründig behandelten Weiterbehandlung entgegen einer wirksamen Zustimmung der Betroffenen eine Strafbarkeit wegen Körperverletzung auf vorsätzliche oder fahrlässige Art und Weise im Bereich des Möglichen. Trotz der Probleme, die bei einer ungeänderten Übertragung der Voraussetzungen der tatsächlichen Ein-

[1184] So auch Borrmann, S. 260.
[1185] So auch Borrmann, S. 264.
[1186] Borrmann, S. 266.

willigung auf die Situation der Patientenverfügung bestehen, ist eine strafrechtsautonome Ermittlung des Patientenwillens nach derzeitiger Rechtslage geboten. Lediglich im Kontext eines Fahrlässigkeitsvorwurfs können die §§ 1827 ff. BGB Bedeutung erlangen.

Voraussetzungen einer wirksamen Patientenverfügung auf Grundlage der Ergebnisse der Untersuchungen zum Zweck der Demenzfrüherkennung sind nach § 1827 BGB allgemein zunächst die Einwilligungsfähigkeit, Volljährigkeit und Schriftform. Eine ärztliche Aufklärung ist hingegen grundsätzlich nicht erforderlich, was im Hinblick auf die Tragweite einer solchen Entscheidung problembehaftet sein kann. Inhaltlich muss die Patientenverfügung hinreichend bestimmt sein, was im Kontext der für die Betroffenen oft nicht gänzlich vorstellbare bzw. schwer antizipierbare konkrete Behandlungssituation im Rahmen von Demenzerkrankungen zu Schwierigkeiten, insbesondere im Hinblick auf die Validität der Verfügung, führen kann. Verschärft wird das Problem im Rahmen der Situation der Demenzfrüherkennung noch dadurch, dass die Ergebnisse der Untersuchung lediglich Wahrscheinlichkeitsaussagen hinsichtlich eines späteren Krankheitseintrittes darstellen. Eine Aktualisierung der Verfügung ist nicht erforderlich, zudem kann die Patientenverfügung grundsätzlich jederzeit widerrufen werden. Hierbei wird intensiv diskutiert, ob ein Widerruf auch noch im Stadium der Einwilligungsunfähigkeit im Wege der Äußerung eines natürlichen Willens denkbar ist. Ein solcher ist insbesondere im Kontext von Demenzerkrankungen relevant, die häufig mit einer Persönlichkeitsänderung einhergehen können, sodass der natürliche Wille im Stadium der Einwilligungsunfähigkeit dem in der Vorausverfügung festgehaltenen Willen widersprechen könnte. De lege lata ist eine solche Widerrufsmöglichkeit nach der überwiegenden Auffassung im Zeitpunkt der Einwilligungsunfähigkeit nicht mehr gegeben bzw. nur erschwert konstruierbar. Die Regelungen de lege lata werden der besonderen Situation der Demenzfrüherkennung damit nicht in hinreichendem Maße gerecht. Hierauf wird explizit im Rahmen der Bewertung sowie in den Erwägungen de lege ferenda eingegangen.

C. Regelungen zu Vorausverfügungen in Bezug auf Forschung

I. Grundlagen

Die Demenzfrüherkennung eröffnet Betroffenen die Möglichkeit, für den Fall des Eintritts einer späteren Einwilligungsunfähigkeit nicht nur über die zukünftige Behandlung, sondern auch über die künftige Teilnahme an Forschungsvorhaben zu entscheiden.[1187] Eine solche Forschungsverfügung ist, wie die Patientenverfügung, dogmatisch gesehen eine Form der antizipierten Zustimmung.[1188] Hierbei können sich im Grunde ähnliche Probleme zur Situation der Patientenverfügung ergeben, die in diesem Rahmen bereits dargelegt wurden.

Die Möglichkeit der antizipierten Zustimmung in Forschungsvorhaben wird in Zukunft trotz der Bedenken gegenüber der Forschung an Einwilligungsunfähigen, gerade im Hinblick auf die Notwendigkeit einer solchen Forschung, relevant.[1189] Eine explorative, nichtrepräsentative Studie aus dem Jahr 2018 etwa ergab, dass rund zwei Drittel der Befragten eine Teilnahme an gruppennütziger Demenzforschung befürworten; diejenigen, die diese ablehnten, können sich klar mehrheitlich vorstellen, dieses Urteil bei der Möglichkeit einer Forschungsverfügung zu revidieren.[1190]

Im US-amerikanischen Recht existiert schon seit geraumer Zeit eine Regelung zum sogenannten „living will", die sich auf Vorausverfügungen hinsichtlich einer späteren Teilnahme an Forschungsvorhaben bezieht.[1191] Die Regelung einer Forschungsverfügung in Deutschland findet sich seit dem 27. Januar 2022 in § 40b Abs. 4 AMG, der eine solche für gruppennützige klinische Arzneimittelprüfungen mit Bezug auf die EU-Verordnung Nr. 536/2014 anerkennt.[1192] Die Regelung betrifft aber lediglich Arzneimittelstudien, bei denen regelmäßig Medikamente getestet werden, die einen direkten Nutzen therapeutischer Art für die Betroffenen in Aussicht stellen und nicht, wie vom Gesetz angenommen, ausschließlich gruppennützige Arzneimittelstudien an nicht einwilligungsfähigen Personen.[1193] In der Regel werden Medikamente an Demenzerkrankten untersucht, die sich positiv auf den Krankheitsverlauf auswirken können; für

[1187] Beck/Barnikol/Birnbacher/Langenberg/Steinert/Schulenburg/Fangerau, MedR 2016, 753, 756; dazu auch Berghmans, J Med Ethics 1993, 32, 33; siehe zur medizinethischen Debatte zur Forschung an Einwilligungsunfähigen bereits oben ab S. 54.

[1188] Helmchen/Lauter, S. 2; Reimer, S. 3; vgl. hierzu ausführlich im Hinblick auf das Zivilrecht oben ab S. 184 sowie ab S. 192 zur Bedeutung einer antizipierten Zustimmung in Form der Patientenverfügung im Strafrecht.

[1189] Beck/Barnikol/Birnbacher/Langenberg/Steinert/Schulenburg/Fangerau, MedR 2016, 753, 756; zum Bedarf der Forschung an Einwilligungsunfähigen im Bereich der Demenz auch Helmchen/Lauter, S. 2; Reimer, S. 17; zur Forschung an Einwilligungsunfähigen generell: Zahn, Der Einwilligungsunfähige in der Medizin, 2012.

[1190] Die Studie ist zu finden bei Haupt/Jänner, Nervenarzt 2018, S. 801-806 (hier zitiert aus S. 806). Über drei Monate wurden hier 85 Personen befragt.

[1191] Vgl. hierzu Beck/Barnikol/Birnbacher/Langenberg/Steinert/Schulenburg/Fangerau, MedR 2016, 753, 756; Helmchen/Lauter S. 53.

[1192] Dazu auch: Reimer, Vorwort S. V.

[1193] Jox/Spickhoff/Marckmann, Deutsches Ärzteblatt 2017 S. 520, 521.

diese ist als eigennützige Maßnahme aber keine Vorabeinwilligung nach § 40b Abs. 4 AMG notwendig.[1194]

II. Derzeitige Rechtslage

Im Folgenden sollen die derzeitigen internationalen und nationalen Regelungen[1195] hinsichtlich der Forschung an im Zuge einer Demenzerkrankung einwilligungsunfähig gewordenen Personen und insbesondere Vorausverfügungen in diesem Kontext dargestellt werden, auf deren Grundlage dann in Teil drei eine Bewertung der Rechtslage de lege lata erfolgt. Die Vornahme von Forschungsvorhaben entgegen oder ohne den Willen der Betroffenen kann parallel zu den obigen Ausführungen zur Patientenverfügung[1196] sowohl strafrechtliche[1197] als auch zivilrechtliche[1198] Konsequenzen nach sich ziehen. Im Rahmen der zivilrechtlichen Haftung ist aber im Gegensatz zu den Ausführungen zur Patientenverfügung zu beachten, dass mit einer Verletzung der Selbstbestimmung oder der körperlichen Unversehrtheit sehr wohl ein Schaden gegeben sein kann, sodass die Ansprüche hierbei in der Regel zu bejahen sind.[1199]

Im Rahmen des GenDG wurde davon abgesehen, gesonderte Regelungen in Bezug auf Forschung zu statuieren.[1200] Dies wird vom Gesetzgeber damit begründet, dass die genetische Forschung nicht auf einzelne Personen abziele, sondern die generelle Forschung von Ursachenfaktoren menschlicher Eigenschaften im Vordergrund stehe, sodass das allgemeine Vorschriften, insbesondere das Datenschutzrecht, hier ausreichend seien.[1201]

1. Grundlagen

Als Ausgangspunkt der Darstellung der derzeitigen Rechtslage zu Vorausverfügungen, die sich auf eine spätere Forschungsvornahme im Zustand der Einwilligungsunfähigkeit beziehen, werden zunächst die rechtlichen Begriffe des Heilversuchs und Forschungseingriffs vom ärztlichen Heileingriff abgegrenzt und erörtert.

1194 Jox/Spickhoff/Marckmann, Deutsches Ärzteblatt 2017 S. 520, 521.

1195 Es existieren eine Vielzahl von Vorschriften, auch auf internationaler Ebene, die sich mit der Forschung am Menschen befassen, vgl. hierzu bspw. *Lipp* in: Laufs/Katzenmeier/Lipp, Arztrecht, XIII. Rn. 5-13. Hier sollen allerdings nur die für die spezielle Thematik relevanten Vorschriften näher beleuchtet werden.

1196 Vgl. dazu oben ab S. 161 m.w.N.

1197 Hierzu ausführlich oben ab S. 192.

1198 Hierzu ausführlich oben ab S. 184.

1199 Vgl. zur Schadensproblematik ausführlich oben ab S. 189.

1200 Vossenkuhl, S. 101; dies stellt auch § 2 Abs. 2 Nr. 1 GenDG ausdrücklich klar.

1201 BT-Drs. 16/10532, S. 20.

a) Abgrenzung von Heilversuch und Forschungseingriff zum Heileingriff

Ärztliche und experimentelle Eingriffe haben gemeinsam, dass beide einen ungewissen Ausgang haben und daher mit Risiken verbunden sind.[1202] Im Gegensatz zum ärztlichen Heileingriff[1203], der darauf abzielt, die Gesundheit der Betroffenen wieder herzustellen, haben Heilversuch und Forschungseingriff die Erprobung neuer medizinischer Behandlungsmethoden abweichend von den Standardmethoden zum Gegenstand.[1204] Versuchsbehandlungen bewegen sich auf sowohl empirischem, als auch wissenschaftlichem Neuland.[1205]

b) Heilversuch und Forschungseingriff

Unter einem Heilversuch versteht man die versuchsweise einzelne Erprobung einer neuen medizinischen Methode der Behandlung am Menschen.[1206] Ziel dieser Behandlung ist die Heilung des individuellen Betroffenen mithilfe der neu zu erforschenden Methode.[1207] Hierbei handelt es sich um eigennützige Forschung, die den untersuchten Testpersonen unmittelbar selbst zugutekommen kann.

Ein Forschungseingriff hingegen zeichnet sich durch einen anderen Zweck aus: es geht nicht um die ärztliche Versorgung oder Behandlung des Einzelnen, sondern um reine Forschungszwecke.[1208] Ein Forschungseingriff bringt den Testpersonen also primär keinen gesundheitlichen Vorteil, setzt diese aber Risiken aus.[1209] Hierunter wird klassischerweise vor allem die nicht-eigennützige Forschung gefasst. Im Gegensatz zum ärztlichen Heileingriff und Heilversuch sind Forschungseingriffe medizinisch nicht indiziert.[1210] Erlaubt sind medizinisch nicht indizierte Eingriffe, wenn sie nicht sittenwidrig und von einer entsprechenden Einwilligung nach umfassender Aufklärung der Testpersonen umfasst sind.[1211] Im Rahmen der Aufklärung sind die Testpersonen über die wissenschaftliche Rechtfertigung des Vorhabens, die dafür geplanten Eingriffe sowie die damit einhergehenden Risiken und schließlich die Verwendung ihrer Daten zu informieren.[1212] Im Gegensatz zur Einwilligung in den ärztlichen Heileingriff ist

[1202] *Lipp* in: Laufs/Katzenmeier/Lipp, Arztrecht, XIII. Rn. 14.
[1203] Die Zustimmung zur Vornahme bzw. Unterlassung eines solchen ist Gegenstand von Patientenverfügungen.
[1204] Bender, MedR 2005, S. 511, 512; Deutsch, VersR 2005, S. 1009, 1010; Zahn, S. 12 ff. sowie S. 124.
[1205] *Lipp* in: Laufs/Katzenmeier/Lipp, Arztrecht, XIII. Rn. 14.
[1206] Bender, MedR 2005, S. 511, 512; Zahn, S. 125 ff.
[1207] Bender, MedR 2005, S. 511, 512 m.w.N.
[1208] *Lipp* in: Laufs/Katzenmeier/Lipp, Arztrecht, XIII. Rn. 15; Zahn, S. 163.
[1209] *Lipp* in: Laufs/Katzenmeier/Lipp, Arztrecht, XIII. Rn. 15; Zahn, S. 163.
[1210] *Lipp* in: Laufs/Katzenmeier/Lipp, Arztrecht, XIII. Rn. 41.
[1211] Duttge, Die fremdnützige Forschung an Nichteinwilligungsfähigen, S. 223; *Lipp* in: Laufs/Katzenmeier/Lipp, Arztrecht, XIII. Rn. 41.
[1212] *Lipp* in: Laufs/Katzenmeier/Lipp, Arztrecht, XIII. Rn. 50.

es hierbei nicht möglich, auf diese zu verzichten oder die Aufklärungspflicht aus therapeutischen Gründen einzuschränken.[1213] Forschungseingriffe müssen darüber hinaus sachlich gerechtfertigt sein, also wissenschaftlich vertretbar[1214], dokumentiert und unter Abwägung der Risiken für die Testpersonen mit den Chancen und Nutzen für andere Betroffenen der Gruppe oder die Allgemeinheit[1215], und de lege artis durchgeführt werden.[1216]

c) Forschung an Einwilligungsunfähigen

Besondere Probleme wirft die Forschung an einwilligungsunfähigen Testpersonen auf.[1217] Ab einem bestimmten Zeitpunkt tritt bei fortschreitender Demenzerkrankung die Einwilligungsunfähigkeit der Betroffenen ein.[1218] In diesem Krankheitsstadium können die Betroffenen nur bedingt oder gar nicht einschätzen, welche Risiken mit der Teilnahme an medizinischer Forschung verbunden sind und sind zudem der Gefahr leichter Beeinflussung ausgesetzt.[1219] Aus diesen Gründen ist ein besonderer Schutz durch das Recht erforderlich.[1220] Wie dieser ausgestaltet ist, wird im Folgenden dargestellt.

2. Internationale und nationale Regelungen

Auf internationaler Ebene ist die Forschung an Einwilligungsunfähigen zunächst durch die Helsinki-Deklaration in den Nr. 19, 20 sowie 28-31 sowie Art. 17 der Biomedizin-Konvention zugelassen.[1221] Da die Biomedizinkonvention in Deutschland noch nicht ratifiziert wurde und daher keine unmittelbare Geltung entfaltet, sollen hier insoweit nur die Vorschriften der Helsinki-Deklaration ausgeführt werden. Weiterhin betreffen auch die Regelungen der VO (EU) 536/2014 über klinische Prüfungen mit Humanarzneimitteln die Forschung an Einwilligungsunfähigen. Diese werden durch die Vorschriften der §§ 40 ff. AMG im nationalen Recht ergänzt.

[1213] *Lipp* in: Laufs/Katzenmeier/Lipp, Arztrecht, XIII. Rn. 50.

[1214] Hierbei soll sich auch an der Deklaration von Helsinki orientiert werden, vgl. dazu Duttge, Die fremdnützige Forschung an Nichteinwilligungsfähigen, S. 223; sowie ausführlich bei *Lipp* in: Laufs/Katzenmeier/Lipp, Arztrecht, XIII. Rn. 46.

[1215] *Lipp* in: Laufs/Katzenmeier/Lipp, Arztrecht, XIII. Rn. 48, 49.

[1216] *Lipp* in: Laufs/Katzenmeier/Lipp, Arztrecht, XIII. Rn. 45; hierzu ausführlicher sogleich ab S. 214; vgl. auch Duttge, Die fremdnützige Forschung an Nichteinwilligungsfähigen, S. 223.

[1217] Siehe dazu aus medizinethischer Sicht bereits oben ab S. 54 sowie bei Zahn ab S. 123.

[1218] Siehe hierzu bereits ab S. 10 und S. 14 aus medizinischer Sicht.

[1219] *Lipp* in: Laufs/Katzenmeier/Lipp, Arztrecht, XIII. Rn. 89.

[1220] *Lipp* in: Laufs/Katzenmeier/Lipp, Arztrecht, XIII. Rn. 89.

[1221] *Lipp* in: Laufs/Katzenmeier/Lipp, Arztrecht, XIII. Rn. 91; vgl. zur Biomedizinkonvention auch Radau ab S. 55.

a) Deklaration von Helsinki

Die Deklaration von Helsinki wurde in ihrer ursprünglichen Fassung vom Weltärztebund beschlossen und seither stetig erneuert.[1222] Sie wird durch § 15 Abs. 3 MBO in das deutsche Recht eingebracht und findet primär im Rahmen der Arbeit von Ethikkommissionen Beachtung.[1223] Weiterhin ist die Deklaration als Ergänzung und Interpretationshilfe zum geltenden Recht zu verstehen.[1224]

Nr. 19 der Helsinki-Deklaration statuiert zunächst, dass einige besonders vulnerable Gruppen und Einzelpersonen mit größerer Wahrscheinlichkeit ungerecht behandelt oder zusätzlich geschädigt werden können und daher besonders zu schützen sind. Zu einer derartigen vulnerablen Gruppe gehören auch Personen, die an Demenz erkrankt sind. Nach Nr. 20 ist die medizinische Forschung mit einer solchen vulnerablen Gruppe nur gerechtfertigt, wenn das Forschungsvorhaben auf die gesundheitlichen Bedürfnisse oder Prioritäten dieser Gruppe reagiert und nicht auch an einer nicht-vulnerablen Gruppe durchgeführt werden kann. Weiterhin ist erforderlich, dass diese Gruppe in der Lage sein soll, aus dem Wissen, den Anwendungen oder Maßnahmen Nutzen zu ziehen, die aus dem Forschungsvorhaben hervorgehen.

Nr. 28 der Helsinki-Deklaration regelt weiterhin, dass bei einer potentiellen Versuchsperson, die nicht einwilligungsfähig ist, erforderlich ist, dass das ärztliche Fachpersonal eine informierte Einwilligung der Vertretung der betreffenden Person einholt. Nicht einwilligungsfähige Personen dürfen nicht an Forschungsvorhaben teilnehmen, wenn ihnen diese keinen Nutzen bringen, sofern nicht eine Gruppennützigkeit des Vorhabens besteht, das Vorhaben nicht an Personen durchgeführt werden kann, die in der Lage sind, selbst eine informierte Einwilligung abzugeben und das Vorhaben nur minimale Risiken und Belastungen mit sich bringt.

Zusätzlich normiert Nr. 29 der Deklaration, dass bei einer potentiellen Versuchsperson, die als nicht einwilligungsfähig eingestuft wird, aber fähig ist, Entscheidungen über die Teilnahme an der Forschung zuzustimmen, das ärztliche Fachpersonal neben der Einwilligung der rechtlichen Vertretung auch die Zustimmung der potentiellen Versuchsperson einzuholen hat, wobei auch

[1222] *Kern* in: Laufs/Kern/Rehborn, § 4 Rn. 35.
[1223] *Kern* in: Laufs/Kern/Rehborn, § 4 Rn. 36.
[1224] *Kern* in: Laufs/Kern/Rehborn, § 4 Rn. 36; zu den verfassungsrechtlichen Bedenken hiergeben vgl. ausführlich bei *Kern* in: Laufs/Kern/Rehborn, § 4 Rn. 37 m.w.N.

eine Ablehnung der potentiellen Versuchsperson zu respektieren ist. Insoweit ist also eine gewisse Beachtlichkeit des sog. natürlichen Willens der Betroffenen, die bereits im Rahmen der Patientenverfügung thematisiert wurde[1225], im Forschungskontext gegeben.

Nach Nr. 30 darf die Forschung an Einwilligungsunfähigen nur durchgeführt werden, wenn der körperliche oder geistige Zustand, der das Einholen der informierten Einwilligung verhindert, ein erforderliches Merkmal für die zu beforschende Gruppe ist. Das ärztliche Fachpersonal muss die informierte Einwilligung der rechtlichen Vertretung der jeweiligen Person einholen. Ist eine solche nicht verfügbar und kann die Forschung nicht später durchgeführt werden, kann das Forschungsvorhaben ohne die Einwilligung durchgeführt werden, wenn besondere Gründe für die Teilnahme einwilligungsunfähiger Personen im Studienprotokoll niedergelegt worden sind und das Vorhaben von einer Forschungs-Ethikkommission zustimmend bewertet worden ist. Die Einwilligung zur weiteren Teilnahme an dem Vorhaben muss umgehend bei der Versuchsperson oder einer rechtlichen Vertretung eingeholt werden.

Schließlich regelt Nr. 31 der Deklaration, dass das ärztliche Fachpersonal den Betroffenen vollständig über die forschungsbezogenen Aspekte der Behandlung zu informieren hat. Die Weigerung eines Betroffenen, an einem Forschungsvorhaben nicht oder nicht weiter teilzunehmen, darf die Beziehung von das ärztliche Fachpersonal und Betroffenen zu keinem Zeitpunkt negativ beeinflussen.

Nach den internationalen Vorgaben der Deklaration von Helsinki sind gruppennützige Forschungsvorhaben an Einwilligungsunfähigen also nur unter den genannten Voraussetzungen zugelassen. Das bedeutet für die Situation der Demenzerkrankung, dass grundsätzlich eine gruppennützige Forschung an Demenzkranken vorgenommen werden kann, wenn dies für die Testpersonen oder Demenzerkrankte generell von Nutzen sein kann und nur mit minimalen Risiken und Belastungen für die Testpersonen verbunden ist.

b) VO (EU) 536/2014

aa) Grundlagen

Die VO (EU) 536/2014 über klinische Prüfungen mit Humanarzneimitteln betrifft alle in der Union durchgeführten klinischen Prüfungen (Art. 1 Abs. 1 VO (EU) 536/2014). Unter einer klinischen Prüfung versteht man gem. Art. 2 Abs. 2 Nr. 2 der VO (EU) Nr. 536/2014 jede

---

[1225] Vgl. dazu soeben ab S. 169.

Untersuchung eines Menschen, die dazu bestimmt ist, klinische oder pharmakologische Wirkungen von Arzneimitteln zu erforschen oder nachzuweisen und bei der bspw. den Prüfungsteilnehmenden vorab eine Behandlungsstrategie zugewiesen wird, die nicht der normalen klinischen Praxis des betroffenen Mitgliedsstaates entspricht oder an den Teilnehmenden diagnostische Verfahren angewendet werden. Nach dem allgemeinen Grundsatz des Art. 3 der VO (EU) 536/2014 darf eine klinische Prüfung nur durchgeführt werden, wenn die Rechte, Sicherheit, Würde und Wohl der Prüfungsteilnehmenden geschützt sind und Vorrang vor allen sonstigen Interessen haben und diese dafür konzipiert ist, zuverlässige und belastbare Daten zu liefern.

Das Verfahren zur Genehmigung einer klinischen Prüfung ist in Kapitel 2 der VO (EU) 536/2014 in Art. 4-14 normiert. In Bezug auf Einwilligungsunfähige statuiert Art. 10 Abs. 2 der VO (EU) 536/2014 zusätzlich, dass bei solchen als Prüfungsteilnehmenden bei der Bewertung des Antrags auf Genehmigung einer klinischen Prüfung Fachwissen zu der spezifischen Erkrankung oder der betreffenden Patientengruppe herangezogen oder Beratung im Hinblick auf die klinischen, ethischen und psychosozialen Probleme speziell im Zusammenhang mit der spezifischen Erkrankung und der betreffenden Patientengruppe einzuholen ist. Insofern weisen die Regelungen in Bezug auf Forschung an Einwilligungsunfähigen ein erhöhtes Schutzniveau auf.

bb) Durchführungsvoraussetzungen

Weitere Bestimmungen zum Schutz der Prüfungsteilnehmenden finden sich in Kapitel V der VO (EU) 536/2014 (Art. 28-35). Neben den allgemeinen Bestimmungen des Art. 28 und dem grundlegenden Erfordernis einer Einwilligung nach Aufklärung nach Art. 29 enthält auch Art. 31 der VO (EU) 536/2014 zusätzliche Regelungen zu klinischen Prüfungen mit nicht einwilligungsfähigen Prüfungsteilnehmenden. Dieser gilt nach Abs. 1 grundsätzlich nur, wenn nicht einwilligungsfähige Prüfungsteilnehmende nicht ihre Einwilligung nach Aufklärung vor Verlust ihrer Einwilligungsfähigkeit erteilt oder verweigert haben und befasst sich daher primär mit der Situation, in der keine Forschungsverfügung vorliegt.

(1) Art. 28 VO (EU) 536/2014

Art. 28 VO (EU) 536/2014 enthält allgemeine Bestimmungen im Hinblick auf die Durchführung klinischer Prüfungen. Nach Abs. 1 darf eine klinische Prüfung nur durchgeführt werden, wenn der erwartbare Nutzen für die Teilnehmenden oder die öffentliche Gesundheit die vorhersehbaren Risiken und Nachteile rechtfertigt und die Einhaltung dieser Bedingung ständiger

Überwachung unterliegt (lit. a). Weiter müssen die Teilnehmenden oder bei Einwilligungsunfähigkeit die gesetzliche Vertretung nach Art. 29 Abs. 2-6 VO (EU) 536/2014 aufgeklärt worden sein (lit. b) sowie eine darauf basierende Einwilligung nach Art. 29 Abs. 1, 7 und 8 VO (EU) 536/2014 erklärt haben (lit. c).

Nach Art. 28 Abs. 1 lit. d VO (EU) 536/2014 muss zudem das Recht der Prüfungsteilnehmenden auf körperliche und geistige Unversehrtheit, Privatsphäre und Schutz der sie betreffenden Daten gem. der Richtlinie 95/46/EG gewahrt bleiben. Zudem muss die klinische Prüfung nach lit. e so geplant sein, dass sie mit möglichst wenig Schmerzen, Beschwerden, Angst und allen anderen vorhersehbaren Risiken für die Teilnehmenden verbunden ist und sowohl die Risikoschwelle als auch das Ausmaß der Belastung im Prüfplan eigens definiert und ständig überprüft werden. Auch ist lit. f zufolge ärztliches Personal mit geeigneter Qualifikation für die medizinische Versorgung der Teilnehmenden verantwortlich.

Weiter müssen die Teilnehmenden oder ihre gesetzliche Vertretung gem. Art. 28 Abs. 1 lit. g VO (EU) 536/2014 die Kontaktdaten einer Stelle erhalten, die ihnen ggf. weitere Informationen erteilt. Schließlich dürfen die Teilnehmenden nach Art. 28 Abs. 1 lit. h VO (EU) 536/2014 nicht unzulässig, bspw. finanziell, beeinflusst werden, um sie zur Teilnahme an der Prüfung zu bewegen.

Art. 28 Abs. 3 der VO (EU) 536/2014 hält darüber hinaus fest, dass die Prüfungsteilnehmenden oder ggf. ihre gesetzliche Vertretung die Teilnahme an der klinischen Prüfung jederzeit durch Widerruf der Einwilligung beenden können, ohne dass ihnen daraus Nachteile entstehen oder eine Begründung erforderlich ist.

(2) Art. 29 VO (EU) 536/2014

Wie bereits erwähnt, müssen die Teilnehmenden oder bei Einwilligungsunfähigkeit die gesetzliche Vertretung aufgeklärt worden sein sowie eine darauf basierende Einwilligung erklärt haben. Art. 29 der VO (EU) 536/2014 statuiert die Anforderungen, die an eine ordnungsgemäße Aufklärung und wirksame Einwilligung in diesem Kontext gestellt werden.

(a) Aufklärung

Art. 29 Abs. 2-6 VO (EU) 536/2014 enthält detaillierte Anforderungen an den Inhalt der Aufklärung zur Teilnahme an einer klinischen Prüfung. Nach Art. 29 Abs. 2 lit. a der VO (EU) 536/2014 müssen die Informationen, die den Teilnehmenden oder der gesetzlichen Vertretung zur Vorbereitung einer Einwilligung zur Verfügung gestellt werden, diese Personen in die Lage versetzen zu verstehen, worin Wesen, Nutzen, Ziele, Folgen, Risiken und Nachteile der klinischen Prüfung bestehen, welche Rechte und Garantien den Teilnehmenden zu ihrem Schutz zustehen, unter welchen Bedingungen die klinische Prüfung durchgeführt wird und welche alternativen Behandlungsmöglichkeiten bestehen. Gem. Art. 29 Abs. 2 lit. b der VO (EU) 536/2014 müssen die bereitgestellten Informationen weiterhin umfassend, knapp, klar, zweckdienlich und für Laien verständlich sein. Zudem müssen die Informationen nach Art. 29 Abs. 2 lit. c der VO (EU) 536/2014 im Rahmen eines vorangegangenen Gesprächs mitgeteilt werden, das ein Mitglied des Prüfungsteams führt, das gemäß dem Recht des betroffenen Mitgliedsstaates angemessen qualifiziert ist. Dabei muss gem. Abs. 4 dem Informationsbedarf bestimmter Personengruppen oder einzelner Teilnehmenden und der Art und Weise der Informationsvermittlung besondere Aufmerksamkeit gewidmet sowie nach Abs. 5 sichergestellt werden, dass die Informationen verstanden wurden. Schließlich müssen die Informationen auch die Anforderungen der Art. 29 Abs. 2 lit. d und e i.V.m. Abs. 6 der VO (EU) 536/2014 erfüllen, die sich auf Angaben zum Entschädigungsverfahren nach Art. 76 Abs. 1 der VO, zur EU-Prüfungsnummer sowie auf die Verfügbarkeit der Ergebnisse der klinischen Prüfung beziehen.

Die Informationen nach Abs. 2 werden Art. 29 Abs. 3 der VO (EU) 536/2014 zufolge schriftlich niedergelegt und den Teilnehmenden bzw. der gesetzlichen Vertretung zur Verfügung gestellt.

(b) Einwilligung

Auf Basis der Aufklärung, die den dargelegten Anforderungen genügt, wird nach Art. 29 Abs. 1, 7 und 8[1226] der VO (EU) 536/2014 eine Einwilligung erteilt.

Nach Art. 29 Abs. 1 S. 1 der VO (EU) 536/2014 wird die Einwilligung nach der Aufklärung von der Person, die das Gespräch geführt hat sowie von den Teilnehmenden, u.U. der gesetzlichen Vertretung schriftlich erteilt, datiert und unterzeichnet. Gem. S. 2 kann die Einwilligung alternativ zur schriftlichen Erteilung bei Erforderlichkeit in Anwesenheit von mindestens einem unparteiischen Zeugen erteilt und unter Unterzeichnung dieses Zeugen aufgezeichnet werden. Nach S. 3 erhalten die Teilnehmenden oder ggf. die gesetzliche Vertretung eine Ausfertigung dieses Dokuments. Zudem ist den Teilnehmenden oder ggf. der gesetzlichen Vertretung nach

---

[1226] Art. 29 Abs. 7 und 8 der VO (EU) 536/2014 enthalten Vorschriften in Bezug auf das Verhältnis zum nationalen Recht, die hinsichtlich des Untersuchungsgegenstandes nicht von entscheidender Bedeutung sind.

S. 5 eine angemessene Frist zu gewähren, um über die Entscheidung über die Teilnahme an der klinischen Prüfung nachzudenken.

(3) Art. 31 VO (EU) 536/2014

Gem. Art. 31 Abs. 1 der VO (EU) 536/2014 dürfen Einwilligungsunfähige, die ihre Einwilligung nicht vor dem Verlust der Einwilligungsunfähigkeit erklärt oder versagt haben, nur an klinischen Prüfungen teilnehmen, wenn die gesetzliche Vertretung eine informierte Einwilligung erklärt hat (lit. a), die Prüfungsteilnehmenden gem. Art. 29 Abs. 2 der VO (EU) 536/2014 die relevanten Informationen in einer für sie angemessenen Weise erhalten haben (lit. b) und die ausdrücklichen Wünsche der Teilnehmenden beachtet werden (lit. c). Dies schützt das Selbstbestimmungsrecht der Betroffenen; selbst nicht einwilligungsfähige Personen sind ihrem Zustand angemessen über die klinische Prüfung aufzuklären, auch wenn dies je nach Zustand nicht immer möglich sein wird.[1227] Diese Vorschrift kann zu praktischen und rechtlichen Schwierigkeiten führen[1228], die vor allem im Rahmen der Bewertung der Regelungen eine Rolle spielen werden.

Weiterhin darf es keine über die Entschädigung hinausgehenden finanziellen Anreize geben (lit. d), die klinische Prüfung darf nicht anders durchgeführt werden können, um Daten vergleichbarer Aussagekraft zu erhalten (lit. e) und muss im direkten Zusammenhang mit der Erkrankung der Testperson stehen (lit. f). Schließlich muss die Annahme wissenschaftlich begründet sein, dass die Teilnahme an der klinischen Prüfung entweder einen direkten Nutzen für die Testperson oder für die Gruppe erwarten lässt (lit. g).

Bei der gruppennützigen Forschung ist zu beachten, dass die klinische Prüfung im direkten Zusammenhang mit der Erkrankung der Testperson stehen muss und die Teilnehmenden im Vergleich zur Standardbehandlung nur minimalen Risiken und Belastungen ausgesetzt sein dürfen, Art. 31 Abs. 1 lit. g ii) der VO (EU) 536/2014. Art. 31 Abs. 3 der VO (EU) 536/2014 legt fest, dass die Testpersonen so weit wie möglich in den Einwilligungsprozess mit einbezogen werden sollen.

cc) Zwischenfazit

Die dargestellten Regelungen der VO (EU) 536/2014 sind grundsätzlich auch auf klinische Prüfungen im Zusammenhang mit Demenzerkrankten als ggf. einwilligungsunfähige Personen

---

[1227] *Koyuncu* in: Kügel/Müller/Hofmann, AMG, § 40b Rn. 57.

[1228] *Koyuncu* in: Kügel/Müller/Hofmann, AMG, § 40b Rn. 59, 68 ff.

anzuwenden. Sie weisen dem Grunde nach ein hohes Schutzniveau im Hinblick auf diese besonders schützenswerte Gruppe auf. Die Verordnung enthält aber für sich genommen keine explizite Regelung in Bezug auf Vorausverfügungen in diesem Bereich. In Art. 31 der VO (EU) 536/2014 wird jedoch vom Bestehen dieser Möglichkeit im Grunde ausgegangen.

c) Nationale Regelungen

Seit dem Geltungsbeginn der soeben in Grundzügen dargelegten VO (EU) 536/2014 folgen die Voraussetzungen für die Durchführung klinischer Prüfungen im Wesentlichen unmittelbar aus ebendieser Verordnung.[1229]
§ 40 AMG regelt die nationale Durchführung der VO (EU) 536/2014, während §§ 40a, 40b AMG besondere materiell-rechtliche Anforderungen an klinische Prüfungen normieren, die ergänzend zu den Voraussetzungen gelten, die aus der genannten Verordnung folgen.[1230]

Das AMG gilt grundsätzlich für Arzneimittel, die in § 2 des Gesetzes definiert werden. Danach versteht man unter Arzneimitteln dem Grunde nach Stoffe oder Zubereitungen aus Stoffen, die objektiv dazu bestimmt sind, durch eine Anwendung am oder im Körper zur Heilung von Krankheiten beizutragen oder medizinische Diagnosen zu erstellen.[1231] Das MPDG, das ebenfalls Regelungen zur Forschung an Einwilligungsunfähigen enthält, bezieht sich hingegen auf Medizinprodukte, die grundsätzlich in § 3 MPDG i.V.m. Art. 2 Medizinprodukte-VO[1232] legaldefiniert werden. Das sind danach im Wesentlichen Instrumente, Apparate, Geräte, Software, oder anderen Gegenstände, die dazu bestimmt sind, diagnostische und therapeutische Zwecke zu erfüllen. Da das MPDG aber keine Vorschriften zur Vorausverfügung enthält, soll auf diesen Regelungskomplex hier nicht weiter eingegangen werden.

aa) Allgemeine Voraussetzungen nach §§ 40, 40a AMG

§ 40 AMG regelt, im Wesentlichen orientiert an den in der VO (EU) 536/2014 niedergelegten Anforderungen, das Verfahren bei der Genehmigung klinischer Prüfungen, wobei Abs. 1 die behördliche Zuständigkeit festlegt und die Abs. 2-8 das eigentliche Antrags- und Genehmigungsverfahren mit Verweisen auf die Inhalte der Verordnung und andere Vorschriften des AMG kodifizieren.[1233] § 40a AMG regelt über die bereits dargelegten Voraussetzungen für die

[1229] *Koyuncu* in: Kügel/Müller/Hofmann, AMG, § 40a Rn. 1; Zweck der Verordnung ist es demzufolge, die geltenden Regelungen in den Mitgliedsstaaten weitestgehend zu vereinheitlichen und zu vereinfachen.
[1230] *Koyuncu* in: Kügel/Müller/Hofmann, AMG, § 40a Rn. 2.
[1231] Vgl. hierzu auch Rehmann, AMG, § 2 Rn. 2, 3.
[1232] VO (EU) 2017/745.
[1233] *Koyuncu* in: Kügel/Müller/Hofmann, AMG, § 40nF Rn. 7.

klinische Prüfung nach der VO (EU) 536/2014 hinausgehende allgemeine Voraussetzungen für die klinische Prüfung. Diese sind im Hinblick auf die im Untersuchungskontext in den Blick zu nehmenden Regelungen zur Vorausverfügung in Bezug auf Forschungsvorhaben im Stadium des Krankheitseintritts einer Demenz jedoch lediglich von untergeordneter Bedeutung, sodass auf diese hier nicht weiter eingegangen wird.

bb) Besondere Voraussetzungen für die Forschung an Einwilligungsunfähigen nach § 40b AMG

§ 40b AMG ergänzt gem. § 40b Abs. 1 AMG die bereits dargestellten Anforderungen des Art. 29 der VO (EU) 536/2014 in Bezug auf die Einwilligung der betroffenen Person oder ggf. der gesetzlichen Vertretung bei Einwilligungsfähigkeit. § 40b Abs. 2 bezieht sich auf das Aufklärungserfordernis nach Art. 29 Abs. 2c der VO (EU) 536/2014, das bereits oben dargelegt wurde. Nach § 40b Abs. 4 S. 1 AMG müssen weiterhin die Voraussetzungen des Art. 31 Abs. 1 und 3 der VO (EU) 536/2014 gegeben sein.[1234]

Zum Personenkreis des Art. 31 der VO (EU) 536/2014 i.V.m. § 40b AMG gehören auch Demenzerkrankte ab einem Krankheitsstadium, in dem eine Einwilligungsunfähigkeit eingetreten ist.[1235] Nicht einwilligungsfähige Personen in diesem Sinne sind Personen, die aus nicht altersbedingten Gründen gemäß dem Recht des betroffenen Mitgliedsstaates nicht in der Lage sind, eine Einwilligung nach Aufklärung zu erteilen, Art. 2 Abs. 2 Nr. 19 VO (EU) 536/2014.[1236] Auch wenn Demenzerkrankungen häufig mit dem Alter auftreten, sind diese ein pathologischer und kein altersbedingter Zustand.

cc) Strafvorschriften

(1) AMG

Verstöße gegen die Vorschriften der §§ 40, 40a, 40b AMG, die im Folgenden erläutert werden, sind nach § 96 Nr. 10 und Nr. 11 AMG zum Teil ein Vergehen und unter Strafe gestellt. Strafbewehrt ist dabei gem. § 96 Nr. 10 AMG der Beginn einer klinischen Prüfung entgegen § 40 Abs. 1 AMG. Nach § 96 Nr. 11 AMG wird ebenfalls bestraft, wer eine klinische Prüfung entgegen § 40a S. 1 Nr. 2, 3, Nr. 4a oder Nr. 5 AMG oder § 40b Abs. 3, 4 S. 1 Nr. 1, S. 2, 3, S. 9

[1234] Der Verweis ist insoweit deklaratorischer Natur; vgl. auch *Listl-Nörr* in: Spickhoff, Medizinrecht, § 40b AMG Rn. 18.

[1235] Diese standen sogar im Mittelpunkt der Diskussion in Gesetzesentwurf; vgl. BT-Drucks. 18/8034, S. 46 sowie *Koyuncu* in: Kügel/Müller/Hofmann, AMG, § 40b Rn. 55.

[1236] Vgl. zur fehlenden Einwilligungsfähigkeit bei fortgeschrittener Demenzerkrankung bereits oben ab S. 162.

oder Abs. 5 AMG durchführt, wobei insbesondere § 40b Abs. 4 im Untersuchungszusammenhang von Relevanz ist, da sich dieser auf klinische Prüfungen an Einwilligungsunfähigen bezieht.

Weiterhin enthält § 96 Nr. 21 lit. b AMG einen Straftatbestand, der sich darauf bezieht, dass eine klinische Prüfung u.a. entgegen der eben dargelegten Regelungen der Art. 28 Abs. 1 lit. a, c oder e i.V.m. Art. 29 Abs. 1 S. 1 oder 3 der VO (EU) 536/2014 durchgeführt wird. Dabei geht es insbesondere auch um Verstöße gegen die Einwilligungs- und Aufklärungserfordernisse.

Fahrlässige Verstöße sind in § 97 Abs. 1 und Abs. 2 AMG als Ordnungswidrigkeiten eingestuft.

(2) StGB

In strafrechtlicher Hinsicht kommen die Tatbestände in Betracht, die bereits im Kontext der Patientenverfügung genannt wurden, wenn eine Handlung entgegen dem Willen der Betroffenen vorgenommen wird, also §§ 223, 229 StGB sowie unter Umständen sogar die §§ 211 ff., 222 StGB.[1237] Im Rahmen der möglichen Fahrlässigkeitsstrafbarkeit kann sich vor allem die erforderliche Sorgfaltspflichtverletzung als problematisch erweisen. Diese könnten über die Sorgfaltspflichten, die beim ärztlichen Heileingriff zu beachten sind, aufgrund der besonderen Situation der Forschung hinausgehen bzw. spezifisch sein.[1238]

dd) § 40b Abs. 4 S. 3-8 AMG: Forschungsverfügung

(1) Allgemeines

§ 40b Abs. 4 AMG trifft über Art. 31 der VO (EU) 536/2014 hinausgehende Regelungen bzgl. strengerer Voraussetzungen für die Durchführung von klinischen Prüfungen bei nicht einwilligungsfähigen Erwachsenen[1239], zu denen insbesondere auch Demenzerkrankte ab einem bestimmten Krankheitsstadium gehören können. Damit hat der deutsche Gesetzgeber von der Öffnungsklausel nach Art. 31 Abs. 2 der VO (EU) 536/2014 Gebrauch gemacht und als zusätzliches Erfordernis für die gruppennützige klinische Forschung an Einwilligungsunfähigen eine diesbezügliche Patientenverfügung nach § 1827 Abs. 1 BGB statuiert.[1240] Ohne eine solche kann eine gruppennützige klinische Forschung an Demenzerkrankten de lege lata also nicht

---

[1237] Siehe dazu oben ab S. 161.
[1238] Vgl. hierzu ausführlich bei Loose, S. 48 ff.
[1239] *Listl-Nörr* in: Spickhoff, Medizinrecht, § 40b AMG Rn. 17.
[1240] *Listl-Nörr* in: Spickhoff, Medizinrecht, § 40b AMG Rn. 19; *Pfohl* in: Erbs/Kohlhaas, § 40b AMG Rn. 4.

stattfinden. Nach der Gesetzesbegründung ist zunächst die Patientenverfügung der betroffenen Person als Grundlage für die sodann konkrete Einwilligung nach einer umfassenden Aufklärung in die jeweilige klinische Prüfung durch den gesetzlichen Betreuer heranzuziehen.[1241]

(2) Grundlegende Voraussetzungen

§ 40b Abs. 4 S. 3 AMG legt fest, dass gruppennützige klinische Prüfungen vorgenommen werden dürfen, soweit die volljährige Testperson im Zustand der Einwilligungsfähigkeit für den Fall des späteren Eintritts der Einwilligungsunfähigkeit schriftlich und nach ärztlicher Aufklärung statuiert hat, dass bestimmte, zum Zeitpunkt der Festlegung noch nicht unmittelbar bevorstehende Forschungen durchgeführt werden dürfen. Dies stellt die Regelung der Möglichkeit der Errichtung einer Forschungsverfügung dar. Diese ermöglicht es Personen, die eine Untersuchung zum Zweck der Demenzfrüherkennung haben durchführen lassen und die mit einer gewissen Wahrscheinlichkeit später an einer Demenzerkrankung leiden werden, für diesen Fall über eine Patientenverfügung hinsichtlich der Behandlung hinaus auch Bestimmungen hinsichtlich gruppennütziger klinischer Forschung in diesem Stadium treffen zu können.

Im Übrigen regelt § 40b Abs. 4 AMG die Wirksamkeitsvoraussetzungen einer solchen Forschungsverfügung. So hat die betreuende Person nach § 40b Abs. 4 S. 4 AMG zu prüfen, ob die Festlegungen der Testperson auf die aktuelle Situation zutreffen. Nach § 40b Abs. 4 S. 5 AMG kann die Erklärung zu jeder Zeit ohne Einhaltung einer bestimmten Form widerrufen werden. § 40b Abs. 4 S. 6 AMG enthält einen Verweis auf § 1827 Abs. 1, 4 und 5 BGB, also auf Teile der Regelungen zur Patientenverfügung.[1242]

(3) Einwilligung nach Aufklärung

Eine Einwilligung auf Basis einer Aufklärung in bestimmte, zum Zeitpunkt der Verfügung noch nicht unmittelbar bevorstehende gruppennützige Forschung und deren Überprüfbarkeit durch die rechtliche Betreuung ist für die Errichtung einer Forschungsverfügung erforderlich. Da diese Anforderungen einen gewissen Grad an Bestimmtheit voraussetzen und daher eine Benennung bestimmter Maßnahmen unter Beachtung der Art und Schwere der Erkrankung nötig ist, ist davon auszugehen, dass eine Einwilligung nur in Bezug auf eine konkrete Krankheit

---

[1241] BT-Drs. 18/8034, 46; vgl. dazu auch *Listl-Nörr* in: Spickhoff, Medizinrecht, § 40b AMG Rn. 19.
[1242] Siehe hierzu ausführlich oben ab S. 161.

zweckmäßig ist.[1243] Dies würde im Grunde zu der zu untersuchenden Konstellation der Demenzfrüherkennung passen, da damit mit einem gewissen Grad an Wahrscheinlichkeit eine spätere Demenzerkrankung vorhergesagt werden kann und so für den Fall des Eintritts eine Vorausverfügung in Bezug auf gruppennützige Arzneimittelforschung getroffen werden könnte.

§ 40b Abs. 4 S. 6 AMG zufolge sind die Testpersonen als Grundlage der nötigen Einwilligung über die für diese relevanten Umstände aufzuklären, wozu nach S. 8 insbesondere das Wesen, die Ziele, der Nutzen, die Folgen sowie die Risiken und Nachteile des Forschungsvorhabens sowie die in Art. 29 Abs. 2 lit. a ii-iv der VO (EU) 536/2014 niedergelegten Umstände gehören. Dies sind Informationen, die die Testpersonen oder ihre Vertretung darüber in Kenntnis setzen, welche Rechte und Garantien den Testpersonen zustehen, unter welchen Bedingungen die klinische Forschung durchgeführt wird und welche alternativen Möglichkeiten der Behandlung bestehen. Damit geht die Regelung insoweit über die Anforderungen an eine wirksame Patientenverfügung hinaus.[1244]

Hintergrund der erhöhten Anforderungen in diesem Bereich ist die Gefahr der Instrumentalisierung von Menschen zu Forschungszwecken, nicht zuletzt im Hinblick auf den Hintergrund der nationalsozialistischen deutschen Vergangenheit. [1245] Die Regelung wird insoweit aber als wenig praktikabel beurteilt, da frühestens einige Monate vor Beginn der Studie die erforderlichen Informationen für eine Aufklärung vorliegen, die diesen Anforderungen genügen und es wenige Menschen gibt, die innerhalb einer derartig kurzen Frist ihre Einwilligungsfähigkeit verlieren.[1246]

Auch wenn Demenz eine fortschreitende Erkrankung ist, soll die Forschungsverfügung grundsätzlich parallel zur Patientenverfügung bereits auf Basis der Ergebnisse der Untersuchungen zum Zweck der Demenzfrüherkennung, die nur eine gewisse Wahrscheinlichkeit abbilden, möglich sein – also lange bevor eine Demenzerkrankung letztlich eintritt. Eine Verfügung, die diesen Aufklärungsanforderungen genügt, wäre im Kontext der Demenzfrüherkennung also noch schwerer bis gar nicht möglich. Weiterhin wird bemängelt, dass die zeitlich vorverlagerte

---

[1243] *Listl-Nörr* in: Spickhoff, Medizinrecht, § 40b AMG Rn. 19 m.w.N.

[1244] Jox/Spickhoff/Marckmann, Deutsches Ärzteblatt 2017 S. 520, 521; *Koyuncu* in: Kügel/Müller/Hofmann, AMG, § 40b Rn. 83 ff.

[1245] Jox/Spickhoff/Marckmann, Deutsches Ärzteblatt 2017 S. 520, 521.

[1246] Jox/Spickhoff/Marckmann, Deutsches Ärzteblatt 2017 S. 520, 521, *Koyuncu* in: Kügel/Müller/Hofmann, AMG, § 40b Rn. 83 ff.

Pflicht zur ärztlichen Aufklärung in Bezug zur Regelung bei der Patientenverfügung wenig kohärent sei, da dort bei sehr weitgehenden Festlegungen, die über Leben und Tod entscheiden können, eine solche ärztliche Aufklärung zumindest nicht explizit gefordert wird.[1247]

(4) Beachtlichkeit des natürlichen Willens

Art. 31 Abs. 3 der VO (EU) 536/2014 legt fest, dass die Testpersonen so weit wie möglich in den Einwilligungsprozess mit einbezogen werden sollen. Art. 31 Abs. 1 lit. c der VO (EU) 536/2014 zufolge ist der ausdrückliche Wunsch nicht einwilligungsfähiger Prüfungsteilnehmender, die in der Lage sind, sich eine Meinung zu bilden und die in Art. 29 Abs. 2 der VO (EU) 536/2014 genannten Informationen beurteilen können, von der prüfenden Person zu berücksichtigen. Unter den genannten Voraussetzungen ist also ein natürlicher Wille der einwilligungsunfähigen Person im Stadium einer weit fortgeschrittenen Demenzerkrankung bereits nach der VO (EU) 536/2014 beachtlich.

§ 40b Abs. 4 S. 2 AMG geht diesbezüglich noch über den Regelungsgehalt des Art. 31 Abs. 1 lit. c der VO (EU) 536/2014 hinaus. Danach ist nach einer Erklärung oder dem sonstigen Ausdruck einer Person, die nicht in der Lage ist, Wesen, Bedeutung und Tragweite der klinischen Prüfung zu erkennen und ihren Willen hieran auszurichten, nicht an der klinischen Prüfung teilnehmen zu wollen, als ausdrücklicher Wunsch im Sinne des Art. 31 Abs. 1 lit. c der VO (EU) 536/2014 zu bewerten. Dies stellt eine weitergehende Regulierung der Beachtlichkeit des natürlichen Willens einer Person unter den genannten Umständen dar.[1248]

Die Regelung des § 40b Abs. 4 S. 2 AMG stellt eine Normierung der Beachtlichkeit des natürlichen Willens der Betroffenen dar, die den Regelungsgehalt des Art. 31 Abs. 1 lit. c der VO (EU) 536/2014 übersteigt und in der Folge nicht unproblematisch ist. Ein Studienabbruch kann, trotz der erforderlichen Abwägung durch die Betreuung, grundsätzlich nach dem Wortlaut der Norm bei jeder Art der Äußerung des natürlichen Willens durch die nicht einwilligungsfähigen Betroffenen erfolgen.[1249] Teilweise wird daher die Europarechtskonformität der Regelung, insbesondere für klinische Prüfungen mit Eigennutzen, in Frage gestellt.[1250] Teilweise wird aber

---

[1247] *Koyuncu* in: Kügel/Müller/Hofmann, AMG, § 40b Rn. 85; vgl. insoweit zur Patientenverfügung oben ab S. 163.

[1248] *Koyuncu* in: Kügel/Müller/Hofmann, AMG, § 40b Rn. 68; vgl. im Gegensatz dazu die Diskussion zur Widerruflichkeit der Verfügung nach dem natürlichen Willen im Rahmen der Patientenverfügung ab S. 169.

[1249] Jox/Spickhoff/Marckmann, Deutsches Ärzteblatt 2017 S. 520, 521; *Koyuncu* in: Kügel/Müller/Hofmann, AMG, § 40b Rn. 75.

[1250] *Koyuncu* in: Kügel/Müller/Hofmann, AMG, § 40b Rn. 69; 71.

auch vertreten, dass nicht jeder Ausdruck des Unwillens der Teilnehmenden zwingend die Teilnahme an einer klinischen Prüfung bei vorheriger Einwilligung untersagen solle; vielmehr spreche die Formulierung „zu beachten" dafür, dass ein Abklärungs- und Abwägungsvorgang durch die prüfende Person zu erfolgen habe, bei der auch die Betreuung zu Rate zu ziehen ist.[1251]

Auch wird die Regelung bei Einwilligung durch die rechtliche Betreuung in eine medizinisch direkt nützliche klinische Prüfung zum Teil als nicht interessengerecht und dem Schutz der Betroffenen zuwiderlaufend beurteilt.[1252] Kritisiert wird zudem, dass die Norm gegen anerkannte ethische Standards für klinische Prüfungen nach der Deklaration von Helsinki verstoße, indem Ziff. 29 i.V.m. Art. 31 Abs. 1 lit. c der VO (EU) 536/2014 zu weit eingeschränkt werde.[1253]

d) Zwischenfazit

Die Regelung des § 40b Abs. 4 S. 3 ff. AMG ermöglicht es Betroffenen der Untersuchung zum Zweck der Demenzfrüherkennung, die mit einer bestimmten Wahrscheinlichkeit zu einem späteren Zeitpunkt an Demenz erkranken werden, für diesen Fall zu bestimmen, ob und inwiefern an ihnen im Erkrankungsstadium gruppennützige klinische Arzneimittelforschung durchgeführt werden kann. Die Möglichkeit einer Forschungsverfügung, die nur unter strengen Voraussetzungen für gruppennützige Arzneimittelforschung möglich ist, bietet auch im Hinblick auf die notwendige Forschung an Demenzerkrankten im Grunde die Chance für die Betroffenen, ihr Selbstbestimmungsrecht auch in diesem Kontext für den Fall des Eintritts der Einwilligungsunfähigkeit infolge einer fortschreitenden Demenzerkrankung wahrzunehmen.

Im Gegensatz zur Patientenverfügung, die Festlegungen für eine noch nicht zeitnah bevorstehende und üblicherweise nicht konkret vorhersehbare Situation beinhaltet, muss sich die Forschungsverfügung auf konkrete Umstände beziehen.[1254] Die Aufklärung wird praktisch gesehen zumeist nicht mit der vom Gesetz geforderten Bestimmtheit in einem Stadium, in dem die Demenz noch nicht ausgebrochen ist, möglich sein. Weiterhin werden die Regelungen im AMG zur Beachtlichkeit eines natürlichen Willens hinsichtlich Europarechtkonformität und Praktikabilität kritisiert.

[1251] *Koyuncu* in: Kügel/Müller/Hofmann, AMG, § 40b Rn. 68 m.w.N..
[1252] *Koyuncu* in: Kügel/Müller/Hofmann, AMG, § 40b Rn. 70.
[1253] *Koyuncu* in: Kügel/Müller/Hofmann, AMG, § 40b Rn. 73.
[1254] Taupitz, PharmR 2021, 126, 128.

Zudem stellen sich auch in diesem Kontext zum einen die mit einer Patientenverfügung ebenfalls einhergehenden Probleme im Hinblick auf die Antizipierbarkeit des Zustands im Rahmen des Eintritts einer Demenzerkrankung. [1255] Zum anderen weist die erforderliche Aufklärung im Hinblick auf die Situation der Demenzfrüherkennung derartige praktische Probleme auf, dass eine Forschungsverfügung in diesem Stadium kaum wirksam möglich sein wird.

Darüber hinaus besteht auch und gerade außerhalb der Arzneimittelprüfung ein gravierender Bedarf an ausschließlich gruppennützigen Studien mit Nichteinwilligungsfähigen, die u.a. den nicht medikamentösen Bereich der Diagnostik, des Krankheitsverlaufs, der Prognosestellung und Untersuchungen zum Zweck der Demenzfrüherkennung betreffen.[1256] All diese Studien nichtmedikamentöser Art sind de lege lata in Deutschland nicht geregelt; für sie gelten aber die berufsethischen dargelegten Voraussetzungen der Deklaration von Helsinki, insbesondere Ziff. 29.[1257] In dieser Hinsicht besteht aber Uneinigkeit hinsichtlich der Kompetenz der gesetzlichen Vertretung in Bezug auf eine Einwilligung in gruppennützige Forschung in diesem Bereich.[1258]

II. Zusammenfassung und Zwischenfazit

1. Zusammenfassung

Die Ergebnisse der Untersuchungen zum Zweck der Demenzfrüherkennung mittels genetischer und nichtgenetischer Biomarker können in Anbetracht der nötigen Forschung an Demenzkranken auch für Vorausverfügungen in Form von Forschungsverfügungen genutzt werden.

Die derzeitige Rechtslage zur Forschung am Menschen basiert grundlegend auf der Unterscheidung zwischen Heilversuch und Forschungseingriff, die wiederum vom ärztlichen Heileingriff abzugrenzen sind. Während der ärztliche Heileingriff eine Verbesserung des Gesundheitszustandes der individuellen Betroffenen intendiert, steht bei Heilversuch und Forschungseingriff die Erprobung neuer medizinischer Methoden im Fokus. Besondere Probleme bestehen, nicht zuletzt aus medizinethischer Sicht[1259], bei der Forschung an Einwilligungsunfähigen, die aufgrund ihrer erhöhten Vulnerabilität auch rechtlich in besonderem Maße zu schützen sind.

[1255] Vgl. auch dazu bereits oben ab S. 165

[1256] Jox/Spickhoff/Marckmann, Deutsches Ärzteblatt 2017 S. 520, 522.

[1257] Jox/Spickhoff/Marckmann, Deutsches Ärzteblatt 2017 S. 520, 522; vgl. zur Deklaration von Helsinki oben ab S. 206.

[1258] Jox/Spickhoff/Marckmann, Deutsches Ärzteblatt 2017 S. 520, 522.

[1259] Vgl. dazu ausführlich oben ab S. 54.

Auf internationalrechtlicher Ebene sind im Kontext von Forschung an einwilligungsunfähigen Demenzerkrankten vor allem die Nr. 19, 20, 28-31 der Deklaration von Helsinki in diesem Kontext zu beachten. Neben der Feststellung der besonderen Schutzwürdigkeit Einwilligungsunfähiger, zu denen auch Demenzerkrankte ab einem bestimmten Krankheitsstadium gehören, wird festgelegt, dass trotz dieses Umstandes unter Beachtung enger Voraussetzungen Forschung an diesen Menschen denkbar ist, soweit eine Gruppennützigkeit gegeben ist.

Weiterhin sind die europarechtlichen Regelungen der VO (EU) 536/2014 im Kontext mit Forschung an Demenzerkrankten zu beachten. Sie weisen grundsätzlich ein hohes Schutzniveau auf. Die Verordnung enthält aber für sich genommen keine explizite Regelung in Bezug auf Vorausverfügungen in diesem Bereich. In Art. 31 der VO (EU) 536/2014 wird jedoch vom Bestehen dieser Möglichkeit im Grunde ausgegangen.

Voraussetzung der Vornahme von klinischen Prüfungen nach Art. 1 Abs. 1 der VO (EU) 536/2014 sind nach dem allgemeinen Grundsatz des Art. 3 der VO (EU) 536/2014 die vor allem anderen die Wahrung der Rechte, Sicherheit, Würde und Wohl der Teilnehmenden. Neben den allgemeinen Bestimmungen des Art. 28 VO (EU) 536/2014 müssen die Teilnehmenden oder bei Einwilligungsunfähigkeit die gesetzliche Vertretung nach Art. 29 Abs. 2-6 VO (EU) 536/2014 insbesondere aufgeklärt worden sein (lit. b) sowie eine darauf basierende Einwilligung nach Art. 29 Abs. 1, 7 und 8 VO (EU) 536/2014 erklärt haben (lit. c). Art. 29 Abs. 2-6 VO (EU) 536/2014 statuiert detaillierte Anforderungen an den Inhalt der Aufklärung zur Teilnahme an einer klinischen Prüfung.

Art. 31 der VO (EU) 536/2014 enthält zusätzliche Regelungen zu klinischen Prüfungen mit nicht einwilligungsfähigen Prüfungsteilnehmenden, zu denen auch Demenzerkrankte ab einen bestimmten Krankheitsstadium gehören. Besonders ist in diesem Zusammenhang beachtlich, dass gem. Art. 31 Abs. 1 der VO (EU) 536/2014 Einwilligungsunfähige, die ihre Einwilligung nicht vor dem Verlust der Einwilligungsunfähigkeit erklärt oder versagt haben, nur an klinischen Prüfungen teilnehmen dürfen, wenn die gesetzliche Vertretung eine informierte Einwilligung erklärt hat (lit. a), die Prüfungsteilnehmenden gem. Art. 29 Abs. 2 der VO (EU) 536/2014 die relevanten Informationen in einer für sie angemessenen Weise erhalten haben (lit. b) und die ausdrücklichen Wünsche der Teilnehmenden beachtet werden (lit. c). Bei der gruppennützigen Forschung ist zu berücksichtigen, dass die klinische Prüfung im direkten Zusammenhang mit der Erkrankung der Testperson stehen muss und die Teilnehmenden im Vergleich zur Standardbehandlung nur minimalen Risiken und Belastungen ausgesetzt sein dürfen, Art. 31 Abs. 1 lit. g ii) der VO (EU) 536/2014. Art. 31 Abs. 3 der VO (EU) 536/2014 legt zudem fest, dass die Testpersonen so weit wie möglich in den Einwilligungsprozess mit einbezogen werden sollen.

Auf nationaler Ebene finden sich Regelungen zur Forschung am Menschen im AMG, die sich im Wesentlichen an den in der VO (EU) 536/2014 niedergelegten Anforderungen orientieren und sich auf klinische Prüfungen von Arzneimitteln beziehen und insbesondere auf gruppennützige Arzneimittelforschung an Demenzerkrankten im Stadium der Einwilligungsunfähigkeit Anwendung finden.

Verstöße gegen die Vorschriften der §§ 40, 40a, 40b AMG sind nach § 96 Nr. 10, Nr. 11 und Nr. 21 lit. b AMG zum Teil unter Strafe gestellt. Strafbewehrt ist dabei gem. § 96 Nr. 11 AMG insbesondere die Durchführung klinischer Prüfungen entgegen § 40b 4 S. 1 Nr. 1, S. 2, 3, S. 9 AMG. Zudem ist § 96 Nr. 21 lit. b AMG von Relevanz, der sich darauf bezieht, dass eine klinische Prüfung u.a. entgegen der Einwilligungs- und Aufklärungserfordernisse der Art. 28 Abs. 1 lit. a, c oder e i.V.m. Art. 29 Abs. 1 S. 1 oder 3 der VO (EU) 536/2014 vorgenommen wird. Weiterhin sind Straftaten nach §§ 223, 229 StGB sowie unter Umständen sogar die §§ 211 ff., 222 StGB denkbar.[1260]

Die allgemeinen Voraussetzungen der Genehmigung und Durchführung klinischer Prüfungen finden sich in §§ 40, 40a AMG. Von besonderer Bedeutung ist im Untersuchungskontext die Regelung der besonderen Voraussetzungen für die Forschung an Einwilligungsunfähigen nach § 40b AMG. § 40b Abs. 4 AMG trifft über Art. 31 der VO (EU) 536/2014 hinausgehend eine Regelungen bzgl. strengerer Voraussetzungen für die Durchführung von klinischen Prüfungen bei nicht einwilligungsfähigen Erwachsenen, zu denen auch Demenzerkrankte ab einem bestimmten Stadium gehören.

Ohne eine Vorausverfügung nach § 40b Abs. 4 S. 3 AMG kann eine gruppennützige klinische Arzneimittelforschung an Demenzerkrankten de lege lata nicht stattfinden. Diese Vorausverfügung, die als Forschungsverfügung verstanden werden kann, setzt insbesondere eine Einwilligung in bestimmte, zum Zeitpunkt der Verfügung noch nicht unmittelbar bevorstehende gruppennützige Forschung nach Aufklärung voraus. Aufgrund der erhöhten Anforderungen einen

[1260] Siehe dazu oben ab S. 161.

gewissen Grad an Bestimmtheit und daher eine Benennung bestimmter Maßnahmen unter Beachtung der Art und Schwere der Erkrankung, ist eine Einwilligung nur in Bezug auf eine konkrete Krankheit, also auch eine später wahrscheinliche Demenzerkrankung, zweckmäßig.

Mit den Voraussetzungen einer hinreichenden Aufklärung beschäftigt sich § 40b Abs. 4 S. 6, 8 AMG, die sich insbesondere auf das Wesen, die Ziele, den Nutzen, die Folgen sowie die Risiken und Nachteile des Forschungsvorhabens sowie die in Art. 29 Abs. 2 lit. a ii-iv der VO (EU) 536/2014 niedergelegten Umstände beziehen muss. Die Regelung ist hinsichtlich ihrer Praktikabilität problembehaftet, da frühestens einige Monate vor Beginn der Studie die erforderlichen Informationen vorliegen und somit der der Untersuchung zugrundeliegenden Konstellation der Demenzfrüherkennung weit vor Ausbruch der Erkrankung zuwiderläuft.

§ 40b Abs. 4 S. 2 AMG geht hinsichtlich der Beachtlichkeit eines natürlichen Willens der Probanden im Zeitpunkt der Durchführung der klinischen Prüfung über den Regelungsgehalt des Art. 31 Abs. 1 lit. c der VO (EU) 536/2014 hinaus, indem der Wortlaut der Norm jeden ablehnenden Ausdruck des natürlichen Willens als der Durchführung des Vorhabens für entgegenstehend erklärt. Dies wird zum Teil hinsichtlich der Europarechtskonformität und der Vereinbarkeit mit den ethischen Standards der Deklaration von Helsinki, insbesondere mit Ziff. 29, als kritisch betrachtet; andererseits ist auch eine Auslegung dahingehend angedacht worden, dass nicht jeder Ausdruck des Unwillens der Teilnehmenden zwingend die Teilnahme an einer klinischen Prüfung bei vorheriger Einwilligung untersagen solle sondern ein Abklärungs- und Abwägungsvorgang durch die prüfende Person zu erfolgen habe, bei der auch die Betreuung zu Rate zu ziehen ist.[1261]

Neben den genannten Kritikpunkten stellen sich auch in diesem Kontext die mit einer Patientenverfügung einhergehenden Probleme im Hinblick auf die Antizipierbarkeit des Zustands im Rahmen des Eintritts einer Demenzerkrankung.

2. Zwischenfazit

Derzeit ist die Möglichkeit der Errichtung einer Forschungsverfügung, die der Wahrung des Selbstbestimmungsrechts der Betroffenen und der Ermöglichung der notwendigen Forschung an Demenzerkrankten dient, in Deutschland also lediglich für den Fall der Arzneimittelprüfung möglich und mit praktischen Problemen behaftet.

[1261] *Koyuncu* in: Kügel/Müller/Hofmann, AMG, § 40b Rn. 68 m.w.N..

Weiterhin besteht gerade außerhalb der Arzneimittelprüfung ein Bedarf an ausschließlich gruppennützigen Studien mit Nichteinwilligungsfähigen, die sich u.a. auf den nicht medikamentösen Bereich der Diagnostik, des Krankheitsverlaufs, der Prognosestellung und Untersuchungen zum Zweck der Demenzfrüherkennung beziehen.[1262] All diese Studien nichtmedikamentöser Art sind de lege lata nicht von der Regelung einer Forschungsverfügung im AMG erfasst. Es gelten lediglich die berufsethischen Voraussetzungen der Deklaration von Helsinki, v.a. Ziff. 29.[1263] Dies ist vor allem aus dem Grund problematisch, dass außerhalb der Arzneimittelforschung ein hoher Bedarf an ausschließlich gruppennütziger Forschung an nichteinwilligungsfähigen Personen besteht.[1264]

Gerade im Hinblick auf die zu beforschenden nichtgenetischen Biomarker zum Zweck der Demenzfrüherkennung ist dies von Relevanz.[1265] Besonders bei Personen, die sich selbst für eine Untersuchung zum Zweck der Demenzfrüherkennung mittels nichtgenetischer Biomarker entschieden haben, ist der Wunsch u.U. naheliegend, diese Möglichkeiten für künftige Untersuchungen noch besser erforschen zu lassen, sodass eine Forschungsverfügungsmöglichkeit gerade für diesen Bereich eine große Chance für die weitere Erforschung von Biomarkern zum Zweck der Demenzfrüherkennung bietet. Daher soll im Rahmen der Bewertung der Regelungen de lege lata untersucht werden, ob diese Regelungen de lege lata im Hinblick auf die Situation der Demenzfrüherkennung angemessen oder lückenhaft und daher verbesserungswürdig sind.[1266]

D. Zwischenfazit zu Kapitel 6

Auf der Grundlage von Untersuchungen zur Demenzfrüherkennung besteht die Möglichkeit, Vorausverfügungen für den möglichen Fall eines späteren Krankheitseintritts zu treffen. Meist tritt bei Demenzerkrankungen im Verlauf der Krankheit eine Einwilligungsunfähigkeit der Betroffenen ein. Hierauf können sich Vorausverfügungen im Hinblick auf die Behandlung, im Rahmen der Patientenverfügung nach § 1827 BGB, oder auf die Vornahme von Forschungs-

---

1262 Jox/Spickhoff/Marckmann, Deutsches Ärzteblatt 2017 S. 520, 522.

1263 Jox/Spickhoff/Marckmann, Deutsches Ärzteblatt 2017 S. 520, 522; vgl. zur Deklaration von Helsinki oben ab S. 206.

1264 Jox/Spickhoff/Marckmann, Deutsches Ärzteblatt 2017 S. 520, 522.

1265 Jox/Spickhoff/Marckmann, Deutsches Ärzteblatt 2017 S. 520, 522.

1266 Zu zahlreichen offenen Fragen bei Forschung an Nichteinwilligungsfähigen auf Basis von Vorausverfügungen außerhalb des Anwendungsbereiches des AMG Jox/Spickhoff/Marckmann, Deutsches Ärzteblatt 2017 S. 520, 522; teilweise wird bspw. vertreten, dass Forschungsverfügungen als Patientenverfügungen statuiert werden könnten, wenn eine sog. forschungsspezifische Grundaufklärung stattgefunden habe; vgl. Reimer, S. 250 ff.; zustimmend *Eser/Sternberg-Lieben* in: Schönke/Schröder StGB, Vorbem. Zu §§ 211 ff. Rn. 28g.

vorhaben, in Form einer Forschungsverfügung, beziehen. Die Vorausverfügung bietet die Möglichkeit, auf Basis der Erkenntnisse der Demenzfrüherkennung Entscheidungen für später zu treffen und so ihr Selbstbestimmungsrecht auch dann auszuüben. Während die Patientenverfügung in den §§ 1827 ff. BGB kodifiziert wurde[1267], ist dies in Anlehnung an diese Regelungen für die Forschungsverfügung im Bereich der Arzneimittelprüfung in § 40b Abs. 4 S. 3-8 AMG i.V.m. der VO (EU) 536/2014 geschehen. Für andere Bereiche existiert keine Möglichkeit der Errichtung einer solchen Forschungsverfügung.

Diese Vorausverfügungsmöglichkeiten bieten den Betroffenen die Chance, im Stadium der noch bestehenden Einwilligungsfähigkeit Regelungen für einen späteren Zeitpunkt zu treffen, indem ihnen diese infolge der Demenzerkrankung abhandengekommen ist. Gleichzeitig bergen die Verfügungsmöglichkeiten insbesondere das Risiko, dass die Verfügung dem aktuellen Willen der Betroffenen aufgrund einer mit Demenzerkrankungen oft einhergehenden Persönlichkeitsveränderung der Betroffenen in der jeweiligen Behandlungssituation nicht mehr entsprechen könnten. Während der sog. natürliche Wille im Rahmen von § 40b Abs. 4 S. 3-8 AMG, der sich mit gruppennütziger Arzneimittelforschung auseinandersetzt, in der Regel Berücksichtigung findet, dürfte dies im Fall von Vorausverfügungen im Hinblick auf insbesondere die Durchführung oder Unterlassung lebenserhaltende Maßnahmen auf Basis der Vorausverfügungen de lege lata nur erschwert möglich sein. Zudem stellt sich in der Situation der Demenzfrüherkennung das Problem der Antizipierbarkeit, auch wenn die Untersuchungsergebnisse Aussagen im Hinblick auf einen konkreten Krankheitseintritt treffen. Dabei wird die Problematik dadurch zugespitzt, dass die Untersuchungsmethoden keine sichere Aussage, sondern lediglich die Wahrscheinlichkeit eines späteren Demenzeintritts abbilden. Problematisch erscheint dabei vor allem, dass die Verfügung in einem bestimmten Zeitpunkt getätigt wird, und dann ohne Aktualisierungserfordernis über einen langen Zeitraum Geltung beansprucht. Dies könnte bei fortschreitenden Erkrankungen wie der Demenz der optimalen Erhaltung der Patientenautonomie im Krankheitsverlauf entgegenstehen. Inwiefern die Regelungen de lege lata in der Situation der Demenzfrüherkennung dennoch als angemessen zu bewerten sind oder ob de lege ferenda Änderungsbedarf besteht, wird in Teil drei der Untersuchung thematisiert.

[1267] Vgl. zusammenfassend und zu einem Überblick über die sich hierbei ergebenden Probleme im Kontext der Demenzfrüherkennung oben ab S. 200.

Teil III: Bewertung der Regelungen de lege lata und Lösungsansätze de lege ferenda

Im folgenden dritten Teil der Untersuchung werden die zuvor dargelegten Regelungen, die auf die Demenzfrüherkennung derzeit anwendbar sind, bewertet. Dabei soll festgestellt werden, ob das geltende Recht die herausgearbeiteten Probleme der Demenzfrüherkennung bereits angemessen regelt oder ob de lege ferenda Verbesserungsbedarf besteht. Zunächst soll im siebten Kapitel die Bewertung aus einer rechtsinternen Perspektive, also vor allem aus Sicht des Verfassungsrechts, erfolgen. Im Anschluss wird im achten Kapitel eine Bewertung der Normen aus einem rechtsexternen Blickwinkel vorgenommen. Schließlich werden im neunten Kapitel de lege ferenda Verbesserungsvorschläge erarbeitet.

Kapitel 7: Rechtsinterne Bewertung der Regelungen

Im Rahmen der Bewertung der Normen, die die Demenzfrüherkennung erfassen, ist aus einer rechtsinternen Perspektive die Normenhierarchie zu beachten.[1268] Normen sind im Rahmen einer rechtsinternen Bewertung an höherrangigem Recht, insbesondere also an der Verfassung, zu messen.[1269] Dabei ist dem Gesetzgeber ein weiter Entscheidungsspielraum zuzubilligen.[1270] Überlegungen, die über diesen Entscheidungsspielraum hinausgehen, können im Rahmen der Bewertung von Funktionalität und Praktikabilität von Normen erfolgen.[1271]

Die rechtsinterne Bewertung der Regelungen zur Demenzfrüherkennung de lege lata erfolgt zunächst aus Sicht des Verfassungsrechts. Vorab ist dabei der Maßstab der verfassungsrechtlichen Bewertung festzulegen. Sodann werden die Regelungen, die die Demenzfrüherkennung mittels genetischer und nichtgenetischer Biomarker betreffen sowie die Regelungen zu Vorausverfügungen auf Basis der Untersuchungsergebnisse aus verfassungsrechtlicher Sicht bewertet. Im Anschluss erfolgt eine Prüfung der Funktionalität und Praktikabilität der betreffenden Normen.

A. Maßstab der verfassungsrechtlichen Bewertung

Im Rahmen der rechtsinternen Bewertung der Normen sind diese zunächst an höherrangigem Recht, also insbesondere an der Verfassung, zu messen.[1272] Gesetze, die gegen die Verfassung verstoßen, sind im weiteren Sinne nicht rechtmäßig.[1273] Insbesondere für Strafvorschriften statuiert das Grundgesetz besondere Anforderungen.[1274]

I. Verfassungsrechtliche Anforderungen an Gesetze

Gesetze müssen bestimmte Anforderungen erfüllen, um mit der Verfassung in Einklang zu stehen. Diese richten sich insbesondere danach, welche Grundrechte durch das jeweilige Gesetz betroffen sind.[1275] Grundsätzlich muss ein Eingriff in ein Grundrecht durch ein Gesetz aber stets dem Verhältnismäßigkeitsgrundsatz genügen. Das Verfassungsrecht stellt an Strafgesetze darüber hinaus besondere Ansprüche. Regelmäßig knüpft das Strafrecht an eine gewisse Verhaltensweise eine bestimmte Sanktion.[1276] Hierbei ist als verfassungsrechtliche Anforderung vor

---

[1268] Beck, Was ist ein gutes Strafgesetz? S. 48.
[1269] Beck, Was ist ein gutes Strafgesetz? S. 48.
[1270] Beck, Was ist ein gutes Strafgesetz? S. 49; siehe dazu auch ausführlich sogleich ab S. 234.
[1271] Beck, Was ist ein gutes Strafgesetz? S. 49; siehe dazu auch ausführlich unten ab S. 291.
[1272] Beck, Was ist ein gutes Strafgesetz? S. 51.
[1273] Beck, Was ist ein gutes Strafgesetz? S. 51.
[1274] Beck, Was ist ein gutes Strafgesetz? S. 51.
[1275] Vgl. hierzu sogleich ausführlich ab S. 235.
[1276] Beck, S. 12.

© Der/die Autor(en), exklusiv lizenziert an Springer Fachmedien Wiesbaden GmbH, ein Teil von Springer Nature 2026
S. Kahre-Krüger, *Die Demenzfrüherkennung mittels genetischer & nicht-genetischer Biomarker*, https://doi.org/10.1007/978-3-658-50890-6_8

allem das Gesetzlichkeitsprinzip nach Art. 103 Abs. 2 GG von Bedeutung. Weiterhin spielt die Beachtung des Entscheidungsspielraumes des Gesetzgebers im Kontext der Bewertung von Normen aus verfassungsrechtlicher Perspektive eine entscheidende Rolle.[1277]

1. Verhältnismäßigkeitsgrundsatz

Im Rahmen der Verhältnismäßigkeit kommt es zunächst auf die Geeignetheit an, die gegeben ist, wenn durch die Norm der angestrebte Zweck erreichbar ist.[1278] Zudem ist die jeweilige Norm auf ihre Erforderlichkeit hin zu prüfen, die vorliegt, wenn dem Gesetzgeber kein anderes, das betroffene Grundrecht nicht oder weniger stark beeinträchtigendes Mittel mit gleicher Wirksamkeit zur Verfügung steht.[1279] Dabei ist festzustellen, ob die betreffende Norm unter Berücksichtigung der Eingriffsintensität im Verhältnis zu dem betroffenen Rechtsgut zurückzutreten hat.[1280] Hierbei ist der Beurteilungsspielraum des Gesetzgebers zu beachten, der seine Grenzen in offensichtlich fehlgehenden Erwägungen, die der Vernunft nach keine Grundlage für eine Tätigkeit des Gesetzgebers darstellen, findet.[1281]

Schließlich sind im Rahmen einer Gesamtabwägung die Schwere und das Gewicht des Eingriffs sowie die Zumutbarkeit einerseits und andererseits die Dringlichkeit der den Eingriff rechtfertigenden Gründe zu berücksichtigen.[1282] Es darf keine übermäßige Belastung stattfinden (Übermaßverbot).[1283] Im Wege der Feststellung der Zweck-Mittel-Relation ist also im Wesentlichen zu überprüfen, ob die jeweilige Maßnahme in Erwägung der Eingriffsintensität nicht außer Verhältnis zum zurücktretenden Rechtsgut steht.[1284]

Weiterhin kommt dem Verhältnismäßigkeitsgrundsatz gerade im Rahmen der verfassungsrechtlichen Bewertung einer strafrechtlichen Norm eine herausragende Bedeutung zu.[1285] Dies lässt sich damit begründen, dass eine Strafvorschrift als stärkste Möglichkeit der Sanktionierung, die der Staat innehat, ein Unwerturteil sozialethischer Art über eine Handlung beinhaltet.[1286] Daher kann der Erlass eines Strafgesetzes nur dann zulässig sein, wenn kein milderes

---

[1277] Dazu sogleich ab S. 234.
[1278] BVerfG NJW 2008, 1137, 1138; *Lang* in: BeckOK GG Art. 2 Rn. 56; siehe zur Verhältnismäßigkeitsprüfung im Allgemeinen beispielsweise bei Kloepfer, § 51 Rn. 85 ff.
[1279] BVerfG NJW 1985, 121, 123; BVerfG NJW 1971, 1255, 1256 m.w.N.; *Jarass* in: Jarass/Pieroth, GG, Art. 2 Rn. 17; *Lang* in: BeckOK GG Art. 2 Rn. 57.
[1280] BVerfG NJW 1994, 1577, 1577; *Lang* in: BeckOK GG Art. 2 Rn. 57.
[1281] *Lang* in: BeckOK GG Art. 2 Rn. 57 m.w.N.
[1282] BVerfG NJW 2008, S. 1137, 1138; *Lang* in: BeckOK GG Art. 2 Rn. 58.
[1283] *Lang* in: BeckOK GG Art. 2 Rn. 58.
[1284] BVerfG NVwZ 2019, S. 1432, 1433; *Lang* in: BeckOK GG Art. 2 Rn. 58.
[1285] BVerfG NJW 1994, 1577, 1578.
[1286] BVerfG NJW 1994, 1577, 1578.

Mittel zur Verfügung steht; dies wird auch als ultima-ratio-Grundsatz bezeichnet.[1287] Nach dem Prinzip der Verhältnismäßigkeit muss eine Strafnorm einen legitimen Zweck verfolgen, der regelmäßig im Rechtsgüterschutz bestehen wird, und zur Erreichung dieses Ziels geeignet, erforderlich sowie angemessen sein.[1288]

2. Gesetzlichkeitsprinzip, Art. 103 Abs. 2 GG

Beim Erlass einer Strafnorm ist Art. 103 Abs. 2 GG bedeutsam,[1289] welcher auf das Rechtsstaatsprinzip zurückzuführen ist.[1290] Kerngehalt des Art. 103 Abs. 2 GG ist, dass keine Tat bestraft werden darf, wenn sie nicht vorher gesetzlich als Straftat mit Androhung von Strafe bezeichnet worden ist.[1291] Hieraus ergeben sich explizite verfassungsrechtliche Anforderungen an das Strafrecht: das Bestimmtheitsgebot, das Analogieverbot und das Rückwirkungsverbot.[1292]

a) Bestimmtheitsgebot

Das Bestimmtheitsgebot besagt, dass die Grenze zwischen strafbarem und straflosem Verhalten für Betroffene eindeutig erkennbar sein muss.[1293] Dieser Grundsatz gilt im Bereich des Strafrechts und wird in seiner Bedeutung durch die einfachgesetzliche Wiederholung in §§ 1, 2 StGB bestärkt.[1294] Nach dem *BVerfG* dürfen an die Einhaltung des Bestimmtheitsgrundsatzes allerdings nicht zu hohe Anforderungen gestellt werden.[1295] Dies lässt sich auf die Erforderlichkeit einer abstrakt-generellen Ausgestaltung von Strafgesetzen zur Erfassung möglichst vieler Fallkonstellationen zurückführen.[1296] Der Gesetzgeber ist folglich dazu angehalten, eine Strafnorm so präzise zu formulieren, dass allein hieraus erkennbar ist, welches Verhalten die Norm unter Strafe stellt.[1297] Dabei sind die Voraussetzungen der Strafbarkeit so niederzulegen, dass sich der Bereich der Anwendung der Norm aus derselben bzw. einer Auslegung ergeben.[1298]

[1287] Beck, Was ist ein gutes Strafgesetz? S. 51, 52.
[1288] Beck, S. 14; Günther, ZStW 1990, S. 269, 279.
[1289] Beck, S. 12; vgl. dazu nach Borrmann, S. 124 auch Art. 7 Abs. 1 EMRK.
[1290] *Radtke* in BeckOK GG Art. 103 Rn. 18; siehe dazu auch Roxin/Greco, § 5 Rn. 11.
[1291] *Degenhart* in: Sachs GG Art. 103 Rn. 63; *Radtke* in BeckOK GG Art. 103 Rn. 18; Roxin/Greco, AT I § 5 Rn. 2; *Wolff* in: Hömig/Wolff GG, Art. 103 Rn. 13.
[1292] Borrmann, S. 124 m.w.N.
[1293] Borrmann, S. 124 m.w.N.
[1294] *Radtke* in BeckOK GG Art. 103 Rn. 18.
[1295] BVerfG NJW 1977, 1815, 1815; *Radtke* in BeckOK GG Art. 103 Rn. 24.
[1296] *Radtke* in BeckOK GG Art. 103 Rn. 24.
[1297] BVerfG NJW 2004, 739, 744; BVerfG NJW 2010, 3209, 3210; *Degenhart* in: Sachs GG Art. 103 Rn. 63, 64; *Radtke* in BeckOK GG Art. 103 Rn. 24; *Wolff* in: Hömig/Wolff GG, Art. 103 Rn. 15.
[1298] BVerfG NJW 2004, 739, 744; *Radtke* in BeckOK GG Art. 103 Rn. 24.

b) Analogieverbot

Das Analogieverbot beinhaltet, dass das Strafrecht über den Inhalt der jeweiligen Norm, dessen Grenze der Wortlaut bildet, hinaus keine Anwendung zu Lasten des Täters findet.[1299] Dies gilt daher bspw. nicht für nicht gesetzlich geregelte Rechtfertigungsgründe, wie etwa die Einwilligung, die für Täter als Rechtfertigungsgrund lediglich vorteilhaft sein kann.[1300]

c) Rückwirkungsverbot

Beim Rückwirkungsverbot wird dem Gesetzgeber untersagt, die Geltung von Normen auf in der Vergangenheit liegende Sachverhalte auszuweiten; dies lässt sich mit den Grundsätzen der Rechtssicherheit sowie dem nötigen Vertrauen der Bürger in die Rechtsordnung begründen.[1301]

3. Einschätzungsspielraum des Gesetzgebers

Von herausragender Bedeutung ist bei der verfassungsrechtlichen Bewertung von Normen der Beurteilungs- bzw. Einschätzungsspielraum des Gesetzgebers.[1302] Das heißt, dass keine Prüfung dahingehend erfolgt, ob die Entscheidung des Gesetzgebers im konkreten Fall am zweckmäßigsten, gerechtesten oder vernünftigsten ist, sondern einzig, ob erhebliche Mängel vorliegen, die letztlich zur Verfassungswidrigkeit einer Norm führen können.[1303] Dies gilt auch für die der gesetzgeberischen Entscheidung zugrundeliegenden Prognosen und Fakten; erst bei eklatanten Fehleinschätzungen oder willkürlichen Erwägungen kann eine Verfassungswidrigkeit der Norm gegeben sein.[1304]

II. Betroffene Grundrechte

Aus verfassungsrechtlicher Sicht muss ein Eingriff in ein Grundrecht durch eine Vorschrift, die die Demenzfrüherkennung betrifft, gerechtfertigt sein. Welche Anforderungen hieran jeweils zu stellen sind, richtet sich nach den jeweiligen durch die Vorschrift betroffenen Grundrechten. Hierbei ist der Einschätzungsprärogative des Gesetzgebers Rechnung zu tragen.[1305] Es ist eine Gesamtabwägung vorzunehmen, bei der die Zumutbarkeitsgrenze für die Betroffenen gewahrt sein muss, für die wiederum die Eingriffsschwere und die Dringlichkeit des Zwecks relevant

[1299] Borrmann, S. 126 m.w.N.
[1300] Borrmann, S. 127; vgl. zur Einwilligung ab S. 83.
[1301] Borrmann, S. 125 m.w.N.
[1302] Beck, S. 174; zum Einschätzungsspielraum bspw. auch bei *Lang* in: BeckOK GG Art. 2 Rn. 56.
[1303] BVerfG NJW 1994, S. 1577, 1579; BVerfG NJW 1990, S. 37, 38; Beck, S. 180.
[1304] BVerfG NJW 1993, S. 1751, 1756; BVerfG NJW 1988, S. 1651, 1653; Beck, S. 174.
[1305] Siehe hierzu soeben ab S. 234.

sind.[1306] Es darf keine übermäßige Belastung eines Betroffenen vorliegen.[1307] Um diese Abwägung im Einzelnen vornehmen zu können, wird - unter besonderer Berücksichtigung der Anforderungen an die Rechtfertigung eines Eingriffs in das betreffende Grundrecht - auf die verfassungsrechtlich berührten Positionen im Rahmen der Demenzfrüherkennung eingegangen.[1308]

1. Menschenwürde, Art. 1 Abs. 1 GG

Nach Art. 1 Abs. 1 S. 2 GG ist der Staat dem Bürger gegenüber verpflichtet, diesen vor Verletzungen seiner Menschenwürde durch den Staat, aber auch durch andere Bürger, zu schützen.[1309] Art. 1 Abs. 1 GG wird erst subsidiär nach einem im konkreten Fall speziellen Grundrecht wie bspw. der körperlichen Unversehrtheit relevant.[1310] Es wurde bereits festgehalten, dass sich eine Abwägung anderer Grundrechtspositionen gegen die Menschenwürde verbietet.[1311] Ein Eingriff in ein an sich einschränkbares Grundrecht ist daher in jedem Fall bei der Berührung der Menschenwürde der Betroffenen als verfassungswidrig anzusehen.[1312]

Für die Regelungen zur Demenzfrüherkennung bedeutet das, dass sobald ein Eingriff in die Menschenwürde eines Betroffenen festgestellt wird, die betreffenden Regelungen als verfassungswidrig zu bewerten sind. Wie bereits erwähnt, ist die Menschenwürde aus diesem Grund restriktiv auszulegen.[1313] Eine Verletzung der Menschenwürde im Rahmen der Demenzfrüherkennung ist vor allem denkbar, wenn infolge der Kenntnis der Wahrscheinlichkeit eines späteren Krankheitseintritts den Betroffenen Maßnahmen widerfahren, die dazu geeignet sind, diesen zum bloßen Objekt wirtschaftlicher Belange herabstufen.[1314] Diese Gefahr besteht etwa, wenn eine Untersuchung zum Zweck der Demenzfrüherkennung zur Bedingung des Abschlusses eines Versicherungs- oder Arbeitsvertrages gemacht wird.[1315]

[1306] BVerfG NJW 2008, 1137, 1138; *Lang* in: BeckOK GG Art. 2 Rn. 58.
[1307] BVerfG NJW 1994, 1577, 1577; *Lang* in: BeckOK GG Art. 2 Rn. 58.
[1308] Vgl. hierzu grundlegend bereits oben in Kapitel drei ab S. 60.
[1309] BVerfG NJW 1952, 297, 298; *Hillgruber* in: BeckOK GG Art. 1 Rn. 7; *Jarass* in: Jarass/Pieroth, GG, Art. 1 Rn. 14 f.
[1310] BVerfG NJW 1979, 1539, 1540; *Hillgruber* in: BeckOK GG Art. 1 Rn. 9.
[1311] Siehe dazu Seite 61; vgl. dazu Brückl, S. 104 ff.; *Höfling* in: Sachs GG, Art. 1 Rn. 11; Kloepfer, § 55 Rn. 48, 72 ff.; Sachs, Kapitel 13 Rn. 29; *Windthorst* in: Studienkommentar GG, Art. 1 Rn. 67.
[1312] BVerfG NJW 2006, 751, 757; *Hillgruber* in: BeckOK GG Art. 1 Rn. 9; *Windthorst* in: Studienkommentar GG, Art. 1 Rn. 69; Dies kann auch damit begründet werden, dass die staatliche Verpflichtung zum Schutz der Menschenwürde absoluter Natur ist, eine Rechtfertigung von Eingriffen in diese ist also regelmäßig nicht denkbar, vgl. dazu auch Kloepfer, § 55 Rn. 48.
[1313] Siehe dazu oben ab S. 62.
[1314] Siehe dazu oben ausführlich ab S. 62 m.w.N.
[1315] Siehe dazu oben ab S. 62.

2. Allgemeines Persönlichkeitsrecht, Art. 2 Abs. 1 i.V.m. Art. 1 Abs. 1 GG

a) Einschränkbarkeit

Das allgemeine Persönlichkeitsrecht ist in seinen Ausprägungen[1316] nach Art. 2 Abs. 1 GG durch die verfassungsmäßige Ordnung, durch Rechte anderer sowie durch das Sittengesetz (sogenannte Schrankentrias) einschränkbar.[1317] Praktisch bedeutsam ist hiervon die verfassungsmäßige Ordnung, deren Bestandteile unter anderem die Rechte anderer sowie das Sittengesetz sind.[1318] Grundsätzlich ist das allgemeine Persönlichkeitsrecht in seinen Ausprägungen durch Normen, die in formeller und materieller Hinsicht mit der Verfassung vereinbar sind, beschneidbar.[1319] Dabei ist der Grundsatz der Verhältnismäßigkeit zu beachten (sog. Schranken-Schranke).[1320] Dies gilt insbesondere bzgl. Strafvorschriften.[1321]

b) Verhältnismäßigkeit

Im Rahmen der Verhältnismäßigkeitsprüfung im Zusammenhang mit dem allgemeinen Persönlichkeitsrecht und seinen Ausprägungen ist zu beachten, dass ein Eingriff in die Intimsphäre selbst mit schwerwiegenden Interessen der Allgemeinheit nicht gerechtfertigt werden kann, sodass zwischen Eingriffen in die Intim- und Privatsphäre zu unterscheiden ist.[1322]

c) Zwischenfazit

Eine Rechtfertigung eines Eingriffs in das allgemeine Persönlichkeitsrecht oder eine seiner Ausprägungen durch eine Norm in Bezug auf die Demenzfrüherkennung ist möglich, wenn die betreffende Norm mit der Verfassung in Einklang steht, also in materieller Hinsicht insbesondere verhältnismäßig ist. Im Rahmen dieser Verhältnismäßigkeitsprüfung sind verschiedene Ausprägungen des allgemeinen Persönlichkeitsrechts zu beachten, die wiederum unterschiedlichen Beteiligten zustehen können. Zum einen sind das Selbstbestimmungsrecht, das Recht auf Nichtwissen, das Recht auf Wissen sowie das Recht auf informationelle Selbstbestimmung der

---

[1316] Dazu zählen in diesem Kontext das Selbstbestimmungsrecht, das Recht auf Wissen, das Recht auf Nichtwissen sowie das Recht auf informationelle Selbstbestimmung, vgl. dazu oben ab S. 65.

[1317] Siehe dazu beispielsweise bei *Di Fabio* in: Maunz/Dürig, GG, Art. 2 Rn. 37-47; *Höfling* in: Sachs GG, Art. 2 Rn. 89 ff.

[1318] *Lang* in: BeckOK GG Art. 2 Rn. 54.

[1319] BVerfG NJW 1994, 1577, *Lang* in: BeckOK GG Art. 2 Rn. 54.

[1320] *Höfling* in: Sachs GG, Art. 2 Rn. 101; *Hofmann* in: S-B./H/H, GG Art. 2 Rn. 19; *Lang* in: BeckOK GG Art. 2 Rn. 55; Sachs, Kapitel 14 Rn. 65.

[1321] *Lang* in: BeckOK GG Art. 2 Rn. 54; vgl. hierzu bereits oben ab S. 231.

[1322] *Lang* in: BeckOK GG Art. 2 Rn. 79; zur Sphärentheorie und der damit einhergehenden Unterscheidung zwischen Sozial- Privat- und Intimsphäre siehe beispielsweise bei Sachs, Kapitel 14 Rn. 55.

Person zu beachten, die sich einer Untersuchung zum Zweck der Demenzfrüherkennung unterzieht.[1323] Diese Rechte können ebenso Angehörigen der Betroffenen oder potentiellen Vertragspartnern wie Arbeitgebenden oder Versicherungen in einem gewissen Maße zustehen.[1324] Diese Interessen sollte eine Regelung im Kontext der Demenzfrüherkennung berücksichtigen und in einen adäquaten Ausgleich bringen, um aus verfassungsrechtlicher Sicht als angemessen bewertet werden zu können.

3. Recht auf Leben und körperliche Unversehrtheit, Art. 2 Abs. 2 S. 1 GG

Nach Art. 2 Abs. 2 S. 3 GG, der einen einfachen Gesetzesvorbehalt beinhaltet, kann das Recht auf Leben und körperliche Unversehrtheit grundsätzlich aufgrund eines Gesetzes eingeschränkt werden.[1325] Bei den Anforderungen, die an die Verfassungsmäßigkeit eines solchen Gesetzes zu stellen sind, sind zunächst das Zitiergebot gem. Art. 19 Abs. 1 S. 2 GG[1326] sowie die Wesensgehaltsgarantie nach Art. 19 Abs. 2 GG von Relevanz.[1327] Das Zitiergebot nach Art. 19 Abs. 1 GG besagt, dass das Gesetz das durch dieses eingeschränkte Grundrecht unter Angabe des Artikels zu benennen hat. Die Wesensgehaltsgarantie, die in Art. 19 Abs. 2 GG verankert ist, statuiert, dass ein Grundrecht nicht in seinem Wesensgehalt angetastet werden darf.[1328] Weiterhin gilt inhaltlich auch hier der Grundsatz der Verhältnismäßigkeit[1329], wobei hierbei ein besonders strenger Maßstab anzulegen ist.[1330]

Eine Rechtfertigung eines Eingriffs in das Recht auf Leben und körperliche Unversehrtheit durch eine Regelung, die die Demenzfrüherkennung betrifft, ist denkbar, wenn die Regelung insbesondere verhältnismäßig ist. Zu berücksichtigen ist dabei die körperliche Unversehrtheit der Personen, die eine Untersuchung zum Zweck der Demenzfrüherkennung an sich vornehmen lassen. Aufgrund der zumeist wenig invasiven Vorgehensweise bei der Untersuchung an sich ist hier vor allem die Gesundheit infolge der Mitteilung der Untersuchungsergebnisse von Bedeutung.[1331] Dieses Grundrecht kann dabei nicht nur für die untersuchte Person selbst, sondern

---

[1323] Vgl. hierzu oben ab S. 65.
[1324] Vgl. auch hierzu oben ab S. 65.
[1325] *Lang* in: BeckOK GG Art. 2 Rn. 243.
[1326] *Lang* in: BeckOK GG Art. 2 Rn. 245; Sachs, Kapitel 14 Rn. 109; *Windthorst* in: Studienkommentar GG, Art. 2 Rn. 150.
[1327] *Höfling* in: Sachs GG, Art. 2 Rn. 169; *Windthorst* in: Studienkommentar GG, Art. 2 Rn. 150.
[1328] Dies wird zum Teil im Hinblick auf das Recht auf Leben als problematisch angesehen, vgl. hierzu *Lang* in: BeckOK GG Art. 2 Rn. 245.
[1329] Vgl. hierzu soeben ab S. 237.
[1330] BVerfG NJW 2011, 3571, 3572; *Höfling* in: Sachs GG, Art. 2 Rn. 171 ff.; *Hofmann* in: S-B./H/H, GG Art. 2 Rn. 68; Ipsen, Rn. 254, 805; Kloepfer, § 57 Rn. 63; Sachs, Kapitel 14 Rn. 109; *Windthorst* in: Studienkommentar GG, Art. 2 Rn. 147.
[1331] Vgl. dazu bereits oben ab S. 69.

auch für ihre Angehörigen zu berücksichtigen sein.[1332] Zudem kann dieses Recht im Rahmen von Vorausverfügungen im Hinblick auf eine spätere Erkrankung relevant werden.

4. Gewissensfreiheit, Art. 4 Abs. 1 GG

Die Gewissensfreiheit nach Art. 4 Abs. 1 GG wird grundsätzlich vorbehaltlos gewährleistet, ist aber aufgrund einer Kollision mit anderweitigem Verfassungsrecht einschränkbar.[1333] Auch hierbei ist ein möglichst schonender Ausgleich mit anderen Interessen im Wege der praktischen Konkordanz anzustreben.[1334] Dabei ist allerdings nicht nötig, dass die Träger der Gewissensentscheidung von jedem Nachteil einer Entscheidung bewahrt werden, sondern es reicht aus, wenn die verfügbare Handlungsalternative die Grenzen der Zumutbarkeit nicht überschreitet.[1335]

Im Rahmen der Regelung der Demenzfrüherkennung ist eine Regelung, die die Gewissensfreiheit insbesondere von ärztlichem und anderem medizinischen Personal betrifft, vor allem mit dem Selbstbestimmungsrecht der Betroffenen abzuwägen, sodass zu einem möglichst schonenden Ausgleich zu gelangen ist. Dies ist im Kontext der Demenzfrüherkennung in Konstellationen denkbar, in denen die Betroffenen auf Grundlage der Untersuchungsergebnisse eine Vorausverfügung mit dem Inhalt treffen, dass sie ab einem bestimmten Krankheitsstadium bspw. keine künstliche Ernährung mehr wünschen oder ihre Zustimmung zu Forschungsvorhaben versagen oder erteilen.[1336]

5. Allgemeines Gleichheitsrecht, Art. 3 Abs. 1 GG

Das allgemeine Gleichheitsrecht, das sich aus Art. 3 Abs. 1 GG ergibt, ist eines der tragenden Prinzipien der demokratischen Konstitution und verbietet, gleiche Sachverhalte einer ungleichen und ungleiche Sachverhalte einer gleichen Behandlung zu unterziehen.[1337] Die Rechtfertigung eines Eingriffs in das allgemeine Gleichheitsrecht kann sich aus einer Willkür- oder Verhältnismäßigkeitsprüfung ergeben.[1338] Nach der Willkürformel liegt eine Verletzung des

---

[1332] Vgl. dazu bereits oben ab S. 69.
[1333] *Germann* in: BeckOK GG, Art. 4 Rn. 95; vgl. hierzu ausführlich bspw. bei Muckel, NJW 2000, S. 689, 690.
[1334] *Germann* in: BeckOK GG, Art. 4 Rn. 95.
[1335] BVerfG NJW 2006, S. 77, 88; *Germann* in: BeckOK GG, Art. 4 Rn. 94.1.
[1336] Vgl. hierzu bereits oben ab S. 70.
[1337] *Kischel* in: BeckOK GG Vorbem. zu Art. 3; vgl. dazu auch bereits oben ab S. 71.
[1338] *Kischel* in: BeckOK GG Art. 3 Rn. 24; ausführlich dazu beispielsweise bei *Jarass* in: Jarass/Pieroth, GG, Art. 3 Rn. 20 ff.; *Kirchhof* in: Maunz/Dürig, GG Art. 3 Rn. 240-273; Manssen, Rn. 888-909; *Nußberger* in: Sachs GG, Art. 3 Rn. 8 ff.

allgemeinen Gleichheitsrechts vor, wenn kein sachlich nachvollziehbarer Grund für die Differenzierung durch das Gesetz gegeben ist.[1339] Im Gegensatz dazu wird bei der Verhältnismäßigkeitsprüfung danach gefragt, welchen Zweck die Gleich- bzw. Ungleichbehandlung verfolgt.[1340] Eine Gleich- bzw. Ungleichbehandlung darf nur aufgrund von Kriterien erfolgen, die mit dem Ziel der Differenzierung begründet werden können.[1341] Folglich muss das Kriterium der Differenzierung in Bezug auf das Ziel geeignet, erforderlich sowie angemessen sein.[1342] Letztlich geht es auch hier um eine Abwägung.[1343] Die Willkür- und Verhältnismäßigkeitsprüfungen sind nicht mehr als gegensätzlich, sondern als Bestandteile eines einheitlichen Maßstabs zur Rechtfertigung zu begreifen.[1344] Je schwerwiegender die Ungleichbehandlung, desto intensiver kann die Kontrolle erfolgen.[1345]

Das bedeutet, dass im Rahmen einer Bewertung der Regulierungen der Demenzfrüherkennung zunächst festzustellen ist, wie schwerwiegend die etwaige Ungleichbehandlung ist, sodass diese anschließend anhand der erläuterten Kriterien auf ihre Angemessenheit hin überprüft werden können. Wenn die betreffende Regelung diesen Voraussetzungen entspricht, kann diese im Hinblick auf Art. 3 Abs. 1 GG aus verfassungsrechtlicher Sicht als angemessen bewertet werden. Der allgemeine Gleichheitsgrundsatz ist im Rahmen der Demenzfrüherkennung zum einen allgemein im Hinblick auf die gesetzgeberische Differenzierung zwischen genetischen und nichtgenetischen Biomarkern relevant; zum anderen kann dieser auch im Hinblick auf die Verwendung der Ergebnisse durch Dritte wie Arbeitgebende oder Versicherungen eine Rolle spielen.[1346]

6. Wissenschafts- und Forschungsfreiheit, Art. 5 Abs. 3 S. 1 GG

Im Grundgesetz ist kein expliziter Schrankenvorbehalt für die Wissenschaftsfreiheit vorgesehen, Art. 5 Abs. 2 sowie Art. 2 Abs. 1 GG sind aus Gründen der Spezialität bzw. Subsidiarität

---

[1339] BGH NJW 1951, 877, 878f.; siehe dazu auch bei *Hofmann* in: S-B./H/H, GG Art. 3 Rn. 30; Ipsen, Rn. 806; *Kischel* in: BeckOK GG Art. 3 Rn. 24; Kloepfer, § 59 Rn. 79 ff.; *Nußberger* in: Sachs GG, Art. 3 Rn. 8-12.
[1340] Sog. „Neue Formel“, vgl. dazu *Hofmann* in: S-B./H/H, GG Art. 3 Rn. 31; *Kischel* in: BeckOK GG Art. 3 Rn. 24; Kloepfer, § 59 Rn. 83 ff.; *Nußberger* in: Sachs GG, Art. 3 Rn. 13-24.
[1341] *Kischel* in: BeckOK GG Art. 3 Rn. 24.
[1342] *Kischel* in: BeckOK GG Art. 3 Rn. 24; vgl. zu den Schwierigkeiten der Übertragung des Verhältnismäßigkeitsgrundsatzes auf den allgemeinen Gleichheitsgrundsatz *Kischel* in: BeckOK GG Art. 3 Rn. 34 ff..
[1343] *Kischel* in: BeckOK GG Art. 3 Rn. 35.
[1344] *Kischel* in: BeckOK GG Art. 3 Rn. 26; so auch Ipsen, Rn. 808 sowie Kloepfer, § 59 Rn. 89 und *Nußberger* in: Sachs GG, Art. 3 Rn. 25 ff.
[1345] BVerfG NJW 193, 1571, 1571; *Kischel* in: BeckOK GG Art. 3 Rn. 24.
[1346] Vgl. dazu bereits oben ab S. 71.

nicht hierauf übertragbar.[1347] Gleichzeitig ist die Wissenschafts- und Forschungsfreiheit nicht schrankenlos gewährleistet, vielmehr wird diese durch Schranken begrenzt, die sich aus anderen von der Verfassung geschützten Gütern ergeben.[1348] Etwaige Konflikte mit anderen Rechtsgütern von Verfassungsrang sind unter Berücksichtigung der Werteordnung des GG sowie der Einheit dieses Wertesystems mittels Auslegung zu lösen.[1349] Hierzu ist eine Abwägung unter Berücksichtigung des gesetzgeberischen Entscheidungsspielraumes erforderlich, die sich am Prinzip der Verhältnismäßigkeit[1350] orientiert, sodass vor dem Hintergrund der praktischen Konkordanz die abzuwägenden Rechte zu einem optimalen Ausgleich gebracht werden können.[1351]

Eine Regelung zur Demenzfrüherkennung, die einen Eingriff in das Grundrecht auf Wissenschafts- und Forschungsfreiheit mit sich zieht, kann also grundsätzlich als angemessen aus Sicht des Verfassungsrechts angesehen werden, wenn sie verhältnismäßig ist und nach einer Abwägung eine praktische Konkordanz zu anderen grundrechtlich geschützten Rechtsgütern besteht. Im Rahmen der Regelung der Demenzfrüherkennung spielt dies vor allem im Kontext von Normen, die Vorausverfügungen im Hinblick auf Forschung an Einwilligungsunfähigen betreffen, eine Rolle.[1352] Hierbei ist also auch die grundsätzlich garantierte Forschungsfreiheit von bspw. ärztlichem Personal zu berücksichtigen und mit den Interessen der Betroffenen, insbesondere hinsichtlich Selbstbestimmung und körperlicher Unversehrtheit, in einen schonenden Ausgleich zu bringen, damit die Regelung aus Sicht des Verfassungsrechts als angemessen bewertet werden kann.

7. Berufsfreiheit, Art. 12 GG

Schließlich ist die Berufsausübungsfreiheit, die nach Art. 12 Abs. 1 GG gewährleistet wird, nach Art. 12 Abs. 1 S. 2 GG durch oder aufgrund eines Gesetzes einschränkbar.[1353] Hierbei werden Einschränkungen grundsätzlich auf ihre Verhältnismäßigkeit hin untersucht, wobei

---

[1347] Vgl. hierzu BVerfG NJW 1978, 1621, 1621; sowie *Antoni* in: Hömig/Wolff GG, Art. 5 Rn. 35; *Hofmann* in: S-B./H/H, GG Art. 5 Rn. 51; *Kempen* in: BeckOK GG Art. 5 Rn. 199; Kloepfer, § 62 Rn. 52.

[1348] BVerfG NVwZ-RR 1998, 175, 175; BVerfG NJW 1978, 1621, 1621; hierzu auch *Antoni* in: Hömig/Wolff GG, Art. 5 Rn. 35; *Hofmann* in: S-B./H/H, GG Art. 5 Rn. 51; Ipsen, Rn. 536; *Jarass* in: Jarass/Pieroth, GG, Art. 5 Rn. 128 f.; *Kempen* in: BeckOK GG Art. 5 Rn. 199; Sachs, Kapitel 17 Rn. 124; *Windthorst* in: Studienkommentar GG, Art. 5 Rn. 116.

[1349] BVerfG NJW 1978, 1621, 1621; *Hofmann* in: S-B./H/H, GG Art. 5 Rn. 51; *Kempen* in: BeckOK GG Art. 5 Rn. 199; Kloepfer, § 62 Rn. 54f.

[1350] Vgl. dazu soeben ab S. 237.

[1351] BVerfG NJW 1991, 1471, 1472; *Hofmann* in: S-B./H/H, GG Art. 5 Rn. 51; *Kempen* in: BeckOK GG Art. 5 Rn. 199; Kloepfer, § 62 Rn. 54, 56; *Windthorst* in: Studienkommentar GG, Art. 5 Rn. 118.

[1352] Vgl. hierzu bereits oben ab S. 72.

[1353] *Steiner* in: Spickhoff Medizinrecht, Art. 12 GG Rn. 2.

zwischen drei Stufen der Berufsfreiheit unterschieden wird: Berufsausübungsbeschränkungen können durch jede vernünftige Gemeinwohlerwägung gerechtfertigt werden; objektive und subjektive Berufswahlbeschränkungen hingegen sind lediglich zulässig, um Gemeinwohlgüter von überragender Wichtigkeit zu schützen.[1354]

Für Regelungen, die die Demenzfrüherkennung betreffen, bedeutet dies, dass Normen, die die ärztliche Berufsausübung betreffen, durch Gemeinwohlüberlegungen gerechtfertigt sein können; Berufswahlbeschränkungen sind hingegen nur einer Rechtfertigung zugänglich, wenn dies zum Schutz besonders bedeutsamer Gemeinwohlgüter vonnöten ist. Im Rahmen der Regulierung der Demenzfrüherkennung ist die Berufsfreiheit des ärztlichen Fachpersonals, das die Untersuchung durchführt sowie auf Grundlage von Vorausverfügungen auf Basis der Untersuchung Entscheidungen im Hinblick auf Behandlung und Forschung im Zeitpunkt des Krankheitseintritts trifft, zu beachten. Auch können hierbei Interessen von Arbeitgebenden und Versichernden eine Rolle spielen.[1355] Weiterhin sind auch die Interessen der Betroffenen selbst im Hinblick auf ihre Berufsausübung in diesem Kontext zu beachten (bspw. bei der Frage nach der Wahrscheinlichkeit einer künftigen Demenzerkrankung).

Die genannten Interessen der verschiedenen Gruppen sind bei der Regelung der Demenzfrüherkennung, auch in Abwägung mit den Interessen der Betroffenen, zu berücksichtigen, damit diese aus Sicht des Verfassungsrechts als angemessen bewertet werden kann.

8. Zusammenfassung und Zwischenfazit

Im Zusammenhang mit Untersuchungen zum Zweck der Demenzfrüherkennung mittels genetischer und nichtgenetischer Biomarker und dem Umgang mit den Ergebnissen dieser Untersuchungen, auch im Kontext von Vorausverfügungen, werden eine Vielzahl von Grundrechten verschiedener Betroffener berührt, die durch eine angemessene Regelung in einen gerechten Ausgleich zu bringen sind.

Dabei ist zunächst festzuhalten, dass ein Eingriff in die Menschenwürde durch eine Regelung, die die Demenzfrüherkennung betrifft, keiner Rechtfertigung zugänglich ist. Daher sind Vorschriften, die in diese eingreifen, stets als verfassungswidrig zu betrachten. Eingriffe in die anderen genannten Grundrechte, also das allgemeine Persönlichkeitsrecht in Form des Selbstbestimmungsrechts, des Rechts auf Nichtwissen, des Rechts auf Wissen sowie des Rechts auf

---

[1354] *Steiner* in: Spickhoff Medizinrecht, Art. 12 GG Rn. 2.
[1355] Vgl. dazu bereits oben ab S. 73.

informationelle Selbstbestimmung, das Recht auf körperliche Unversehrtheit, die Gewissensfreiheit, das allgemeine Gleichheitsrecht sowie die Wissenschafts- und Berufsfreiheit sind hingegen für eine Rechtfertigung offen, wenn die jeweilige Regelung im Wesentlichen als verhältnismäßig einzustufen ist. Dabei sind für die einzelnen Grundrechte die jeweils aufgeführten Besonderheiten zu beachten: Bei Einschränkungen des Rechts auf körperliche Unversehrtheit sind das Zitiergebot nach Art. 19 Abs. 1 GG sowie die Wesensgehaltsgarantie nach Art. 19 Abs. 2 GG zu berücksichtigen. Im Hinblick auf das allgemeine Gleichheitsrecht nach Art. 3 Abs. 1 GG ist die Differenzierung ergänzend zur Verhältnismäßigkeitsprüfung auch einer Willkürprüfung zu unterziehen. Im Rahmen der Verhältnismäßigkeitsprüfung der Berufsfreiheit ist die sog. Drei-Stufen-Lehre zu beachten.

Insgesamt ist also zu prüfen, ob die betroffenen Grundrechte durch die Regelung der Demenzfrüherkennung de lege lata in einen optimalen Ausgleich im Sinne der praktischen Konkordanz gebracht werden. Dabei ist zwingend der Einschätzungsprärogative des Gesetzgebers Rechnung zu tragen.

B. Regelung der Demenzfrüherkennung

Zunächst werden die Regelungen, die für die Demenzfrüherkennung mittels genetischer und nichtgenetischer Biomarker de lege lata gelten, einer verfassungsrechtlichen Bewertung unterzogen. Untersuchungen zum Zweck der Demenzfrüherkennung mittels nichtgenetischer und genetischer Biomarker erfahren oft unterschiedliche Regelungen. Dies lässt sich darauf zurückführen, dass der Gesetzgeber von einer Sonderrolle genetischer Gesundheitsinformationen ausgeht.[1356] Diese grundlegende Annahme wird zunächst aus Sicht des Verfassungsrechts untersucht. Auf Basis dieser Ausführungen werden anschließend die einzelnen Regelungen zur Informationsgewinnung, zum Umgang mit den Ergebnissen und die Regelungen in Bezug auf Dritte einer Bewertung aus Sicht des Verfassungsrechts unterzogen.

I. Sonderrolle genetischer Daten

Genetische Daten nehmen nach Ansicht des Gesetzgebers im Vergleich zu anderen medizinischen Daten eine Sonderrolle ein.[1357] Auf Grundlage dieser Annahme wurde das GenDG erlas-

---

[1356] Dies wird kritisch auch als sog. „genetischer Exzeptionalismus" bezeichnet, vgl. dazu bereits oben ab S. 132 m.w.N sowie sogleich ab S. 244.

[1357] BT-Drs. 16/10532 S. 1; *Hahn* in: Kern, GenDG § 1 Rn. 10; Fündling, S. 81; vgl. auch hierzu bereits oben ab S. 132; auch die UNESCO International Declaration on Human Genetic Data of 16 October 2003 geht in ihrem Article 4 von einer Sonderrolle genetischer Daten aus.

sen, das spezielle Regelungen für die Demenzfrüherkennung mittels genetischer Biomarker beinhaltet.[1358] Im GenDG ist die Unterscheidung zwischen genetischen und nichtgenetischen Biomarkern unter anderem in § 3 Nr. 1, 2 GenDG verankert.[1359] Auch konkretisiert § 4 GenDG den allgemeinen Gleichheitssatz explizit für genetische Untersuchungen.[1360] Das GenDG geht im Hinblick auf die Vorschriften zu den Anforderungen an die Aufklärung, die Einwilligung und den Datenschutz über die allgemeinen Vorschriften hinaus.[1361] Weiterhin gibt es keinen vergleichbaren Schutz vor der Verwendung nichtgenetischer Daten im Versicherungs- und Arbeitswesen.[1362]

Dabei ist im Hinblick auf die Demenzfrüherkennung zu beachten, dass die Untersuchungen mittels genetischer Biomarker nur einen kleinen Anteil der Untersuchungen zum Zweck der Demenzfrüherkennung insgesamt ausmachen.[1363]Außerhalb des Bereichs der Demenzfrüherkennung mittels genetischer Biomarker gibt es de lege lata keine speziellen Regelungen, die sich mit den spezifischen Problemen der Demenzfrüherkennung befassen. Es sind lediglich die allgemeinen Regelungen anwendbar, die geringere Anforderungen an insbesondere die Aufklärung, Einwilligung und den Datenschutz stellen.[1364] Wie bei der Darstellung der Möglichkeiten der Demenzfrüherkennung durch nichtgenetische Biomarker herausgearbeitet, sind aber viele der Probleme, die im Rahmen der Demenzfrüherkennung mittels genetischer Biomarker auftreten, mit denen vergleichbar, die auch mit der Früherkennung mittels nichtgenetischer Biomarker einhergehen können.[1365] Hierfür können als Beispiele die mit der Diagnose einhergehende mögliche psychische Belastung, insbesondere dadurch, dass die Untersuchungsergebnisse lediglich Wahrscheinlichkeiten eines späteren Krankheitseintritts beinhalten, und auch die Problematik rund um das Recht auf Nichtwissen genannt werden.[1366] Die regulatorische Differenzierung zwischen genetischen und nichtgenetischen Biomarkern ist auf ihre Vereinbarkeit mit der Verfassung hin zu prüfen.

[1358] Vgl. auch hierzu bereits oben ab S. 132; ausführlich zur Entstehung des GenDG bei Scherrer, S. 98 ff.
[1359] Damm, GesR 2013, 385, 389.
[1360] Scherrer, S. 388.
[1361] Damm, GesR 2013, 385, 391; vgl. dazu auch ausführlich Kapitel vier und fünf.
[1362] Scherrer, S, 389; vgl. dazu auch bereits oben ab S. 122.
[1363] Damm, GesR 2013, 385, 386; vgl. dazu aus medizinischer Sicht auch bereits oben in Kapitel 1 ab S. 9 im Hinblick auf die unterschiedlichen Demenzarten sowie ab S. 16 zu den verschiedenen Möglichkeiten der Demenzfrüherkennung.
[1364] Siehe dazu oben in Kapitel 4 ab S. 77 sowie bei Damm, GesR 2013, 385, 391; ausführlich dazu auch in Kapitel vier und fünf; hierauf wird später im Einzelnen ab S. 253 eingegangen.
[1365] Beck/Schicktanz, S. 174.
[1366] Beck/Schicktanz, S. 174; siehe hierzu aus medizinethischer Sicht ab S. 34.

1. Vereinbarkeit mit Art. 3 Abs. 1 GG

a) Prüfungsmaßstab

Die rechtliche Differenzierung zwischen der Demenzfrüherkennung mittels Biomarkern genetischer und nichtgenetischer Art muss mit dem allgemeinen Gleichbehandlungsgebot aus Art. 3 Abs. 1 GG in Einklang stehen.

Eine Verletzung des allgemeinen Gleichheitssatzes nach Art. 3 Abs. 1 GG läge vor, wenn es sich um gleiche Sachverhalte handelt, die ohne eine Rechtfertigung im Wege der Willkür- oder Verhältnismäßigkeitsprüfung ungleich behandelt werden.[1367] Es müsste also, unter Berücksichtigung des Einschätzungsspielraums des Gesetzgebers, gerechtfertigt sein, dass nur die Demenzfrüherkennung mittels genetischer Biomarker eine gesonderte Regelung erfährt, damit die derzeitige Regelung als verfassungsgemäß eingestuft werden kann.

Es soll zunächst untersucht werden, ob es sich bei der Demenzfrüherkennung mittels genetischer und nichtgenetischer Biomarker um einen wesentlich gleichen oder ungleichen Sachverhalt handelt. Dadurch soll festgestellt werden, ob eine rechtlich relevante Ungleichbehandlung gegeben ist. In einem zweiten Schritt soll ggf. geprüft werden, ob die Ungleichbehandlung als Eingriff in das allgemeine Gleichheitsrecht im Wege der Willkür- und Verhältnismäßigkeitsprüfung gerechtfertigt ist.[1368]

b) Rechtlich relevante Ungleichbehandlung

Da die Demenzfrüherkennung mittels genetischer und nichtgenetischer Biomarker oft eine unterschiedliche Regelung erfährt, liegt grds. eine Ungleichbehandlung dieser Möglichkeiten vor. Eine Verletzung des Art. 3 Abs. 1 GG durch diese Ungleichbehandlung ist aber nur denkbar, wenn es sich bei der Demenzfrüherkennung mittels genetischer und nichtgenetischer Biomarker um wesentlich gleiche Sachverhalte handelt.[1369]

Der Gesetzgeber geht von einer Sonderrolle genetischer Daten aus[1370], was darauf hindeutet, dass dieser die Demenzfrüherkennung mittels genetischer Biomarker als im Wesentlichen ungleich zur Demenzfrüherkennung mittels nichtgenetischer Biomarker einstuft. Diese Annahme

---

[1367] Beck/Schicktanz, S. 174; vgl. zum Maßstab der verfassungsrechtlichen Bewertung bei einer Berührung des Art. 3 Abs. 1 GG soeben ab S. 239.

[1368] Dazu allgemein bei *Kischel* in: BeckOK GG Art. 3 Rn. 24; ausführlich dazu beispielsweise auch bei *Jarass* in: Jarass/Pieroth, GG, Art. 3 Rn. 20 ff.; *Kirchhof* in: Maunz/Dürig, GG Art. 3 Rn. 240-273; Manssen, Rn. 888-909; *Nußberger* in: Sachs GG, Art. 3 Rn. 8 ff.

[1369] Vgl. Epping, Grundrechte, Rn. 778.

[1370] Vgl. hierzu bereits oben ab S. 132 sowie soeben ab S. 244 m.w.N.

ist Kritik ausgesetzt.[1371] Im Folgenden sollen daher zunächst die Argumente für und gegen die Annahme einer Sonderrolle genetischer Daten im Hinblick auf die Demenzfrüherkennung näher beleuchtet werden. Anschließend wird untersucht, ob die Argumente gegen die Annahme einer Sonderrolle genetischer Daten dazu führen, dass ein Verstoß gegen Art. 3 Abs. 1 GG vorliegt.

aa) Argumente für die Annahme einer Sonderrolle genetischer Daten

Für die Annahme einer Sonderrolle spricht zunächst, dass genetische Eigenschaften eines Menschen bereits nach Befruchtung der Eizelle und Beginn des embryonalen Wachstums, also sogar noch vor der Geburt, angelegt sind, sodass der Einzelne keinen Einfluss auf diese hat.[1372] Genetische Daten sind unveränderlich und ihr Einfluss erstrecket sich über einen langen Zeitraum.[1373] Es kann eine lange Zeit zwischen Diagnose und Krankheitseintritt liegen, das Ergebnis ist unabhängig von Alters- und Gesundheitszustand.[1374] Genetische Daten sind aus diesen Gründen mit einem erhöhten Diskriminierungspotential behaftet.[1375] Dennoch wird anerkannt, dass genetische Informationen auch mit prognostischen Unsicherheiten einhergehen.[1376] Genetische Daten sind interpretationsbedürftig.[1377]

Weiterhin besteht die Möglichkeit, dass auch nicht krankheitsrelevante Anlagen ermittelt werden; durch eine einfache Probe ist es möglich, an eine Vielzahl von Informationen zu gelangen, dies ist sogar üblich.[1378] Gentests bergen ein anderes Potential als Untersuchungen, die auf die Gewinnung nichtgenetischer Daten abzielen.[1379] Daher sind genetische Untersuchungen in Bezug auf die gewonnenen Informationen unberechenbarer als andere Methoden.[1380]

[1371] Siehe dazu sogleich ab S. 248 m.w.N.; vgl. zu einem Überblick über die Entwicklung dieser Debatte bei Damm/König, MedR 2008, S. 62, 63 ff.; ein Überblick zu dieser Debatte findet sich auch bei Hildt, Autonomie in der biomedizinischen Ethik, S. 227 ff. m.w.N.

[1372] BT-Drs. 16/10532 S. 1; Genenger, NJW 2010, S.113, 114; Fündling, S. 82.; dazu auch *Reuter* in: Kern, GenDG § 4 Rn. 9; Vossenkuhl, S. 93.

[1373] BT-Drs. 16/10532 S. 1; dazu auch Fündling, S. 81f.; Genenger, NJW 2010, S.113, 114; *Hahn* in: Kern, GenDG § 1 Rn. 10; Heyers, MedR 2009, S. 507, 508; *Reuter* in: Kern, GenDG § 4 Rn. 9; Schmidtke, Vererbung und Ererbtes, S. 96.

[1374] Scherrer, S. 89.

[1375] Damm, GesR 2013, 385, 387 m.w.N.; Schmidtke, Vererbung und Ererbtes, S. 96; Vossenkuhl, S. 93.

[1376] BT-Drs. 16/10532, S. 23; *Hahn* in: Kern, GenDG § 1 Rn. 11; Kiehntopf/Pagel, MedR 2008 S. 349, 347; *Reuter* in: Kern, GenDG § 4 Rn. 6; Schmidtke, Vererbung und Ererbtes, S. 96.

[1377] Vossenkuhl, S. 93 m.w.N.

[1378] Scherrer, S. 89.

[1379] Scherrer, S. 91.

[1380] Scherrer, S. 92.

Zudem sind genetische Daten auf besondere Weise mit der Identität der Betroffenen verknüpft und enthalten Informationen, die für genetisch Verwandte bedeutsam sein können.[1381] Sie könnten einen Einfluss auf die Planung des Lebens der Betroffenen nehmen, in besonderer Weise bei reproduktiven Entscheidungen.[1382] Genetischen Informationen wird aufgrund all dieser Eigenschaften das Potential zugeschrieben, die Träger, also Betroffene und ggf. deren genetische Verwandte, bei Kenntnis psychisch beeinflussen zu können.[1383]

Schließlich nimmt auch die Öffentlichkeit genetische Diagnostik als gefährlicher wahr als andere Untersuchungsmethoden – dies lässt sich mit der Neuartigkeit dieser diagnostischen Möglichkeit sowie mit der historisch bedingten Angst vor Eugenik begründen.[1384] Daher kann argumentiert werden, der Gesetzgeber habe, auch im Sinne der Wesentlichkeitstheorie, die Gendiagnostik als besonders grundrechtsintensive Maßnahme zurecht einer gesonderten Regelung zugeführt.[1385]

bb) Argumente gegen die Annahme einer Sonderrolle genetischer Daten

Kritisch könnte an der Annahme einer Sonderrolle genetischer Daten[1386] gesehen werden, dass auch andere medizinische Informationen in bestimmten Fällen, wie auch der Demenzfrüherkennung[1387], dazu in der Lage sind, den Betroffenen ihre gesundheitliche Zukunft zu prophezeien sowie für eine Stigmatisierung in der Gesellschaft zu sorgen.[1388] Die Ergebnisse der Untersuchungen zum Zweck der Demenzfrüherkennung mittels genetischer Biomarker befähigen lediglich zu Wahrscheinlichkeitsaussagen hinsichtlich der Manifestation einer Erkrankung, nur in Ausnahmefällen könne der Ausbruch oder der Verlauf einer Krankheit sicher vorausgesagt

1381 BT-Drs. 16/10532 S. 1; Beck/Schicktanz, S. 174 m.w.N.; Genenger, NJW 2010, S. 113, 113; Fündling, S. 82; zustimmend auch Heyers, MedR 2009, S. 507, 508; Scherrer, S. 89; Schmidtke, Vererbung und Ererbtes, S. 96; so auch die UNESCO Declaration on Human Genetic Data of 16 October 2003, Article 4; dazu auch *Reuter* in: Kern, GenDG § 4 Rn. 12; Vossenkuhl, S. 93.

1382 Scherrer, S. 89.

1383 Scherrer, S. 89, 90; Schmidtke, Vererbung und Ererbtes, S. 96.

1384 Scherrer, S. 92.

1385 Heyers, MedR 2009, S. 507, 508.

1386 Siehe dazu oben auf S. 132.

1387 Siehe dazu oben ab S. 18.

1388 Kiehntopf/Pagel, MedR 2008 S. 349, 347, 355; vgl. hierzu auch *Hahn* in: Kern, GenDG § 1 Rn. 11.

werden.[1389] Dies gilt gleichermaßen auch die die Untersuchungen mittels nichtgenetischer Biomarker.[1390]

Weiterhin sind auch in anderen, nicht-genetischen Gesundheitsdaten Informationen über Verwandte enthalten.[1391] Dabei wird allerdings teilweise bezweifelt, ob diese vergleichbare Schlüsse zulassen.[1392] Es ist auch anzuführen, dass auch andere gesundheitliche Daten dem Einfluss des Einzelnen entzogen und unveränderlich sind, sodass auch dies kein Alleinstellungsmerkmal genetischer Daten darstellt.[1393] Schließlich kann auch die Wahrnehmung der Öffentlichkeit kein schwerwiegendes Argument für die Annahme einer Sonderrolle genetischer Daten darstellen – hier ist vielmehr eine Aufklärung nötig.[1394]

cc) Zwischenfazit

Ein wichtiger Unterschied zwischen der Untersuchung mittels genetischer und nichtgenetischer Biomarker besteht darin, dass die möglichen Konsequenzen für die eigene Psyche sowie die genetisch verwandter Personen, die weitere Lebensplanung und das Diskriminierungspotential durch die einfache Gewinnung der Daten sowie durch die Informationsfülle verschärft werden.[1395]

Ansonsten ist gerade im Kontext der Demenzfrüherkennung aus den genannten Gründen anzunehmen, dass es sich im Kontext des Art. 3 Abs. 1 GG bei Untersuchungen mittels genetischer und nichtgenetischer Biomarker um wesentlich gleiche Sachverhalte handelt. Es kann für die Betroffenen keinen signifikanten Unterschied machen, aus welcher Art von Untersuchung sie das Ergebnis erhalten, ob sie später mit einer gewissen Wahrscheinlichkeit an einer Demenzform erkranken. Die Folgen sind im Hinblick auf die Aussagekraft und die denkbaren psychischen Auswirkungen nahezu gleich. Durch die Sonderregelung des GenDG findet eine rechtlich relevante Ungleichbehandlung statt.

[1389] *Hahn* in: Kern, GenDG § 1 Rn. 11; Kiehntopf/Pagel, MedR 2008 S. 349, 347; *Reuter* in: Kern, GenDG § 4 Rn. 6; Stockter in: Prütting Medizinrecht, § 4 GenDG Rn. 2.

[1390] Lemke, GID 168, S. 3, 4; Nationaler Ethikrat, Prädiktive Gesundheitsinformationen beim Abschluss von Versicherungen – Stellungnahme, S. 18 ff.; Nationaler Ethikrat, Prädiktive Gesundheitsinformationen bei Einstellungsuntersuchungen – Stellungnahme, S. 47 ff.; *Reuter* in: Kern, GenDG § 4 Rn. 6; *Stockter* in: Prütting, Medizinrecht, § 4 GenDG Rn. 15; Stockter, S. 337; Siehe dazu aus medizinischer Sicht bereits oben ab S. 18.

[1391] Kiehntopf/Pagel, MedR 2008 S. 344, 347; hierzu auch *Reuter* in: Kern, GenDG § 4 Rn. 12 m.w.N.

[1392] Darstellend *Reuter* in: Kern, GenDG § 4 Rn. 12; Scherrer, S. 90.

[1393] Kiehntopf/Pagel, MedR 2008 S. 344, 347; *Reuter* in: Kern, GenDG § 4 Rn. 9; Stockter, S. 314; dazu zählen bspw. Umweltfaktoren.

[1394] Scherrer, S. 93.

[1395] Scherrer, S. 92.

c) Rechtfertigung der Ungleichbehandlung

Die regulatorische Ungleichbehandlung von Untersuchungen zum Zweck der Demenzfrüherkennung mittels genetischer und nichtgenetischer Biomarker könnte verfassungsrechtlich gerechtfertigt sein, sodass hierin kein Verstoß gegen Art. 3 Abs. 1 GG liegt. Es ist dem Einschätzungsspielraum des Gesetzgebers Rechnung zu tragen.[1396] Daher wird auf der Ebene der verfassungsrechtlichen Bewertung nicht geprüft, ob die zugrundeliegenden Fakten oder die gesetzgeberische Entscheidung, die Demenzfrüherkennung mittels genetischer Biomarker gesondert zu regeln, am zweckmäßigsten, gerechtesten oder vernünftigsten ist.[1397] Erst bei elementaren Fehleinschätzungen oder willkürlichen Erwägungen kann eine Verfassungswidrigkeit in Betracht kommen.[1398] Es ist eine Willkür- und Verhältnismäßigkeitsprüfung vorzunehmen.[1399]

aa) Willkürprüfung

Im Sinne der Willkürprüfung liegt eine Verletzung des allgemeinen Gleichheitsrechts vor, wenn kein sachlich nachvollziehbarer Grund für eine Differenzierung durch das Gesetz gegeben ist.[1400] Hierfür ist eine gravierende Fehleinschätzung des Gesetzgebers erforderlich.[1401] Bei einer legislatorischen Entscheidung ist dies nur selten anzunehmen, da der Gesetzgeber die äußeren Grenzen seiner Freiheit missachtet haben müsste.[1402]

Gerade im Fall der Demenzfrüherkennung können viele der genannten Argumente, die für die Annahme einer Sonderrolle genetischer Daten angeführt werden, widerlegt werden.[1403] Dennoch ist zu beachten, dass die grundlegende Unterscheidung zwischen genetischen und nichtgenetischen Gesundheitsdaten[1404] nicht das Ergebnis einer gravierenden Fehleinschätzung des Gesetzgebers, sondern vielmehr a priori nachvollziehbar ist. Ein sachlich nachvollziehbarer Grund für die Differenzierung von genetischen und anderen Gesundheitsdaten ist nicht von der Hand zu weisen. Es liegt zudem in der Natur der Sache, dass der Gesetzgeber nicht jede einzelne

---

[1396] Siehe hierzu grundlegend oben ab S. 234.
[1397] BVerfG NJW 1994, S. 1577, 1579; BVerfG NJW 1990, S. 37, 38; Beck, S. 180.
[1398] BVerfG NJW 1993, S. 1751, 1756; BVerfG NJW 1988, S. 1651, 1653; Beck, S. 174.
[1399] Vgl. dazu grundlegen oben ab S. 239.
[1400] BGH NJW 1951, 877, 878f.; siehe dazu auch bei *Hofmann* in: S-B./H/H, GG Art. 3 Rn. 30; Ipsen, Rn. 806; *Kischel* in: BeckOK GG Art. 3 Rn. 24; Kloepfer, § 59 Rn. 79 ff.; *Nußberger* in: Sachs GG, Art. 3 Rn. 8-12; vgl. dazu auch bereits oben ab S. 239.
[1401] Manssen, Rn. 889.
[1402] Manssen, Rn. 890.
[1403] Siehe dazu soeben ab S. 248.
[1404] Vgl. dazu soeben S. 247.

medizinisch prognostische Methode regeln kann – vielmehr kann er als Bestandteil der Einschätzungsprärogative Spekulationen anstellen.[1405] Hieraus entsteht keine Willkür.[1406] Es ergibt sich also aus einer Willkürprüfung keine Verfassungswidrigkeit der Annahme einer Sonderrolle genetischer Daten.

bb) Verhältnismäßigkeitsprüfung

Neben der Willkürprüfung ist nach der „neuen Formel" zusätzlich eine Verhältnismäßigkeitsprüfung durchzuführen.[1407] Es liegt eine Verletzung des Art. 3 Abs. 1 GG vor, wenn der Staat eine Gruppe von Adressaten der Norm anders behandelt als andere, obwohl keine Unterschiede zwischen den Gruppen bestehen, die dies rechtfertigen.[1408] Im Rahmen der Verhältnismäßigkeitsprüfung ist danach zu fragen, ob die Ungleichbehandlung anhand von Kriterien erfolgt, die mit dem Ziel der Differenzierung begründet werden können.[1409] Die Zielsetzung muss legitim, geeignet, erforderlich und schließlich auch angemessen sein.[1410]

Das Differenzierungskriterium, also hier, ob die Untersuchung mittels genetischer oder nichtgenetischer Biomarker erfolgt, muss in Bezug auf das Ziel, dass die Sonderregelung im GenDG verfolgt, legitim, geeignet, erforderlich sowie angemessen sein.[1411] Letztlich geht es um eine Abwägung,[1412] bei der dem Einschätzungsspielraum des Gesetzgebers Rechnung zu tragen ist.

Ziel des GenDG ist es, eine Benachteiligung auf Grundlage genetischer Eigenschaften zu verhindern, um der staatlichen Verpflichtung zum Schutz der Menschenwürde und dem Recht auf informationelle Selbstbestimmung nachzukommen, § 1 GenDG. Einzelne vor einer Diskriminierung gerade auf Basis genetischer Daten schützen zu wollen, kann als legitimer Zweck für eine Differenzierung zu Untersuchungen auf medizinische Informationen nichtgenetischer Art angesehen werden.

[1405] Scherrer, S. 97.
[1406] Scherrer, S. 97.
[1407] Manssen, Rn. 891.
[1408] BVerfG NJW 1981, S. 271, 271f.; Manssen, Rn. 891.
[1409] *Kischel* in: BeckOK GG Art. 3 Rn. 24.
[1410] Manssen, Rn. 892.
[1411] *Kischel* in: BeckOK GG Art. 3 Rn. 24; vgl. zu den Schwierigkeiten der Übertragung des Verhältnismäßigkeitsgrundsatzes auf den allgemeinen Gleichheitsgrundsatz *Kischel* in: BeckOK GG Art. 3 Rn. 34.
[1412] *Kischel* in: BeckOK GG Art. 3 Rn. 35.

Die spezielle Regelung des GenDG muss zur Erreichung des Ziels, also der Verhinderung von Benachteiligungen aufgrund genetischer Eigenschaften, geeignet sein, also den Zweck fördern.[1413] Die erhöhten Anforderungen und speziellen Vorschriften zum Schutz vor Diskriminierung im Kontext genetischer Untersuchungen sind geeignet, den Zweck des Schutzes Einzelner vor Diskriminierung zu fördern. Es handelt sich bei genetischen Daten um unveränderbare personenbezogene Daten, die in ihren Grundlagen eine gewisse Ähnlichkeit zu den in Art. 3 Abs. 3 GG genannten Kriterien aufweisen.[1414] Trotz der Gemeinsamkeiten der Untersuchungsmethoden besteht unter Berücksichtigung der Einschätzungsprärogative des Gesetzgebers kein Anlass dazu, die Regelung des GenDG generell als unangemessen und nicht verhältnismäßig einzustufen. Durch die Regelungen des GenDG, die die Untersuchungen mittels genetischer Biomarker betreffen, werde keine fehlende Regelungsbedürftigkeit oder andersrum ein Bedarf an einer komplett anderen Kodifikation anderer prognostischer Methoden impliziert.[1415]

Die Verhältnismäßigkeitsprüfung führt unter Berücksichtigung des Einschätzungsspielraumes des Gesetzgebers dazu, dass die grundsätzliche regulatorische Ungleichbehandlung von Untersuchungen mittels genetischer und nichtgenetischer Biomarker an sich nicht gegen Art. 3 Abs. 1 GG verstoßen dürfte.

2. Zwischenfazit

Es lässt sich festhalten, dass eine rechtlich relevante Ungleichbehandlung i.S.d. Art. 3 Abs. 1 GG durch die grundsätzliche regulatorische Differenzierung von Untersuchungen mittels genetischer und nichtgenetischer Biomarker zum Zweck der Demenzfrüherkennung gegeben ist. Diese ist jedoch unter besonderer Berücksichtigung des Einschätzungsspielraumes des Gesetzgebers gerechtfertigt.

Es ist jedoch ein anderes Ergebnis möglich, wenn einzelne Vorschriften des Gesetzes näher beleuchtet werden. Dies erfolgt im Folgenden.

II. Informationsgewinnung

Nun sollen die Vorschriften zur Informationsgewinnung im Kontext von Untersuchungen zum Zweck der Demenzfrüherkennung einer verfassungsrechtlichen Bewertung unterzogen werden.

[1413] Allgemein zur Geeignetheit im Rahmen der Verhältnismäßigkeitsprüfung bei Art. 3 Abs. 1 GG Manssen, Rn. 892.

[1414] Scherrer, S. 389.

[1415] Hiernach könne man sogar vertreten, dass nicht einmal eine Ungleichbehandlung gegeben ist, vgl. dazu darstellend Scherrer, S. 390 m.w.N.

Die Regelungen zur Informationsgewinnung betreffen die Situation, in der die Betroffenen sich für oder gegen eine Untersuchung zum Zweck der Demenzfrüherkennung entscheiden. Insbesondere die Fragestellung, ob in eine solche wirksam eingewilligt wurde, ist hier von Bedeutung.

1. Betroffene Grundrechte

Im Rahmen der Regelungen zur Informationsgewinnung sind aus Sicht der Betroffenen das Selbstbestimmungsrecht nach Art. 2 Abs. 1 i.V.m. Art. 1 Abs. 1 GG allgemein und in seiner Ausprägung als Recht auf informationelle Selbstbestimmung sowie das Recht auf körperliche Unversehrtheit nach Art. 2 Abs. 2 S. 1 GG zu berücksichtigen. Zudem könnte durch diese expliziten Regelungen eine rechtlich relevante Ungleichbehandlung nach Art. 3 Abs. 1 GG im Hinblick auf Untersuchungen mittels genetischer und nichtgenetischer Biomarker gegeben sein.[1416] Auf Seiten des ärztliche Fachpersonals bzw. der Personen, die die Untersuchung vornehmen, kann die Berufsfreiheit nach Art. 12 Abs. 1 GG betroffen sein.

2. Verfassungsmäßigkeit der strafrechtlichen Regelungen

Es besteht die Möglichkeit einer Strafbarkeit nach den Körperverletzungsdelikten gem. §§ 223 ff. StGB, wenn eine Untersuchung ohne eine erforderliche Einwilligung vorgenommen wird. Dabei ist zwischen invasiven und nichtinvasiven Untersuchungen zu differenzieren; grds. ist nur bei Untersuchungen mit einer gewissen Invasivität eine Strafbarkeit denkbar.[1417]

Ein besonderes Augenmerk ist dabei auf die Anforderungen an eine Einwilligung, die für die Rechtfertigung eines an sich tatbestandsmäßigen Handelns für eine Straflosigkeit des ärztlichen Fachpersonals vonnöten ist, zu richten. In diesem Rahmen ist fraglich, ob die Aufklärung über die eher geringen körperlichen Risiken den Kern der Demenzfrüherkennung angemessen umfasst.[1418] Im Hinblick auf die Psyche der Betroffenen ist insbesondere der Umgang mit statistischen Wahrscheinlichkeiten problembehaftet.[1419]

Für Untersuchungen zum Zweck der Demenzfrüherkennung mittels genetischer Biomarker besteht über die allgemeinen Regelungen hinaus bei einer Untersuchung ohne die Einwilligung der Betroffenen, die hier unabhängig von der Invasivität der Untersuchungsmethode erforder-

---

[1416] Zur Verfassungsmäßigkeit der grundlegenden Annahme einer Sonderrolle genetischer Daten vgl. soeben ab S. 244.

[1417] Siehe dazu oben ab S. 78.

[1418] Beck/Schicktanz, S. 166, 167.

[1419] Beck/Schicktanz, S. 169; vgl. dazu schon ausführlich oben m.w.N. S. 78-91.

lich ist, die Möglichkeit einer Strafbarkeit nach § 25 Abs. 1 Nr. 1 GenDG. Wird die Untersuchung, die nach § 7 GenDG unter einem sog. Facharztvorbehalt steht, ohne diese notwendige Qualifikation vorgenommen, liegt eine Ordnungswidrigkeit nach § 26 Abs. 1 Nr. 1 Alt. 1 GenDG vor.[1420]

Es ist zu prüfen, ob die strafrechtlichen Regelungen, die sich auf das Stadium der Informationsgewinnung beziehen, die betroffenen Grundrechte unter Berücksichtigung des Entscheidungsspielraumes des Gesetzgebers in einen angemessenen Ausgleich bringen.[1421]

a) §§ 223 ff. StGB

Gegen §§ 223 ff. StGB bestehen hinsichtlich ihrer Verfassungsmäßigkeit bzgl. der besonderen Anforderungen, die von der Verfassung an Strafgesetze gestellt werden[1422], im Kontext des Untersuchungsgegenstandes keine Bedenken. Geschützt wird mit § 223 Abs. 1 StGB nicht vordergründig das Selbstbestimmungsrecht der Betroffenen, sondern die nach Art. 2 Abs. 2 S. 1 GG garantierte körperliche Unversehrtheit.[1423] Untersuchungen zum Zweck der Demenzfrüherkennung werden erfasst, wenn sie eine gewisse Invasivität aufweisen und so die körperliche Unversehrtheit zu beeinträchtigen geeignet sind[1424], daher wird dieses Grundrecht geschützt. Dass nichtinvasive Untersuchungen nicht von den §§ 223 ff. StGB erfasst werden,[1425] ist im Hinblick auf das vorrangig geschützte Rechtsgut der körperlichen Unversehrtheit in verfassungsrechtlicher Hinsicht nicht zu beanstanden, da die Untersuchungen an sich für die rein physische Gesundheit der Betroffenen weniger Gefahren bergen als Untersuchungen, die invasiv vorgenommen werden. Diese Entscheidung des Gesetzgebers ist, insbesondere mit Blick auf den Entscheidungsspielraum und den im Strafrecht geltenden ultima-ratio Grundsatz, durchaus nachvollziehbar und damit als verfassungsmäßig einzuordnen.

Dass das Selbstbestimmungsrecht als Ausprägung des allgemeinen Persönlichkeitsrechts aus Art. 2 Abs. 1 i.V.m. Art. 1 Abs. 1 GG durch §§ 223 ff. StGB - wenn überhaupt - nur nachrangig geschützt wird[1426], ist zwar vor dem Hintergrund der Untersuchung, insbesondere der Aufklärungsschwierigkeit, problematisch, deshalb jedoch nicht per se verfassungswidrig – auch hier

---

[1420] Vgl. hierzu bereits ausführlich oben m.w.N. S. 134-142.
[1421] Vgl. ausführlich zum Maßstab der verfassungsrechtlichen Bewertung von Normen im Rahmen dieser Untersuchung oben ab S. 231.
[1422] Siehe hierzu ausführlich oben ab S. 231.
[1423] BT-Drs. 13/8587 S. 35; *Eschelbach* in: BeckOK StGB, § 223 Rn. 1 m.w.N.
[1424] Vgl. hierzu ausführlich oben ab S. 78.
[1425] Vgl. auch hierzu ausführlich oben ab S. 90.
[1426] Vgl. dazu oben ab S. 90 sowie bei *Eschelbach* in: BeckOK StGB § 223 Rn. 5-8.

ist dem Entscheidungsspielraum des Gesetzgebers sowie dem im Strafrecht geltenden ultima ratio Grundsatz Rechnung zu tragen.

b) §§ 25, 26 GenDG

aa) § 25 Abs. 1 Nr. 1 Alt. 1 GenDG

Die Sonderregelung der Strafbarkeit der Vornahme einer Untersuchung zum Zweck der Demenzfrüherkennung mittels genetischer Biomarker gilt, anders aus §§ 223 ff. StGB, unabhängig von der Invasivität des Eingriffs. Eine Strafbarkeit nach § 25 Abs. 1 Nr. 1 Alt. 1 GenDG ist gegeben, wenn eine Untersuchung auf genetische Biomarker ohne eine wirksame Einwilligung der Betroffenen (§§ 8-10 GenDG) vorgenommen wird. Geschützt wird im Gegensatz zu §§ 223 ff. StGB nicht nur das Recht auf körperliche Unversehrtheit, sondern das Selbstbestimmungsrecht in seiner speziellen Form als Recht auf informationelle Selbstbestimmung.[1427]

Dies könnte im Lichte des allgemeinen Gleichheitssatzes nach Art. 3 Abs. 1 GG im Hinblick darauf, dass eine solche Regelung für nichtgenetische Biomarker nicht existiert, problembehaftet sein. Es ist aber auch hier anzuführen, dass die Unterscheidung in dieser expliziten Situation nicht von willkürlichen oder nicht nachvollziehbaren Erwägungen getragen ist. Vielmehr ist die zugrundeliegende Annahme einer Sonderrolle genetischer Daten gegenüber anderen medizinischen Daten dem Grunde nach nachvollziehbar und damit, auch vor dem Hintergrund der Einschätzungsprärogative des Gesetzgebers, nicht als verfassungswidrig einzustufen.[1428] Ein eventuell bestehender Regelungsbedarf im Kontext der Untersuchungen mittels nichtgenetischer Biomarker kann nicht automatisch zur Verfassungswidrigkeit dieser speziellen Regelung des GenDG führen.

bb) § 26 Abs. 1 Nr. 1 Alt. 1 GenDG

Der Ordnungswidrigkeitentatbestand des § 26 Abs. 1 Nr. 1 Alt. 1 GenDG stellt die Untersuchung auf genetische Biomarker nach § 7 GenDG unter einen Facharztvorbehalt.[1429] Es soll die Qualität der Ergebnisse sichergestellt werden.[1430] Auch soll auf diese Weise kein freier Markt für genetische Untersuchungen aus rein kommerziellen Interessen entstehen.[1431] Geschützt wird auf der Seite der Betroffenen das Recht auf körperliche Unversehrtheit aus Art. 2 Abs. 2 S. 1

[1427] BT-Drs. 16/10532, S. 40; *Winkler* in: Kern GenDG § 25 Rn. 20.

[1428] Vgl. hierzu im Allgemeinen bereits soeben ab S. 244.

[1429] Vgl. hierzu bereits ausführlich oben m.w.N. S. 134-142.

[1430] BT-Drs. 16/10532, S. 41.

[1431] BT-Drs. 16/10532, S. 25; *Fenger* in: Spickhoff Medizinrecht, § 7 GenDG Rn. 1.

GG sowie das Recht auf informationelle Selbstbestimmung aus Art. 2 Abs. 1 i.V.m. Art. 1 Abs. 1 GG.[1432]

Gleichzeitig stellt dies einen Eingriff in die Berufsausübungsfreiheit derer dar, die hiernach keine prädiktiven genetischen Untersuchungen vornehmen dürfen.[1433] Nach § 7 Abs. 1 Alt. 2 GenDG dürfen prädiktive genetische Untersuchungen, wie die Demenzfrüherkennung, nur von Ärzten mit zusätzlicher Qualifikation, also von Fachärzten für Humangenetik und Ärzten mit ähnlicher Qualifikation, vorgenommen werden.[1434] Ein Eingriff in die Berufsausübungsfreiheit lässt sich mit dem grundsätzlichen Überwiegen der Rechtsgüter der körperlichen Unversehrtheit und informationellen Selbstbestimmung rechtfertigen.[1435] Für den allgemeinen Arztvorbehalt wird dies überwiegend angenommen; im Hinblick auf den speziellen Facharztvorbehalt für prädiktive Untersuchungen wird teilweise vertreten, dass dies nicht sachgerecht und daher verfassungswidrig sei.[1436] Im Rahmen einer solchen Annahme wird jedoch dem Einschätzungsspielraum des Gesetzgebers nicht hinreichend Beachtung geschenkt: Es ist gerade nicht zu prüfen, ob die Entscheidung des Gesetzgebers, wie hier für einen Facharztvorbehalt im Kontext prädiktiver genetischer Diagnostik, die zweckmäßigste darstellt, sondern nur, ob erhebliche Mängel vorliegen, die letztlich zu einer Verfassungswidrigkeit der betreffenden Norm führen können.[1437] Fragen, die insbesondere die Praktikabilität einer Norm betreffen, können zwar im Rahmen der weiteren rechtsinternen Bewertung von Normen eine Rolle spielen[1438], nicht jedoch auf verfassungsrechtlicher Ebene. Hier ist, aufgrund der überwiegenden Wichtigkeit der Rechte der Betroffenen auf körperliche Unversehrtheit und informationelle Selbstbestimmung, von einer Verfassungsmäßigkeit des Facharztvorbehaltes im Hinblick auf prädiktive genetische Untersuchungen auszugehen.

Nach alledem ist festzustellen, dass auch § 26 Abs. 1 Nr. 1 Alt. 1 GenDG sowie der Facharztvorbehalt aus § 7 Abs. 1 GenDG nicht gegen die Verfassung verstoßen, sondern vielmehr unter Berücksichtigung der Einschätzungsprärogative des Gesetzgebers mit dieser in Einklang stehen.

[1432] BT-Drs. 16/10532, S. 41; *Winkler* in: Kern GenDG § 26 Rn. 11.
[1433] BT-Drs. 16/10532, S. 25; *Fenger* in: Spickhoff Medizinrecht, § 7 GenDG Rn. 1.
[1434] Siehe dazu auch BT-Drs. 16/10532, S. 25.
[1435] BT-Drs. 16/10532, S. 25; *Fenger* in: Spickhoff Medizinrecht, § 7 GenDG Rn. 1.
[1436] Hahn/Sendowski, NZS 2011, S. 728, 730; zustimmend *Kern* in: Kern GenDG § 7 Rn. 4.
[1437] Hierzu bereits im Kontext des Maßstabes der verfassungsrechtlichen Bewertung ab S. 234 m.w.N.
[1438] Vgl. hierzu sogleich ab S. 291.

3. Zivilrechtliche Regelungen

Bei einer Untersuchung zum Zweck der Demenzfrüherkennung wird unabhängig davon, wie diese durchgeführt wird, in der Regel ein Behandlungsvertrag nach § 630a BGB abgeschlossen. Für eine ärztliche Behandlung ist nach § 630d BGB eine Einwilligung erforderlich. Bei einer Untersuchung ohne die erforderliche Einwilligung wird eine vertragliche Pflicht verletzt, sodass ein Schadensersatzanspruch aus § 280 Abs. 1 BGB denkbar ist. Darüber hinaus besteht die Möglichkeit einer deliktischen Haftung nach §§ 823 Abs. 1, 823 Abs. 2 i.V.m. §§ 223 ff. StGB sowie § 839 BGB. Diese Regelungen ermöglichen unabhängig von der Invasivität der Untersuchung vertragliche und deliktische Schadensersatzansprüche der Betroffenen, wenn eine solche ohne eine wirksame Einwilligung vorgenommen wird.[1439] Es bestehen daher keine Anhaltspunkte für eine Verfassungswidrigkeit dieser Normen – es ist unter Berücksichtigung des Entscheidungsspielraumes des Gesetzgebers davon auszugehen, dass die oben angesprochenen betroffenen Grundrechte[1440] in hinreichendem Maße durch diese Regelungen geschützt werden.

4. Zwischenfazit

Insgesamt kann festgestellt werden, dass die strafrechtlichen und zivilrechtlichen Regelungen zur Informationsgewinnung im Rahmen der Demenzfrüherkennung unter besonderer Berücksichtigung des gesetzgeberischen Einschätzungsspielraumes mit der Verfassung vereinbar und daher aus dieser Sicht als angemessen zu bewerten sind.

III. Umgang mit den Ergebnissen

In diesem Abschnitt sollen die strafrechtlichen und zivilrechtlichen Regelungen zum Umgang mit den Ergebnissen von Untersuchungen zum Zweck der Demenzfrüherkennung aus verfassungsrechtlicher Perspektive bewertet werden. Dabei ist zwischen der Analyse der Informationen, der Mitteilung der Untersuchungsergebnisse und dem anschließenden Umgang mit den Informationen zu differenzieren.

1. Betroffene Grundrechte

Im Kontext des Umgangs mit den Ergebnissen sind für die Betroffenen das Selbstbestimmungsrecht nach Art. 2 Abs. 1 i.V.m. 1 Abs. 1 GG, insbesondere in seinen Ausprägungen als Recht auf Wissen, Recht auf Nichtwissen sowie Recht auf informationelle Selbstbestimmung und das Recht auf körperliche Unversehrtheit aus Art. 2 Abs. 2 S. 1 GG zu beachten. Auf Seiten des ärztlichen Fachpersonals bzw. der Personen, die die Analyse tätigen, Mitteilungen vornehmen

---

[1439] Vgl. dazu ausführlich oben ab S. 92.
[1440] Vgl. dazu soeben ab S. 253.

oder den anschließenden Umgang mit den Daten pflegen, kann auch hier die Berufsfreiheit nach Art. 12 Abs. 1 GG betroffen sein.

2. Strafrechtliche Regelungen

a) Analyse der Informationen

Eine Analyse nicht allgemein zugänglicher personenbezogener Daten, wie sie aus Untersuchungen zum Zweck der Demenzfrüherkennung hervorgehen können, ist nach Art. 83, 84 DSGVO, § 42 Abs. 2 BDSG strafbar, wenn dabei gegen Entgelt oder mit Bereicherungsabsicht gehandelt wird. Zudem gelten die Vorschriften der §§ 202a ff. StGB in Bezug auf das Ausspähen und Abfangen von Daten und die Datenhehlerei.[1441] Die DSGVO gilt als Verordnung nach Art. 288 Abs. 2 AEUV allgemein und unmittelbar in jedem Mitgliedsstaat, sodass die Vereinbarkeit mit der Verfassung grundsätzlich geprüft werden kann. Das BVerfG ist von seiner Überprüfungskompetenz im Rahmen der *„Solange II Entscheidung"* lediglich bis auf weiteres abgerückt.[1442]

Anhaltspunkte dafür, dass die allgemeine strafrechtliche Regulierung in Bezug auf die Analyse der Informationen nach Art. 83, 84 DSGVO, § 42 Abs. 2 BDSG sowie §§ 202a ff. StGB verfassungswidrig sein könnte, bestehen im Kontext dieser Untersuchung nicht. Vielmehr ist durch das recht umfassende Regelwerk davon auszugehen, dass das Recht auf informationelle Selbstbestimmung der Betroffenen, wenn auch teilweise mittelbar, aber dennoch in hinreichendem Maße geschützt wird.[1443]

Zusätzlich besteht im Fall der Analyse ohne die erforderliche Einwilligung bei der Untersuchung auf genetischer Biomarker die Möglichkeit einer Strafbarkeit nach § 25 Abs. 1 Alt. 1 GenDG. Eine Ordnungswidrigkeit kann begangen werden, wenn ohne die erforderliche Qualifikation gehandelt oder Proben entgegen § 13 GenDG verwendet werden, § 26 Abs. 1 Nr. 1, 1a GenDG.[1444] Für die Verfassungsmäßigkeit des Straftatbestandes nach § 25 Abs. 1 Alt. 1 GenDG und des Ordnungswidrigkeitentatbestandes nach § 26 Abs. 1 Nr. 1, 1a GenDG gelten die obigen Ausführungen entsprechend[1445] – hier ist von einer Verfassungsmäßigkeit auszugehen.

[1441] Vgl. dazu ausführlich oben m.w.N. S. 106.
[1442] BVerfG NJW 1987, S. 577 ff.; dazu auch Herdegen, Europarecht § 10 Rn. 41.
[1443] §§ 202a, 202b StGB schützen ausweislich der Gesetzesbegründung das formelle Interesse an der Geheimhaltung seitens des Verfügungsberechtigten, vgl. BT-Drs. 10/5058, S. 29; BT-Drs. 16/3565, S.11; *Weidemann* in: BeckOK StGB § 202a Rn. 2; § 202b Rn. 2.
[1444] Vgl. dazu ausführlich oben m.w.N. S. 143-144.
[1445] Vgl. dazu soeben ab S. 256.

b) Mitteilung der Ergebnisse

Wenn Untersuchungsergebnisse den Betroffenen ohne Zustimmung mitgeteilt werden, können vor allem psychische Beeinträchtigungen eintreten. Diese werden nach derzeit herrschender Meinung im Rahmen der §§ 223 ff. StGB nur bei einem körperlichen Niederschlag, nicht aber als psychische Beeinträchtigungen an sich erfasst. Daher scheidet eine Strafbarkeit nach den §§ 223 ff. StGB in dieser Situation oft aus. Es besteht jedoch die Möglichkeit einer Strafbarkeit nach § 203 Abs. 1 Nr. 1 StGB wegen der Verletzung von Privatgeheimnissen. Dieser erfasst aber lediglich die unbefugte Mitteilung der Ergebnisse an Dritte und nicht an die Betroffenen selbst.[1446] Für Informationen, die auf Grundlage genetischer Biomarker gewonnen wurden, kann eine Strafbarkeit nach § 25 Abs. 1 Nr. 1 GenDG vorliegen, wenn diese den Betroffenen ohne die Einwilligung und Beratung nach §§ 8, 10 GenDG mitgeteilt werden, §§ 7, 11 GenDG normieren weitere Anforderungen an eine solche Mitteilung.[1447]

Eine analoge Anwendung der §§ 223 ff. StGB und § 203 Abs. 1 Nr. 1 StGB auf die Situation, in der Betroffenen gegen ihren Willen das Ergebnis der Untersuchung mitgeteilt wird, kommt aufgrund des Analogieverbotes im Strafrecht, das sich aus Art. 103 Abs. 2 GG ergibt, nicht in Betracht.[1448] Es könnte aber gegen die Verfassung verstoßen, wenn der Gesetzgeber trotz des ihm zuzubilligenden Entscheidungsspielraumes untätig geblieben ist, obwohl ein Regelungsbedarf besteht. Grundsätzlich bezwecken die Grundrechte den Schutz des Einzelnen vor staatlichen Eingriffen – diese Funktion als Eingriffsverbote kann zur Sicherung der Freiheit des Einzelnen aber nicht stets genügen, da die persönliche Freiheit nicht nur durch staatliches Handeln, sondern auch durch solches anderer Menschen untergraben werden kann.[1449] Ab wann die Schutzpflicht des Staates eintritt, wird unterschiedlich beurteilt.[1450] Man wird dafür allgemein fordern können, dass eine eingriffsähnliche Beeinträchtigung eines grundrechtlich geschützten Gutes und eine Wahrscheinlichkeit des Eintritts einer Beeinträchtigung zu fordern sind.[1451] Sollte eine solche Schutzpflicht bestehen, sagt dies noch nichts über die Art oder den Umfang aus, in der bzw. in dem dieser Pflicht nachgekommen werden muss – dies ist letztlich eine Sache der Abwägung, bei der dem Gesetzgeber erneut ein Entscheidungsspielraum zuzubilligen

[1446] Vgl. dazu ausführlich oben m.w.N. S. 110-116.
[1447] Vgl. dazu ausführlich oben m.w.N. S. 144-146.
[1448] Zum Analogieverbot bereits oben ab S. 234.
[1449] Epping, Grundrechte, Rn. 123; daher seien die Grundrechte auch als objektive Werteordnung zu verstehen, vgl. auch BVerfG NJW 1975, S. 573, 575.
[1450] Vgl. für einen kurzen Überblick bei Epping, Grundrechte, Rn. 124 m.w.N.
[1451] Epping, Grundrechte, Rn. 124 m.w.N.

ist.[1452] Es ist zumindest ein angemessener, wirksamer und minimaler Schutz erforderlich.[1453] Verletzt wird die Schutzpflicht nur, wenn der grundgesetzlich nötige Schutz wesentlich unterschritten wird, sog. Untermaßverbot,[1454] welches sich auf verschiedene Gesichtspunkte wie die Art und Schwere der Beeinträchtigung des Grundrechtes, die Wahrscheinlichkeit des Schadenseintritts, Regelungen de lege lata und kollidierende Rechtsgüter bezieht.[1455]

Schutz erfordert im Zusammenhang mit der Mitteilung der Ergebnisse der Untersuchung gegen den Willen der Betroffenen, die zu psychischen Beeinträchtigungen führen kann, das Selbstbestimmungsrecht aus Art. 2 Abs. 1 i.V.m. Art. 1 Abs. 1 GG, insbesondere in seiner Ausprägung als Recht auf Nichtwissen, sowie das Recht auf körperliche Unversehrtheit aus Art. 2 Abs. 2 S. 1 GG. Ob das Recht auf körperliche Unversehrtheit sich auch auf die geistige Gesundheit erstreckt, wird nicht einheitlich beantwortet.[1456] Jedenfalls bilden Körper und Geist eine Einheit, in der oft Wechselwirkungen auftreten, sodass eine isolierte Betrachtung nicht sachgerecht erscheint.[1457] Erfasst ist jedenfalls das Recht auf Schmerzfreiheit, sodass vor Beeinträchtigungen psychischer Art, die in ihrer Ausprägung einem körperlichen Eingriff entsprechen, geschützt werden muss.[1458]

In diesem Lichte könnte, auch unter Berücksichtigung des Einschätzungsspielraumes, von einem ausreichenden Schutz über §§ 223 ff. StGB ausgegangen werden, da auch hier nur solche psychischen Beeinträchtigungen erfasst werden, die sich körperlich niederschlagen. Im Hinblick auf das Recht auf Nichtwissen erfolgt jedoch nach den allgemeinen Regelungen kein hinreichender Schutz, sodass hier eine Verletzung des Untermaßverbotes zumindest möglich erscheint. In diesem Zusammenhang ist aber die spezielle Regelung des § 25 Abs. 1 Nr. 1 GenDG zu nennen, nach der eine Strafbarkeit möglich ist, wenn den Betroffenen die Ergebnisse der Untersuchung auf genetischer Basis entgegen ihres Willens mitgeteilt werden.[1459] Die Vorschrift erfordert keine spezielle körperliche oder psychische Beeinträchtigung der Betroffenen als Taterfolg, sondern schützt diese generell vor einer unbefugten Mitteilung der Untersuchungsergebnisse. Damit wird das Recht auf Nichtwissen der Betroffenen im speziellen Fall

---

[1452] BVerfG NJW 1988, S. 1651, 1657; Epping, Grundrechte, Rn. 126.
[1453] BVerfG NJW 1993, S. 1751, 1756/1757; Epping, Grundrechte, Rn. 127.
[1454] Epping, Grundrechte Rn. 127 m.w.N.
[1455] Epping, Grundrechte, Rn. 128, 129 m.w.N.
[1456] Dazu bereits oben ab S. 69; vgl. dazu auch *Antoni* in: Hömig/Wolff GG, Art. 2 Rn. 12; *Windthorst* in: Studienkommentar GG, Art. 2 Rn. 118; Mühe, S. 93.
[1457] *Windthorst* in: Studienkommentar GG, Art. 2 Rn. 118.
[1458] *Antoni* in: Hömig/Wolff GG, Art. 2 Rn. 12; ; Kloepfer, § 57 Rn. 7; Manssen, Rn. 286; *Windthorst* in: Studienkommentar GG, Art. 2 Rn. 118.
[1459] Vgl. dazu ausführlich oben m.w.N. S. 144-146.

der genetischen Daten von Gesetzgeber insbesondere in § 11 Abs. 4 GenDG geschützt.[1460] Der Gesetzgeber hat also nicht generell von einem Schutz des Rechts auf Nichtwissens abgesehen, sondern einen solchen nur für die Situation der Untersuchung auf genetische Biomarker für erforderlich erachtet.[1461] Dies ist vor dem Hintergrund der Begründung der Sonderrolle genetischer Daten vom Einschätzungsspielraum des Gesetzgebers gedeckt. Daher ist hier insgesamt ein Verstoß gegen das Untermaßverbot abzulehnen. Die strafrechtliche Regulierung betreffend die Mitteilung der Untersuchungsergebnisse steht damit in Einklang mit der Verfassung.

c) Anschließender Umgang mit den Informationen

In Bezug auf den Umgang mit den Informationen im Anschluss an die Untersuchung und Analyse der Daten gelten grds. die Vorschriften, die im Rahmen der Analyse zur Anwendung kommen. Zudem besteht nach Art. 17 DSGVO und § 35 BDSG ein Recht auf Löschung der Daten und die Möglichkeit einer Strafbarkeit wegen Verletzung von Privatgeheimnissen nach § 203 Abs. 1 Nr. 1 StGB, wenn die Informationen auch nach der Untersuchung unbefugt offenbart werden.[1462] Für Informationen, die auf Grundlage einer Untersuchung auf genetische Biomarker gewonnen wurden, kommt eine Ordnungswidrigkeit nach § 26 Abs. 1 Nr. 1b GenDG infrage, wenn Daten nicht ordnungsgemäß vernichtet werden.[1463] Die strafrechtlichen Regelungen, die sich auf den anschließenden Umgang mit den Informationen beziehen, bieten - entsprechend der Vorschriften in Bezug auf die Analyse der Informationen - im Kontext der Untersuchung keine Anhaltpunkte für eine Verfassungswidrigkeit.[1464]

3. Zivilrechtliche Regelungen

a) Analyse der Informationen und anschließender Umgang mit den Ergebnissen

Art. 82 Abs. 1 DSGVO bietet eine Rechtsgrundlage für Schadensersatz, wenn personenbezogene Daten rechtswidrig verarbeitet werden. Die Rechtsfolge richtet sich dann nach den §§ 249 ff. BGB. Problematisch ist dabei, dass zum Teil für die mittels nichtgenetischer Biomarker gewonnenen Informationen kein besonderer Schutz nach Art. 9 DSGVO besteht.[1465] Art. 82 Abs. 1 DSGVO könnte im Fall der Untersuchung mittels nichtgenetischer Biomarker im Hinblick

---

[1460] Dazu auch *Kern* in: Kern GenDG § 11 Rn. 1.
[1461] Dem liegt erneut die Annahme einer Sonderrolle genetischer Daten zugrunde, vgl. dazu bereits ausführlich oben ab S. 244.
[1462] Vgl. dazu ausführlich oben m.w.N. S. 118.
[1463] Vgl. dazu oben ausführlich m.w.N. S. 146-147.
[1464] Zur Begründung siehe soeben ab S. 259.
[1465] Vgl. dazu ausführlich oben m.w.N. ab S. 102.

auf den allgemeinen Gleichheitsgrundsatz nach Art. 3 Abs. 1 GG sowie das informationelle Selbstbestimmungsrecht der Betroffenen nach Art. 2 Abs. 1 i.V.m. Art. 1 Abs. 1 GG Konfliktpotential bergen. Dies lässt sich darauf zurückführen, dass die Informationen, die auf Grundlage nichtgenetischer Biomarker gewonnen wurden, nicht den besonderen Schutz des Art. 9 DSGVO genießen.[1466] Auch hierbei kann aber aufgrund des Einschätzungsspielraumes des Gesetzgebers, vor dessen Hintergrund die Annahme einer Sonderrolle genetischer Daten generell nachvollziehbar ist[1467], nicht von einem Verstoß gegen die Verfassung ausgegangen werden.

b) Mitteilung der Ergebnisse

Grundsätzlich ist ein Schadensersatzanspruch aus einer Pflichtverletzung des Behandlungsvertrages nach § 630a BGB i.V.m. § 280 Abs. 1 BGB denkbar, wenn den Betroffenen gegen ihren Willen das Ergebnis einer Untersuchung mitgeteilt wird und sie dadurch psychische Belastungen erlitten oder Vermögensdispositionen getroffen haben. Ein solcher ist jedoch ausgeschlossen, wenn vorher eine wirksame Einwilligung der Betroffenen vorlag; es ist nicht nötig, eine solche explizit für die Mitteilung erneut einzuholen. Zudem gelten unter den entsprechenden Voraussetzungen die bereits zuvor aufgeführten deliktischen Anspruchsgrundlagen, wobei insbesondere § 823 Abs. 1 BGB bei einer Verletzung des Rechts auf informationelle Selbstbestimmung in Betracht kommt.[1468]

Die zivilrechtlichen Regelungen zur Mitteilung der Untersuchungsergebnisse enthalten vertragliche und deliktische Schadensersatzanspruchsgrundlagen für den Fall, dass die Mitteilung ohne eine wirksame Einwilligung erfolgt.[1469] Es bestehen keine Anhaltspunkte für eine Verfassungswidrigkeit. Unter Beachtung der Einschätzungsprärogative ist von einem hinreichenden Schutz der oben angesprochenen betroffenen Grundrechte durch diese Regelungen auszugehen.

4. Zwischenfazit

Damit ist auch im Hinblick auf die strafrechtlichen und zivilrechtlichen Regelungen, die die Mitteilung der Ergebnisse betreffen, vor dem Hintergrund des Einschätzungsspielraumes des Gesetzgebers davon auszugehen, dass diese in Einklang mit der Verfassung stehen.

[1466] Vgl. dazu ausführlich oben m.w.N. ab S. 102.
[1467] Vgl. dazu ausführlich oben ab S. 244.
[1468] Vgl. dazu ausführlich oben m.w.N. S. 116-117.
[1469] Vgl. dazu ausführlich oben ab S. 116.

IV. Regelungen in Bezug auf Dritte

1. Angehörige

In diesem Abschnitt werden die Vorschriften, die Angehörige der Betroffenen von Untersuchungen zum Zweck der Demenzfrüherkennung betreffen, einer verfassungsrechtlichen Bewertung unterzogen. Das Wissen um die Wahrscheinlichkeit des Eintritts einer Demenzerkrankung bei Angehörigen kann Einfluss auf das soziale Umfeld haben.[1470] Auch sind nahe Angehörige oft in Entscheidungen oder die Pflege im Falle des Krankheitseintritts involviert.[1471] Mit der Pflege kann für diese selbst ein erhöhtes Risiko bestehen, körperlich oder psychisch zu erkranken.[1472] Aus diesen Gründen sind auch die Grundrechte dieser Personen im Rahmen der strafrechtlichen und zivilrechtlichen Regelung der Demenzfrüherkennung zu beachten und mit den Grundrechtspositionen der Betroffenen im Wege einer angemessenen Regelung in einen schonenden Ausgleich zu bringen.

a) Betroffene Grundrechte

In Bezug auf die Regelungen, die sich auf Angehörige der Betroffenen beziehen, sind das Recht auf Nichtwissen, das Recht auf Wissen, das Recht auf informationelle Selbstbestimmung aus Art. 2 Abs. 1 i.V.m. Art. 1 Abs. 1 GG sowie das Recht auf körperliche Unversehrtheit nach Art. 2 Abs. 2 S. 1 GG sowohl auf Seiten der Angehörigen als auch aus der Perspektive der Betroffenen zu berücksichtigen. Weiterhin ist im Rahmen der Unterscheidung von Angehörigen genetischer und nichtgenetischer Art der allgemeine Gleichheitsgrundsatz aus Art. 3 Abs. 1 GG von Relevanz.

b) Strafrechtliche Regelungen

In Bezug auf Angehörige der Betroffenen kann bei einer Mitteilung der Untersuchungsergebnisse gegen deren Willen unter den genannten Voraussetzungen eine Strafbarkeit nach §§ 223 ff. StGB bestehen. Weiterhin ist in dieser Situation eine Strafbarkeit wegen der Verletzung von Privatgeheimnissen nach § 203 Abs. 1 Nr. 1 StGB möglich, der aber vorrangig bezweckt, die Betroffenen selbst zu schützen.[1473]

[1470] Beck/Schicktanz, S. 178 m.w.N.; insbesondere finden sich dort auch Nachweise zu solchen Studien; zum Einfluss von Untersuchungen zur Früherkennung schwerwiegender Krankheiten auf Angehörige auch bereits das eingangs erwähnte Urteil BGH NJW 2014, 2190 – 2192; MedR 2015, 186 – 189.
[1471] Beck/Schicktanz, S. 178.
[1472] Damm, GesR 2013, S. 385, 395 m.w.N.
[1473] Vgl. dazu ausführlich oben m.w.N. S. 118.

aa) §§ 223 ff. StGB

Bzgl. der verfassungsrechtlichen Bewertung der Möglichkeit der Strafbarkeit nach §§ 223 ff. StGB kann nach oben[1474] verwiesen werden.

bb) § 203 Abs. 1 Nr. 1 StGB

Bzgl. der Mitteilung an Angehörige kann als allgemeine Regelung § 203 Abs. 1 Nr. 1 StGB greifen. Dieser bezweckt aber nicht den Schutz des Rechts auf Nichtwissen der Angehörigen, sondern des Rechts auf informationelle Selbstbestimmung der Betroffenen.[1475] Das ist daran zu erkennen, dass im Rahmen dieser Strafbarkeit bspw. eine Zustimmung der Angehörigen gerade keine Rolle spielt.[1476] Dies steht in Einklang mit der grundsätzlichen Überlegung, dass das Recht auf informationelle Selbstbestimmung der Betroffenen das Interesse der Angehörigen an der Kenntnis der Ergebnisse der Untersuchung zum Zweck der Demenzfrüherkennung überwiegt.[1477] Eine Bedrohung dieses Rechts könnte zwar durch innerfamiliären Druck entstehen, der nur als Ausnahme zum Gegenstand staatlicher Gesetzgebung gemacht werden kann – für das Erfordernis einer solchen Ausnahme besteht hier jedoch bisher kein Anlass.[1478]

cc) §§ 10 Abs. 3 S. 4, 11 Abs. 3 GenDG

Eine § 25 Abs. 1 Nr. 1 GenDG entsprechende Möglichkeit der Strafbarkeit besteht bei einer Mitteilung an Angehörige gegen deren Willen nicht.

§ 10 Abs. 3 S. 4 GenDG beschäftigt sich mit genetisch verwandten Angehörigen, auf die die Merkmale ebenfalls zutreffen könnten und denen daher eine genetische Beratung nahegelegt werden sollte. Es handelt sich gewissermaßen um eine ärztliche Pflicht, den Betroffenen eine Empfehlung an ihre Angehörigen nahezulegen.[1479] Zum einen spielt dies aufgrund der nur eingeschränkten Behandelbarkeit der hier vordergründig zu behandelnden primären Demenzen im Kontext der Untersuchung eine untergeordnete Rolle, zum anderen wird an einen Verstoß gegen diese Norm keine Sanktionsmöglichkeit geknüpft.[1480]

[1474] Vgl. dazu soeben in Bezug auf eine Strafbarkeit aus §§ 223 ff. StGB bei einer Mitteilung an die Betroffenen gegen oder ohne ihren Willen ab S. 260.

[1475] *Weidemann* in: BeckOK StGB § 203 Rn. 2 m.w.N.

[1476] Vgl. zu den Voraussetzungen einer Strafbarkeit nach § 203 Abs. 1 Nr. 1 StGB ausführlich oben ab S. 114.

[1477] Beck/Schicktanz, S. 171.

[1478] Beck/Schicktanz, S. 171.

[1479] Damm, GesR 2013, S. 385, 395.

[1480] Vgl. dazu ausführlich oben m.w.N. S. 147; siehe dazu auch bei Damm, GesR 2013, S. 385, 395.

§ 11 Abs. 3 GenDG bezieht sich nur mittelbar auf Angehörige – hiernach darf das verantwortliche ärztliche Fachpersonal das Ergebnis der Untersuchung oder Analyse Dritten nur mit einer Einwilligung der betroffenen Person mitteilen. Auch diese Regelung dient nur dem Recht auf informationelle Selbstbestimmung der Betroffenen.[1481] Nicht normiert wird, ob Angehörige, denen die Information mitgeteilt wird, hierin einwilligen sollen – daher ist davon auszugehen, dass dies de lege lata auch ohne eine Zustimmung dieser Personen möglich ist. Es wird hierbei das Recht auf informationelle Selbstbestimmung der Betroffenen schwerer gewichtet als das Recht auf Nichtwissen der genetisch Verwandten.[1482] Diese Abwägung steht dem Gesetzgeber im Rahmen seines Einschätzungsspielraumes grundsätzlich zu und ist aus verfassungsrechtlicher Sicht nicht zu beanstanden.

c) Zivilrechtliche Regelungen

Vertragliche oder vertragsähnliche Schadensersatzansprüche stehen Angehörigen mangels eigenen Vertrags in der Regel nicht zu.[1483] Angehörige haben über § 823 BGB die Möglichkeit, im Fall einer Mitteilung der Untersuchungsergebnisse gegen ihren Willen einen Schadensersatzanspruch geltend zu machen, wenn ihnen ein entsprechender Schaden entstanden ist. Im Rahmen des Schutzzweck sind psychische Störungen mit Krankheitswert grds. im Rahmen des § 823 Abs. 1 BGB ersatzfähig, psychische Beeinträchtigungen wegen der Kenntniserlangung über eine Erkrankungswahrscheinlichkeit Angehöriger sind aber nicht umfasst.[1484] Das wird damit begründet, dass diese dem ärztlichen Fachpersonal, das die Mitteilung im Einverständnis mit dem Betroffenen tätige, nicht zuzurechnen seien, da diese dem allgemeinen Lebensrisiko zuzuordnen seien.[1485] Dies ergebe sich auch aus dem Umstand, dass auch auf anderem Wege, z.B. durch Mitteilung der Betroffenen selbst, eine Kenntniserlangung möglich ist.[1486] § 823 Abs. 1 schütze nach der Rechtsprechung aber das Recht auf Nichtwissen um die eigene genetische Konstitution.[1487] Dabei wird zwischen genetisch verwandten Angehörigen und anderen Angehörigen differenziert.[1488]

[1481] *Kern* in: Kern GenDG § 11 Rn. 1.

[1482] Ausführlich auch bei Damm, GesR 2013, S. 385, 395, 396 m.w.N.; hier wird für den Fall von ggf. heilbaren genetischen Krankheiten auch auf eine Fürsorgepflicht des ärztlichen Fachpersonals eingegangen, die es im Rahmen der Abwägung dann ebenfalls zu berücksichtigen gilt.

[1483] Vgl. hierzu ausführlich oben m.w.N. ab S. 119.

[1484] Erster Leitsatz des Urteils BGH NJW 2014 S. 2190; dazu auch Schneider, NJW 2014, S. 3133, 3133; Wellenhofer, JuS 2015 S. 651, 651.

[1485] BGH NJW 2014 S. 2190, 2190f.

[1486] BGH NJW 2014 S. 2190, 2191; zustimmend auch *Wagner* in: MüKo BGB § 823 Rn. 244; Wellenhofer, JuS 2015 S. 651f.

[1487] BGH NJW 2014 S. 2190, 2190f.; dazu auch Schneider NJW 2014, S. 3133, 3134.

[1488] *Wagner* in: MüKo BGB § 823 Rn. 244.

Dies könnte mit dem allgemeinen Gleichbehandlungsgrundsatz nach Art. 3 Abs. 1 GG in Konflikt stehen. Aufgrund der Nachvollziehbarkeit der Annahme einer Sonderrolle genetischer Daten durch den Gesetzgeber[1489] ist aber nicht von einer Verfassungswidrigkeit auszugehen. Insbesondere ist eine Ungleichbehandlung aufgrund des Umstandes, dass genetisch Verwandte bei der Früherkennung mittels genetischer Marker auch die Information über sich selbst erhalten, mit einer gewissen Wahrscheinlichkeit später erkranken zu können[1490], gerechtfertigt. Ein Verstoß gegen die Verfassung ist im Ergebnis, insbesondere vor dem Hintergrund des Einschätzungsspielraumes des Gesetzgebers, hierdurch nicht anzunehmen.

d) Verstoß gegen staatliche Schutzpflicht?

aa) Recht auf Wissen und Recht auf körperliche Unversehrtheit

Das Recht auf Wissen der Angehörigen ist in Abwägung zum Recht auf informationelle Selbstbestimmung der Betroffenen berechtigterweise nicht gesondert geschützt. In dieser Hinsicht besteht für die Angehörigen die Möglichkeit, sich selbst einer Untersuchung zum Zweck der Demenzfrüherkennung zu unterziehen, wenn diese Kenntnis über ihre eigene Krankheitsdisposition wünschen. Das Recht auf Wissen der Angehörigen um die Krankheitsdisposition naher Angehöriger findet seine Grenzen in deren Recht auf informationelle Selbstbestimmung.

bb) Recht auf Nichtwissen

Eingeschränkt ist der Schutz hinsichtlich genetischer Untersuchungen für nicht genetisch verwandte Angehörigen de lege lata im Hinblick auf ihr Recht auf Nichtwissen. Es ist zu untersuchen, ob hierin ein Verstoß gegen eine staatliche Schutzpflicht gesehen werden kann.

Angehörige sind strafrechtlich faktisch nur gegen psychische Folgen mit körperlichem Niederschlag nach §§ 223 ff. StGB sowie nach § 203 Abs. 1 Nr. 1 StGB geschützt, der aber nicht primär deren Schutz bezweckt. Zivilrechtlich sind nicht genetisch verwandte Angehörige über das Deliktsrecht nicht geschützt. Daraus könnte sich ein Verstoß gegen die staatliche Schutzpflicht des Rechts auf Nichtwissen nicht genetisch verwandter Angehöriger ergeben.[1491] Dass die Regelungen nicht für nicht genetisch Verwandte gelten, ist aber vor dem Hintergrund der Einschätzungsprärogative des Gesetzgebers hinzunehmen, zumal der Gesetzgeber in Einklang mit Art. 3 Abs. 1 GG von einer Sonderrolle genetischer Daten ausgeht.[1492]

[1489] Siehe dazu ausführlich oben ab S. 244.
[1490] Dazu bereits oben m.w.N. ab S. 247.
[1491] Vgl. zur staatlichen Schutzpflicht allgemein bereits oben ab S. 260.
[1492] Vgl. dazu ausführlich oben ab S. 244.

Durch den nur sehr eingeschränkten strafrechtlichen Schutz des Rechts auf Nichtwissen insgesamt könnte aber das Untermaßverbot verletzt sein. Es bestünde die Möglichkeit, dass die Nichtregelung in diesen Fällen gegen die Verfassung verstößt. Grundsätzlich ist vom Bestehen einer staatlichen Schutzpflicht in der hier behandelten Situation auszugehen, da eine eingriffsähnliche Beeinträchtigung des Rechts auf Nichtwissen der Angehörigen vorliegen kann, wenn diese strafrechtlich nicht hinreichend vor einer Mitteilung gegen ihren Willen geschützt werden.[1493] Es liegt auch nicht außerhalb des Möglichen, dass es zu solchen Situationen kommen kann. In der Ausgestaltung dieser Schutzpflicht ist aber der gesetzgeberische Entscheidungsspielraum zu berücksichtigen.[1494] Hierbei kann ein Verstoß gegen das Untermaßverbot gegeben sein, wenn kein wesentlicher angemessener und minimaler Schutz des Rechts auf Nichtwissen besteht.[1495] Dabei sind Art und Schwere der Beeinträchtigung des Grundrechtes, die Wahrscheinlichkeit eines Schadenseintritts sowie kollidierende Rechtsgüter in den Blick zu nehmen.[1496] Das Recht auf Nichtwissen kann in diesen Situationen nachhaltig beeinträchtigt werden, insbesondere können solche Verstöße nicht rückgängig gemacht werden. Aufgrund der immer weiter fortschreitenden Entwicklung der Möglichkeiten der Demenzfrüherkennung ist ein Eingriff in das Recht auf Nichtwissen der Angehörigen auch zunehmend wahrscheinlich.

Kollidierende Rechtsgüter sind in diesem Kontext nicht wesentlich zu berücksichtigen – Ärztliches Fachpersonal und Betroffenen können in der Regel kein dieses Recht überwiegendes Interesse geltend machen, insbesondere vor dem Hintergrund, dass die hier in den Fokus gerückten Demenzerkrankungen nur sehr bedingt behandelbar sind. Einzig hinsichtlich des Teilens der Sorgen oder der Planung für eine spätere Demenzerkrankung sind kollidierende Interessen der Betroffenen zu beachten.

Fraglich ist aber, ob das Strafrecht das richtige Instrument wäre, um dieser Schutzpflicht des Staates nachzukommen. Eine Strafvorschrift beinhaltet als stärkste Möglichkeit der Sanktionierung ein sozialethisches Unwerturteil über eine Handlung.[1497] Der Erlass eines Strafgesetzes ist nur dann zulässig, wenn kein milderes Mittel zur Verfügung steht; sog. ultima-ratio-Grundsatz.[1498] Als milderes Mittel kommt hier eine zivilrechtliche Regelung in Betracht, die mit § 823 Abs. 1 BGB im Hinblick auf das Recht auf Nichtwissen genetisch verwandter Angehöriger

---

[1493] Zur staatlichen Schutzpflicht bzgl. des Rechts auf Nichtwissen zustimmend Fündling, S. 185f.
[1494] BVerfG NJW 1988, S. 1651, 1657; Epping, Grundrechte, Rn. 126; dazu auch bereits oben ab S. 260.
[1495] Allgemein dazu BVerfG NJW 1993, S. 1751, 1756/1757; Epping, Grundrechte, Rn. 127 m.w.N.
[1496] Epping, Grundrechte, Rn. 128, 129 m.w.N.
[1497] BVerfG NJW 1994, 1577, 1578.
[1498] Beck, Was ist ein gutes Strafgesetz? S. 51, 52; vgl. hierzu schon allgemein ab S. 231.

auch existiert. Unter Beachtung des ultima-ratio-Grundsatzes ist nicht von einem Verstoß gegen eine staatliche Schutzpflicht in Bezug auf das Recht auf Nichtwissen der Angehörigen auszugehen. Ein Verfassungsverstoß ist damit auch hier abzulehnen.

e) Zwischenfazit

Die Regelungen in Bezug auf Angehörige stehen mit der Verfassung in Einklang.

2. Versicherungsbereich und Arbeitswesen

Weiterhin sind die Regelungen in Bezug auf Arbeitgebende und Versicherungen einer verfassungsrechtlichen Bewertung zu unterziehen. Problematisch kann ein Interesse von Arbeitgebenden und Versicherungen an den Ergebnissen einer Untersuchung zum Zweck der Demenzfrüherkennung sein. Es besteht die Möglichkeit, dass Betroffene aufgrund der Ergebnisse der Untersuchungen benachteiligt werden könnten, wenn sie bspw. keinen Versicherungsvertrag abschließen können, verschlechterte Konditionen angeboten bekommen oder ihnen ein Abschluss eines Arbeitsvertrages aus diesem Grund verwehrt bleibt. Zudem ist eine unzulässige Einflussnahme auf Betroffenen denkbar, die Untersuchung zum Zweck der Demenzfrüherkennung überhaupt durchzuführen.[1499]

a) Betroffene Grundrechte

Auf der Seite der Betroffenen ist im Kontext des Versicherungs- und Arbeitsbereichs zunächst die Menschenwürde nach Art. 1 Abs. 1 GG zu berücksichtigen, die verbietet, dass der Einzelne zum Objekt wirtschaftlicher Belange herabgestuft wird.[1500] Auch sind das allgemeine Gleichheitsrecht aus Art. 3 Abs. 1 GG sowie das Recht auf informationelle Selbstbestimmung aus Art. 2 Abs. 1 i.V.m. Art. 1 Abs. 1 GG zu beachten. Aus der Perspektive von Arbeitgebenden und Versicherungen als potentielle Vertragspartner der Betroffenen spielt vor allem die Berufsfreiheit aus Art. 12 Abs. 1 GG in Form der Gestaltungs- und Vertragsfreiheit, die Unternehmern zukommt[1501], eine Rolle.

b) Strafrechtliche Regelungen

aa) § 240 Abs. 1 StGB

Eine Strafbarkeit wegen einer Benachteiligung aufgrund der Ergebnisse einer Untersuchung ist explizit de lege lata nicht ersichtlich. Es kommt aber eine Nötigung nach § 240 Abs. 1 Alt. 2

[1499] Vgl. ausführlich zu den Regelungen in Bezug auf Versicherungen und Arbeitgebende oben ab S. 122 (allgemein) sowie ab S. 149 (GenDG).

[1500] Vgl. zur Menschenwürde m.w.N. oben ab S. 61 sowie ab S. 235.

[1501] Lensing, VuR 2009, S. 411, 413.

StGB infrage, wenn den Betroffenen ein empfindliches Übel in Aussicht gestellt wird, wie etwa der ansonsten nicht erfolgende Abschluss eines Arbeitsvertrags, wenn sie keine Untersuchung zum Zweck der Demenzfrüherkennung vornehmen.[1502]

Nach überwiegender Auffassung schützt die Norm die Freiheit der Willensbildung und Willensbetätigung, welche sich wiederum aus Art. 2 Abs. 1 GG ergibt.[1503] Die Verfassungsmäßigkeit von § 240 StGB war bereits Gegenstand einiger höchstrichterlicher Entscheidungen, insbesondere im Hinblick auf das Bestimmtheitsgebot[1504], und ist grundsätzlich anerkannt.[1505] In dieser Hinsicht bestehen auch im Hinblick auf den Untersuchungsgegenstand keine Bedenken. Dass eine Benachteiligung ohne Drohelement aufgrund der Ergebnisse nach den allgemeinen Regelungen nicht unter Strafe gestellt ist, ist unter Berücksichtigung des Entscheidungsspielraumes des Gesetzgebers und dem ultima-ratio-Prinzip grundsätzlich nachvollziehbar.

bb) § 25 Abs. 1 Nr. 5 GenDG

Im Fall der Benachteiligung Betroffener aufgrund von Informationen, die die Wahrscheinlichkeit einer späteren Demenzerkrankung auf Basis genetischer Biomarker betreffen, gibt es im Hinblick auf Versicherungen und das Arbeitswesen zusätzlich besondere Sanktionierungsmöglichkeiten nach dem GenDG. So macht sich nach § 25 Abs. 1 Nr. 5 GenDG strafbar, wer Daten entgegen §§ 18 Abs. 1 S. 1 Nr. 2, 19 Nr. 2, 20 Abs. 1 Nr. 2 GenDG verwendet. Nicht sanktioniert wird ein Verstoß gegen § 4 GenDG.

(1) Vereinbarkeit mit Art. 3 Abs. 1 GG

Wie alle Regelungen des GenDG gilt diese Sonderregelung lediglich für Wahrscheinlichkeitsaussagen im Hinblick auf eine spätere Demenzerkrankung, die mittels genetischer Biomarker gewonnen wurde. Es stellt sich die Frage, aus welchem Grund Ergebnisse einer Untersuchung zum Zweck der Demenzfrüherkennung mittels genetischer Biomarker diesen Schutz erfahren, andere hingegen nicht.[1506] Man könnte hier von einer Benachteiligung aufgrund eines auf andere Weise festgestellten Krankheitsrisikos[1507] sprechen, welche gegen Art. 3 Abs. 1 GG verstoßen könnte. Dass diese Sonderregelungen nur für genetische Biomarker bestehen, verstößt

---

[1502] Vgl. dazu bereits ausführlich oben m.w.N. 122.
[1503] BVerfG NJW 1987, S. 43, 44; BGH NJW 1991, S. 2300, 2301; *Eisele* in: Schönke/Schröder StGB § 240 Rn. 1 m.w.N.; *Valerius* in: BeckOK StGB, § 240 Rn. 1 m.w.N.
[1504] Vgl. allgemein zum Bestimmtheitsgebot ab S. 233.
[1505] BVerfG NJW 1987, S. 43 ff.; BGH NJW 1991, S. 2300 ff.; dazu auch *Heger* in: Lackner/Kühl StGB § 240 Rn. 2 m.w.N.
[1506] Beck/Schicktanz, S. 171/172.
[1507] Beck/Schicktanz, S. 172.

aber auch in diesem Kontext aufgrund des Einschätzungsspielraumes des Gesetzgebers und der grundsätzlich nachvollziehbaren Annahme einer Sonderrolle genetischer Daten nicht gegen Art. 3 Abs. 1 GG.[1508]

(2) Vereinbarkeit mit Art. 12 Abs. 1 GG

Durch § 25 Abs. 1 Nr. 5 GenDG wird in die Berufsausübungsfreiheit der Versichernden und Arbeitgebenden eingegriffen.[1509] Grundsätzlich steht es diesen frei, Verträge zu allen möglichen Bedingungen abzuschließen, was das Recht umfasst, bei einem zu großen Risiko oder der Verweigerung der Angabe gewisser Daten den Abschluss eines Vertrages abzulehnen.[1510] Ein Eingriff in die Berufsausübungsfreiheit kann durch jede nachvollziehbare Erwägung, die das Allgemeinwohl betrifft, gerechtfertigt werden.[1511] Dieser Eingriff in die Berufsausübungsfreiheit kann jedoch im Wege einer Abwägung mit dem allgemeinen Persönlichkeitsrecht der Betroffenen aus Art. 2 Abs. 1 GG i.V.m. Art. 1 Abs. 1 GG in seinen verschiedenen Ausprägungen gerechtfertigt sein.[1512] Vom allgemeinen Persönlichkeitsrecht wird die selbstbestimmte Entscheidung über die Offenbarung von Gesundheitsdaten geschützt.[1513] Das Recht auf Nichtwissen beinhaltet die grundlegende Entscheidungsfreiheit darüber, selbst von der eigenen genetischen Konstitution Kenntnis zu nehmen oder nicht.[1514] Zudem umfasst das informationelle Selbstbestimmungsrecht den Schutz, selbst darüber zu entscheiden, ob und wie persönliche Daten erhoben, preisgegeben oder verwendet werden.[1515]

Die Grundrechte der Betroffenen sind mit berechtigten Interessen von Versicherungs- und Arbeitgebenden unter Berücksichtigung des Einschätzungsspielraumes des Gesetzgebers abzuwägen. Insbesondere Versicherungsgeber haben ein erhebliches Interesse an der Offenbarung gesundheitlicher Daten.[1516] Es besteht im Wege des Rechts auf informationelle Selbstbestimmung grundsätzlich kein Recht auf unberechtigte Leistungen einer Versicherung.[1517] Dabei ist zu beachten, dass genetische Informationen den Kernbereich der Persönlichkeit des Einzelnen be-

---

[1508] Vgl. zur Verfassungsmäßigkeit der Annahme einer Sonderrolle genetischer Daten bereits oben ab S. 244.
[1509] Lensing, VuR 2009, S. 411, 413.
[1510] Lensing, VuR 2009, S. 411, 413.
[1511] Lensing, VuR 2009, S. 411, 413 m.w.N.; vgl. zur Einschränkbarkeit der Berufsfreiheit aus Art. 12 Abs. 1 GG grundlegend oben ab S. 242 m.w.N.
[1512] Lensing, VuR 2009, S. 411, 414.
[1513] Lensing, VuR 2009, S. 411, 414 m.w.N.; vgl. zum allgemeinen Persönlichkeitsrecht ab S. 65 sowie ab S. 236.
[1514] Lensing, VuR 2009, S. 411, 414; vgl. hierzu bereits oben ab S. 66.
[1515] BVerfG NJW 1984, S. 419, 422; Lensing, VuR 2009, S. 411, 414; vgl. hierzu allgemein oben ab S. 68 m.w.N.
[1516] BVerfG VuR 2007, S. 190, 190; Lensing, VuR 2009, S. 411, 415 m.w.N.
[1517] BVerfG VuR 2007, S. 190, 190; Lensing, VuR 2009, S. 411, 415 m.w.N.

treffen und dass somit die Gefahr besteht, diesen zu einem genetischen Substrat herabzustufen.[1518] Gerade genetische Informationen weisen eine hohe Einblickstiefe auf, zudem beinhalten diese lediglich Wahrscheinlichkeitsaussagen im Hinblick auf den Eintritt einer späteren Erkrankung.[1519] Vor diesem Hintergrund erscheint die Regelung nach § 25 Abs. 1 Nr. 5 GenDG verhältnismäßig. Insbesondere reichen ein Erhebungsverbot, wie es § 151 VVG vorsieht, oder ein Einwilligungsvorbehalt, wie ihn § 213 Abs. 1 VVG statuiert, nicht aus, um einen gleich wirksamen Schutz wie ein generelles Verwertungsverbot in diesem Kontext zu gewährleisten.[1520]

Weiterhin sind die Interessen der Versichernden auch dadurch geschützt, dass Vorerkrankungen und Erkrankungen nach Maßgabe des VVG weiterhin anzuzeigen sind, § 18 Abs. 2 GenDG.[1521] Zudem werden auch besonders hohe Versicherungsleistungen vom Verbot der Verwendung solcher Daten nach § 18 Abs. 1 S. 1 Nr. 2 GenDG ausgenommen, vgl. § 18 Abs. 1 S. 2 GenDG. Auch vor dem Hintergrund des hohen Stellenwertes der geschützten Rechtsgüter der Betroffenen ist nach alledem davon auszugehen, dass der Gesetzgeber die entgegengesetzten Interessen von Betroffenen und potentiellen Vertragspartnern aus Versicherungs- und Arbeitswesen in einen angemessenen Ausgleich gebracht hat.[1522]

c) Zivilrechtliche Regelungen

Bei einer Benachteiligung aufgrund der Ergebnisse kann eine Vertragsnichtigkeit nach § 134 BGB in Betracht kommen. Zudem sind Schadensersatzansprüche nach §§ 280 Abs. 1, ggf. i.V.m. 311 Abs. 2, 241 Abs. 2 sowie § 823 Abs. 1, 2 BGB möglich. Auch besteht die Möglichkeit eines Folgenbeseitigungsanspruches aus §§ 1004 Abs. 1 S. 1, 823 Abs. 1 BGB, der auf einen Vertragsabschluss gerichtet sein kann, was nach § 15 Abs. 6 AGG jedoch nicht für Arbeitsverträge gilt. Für die Situation der Demenzfrüherkennung mittels genetischer Biomarker kann sich zudem ein Anspruch auf Schadensersatz oder Entschädigung aus §§ 21 Abs. 2 GenDG i.V.m. § 15 Abs. 1 S. 2 AGG ergeben, woraus aber ebenfalls kein Anspruch auf Einstellung resultieren kann.[1523]

[1518] BVerfG NJW 1993, S. 2365, 2365; BT-Drs. 16/10532, S. 23; Lensing, VuR 2009, S. 411, 415.
[1519] Damm/König, MedR 2008, S. 62, 63; Heyers, MedR 2009, S. 507, 508; Lensing, VuR 2009, S. 411, 415.
[1520] Lensing, VuR 2009, S. 411, 415, 416.
[1521] Dazu auch Lensing, VuR 2009, S. 411, 415, 416.
[1522] Lensing, VuR 2009, S. 411, 416.
[1523] Vgl. dazu ausführlich oben m.w.N. S. 154.

aa) Vereinbarkeit mit Art. 3 Abs. 1 GG

All diese Ansprüche können aus einer Verletzung des allgemeinen Gleichheitssatzes aus Art. 3 Abs. 1 GG oder eines speziellen Benachteiligungsverbotes aus § 33c Abs. 1 S. 1 SGB I, § 19a Abs. 1 S. 1 SGB IV sowie § 7 AGG resultieren. Problematisch ist daran, dass der Gesundheitszustand oder etwas Vergleichbares von den allgemeinen Benachteiligungsverboten nicht explizit umfasst ist.[1524] Zudem geht es nicht um den Gesundheitszustand zum Zeitpunkt des Vertragsschlusses, sondern um einen später wahrscheinlichen Gesundheitszustand.[1525] Hierauf nehmen lediglich die speziellen Vorschriften des GenDG Rücksicht. Aufgrund der auch in diesem Kontext nachvollziehbaren Annahme einer Sonderrolle genetischer Daten steht dies, insbesondere vor dem Hintergrund des Einschätzungsspielraumes des Gesetzgebers, mit Art. 3 Abs. 1 GG in Einklang.

bb) Vereinbarkeit mit Art. 2 Abs. 1, 12 Abs. 1 GG

Im Übrigen könnte der (umstrittene) Kontrahierungszwang auf Grundlage eines Folgenbeseitigungsanspruches gegen die auf der Berufsfreiheit und der Privatautonomie aus Art. 2 Abs. 1 GG der Versichernden fußende negative Vertragsabschlussfreiheit verstoßen, insbesondere vor dem Hintergrund, dass hierfür eine ausdrückliche gesetzliche Ermächtigungsgrundlage besteht.[1526] Dagegen lässt sich anführen, dass dem Gleichbehandlungsgrundsatz nach Art. 3 Abs. 1 GG im Hinblick auf die Betroffenen ohne einen Kontrahierungszwang keine ausreichende Geltung verschafft werden könnte.[1527] Ein Entschädigungsanspruch genügt in diesen Fällen nicht, um den Grundrechten zu ausreichender Entfaltung zu verhelfen.[1528] Als Kehrseite der Verweigerung eines Vertrages kommt lediglich ein Zwang zum Abschluss eines solchen in Betracht.[1529]

[1524] Vgl. dazu ausführlich oben m.w.N. S. 123.
[1525] Vgl. in diesem Kontext auch die Abgrenzung von Gesundheit und Krankheit ab S. 81.
[1526] Dazu bei *Reuter* in: Kern GenDG § 4 Rn. 192 ff. (für den speziellen Fall einer Diskriminierung entgegen § 4 GenDG); sowie Armbrüster, NJW 2007 S. 1494 ff.; Thüsing/von Hoff, NJW 2007, S. 21 ff. (allgemein in Bezug auf das AGG).
[1527] *Reuter* in: Kern GenDG § 4 Rn. 194; Thüsing/von Hoff, NJW 2007, S. 21, 25.
[1528] *Reuter* in: Kern GenDG § 4 Rn. 195.
[1529] *Reuter* in: Kern GenDG § 4 Rn. 195 m.w.N.

d) Zwischenfazit

Es ist festzuhalten, dass die Grundrechte der Beteiligten von den Regelungen vor dem Hintergrund des Einschätzungsspielraumes des Gesetzgebers in einen angemessenen Ausgleich gebracht worden sind. Daher ist von einer Verfassungsmäßigkeit der Regelungen in Bezug auf Dritte und damit von einer Angemessenheit aus Sicht des Verfassungsrechts auszugehen.

V. Zwischenfazit

Es lässt sich insgesamt, trotz vermehrt auftretender Konfliktsituationen, kein Verstoß gegen die Verfassung feststellen. Zurückzuführen ist dies vor allem darauf, dass die grundlegende Entscheidung des Gesetzgebers, genetische und nichtgenetische Biomarker unterschiedlich zu behandeln, unter Berücksichtigung des Entscheidungsspielraumes des Gesetzgebers nicht gegen Art. 3 Abs. 1 GG verstößt. Auch im Rahmen der einzelnen Regelungen im Hinblick auf bestimmte Fallkonstellationen ließ sich ein Verstoß gegen die Verfassung nicht feststellen. Die Regelung der Demenzfrüherkennung de lege lata steht in Einklang mit der Verfassung und ist aus dieser Sicht als angemessen zu bewerten. Das bedeutet jedoch nicht, dass kein Verbesserungsbedarf hinsichtlich der einzelnen Regelungen besteht. Ein solcher kann sich aus einer weiteren rechtsinternen sowie einer rechtsexternen Bewertung der Normen ergeben.[1530]

C. Vorausverfügungen

Die Ergebnisse der Untersuchung zum Zweck der Demenzfrüherkennung bieten für die Betroffenen die Möglichkeit, im Hinblick auf einen später wahrscheinlichen Krankheitseintritt Vorausverfügungen bzgl. der Behandlung (Patientenverfügung) und einer Teilnahme an Forschungsvorhaben (Forschungsverfügung) zu treffen.[1531] Im Folgenden wird die in Kapitel sechs dargestellte Regelung der Patientenverfügung und der Forschungsverfügung einer verfassungsrechtlichen Bewertung unterzogen.

I. Patientenverfügung

Im Kontext der Demenzfrüherkennung geht es praktisch oft um die Entscheidung, ob lebensverlängernde Maßnahmen, wie bspw. die künstliche Ernährung mittels einer Sonde, im Fall eines Krankheitseintritts durchgeführt werden sollen. Häufig verfügen die Betroffenen, dass eine solche ab einem bestimmten Demenzstadium nicht mehr vorgenommen werden soll. Verstöße gegen eine wirksame Patientenverfügung, insbesondere die Weiterführung lebensverlängernder Maßnahmen, können sowohl strafrechtliche als auch zivilrechtliche Konsequenzen

---

[1530] Vgl. dazu sogleich ab S. 294 sowie ab S. 319.

[1531] Vgl. hierzu ausführlich oben ab S. 159.

nach sich ziehen. Regelungen zur Wirksamkeit einer Patientenverfügung finden sich grundsätzlich explizit im zivilrechtlichen Betreuungsrecht in §§ 1827 ff. BGB.[1532] Für die verfassungsrechtliche Bewertung werden zunächst die im Zusammenhang mit einer Patientenverfügung betroffenen Grundrechte herausgearbeitet. Im Anschluss werden auf dieser Basis die Regelungen des Straf- und Zivilrechts jeweils aus verfassungsrechtlicher Perspektive bewertet.

1. Betroffene Grundrechte

Aus Sicht der Betroffenen sind das Grundrecht auf Menschenwürde nach Art. 1 Abs. 1 GG sowie das Selbstbestimmungsrecht nach Art. 2 Abs. 1 i.V.m. Art. 1 Abs. 1 GG von Relevanz.[1533] Ein Verstoß gegen die Menschenwürde wäre im Kontext von Patientenverfügungen anzunehmen, wenn der Mensch zu einem Objekt der Intensivmedizin ohne Beachtung seines Willens herabgestuft würde, während die Weiterbehandlung aussichtslos scheint.[1534] Vom Recht auf Selbstbestimmung wird das Recht der Betroffenen geschützt, bei Einwilligungsfähigkeit selbst darüber zu entscheiden, welche Behandlung vorgenommen werden soll, was auch zukünftige Behandlungen umfasst.[1535]

Auf Seiten des ärztliche Fachpersonals ist das Recht auf Gewissensfreiheit, das sich aus Art. 4 Abs. 1 GG ergibt, zu beachten. Dieses wird im Kontext der Untersuchung berührt, wenn das ärztliche Fachpersonal auf Basis einer Vorausverfügung bspw. die weitere Behandlung eines Betroffenen einstellen soll, dies aber nicht mit dem Gewissen vereinbaren kann.[1536]

2. Strafrechtliche Regelungen

Praxisrelevant ist im Rahmen der Demenzfrüherkennung in strafrechtlicher Hinsicht vor allem der Fall, dass Betroffene verfügen, dass sie im Falle einer sehr fortgeschrittenen Demenzerkrankung keine weitere Behandlung wie eine künstliche Ernährung oder Beatmung wünschen.[1537] Ein Handeln entgegen einer solchen Verfügung stellt in der Regel eine invasive ärztliche Maßnahme dar, die nach §§ 223 ff. StGB unter Strafe steht.[1538]

[1532] Vgl. hierzu ausführlich oben ab S. 160.
[1533] Lanzrath, S. 18.
[1534] Hahne, FamRZ 2003, S. 1619, 1621; Hufen, S. 35; Hufen, NJW 2001, S. 849, 851; dazu auch Lanzrath, S. 18.
[1535] Höfling, NJW 2009, S. 2849, 2852; Hufen, NJW 2001, S. 849, 851; Ludyga, FPR 2010, S. 266, 267; Lanzrath, S. 19 m.w.N.; vgl. zum Selbstbestimmungsrecht auch bereits oben ab S. 65 sowie ab S. 236.
[1536] Vgl. dazu oben m.w.N. ab S. 70.
[1537] Zur Häufigkeit dieser Konstellation bspw. bei Magnus, Patientenverfügung und natürlicher Wille, S. 98; *Schneider* in: MüKo StGB, Vorbem. Zu § 211 Rn. 145, 147 m.w.N; vgl. hierzu auch bereits oben ab S. 192.
[1538] Vgl. auch hierzu oben m.w.N. ab S. 192.

a) §§ 223 ff. StGB

§§ 223 ff. StGB schützen vor allem die körperliche Unversehrtheit, die nach Art. 2 Abs. 2 GG gewährleistet wird, aber auch zumindest zum Teil das Selbstbestimmungsrecht der Betroffenen.[1539] Dabei ist nicht bereits bei einem Verstoß gegen §§ 1827 ff. BGB eine Strafbarkeit nach §§ 223 ff. StGB anzunehmen, vielmehr ist der Wille der Betroffenen im Hinblick auf eine etwaige rechtfertigende Einwilligung strafrechtsautonom zu ermitteln, wobei eine Patientenverfügung gewichtige Anhaltspunkte bieten kann.[1540] Auch im Rahmen der Ermittlung des für eine Fahrlässigkeitsstrafbarkeit nötigen Sorgfaltspflichtverstoßes können die Vorschriften der §§ 1827 ff. BGB herangezogen werden.[1541] Teilweise wird es für erforderlich gehalten, einen Ordnungswidrigkeitentatbestand bei einer Handlung entgegen §§ 1827 ff. BGB einzuführen[1542], sodass ein Verstoß gegen das Untermaßverbot durch die bisher nicht erfolgte Kodifikation in Betracht kommt.[1543] §§ 223 ff. StGB sind aber, insbesondere im Hinblick auf den ultima-ratio-Grundsatz[1544] und den gesetzgeberischen Entscheidungsspielraum[1545] aus verfassungsrechtlicher Perspektive als ausreichend einzustufen.

b) Zwischenfazit

§§ 223 ff. StGB, die bei einer Handlung entgegen einer Patientenverfügung in der Regel einschlägig sind, stehen in Bezug auf den Untersuchungsgegenstand in Einklang mit der Verfassung.

3. Zivilrechtliche Regelungen

Bei einem Verstoß gegen den in einer Patientenverfügung nach §§ 1827 ff. BGB niedergelegten Willen der Betroffenen ist eine vertragliche Haftung aus § 280 Abs. 1 BGB wegen eines Verstoßes gegen den Behandlungsvertrag, insbesondere gegen §§ 630a Abs. 2, 630d, 630e BGB, sowie eine deliktische Haftung aus § 823 Abs. 1 BGB sowie aus § 823 Abs. 2 BGB i.V.m. §§ 223, 229 StGB denkbar.[1546] Faktisch liegen diese de lege lata in der hier betrachteten Situation aber kaum vor, was vor allem auf einen mangelnden Schadensposten zurückzuführen ist.[1547]

1539 Vgl. hierzu soeben ab S. 255 m.w.N.
1540 Vgl. auch hierzu ausführlich oben m.w.N. ab S. 199.
1541 So auch Borrmann, S. 264.
1542 Rosenau in: FS-Rissing-van-Saan, S. 547, 563.
1543 Vgl. zum Untermaßverbot bereits oben ab S. 269.
1544 Siehe zum ultima-ratio-Grundsatz oben ab S. 231.
1545 Vgl. zum Entscheidungsspielraum des Gesetzgebers bereits oben ab S. 234.
1546 Baltz, S. 131; Lemmerz, S. 74; Ludyga, NZFam 2017, S. 595, 595; vgl. zu den Rechtsfolgen der Vornahme medizinischer Maßnahmen ohne Einwilligung der Patienten bereits ausführlich oben ab S. 92.
1547 Vgl. dazu ausführlich oben ab S. 191.

a) Vereinbarkeit mit Art. 1 Abs. 1 GG

Problematisch ist für die zivilrechtliche Haftung aus Sicht des Verfassungsrechts mit Blick auf Art. 1 Abs. 1 GG die Bestimmung eines Schadens: Im Rahmen von immateriellen Schäden würde es gegen die nach Art. 1 Abs. 1 GG garantierte Menschenwürde verstoßen, ein menschliches Weiterleben als Schaden in diesem Sinne einzustufen.[1548] Daher wird allenfalls ein materieller Schaden in Form der Kosten, die durch die Weiterbehandlung entstehen, angedacht; hierbei ist wiederum der Schutzzweckzusammenhang problembehaftet, sodass auch dies zumeist abgelehnt wird.[1549]

De lege lata besteht also faktisch kein zivilrechtlicher Schutz bei der Handlung entgegen einer Patientenverfügung. Die Menschenwürde umfasst die Garantie eines Sterbevorgangs unter Bedingungen, die eines Menschen würdig sind.[1550] Ein Verstoß gegen die Menschenwürde ist auch gegeben, wenn der Fortsetzung einer Behandlung kein durch die Menschenwürde legitimierter Zweck innewohnt, sodass der Mensch zum bloßen Objekt intensivmedizinischer Behandlung degradiert würde.[1551] Ein solcher Fall menschenunwürdiger Zwangsbehandlung ist nur in den seltensten Fällen und keinesfalls per se anzunehmen[1552] – die restriktive Auslegung der Menschenwürde ist geboten.[1553]

Dadurch, dass es hierfür faktisch keinen zivilrechtlichen Schadensersatzanspruch gibt, ist noch nicht von einem Verstoß gegen die restriktiv auszulegende Menschenwürde auszugehen. Die Vorschriften der §§ 1827 ff. BGB dienen gerade dazu, einen solchen Fall zu vermeiden, nämlich dazu, dem Willen der Betroffenen zur Beachtung zu verhelfen.[1554] Daher ist davon auszugehen, dass diese, auch unter Berücksichtigung des Entscheidungsspielraumes des Gesetzgebers, mit Art. 1 Abs. 1 GG in Einklang stehen.

b) Vereinbarkeit mit dem Selbstbestimmungsrecht

Das Selbstbestimmungsrecht der Betroffenen wird tangiert, wenn einer Patientenverfügung keine Beachtung geschenkt wird.[1555] Auch dadurch, dass die Wirksamkeit einer Patientenverfügung an bestimmte Anforderungen nach den §§ 1827 ff. BGB geknüpft wird, wird das Recht

---

[1548] Omlor, JuS 2019, S. 577, 579; vgl. zu der Problematik der Schadensbestimmung in diesem Kontext bereits oben ab S. 189.
[1549] Vgl. dazu ausführlich oben m.w.N. ab S. 189.
[1550] BGH NJW 2001, S. 1802, 1803f.; Hahne, FamRZ 2003, S. 1619, 1621; Lanzrath, S. 18 m.w.N.
[1551] Hahne, FamRZ 2003, S. 1619, 1621; Hufen, NJW 2001, S. 849, 851; Lanzrath, S. 18 m.w.N.
[1552] Lanzrath, S. 18.
[1553] Vgl. zur restriktiven Auslegung in diesem Fall bereits oben ab S. 61.
[1554] BT-Drs. 16/8442, S. 12; *Schneider* in: MüKo BGB, § 1827 Rn. 2.
[1555] BGH NJW 1991, S. 2357, 2358; Hufen, NJW 2001, S. 849, 854.

auf Selbstbestimmung eingeschränkt.[1556] Dieses beinhaltet ein subjektives Recht des Einzelnen, lebensverlängernde Maßnahmen abzulehnen.[1557] Das Recht auf Selbstbestimmung ist aber nicht schrankenlos gewährleistet, sondern unter bestimmten Voraussetzungen, insbesondere bei einer Berührung kollidierenden Verfassungsrechts, beschneidbar.[1558]

aa) Kollision mit Art. 4 Abs 1 GG

Als Grundrecht, das mit dem Recht der Betroffenen auf Selbstbestimmung kollidiert, ist die Gewissensfreiheit von Ärzten zu nennen, die durch Art. 4 Abs. 1 GG garantiert wird.[1559] Die innere Einstellung von ärztlichem Personal könnte einer Unterstützung des Sterbevorgangs entgegenstehen. Zudem könnten sie sich trotz der grundsätzlichen Verpflichtung zum Erhalt menschlichen Lebens dazu angehalten sehen, menschliches Leben aufgrund möglicherweise drohender und karriereschädlicher Ersatzforderungen zu beenden.[1560] Aber auch, wenn Betroffene keine weitere Behandlung wünschen und damit die Gewissensfreiheit des ärztlichen Fachpersonals tangiert wird, hat diese gegenüber dem Selbstbestimmungsrecht der Betroffenen zurückzustehen.[1561] Zwar kann das ärztliche Fachpersonal im Einzelfall nicht zu einer nicht erlaubten oder aktiven Maßnahme, die in den Tod der Betroffenen mündet, gezwungen werden; dennoch vermag die Gewissensfreiheit keinen Eingriff in die Grundrechte der Betroffenen zu rechtfertigen.[1562] Die Gewissensfreiheit des ärztlichen Fachpersonals hat hinter der verfassungsmäßigen Ordnung zurückzustehen.[1563] Die Einschränkbarkeit des Selbstbestimmungsrechts der Betroffenen kann sich nicht aus der Gewissensfreiheit des ärztlichen Fachpersonals ergeben.

bb) Kollision mit Art. 2 Abs. 2 GG

Als kollidierendes Verfassungsrecht ist weiterhin das Recht auf Leben und körperliche Unversehrtheit der Betroffenen selbst aus Art. 2 Abs. 2 GG zu nennen.[1564] Dieses Grundrecht ver-

---

[1556] Höfling, GesR 2009, S. 181, 182; Hufen, S. 39 ff.; Hufen, NJW 2001, S. 849, 850; Lanzrath, S. 19.
[1557] BVerwG NJW 1989, S. 2960, 2960; Hufen, NJW 2001, S. 849, 851.
[1558] Höfling, GesR 2009, S. 181, 182f.; Hufen, S. 39; Lanzrath, S. 20; vgl. dazu auch bereits oben m.w.N. ab S. 236.
[1559] Lanzrath, S. 20; vgl. dazu bereits oben m.w.N. ab S. 70.
[1560] Ludyga, NZFam 2017, S. 595, 598.
[1561] BGH NJW 2005, S. 2385, 2385; BGH NJW 2010, S. 2963, 2965; Holzhauer, FamRZ 2006, S. 518, 527; Hufen, S. 46; Hufen, NJW 2001, S. 849, 854; Lanzrath, S. 20 m.w.N.; a.A. bspw. OLG München NJW 2003, S. 1743, 1745; Uhlenbruck, NJW 2003, S. 1710, 1711.
[1562] Hufen, S. 48; Hufen, NJW 2001, S. 849, 853.
[1563] Hufen, NJW 2001, S. 849, 853; es wäre ggf. möglich, dass das ärztliche Fachpersonal den Fall an eine andere Person abgibt, vgl. auch dazu die genannte Quelle.
[1564] Vgl. dazu ausführlich oben ab S. 69 sowie ab S. 237 jeweils m.w.N.

pflichtet den Staat, das Leben und die körperliche Unversehrtheit der Betroffenen vor missbräuchlichen oder fremdbestimmten Einstellungen einer Behandlung zu schützen.[1565] Dabei geht es aber nicht nur um den Schutz des Lebens aus einem biologischen Standpunkt.[1566] Art. 2 Abs. 2 GG umfasst auch den Schutz der körperlichen und psychischen Unversehrtheit vor einem nicht erwünschten ärztlichen Heileingriff.[1567] Daher bedarf nicht die Einstellung, sondern die Vornahme einer medizinischen Behandlung, wie einer künstlichen Ernährung, einer Rechtfertigung.[1568] Konflikte der Rechte aus Art. 2 Abs. 2 GG, wie hier mit dem Selbstbestimmungsrecht der Betroffenen, sind auf verhältnismäßige Weise im Wege der praktischen Konkordanz zu lösen.[1569]

Der Gesetzgeber hat sich hierbei grundsätzlich für das Instrument der Patientenverfügung unter den Voraussetzungen der §§ 1827 ff. BGB entschieden. Es wird das Selbstbestimmungsrecht der Betroffenen dadurch geschützt, dass eine Patientenverfügung möglich ist; gleichzeitig wird das Leben und die körperliche Unversehrtheit dadurch garantiert, dass die Wirksamkeit einer Patientenverfügung an gewisse Voraussetzungen geknüpft wird, um einen Missbrauch zulasten der genannten Grundrechte zu vermeiden.[1570]

cc) §§ 1827 ff. BGB

Die §§ 1827 ff. BGB als einfachgesetzliche Ausgestaltung der Möglichkeit der Patientenverfügung müssten als Einschränkung des Selbstbestimmungsrechts selbst mit der Verfassung in Einklang stehen. Bei dieser Prüfung ist erneut dem Entscheidungsspielraum des Gesetzgebers Rechnung zu tragen.[1571] Dabei ist auf die generelle Gestaltung der Patientenverfügung im Gefüge des zivilrechtlichen Betreuungsrechts einzugehen. In der Diskussion im Hinblick auf die Vereinbarkeit der Regelung der Patientenverfügung nach §§ 1827 ff. BGB mit der Verfassung, insbesondere dem Selbstbestimmungsrecht der Betroffenen, stehen weiterhin die Beschränkung

---

[1565] Höfling, NJW 2009, S. 2849, 2852; Höfling, GesR 2009, S. 181, 183; Hufen, NJW 2001, S. 849, 855; Ludyga, FPR 2010, S. 266, 267; Lanzrath, S. 20, 21.
[1566] Hufen, NJW 2001, S. 849, 852.
[1567] Hufen, NJW 2001, S. 849, 852.
[1568] BVerfG NJW 1979, S. 1925, 1929; BGH NJW 1984, S. 1807, 1809; Hufen, NJW 2001, S. 849, 853.
[1569] Hufen, NJW 2001, S. 849, 855; vgl. dazu bereits oben ab S. 231 m.w.N.
[1570] So allgemein auch BVerfG NJW 1982, S. 1276, 1276; Hufen, NJW 2001, S. 849, 855; zur Wichtigkeit des Grundrechtsschutzes durch entsprechende Verfahrensregelungen auch allgemein Grimm, NVwZ 1985, S. 865 ff.; Hufen, NJW 2001, S. 849, 857.
[1571] Vgl. hierzu allgemein oben ab S. 234.

auf Volljährige[1572], die allgemeinen Voraussetzungen einer verbindlichen Patientenverfügung[1573] sowie die Gebotenheit einer zunächst angedachten, aber dann verworfenen Reichweitenbegrenzung.[1574]

(1) Umsetzungsbedürftigkeit

Es verstößt nicht gegen das Selbstbestimmungsrecht der Betroffenen, dass die Patientenverfügung in den §§ 1827 ff. BGB im Rahmen des Betreuungsrechts als umsetzungsbedürftige Einwilligung ausgestaltet ist.[1575] Vielmehr ist von einer verfassungsmäßigen Konkretisierung des Rechts auf Selbstbestimmung auszugehen, da auch bei unmittelbarer Geltung eine Umsetzung durch eine betreuende Person erforderlich wäre.[1576]

(2) Beschränkung auf Volljährige

Eine Beschränkung auf Volljährige spielt im Kontext der Untersuchung eher eine untergeordnete Rolle – es ist davon auszugehen, dass Untersuchungen zum Zweck der Demenzfrüherkennung an Volljährigen vorgenommen werden. Zudem handelt es sich bei Demenzerkrankungen um Krankheiten, die weit überwiegend in einem höheren Alter auftreten, sodass noch genug Zeit für eine Vorausverfügung auf Basis der Erkenntnisse aus der Untersuchung verbleibt.[1577]

(3) Allgemeine Voraussetzungen nach §§ 1827 ff. BGB

Auch im Hinblick auf die genaue Ausgestaltung der Kodifikation von Patientenverfügungen kommt dem Gesetzgeber ein weiter Einschätzungsspielraum zu, um die kollidierenden Grundrechte in einen angemessenen Ausgleich zu bringen.[1578] Daher stehen die Voraussetzungen, die an eine Verbindlichkeit der Patientenverfügung gestellt werden, ebenfalls im Einklang mit der Verfassung.

[1572] Beermann, FPR 2010, S. 252, 253; Lanzrath, S. 21.

[1573] Lanzrath, S. 21 m.w.N.

[1574] Hufen, S. 25 ff.; siehe dazu auch bei Albrecht/Albrecht, MittBayNot 2009, S. 426, 429; Lanzrath, S. 21 m.w.N.

[1575] Diese Annahme ist durchaus umstritten, vgl. auch dazu oben ab S. 184 m.w.N.

[1576] Hufen, S. 48.

[1577] Vgl. hierzu aus medizinischer Sicht oben ab S. 9 m.w.N.

[1578] Lanzrath, S. 21; vgl. zum Einschätzungsspielraum ausführlich oben ab S. 234.

(4) Gebotenheit einer Reichweitenbegrenzung

Äußerst relevant im Hinblick auf Vorausverfügungen für den später wahrscheinlichen Fall einer Demenzerkrankung ist die angedachte, aber verworfene Reichweitenbegrenzung: Es wurde diskutiert, ob es geboten sei, im Fall einer später auftretenden Einwilligungsunfähigkeit von Betroffenen einen im Rahmen einer Patientenverfügung schriftlich zum Ausdruck gebrachten Willen der Betroffenen unberücksichtigt zu lassen.[1579] Es ist Bestandteil des Selbstbestimmungsrechts, dass Patientenverfügungen grundsätzlich zu beachten sind, unabhängig von der Erkrankung und dem jeweiligen Stadium dieser Krankheit.[1580] Ein Schutz der Betroffenen vor sich selbst würde paternalistische Züge aufweisen und nicht mit dem Leitbild des mündigen Betroffenen, dass dem GG zugrunde liegt, übereinstimmen.[1581] Auch kann der Schutz eines natürlichen Willens hierbei keine Verfassungsmäßigkeit einer Reichweitenbegrenzung begründen – das lässt sich darauf zurückführen, dass die staatliche Schutzpflicht im Hinblick auf Leben und körperliche Unversehrtheit nicht gegenüber den Betroffenen selbst Geltung entfaltet.[1582] Gerade wenn die Betroffenen für eine bestimmte Krankheitssituation, wie für den Fall einer Demenzerkrankung, Entscheidungen getroffen haben, seien diese in besonderem Maße zu berücksichtigen.[1583] Eine Reichweitenbegrenzung wäre verfassungswidrig und daher nicht geboten.[1584]

c) Zwischenfazit

Insgesamt steht die regulatorische Ausgestaltung der Patientenverfügung in §§ 1827 ff. BGB als Einschränkung des Selbstbestimmungsrechts unter Berücksichtigung des gesetzgeberischen Entscheidungsspielraumes mit der Verfassung in Einklang.[1585] Die zivilrechtliche Regelung der Patientenverfügung ist verfassungsgemäß.

4. Zwischenfazit

Im Ganzen ist im Hinblick auf die strafrechtlichen und zivilrechtlichen Regelungen, die im Kontext von Patientenverfügungen relevant werden, in der Situation der Demenzfrüherkennung

[1579] Ausführlich dazu bei Hufen, S. 25 ff. m.w.N.; dies wäre auch bei einer schweren Demenzerkrankung relevant, die in der Regel nicht sofort irreversibel tödlich verläuft und mit dem Verlust der Einwilligungsfähigkeit einhergeht, vgl. Hufen, S. 25.

[1580] Hufen, S. 47, 48.

[1581] Hufen, S. 48.

[1582] Hufen, S. 48.

[1583] Hufen, S. 48.

[1584] Hufen, S. 49.

[1585] So im Ergebnis auch Lanzrath, S. 21.

kein Verstoß gegen die Verfassung festzustellen. Daher sind die Regelungen zur Patientenverfügung aus verfassungsrechtlicher Sicht als angemessen zu bewerten.

II. Forschungsverfügung

Die Ergebnisse von Untersuchungen zum Zweck der Demenzfrüherkennung bieten im Hinblick auf eine später infolge einer Demenzerkrankung eintretenden Einwilligungsunfähigkeit auch die Möglichkeit, Verfügungen in Bezug auf eine spätere Teilnahme an Forschungsvorhaben zu errichten.[1586] Diese Option wird künftig gerade im Hinblick auf die Notwendigkeit einer Forschung an Demenzerkrankten relevant.[1587] Problematisch ist hierbei jedoch die bei fortschreitender Demenzerkrankung eintretende Einwilligungsunfähigkeit der Betroffenen.[1588] Es bestehen grundsätzliche Bedenken in Bezug auf insbesondere nicht-eigennützige Forschung an Einwilligungsunfähigen, die es zu berücksichtigen gilt, da diese primär den Erkenntnisgewinn zum Gegenstand hat und nicht darauf abzielt, den Gesundheitszustand der Testpersonen zu verbessern.[1589]

De lege lata finden sich im Kontext von Forschungsvorhaben Regelungen vor allem im AMG und der VO (EU) 536/2014, die sich auf klinische Prüfungen von Arzneimitteln beziehen.[1590] Im Rahmen einer verfassungsrechtlichen Bewertung der Situation de lege lata werden zunächst die in diesem Kontext relevanten Grundrechte genannt. Anschließend werden die Regelungen des Straf- und Zivilrechts, die im Rahmen von Forschungsverfügungen zur Anwendung kommen, jeweils auf dieser Grundlage aus verfassungsrechtlicher Perspektive beurteilt.

[1586] Beck/Barnikol/Birnbacher/Langenberg/Steinert/Schulenburg/Fangerau, MedR 2016, 753, 756; dazu auch Berghmans, J Med Ethics 1993, 32, 33; siehe zur medizinethischen Debatte zur Forschung an Einwilligungsunfähigen bereits oben ab S. 54.

[1587] Beck/Barnikol/Birnbacher/Langenberg/Steinert/Schulenburg/Fangerau, MedR 2016, 753, 756; zum Bedarf der Forschung an Einwilligungsunfähigen im Bereich der Demenz auch Helmchen/Lauter, S. 2; Reimer, S. 17; zur Forschung an Einwilligungsunfähigen generell: Zahn, Der Einwilligungsunfähige in der Medizin, 2012.

[1588] Siehe hierzu bereits ab S. 10 und S. 14 aus medizinischer Sicht.

[1589] Vgl. dazu oben ab S. 202 m.w.N. sowie Beck/Barnikol/Birnbacher/Langenberg/Steinert/Schulenburg/Fangerau, Prädiktive Medizin – eine rechtliche Perspektive, MedR 2016 S. 735, 756 m.w.N.; Berghmans, J Med Ethics 1998, S. 33; Irmer, S. 29 ff.; Jansen, S. 24; Spranger, MedR 2001, S. 238 ff., Reimer, S. 61 ff.; vgl. zu dieser Problematik aus medizinethischer Sicht bereits oben ab S. 53.

[1590] Vgl. dazu ausführlich oben ab S. 214.

1. Betroffene Grundrechte

In Bezug auf Menschen, die eine Verfügung auf Basis der Ergebnisse der Untersuchung zum Zweck der Demenzfrüherkennung im Hinblick auf eine spätere Teilnahme an Forschungsvorhaben statuieren können, sind die Menschenwürde nach Art. 1 Abs. 1 GG[1591], das Selbstbestimmungsrecht nach Art. 2 Abs. 1 i.V.m. Art. 1 Abs. 1 GG[1592] sowie das Recht auf Leben und körperliche Unversehrtheit aus Art. 2 Abs. 2 GG[1593] relevant.[1594] Insbesondere können Betroffenen in einem fortgeschrittenen Demenzstadium nur schwer die Risiken einer Teilnahme an Forschungsvorhaben beurteilen sowie leicht beeinflusst werden, sodass in dieser Situation ein besonderer Schutz erforderlich ist.[1595] Auf Seiten der Forschenden ist die Wissenschafts- und Forschungsfreiheit aus Art. 5 Abs. 3 S. 1 GG[1596] sowie subsidiär die Berufsfreiheit nach Art. 12 Abs. 1 GG[1597] bedeutsam. Im Hinblick auf die Erforderlichkeit einer Forschung an Demenzkranken könnte eine Versagung ebendieser einen Eingriff in die genannten Grundrechte der Forschenden darstellen, der in dieser Form nicht gerechtfertigt ist.

2. Strafrechtliche Regelungen

a) §§ 96 Nr. 10, Nr. 11, 97 Abs. 1, Abs. 2 AMG

Unter Strafe gestellt sind in § 96 Nr. 10, Nr. 11, Nr. 21b AMG insbesondere Verstöße gegen Vorschriften des AMG und der VO (EU) 536/2014, die für eine klinische Prüfung die Einwilligung nach einer umfassende Aufklärung verlangen. Bei einer fahrlässigen Zuwiderhandlung liegt eine Ordnungswidrigkeit nach § 97 Abs. 1 und Abs. 2 AMG vor. Nach § 40b Abs. 4 S. 3 ff. AMG besteht die Möglichkeit, unter strengen Voraussetzungen eine gruppennützige Prüfung von Arzneimitteln an Einwilligungsunfähigen durchzuführen.[1598]

aa) Vereinbarkeit des § 40b AMG mit Art. 1 Abs. 1, 2 Abs. 2, 5 Abs. 3 S. 1 GG

Die Möglichkeit einer gruppennützigen Forschung[1599] an Einwilligungsunfähigen auf Basis der Regelung in § 40b Abs. 4 AMG i.V.m. der VO (EU) 536/2014 könnte gegen die Grundrechte

[1591] Vgl. dazu oben ab S. 61 sowie ab S. 235.
[1592] Vgl. dazu oben ab S. 65 sowie ab S. 236.
[1593] Vgl. dazu oben ab S. 69 sowie ab S. 237.
[1594] So auch Reimer, S. 142 ff., der von einem Recht auf körperliche Selbstbestimmung spricht.
[1595] *Lipp* in: Laufs/Katzenmeier/Lipp, Arztrecht, XIII. Rn. 89.
[1596] Vgl. dazu oben ab S. 72 sowie ab S. 241.
[1597] Vgl. dazu oben ab S. 73 sowie ab S. 242.
[1598] Vgl. dazu oben ab S. 216.
[1599] Vgl. zur nicht-eigennützigen Forschung und der Abgrenzung gruppennütziger und fremdnütziger Forschung oben ab S. 55 m.w.N.

der Testpersonen, vor allem gegen die Menschenwürde aus Art. 1 Abs. 1 GG, verstoßen. Teilweise wird vertreten, dass die Menschenwürde nach Art. 1 Abs. 1 GG und das Recht auf körperliche Unversehrtheit nach Art. 2 Abs. 2 GG gebieten, dass gruppennützige Forschung ohne Rücksicht auf die Intensität des daraus folgenden Eingriffs generell unter Berücksichtigung des Testpersonenwohls gerechtfertigt sein müsse, um eine Objektivierung der Testperson zu vermeiden.[1600] Daran wird kritisiert, dass dies in Abhängigkeit zum Einzelfall zu überprüfen sei[1601], sodass geringfügige Beeinträchtigungen mit beschränktem Einfluss auf das Wohlbefinden der Testpersonen, die einen Nutzen für die jeweilige Gruppe von Erkrankten aufweisen, nicht von vornherein als unzulässig zu bewerten seien.[1602] Die Menschenwürde sei in diesem Kontext restriktiv zu interpretieren[1603], sodass im Rahmen fremdnütziger Forschung nicht per se von einer Verletzung des Art. 1 Abs. 1 GG ausgegangen werden kann.[1604] So bestünde die Option, wenig invasive gruppennützige Forschung ohne eine Verletzung des Art. 1 Abs. 1 GG durchzuführen.[1605] Dem ist zuzustimmen.

Daher verstößt die Regelung des § 40b AMG i.V.m. der VO (EU) 536/2014 zur Forschungsverfügung unter dem Gesichtspunkt des Art. 1 Abs. 1 GG nicht gegen die Verfassung.[1606] Es wird unter Beachtung des Selbstbestimmungsrechts, des Rechts auf körperliche Unversehrtheit der Betroffenen sowie das Recht auf Forschungsfreiheit eine Regelung getroffen, die, auch unter Berücksichtigung des Entscheidungsspielraumes des Gesetzgebers, mit der Verfassung in Einklang steht.

bb) Vereinbarkeit des § 40b AMG mit Art. 3 Abs. 1 GG

Problematisch könnte im Hinblick auf den allgemeinen Gleichheitssatz nach Art. 3 Abs. 1 GG[1607] jedoch sein, dass § 40b Abs. 4 AMG nur für die Forschung in Bezug auf Arzneimittel gilt. Bei Forschung an Demenzkranken kann aber, gerade im Hinblick auf die Erforschung neuer Biomarker im Rahmen der Früherkennung, auch Forschung auf anderen Gebieten nötig sein. Hierfür ist keine spezielle Regelung vorgesehen, die dies trotz Notwendigkeit unter Beachtung der Rechte der Betroffenen ermöglicht. Eine Übertragung der Vorschriften des AMG

1600 Von Freier, S. 193 ff.
1601 Reimer, S. 129.
1602 Taupitz, JZ 2003, S. 109, 116.
1603 Vgl. dazu allgemein bereits oben ab S. 62.
1604 Taupitz, JZ 2003, S. 109, 117 m.w.N.; vgl. dazu auch Kern, MedR 1998, S. 485, 490; Picker, JZ 2000, S. 693, 703, Reimer, S. 130; kritisch Spranger, MedR 2001, S. 238, 243.
1605 Reimer, S. 130, 137; so auch Art. 17 Abs. 2 der von Deutschland noch nicht ratifizierten Biomedizinkonvention sowie die Deklaration von Helsinki, auch dazu Reimer, S. 130 sowie ausführlich oben ab S. 206.
1606 So im Rahmen allgemeiner Erwägungen zustimmend Reimer, S. 138.
1607 Vgl. hierzu bereits oben ab S. 71 sowie ab S. 239.

erscheint de lege lata auch nicht sinnvoll.[1608] Zu beachten ist dabei, um welche Art von Eingriff in die Rechte der Testpersonen es sich bei den jeweiligen Untersuchungen handelt. Eine Verabreichung nicht vollständig erprobter Arzneimittel ist meist invasiver und damit in Bezug auf Grundrechte eingriffsintensiver als bspw. Gespräche oder eine Blutabnahme.[1609] Daher kann davon ausgegangen werden, dass der Nichtregelung der Forschung in diesem Bereich vernünftige Erwägungen zugrunde liegen, sodass diese gesetzgeberische Entscheidung grundsätzlich von der Einschätzungsprärogative[1610] gedeckt wird und damit keinen Verstoß gegen die Verfassung zu begründen vermag. Zudem ist gerade bei einer Strafbewährung eines solchen Verstoßes der ultima-ratio-Grundsatz zu beachten.[1611]

b) §§ 223 ff. StGB

Neben den Regelungen des AMG i.V.m. der VO (EU) 536/2014 kommen §§ 223 ff. StGB in Betracht. Eine Strafbarkeit nach §§ 223 ff. StGB ist bei einem invasiven Forschungsvorgehen ohne wirksame Einwilligung der Betroffenen recht unproblematisch gegeben.[1612] Hier besteht kein Anlass für die Annahme eines Verfassungsverstoßes, vielmehr ist davon auszugehen, dass hier insbesondere das Recht auf körperliche Unversehrtheit aus Art. 2 Abs. 2 GG in hinreichendem Maße geschützt wird. Im Übrigen stellen sich im Kontext nichtinvasiver Forschungsvorhaben ähnliche Probleme wie im Rahmen der Informationsgewinnung.[1613]

3. Zivilrechtliche Regelungen

Bei der Durchführung eines Forschungsvorhabens gegen oder ohne den Willen einer Testperson kommt eine vertragliche Haftung aus § 280 Abs. 1 BGB wegen eines Verstoßes gegen den Behandlungsvertrag, insbesondere gegen §§ 630a Abs. 2, 630d, 630e BGB, in Betracht, wenn Forschende und das behandelnde ärztliche Fachpersonal personenidentisch sind. Ansonsten besteht die Option einer deliktischen Haftung aus § 823 Abs. 1 BGB sowie aus § 823 Abs. 2 BGB i.V.m. §§ 223, 229 StGB.[1614] Es ist davon auszugehen, dass diese Möglichkeit einen ausreichenden Schutz der genannten Grundrechte aus zivilrechtlicher Sicht bietet, sodass die zivilrechtlichen Regelungen keinen Verstoß gegen die Verfassung begründen.

[1608] Reimer, S. 138.
[1609] In dieser Hinsicht i.E. zustimmend Reimer, S. 138.
[1610] Vgl. zum Entscheidungsspielraum des Gesetzgebers allgemein oben ab S. 234.
[1611] Vgl. dazu grundlegend oben ab S. 231.
[1612] Vgl. zur Strafbarkeit bei einem invasiven Vorgehen entsprechend der Ausführungen ab S. 78.
[1613] Vgl. hierzu oben m.w.N. ab S. 255.
[1614] Baltz, S. 131; Lemmerz, S. 74; Ludyga, NZFam 2017, S. 595, 595; vgl. zu den Rechtsfolgen der Vornahme medizinischer Maßnahmen ohne Einwilligung der Patienten bereits ausführlich oben ab S. 92.

4. Zwischenfazit

Es ist festzuhalten, dass die Regelungen in Bezug auf Forschungsverfügungen und eine Forschung an Einwilligungsunfähigen mit der Verfassung in Einklang stehen.

III. Zwischenfazit

Auch im Hinblick auf die Regelungen zur Patientenverfügung sowie die Regelungen in Bezug auf eine Forschungsverfügung ist unter Berücksichtigung des gesetzgeberischen Entscheidungsspielraumes kein Verstoß gegen die Verfassung festzustellen, sodass diese Regelungen aus verfassungsrechtlicher Sicht als angemessen zu bewerten sind. Dennoch könnte sich Verbesserungsbedarf bzgl. der Regeln aus einer weiteren rechtsinternen und einer rechtsexternen Beurteilung ergeben.[1615]

D. Funktionalität und Praktikabilität

Neben der Verfassungsmäßigkeit von Normen ist bei der rechtsinternen Bewertung in den Blick zu nehmen, ob die Vorschriften funktional und praktikabel sind.[1616] Teilweise ist die Prüfung der Funktionalität und Praktikabilität von Normen Bestandteil der Verfassungsmäßigkeitsprüfung im Rahmen der Verhältnismäßigkeit.[1617] Diese ist aufgrund des dem Gesetzgeber zustehenden Entscheidungsspielraumes im Rahmen der Verfassungsmäßigkeitsprüfung nur begrenzt möglich.[1618] Daher wurden diese Aspekte hier herausgegriffen, um Erwägungen anstellen zu können, die über den gesetzgeberischen Entscheidungsspielraum hinausgehen.

I. Maßstab der Bewertung der Funktionalität und Praktikabilität

1. Funktionalität

Im Hinblick auf den vom Gesetzgeber mit der jeweiligen Norm verfolgten Zweck müssen diese funktional sein.[1619] Dies geht über die verfassungsrechtliche Verhältnismäßigkeitsprüfung dahingehend hinaus, als dass die jeweilige Regelung das dahinter stehende soziale Problem nachhaltig und besser zu lösen vermag als andere politische Mittel.[1620] Auch muss die Regelung der Funktion des Rechts im Allgemeinen und der des jeweiligen Rechtsgebiets entsprechen.[1621]

[1615] Vgl. dazu sogleich ab S. 308 sowie ab S. 331294.
[1616] Vgl. dazu im Hinblick auf Strafgesetze bei Beck, Was ist ein gutes Strafgesetz? S. 52.
[1617] Beck, Was ist ein gutes Strafgesetz? S. 49.
[1618] Ähnlich Beck, Was ist ein gutes Strafgesetz? S. 59; vgl. zum gesetzgeberischen Entscheidungsspielraum oben ab S. 234.
[1619] Beck, Was ist ein gutes Strafgesetz? S. 52.
[1620] Beck, Was ist ein gutes Strafgesetz? S. 52.
[1621] Beck, Was ist ein gutes Strafgesetz? S. 52; Beck, S. 16; Günther, ZStW 1990, S. 269, 279.

a) Funktion des Strafrechts

Im Strafrecht als Teilbereich des öffentlichen Rechts stehen sich, im Gegensatz zum Zivilrecht, das die Rechtsbeziehungen von Privaten kodifiziert, Bürger und Staat gegenüber.[1622] Der Staat soll im Interesse der Gemeinschaft die Grundwerte der Gesellschaft und den Rechtsfrieden sichern.[1623] Die Funktion des Strafrechts ist zwar umstritten, erschöpft sich aber im Wesentlichen im Rechtsgüterschutz.[1624] Unter Rechtsgütern versteht man die ideellen Werte, die hinter den Tatbeständen des Strafgesetzbuchs stehen.[1625] Bspw. enthalten Art. 1 Abs. 1 GG und Art. 2 Abs. 2 S. 2 GG einen Anspruch auf staatlichen Schutz der Menschenwürde, der regelmäßig im Wege einer strafrechtlichen Regulierung erfolgt.[1626] Strafrecht ist ein Bestandteil des Systems sozialer Kontrolle, der von besonderen Strafen und Maßregeln geprägt ist, sodass es dem Grunde nach dazu geeignet ist, gesellschaftliche Probleme einer Lösung zuzuführen.[1627] Jede Regelung des Strafrechts beinhaltet das Verbot einer bestimmten Handlungsweise, wobei unterschiedliche Möglichkeiten der Sanktionierung bei einem Verstoß gegen das Verbot zur Verfügung stehen.[1628] Weiterhin ist das Strafrecht das machtvollste Instrument des Staates und daher nur als ultima ratio, also als äußerstes Mittel, einzusetzen.[1629] Das bedeutet, dass der strafrechtliche Schutz zurücktritt, wenn andere Regelungsmöglichkeiten dazu in der Lage sind, einen ausreichenden Rechtsgüterschutz zu gewährleisten.[1630] Das Strafrecht soll nur besonders sozialschädliche Handlungsweisen (und nicht bloße Moralwidrigkeiten) bekämpfen, also solche, die unerträglich für ein geordnetes Zusammenleben in der Gesellschaft und daher dringend zu vermeiden sind.[1631] Zu beachten ist schließlich zum Verhältnis von Strafrecht und Zivilrecht, dass ein direkter Schutz des Opfers durch das Strafrecht nicht möglich ist, da es durch seinen repressiven Charakter lediglich eine Bestrafung im Anschluss an die schädigende Handlung

[1622] Borrmann, S. 124.
[1623] Borrmann, S. 124 m.w.N.
[1624] Beck, S. 9, 10; Birnbacher, Rechtsethische Grenzen der Strafbarkeit in der Reproduktionsmedizin, S. 81; Günther, ZStW 1990, S. 269, 274, 278.
[1625] Rengier, AT § 3 Rn. 1; ausführlich zum Rechtsgutsbegriff im Strafrecht siehe bspw. Roxin/Greco, AT I § 2, dazu auch Jescheck/Weigend, § 1 III Nr. 1.
[1626] Ipsen, Rn. 238, 260.
[1627] Beck, S. 9; Jescheck/Weigend, § 1 I Nr. 1.Roxin/Greco, AT I § 1 Rn. 2.
[1628] Beck, S. 9.
[1629] Beck, S. 11, 15; Birnbacher, Rechtsethische Grenzen der Strafbarkeit in der Reproduktionsmedizin, S. 81, 82; Rengier, AT § 3 Rn. 5.
[1630] Rengier, AT § 3 Rn. 5.
[1631] BVerfG NJW 1993 S. 1751, 1754; Birnbacher, Rechtsethische Grenzen der Strafbarkeit in der Reproduktionsmedizin, S. 81, 82; Rengier, AT § 3 Rn. 5, 7.

ermöglicht.[1632] Im Gegensatz zum Zivilrecht bezweckt das Strafrecht nicht den Schadensausgleich.[1633]

b) Funktion des Zivilrechts

Im Unterschied zum öffentlichen Recht, regelt das Zivilrecht nicht die Beziehungen der Bürger zum Staat, sondern die Rechtsbeziehungen von Privatpersonen untereinander.[1634] Das Privatrecht lässt sich in einen allgemeinen Bereich, das bürgerliche Recht oder auch Zivilrecht, sowie das Sonderprivatrecht, zu dem bspw. das Arbeitsrecht zählt, aufteilen.[1635] Oft werden Privatrecht und öffentliches Recht vom Gesetzgeber parallel und ergänzend genutzt, um ein Regelungsziel erreichen zu können.[1636] Beim Erlass von Zivilrecht ist der Gesetzgeber an die Grundrechte gebunden, so sind allgemein und insbesondere im Arbeitsrecht bspw. die hinter den Art. 1 und 20 GG stehenden Wertentscheidungen zu berücksichtigen.[1637] Aus dieser staatlichen Schutzpflicht resultiert letztlich die mittelbare Drittwirkung von Grundrechten im Zivilrecht.[1638]

Das BGB bildet die juristische Grundlage für die Lösung von Interessenkonflikten im Rahmen des Zivilrechts.[1639] Das Zivilrecht geht im Grunde von der Rechtsgleichheit und Selbstbestimmung von Privatpersonen aus, zudem werden die Vertrags-, Eigentums- und Testierfreiheit gewährleistet.[1640] Mithilfe des Zivilrechts soll ein Kompromiss zwischen den Interessen gleichberechtigter Privater erreicht werden, es geht um den Ausgleich von privaten Interessen im Wege staatlicher Gesetzgebung.[1641]

2. Praktikabilität

Mit dem Erfordernis der Funktionalität von Normen hängt auch das der Praktikabilität zusammen.[1642] Das bedeutet, dass die Möglichkeit bestehen muss, die jeweilige Norm so zu interpretieren, dass sie gerade auf die relevanten Problemfälle angewendet werden kann sowie dass die

---

[1632] Beck, Krankheitsbegriff im Kontext der Körperverletzungsdelikte, S. 103.
[1633] Beck, Krankheitsbegriff im Kontext der Körperverletzungsdelikte, S. 103.
[1634] Köhler, BGB AT, § 2 Rn. 2,3,4.
[1635] Köhler, BGB AT, § 2 Rn. 8, 9; Rüthers/Stadler, BGB AT, § 1 Rn. 2; *Säcker* in: MüKo BGB, Einl. BGB Rn. 1.
[1636] Köhler, BGB AT, § 2 Rn. 14, 17.
[1637] *Säcker* in: MüKo BGB, Einl. BGB Rn. 63; Taupitz, JZ 1992, S. 1089, 1089.
[1638] *Säcker* in: MüKo BGB, Einl. BGB Rn. 68; zur mittelbaren Drittwirkung von Grundrechten siehe beispielsweise Kloepfer, § 50 Rn. 42 ff.; Michael/Morlok, Rn. 481 ff.; hierzu auch Graf von Vitzthum, Gentechnik und Grundgesetz – Eine Zwischenbilanz, S. 185, 188; sowie Lindner, MedR 2007, S. 286, 291 f.
[1639] *Säcker* in: MüKo BGB, Einl. BGB Rn. 34.
[1640] Köhler, BGB AT, § 3 Rn. 8; Rüthers/Stadler, BGB AT, § 1 Rn. 2.
[1641] *Säcker* in: MüKo BGB, Einl. BGB Rn. 65.
[1642] Beck, Was ist ein gutes Strafgesetz? S. 52.

Anwendung auch aus einer rechtsinternen Perspektive dazu führt, dass eine angemessene Konfliktlösung herbeigeführt wird.[1643]

II. Regelung der Demenzfrüherkennung mittels nichtgenetischer und genetischer Biomarker

1. Sonderrolle genetischer Daten

Untersuchungen mittels nichtgenetischer Biomarker machen, gerade mit Blick auf die zukünftigen Möglichkeiten, einen wesentlich größeren Anteil der Untersuchungen im Rahmen der Demenzfrüherkennung aus.[1644] De lege lata gibt es aber nur für Untersuchungen mittels genetischer Biomarker mit dem GenDG eine Spezialregelung, was auf die gesetzgeberische Annahme der Sonderrolle genetischer Daten zurückzuführen ist.[1645] Dass die Annahme einer Sonderrolle genetischer Daten zumindest aus verfassungsrechtlicher Sicht keine gravierende Fehleinschätzung ist[1646], bedeutet nicht, dass das derzeitige Regelungsmodell auch aus Praktikabilitäts- und Funktionalitätsgesichtspunkten das beste Mittel darstellt, um die Probleme im Kontext der Demenzfrüherkennung einer angemessenen Regelung zuzuführen. Daher soll, bevor die einzelnen Regelungen beleuchtet werden, zunächst die Annahme einer Sonderrolle genetischer Daten einer Bewertung aus Funktionalitäts- und Praktikabilitätsgesichtspunkten unterzogen werden.

a) Funktionalität

Im Hinblick darauf, dass gerade Untersuchungen mittels genetischer Biomarker gesondert im GenDG kodifiziert wurden, bestehen ganz allgemein keine Anhaltspunkte, die auf Probleme der Funktionalität hinweisen. Dies wird im Rahmen der Untersuchung der einzelnen Regelungen ggf. näher zu betrachten sein.

b) Praktikabilität

Dass auf Untersuchungen mittels nichtgenetischer Biomarker, die einen größeren Anteil der Untersuchungen zum Zweck der Demenzfrüherkennung ausmachen, die allgemeinen und wenig spezifischen Regelungen Anwendung finden, kann zu praktischen Problemen führen.[1647]

1643 Beck, Was ist ein gutes Strafgesetz? S. 53.

1644 Damm, GesR 2013, 385, 386; vgl. dazu aus medizinischer Sicht auch bereits oben in Kapitel 1 ab S. 9 im Hinblick auf die unterschiedlichen Demenzarten sowie ab S. 16 zu den verschiedenen Möglichkeiten der Demenzfrüherkennung.

1645 Vgl. dazu aus verfassungsrechtlicher Sicht bereits ausführlich oben ab S. 244 m.w.N.

1646 Vgl. auch hierzu oben m.w.N. ab S. 250.

1647 Vgl. dazu ausführlich bei der Darstellung der Rechtslage de lege lata ab S. 77.

Durch die gesonderte Regelung wird gleichwohl noch keine Aussage darüber getroffen, ob nicht auch im Bereich nichtgenetischer Biomarker ein Regelungsbedarf besteht.[1648] Ein solcher wird diskutiert[1649] und könnte auf Grundlage der weiteren Bewertung der derzeitigen Rechtslage durchaus vorhanden sein. Der Bedarf nach einer spezifischen Kodifikation auch im Hinblick auf nichtgenetische Biomarker kann sich daraus ergeben, dass auch Untersuchungen mittels nichtgenetischer Biomarker Aussagen über eine spätere Erkrankungswahrscheinlichkeit treffen können.[1650] Die Annahme einer Sonderrolle genetischer Daten ist daher im Rahmen der Demenzfrüherkennung aus Praktikabilitätsgesichtspunkten fraglich.

Bei einer Betrachtung der einzelnen Regelungen in den verschiedenen Stadien der Demenzfrüherkennung könnten sich weitere Probleme der Funktionalität und Praktikabilität aus der Annahme einer Sonderrolle genetischer Daten ergeben. Im Folgenden werden die einzelnen Vorschriften näher im Hinblick auf die Praktikabilität und Funktionalität hin untersucht.

2. Informationsgewinnung

a) Strafrechtliche Regelungen

aa) §§ 223 ff. StGB

Eine Strafbarkeit wegen Körperverletzung nach §§ 223 ff. StGB kommt im Rahmen von Untersuchungen zum Zweck der Demenzfrüherkennung nur bei einer gewissen Invasivität in Betracht, wenn diese ohne die erforderliche Einwilligung vorgenommen wird.[1651] Für Untersuchungen auf Basis genetischer Biomarker besteht ohne Rücksicht auf die Invasivität die Möglichkeit einer Strafbarkeit nach § 25 Abs. 1 S. 1 GenDG.[1652] Im Hinblick auf die Gefahren der körperlichen Untersuchung an sich ist dieser Umstand nicht zu beanstanden. Die Risiken für die körperliche Unversehrtheit sind bei der Vornahme der meisten Untersuchungen zum Zweck der Demenzfrüherkennung gering.[1653] Daher ist, insbesondere vor dem Hintergrund des im Strafrecht geltenden ultima ratio Grundsatzes, eine Strafbarkeit bei einer geringen Invasivität auch aus Praktikabilitäts- und Funktionsgesichtspunkten als angemessen zu werten.

[1648] Vgl. dazu oben ab S. 251 m.w.N.
[1649] Dazu allgemein bei Beck/Schicktanz, S. 166; Kiehntopf/Pagel, MedR 2008, S. 344 ff.; speziell im Rahmen des Versicherungswesens Heyers, MedR 2009, S. 507, 508.
[1650] Vgl. dazu ausführlich aus medizinischer Sicht oben ab S. 16.
[1651] Vgl. dazu ausführlich ab S. 78.
[1652] Vgl. dazu ausführlich oben ab S. 134.
[1653] Vgl. dazu aus medizinischer Sicht oben ab S. 16.

Fraglich ist aber weiterhin, ob die Aufklärung, die sich regelmäßig vor allem auf die geringen körperlichen Risiken beziehen wird, die möglichen erheblichen psychischen Folgen der Demenzfrüherkennung in angemessener Weise erfasst.[1654] Die Aufklärung ist im Strafrecht grundsätzlich Voraussetzung einer wirksamen Einwilligung in eine ärztliche Maßnahme, die eine gewisse Invasivität aufweist.[1655] Im Kontext genetischer Untersuchungen wird die Aufklärung in § 9 GenDG als Voraussetzung einer wirksamen Einwilligung nach § 8 GenDG kodifiziert, ein Verstoß ist nach § 25 Abs. 1 Nr. 1 GenDG unabhängig von der Invasivität der Untersuchung unter Strafe gestellt. Für nichtgenetische Marker gibt es aber keine entsprechende Regelung.

Die Annahme einer Sonderrolle genetischer Daten ist dem Grunde nach nachvollziehbar.[1656] Dennoch scheint es aufgrund des Umstandes, dass es für die Betroffenen selbst im Rahmen der Demenzfrüherkennung keinen Unterschied macht, auf welcher Grundlage die Informationen ermittelt werden, angemessen, auch im Rahmen der Untersuchung mittels nichtgenetischer Biomarker erhöhte Anforderungen an die Aufklärung zu stellen.[1657] Damit würde deren Recht auf Selbstbestimmung auch im Kontext der Untersuchungen mittels nichtgenetischer Biomarker einen erhöhten Schutz erfahren, was grundsätzlich der Funktion des Strafrechts entsprechen würde. Die psychischen Folgen werden oft nicht aus der Vornahme der Untersuchung selbst, sondern vor allem aus einer Kenntnis der Ergebnisse resultieren, sodass diese Problematik an dieser Stelle erneut relevant ist.[1658]

bb) §§ 25, 26 GenDG

§ 25 Abs. 1 Nr. 1 GenDG weist an sich keine Probleme im Hinblick auf Praktikabilität und Funktionalität im Rahmen des Untersuchungsgegenstandes auf. § 26 Abs. 1 Nr. 1 GenDG, der einen Ordnungswidrigkeitentatbestand für den Fall enthält, dass eine Untersuchung auf genetische Biomarker nicht von einem Facharzt für Humangenetik nach § 7 Abs. 1 GenDG vorgenommen wird, könnte im Kontext der Praktikabilität problematisch sein. Prädiktive genetische Untersuchungen, zu denen auch Untersuchungen auf genetische Biomarker mit Blick auf eine spätere Demenzerkrankung gehören, dürfen nur von Fachärzten für Humangenetik oder vergleichbar qualifizierten Ärzten vorgenommen werden. In Deutschland

---

1654 Beck/Schicktanz, S. 166, 167.

1655 Vgl. aus strafrechtlicher Sicht m.w.N. ab S. 85.

1656 Dazu aus verfassungsrechtlicher Sicht ausführlich ab S. 247 sowie allgemein im Hinblick auf Funktionalität und Praktikabilität ab S. 294.

1657 So im Ergebnis auch Beck/Schicktanz, S. 174.

1658 Siehe dazu ab S. 300.

gab es 2019 aber lediglich 452 solcher Fachärzte,[1659] wobei von einem weit höheren Bedarf ausgegangen wird. [1660] Dies könnte für eine niedrige Funktionalität und Praktikabilität des Facharzterfordernisses sprechen.

Intendiert ist mit dem Facharztvorbehalt die Sicherstellung der Qualität der genetischen Beratung, um das Selbstbestimmungsrecht der Betroffenen umfassend schützen zu können.[1661] Dies entspricht der Funktion des Strafrechts dahingehend, dass das Rechtsgut der Selbstbestimmungsfreiheit der Betroffenen geschützt wird. Gerade im Hinblick darauf, dass mit Ergebnissen genetischer Untersuchungen ein erhöhtes Informationspotential einhergeht,[1662] erscheint dies auch aus Funktionalitätsgesichtspunkten gerechtfertigt. Ein Problem besteht jedoch darin, dass die Vorschrift nicht für Untersuchungen auf Basis nichtgenetischer Biomarker gilt, die eine fast identische Aussagekraft aufweisen können. Hier mangelt es an einem entsprechenden Schutz der Betroffenen.

Weiterhin ist aus Praktikabilitätsgesichtspunkten auch die Frage nach einer angemessenen Konfliktlösung aus rechtsexterner Sicht einzubeziehen[1663], sodass sich hieraus ebenfalls ein Bedarf an einer entsprechenden Regelung für Untersuchungen mittels nichtgenetischer Biomarker ergeben kann.

b) Zivilrechtliche Regelungen

Hinsichtlich der zivilrechtlichen Regelungen in Bezug auf die Informationsgewinnung bei Untersuchungen zum Zweck der Demenzfrüherkennung bestehen im Kontext von Funktionalität und Praktikabilität keine Bedenken, die über die bereits im Rahmen der strafrechtlichen Betrachtung beleuchteten Problematiken hinausgehen. Insbesondere ist aber auch hier die soeben angesprochene Aufklärungsproblematik[1664] von Relevanz.

c) Zwischenfazit

Die Regelungen zur Informationsgewinnung weisen im Hinblick auf die Aufklärung im Vorfeld der Untersuchung, insbesondere im Kontext der häufiger vorgenommenen Untersuchungen mittels nichtgenetischer Biomarker, aus Funktionalitäts- und Praktikabilitätsgesichtspunkten Probleme auf. Zudem sind die erhöhten Anforderungen an die Qualifikation der Person, die die

[1659] BÄK, Ärztestatistik zum 31. Dezember 2019, S. 23.
[1660] *Kern* in: Kern GenDG § 7 Rn. 6 m.w.N.
[1661] BT-Drs. 16/10532 S. 25.
[1662] Vgl. dazu m.w.N. bereits ausführlich oben ab S. 247.
[1663] Dazu soeben ab S. 294 m.w.N.
[1664] Dazu soeben ab S. S. 296 sowie aus zivilrechtlicher Sicht m.w.N. ab S. 96.

Untersuchung vornimmt und die nur in Bezug auf die seltenere Untersuchung auf genetische Biomarker gelten, zweifelhaft. Hier könnte de lege ferenda Änderungsbedarf bestehen.[1665]

3. Umgang mit den Ergebnissen

a) Strafrechtliche Regelungen

aa) Analyse der Informationen

(1) §§ 83, 84 DSGVO, § 42 Abs. 2 BDSG, §§ 202a ff. StGB

Im Hinblick auf die Analyse der gewonnenen Informationen besteht die Möglichkeit einer Strafbarkeit nach §§ 83, 84 DSGVO sowie § 42 Abs. 2 BDSG, wenn diese gegen ein Entgelt oder mit einer Absicht der Bereicherung erfolgt, zusätzlich gelten die §§ 202a ff. StGB.[1666] Auch in Bezug auf Funktionalität und Praktikabilität bestehen liegen keine Hinweise auf erhebliche Bedenken im Kontext des Untersuchungsgegenstandes vor.

(2) §§ 25 Abs. 1 Nr. 1, 26 Abs. 1 Nr. 1, 1a GenDG

Zusätzlich besteht für Untersuchungen mittels genetischer Biomarker die Möglichkeit einer Strafbarkeit nach § 25 Abs. 1 Nr. 1 GenDG, wenn die Analyse ohne eine entsprechende Einwilligung der Betroffenen vorgenommen wird.[1667] § 26 Abs. 1 Nr. 1, 1a GenDG enthält einen Ordnungswidrigkeitentatbestand, der greift, wenn die Analyse ohne die erforderliche Qualifikation nach § 7 GenDG erfolgt oder genetische Proben entgegen § 13 GenDG verwendet werden.[1668] Hier stellen sich die gleichen Probleme im Hinblick auf Funktionalität und Praktikabilität, die bereits im Rahmen der Informationsgewinnung erläutert wurden, wenn man bedenkt, dass es für die Betroffenen keinen Unterschied machen kann, auf Basis welcher Biomarker die Analyse vorgenommen wird.[1669]

[1665] Vgl. hierzu unten ab S. 342.
[1666] Vgl. dazu ausführlich oben m.w.N. ab S. 106.
[1667] Vgl. dazu oben ab S. 143.
[1668] Vgl. dazu oben ab S. 143 sowie ab S. 144.
[1669] Dazu soeben ab S. 297.

bb) Mitteilung der Ergebnisse

(1) §§ 223 ff., § 203 Abs. 1 Nr. 1 StGB

Für die Betroffenen macht es praktisch keinen Unterschied, auf Grundlage welcher Untersuchungsart sie die Information erhalten, dass sie später mit einer gewissen Wahrscheinlichkeit an einer Demenzform erkranken könnten.[1670] Daher sollte, wie bereits im Rahmen der Untersuchung zur Vorschriften zur Informationsgewinnung angedeutet[1671], aus praktischen Gesichtspunkten ein umfassender Schutz für Mitteilungen von Ergebnissen, die aus Untersuchungen mittels nichtgenetischer Marker stammen, vorhanden sein. De lege lata kommt jedoch eine Strafbarkeit nach §§ 223 ff. StGB nur bei einem körperlichen Niederschlag der psychischen Folgen der Mitteilung der Ergebnisse entgegen des Betroffenenwillens in Betracht.[1672] Gerade die psychischen Folgen, die sich nicht zwingend körperlich niederschlagen, sind an dieser Stelle aber von herausragender Bedeutung.[1673] Auch eine Strafbarkeit nach § 203 Abs. 1 Nr. 1 StGB kommt bei einer unbefugten Mitteilung an die Betroffenen selbst nicht in Betracht, sondern nur bei einer unbefugten Mitteilung gegenüber Dritten.[1674] Dies erfasst die Problematik der unbefugten Mitteilung an die Betroffenen selbst ebenfalls nicht, sodass auch hier psychische Folgen der unbefugten Mitteilung an die Betroffenen selbst nicht geschützt wird. Da gerade mit der Mitteilung von Krankheitsrisiken in Bezug auf nicht heilbare Erkrankungen, wie die hier in den Fokus gerückten primären Demenzarten, erhebliche psychische Risiken eingehen[1675], kann dieser Schutz im Hinblick auf die Funktion des Strafrechts als nicht ausreichend erachtet werden. Hierbei wird die grundlegende Frage, inwieweit psychische Beeinträchtigungen Gegenstand der Körperverletzungsdelikte nach §§ 223 ff. StGB sein können, relevant.[1676] Nach der überwiegenden Ansicht können psychische Beeinträchtigungen ohne körperliche Auswirkungen nicht als Taterfolg des § 223 Abs. 1 StGB gelten. De lege lata wird nach der herrschenden Auffassung nicht berücksichtigt, dass auch psychische Krankheiten ohne physischen Niederschlag dazu geeignet sind, den Gesundheitszustand wesentlich zu beeinträchtigen.[1677] Dies wird insbesondere im Kontext des Untersuchungsgegenstandes deutlich und ist aus Funktions- und

---

[1670] Beck/Schicktanz, S. 174.
[1671] Vgl. dazu soeben ab S. 296.
[1672] Vgl. dazu oben ab S. 113.
[1673] Ähnlich bei Damm, GesR 2013, S. 385, 392.
[1674] Vgl. dazu oben ab S. 114.
[1675] Vgl. dazu aus medizinischer Sicht oben ab S. 7 sowie ab S. 16.
[1676] Diese Debatte wurde bereits oben ab S. 110 ausführlich dargestellt.
[1677] So auch beispielsweise *Eschelbach* in: BeckOK StGB § 223 Rn. 27.

Praktikabilitätsgesichtspunkten äußerst problematisch, auch wenn dies aus verfassungsrechtlicher Sicht aufgrund des Einschätzungsspielraumes noch angemessen scheint.[1678] Eine analoge Anwendung der speziellen Vorschriften des GenDG scheidet aufgrund des Analogieverbotes aus.[1679]

(2) § 25 Abs. 1 Nr. 1 GenDG

Für die Mitteilung von Ergebnissen der Untersuchung zum Zweck der Demenzfrüherkennung entgegen dem Willen der Betroffenen, die auf genetischen Biomarkern basieren, besteht die Möglichkeit einer Strafbarkeit nach § 25 Abs. 1 Nr. 1 GenDG.[1680] Das lässt sich darauf zurückführen, dass die Einwilligung der betreffenden Person nach § 8 Abs. 1 S. 2 GenDG auch die Entscheidung, ob und inwieweit die Ergebnisse der Untersuchung zur Kenntnis genommen werden oder ob diese vernichtet werden sollen, beinhalten muss.[1681] Hier ist das Recht auf Nichtwissen der Betroffenen weitaus umfassender geschützt als nach den allgemeinen Vorschriften. An dieser Stelle erscheint eine Differenzierung zwischen Untersuchungsergebnissen auf Basis genetischer und nichtgenetischer Biomarker nicht gerechtfertigt. Dieser Umstand allein spricht jedoch nicht dafür, dass die Regelung an sich nicht funktional oder praktikabel ist. Vielmehr besteht im Hinblick auf nichtgenetische Biomarker hier de lege ferenda wohl Regelungsbedarf.[1682] Dies wird aus rechtsexterner Perspektive weiter zu untersuchen sein.

cc) Anschließender Umgang mit den Informationen

Zusätzlich zu den Vorschriften, die bei der Analyse der gewonnenen Daten gelten[1683], besteht im Hinblick auf den anschließenden Umgang mit den Ergebnissen ein Recht auf Löschung der Daten aus Art. 17 DSGVO mit § 35 BDSG sowie eine mögliche Strafbarkeit nach § 203 Abs. 1 Nr. 1 StGB, wenn die Informationen nach der Untersuchung unbefugt an Dritte weitergegeben werden.[1684] Für Informationen, die mittels genetischer Biomarker gewonnen wurden, kommt zusätzlich eine Ordnungswidrigkeit nach § 26 Abs. 1 Nr. 1b GenDG in Betracht, wenn die Daten nicht ordnungsgemäß vernichtet werden.[1685] Auch in diesem Bereich

---

[1678] Vgl. dazu oben ab S. 269.
[1679] Vgl. zum strafrechtlichen Analogieverbot oben ab S. 234.
[1680] Vgl. dazu oben ab S. 144.
[1681] *Fenger* in: Spickhoff Medizinrecht, § 8 GenDG Rn. 1; hierzu auch Genenger, NJW 2010, S. 113, 114.
[1682] Vgl. dazu sogleich unten ab S. 342.
[1683] Vgl. dazu soeben ab S. 299 m.w.N.
[1684] Vgl. dazu ausführlich oben ab S. 118.
[1685] Vgl. dazu ausführlich oben ab S. 146.

liegen im Hinblick auf Funktionalität und Praktikabilität keine Hinweise auf erhebliche Bedenken im Kontext der Demenzfrüherkennung vor.

b) Zivilrechtliche Regelung

aa) Analyse der Informationen und anschließender Umgang

Nach Art. 82 Abs. 1 DSGVO kommt ein Schadensersatzanspruch in Betracht, wenn personenbezogene Daten rechtswidrig verarbeitet werden.[1686] Dabei ist bedenklich, dass den mittels nichtgenetischer Biomarker gewonnenen Informationen teilweise kein besonderer Schutz des Art. 9 DSGVO zuteilwird. Nicht erfasst sind von dem besonderen Schutz des Art. 9 DSGVO Untersuchungen zum Zweck der Demenzfrüherkennung, die nicht mittels biologischer Probengewinnung durchgeführt werden.[1687] Dies ist aufgrund der vergleichbaren Aussagekraft der durch diese Untersuchungsmethode gewonnenen Daten im Kontext der Funktionalität und Praktikabilität des Regelungsgefüges im Grunde problembehaftet. Im Gegensatz zum Strafrecht[1688] besteht im Zivilrecht jedoch grundsätzlich die Möglichkeit einer analogen Anwendung einer Vorschrift.[1689] Wenn es um ähnliche Fallkonstellationen geht, kann im Rahmen einer Analogie eine Erstreckung der Regelung auf den Fall erfolgen, wenn dies dem Sinn und Zweck der Norm entspricht.[1690] Sinn und Zweck dieser Regelung ist es, vor einer unbefugten Verarbeitung besonders sensibler Daten, die eine Aussagekraft über den Gesundheitszustand einer Person haben, zu schützen. Daher erscheint im Rahmen von Untersuchungen zum Zweck der Demenzfrüherkennung eine analoge Anwendung auf Daten, die mittels nichtbiologischer Proben gewonnen wurden, angemessen. Unter Beachtung dieser Möglichkeit sind die o.g. Vorschriften auch aus Praktikabilitäts- und Funktionalitätsgesichtspunkten im hier beleuchteten Kontext nicht zu beanstanden.

bb) Mitteilung der Ergebnisse

Für die Mitteilung der Ergebnisse besteht aus zivilrechtlicher Sicht ein umfassender Schutz mit denkbaren Schadensersatzansprüchen aus § 630a BGB i.V.m. § 280 Abs. 1 BGB sowie §§ 823 ff. BGB, wenn den Betroffenen gegen ihren Willen Untersuchungsergebnisse mitgeteilt werden und diese dadurch psychischen Beeinträchtigungen ausgesetzt sind.[1691] Hierbei bestehen auch

---

[1686] Vgl. dazu ausführlich oben ab S. 118.
[1687] Dazu zählen insbesondere nicht-invasive Untersuchungen wie beispielsweise psychologische Kognitionstest wie der MiniMentalState-Test, vgl. dazu oben ab S. 19.
[1688] Vgl. zum strafrechtlichen Analogieverbot oben ab S. 234.
[1689] Allgemein zur Ausfüllung von Gesetzeslücken mittels Analogie bei Köhler, BGB AT, § 4 Rn. 23.
[1690] Köhler, BGB AT, § 4 Rn. 23.
[1691] Vgl. dazu ausführlich oben ab S. 116.

im Kontext von Praktikabilität und Funktionalität keine Hinweise auf durchschlagende Bedenken im Rahmen der Demenzfrüherkennung, sodass diese Vorschriften auch aus diesem Blickwinkel als angemessen zu werten sind.

c) Zwischenfazit

Auch die Regelungen, die den Umgang mit den Ergebnissen betreffen, sind zum Teil aus Funktionalitäts- und Praktikabilitätsgesichtspunkten problematisch. Im Hinblick auf die strafrechtliche Regulierung der Analyse der im Rahmen der Untersuchung gewonnenen Daten stellen sich in Bezug auf die Sonderregelung des GenDG ähnliche Probleme wie die, die bereits im Rahmen der Regulierung der Informationsgewinnung genannt wurden.[1692] Die strafrechtliche Regelung in Bezug auf die unbefugte Mitteilung der Untersuchungsergebnisse ist lückenhaft und daher unter Berücksichtigung von Funktionalität und Praktikabilität fraglich.

Die Regulierung in Bezug auf den anschließenden Umgang mit den Ergebnissen weist im Kontext des Untersuchungsgegenstandes keine Bedenken bzgl. Funktionalität und Praktikabilität auf.

Aus zivilrechtlicher Sicht bestehen keine Bedenken hinsichtlich Praktikabilität und Funktionalität der Regelungen, die bei Untersuchungen zum Zweck der Demenzfrüherkennung zur Anwendung kommen. Eine etwaige Ungleichbehandlung der Daten, die aus Untersuchungen auf nichtgenetische Biomarker stammen, ist hier über eine analoge Anwendung der Vorschriften vermeidbar. Eine solche ist daher anzuraten.

4. Regelungen in Bezug auf Dritte

a) Angehörige

aa) Strafrechtliche Regelungen

(1) §§ 223 ff., § 203 Abs. 1 Nr. 1 StGB

In Bezug auf die Strafbarkeit nach §§ 223 ff. StGB wegen psychischer Beeinträchtigungen der Angehörigen, die mit der Mitteilung der Erkrankungswahrscheinlichkeit eines nahen Angehörigen einhergehen können, kann größtenteils auf die Ausführungen zu §§ 223 ff. StGB im Hinblick auf die Betroffenen selbst verwiesen werden.[1693]

[1692] Vgl. dazu ausführlich oben ab S. 297.
[1693] Vgl. dazu soeben oben ab S. 300.

§ 203 Abs. 1 Nr. 1 StGB kann greifen, wenn eine Mitteilung an Angehörige erfolgt. Ob diese Mitteilung unbefugt ist, hängt jedoch vom Willen der Betroffenen selbst und gerade nicht des Angehörigen ab. Hierbei wird das Recht auf informationelle Selbstbestimmung der Betroffenen selbst und nicht der Angehörigen geschützt. Der Schutz des Rechts auf Nichtwissen der Angehörigen ist hier mithin lediglich mittelbar und unvollständig.[1694] Im Kontext des Schutzzwecks der Norm erscheint dies jedoch berechtigt.

(2) §§ 10 Abs. 3 S. 4, 11 Abs. 3 GenDG

Das GenDG enthält mit §§ 10 Abs. 3 S. 4, 11 Abs. 3 GenDG zwar Sondervorschriften in Bezug auf genetisch verwandte Angehörige der Betroffenen, hieran ist jedoch keine Sanktionsmöglichkeit geknüpft.[1695] Das Recht auf informationelle Selbstbestimmung wird daher höher gewichtet als das Recht auf Nichtwissen der genetisch verwandten Angehörigen, was auch grundsätzlich von der Einschätzungsprärogative des Gesetzgebers gedeckt ist.[1696] Aus Praktikabilitätsgesichtspunkten ergeben sich aus den o.g. Gründen auch keine gravierenden Probleme in diesem Kontext.

bb) Zivilrechtliche Regelungen

Angehörige haben bei der Mitteilung einer Erkrankungswahrscheinlichkeit gegen ihren Willen aus zivilrechtlicher Sicht lediglich die Möglichkeit eines deliktischen Anspruchs aus § 823 BGB. Diese wird faktisch aber kaum einschlägig sein, da psychische Beeinträchtigungen infolge der Kenntniserlangung einer Erkrankungswahrscheinlichkeit Angehöriger zum allgemeinen Lebensrisiko gehören und daher nicht nach § 823 BGB ersatzfähig seien.[1697] Das Recht auf Nichtwissen um die eigene genetische Konstitution wird allerdings geschützt[1698], sodass hier zumindest für genetisch verwandte Angehörige die Möglichkeit eines Schadensersatzanspruchs besteht. Eine solche Ungleichbehandlung im Vergleich zu nicht genetisch verwandten Angehörigen ist sowohl aus verfassungsrechtlicher Perspektive[1699] als auch unter Berücksichtigung von Funktionalität und Praktikabilität mit Blick auf den Untersuchungsgegenstand angemessen.

[1694] Vgl. dazu aus verfassungsrechtlicher Sicht bereits oben ab S. 266.
[1695] Vgl. dazu aus verfassungsrechtlicher Sicht bereits oben ab S. 267.
[1696] Vgl. dazu oben ab S. 267 m.w.N.
[1697] Vgl. hierzu bereits oben aus verfassungsrechtlicher Sicht m.w.N. ab S. 268.
[1698] Vgl. auch hierzu oben m.w.N. ab S. 268.
[1699] Vgl. ab S. 268.

Dies lässt sich zum einen damit begründen, dass in der Regel nur genetische Daten auch Aussagekraft über die Angehörigen selbst haben.[1700] Zum anderen ist die Annahme, dass eine sonstige Mitteilung der Erkrankungswahrscheinlichkeit von Angehörigen in der Tat zum allgemeinen Lebensrisiko gehört, nachvollziehbar. Auch vor dem Hintergrund des ultima ratio Grundsatzes in Bezug auf das Strafrecht erscheint keine Regelung in diesem Bereich erforderlich.

cc) Zwischenfazit

Die Regelungen in Bezug auf Angehörige der Betroffenen weisen ein recht niedriges Schutzniveau auf, was zum Teil angemessen erscheint, insbesondere in Bezug auf die §§ 223 ff. StGB, aber auch problematisch sein kann. Es ist eine weitere Betrachtung aus rechtsexterner Perspektive[1701] nötig, um ggf. einen Regelungsbedarf de lege ferenda zu ermitteln.

b) Versicherungsbereich und Arbeitswesen

aa) Strafrechtliche Regelungen

(1) § 240 Abs. 1 StGB

Aus strafrechtlicher Sicht besteht die Möglichkeit einer Strafbarkeit wegen Nötigung nach § 240 Abs. 1 StGB, wenn den Betroffenen in Aussicht gestellt wird, dass mit ihnen kein Arbeitsvertrag abgeschlossen wird, wenn sie keine Untersuchung zum Zweck der Demenzfrüherkennung vornehmen oder die Ergebnisse einer bereits vorgenommenen Untersuchung nicht offenbaren.[1702] Eine Benachteiligung ohne eine Drohung ist jedoch nach allgemeinen Regelungen de lege lata nicht unter Strafe gestellt. Dies lässt sich auf den im Strafrecht geltenden ultima ratio Grundsatz zurückführen.[1703]

(2) § 25 Abs. 1 Nr. 5 GenDG

Eine reine Benachteiligung ohne Drohelement ist aber im Kontext der Demenzfrüherkennung mittels genetischer Biomarker unter Strafe gestellt, § 25 Abs. 1 Nr. 5 GenDG. Dieser Umstand verstößt aufgrund des dem Gesetzgeber zuzubilligenden Entscheidungsspielraumes zwar nicht gegen die Verfassung,[1704] ist aber im Hinblick

[1700] Dazu m.w.N. oben ab S. 247.
[1701] Dazu sogleich unten ab S. 326.
[1702] Vgl. dazu ausführlich oben ab S. 122 sowie zur verfassungsrechtlichen Bewertung dieses Aspekts ab S. 272.
[1703] Vgl. auch hierzu i.R.d. verfassungsrechtlichen Bewertung m.w.N. ab S. 272.
[1704] Vgl. dazu ausführlich oben m.w.N. ab S. 273.

auf Funktionalität und Praktikabilität des Normgefüges problembehaftet. Da auch nichtgenetische Biomarker vergleichbar verlässliche Informationen im Hinblick auf eine später mit einer gewissen Wahrscheinlichkeit eintretende Demenzerkrankung bieten können, scheint es nicht angemessen, eine Diskriminierung in diesem Kontext lediglich im Falle genetischer Biomarker unter Strafe zu stellen. Das gleiche Diskriminierungspotential bergen auch Untersuchungen zum Zweck der Demenzfrüherkennung auf Basis nichtgenetischer Biomarker. Um die grundsätzlich überwiegenden Rechtsgüter der Betroffenen im Sinne des mit dem Strafrecht bezweckten Rechtsgüterschutzes zu sichern, scheint hier trotz des zu beachtenden ultima ratio Grundsatzes eine entsprechende Strafbarkeit de lege ferenda zweckmäßig.

bb) Zivilrechtliche Regelungen

Aus zivilrechtlicher Sicht ist bei einer Benachteiligung aufgrund der Untersuchungsergebnisse eine Vertragsnichtigkeit im Wege des § 134 BGB denkbar, zudem kommen Schadensersatzansprüche aus §§ 280 Abs. 1, ggf. i.V.m. 311 Abs. 2, 214 Abs. 2 und § 823 BGB sowie ein Folgenbeseitigungsanspruch im Hinblick auf einen Vertragsabschluss aus § 1004 Abs. 1 S. 1, § 823 Abs. 1 BGB in Betracht.[1705] Für Benachteiligungen im Kontext von Untersuchungen mittels genetischer Biomarker bieten §§ 21 Abs. 2 GenDG i.V.m. § 15 Abs. 1 S. 2 AGG eine weitere denkbare Anspruchsgrundlage.[1706]

Gemeinsam haben diese möglichen Ansprüche, dass sie auf einer Verletzung eines Benachteiligungsverbotes basieren können. Problematisch, aber aufgrund des Einschätzungsspielraumes des Gesetzgebers nicht als verfassungswidrig einzustufen[1707], ist daran, dass der künftig wahrscheinliche Gesundheitszustand nicht von den Benachteiligungsverboten umfasst ist. Dies ist lediglich im Rahmen der Sonderregelung des GenDG der Fall. Hier kann eine analoge Anwendung angedacht werden. Die Frage ist dabei jedoch, ob die Regelungslücke im Hinblick auf Gesundheitsdaten auf der Basis von Untersuchungen auf nichtgenetische Biomarker wirklich als planmäßig bezeichnet werden kann – hat sich der Gesetzgeber doch explizit für eine Sonderrolle genetischer Daten entschieden. Dies spricht eher für einen Regelungsbedarf de lege ferenda.

Darüber hinaus ist problematisch, dass nach den allgemeinen Regelungen im Gegensatz zum GenDG hinsichtlich Offenbarungs- und Mitteilungspflichten gegenüber Lebensversicherungen

[1705] Dies gilt jedoch nicht für Arbeitsverträge, vgl. § 15 Abs. 6 AGG; vgl. dazu ausführlich oben ab S. 123 m.w.N.
[1706] Vgl. dazu ausführlich oben m.w.N. ab S. 154.
[1707] Vgl. dazu soeben S. 276.

und Arbeitgebenden nur die allgemeinen datenschutzrechtlichen Vorschriften anwendbar sind, die besondere Anzeigepflichten nach VVG nicht berücksichtigen.[1708] Auch dies spricht für einen Änderungsbedarf de lege ferenda.

cc) Zwischenfazit

Auch die Regelungen, die im Kontext des Versicherungs- und Arbeitslebens anwendbar sind, weisen im Hinblick auf Funktionalität und Praktikabilität im Rahmen der Demenzfrüherkennung Probleme auf. Es ist eine weitere Betrachtung aus rechtsexterner Perspektive nötig[1709], nach der auf einen Regelungsbedarf de lege ferenda eingegangen werden soll.

III. Regelungen zu Vorausverfügungen

1. Patientenverfügung

a) Strafrechtliche Regelungen - §§ 223 ff. StGB

§§ 223 ff. StGB kommen in Betracht, wenn entgegen einer wirksamen Patientenverfügung eines Demenzerkrankten auf Basis der Ergebnisse einer Untersuchung zum Zweck der Demenzfrüherkennung bspw. eine künstliche Ernährung vorgenommen wird.[1710] Da es sich hierbei in aller Regel um eine invasive Vorgehensweise handelt, die oft nicht von einer wirksamen Einwilligung der Betroffenen gedeckt sein wird,[1711] bieten die §§ 223 ff. StGB im Sinne der Funktion von Strafrecht einen ausreichenden Rechtsgüterschutz.

b) Zivilrechtliche Regelungen

Die Patientenverfügung ist in §§ 1827 ff. BGB kodifiziert. Verstöße gegen diese Vorschriften führen im Fall der Lebenserhaltung jedoch in der Regel weder zu vertraglichen, noch zu deliktischen Schadensersatzansprüchen, da das Leben keinen ersatzfähigen Schaden darstellen kann.[1712] Die allgemeine gesetzgeberische Ausgestaltung der Patientenverfügung ist aus verfassungsrechtlicher Perspektive aufgrund des weiten gesetzgeberischen Gestaltungsspielraumes nicht zu beanstanden.[1713] Diesbezüglich wird zum Teil eine privatautonome Modifikation des Behandlungsvertrages in der Art angedacht, dass die Vermeidung etwaiger Zusatzkosten

---

[1708] Schmitz-Luhn/Jessen/Woopen, Deutsches Ärzteblatt 2019 S. 1592, 1596.
[1709] Vgl. dazu sogleich ab S. 328.
[1710] Vgl. hierzu ausführlich oben m.w.N. ab S. 192.
[1711] Vgl. zur Bedeutung einer wirksamen Patientenverfügung im Strafrecht bereits ausführlich oben ab S. 194 m.w.N.
[1712] Vgl. dazu aus verfassungsrechtlicher Sicht bereits ausführlich oben m.w.N. ab S. 280.
[1713] Vgl. auch hierzu ausführlich oben m.w.N. ab S. 284.

durch lebensverlängernde Maßnahmen als ersatzfähiger Schaden festgelegt wird.[1714] Darüber hinaus ist das Regelungsgefüge aus Funktionalitäts- und Praktikabilitätsgesichtspunkten zu untersuchen.

aa) Verankerung im Zivilrecht

Dass die Patientenverfügung grundsätzlich im Zivilrecht verankert ist, ist zunächst im Hinblick darauf, dass es effektiver ist, den Rahmen für eine Patientenverfügung vor der Entscheidung über eine Behandlung zu schaffen als einen Verstoß im Nachgang zu bestrafen, aus Funktionalitäts- und Praktikabilitätsgesichtspunkten angemessen.[1715]

bb) Kein Aufklärungserfordernis

Ein Wertungswiderspruch der Regelung aus §§ 1827 ff. BGB zu den allgemeinen Anforderungen an eine wirksame Einwilligung in eine ärztliche Maßnahme könnte darin bestehen, dass vor der Statuierung von Patientenverfügungen gerade keine ärztliche Aufklärung erforderlich ist, wie es sonst für die Einwilligung in medizinische Maßnahmen von Nöten ist.[1716] Ein Aufklärungserfordernis wurde zwar angedacht, aber letztlich nicht in die Gesetzesfassung übernommen.[1717] Dies wird damit begründet, dass sich Betroffenen in der Regel vor dem Abfassen der Verfügung zumindest im Groben über mögliche Behandlungsmaßnahmen informieren und so bereits Kenntnisse im Hinblick auf den Inhalt der Verfügung haben.[1718] Auch bedarf eine aktuelle Verweigerung der Einwilligung in ärztliche Maßnahmen keiner Aufklärung, auf diese könne nach § 630d Abs. 2 BGB verzichtet werden.[1719] Werden in der Verfügung auf Basis der Untersuchung zum Zweck der Demenzfrüherkennung ärztliche Maßnahmen abgelehnt, ist dies ohne vorherige Aufklärung wirksam,[1720] da in einer solchen Verfügung ein konkludenter Verzicht auf die Aufklärung gesehen wird.[1721]

Zudem wäre auch problematisch, über was im Detail aufgeklärt werden solle, da nicht genau ersichtlich sei, welche Maßnahmen in Zukunft überhaupt vonnöten sein könnten.[1722] Weiterhin sei den Betroffenen auch der Kern der Vorausverfügung, nämlich die Einwilligung oder die

---

[1714] Omlor, JuS 2019, S. 577, 579.
[1715] Lanzrath, S. 22; so auch bereits Verrel, MedR 1999, S. 547, 550.
[1716] Vgl. hierzu ausführlich oben ab S. 163 m.w.N.
[1717] BT-Drs. 16/11360, S. 2, 4; dazu u.a. bei Coeppicus, ZRP 2003, S. 175, 177, Wietfeld, S. 269.
[1718] Eisenbart, S. 139; Wietfeld, S. 271 m.w.N.
[1719] Sternberg-Lieben in: FS-Eser, S. 1194; dazu auch *Götz* in: Grüneberg BGB § 1827 Rn. 7; vgl. hierzu bereits oben ab S. 96.
[1720] BT-Drs. 17/10488 S. 24; *Götz* in: Grüneberg BGB § 1827 Rn. 7; Olzen, JR 2009, S. 354, 357; so auch Wietfeld, S. 277.
[1721] *Schneider* in: MüKo StGB, Vorbem. zu § 211 Rn. 143.
[1722] Wietfeld, S. 271 m.w.N.

Versagung ebendieser in zukünftige, noch unbestimmte Maßnahmen, bewusst, sodass dieser die Unsicherheiten seiner Entscheidung bewusst in Kauf nehme.[1723] Schließlich wird angeführt, dass erhöhte Anforderungen an die Aufklärung dazu führen könnten, dass die Ausübung des Selbstbestimmungsrechts von geforderten Detailinformationen im Einzelfall tangiert werden könne.[1724]

Praktisch wird vor dem Hintergrund einer später wahrscheinlichen Demenzerkrankung eine Verfügung, in der eine konkrete medizinische Behandlung statt des Unterlassens einer Behandlung gefordert wird, eher selten der Fall sein.[1725] Auch findet gem. § 1828 BGB ein Gespräch zur Feststellung des Patientenwillens statt, das Patientenschutz bietet.[1726] Zu beachten ist aber, dass aufgrund der hohen Komplexität der Thematik ein Risiko gewichtiger Kompetenzdefizite bestehe, was ein Hindernis für die Ausübung des Selbstbestimmungsrechts darstellt.[1727] Daher sollte de lege ferenda in Betracht gezogen werden, auch für Patientenverfügungen, die eine Behandlung ablehnen, eine vorherige Aufklärung zu verlangen – nicht, um das Selbstbestimmungsrecht zu beschneiden, sondern eine vollkommene Ausübung vielmehr zu ermöglichen.[1728]

cc) Validität und Persönlichkeitsveränderungen infolge fortschreitender Demenzerkrankung

Die Regelungen der §§ 1827 ff. BGB weisen im Einzelnen im Kontext von Verfügungen auf Basis von Ergebnissen der Untersuchungen zum Zweck der Demenzfrüherkennung Probleme auf. Patientenverfügungen bieten zwar für die Behandlung im späteren Krankheitsstadium die Möglichkeit der Vorausverfügung, jedoch kann es, wenn die Verfügung älter oder nicht spezifisch genug ist oder wenn der Betroffene sich nicht hinreichend mit der möglichen Krankheit auseinandergesetzt hat, zu Problemen kommen.[1729]

Es wurde sich zwar auf Basis der Ergebnisse der Untersuchung zum Zweck der Demenzfrüherkennung regelmäßig vorher mit der Wahrscheinlichkeit des Eintritts einer Erkrankung auseinandergesetzt, was für eine erhöhte Validität der Verfügung sprechen könnte.[1730] Es besteht

[1723] Wietfeld, S. 271 m.w.N.
[1724] Wietfeld, S. 271 m.w.N.
[1725] Olzen, JR 2009, S. 354, 357.
[1726] Vgl. dazu ausführlich oben ab S. 164 m.w.N.
[1727] Lemmerz, S. 88; Wietfeld, S. 278.
[1728] So überzeugend auch Lemmerz, S. 89 m.w.N.
[1729] Beck/Schicktanz, S. 181.
[1730] Beck/Schicktanz, S. 181.

aber gleichzeitig das Risiko, sich in das Stadium des späteren Krankheitseintritts nicht in ausreichendem Maße hineinversetzen zu können.[1731] Das ist gerade im Hinblick auf die Persönlichkeitsveränderung, die mit einer Demenzerkrankung einhergeht, problematisch.[1732] Bei einer solchen hält das geltende Recht momentan nur die Möglichkeit bereit, der Patientenverfügung in der Regel zu folgen und nur in Ausnahmefällen von dieser abzuweichen.[1733] Gerade im Hinblick auf die Probleme im Kontext mit Demenzerkrankten scheint dies keine angemessene Lösung zu sein. Dies spricht für einen Änderungsbedarf de lege ferenda. Eine Lösungsmöglichkeit könnte bspw. in der Einführung eines sogenannten Advance Care Planning[1734] bestehen, was im Rahmen des neunten Kapitels näher beleuchtet werden soll.

c) Zwischenfazit

Die momentane zivilrechtliche Ausgestaltung der Patientenverfügung in §§ 1827 ff. BGB weist im Kontext des Untersuchungsgegenstandes im Hinblick auf Funktionalität und Praktikabilität zahlreiche Schwierigkeiten auf. Dies wird auch aus rechtsexterner Perspektive noch weiter zu untersuchen sein,[1735] um de lege ferenda im neunten Kapitel Verbesserungsvorschläge erarbeiten zu können.

2. Forschungsverfügung

a) Strafrechtliche Regelung

aa) §§ 96 Nr. 10, Nr. 11, Nr. 21b, 97 Abs. 1, Abs. 2 AMG

Strafbar sind nach § 96 Nr. 10, Nr. 11, Nr. 21b AMG insbesondere Verstöße gegen Vorschriften des AMG und der VO (EU) 536/2014, die für eine klinische Prüfung die Einwilligung nach einer umfassende Aufklärung verlangen. Hinsichtlich einer fahrlässigen Zuwiderhandlung kann eine Ordnungswidrigkeit nach § 97 Abs. 1 und Abs. 2 AMG gegeben sein. § 40b Abs. 4 S. 3 ff. AMG sieht die Möglichkeit vor, unter strengen Voraussetzungen eine gruppennützige Prüfung von Arzneimitteln an Einwilligungsunfähigen durchzuführen.[1736]

[1731] Beck/Schicktanz, S. 181.
[1732] Beck/Schicktanz, S. 181.
[1733] Beck/Schicktanz, S. 182.
[1734] Beck/Schicktanz, S. 182; einen Ansatzpunkt im Gesetz könnte dafür § 630e Abs. 5 BGB bieten.
[1735] Vgl. dazu sogleich ab S. 331.
[1736] Vgl. dazu oben ab S. 216.

(1) Verortung im AMG

Problematisch ist an der Regelung des § 40b Abs. 4 S. 3 AMG, dass die Möglichkeit der Forschungsverfügung lediglich im Rahmen der klinischen Arzneimittelprüfung und nicht auch in anderen Bereichen eröffnet wird. Eine analoge Anwendung bietet sich hier nicht an, schon gar keine analoge Anwendung der Strafvorschriften.[1737] Aus verfassungsrechtlicher Perspektive wird dies mit der erhöhten Invasivität von Arzneimittelprüfungen sowie der Beachtung des ultima ratio Grundsatzes begründet, sodass die Entscheidung, die Forschungsverfügung lediglich in diesem Rahmen zu ermöglichen, vom gesetzgeberischen Entscheidungsspielraum gedeckt ist.[1738] Im Rahmen der Demenzfrüherkennung und der Erforschung neuer Biomarker kommen jedoch auch und gerade solche Forschungsvorhaben in Betracht, die nicht auf der Verabreichung chemischer Substanzen basieren. Trotz der wohl meist geringen Invasivität der Vorhaben könnte eine Ausweitung der geplanten Regelung einer Forschungsverfügung mit Blick auf den Forschungsbedarf, die Wahrung des Selbstbestimmungsrechts und die Verringerung von Unsicherheiten von Vorteil sein.

(2) Anlehnung der Regelung an §§ 1827 ff. BGB

Problembehaftet ist weiterhin die allgemeine Anlehnung der Regelung der Forschungsverfügung an die Patientenverfügung, die schließlich auch in einem Verweis auf § 1827 Abs. 1, 4 und 5 BGB in § 40b Abs. 4 S. 6 AMG Niederschlag im Gesetz gefunden hat.[1739] Vom Gesetzgeber wird mit Einführung dieser Regelung ein Schutz des Selbstbestimmungsrechts der Betroffenen bezweckt.[1740] Zu dieser Zielsetzung passt allerdings schon der Verweis auf die eine Risikominimierung intendierende Vorschrift des Art. 31 Abs. 1 lit. g) ii) der VO (EU) Nr. 536/2014 aus § 40b Abs. 4 S. 3 AMG nicht, da eine eigenverantwortliche Entscheidung der Betroffenen eines solchen Schutzes gar nicht mehr bedürfe.[1741]

Problematisch ist weiterhin, dass der Forschungsverfügung nach dem Willen des Gesetzgebers eine schwächere Legitimationswirkung zukommt.[1742] Dies ist darauf zurückzuführen, dass die Verfügung nach § 40b Abs. 4 S. 3 AMG ausweislich des gesetzgeberischen Willens lediglich

---

[1737] So auch Reimer, S. 138; vgl. zum Analogieverbot im Strafrecht ab S. 234.
[1738] Dazu oben m.w.N. ab S. 289.
[1739] Vgl. dazu im Einzelnen oben m.w.N. ab S. 216.
[1740] BT-Drs. 18/8034, S. 46.
[1741] Duttge, Die fremdnützige Forschung an Nichteinwilligungsfähigen, S. 235; der Autor geht hier auch auf weitere Wertungswidersprüche zur allgemeinen Systematik der Regelung von Forschung ein.
[1742] Duttge, Die fremdnützige Forschung an Nichteinwilligungsfähigen, S. 236

eine Grundlage für die erst im Anschluss auf Basis einer umfassenden Aufklärung erfolgende Einwilligung einer betreuenden Person in ein konkretes Forschungsvorhaben bildet.[1743] Dies bedeutet einen Bruch zur Regelungskonzeption der Patientenverfügung dahingehend, dass die Patientenverfügung bereits eine eigenständige, wenn auch umsetzungsbedürftige[1744], Einwilligung der Betroffenen darstellt.[1745] Hier kommt der Forschungsverfügung aber lediglich eine Art Entwurfscharakter zu, sodass bei der Regelung die Patientenautonomie in den Hintergrund rückt.[1746]

bb) §§ 223 ff. StGB

Die allgemeinen Vorschriften der §§ 223 ff. StGB weisen im Hinblick auf invasive Forschungsvorhaben keine Probleme im Rahmen von Funktionalität und Praktikabilität auf. Bei nichtinvasiven Forschungsvorhaben stellen sich hier ähnliche Probleme wie im Kontext der Informationsgewinnung. Zudem kann sich im Rahmen der möglichen Fahrlässigkeitsstrafbarkeit § 229 StGB die erforderliche Sorgfaltspflichtverletzung als problematisch erweisen. Diese könnten über die Sorgfaltspflichten, die beim ärztlichen Heileingriff zu beachten sind, aufgrund der besonderen Situation der Forschung hinausgehen bzw. spezifisch sein.[1747]

b) Zivilrechtliche Regelung

In zivilrechtlicher Hinsicht besteht bei der Vornahme von Forschungsvorhaben gegen oder ohne den Willen der Testpersonen die Möglichkeit eines Schadensersatzanspruchs aus § 280 Abs. 1 BGB oder aus §§ 823 Abs. 1, 823 Abs. 2 i.V.m. §§ 223 ff. StGB. Dies ist im Hinblick auf Funktionalität und Praktikabilität nicht zu beanstanden.

c) Zwischenfazit

Auch die derzeit nur kaum mögliche Forschungsverfügung auf Basis der Ergebnisse der Untersuchung zum Zweck der Demenzfrüherkennung weist im Hinblick auf Funktionalität und Praktikabilität Probleme auf. Das zentrale Problem besteht vor allem darin, dass diese Möglichkeit von gesetzgeberischer Seite kaum eingeräumt wird. Weiterhin weist auch die Regelung des § 40b Abs. 4 S. 3 AMG Probleme im Hinblick auf Funktionalität und Praktikabilität auf. Ob die

---

[1743] BT-Drs. 18/8034, S. 46; dazu auch Duttge, Die fremdnützige Forschung an Nichteinwilligungsfähigen, S. 236f.

[1744] Zur Umsetzungsbedürftigkeit der Patientenverfügung m.w.N. ausführlich oben ab S. 184.

[1745] Vgl. dazu auch bei Duttge, Die fremdnützige Forschung an Nichteinwilligungsfähigen, S. 237.

[1746] Duttge, Die fremdnützige Forschung an Nichteinwilligungsfähigen, S. 237.

[1747] Vgl. hierzu ausführlich bei Loose, S. 48 ff.

Forschungsverfügung umfassender ermöglicht werden sollte, soll im neunten Kapitel der Untersuchung nach einer Bewertung aus rechtsexterner Perspektive im achten Kapitel erörtert werden.

E. Zusammenfassung und Zwischenfazit

Im Kontext von Untersuchungen zum Zweck der Demenzfrüherkennung und von Vorausverfügungen auf Basis der Untersuchungsergebnisse werden eine Vielzahl von Grundrechten verschiedener Betroffener berührt. Diese sollten durch die Regelung der Demenzfrüherkennung in einen optimalen Ausgleich im Sinne der praktischen Konkordanz gebracht werden. Es ist zwingend der bereits oben angesprochenen Einschätzungsprärogative des Gesetzgebers Rechnung zu tragen.

Insgesamt lässt sich bei den Regelungen de lege lata, trotz bestehender Konflikte, kein Verstoß gegen die Verfassung feststellen. Das liegt vor allem daran, dass die grundsätzliche Entscheidung des Gesetzgebers, genetische und nichtgenetische Biomarker unterschiedlich zu behandeln, nicht gegen Art. 3 Abs. 1 GG verstößt. Auch bei den Regelungen im Hinblick auf bestimmte Fallkonstellationen lässt sich kein Verstoß gegen die Verfassung feststellen. Die Regelungen, die die Demenzfrüherkennung betreffen, stehen in Einklang mit der Verfassung und sind aus dieser Sicht als verfassungsgemäß zu bewerten. Auch bei den geltenden Regelungen zur Patientenverfügung sowie die geplanten Regelungen in Bezug auf eine Forschungsverfügung ist unter Berücksichtigung des gesetzgeberischen Entscheidungsspielraumes kein Verstoß gegen die Verfassung festzustellen.

Etwas anderes ergibt sich jedoch zum Teil aus einer weiteren, insbesondere über den Entscheidungsspielraum des Gesetzgebers hinausgehenden, Bewertung der Regelungen im Hinblick auf Funktionalität und Praktikabilität. Im Einzelnen ergibt sich eine Vielzahl von Problemen, die de lege ferenda durchaus verbessert werden könnten. So werfen etwa die Regelungen zur Informationsgewinnung im Hinblick auf die Aufklärung im Vorfeld der Untersuchung, insbesondere im Kontext der häufiger vorgenommenen Untersuchungen mittels nichtgenetischer Biomarker, aus Funktionalitäts- und Praktikabilitätsgesichtspunkten Fragen auf. Zudem sind die erhöhten Anforderungen an die Qualifikation der Person, die die Untersuchung vornimmt und die gerade nur in Bezug auf die seltenere Untersuchung auf genetische Biomarker gelten, zweifelhaft. Auch die strafrechtliche Regulierung der Analyse der im Rahmen der Untersuchung gewonnenen Daten weist in Bezug auf die Sonderregelung des GenDG ähnliche Probleme auf.[1748] Die strafrechtliche Regelung in Bezug auf die unbefugte Mitteilung der Untersuchungsergebnisse ist lückenhaft. Die Regulierung in Bezug auf den anschließenden Umgang mit den Ergebnissen weist im Kontext des Untersuchungsgegenstandes keine Bedenken bzgl. Funktionalität und Praktikabilität auf. Im Hinblick auf diese Problematiken soll eine weitere rechtsexterne Betrachtung erfolgen, sodass auf der Basis der Bewertung insgesamt de lege ferenda Lösungsvorschläge erarbeitet werden können. Aus zivilrechtlicher Sicht bestehen keine Bedenken hinsichtlich Praktikabilität und Funktionalität der Regelungen, die bei Untersuchungen zum Zweck der Demenzfrüherkennung zur Anwendung kommen. Eine etwaige Ungleichbehandlung der Daten, die aus Untersuchungen auf nichtgenetische Biomarker stammen, ist hier grundsätzlich über eine analoge Anwendung der Vorschriften vermeidbar und erforderlich.

Die Regelungen in Bezug auf Angehörige der Betroffenen weisen ein recht niedriges Schutzniveau auf, was zum Teil angemessen erscheint, insbesondere in Bezug auf die §§ 223 ff. StGB, aber auch problematisch sein kann. Es ist eine weitere Betrachtung aus rechtsexterner Perspektive[1749] nötig, um ggf. einen Regelungsbedarf de lege ferenda zu ermitteln. Auch die Regelungen, die im Kontext des Versicherungs- und Arbeitslebens anwendbar sind, weisen im Hinblick auf Funktionalität und Praktikabilität im Rahmen der Demenzfrüherkennung Schwierigkeiten auf. Es ist auch hierzu eine weitere Betrachtung aus rechtexterner Perspektive nötig[1750], nach der auf einen Regelungsbedarf eingegangen werden soll.

Die momentane zivilrechtliche Ausgestaltung der Patientenverfügung in §§ 1827 ff. BGB weist im Kontext des Untersuchungsgegenstandes im Hinblick auf Funktionalität und Praktikabilität zahlreiche Schwierigkeiten auf. Dies wird auch aus rechtsexterner Perspektive noch weiter zu untersuchen sein,[1751] um de lege ferenda im neunten Kapitel Verbesserungsvorschläge erarbeiten zu können. Auch die derzeit nur kaum bestehende Möglichkeit einer Forschungsverfügung auf Basis der Ergebnisse der Untersuchung zum Zweck der Demenzfrüherkennung ist im Hinblick auf Funktionalität und Praktikabilität problembehaftet. Das zentrale Problem besteht vor allem darin, dass diese Möglichkeit von gesetzgeberischer Seite kaum eingeräumt wird. Ob die Forschungsverfügung umfassender ermöglicht werden sollte, wird später erörtert.

[1748] Vgl. dazu ausführlich oben ab S. 297.
[1749] Dazu sogleich unten ab S. 326.
[1750] Vgl. dazu sogleich ab S. 328.
[1751] Vgl. dazu ab S. 331.

Kapitel 8: Rechtsexterne Bewertung der Regelungen de lege lata

A. Maßstab der rechtsexternen Bewertung

Ergänzend zu der rechtsinternen Bewertung können Gesetze auch aus einer externen Perspektive bewertet werden.[1752] Dabei wird untersucht, ob das Gesetz einen angemessenen Ausgleich aller berührter Interessen bewirkt, soziale Konflikte zu lösen vermag und für die Allgemeinheit somit eher vorteils- als nachteilsbehaftet ist.[1753] Es ist ein Rückgriff auf verschiedene Disziplinen denkbar, insbes. auf Ethik und Politik.[1754] Die rechtsexterne Sicht ermöglicht eine inhaltlich über die Verfassungsmäßigkeit hinausgehende Untersuchung von Normen, allerdings ist als Ergebnis keine Nichtigkeit denkbar.[1755] Die Bewertung ist nicht durch den gesetzgeberischen Entscheidungsspielraum begrenzt, vielmehr ist eine vollumfängliche Prüfung möglich.[1756] Gesetze sind danach zu beurteilen, ob ihr Regelungsgehalt die Lösung darstellt, die als am zweckmäßigsten, vernünftigsten oder gerechtesten qualifiziert werden kann.[1757] Es sind keine starren Kriterien wie bspw. die Vereinbarkeit mit den Grundrechten vorhanden.[1758]

Im Kontext der Demenzfrüherkennung ist aufgrund der zahlreichen Fragestellungen, die sich aus medizinethischer Sicht ergeben, eine rechtsexterne Bewertung unter Berücksichtigung der dort aufgezeigten Debatten geboten.[1759] Auch wenn kein feststehender Maßstab hinsichtlich der rechtsexternen Bewertung besteht, ist eine Ausrichtung an dem im Grundgesetz zum Ausdruck kommenden derzeitigen gesellschaftlichen Wertesystem möglich.[1760]

Auf Grundlage der nach dem Grundgesetz zu schützenden Interessen, die als gesellschaftlicher Konsens betrachtet werden können, werden die Regelungen in den verschiedenen Bereichen der Demenzfrüherkennung im Folgenden unter Berücksichtigung der medizinethischen Debatte aus rechtsexterner Perspektive bewertet. Zu beachten ist, dass es sich dadurch, dass hier keine starren Kriterien angelegt werden können, stets um eine gewissermaßen subjektive Betrachtung der Problembereiche handeln kann.

[1752] Beck, Was ist ein gutes Strafgesetz? S. 53.
[1753] Beck, Was ist ein gutes Strafgesetz? S. 53.
[1754] Beck, Was ist ein gutes Strafgesetz? S. 53.
[1755] Beck, S. 262.
[1756] Beck, S. 261.
[1757] BVerfG NJW 1990, S. 37, 38; Beck, S. 261.
[1758] Beck, S. 262.
[1759] Vgl. ausführlich zum aktuellen Stand der medizinethischen Debatte rund um die Demenzfrüherkennung in Kapitel zwei ab S. 23.
[1760] Beck, S. 262.

© Der/die Autor(en), exklusiv lizenziert an
Springer Fachmedien Wiesbaden GmbH, ein Teil von Springer Nature 2026
S. Kahre-Krüger, *Die Demenzfrüherkennung mittels genetischer & nicht-genetischer Biomarker*, https://doi.org/10.1007/978-3-658-50890-6_9

B. Regelung der Demenzfrüherkennung

Zunächst werden die Regelungen, die die Demenzfrüherkennung mittels genetischer und nichtgenetischer Biomarker erfassen, aus rechtsexterner Sicht bewertet. Hierbei wird zuerst die grundlegende Annahme einer Sonderrolle genetischer Daten beleuchtet. Im Anschluss werden die einzelnen Regelungsbereiche, namentlich die Informationsgewinnung, der Umgang mit den Ergebnissen sowie die Normen mit Drittbezug, einer Bewertung unterzogen.

I. Sonderrolle genetischer Daten

Die gesetzgeberische Annahme einer Sonderrolle genetischer Daten ist zwar grds. verfassungsgemäß[1761], stellt sich aber im Rahmen einer weiteren rechtsinternen Bewertung im Hinblick auf Funktionalität und Praktikabilität als problembehaftet dar.[1762] Viele Probleme, die im Rahmen der Demenzfrüherkennung mittels genetischer Biomarker auftreten, sind mit denen vergleichbar, die mit der Früherkennung mittels nichtgenetischer Biomarker korrelieren.[1763] Bspw. die Diskussion um das Recht auf Wissen und das Recht auf Nichtwissen stammt zwar ursprünglich aus dem Bereich genetischer Informationen, wird aber inzwischen weitgehend im Hinblick auf alle medizinischen Daten geführt.[1764] Die Ziele des GenDG, also die Wahrung des Selbstbestimmungsrechts, das Diskriminierungsverbot sowie die Qualitätssicherung, sollten daher auch außerhalb des unmittelbaren Anwendungsbereichs des GenDG zur Geltung kommen.[1765] Dies ist letztlich auch im Hinblick auf den im Grundgesetz verankerten Gleichheitsgrundsatz[1766], der als gesellschaftlicher Konsens aufgefasst werden kann, erforderlich. Auch aus rechtsexterner Sicht könnten die Möglichkeiten, die sich durch Untersuchungen mittels nichtgenetischer Biomarker bieten, eine themenspezifische Abkehr von der Annahme einer Sonderrolle genetischer Daten rechtfertigen.[1767]

Insgesamt ist das Konzept einer Annahme einer Sonderrolle genetischer Daten im Fall der Demenzfrüherkennung auch aus rechtsexterner Sicht problembehaftet.[1768] Es besteht daher ein

---

[1761] Vgl. dazu oben ab S. 244.
[1762] Vgl. dazu oben ab S. 294.
[1763] Beck/Schicktanz, S. 174.
[1764] Vgl. dazu oben ab S. 37 m.w.N. – im Rahmen der medizinethischen Debatte sind kaum Unterscheidungen von Biomarkern nichtgenetischer und genetischer Art von Relevanz, dazu auch Fündling, S. 97.
[1765] Damm, GesR 2013, 385, 389.
[1766] Vgl. dazu ausführlich oben ab S. 244 aus verfassungsrechtlicher Sicht sowie ab S. 294 im Hinblick auf Funktionalität und Praktikabilität.
[1767] Damm, GesR 2013, 385, 387.
[1768] Vgl. zur Diskussion auch bereits oben ab S. 40 m.w.N.

Änderungsbedarf de lege ferenda, auf den im neunten Kapitel der Untersuchung näher eingegangen wird.[1769] Inwiefern dies in den einzelnen Regelungsbereichen relevant wird, soll im Folgenden näher betrachtet werden.

II. Informationsgewinnung

Bei den Regelungen zur Informationsgewinnung steht im Rahmen der rechtsexternen Debatte die Autonomie der Betroffenen im Vordergrund.[1770] Als geschützte und gesellschaftlich anerkannte Interessen sind auf Seiten der Betroffenen das allgemeine Selbstbestimmungsrecht sowie das Recht auf informationelle Selbstbestimmung relevant. Auch der Gleichheitsgrundsatz spielt im Hinblick auf die regulatorische Ungleichbehandlung von Untersuchungen mittels genetischer und nichtgenetischer Biomarker eine Rolle. Aus der Perspektive der untersuchenden Personen steht die Berufsfreiheit im Vordergrund. [1771] Diese Interessen sollten im Rahmen der Regelungen in einen angemessenen Ausgleich gebracht werden.

1. Strafbarkeitslücke im Kontext der §§ 223 ff. StGB

Wie bereits bei der Darstellung de lege lata herausgearbeitet[1772] besteht im Rahmen der §§ 223 ff. StGB eine Strafbarkeitslücke im Hinblick auf wenig oder nichtinvasive ärztliche Maßnahmen ohne Einwilligung der Betroffenen. §§ 25, 26 GenDG vermögen diese Lücke nur teilweise zu schließen - sanktionieren sie doch lediglich Verstöße gegen das Einwilligungserfordernis, wenn es um eine Untersuchung mittels genetischer Biomarker geht.[1773] Dies ist im Rahmen der zu gewährleistenden Patientenautonomie sowie im Hinblick auf den Gleichheitsgrundsatz problematisch.[1774]

Im Kontext der Patientenautonomie sollen die Betroffenen der Untersuchungen zum Zweck der Demenzfrüherkennung nach überwiegender Auffassung in die Lage gebracht werden können, auf Basis von Untersuchungsdaten Entscheidungen über ihren weiteren Lebensverlauf zu treffen.[1775] Gleichzeitig ist zu gewährleisten, dass Betroffenen frei entscheiden können, ob sie diese Informationen überhaupt erhalten möchten oder nicht.[1776] Auch durch die Möglichkeit der

---

[1769] Vgl. dazu sogleich unten ab S. 342.
[1770] Vgl. hierzu ausführlich oben ab S. 32.
[1771] Vgl. dazu aus verfassungsrechtlicher Sicht oben ab S. 253.
[1772] Vgl. hierzu ausführlich oben ab S. 91 sowie auch bei C. Knauer, S. 21.
[1773] Vgl., dazu ausführlich oben m.w.N. ab S. 78.
[1774] Vgl. zur Autonomie bereits oben ab S. 28.
[1775] Vgl. hierzu ausführlich oben allgemein m.w.N. ab S. 28 sowie speziell im Fall der prädiktiven Diagnostik ab S. 32 – teilweise wird in diesem Kontext auch davon ausgegangen, dass prädiktive Untersuchungen die Autonomie des Einzelnen beschränken können, vgl. auch dazu oben m.w.N.
[1776] Vgl. hierzu ausführlich oben ab S. 37; vereinzelt wird auch von einer Pflicht zum Wissen ausgegangen, vgl. auch dazu ab der soeben genannten Seite der Untersuchung.

Früherkennung immer mehr verschwimmende Grenze zwischen Gesundheit und Krankheit könnten Menschen letztlich in ihrer Autonomie beschnitten werden.[1777] Dadurch, dass insbesondere bei Untersuchungen mittels nichtgenetischer Biomarker, die wenig invasiv sind, keine Strafbarkeit besteht, wenn diese ohne Einwilligung der Betroffenen vorgenommen werden[1778], liegt nahe, dass die Autonomie der Betroffenen an dieser Stelle nicht ausreichend berücksichtigt wurde. Der Gesetzgeber hat die Notwendigkeit einer Regelung, die Untersuchungen anhand genetischer Daten betrifft, damit begründet, dass die Ausübung des Rechts auf informationelle Selbstbestimmung gewährleistet werden und gleichzeitig die Diskriminierungsgefahr anhand der gewonnenen Daten verhindert werden soll.[1779] Dass die Vorschriften nur für genetische Untersuchungen gelten sollen, wird aus der Annahme einer Sonderrolle genetischer Daten abgeleitet.[1780] Gerade im Bereich der Demenzfrüherkennung vermag diese Annahme aber nicht zu überzeugen.[1781] Dies spricht dafür, auch für nichtgenetische Biomarker de lege ferenda eine entsprechende Regelung einzuführen.[1782] Damit würde das Interesse an der Wahrung der Autonomie der Betroffenen, die sich einer Untersuchung mittels nichtgenetischer Biomarker unterziehen, einen vergleichbaren Schutz erfahren. Auch würde der Gleichheitsgrundsatz bei einer Ausweitung der Regelungen auf nichtgenetische Marker, denen eine nahezu gleiche Aussagekraft wie genetischen Markern innewohnt, besser zur Geltung verholfen werden.

2. Anforderungen an die Aufklärung

Fraglich ist im Kontext der Körperverletzungsdelikte, ob die Anforderungen an die Aufklärung tatsächlich den Kern der Demenzfrüherkennung, insbesondere die psychischen Aspekte, ausreichend zu erfassen vermögen. Eine solche ist als Grundlage einer wirksamen Einwilligung nur bei Untersuchungen erforderlich, die eine gewisse Invasivität aufweisen und damit überhaupt erst unter die §§ 223 ff. StGB fallen können.[1783] Bzgl. nichtinvasiver Untersuchungen besteht nur im Rahmen des GenDG eine Sonderregelung nach § 9 GenDG.[1784] Zudem ist für genetische Untersuchungen eine zusätzliche Beratung nach § 10 GenDG erforderlich.[1785] Un-

[1777] Vgl. hierzu ausführlich oben m.w.N. ab S. 29.
[1778] Vgl. hierzu oben ab S. 90.
[1779] BT-Drs. 16/10532, S. 1.
[1780] BT-Drs. 16/10532, S. 1.
[1781] Vgl. dazu ausführlich oben ab S. 244 sowie ab S. 294.
[1782] Vgl. dazu sogleich ab S. 342.
[1783] Vgl. dazu oben ab S. 78, insbesondere ab S. 85 m.w.N.
[1784] Vgl. dazu oben ab S. 137.
[1785] Vgl. dazu bereits oben ab S. 138; bzgl. eines Verstoßes gegen § 10 GenDG sind die Folgen noch nicht abschließend geklärt, vgl. dazu bei *Stockter* in: Prütting Medizinrecht, § 10 GenDG Rn. 17.

tersuchungen mittels nichtgenetischer Biomarker bedürfen hingegen nur bei einer gewissen Invasivität überhaupt einer Aufklärung.[1786] Weiterhin ist fraglich, ob dabei der Kern einer Untersuchung zur Früherkennung erfasst wird, insbesondere der problembehaftete Umgang mit Wahrscheinlichkeitsaussagen sowie die Antizipierbarkeit einer später denkbaren Demenzerkrankung.

Aus rechtsexterner Sicht ist bei der Demenzfrüherkennung im Kontext der Autonomie der *informed consent* von entscheidender Bedeutung.[1787] Eine selbstbestimmte Entscheidung über die Vornahme einer Untersuchung setzt voraus, dass zwischen möglichen Alternativen gewählt werden kann.[1788] *Informed consent* bedeutet, dass die Untersuchung nach einer freiwilligen Zustimmung der Betroffenen erfolgt, die auf einer umfassenden Aufklärung beruht.[1789] Die Patientenautonomie kann im Hinblick auf die Entscheidung über die Vornahme einer Untersuchung nur gewahrt werden, wenn den Betroffenen ausreichend Informationen zur Verfügung stehen, auf Basis derer die besagte Entscheidung getroffen werden kann.[1790] Dadurch, dass außerhalb des Anwendungsbereichs des GenDG derzeit nur geringe Anforderungen an eine Aufklärung gestellt werden[1791], wird die Patientenautonomie bzgl. des *informed consent* in diesen Konstellationen nicht ausreichend geschützt. Auch dies spricht dafür, die Regelungen des GenDG de lege ferenda auf Untersuchungen mittels nichtgenetischer Biomarker auszuweiten bzw. eine entsprechende Regelung einzuführen.[1792]

3. Arztvorbehalt

Aus Praktikabilitätsgesichtspunkten ist der im GenDG vorgesehene Arztvorbehalt[1793] problembehaftet, wenn er auch aus verfassungsrechtlicher Sicht trotz eines Eingriffs in die Berufsfreiheit von Ärzten als verfassungsmäßig einzustufen ist.[1794] Der Gesetzgeber begründet die Statuierung eines Arztvorbehalts im GenDG mit der Qualitätssicherung, die gerade bei prädiktiven genetischen Untersuchungen aufgrund deren Tragweite zu wahren sei.[1795] Diese Qualität sollte

---

[1786] Siehe zu dieser Problematik bereits ausführlich oben ab S. 91.
[1787] Vgl. dazu ausführlich oben ab S. 34.
[1788] Vgl. dazu ausführlich oben m.w.N. ab S. 31.
[1789] Vgl. dazu ausführlich oben m.w.N. ab S. 34.
[1790] So auch i.E. oben m.w.N. ab S. 34.
[1791] Vgl. hierzu ausführlich oben m.w.N. ab S. 85.
[1792] Vgl. dazu sogleich unten ab S. 342.
[1793] § 7 GenDG, Sanktionierung bei Verstoß nach § 25 Abs. 1 Nr.
[1794] Vgl. dazu ausführlich oben m.w.N. ab S. 297.
[1795] BT-Drs. 16/10532, S. 25.

aufgrund der vergleichbaren Aussagekraft von Untersuchungen mittels nichtgenetischer Biomarker de lege ferenda auch für diese Untersuchungen gewahrt werden.[1796] Im Ergebnis würde dies zu einer Ausweitung des Arztvorbehalts führen, die im Hinblick auf die Praktikabilität aber das Problem, dass es ggf. zu wenig qualifiziertes ärztliches Fachpersonal gibt, verschärfen würde.[1797] Dies kann jedoch nur bedingt gegen eine Ausweitung der Qualitätsgarantie auf Untersuchungen mittels nichtgenetischer Biomarker sprechen – auch im Rahmen dieser Untersuchungsmethode ist die Autonomie in hinreichendem Maße zu schützen. Inwiefern die Qualitätssicherung de lege ferenda für Untersuchungen mittels nichtgenetischer Biomarker umzusetzen sein könnte, soll im neunten Kapitel erläutert werden.[1798]

4. Zivilrechtliche Regelungen

Im Rahmen der zivilrechtlichen Regelungen wird, im Gegensatz zum Strafrecht, keine Differenzierung nach Invasivität oder Art der Untersuchung vorgenommen. Es sind bei der Vornahme einer Untersuchung ohne die erforderliche Einwilligung vertragliche und deliktische Schadensersatzansprüche denkbar, unabhängig davon, ob die Untersuchung eine gewisse Invasivität aufweist und auf welcher Art von Biomarkern diese beruht.[1799] In diesem Kontext besteht kein Problem im Hinblick auf den Gleichheitsgrundsatz, auch die Patientenautonomie erfährt hier in hinreichendem Maße Schutz.

III. Umgang mit den Ergebnissen

Im Rahmen der Regelungen, die sich im Umgang mit den Ergebnissen befassen, sind als gesellschaftlich anerkannte und geschützte Interessen die Patientenautonomie, insbesondere das Recht auf Wissen, das Recht auf Nichtwissen, das Recht auf informationelle Selbstbestimmung sowie das Recht auf körperliche Unversehrtheit relevant. Bzgl. des ärztlichen Fachpersonal und den Personen, die mit den im Rahmen der Untersuchung gewonnenen Daten arbeiten, ist die Berufsfreiheit zu beachten.[1800]

1. Analyse und anschließender Umgang mit Informationen

Die Regelungen, die die Analyse der gewonnen Daten sowie den anschließenden Umgang mit den darauf basierenden Informationen betreffen, bezwecken v.a. den Datenschutz. Es besteht die Möglichkeit einer Strafbarkeit nach Art. 83, 84 DSGVO, § 42 Abs. 2 BDSG, wenn gegen

---

[1796] Dazu sogleich ausführlich unten ab S. 342.
[1797] Vgl. hierzu bereits oben m.w.N. ab S. 297.
[1798] Vgl. dazu sogleich unten ab S. 342.
[1799] Siehe dazu ausführlich oben m.w.N. ab S. 92, insbesondere zum Ergebnis ab S. 101.
[1800] Vgl. dazu aus verfassungsrechtlicher Sicht oben ab S. 259.

Entgelt oder mit Bereicherungsabsicht eine Analyse der Daten entgegen dem Willen der Betroffenen vorgenommen wird. Zudem gelten die §§ 202a ff. StGB.[1801] Zusätzlich besteht im Fall der Analyse ohne die erforderliche Einwilligung bei der Untersuchung auf genetischer Biomarker die Möglichkeit einer Strafbarkeit nach § 25 Abs. 1 Alt. 1 GenDG. Eine Ordnungswidrigkeit kann begangen werden, wenn ohne die erforderliche Qualifikation gehandelt wird oder Proben entgegen § 13 GenDG verwendet werden, § 26 Abs. 1 Nr. 1, 1a GenDG.[1802] Hierbei sind im Gegensatz zu den allgemeinen Vorschriften keine besonderen Merkmale wie eine Handlung gegen Entgelt oder das Vorliegen einer Bereicherungsabsicht erforderlich. Das Recht auf informationelle Selbstbestimmung wird in Bezug auf Untersuchungen mittels genetischer Marker daher umfassender geschützt. Ein entsprechender Schutz sollte de lege ferenda aufgrund der Vergleichbarkeit der Qualität der Ergebnisse auch für Untersuchungen mittels nichtgenetischer Biomarker gelten.[1803]

2. Mitteilung der Ergebnisse

Auch in Bezug auf die Mitteilung der Ergebnisse einer Untersuchung gegen den Willen der Betroffenen besteht im Rahmen der §§ 223 ff. StGB eine Strafbarkeitslücke.[1804] Diese wird lediglich zum Teil in Bezug auf genetische Biomarker geschlossen.[1805] Hinsichtlich der Vereinbarkeit mit der Verfassung wurde ein Verstoß gegen eine staatliche Schutzpflicht in Bezug auf den Schutz des Rechts auf Nichtwissen und der psychischen Gesundheit angedacht, der aber letztlich infolge des dem Gesetzgeber zuzubilligenden Entscheidungsspielraumes abgelehnt wurde.[1806] Aus Praktikabilitäts- und Funktionalitätserwägungen ist das Regelungsgefüge de lege lata ähnlichen Problemen ausgesetzt wie bereits im Stadium der Informationsgewinnung.[1807] Insbesondere wird die rein psychische Gesundheit de lege lata nicht in gleichem Maße wie die körperliche Gesundheit geschützt. Im Rahmen des hier vertretenen Autonomieverständnisses darf niemand dazu gezwungen werden, das Wissen um eine später mit einer gewissen Wahrscheinlichkeit auftretenden Demenzerkrankung gegen seinen Willen zu erlangen.[1808] Dies sollte unabhängig davon gelten, auf Basis welcher Untersuchungsart entsprechende Erkennt-

---

[1801] Vgl. dazu ausführlich oben m.w.N. S. 106.
[1802] Vgl. dazu ausführlich oben m.w.N. S. 143-144.
[1803] Vgl. dazu sogleich unten ab S. 342.
[1804] Vgl. dazu ausführlich oben ab S. 110 m.w.N.
[1805] Vgl. dazu ausführlich oben ab S. 144 m.w.N.
[1806] Vgl. dazu ausführlich oben ab S. 260 m.w.N.
[1807] Vgl. dazu oben m.w.N. ab S. 300.
[1808] Vgl. dazu ausführlich oben m.w.N. im Rahmen der Diskussion um das Recht auf Nichtwissen ab S. 37.

nisse gewonnen werden. Dadurch, dass der Schutz in Bezug auf Untersuchungen mittels nichtgenetischer Biomarker lückenhaft ist, wird die Patientenautonomie in dieser Situation nicht ausreichend geschützt. Dies spricht für einen Änderungsbedarf de lege ferenda.[1809]

III. Regelungen in Bezug auf Dritte

Bei den Regelungen zur Informationsgewinnung und zum Umgang mit den Ergebnissen ist aus rechtsexterner Perspektive die Patientenautonomie von herausragender Bedeutung. Mit einem Blick auf möglicherweise auch betroffene Dritte, zu denen insbesondere Angehörige, Versicherungen und Arbeitgebende zählen, sind auch deren Interessen im Rahmen der Regelung der Demenzfrüherkennung in angemessenem Maße zu berücksichtigen. Diese können mit der Patientenautonomie in Konflikt stehen. Hierauf sollte das Recht eine angemessene Lösung bereithalten. Ob dies aus rechtsexterner Perspektive bereits der Fall ist oder ob hier die lege ferenda Änderungsbedarf besteht, wird im Folgenden untersucht.

1. Angehörige

Im Kontext der Regelungen, die auch Angehörige in ihren Anwendungsbereich einschließen, ist die Patientenautonomie, insbesondere das Recht auf Nichtwissen, das Recht auf Wissen, das Recht auf informationelle Selbstbestimmung sowie das Recht auf körperliche Unversehrtheit sowohl auf Seiten der Angehörigen als auch aus der Perspektive der Betroffenen selbst zu berücksichtigen. Weiterhin ist im Rahmen der Unterscheidung von Angehörigen genetischer und nichtgenetischer Art der allgemeine Gleichheitsgrundsatz von Relevanz.[1810] Es wurde bereits festgestellt, dass die Regelungen in Bezug auf Angehörige insgesamt ein recht niedriges Schutzniveau aufweisen.[1811] Ob dies aus rechtsexterner Perspektive gerechtfertigt ist, oder ob hier de lege ferenda Änderungsbedarf besteht, wird im Folgenden näher beleuchtet.

a) Regelungslücke bzgl. Autonomie der Angehörigen

Die Betroffenen sollten autonom entscheiden können, wem die Ergebnisse einer etwaigen Untersuchung zum Zweck der Demenzfrüherkennung zugänglich gemacht werden sollen.[1812] Aber auch Dritten, insbesondere Angehörigen, steht ein Recht auf Wissen und ein Recht auf Nichtwissen im Rahmen ihrer eigenen Autonomie grundsätzlich zu.[1813] Hier besteht das Potential für

---

[1809] Dazu sogleich ab S. 342.
[1810] Vgl. dazu aus verfassungsrechtlicher Sicht oben ab S. 266.
[1811] Vgl. dazu ausführlich oben ab S. 265 aus verfassungsrechtlicher Sicht sowie ab S. 304 im Hinblick auf Praktikabilitäts- und Funktionalitätsgesichtspunkte.
[1812] Vgl. dazu oben m.w.N. ab S. 36.
[1813] Vgl. dazu oben m.w.N ab S. 40.

einen Interessenkonflikt.[1814] Die strafrechtlichen Regelungen de lege lata, die einen Bezug zu Angehörigen der Betroffenen haben,[1815] weisen insbesondere einen mangelhaften Schutz des Rechts auf Nichtwissen der Angehörigen auf, der aber aufgrund der Einschätzungsprärogative des Gesetzgebers als verfassungsgemäß einzustufen ist.[1816]

Auch mit Blick auf Funktionalität und Praktikabilität der Normen ist zwar ein niedriges Schutzniveau erkennbar, im Ergebnis erscheint aufgrund des ultima ratio Grundsatzes im Strafrecht aber keine Regelung nötig.[1817] Dies lässt sich damit begründen, dass eine Information an Angehörige über die Erkrankungswahrscheinlichkeit zum allgemeinen Lebensrisiko gehört, da diese auch durch die Betroffenen selbst erfolgen kann.[1818]

De lege lata wird der Interessenkonflikt zugunsten der Betroffenen gelöst. Auch wenn die Autonomie der Angehörigen aus rechtsexterner Perspektive eine Rolle spielt, scheint auch aus diesem Betrachtungswinkel im Kontext der Demenzfrüherkennung kein anderes Ergebnis geboten. Um ihr Recht auf Wissen in Bezug auf sich selbst zu wahren, steht Angehörigen die Möglichkeit offen, sich selbst einer Untersuchung zum Zweck der Demenzfrüherkennung zu unterziehen. Bzgl. des Rechts auf Nichtwissen werden Angehörige oft untereinander die Ergebnisse von Untersuchungen zum Zweck der Demenzfrüherkennung besprechen – ein Umweg über ärztliches Fachpersonal scheint hier eher den Ausnahmefall zu bilden.[1819] Es handelt sich um einen Bereich familieninterner Kommunikation, der in dieser Form nur eingeschränkt einer rechtlichen Regulierung zugänglich ist.[1820] Um hier einen Interessenkonflikt zur Zufriedenheit aller Beteiligten lösen zu können, könnte auch eine Lösung abseits des Rechts in Betracht kommen.[1821]

b) Haftungslücke bzgl. nicht genetisch verwandter Angehöriger

Die Differenzierung von genetischen und nichtgenetischen Angehörigen spielt im Rahmen des zivilrechtlichen Schutzes des Rechts auf Nichtwissen eine Rolle. Dabei werden nur genetisch verwandte Angehörige geschützt, da diese selbst ebenfalls die genetischen Merkmale aufweisen

---

[1814] Vgl. zu einer solchen Konfliktsituation bereits das eingangs erwähnte Urteil BGH NJW 2014, 2190, 2190; MedR 2015, 186, 187.
[1815] Vgl. dazu ausführlich oben m.w.N. ab S. 118.
[1816] Vgl. dazu ausführlich oben m.w.N. ab S. 266.
[1817] Vgl. dazu ausführlich oben m.w.N. ab S. 304.
[1818] Vgl. dazu im Ergebnis auch oben ab S. 306.
[1819] Dies ist ggf. anders zu beurteilen, wenn es um die Diagnostik anderer Erkrankungen geht, die bei einem frühen Erkennen erheblich besser behandelt oder sogar verhindert werden können, vgl. dazu etwa Heyers, MedR 2009, S. 507, 512.
[1820] So auch Beck/Schicktanz, S. 171.
[1821] Dazu sogleich ab S. 342.

können, die Aussagen über eine spätere Erkrankungswahrscheinlichkeit zulassen, und nur diesen ein Recht auf Nichtwissen zuzubilligen sei.[1822]

Ein Schadensersatzanspruch nicht genetischer Angehöriger entfällt in der Regel aufgrund des Umstandes, dass es dem allgemeinen Lebensrisiko zuzuordnen ist, von der späteren Erkrankungswahrscheinlichkeit Angehöriger zu erfahren.[1823] Dies kann im Hinblick auf den allgemeinen Gleichheitsgrundsatz zwar problematisch wirken, ist aber vor dem Hintergrund des Einschätzungsspielraumes des Gesetzgebers als verfassungsgemäß einzustufen.[1824] Aus Praktikabilitäts- und Funktionalitätsgesichtspunkten ist dieses Regelungskonzept ebenfalls nicht zu beanstanden.[1825]

Auch aus dem Blickwinkel einer rechtsexternen Betrachtung ergibt sich hier nichts anderes. Die Patientenautonomie, aus der sich aus rechtsexterner Sicht nach überwiegender Ansicht ein Recht auf Wissen und ein Recht auf Nichtwissen ergeben[1826], kann zwar eingeschränkt werden, wenn Dritte betroffen sind. Zudem stehen diese Rechte nach mehrheitlicher Auffassung jeder Person im Hinblick auf ihre eigene gesundheitliche Konstitution zu.[1827] Diese Rechte gelten ebenso für Angehörige im Hinblick auf ihre eigene gesundheitliche Verfassung.[1828] Es sind jedoch derzeit nur genetische Informationen dazu in der Lage, auch eine gewisse Aussagekraft im Hinblick auf genetisch verwandte Personen zu entfalten, bei der Untersuchung auf nichtgenetische Biomarker wird dies zumeist abgelehnt bzw. ist eine Aussagekraft auch für Verwandte nicht hinreichend bekannt.[1829] Es erscheint an dieser Stelle aus rechtsexterner Perspektive eine Andersbehandlung nichtgenetisch Verwandter und damit die Situation de lege lata angemessen. Auch in diesem Hinblick kommt die Lösung eines etwaigen Interessenkonflikts eine Lösung abseits des Rechts in Betracht.[1830]

2. Versicherungsbereich und Arbeitswesen

Als anerkannte Interessen sind im Bereich der Versicherungen und im Arbeitsleben bzgl. der Betroffenen die Menschenwürde, das Gleichheitsrecht sowie das Recht auf informationelle

---

[1822] Vgl. dazu ausführlich oben m.w.N. ab S. 119.
[1823] Vgl. dazu ausführlich m.w.N. oben ab S. 305.
[1824] Insbesondere wurde auf Grundlage der Einschätzungsprärogative ein Verstoß gegen das Untermaßverbot abgelehnt, vgl. dazu ausführlich oben m.w.N. ab S. 269.
[1825] Vgl. dazu oben ab S. 305.
[1826] Dazu oben ausführlich ab S. 36 m.w.N.
[1827] Dazu oben m.w.N. ab S. 36.
[1828] Auch dazu oben m.w.N. ab S. 36, insbesondere ab S. 40.
[1829] Vgl. hierzu m.w.N. ab S. 247.
[1830] Dazu sogleich ab S. 342.

Selbstbestimmung zu berücksichtigen. Aus Sicht von Arbeitgebenden und Versicherungen ist demgegenüber die Berufsfreiheit, insbesondere im Hinblick auf die Gestaltungs- und Vertragsfreiheit beachtungswürdig.[1831] Zunächst wurde im Rahmen der rechtsinternen Bewertung festgestellt, dass der derzeitige Ausgleich der betroffenen Interessen durch das Recht unter Berücksichtigung des Entscheidungsspielraums verfassungsgemäß ist.[1832] Problematisch ist im Hinblick auf Funktionalität und Praktikabilität der Regelungen de lege lata, dass die zivilrechtlichen Vorschriften eine Benachteiligung aufgrund des künftigen Gesundheitszustandes kaum zu erfassen vermögen – lediglich das GenDG enthält de lege lata entsprechende Normen.[1833]

Für nichtgenetische Biomarker besteht ein wesentlich geringerer Schutz sowohl aus strafrechtlicher als auch aus zivilrechtlicher Perspektive. Dies ist aufgrund des vergleichbaren Aussagegehalts der verschiedenen Untersuchungsmethoden vor dem Hintergrund der aus Patientensicht zu beachtenden Interessen nur schwer nachvollziehbar. Begründen lässt sich dies, in Abgrenzung zum Regelungskonzept in Bezug auf Angehörige, damit, dass ein möglicher Druck von Dritten, die keine Angehörigen der Betroffenen sind, eine Untersuchung zum Zweck der Demenzfrüherkennung vorzunehmen oder die Ergebnisse einer bereits vorgenommenen Untersuchung zu offenbaren, anders zu behandeln ist als innerfamiliärer Druck.[1834] Das Interesse an Daten, die Auskunft über den künftig wahrscheinlichen gesundheitlichen Zustand geben können, ist aus wirtschaftlichen Aspekten im Grunde nachvollziehbar, da allgemein die gleichen Ausgangsvoraussetzungen für beide Parteien bestehen sollten.[1835] Mit Blick auf die zu wahrende Patientenautonomie soll eine Manipulation von Betroffenen dahingehend, eine Untersuchung vornehmen zu lassen, verhindert werden.[1836] Daher ist das Interesse der Betroffenen, selbst darüber zu entscheiden, wem sie sensible Gesundheitsdaten zugänglich machen, auch aus rechtsexterner Perspektive vorrangig.[1837] Dies muss aufgrund des vergleichbaren Aussagegehalts der verschiedenen Untersuchungsmethoden für alle Untersuchungen zum Zweck der Demenzfrüherkennung gelten. Auch eine rechtsexterne Betrachtung spricht somit für einen Änderungsbedarf de lege ferenda.[1838]

[1831] Vgl. dazu aus verfassungsrechtlicher Sicht oben ab S. 272.
[1832] Dazu oben m.w.N. ab S. 271.
[1833] Dazu oben m.w.N. ab S. 275 sowie ab S. 307.
[1834] Beck/Schicktanz, S. 171.
[1835] Vgl. hierzu ausführlich oben ab S. 40.
[1836] Vgl. hierzu ausführlich oben m.w.N. ab S. 34.
[1837] Vgl. hierzu ausführlich oben ab S. 40.
[1838] Dazu sogleich ab S. 342.

IV. Zwischenfazit

Die gesetzgeberische Annahme einer Sonderrolle genetischer Daten ist vor dem Hintergrund der Möglichkeiten der Demenzfrüherkennung auch aus rechtsexterner Perspektive problematisch. Dies offenbart sich insbesondere in den einzelnen Regelungsbereichen. Bei den Regelungen zur Informationsgewinnung zeigt sich eine erhebliche Strafbarkeitslücke bei nichtinvasiven Untersuchungen mittels nichtgenetischer Biomarker – hierbei wird die Patientenautonomie nicht hinreichend beachtet. Dies zeigt sich auch bei den Anforderungen an die Aufklärung. Eine Ausweitung des im GenDG festgelegten Arztvorbehalts erscheint zwar praktisch problematisch, aber zumindest in gewisser Art und Weise geboten, um auch hier eine entsprechende Qualität sichern zu können.[1839] Ein umfassender Schutz des Rechts auf informationelle Selbstbestimmung ist für alle Untersuchungsarten geboten.[1840] Der Schutz des Rechts auf Nichtwissen und der Patientenautonomie ist bei der Mitteilung der Ergebnisse der Untersuchung ebenfalls lückenhaft. Änderungsbedürftig sind de lege ferenda nach rechtsexterner Bewertung auch die Regelungen in Bezug auf Arbeitgebende und Versicherungen.[1841] Die Regelungen, in Bezug auf die Angehörigen der Betroffenen, sind de lege lata hingegen weitgehend angemessen.

C. Vorausverfügungen

Neben den Normen, die die Untersuchungen zum Zweck der Demenzfrüherkennung betreffen, sind auch Regelungen, die sich auf Vorausverfügungen auf Basis der Ergebnisse der Untersuchungen zum Zweck der Demenzfrüherkennung beziehen, einer Bewertung aus rechtsexterner Perspektive zu unterziehen. Dabei wird zunächst die Regelung der Patientenverfügung de lege lata, insbesondere vor dem Hintergrund der zahlreichen medizinethischen Debatten in diesem Kontext[1842], aus einem rechtsexternen Blickwinkel beleuchtet. Im Anschluss wird auf die Möglichkeit zur Errichtung einer Forschungsverfügung eingegangen, wobei die medizinethischen Grundsätze im Hinblick auf die Humanforschung besondere Berücksichtigung finden sollen.[1843] Auch hier steht im Wesentlichen die Patientenautonomie im Fokus.

I. Patientenverfügung

Die Patientenverfügung bietet die Möglichkeit, im Voraus, wenn die Verfügenden noch gesund sind, aber auf Basis einer Untersuchung zum Zweck der Demenzfrüherkennung wissen, dass

---

[1839] Vgl. hierzu ausführlich oben ab S. 320.
[1840] Vgl. dazu ausführlich oben ab S. 324; zur Rechtslage de lege ferenda sogleich unten ab S. 342.
[1841] Vgl. auch hierzu sogleich ab S. 342.
[1842] Vgl. dazu ausführlich oben ab S. 43.
[1843] Vgl. dazu ausführlich oben ab S. 52.

sie später mit einer gewissen Wahrscheinlichkeit an einer Demenzart erkranken werden, Entscheidungen im Hinblick auf eine spätere Behandlung im Falle des Krankheitseintritts zu treffen.[1844] Häufig wird dies im Fall einer später wahrscheinlichen Demenzerkrankung eine Verfügung im Hinblick auf einen Abbruch medizinischer Maßnahmen zu einem bestimmten Zeitpunkt sein.[1845] In Bezug auf die Betroffenen sind als allgemein anerkannte Grundsätze im Rahmen eines angemessenen Interessenausgleichs die Menschenwürde sowie das Selbstbestimmungsrecht zu beachten. Auf Seiten des ärztlichen Fachpersonals, das die Behandlung oder deren Abbruch auf Basis der Patientenverfügung durchführen soll, ist das Recht auf Gewissensfreiheit zu berücksichtigen.[1846]

1. §§ 1827 ff. BGB im Kontext von Demenzerkrankungen

Es ist als Ausdruck der Autonomie zu werten, dass auf Basis der Ergebnisse einer Untersuchung zum Zweck der Demenzfrüherkennung Verfügungen im Hinblick auf die Behandlung in einem später mit einer gewissen Wahrscheinlichkeit auftretenden Stadium des Eintritts einer Demenzerkrankung getroffen werden können.[1847] Die Errichtung einer solchen Vorausverfügung ist eine wichtige Chance, die sich aus der Vornahme einer solchen Untersuchung ergibt. Gleichzeitig kann es bei der Statuierung einer solchen Vorausverfügung aber auch zu verschiedenen Problemen, insbesondere im Hinblick auf die Patientenautonomie kommen, die die Regulierung einer solchen Möglichkeit hinreichend berücksichtigen sollte.

Es entsteht ein Problemkreis aus dem Krankheitsbild von Demenzerkrankungen: Mit diesen gehen fortschreitende kognitive Veränderungen einher, die sich letztlich auch in einer Änderung der Persönlichkeit niederschlagen können.[1848] Diese Änderungen können dazu führen, dass die Validität und infolgedessen die Verbindlichkeit einer zuvor festgelegten Verfügung angezweifelt werden könnten.[1849] Es ist fraglich, ob ein noch gesunder Mensch wirklich valide Aussagen darüber treffen kann, wie die Behandlung im Stadium des Demenzeintritts und Fortschritts der Erkrankung erfolgen soll.[1850] Auch wird die Beachtlichkeit eines sog. natürlichen

---

[1844] Vgl. hierzu und zur Regelung der Patientenverfügung de lege lata ausführlich oben m.w.N. ab S. 160.
[1845] Auch dazu bereits oben m.w.N. ab S. 192.
[1846] Vgl. hierzu aus verfassungsrechtlicher Sicht oben m.w.N. ab S. 278.
[1847] Vgl. zur Möglichkeit der Patientenverfügung de lege lata oben ab S. 160 m.w.N.
[1848] Vgl. hierzu ausführlich aus medizinischer Sicht ab S. 10 und 14 m.w.N. sowie zur medizinethischen Debatte in diesem Kontext ab S. 43 m.w.N.
[1849] Vgl. dazu ausführlich oben m.w.N. ab S. 43.
[1850] Beck/Barnikol/Birnbacher/Langenberg/Steinert/Schulenburg/Fangerau, Prädiktive Medizin – eine rechtliche Perspektive, MedR 2016 S. 753, 755.

Willens immer wieder diskutiert,[1851] teilweise wird sogar aufgrund der mit Demenzerkrankungen einhergehenden kognitiven Veränderungen von einer Diskontinuität zwischen Verfügendem und letztlich Erkranktem ausgegangen.[1852]

Im Rahmen der Darstellung der Regelungen de lege lata in diesem Kontext hat sich ergeben, dass das Recht derzeit keine angemessene Lösung für all diese Probleme bereithält – die derzeitige Möglichkeit der Errichtung einer Vorausverfügung ist starr, gewissermaßen eine Momentaufnahme.[1853] Es bestehen zwar gewisse Anpassungsmöglichkeiten, die aber, gerade im Hinblick auf die Patientenautonomie, auch nicht überstrapaziert werden dürfen.[1854] Der Charakter einer Patientenverfügung als eine Momentaufnahme wird, trotz einer gewissen Beteiligung von ärztlichem Fachpersonal und betreuender Person, die die Verfügung umsetzen muss,[1855] dem fortschreitenden Verlauf einer Demenzerkrankung und der nötigen Wahrung der Patientenautonomie auch in diesem Stadium nicht gerecht.[1856] Dies spricht auch aus rechtsexterner Sicht[1857] für einen Änderungsbedarf de lege ferenda.[1858]

2. Kein Aufklärungserfordernis

Auch die Tatsache, dass eine Aufklärung für die Errichtung einer Patientenverfügung keine Voraussetzung ist und es mit Schwierigkeiten verbunden ist, sich in das wahrscheinliche spätere Stadium des Krankheitseintritts zu versetzen, spricht gegen eine ausreichende Berücksichtigung der Patientenautonomie im Rahmen des derzeitigen Regelungsmodells.[1859] Weiterhin stellt dies einen Wertungswiderspruch dazu dar, dass im Stadium der Einwilligungsfähigkeit eine Aufklärung grundsätzlich erforderlich ist, auf die aber auch verzichtet werden kann.[1860] Man könnte argumentieren, dass ein Verzicht auf eine Aufklärung vor der Errichtung einer Vorausverfügung von der Patientenautonomie gedeckt ist.

[1851] Vgl. dazu m.w.N. ab S. 46.

[1852] Vgl. dazu ausführlich oben m.w.N. ab S. 44.

[1853] Vgl. dazu ausführlich oben m.w.N. ab S. 160.

[1854] Beck/Barnikol/Birnbacher/Langenberg/Steinert/Schulenburg/Fangerau, Prädiktive Medizin – eine rechtliche Perspektive, MedR 2016 S. 753, 755; vgl. hierzu aus rechtlicher Perspektive ausführlich oben ab S. 169.

[1855] Vgl. zur (durchaus umstrittenen) Umsetzungsbedürftigkeit der Patientenverfügung ausführlich oben m.w.N. ab S. 184.

[1856] So auch i.E. bspw. Beck/Barnikol/Birnbacher/Langenberg/Steinert/Schulenburg/Fangerau, Prädiktive Medizin – eine rechtliche Perspektive, MedR 2016 S. 753, 755.

[1857] Zur Patientenverfügung aus verfassungsrechtlicher Sicht ab S. 278 sowie im Hinblick auf Funktionalität und Praktikabilität ab S. 308.

[1858] Vgl. dazu sogleich ab S. 350.

[1859] Vgl. dazu ausführlich oben ab S. 45 m.w.N.

[1860] Vgl. zur Regelung de lege lata ausführlich oben m.w.N. ab S. 96; zur Problematik des nicht vorhandenen Aufklärungserfordernisses bereits ausführlich im Hinblick auf Funktionalität und Praktikabilität m.w.N. ab S. 309.

Aus rechtsexterner Sicht ist für eine autonome Entscheidung eine hinreichende Informationsbasis erforderlich, auf der die Entscheidung getroffen werden kann.[1861] Gerade aufgrund der hohen Komplexität der Thematik ergibt sich aus einem Aufklärungsverzicht ein Risiko für Kompetenzdefizite, die für die Ausübung des Selbstbestimmungsrechts hinderlich sein können.[1862] Auch gehört es zu den Grundprinzipien des Medizinrechts sowie der Medizinethik, dass eine autonome Entscheidung auf Basis einer umfassenden Aufklärung erfolgen soll.[1863] Aus diesen Gründen sollte de lege ferenda in Betracht gezogen werden, auch für Patientenverfügungen, die eine Behandlung ablehnen, das Erfordernis einer vorherigen Aufklärung zu statuieren.[1864]

II. Forschungsverfügung

Untersuchungen zum Zweck der Demenzfrüherkennung bieten nicht nur die Möglichkeit, Vorausverfügungen im Hinblick auf die spätere Behandlung, sondern auch über die Teilnahme an Forschungsvorhaben zu statuieren.[1865] Bei der Humanforschung sind aus rechtsexterner Perspektive insbesondere medizinethische Prinzipien zu berücksichtigen.[1866] Im Hinblick auf die Verfügenden sind als allgemeine anerkannte Grundsätze die Menschenwürde, das Selbstbestimmungsrecht sowie das Recht auf Leben und körperliche Unversehrtheit im Rahmen einer angemessenen Regelung hinreichend zu berücksichtigen. Aus der Perspektive derer, die die Forschung vornehmen, sind die Wissenschafts- und Forschungsfreiheit, allgemein auch die Berufsfreiheit von Bedeutung. [1867]

1. § 40b AMG i.V.m. der VO (EU) 536/2014 im Kontext des Autonomiegrundsatzes

Der Autonomie der Testpersonen ist in hinreichendem Maße Beachtung zu schenken – auch die Vornahme von Forschungsvorhaben ist an eine aufgeklärte Zustimmung gebunden.[1868] Hierin liegt im Kern das Problem im Zusammenhang mit der Forschung an Demenzerkrankten: diese sind zumeist aufgrund der kognitiven Auswirkungen der Erkrankung nicht mehr dazu fähig, wirksam der Vornahme von Forschungsvorhaben zuzustimmen.[1869] Es gibt lediglich im Hinblick auf gruppennützige klinische Arzneimittelforschung die Möglichkeit der Errichtung

---

[1861] Vgl. zum sog. *informed consent* aus rechtsexterner Sicht ausführlich oben m.w.N. ab S. 34.
[1862] Lemmerz, S. 88; Wietfeld, S. 278; vgl. dazu bereits oben ab S. 309.
[1863] Lemmerz, S. 88 m.w.N.; vgl. dazu auch bereits oben ab S. 34 aus medizinethischer Sicht; hierzu auch ausführlich im Rahmen der rechtsexternen Bewertung sogleich.
[1864] So überzeugend auch Lemmert, S. 89 m.w.N.; zur Rechtslage de lege ferenda sogleich ab S. 350.
[1865] Vgl. zur Forschungsverfügung de lege lata bereits oben ab S. 202.
[1866] Dazu bereits oben ab S. 52.
[1867] Vgl. dazu aus verfassungsrechtlicher Sicht ab S. 287.
[1868] Vgl. auch hierzu ausführlich oben m.w.N. ab S. 54.
[1869] Vgl. dazu oben ab S. 54 m.w.N.

einer Forschungsverfügung, in der die Betroffenen in einem früheren Stadium der Einwilligungsfähigkeit erklären können, später an gruppennützigen Forschungsvorhaben zu partizipieren.[1870] Verstöße gegen die Anforderungen an eine wirksame Forschungsverfügung werden nach §§ 96 Nr. 10, Nr. 11, Nr. 21b 97 Abs. 1, Abs. 2 AMG sanktioniert.

a) Verortung im AMG

Problematisch ist an der Möglichkeit einer Forschungsverfügung zunächst, dass diese lediglich im Hinblick auf Arzneimittelerprobung besteht.[1871] Gerade im Rahmen der weiteren Erforschung von Biomarkern im Zusammenhang mit Demenzerkrankungen kann damit gerechnet werden, dass nicht nur Forschung mit Arzneimitteln, sondern Forschungsvorhaben vielfältiger Art erkenntnisversprechend wären. Dass die Möglichkeit lediglich für einen bestimmten Bereich geplant ist, berücksichtigt die Interessen von Forschenden und der Allgemeinheit zu wenig. Hier besteht de lege ferenda Änderungsbedarf.

b) Regulatorische Anlehnung an die Patientenverfügung

Problembehaftet ist weiterhin die allgemeine Anlehnung der Regelung der Forschungsverfügung an die Patientenverfügung.[1872] Damit könnte die Patientenautonomie entsprechenden Schutz im Hinblick auf die Forschung erfahren, was auch vom Gesetzgeber mit Einführung dieser Regelung bezweckt, aber letztlich nicht erreicht wird.[1873]

Dies lässt sich zum einen damit begründen, dass die Forschungsverfügung, ähnlich wie die Patientenverfügung, zu einem bestimmten Zeitpunkt statuiert wird, sodass hier ebenfalls die Besonderheiten einer fortschreitenden Demenzerkrankung nicht ausreichend Berücksichtigung finden.[1874] Hierfür werden bereits einige Lösungsmodelle angedacht[1875], die auch im Rahmen der Betrachtung der Regelungen de lege ferenda aufgegriffen werden sollen. Im Zusammenhang mit der Regelung der Forschungsverfügung wird die Problematik rund um die Autonomie verschärft, indem der Forschungsverfügung nach dem Willen des Gesetzgebers eine noch schwächere Legitimationswirkung zukommt.[1876] Auch eine effektive Kontrolle der Wahrung

---

[1870] Vgl. dazu aus medizinethischer Sicht ab S. 55 m.w.N. sowie ausführlich zu der Regelung im AMG ab S. 217 m.w.N.

[1871] Hierzu aus verfassungsrechtlicher Sicht bereits oben ab S. 286 sowie im Hinblick auf Funktionalität und Praktikabilität ab S. 312 jeweils m.w.N.

[1872] Vgl. dazu im Einzelnen oben m.w.N. ab S. 216 sowie ab S. 313 zur genannten Problematik aus dem Blickwinkel von Funktionalität und Praktikabilität.

[1873] BT-Drs. 18/8034, S. 46; vgl. dazu oben ab S. 313.

[1874] Vgl. zur Problematik im Kontext der Patientenverfügung soeben ab S. 331.

[1875] Vgl. dazu im Einzelnen oben ab S. 56 m.w.N.; dazu de lege ferenda sogleich.

[1876] Duttge, Die fremdnützige Forschung an Nichteinwilligungsfähigen, S. 236; vgl. dazu bereits ausführlich oben ab S. 313 m.w.N.

der Patientenautonomie sollte nicht allein Ethik-Kommissionen überlassen, sondern vielmehr bereits im Recht selbst angelegt sein.[1877] Die Patientenautonomie ist also im Rahmen der Regelung unterberücksichtigt, was ebenfalls für einen Änderungsbedarf de lege ferenda spricht.

2. § 40b AMG i.V.m. VO (EU) 536/2014 im Kontext des Prinzips des Gleichgewichts

Bei der Humanforschung geht es um den Gewinn von Erkenntnissen für die Allgemeinheit; es handelt sich um einen Kompromiss zwischen den Belangen der Testpersonen.[1878] Um diesen für die Testpersonen akzeptabel zu machen, ist für die Forschungsvornahme eine informierte Zustimmung und ein angemessenes Verhältnis von Nutzen und Risiko vonnöten.[1879] Dies wird auch als Prinzip des Gleichgewichts bezeichnet.[1880] Dass die Regelung einer Forschungsverfügung de lege lata lediglich für einen bestimmten Bereich gilt, stellt eine Missachtung dieses Prinzips dar. Zudem ist problematisch, dass die Regelung nicht auf eine Einwilligung der Betroffenen selbst, sondern letztlich auf eine solche der betreuenden Person abstellt.[1881] All dies soll im Rahmen des Vorschlags einer Änderung der Rechtslage de lege ferenda eine Rolle spielen.

3. Strafbarkeitslücke im Kontext der §§ 223 ff. StGB

Schließlich besteht auch im Rahmen der Vornahme von Forschungsvorhaben (ähnlich wie bei der Vornahme von Untersuchungen) das Problem, dass bei nichtinvasiven Untersuchungen, in die nicht wirksam eingewilligt wurde und die nicht dem Regelungsbereich des AMG i.V.m. der VO (EU) 536/2014 unterfallen, keine Möglichkeit einer Strafbarkeit nach §§ 223 ff. StGB besteht. Dies ist auch an dieser Stelle im Rahmen der zu gewährleistenden Patientenautonomie sowie im Hinblick auf den Gleichheitsgrundsatz problematisch.[1882]

III. Zwischenfazit

Zusammenfassend lässt sich hinsichtlich der derzeitigen Regelungen zu Vorausverfügungen auf Basis der Ergebnisse von Untersuchungen zum Zweck der Demenzfrüherkennung festhalten, dass auch aus rechtsexterner Perspektive de lege ferenda Änderungsbedarf besteht. Im Rahmen der derzeitigen Regelungen der Patientenverfügung wird die Patientenautonomie von De-

---

[1877] So auch Duttge, Die fremdnützige Forschung an Nichteinwilligungsfähigen, S. 238.
[1878] Vgl. hierzu ausführlich oben m.w.N. ab S. 53.
[1879] Vgl. hierzu ausführlich oben m.w.N. ab S.53; dies ergibt sich auch bereits aus den Prinzipien des Nutzens und Nichtschadens, vgl. dazu grundlegend oben ab S. 47 m.w.N.
[1880] Vgl. hierzu oben ab S. 53 m.w.N.
[1881] Duttge, Die fremdnützige Forschung an Nichteinwilligungsfähigen, S. 236.
[1882] Vgl. hierzu ausführlich oben m.w.N. ab S. 320.

menzerkrankten nicht hinreichend berücksichtigt. Dies lässt sich vor allem darauf zurückführen, dass die Patientenverfügung lediglich eine Momentaufnahme darstellt und Veränderungen im Rahmen des Prozesses einer Demenzerkrankung nicht hinreichend zu berücksichtigen vermag.[1883] Zudem ist auch problembehaftet, dass für die Statuierung gewichtiger Maßnahmen keine Aufklärung erforderlich ist.[1884] Dies zeigt, dass die aus rechtsexterner Perspektive zu berücksichtigende Patientenautonomie von Demenzerkrankten im Kontext der Patientenverfügung de lege lata nicht in ausreichendem Maße berücksichtigt ist, sodass de lege ferenda Änderungsbedarf besteht.

Auch bei einer rechtsexternen Betrachtung der geplanten Regelung der Forschungsverfügung zeigt sich ein erheblicher Anpassungsbedarf de lege ferenda. Zum einen ist die Regelung der Forschungsverfügung in § 40b Abs. 4 S. 3 ff. AMG i.V.m. der VO (EU) 536/2014 durch die regulatorische Anlehnung an die Patientenverfügung mit ähnlichen Problemen wie diese behaftet, was die zu berücksichtigende Patientenautonomie angeht.[1885] Zum anderen ist auch die Verortung an sich im AMG problematisch, da so eine Forschung nur für einen Teil möglich ist; anderen Forschungszweigen bleibt eine derartige Möglichkeit der Forschung an Demenzerkrankten verwehrt, obwohl diese ebenso von Vorteil wäre.[1886] All dies verstößt gegen das aus rechtsexterner Sicht zu berücksichtigende Prinzip des Gleichgewichts.[1887] Schließlich besteht auch hier eine Strafbarkeitslücke im Kontext der §§ 223 ff. StGB.[1888]

D. Zusammenfassung und Zwischenfazit zu Kapitel 8

Die Bewertung von Normen aus rechtsexterner Sicht ermöglicht eine inhaltlich über die Verfassungsmäßigkeit hinausgehende Untersuchung von Normen.[1889] Diese ist nicht durch den gesetzgeberischen Entscheidungsspielraum begrenzt; vielmehr handelt es sich um eine vollumfängliche Prüfung, die aber gewissermaßen subjektiv geprägt ist.[1890]

Auf Basis der in diesem Kapitel vorgenommenen Bewertung der Regelungen zur Demenzfrüherkennung sowie von Vorausverfügungen auf Grundlage der Ergebnisse solcher Untersuchun-

---

[1883] Vgl. hierzu oben ab S. 332.
[1884] Vgl. hierzu oben ab S. 333.
[1885] Vgl. dazu oben ab S. 336.
[1886] Vgl. dazu oben ab S. 335.
[1887] Vgl. dazu oben ab S. 336.
[1888] Vgl. dazu soeben ab S. 337.
[1889] Beck, S. 262.
[1890] Vgl. zum Maßstab der rechtsexternen Bewertung m.w.N. oben ab S. 318.

gen ergibt sich de lege ferenda an einigen Punkten Änderungsbedarf, auf den im neunten Kapitel der Untersuchung näher eingegangen wird. Zunächst ist die gesetzgeberische Annahme einer Sonderrolle genetischer Daten vor dem Hintergrund der Möglichkeiten der Demenzfrüherkennung auch aus rechtsexterner Perspektive problembehaftet.

Im Rahmen der Regelungen zur Informationsgewinnung zeigt sich eine erhebliche Strafbarkeitslücke im Hinblick auf nichtinvasive Untersuchungen mittels nichtgenetischer Biomarker – diese können de lege lata ohne Einwilligung der Betroffenen sanktionslos vorgenommen werden. Hierbei wird die Patientenautonomie nicht hinreichend beachtet. Gleiches wird im Rahmen der Anforderungen an die Aufklärung deutlich. Eine Ausweitung des im GenDG festgelegten Arztvorbehalts scheint zwar praktisch problematisch, jedoch vor dem Hintergrund des Schutzes der Autonomie auch bei Betroffenen, die Untersuchungen mittels nichtgenetischer Biomarker vornehmen lassen, zumindest in gewisser Art und Weise geboten, um auch hier eine entsprechende Qualität sichern zu können.[1891] Das Recht auf informationelle Selbstbestimmung wird bei Untersuchungen mittels genetischer Biomarker umfassender geschützt – ein vergleichbarer Schutz ist de lege ferenda aufgrund der Vergleichbarkeit der Qualität der Ergebnisse grundsätzlich auch für Untersuchungen mittels nichtgenetischer Biomarker wünschenswert.[1892] Der gesetzliche Schutz des Rechts auf Nichtwissens und damit der Patientenautonomie erweist sich im Kontext der Mitteilung der Ergebnisse der Untersuchung insbesondere im Hinblick auf Untersuchungen mittels nichtgenetischer Biomarker als lückenhaft, sodass diese Interessen von der Regelung de lege lata unterberücksichtigt sind. Dies spricht auch aus rechtsexterner Perspektive für einen Änderungsbedarf de lege ferenda.[1893] Änderungsbedürftig sind de lege ferenda nach rechtsexterner Bewertung auch die Regelungen in Bezug auf Arbeitgebende und Versicherungen.[1894] Aufgrund des vergleichbaren Aussagegehalts der verschiedenen Untersuchungsmethoden zum Zweck der Demenzfrüherkennung sollten für Daten auf Basis genetischer und nichtgenetischer Biomarker ähnliche Vorschriften gelten.[1895] Die Regelungen, die auch die Angehörigen der Betroffenen berühren, sind de lege lata hingegen weitgehend ange-

---

[1891] Vgl. hierzu ausführlich oben ab S. 320.
[1892] Vgl. dazu ausführlich oben ab S. 324; zur Rechtslage de lege ferenda sogleich unten ab S. 342.
[1893] Dazu sogleich ab S. 342.
[1894] Vgl. auch hierzu sogleich ab S. 342.
[1895] Vgl. dazu soeben ab S. 329.

messen. Um etwaige Interessenkonflikte unter Angehörigen im Kontext der Demenzfrüherkennung zur Zufriedenheit aller Beteiligten lösen zu können, kommt eine Lösung abseits des Rechts in Betracht, die im neunten Kapitel näher beleuchtet werden soll.[1896]

Im Kontext der Regelungen der Patientenverfügung de lege lata wird die Patientenautonomie von Demenzerkrankten nicht hinreichend berücksichtigt. Dies gründet sich vor allem darin, dass die Patientenverfügung eine Momentaufnahme darstellt und Veränderungen im Rahmen des fortschreitenden Prozesses einer Demenzerkrankung nicht hinreichend berücksichtigt werden.[1897] Weiterhin ist diskussionswürdig, dass keine Aufklärung erforderlich ist.[1898] Dies zeigt, dass die Patientenautonomie von Demenzerkrankten im Rahmen der Patientenverfügung derzeit nicht hinreichend berücksichtigt ist, sodass de lege ferenda Änderungsbedarf besteht.

Auch bei der Regelung der Forschungsverfügung zeigt sich erheblicher Anpassungsbedarf. Die Normierung in § 40b Abs. 4 S. 3 AMG i.V.m. der VO (EU) 536/2014 ist infolge der regulatorischen Anlehnung an die Patientenverfügung mit ähnlichen Problemen wie diese verbunden.[1899] Weiterhin ist auch die Verortung im AMG problematisch, da so eine Forschung nur im Rahmen von Arzneimittelerprobung möglich ist. In eine Forschung im Hinblick auf andere Felder, insbesondere, was nichtgenetische Biomarker zur Früherkennung von Demenz angeht, kann daher trotz des erheblichen Bedarfs de lege lata nicht antizipiert eingewilligt werden.[1900] Diese Probleme bestehen auch im Kontext des Prinzips des Gleichgewichts.[1901] Schließlich tritt auch an dieser Stelle eine Strafbarkeitslücke im Kontext der §§ 223 ff. StGB zutage.[1902]

[1896] Dazu sogleich ab S. 342.
[1897] Vgl. hierzu oben ab S. 332.
[1898] Vgl. hierzu oben ab S. 333.
[1899] Vgl. dazu oben ab S. 336.
[1900] Vgl. dazu oben ab S. 335.
[1901] Vgl. dazu oben ab S. 336.
[1902] Vgl. dazu soeben ab S. 337.

Kapitel 9: Demenzfrüherkennung de lege ferenda

Aus der Bewertung der Regelungen zur Demenzfrüherkennung de lege lata ergeben sich Bereiche, in denen de lege ferenda Regelungsbedarf besteht. Hierauf wird im folgenden Kapitel eingegangen. Dabei wird zunächst der Regelungsbedarf im Rahmen der Untersuchungen zum Zweck der Demenzfrüherkennung mittels genetischer und nichtgenetischer Biomarker erörtert. Im Anschluss wird die Notwendigkeit einer Rechtsänderung im Kontext von Vorausverfügungen auf Basis der Ergebnisse der Untersuchungen zum Zweck der Demenzfrüherkennung behandelt.

A. Untersuchungen mittels genetischer und nichtgenetischer Biomarker

Im Rahmen der rechtsinternen und rechtsexternen Bewertung der Regelung der Demenzfrüherkennung de lege lata haben sich zahlreiche Problematiken gezeigt, die vor allem auf den Umstand zurückzuführen sind, dass Untersuchungen mittels nichtgenetischer und genetischer Biomarker bei nahezu gleicher Aussagekraft eine unterschiedliche Regelung erfahren. Die Ungleichbehandlung ist zwar vor dem Hintergrund der Einschätzungsprärogative des Gesetzgebers als verfassungsgemäß einzustufen[1903], aber sowohl aus Funktionalitäts- und Praktikabilitätsgesichtspunkten[1904] als auch aus einer rechtsexternen Perspektive[1905] problembehaftet. Um die zahlreichen aus dieser Regelungskonzeption resultierenden Probleme lösen zu können, werden mögliche Regelungsmodelle de lege ferenda diskutiert. Im Anschluss wird auf im Kontext der Demenzfrüherkennung besonders zu berücksichtigende inhaltliche Aspekte eingegangen.

I. Mögliche Regelungsmodelle

Vor dem Hintergrund, dass es für die Betroffenen letztlich keinen Unterschied macht, aus welchem medizinischen Verfahren die Erkenntnisse für die Früherkennung von Demenz stammen, stellt sich die Frage, inwiefern das Recht geändert werden könnte, um diesem Umstand gerecht werden zu können.[1906] Die verschiedenen Möglichkeiten, die in dieser Hinsicht de lege ferenda bestehen, werden in den nachfolgenden Ausführungen vorgestellt. Im Anschluss erfolgt eine eigene Stellungnahme.

1. Ausweitung des Anwendungsbereichs des GenDG

Es wird angedacht, das Regelungsmodell des GenDG über dessen unmittelbaren Anwendungsbereich hinaus für die Prädiktion von Demenzerkrankungen allgemein und nicht nur mittels

---

[1903] Vgl. dazu ausführlich oben ab S. 244.
[1904] Vgl. dazu ausführlich oben ab S. 291.
[1905] Vgl. dazu ausführlich soeben ab S. 318.
[1906] Beck/Schicktanz, S. 174.

© Der/die Autor(en), exklusiv lizenziert an
Springer Fachmedien Wiesbaden GmbH, ein Teil von Springer Nature 2026
S. Kahre-Krüger, *Die Demenzfrüherkennung mittels genetischer & nicht-genetischer Biomarker*, https://doi.org/10.1007/978-3-658-50890-6_10

genetischer Biomarker heranzuziehen.[1907] Gleichzeitig seien dabei bereichsspezifische Unterscheidungen, also bspw. zwischen genetischen und nichtgenetischen Biomarkern, im Hinblick auf Art. 3 Abs. 1 GG nicht von vornherein ausgeschlossen, sondern aus sachlichen Erwägungen denkbar.[1908] Diese Überlegungen könnten bspw. auf divergierenden Gefährdungslagen oder der Bewertung der Wertigkeit der jeweiligen Belange beruhen.[1909] Kein geeigneter Sachgrund für eine derartige Differenzierung sei hingegen die bisher gängige Praxis.[1910] Damit könnten auch Regelungen in das GenDG eingefügt werden, die sich auf nichtgenetische Biomarker für Demenzerkrankungen beziehen, ohne die besonderen Vorschriften für Untersuchungen mittels genetischer Biomarker zu entkräften. Auf diesem Wege wäre es sicherlich möglich, viele der in den vorherigen Kapiteln beschriebenen Probleme einer angemessenen Lösung zuzuführen. Die Frage ist aber, ob dies noch mit dem ursprünglichen Sinn und Zweck des GenDG in Einklang gebracht werden kann.[1911]

2. Sonderregelung für Untersuchungen zum Zweck der Demenzfrüherkennung

Denkbar ist neben einer Ausweitung der Regelungen des GenDG auch eine isolierte Regelung anderer prognostischer Methoden[1912], also bspw. ein Gesetz explizit für Untersuchungen zum Zweck der Demenzfrüherkennung auf Basis genetischer und nichtgenetischer Biomarker. Dies würde die geschilderten Probleme für den Fall der Demenzfrüherkennung zunächst zu lösen vermögen. Fraglich ist aber, ob nicht eine etwas generellere Lösungsvariante vorzugswürdig ist. Es liegt nicht außerhalb des Bereichs des Wahrscheinlichen, dass die medizinische Entwicklung der kommenden Jahre auch im Kontext anderer Erkrankungen neue Früherkennungsmethoden zutage bringt, die mit ähnlichen Problemen wie die Demenzfrüherkennung behaftet sein können.[1913] Daher erscheint eine Sonderregelung lediglich für den hier behandelten Fall der Demenzfrüherkennung nicht dauerhaft zielführend.

[1907] So bspw. Beck/Schicktanz, S. 174; Damm, GesR 2013, 385, 387.
[1908] Damm, GesR 2013, 385, 389.
[1909] Damm, GesR 2013, 385, 389.
[1910] Damm, GesR 2013, 385, 389; der Autor stellt insoweit auch klar, dass das GenDG in der jetzigen Fassung kritisch zu prüfen sei.
[1911] Vgl. zum Sinn und Zweck des GenDG ausführlich oben m.w.N. ab S. 132.
[1912] Scherrer, S. 96.
[1913] Die Prädiktion im Zeitalter Künstlicher Intelligenz ist bspw. Gegenstand des von 2020-2023 geförderten Projektes CwiC – Coping with Certainty., vgl. dazu https://www.gesundheitsforschung-bmbf.de/de/cwic-coping-with-certainty-pradiktion-im-zeitalter-kunstlicher-intelligenz-11191.php (letzter Abruf am 8. März 2021 um 11:37 Uhr).

3. Einführung eines allgemeinen Prädiktionsgesetzes

Eine Sonderregelung der Gendiagnostik (oder auch der Demenzfrüherkennung, wie vereinzelt angedacht) schließe aber auch den späteren Erlass eines allgemeinen Regelungswerkes zu prognostischen Methoden nicht aus, sofern keine Widersprüche zu den Wertungen und Regelungen des GenDG entstünden.[1914] Es besteht also die Möglichkeit des Erlasses eines Gesamtwerkes im Hinblick auf prädiktive Untersuchungen.[1915] Sog. Generalisten verlangen ein solches Gesamtwerk an Regelungen, das für alle prognostischen medizinischen Untersuchungen Geltung entfalten soll.[1916] Dabei wird eine Funktion des GenDG als Modell oder Vorbild angedacht.[1917] *Damm* hält zum Beispiel die Entwicklung eines „Prädiktionsrechts" für denkbar, das dann für alle Diagnosen, unabhängig davon, ob mittels genetischer oder nichtgenetischer Biomarker gewonnen, gelten könnte.[1918] Dabei ist auch erwägenswert, nicht die Methode der Früherkennung, sondern die Aussagekraft der jeweiligen medizinischen Prognose über die rechtliche Bewertung entscheiden zu lassen.[1919] Eine gesonderte Regelung medizinischer Möglichkeiten ist der Gesetzgebung nicht fremd – ist eine solche doch bereits vielfach bspw. in Form des ESchG, StZG, TPG und StrlSchG erfolgt. Biotechnologische Aspekte werden in Form von speziellen Gesetzen, die auch nebenstrafrechtliche Normen enthalten, reguliert. Begründet wird bspw. die Einführung des (repressiven) ESchG damit, dass die neuen Methoden der Gentechnologie und in-vitro-Fertilisation die Erforderlichkeit begründen, die Anwendungsgrenzen rechtlich aufzuzeigen.[1920] Ähnlich verhält es sich mit der Begründung der Einführung des StZG.[1921] Das TPG bezweckt die Schaffung einer klaren Rechtsgrundlage für die mit der Organspende- und transplantation zusammenhängenden Chancen und Risiken.[1922] Das StrlSchG intendiert in Umsetzung der Richtlinie 2013/59/Euratom des Rates vom 5. Dezember 2013 die Statuierung grundsätzlicher Vorschriften in Bezug auf Sicherheit und Schutz vor Gefahren im Zusammenhang mit ionisierender Strahlung.[1923]

[1914] Scherrer, S. 96.
[1915] Scherrer, S. 96.
[1916] Ethikrat, Darstellend Scherrer, S. 87/88 m.w.N.
[1917] Damm, GesR 2013, 385, 387.
[1918] Damm, GesR 2013, 385, 388.
[1919] Damm, GesR 2013, 385, 387.
[1920] BT-Drs. 11/5460 S. 1.
[1921] BT-Drs. 14/8394, S. 2; vgl. zum StZG ausführlich Beck, Stammzellforschung und Strafrecht: zugleich eine Bewertung der Verwendung von Strafrecht in der Biotechnologie.
[1922] BT-Drs. 13/4355 S. 2.
[1923] BT-Drs. 18/11241.

4. Stellungnahme und Zwischenfazit

Nach alledem ist festzuhalten, dass die vorzugswürdige Möglichkeit der Erlass eines Gesetzes ist, das sich allgemein mit den Möglichkeiten der Prädiktion auseinandersetzt. Dieses kann auch genetische Marker erfassen oder sich zumindest am GenDG orientieren. Hier ist der Gesetzgeber gefordert, ein möglichst nachhaltiges, aber auch anpassungsfähiges Regelungswerk zu schaffen, das sowohl die hier geschilderten Probleme der Demenzfrüherkennung erfasst als auch dazu in der Lage ist, künftig mögliche andere Prädiktionsformen einer angemessenen rechtlichen Regulierung zuzuführen. Die Sonderregelung des GenDG in diesem Kontext beizubehalten, erscheint möglich. Dabei sollten Widersprüche der Regelungswerke vermieden werden.

II. Inhaltliche Anforderungen

Viele, aber nicht alle, der oben genannten Probleme, die sich aus der Ungleichbehandlung genetischer und nichtgenetischer Biomarker ergeben, könnten durch die Einführung eines allgemeinen Prädiktionsgesetzes gelöst werden. Zu beachten ist dabei insbesondere, dass die Probleme aus den Bereichen der Informationsgewinnung und Mitteilung der Ergebnisse in Form der Qualitätssicherung[1924], eines Aufklärungserfordernisses[1925], einer Strafbarkeit von nichtinvasiven Untersuchungen ohne Einwilligung der Betroffenen[1926] sowie Aspekte des Datenschutzes[1927] einer angemessenen Lösung zugeführt werden. In Bezug auf Angehörige ist die Problematik rund um deren Recht auf Nichtwissen zu berücksichtigen.[1928] Schließlich ist im Kontext des Versicherungs- und Arbeitswesens die Problematik der Ungleichbehandlung der Ergebnisse der verschiedenen Untersuchungsmethoden zu lösen.[1929] Im Folgenden sollen mit Blick auf diese Problemkonstellationen inhaltliche Anforderungen an eine Regelung der Demenzfrüherkennung de lege ferenda formuliert werden.

[1924] Dazu ab S. 256, 297 sowie ab S. 323.
[1925] Dazu ab S. 255, 260, 296, 300 sowie ab S. 322.
[1926] Dazu ab S. 255, 260, 296, 300, 320, sowie ab S. 325.
[1927] Dazu ab S. 259, 263, 299, 302, sowie ab S. 324.
[1928] Dazu ab S. 266, 304, sowie ab S. 326.
[1929] Dazu ab S. 271, 306, sowie ab S. 329.

1. Regelungen zur Informationsgewinnung und Mitteilung der Ergebnisse

a) Qualitätssicherung

Die Sicherung der Qualität von genetischen Untersuchungen, die Schlüsse auf den zukünftigen Krankheits- bzw. Gesundheitszustand von Menschen zulassen, ist dem Gesetzgeber ein grundlegendes Anliegen.[1930] Da auch Untersuchungen mittels nichtgenetischer Biomarker Schlüsse auf eine zukünftig mit einer gewissen Wahrscheinlichkeit eintretende Demenzerkrankung zulassen[1931], sollte auch hier eine entsprechende Qualität sichergestellt werden. Eine Ausweitung des Arztvorbehalts, bspw. in einem allgemeinen Prädiktionsgesetz am Vorbild des GenDG würde in der Praxis aber zu Problemen führen, da es bereits jetzt einen Mangel von dazu qualifizierten Ärzten gibt.[1932] Neben Maßnahmen, die diese Tätigkeit für das ärztliche Fachpersonal attraktiver gestalten könnten, kann angedacht werden, von einem Arztvorbehalt in den meisten Fällen abzusehen und durch eine Regelung zu ersetzen, im Rahmen derer auch anderes qualifiziertes medizinisches Personal mit entsprechenden Untersuchungen betraut wird. Um die Qualifikation des medizinischen Personals sicherstellen zu können, käme bspw. eine Weiterbildung auf diesem Gebiet in Betracht. Lediglich in besonderen Fällen könnte an dem bestehenden Arztvorbehalt festgestellt werden.

b) Strafbarkeit bei Vornahme nichtinvasiver Untersuchungen ohne Einwilligung

Zudem ist im Rahmen der Regelung der Demenzfrüherkennung de lege ferenda ein stärkerer Schutz der Rechte auf Nichtwissen und psychische Gesundheit der Betroffenen wünschenswert. Dies gilt insbesondere für nichtinvasive Untersuchungen auf Basis nichtgenetischer Biomarker, bei denen sich dieser Schutz als sehr lückenhaft erwiesen hat.[1933] Eine Möglichkeit bestünde auch hier darin, eine den §§ 25, 26 GenDG entsprechende Regelung in ein allgemeines Prädiktionsgesetz zu integrieren.

In der letzten Zeit sind weitergehende Forderungen laut geworden, allgemein psychische Beeinträchtigungen in den Schutzbereich der Körperverletzungsdelikte zu integrieren.[1934] Hierbei

---

[1930] BT-Drs. 16/10532, S. 25.
[1931] Dazu oben m.w.N. ab S. 16.
[1932] Vgl. hierzu bereits oben m.w.N. ab S. 297.
[1933] Dazu oben ab S. 320; zum Regelungsbedarf im Hinblick auf genetische Biomarker vor Einführung des GenDG bereits Sternberg-Lieben NJW 1987 1242, 1247.
[1934] Vgl. hierzu bspw. bei Beck in: Krankheit & Recht, S. 130; *Paeffgen/Böse* in: Kindhäuser/Neumann/Paeffgen, § 223 Rn. 11b m.w.N; sehr ausführlich dazu auch bei F. Knauer ab S. 199 m.w.N.

wird auch die Diskussion um die Einführung eines Tatbestandes relevant, in dem die eigenmächtige Heilbehandlung unter Strafe gestellt wird.[1935] Dies könnte eine Alternative zur Regelung im Nebenstrafrecht darstellen und die hier genannte Problematik ebenfalls lösen.

Zu berücksichtigen sind in der Überlegung der Einführung einer Strafnorm aber unter anderem die Folgen von derartigen Normen in der Praxis.[1936] Es ist zu beachten, dass die Strafbewehrung einer Handlung stets beinhaltet, dass diese vom Gesetzgeber als sozialschädlich angesehen wird und dadurch eine Stigmatisierung erfährt.[1937] Nicht nur die Strafe an sich, sondern gerade die Verurteilung kann auf sozialethischer Ebene für Täter erhebliche Konsequenzen nach sich ziehen. [1938] Beispielsweise können, selbst durch die Aufnahme strafrechtlicher Ermittlungen, eine soziale Isolation oder eine Gefahr für den Beruf auftreten, die sich erheblicher gestalten als ein Urteil zivilrechtlicher Art.[1939] Um auch den ultima ratio Grundsatz zu wahren, ist für den Fall der hier erörterten Demenzfrüherkennung eine nebenstrafrechtliche Regulierung in einem allgemeinen Prädiktionsgesetz als ausreichend zu erachten. Zudem können hierbei die Besonderheiten der Situation der Vorhersage einer Erkrankung, welche insbesondere Aufklärungserfordernisse einschließen, besser berücksichtigt werden.

c) Aufklärungserfordernis

Im Zuge einer Rechtsänderung de lege ferenda wären auch an nichtinvasiven Untersuchungen zum Zweck der Demenzfrüherkennung mittels nichtgenetischer Biomarker aufgrund der nahezu gleichen Aussagekraft die gleichen Anforderungen an die Aufklärung zu stellen wie bei Untersuchungen auf genetische Biomarker.[1940] Auch dies könnte mit der Ausweitung der Regelungen des GenDG auf nichtinvasive Untersuchungen mittels nichtgenetischer Marker im Rahmen eines allgemeinen Prädiktionsgesetzes, dass das GenDG, hier insbesondere die §§ 9, 10 GenDG zum Vorbild hat, erreicht werden.

d) Datenschutzrechtliche Regelungen

Schließlich sollte eine Neuregelung der Demenzfrüherkennung de lege ferenda im Rahmen eines allgemeinen Prädiktionsgesetzes auch eine Ausweitung datenschutzrechtlicher Regelungen

---

[1935] Dazu bspw. bei Beck in Krankheit & Recht, S. 130; Riedelmeier, S. 20 ff. zur Entwicklung der Diskussion um die Einführung eines Straftatbestandes zur eigenmächtigen Heilbehandlung, ausführlich auch Tag, Der Körperverletzungstatbestand, ab S. 31.
[1936] Beck, S. 16.
[1937] Beck, S. 16.
[1938] Beck, S. 16 m.w.N.
[1939] Beck, S. 16 m.w.N.
[1940] Vgl. zu diesem Erfordernis bereits ausführlich oben ab S. 322.

auf die Situation der Demenzfrüherkennung mittels nichtgenetischer Biomarker enthalten. Dabei kann, soweit im Einzelnen Unterschiede zwischen genetischen und nichtgenetischen Daten für nötig erachtet werden (bspw. wenn sich die Qualität oder Aussagekraft für andere Sachverhalte der Ergebnisse unterscheidet) eine Abstufung des Datenschutzes erfolgen.

2. Regelungen in Bezug auf Dritte

a) Angehörige

Bei Angehörigen derjenigen, die eine Untersuchung zum Zweck der Demenzfrüherkennung durchführen lassen, ist das Recht auf Nichtwissen der Angehörigen de lege lata kaum geschützt.[1941] Die Frage ist aber, ob in diesem Kontext überhaupt eine Konfliktlösung durch das Recht angebracht ist. [1942] Eine strafrechtliche Regulierung ist aufgrund des ultima ratio Grundsatzes nicht zu fordern.[1943] Weiterhin ist eine Mitteilung der Erkrankungswahrscheinlichkeit von Angehörigen dem allgemeinen Lebensrisiko zuzuordnen, da diese auch durch die Betroffenen selbst erfolgen kann.[1944] Die Konstellation, dass die Ergebnisse der Demenzfrüherkennung durch die Betroffenen selbst an die Angehörigen kommuniziert werden, wird in der Praxis auch den Regelfall bilden.[1945] Daher erscheint auch eine zivilrechtliche Regulierung dieser Konstellation nicht angebracht. Vielmehr ist der Bereich familieninterner Kommunikation nur sehr bedingt eines regulatorischen Eingriffs durch den Gesetzgeber zugänglich. [1946]

Bei innerfamiliären Konflikten erscheint eine gesetzliche Regelung eher unangebracht. Hierzu könnten aber praeter legem ethische Richtlinien oder etwas Vergleichbares ausgearbeitet werden, um den Betroffenen und ihren Angehörigen in der interessenkonfliktreichen Situation der Demenzfrüherkennung beizustehen.[1947] Zudem könnte auch die Einrichtung von Beratungsstellen in diesem Kontext hilfreich sein. Eine entsprechende Vorschrift, die die Einrichtung solcher Beratungsangebote umfasst, könnte in ein neues Gesetz, das die Prädiktion allgemein regelt, eingepflegt werden.

[1941] Dazu ab S. 266, 304, sowie ab S. 326.
[1942] So auch Beck/Schicktanz, S. 171.
[1943] Vgl. dazu ausführlich oben m.w.N. ab S. 304.
[1944] Vgl. dazu im Ergebnis auch oben ab S. 306.
[1945] Hierzu bereits oben m.w.N. ab S. 327.
[1946] So auch Beck/Schicktanz, S. 171.
[1947] Beck/Schicktanz, S. 171.

b) Arbeits- und Versicherungswesen

Durch die Ausweitung der Vorschriften des GenDG auf Untersuchungen mittels nichtgenetischer Biomarker kann auch die Ungleichbehandlung der verschiedenen Untersuchungsmethoden im Kontext des Versicherungs- und Arbeitswesens behoben werden. [1948] Damit wäre auch keine oben angedachte analoge Anwendung der Vorschriften im Zivilrecht nötig, die sich zudem als problematisch dargestellt hat.[1949]

B. Vorausverfügungen

In Bezug auf Vorausverfügungen, die den Fall eines wahrscheinlichen späteren Krankheitseintritt die Behandlung[1950] oder die Teilnahme an Forschungsvorhaben[1951] betreffen, besteht de lege ferenda ebenfalls Änderungsbedarf. In welcher Form diese Änderungen vorgenommen werden könnten, soll im Folgenden zunächst für die Patientenverfügung und im Anschluss für Forschungsverfügungen erörtert werden.

I. Patientenverfügungen

Die derzeitige Regelung der Patientenverfügung ist im Fall der Demenzfrüherkennung mit vielen Problemen behaftet, was eine Änderung de lege ferenda erforderlich macht. Aufgrund der fortschreitenden kognitiven Veränderungen, die mit Demenzerkrankungen einhergehen, die sich letztlich auch in einer Änderung der Persönlichkeit niederschlagen können,[1952] kann die Validität und infolgedessen die Verbindlichkeit einer zuvor festgelegten Verfügung angezweifelt werden.[1953] Zudem steht die Beachtlichkeit eines sog. natürlichen Willens im Hinblick auf die Widerruflichkeit einer Patientenverfügung im Stadium der Einwilligungsunfähigkeit immer wieder in der Diskussion,[1954] teilweise wird sogar eine Diskontinuität zwischen Verfügendem und letztlich Erkranktem angenommen.[1955] Im Rahmen der dargestellten Debatte[1956] wird deut-

[1948] Dazu oben ab S. 329 m.w.N.
[1949] Dazu oben ab S. 307329 m.w.N.
[1950] Patientenverfügung, vgl. dazu oben ab S. 160 zur Rechtslage de lege lata und ab S. 278, 308, 331 zur Bewertung dieser Regelung aus rechtsinterner und rechtsexterner Perspektive jeweils m.w.N.
[1951] Forschungsverfügung, vgl. dazu oben ab S. 216.
[1952] Vgl. hierzu ausführlich aus medizinischer Sicht ab S. 10 und 14 m.w.N. sowie zur medizinethischen Debatte in diesem Kontext ab S. 43 m.w.N.
[1953] Vgl. dazu ausführlich oben m.w.N. ab S. 43.
[1954] Vgl. dazu m.w.N. ab S. 46.
[1955] Vgl. dazu ausführlich oben m.w.N. ab S. 44.
[1956] Dazu ausführlich oben m.w.N. ab S. 169.

lich, dass der Charakter einer Patientenverfügung als starre Momentaufnahme, die zudem keiner vorherigen Aufklärung bedarf[1957], dem charakteristischen Verlauf einer Demenzerkrankung nicht gerecht wird.[1958]

Dies ist auch dem Gesetzgeber im Verlauf der regulatorischen Einführung der Patientenverfügung nicht verborgen geblieben - so wurde eine Reichweitenbegrenzung für den Fall von fortschreitenden Erkrankungen wie Demenzen bereits im Gesetzgebungsprozess angedacht, aber letztlich verworfen.[1959] Stattdessen wird eine Lösung über die Situationsbezogenheit der Patientenverfügung, die nach § 1827 Abs. 1 S. 1 BGB zu prüfen ist, vorgeschlagen.[1960] Gerade bei Demenzpatienten solle eine intensive Prüfung, ob bei den Festlegungen die aktuelle Situation mitbedacht wurde, erfolgen.[1961] Aber auch dieser Lösungsansatz vermag letztlich nicht im Sinne der Patientenautonomie zu überzeugen: So wäre dann noch nicht hinreichend klar, was die Betroffenen sich in der konkreten Situation hinsichtlich ihrer Behandlung wünschen.

Aus alledem ergibt sich im Kontext der Demenzfrüherkennung ein Änderungsbedarf de lege ferenda, um Patientenverfügungen von Demenzerkrankten valider und letztlich rechtssicherer zu machen und auch die Patientenautonomie in hinreichendem Maße berücksichtigen zu können. Im Folgenden soll auf das Advance Care Planning eingegangen werden, welches zu einer angemessenen Lösung der dargelegten Problematik beitragen könnte.

1. Grundlagen des Advance Care Planning

a) Definition

Das Advance Care Planning kann dem fortschreitenden Krankheitsverlauf von Demenzerkrankungen besser gerecht werden.[1962] Advance Care Planning beschreibt eine gegenüber der Patientenverfügung dynamischere Form der Vorausverfügung. [1963] Hierbei wird der Wille der Be-

---

[1957] Dazu ausführlich oben m.w.N. ab S. 163.
[1958] So auch i.E. bspw. Beck/Barnikol/Birnbacher/Langenberg/Steinert/Schulenburg/Fangerau, Prädiktive Medizin – eine rechtliche Perspektive, MedR 2016 S. 753, 755; vgl. hierzu auch ausführlich oben m.w.N. ab S. 332.
[1959] Vgl. dazu bereits ausführlich oben m.w.N. ab S. 285.
[1960] BT-Drs. 16/8442, S. 15; darstellend Lanzrath, MedR 2017 S. 102, 104; Magnus, S. 191; so auch Deutscher Ethikrat, Demenz und Selbstbestimmung – Stellungnahme, S. 93; ausführlich zur Gesetzgebungsgeschichte, insbesondere im Hinblick auf die Widerruflichkeit der Patientenverfügung bei Hufen, S. 16 ff.
[1961] BT-Drs. 16/8442, S. 15; so auch Reus, JZ 2010, S. 80, 82; darstellend Lanzrath, MedR 2017 S. 102, 104; vgl. hierzu auch ausführlich oben ab S. 175 m.w.N.
[1962] Dazu bereits kurz oben ab S. 56 m.w.N; vgl. bspw. ausführlich zum ACP Wied/Knebel/Tesky/Haberstroh, European Psychologist 2019 S. 146-158.
[1963] Barnikol/Beck/Birnbacher/Fangerau, Ärzte Zeitung 17.08.2015 06:08; Huber, Die medizinische Indikation als Grundrechtsproblem, S. 197; Birnbacher, EthikMed 2016, S. 283, 290.

troffenen nicht zu einem bestimmten Zeitpunkt festgelegt, sondern wiederholt und unter unterschiedlichen Umständen erfragt. [1964] Eine Fachkraft steht den Betroffenen und ihrem Umfeld zur Seite – dabei können sowohl Informationen über den zu erwartenden Krankheitsverlauf vermittelt als auch eine partnerschaftliche Unterstützung im Hinblick auf die Willensbildung geleistet werden.[1965] Dieses in Deutschland bisher nur vereinzelt erprobte Verfahren ist gegenüber einer Patientenverfügung, wie sie de lege lata möglich ist, durchaus aufwendiger.[1966] In anderen Ländern ist es hingegen bereits erfolgreich etabliert.[1967]

b) Bewertung und Anforderungen im Kontext von Demenzen

Das Advance Care Planning bietet den Vorteil, dass eine kontinuierliche Willensbildung dem jeweiligen Krankheitsstadium angepasst werden kann.[1968] Die Betroffenen erhalten so die Gelegenheit, noch im frühen Demenzstadium, bei dem die Einwilligungsfähigkeit noch gegeben ist, vorherige Vorausverfügungen anzupassen, zu bekräftigen oder mit Unterstützung eine Patientenverfügung zu erstellen.[1969] Durch die Einbindung von Angehörigen kann zudem erreicht werden, dass diese, falls erforderlich, im Sinne des Patientenwillens entscheiden.[1970] Bei der individuellen Betreuung kann auch sichergestellt werden, dass die Wünsche für einen späteren Zeitpunkt so formuliert werden, dass sie sicher befolgt werden.[1971] Auch könnte so die Anzahl an Patientenverfügungen gesteigert werden.[1972] Von Vorteil könnte es zudem sein, wie von *Huber* vorgeschlagen, einen einheitlichen Dokumentationsbogen einzuführen, um die Ergebnisse der Gespräche in der Krankenakte unmittelbar verfügbar zu machen.[1973] Ein weiterer Vorteil ist, dass in diesem Rahmen auch eine Aufklärung erfolgen würde – dass eine solche von Vorteil wäre, hatte sich auch im Rahmen dieser Untersuchung ergeben.[1974] Weiterhin sollten die Wünsche auch unter die Bedingung gestellt werden, dass ein natürlicher Wille mit dem in

---

[1964] Barnikol/Beck/Birnbacher/Fangerau, Ärzte Zeitung 17.08.2015 06:08, Birnbacher, EthikMed 2016, S. 283, 290; Lanzrath, ab S. 244; dazu auch ausführlich bei Sahm, Patientenverfügung oder advanced care planning? S. 134.

[1965] Barnikol/Beck/Birnbacher/Fangerau, Ärzte Zeitung 17.08.2015 06:08; Huber, Die medizinische Indikation als Grundrechtsproblem, S. 197; Birnbacher, EthikMed 2016, S. 283, 290.

[1966] Barnikol/Beck/Birnbacher/Fangerau, Ärzte Zeitung 17.08.2015 06:08.

[1967] Deutscher Hospiz- und Palliativverband, ACP, S. 3; vgl. dazu ausführlich darstellend Lanzrath, ab S. 246 m.w.N.

[1968] Barnikol/Beck/Birnbacher/Fangerau, Ärzte Zeitung 17.08.2015 06:08; Birnbacher, EthikMed 2016, S. 283, 290; eine Übersicht dazu, wie dies im Einzelnen erfolgen kann, findet sich bspw. bei Deutscher Hospiz- und Palliativverband, ACP, S. 6 ff. m.w.N.; zustimmend letztlich auch *May/Sass*, in: Patientenverfügungen, S. 372 f.

[1969] Vgl. Barnikol/Beck/Birnbacher/Fangerau, Ärzte Zeitung 17.08.2015 06:08; für einen eher frühen Einsatz des ACP auch Wong, ACP, S. 107.

[1970] Huber, Die medizinische Indikation als Grundrechtsproblem, S. 198; Wong, ACP, S. 99.

[1971] Barnikol/Beck/Birnbacher/Fangerau, Ärzte Zeitung 17.08.2015 06:08; so auch Lanzrath, S. 248.

[1972] Lanzrath, S. 248.

[1973] Dazu ausführlich bei Huber, Die medizinische Indikation als Grundrechtsproblem, S. 198f.

[1974] Vgl. dazu etwa soeben ab S. 333.

der Verfügung niedergelegten Willen übereinstimmt.[1975] Dies würde insgesamt zu mehr Rechtssicherheit im Umgang mit Patientenverfügungen von Demenzerkrankten führen und auch der Patientenautonomie zu einer besseren Geltung verhelfen.[1976]

Ab dem Zeitpunkt, in dem Demenzerkrankte nicht mehr einwilligungsfähig sind, kann die Entscheidungsassistenz eine Unterstützungsmöglichkeit bieten.[1977] Das sog. Shared Decision Making kann auch in Zwischenstadien eine Rolle spielen.[1978]

Das Advance Care Planning kann in der Praxis aber auf das Problem stoßen, dass sich Betroffenen auch im Anfangsstadium einer Demenzerkrankung nur eingeschränkt in die spätere Situation einer fortgeschrittenen Demenz hineinversetzen können oder wollen.[1979] Oft sind den Betroffenen ihre Möglichkeiten im Hinblick auf Vorausverfügungen auch nicht bekannt.[1980] Zudem könnten mangelndes Fachpersonal sowie finanzielle Gesichtspunkte aus praktischer Sicht eine Rolle spielen.[1981] Hier könnte es aber in Zukunft auch möglich sein, über Entscheidungsassistenzprogramme und vermehrte Aufklärung eine Lösung zu finden. [1982] Schließlich könnte eine gesetzliche Einführung des Advance Care Planning dafür sorgen, dass sich mehr Betroffenen dieser Möglichkeit bewusst werden. Insgesamt ist die Möglichkeit des Advance Care Planning im Zusammenhang mit Demenzerkrankungen als positiv und damit wünschenswert einzustufen.

2. Mögliche Anknüpfungspunkte de lege lata

Es stellt sich die Frage, wie das Advance Care Planning in das geltende Recht etabliert werden kann.

[1975] Barnikol/Beck/Birnbacher/Fangerau, Ärzte Zeitung 17.08.2015 06:08;

[1976] Barnikol/Beck/Birnbacher/Fangerau, Ärzte Zeitung 17.08.2015 06:08; Birnbacher, EthikMed 2016, S. 283, 290,Höfling, Chancen, Risiken und Grenzen von BVP aus gesundheits(verfassungs)rechtlicher Sicht, S. 17 m.w.N.; Wong, ACP, S. 94.

[1977] Barnikol/Beck/Birnbacher/Fangerau, Ärzte Zeitung 17.08.2015 06:08; dazu ausführlich bei Duttge, MedR 2019 S. 771-776 im Hinblick auf „Decision-Support-Systeme", die in Zukunft erwartet werden können.

[1978] Dorneck/Gassner/Kersten/Lindner/Linoh/Nebe/Rosenau/Schmidt am Busch, MedR 2019, S. 431, 434; Huber, Die medizinische Indikation als Grundrechtsproblem, S. 201 m.w.N.; dazu auch Koelbing, Partizipative Entscheidungsfindung bei der Beratung zur Patientenverfügung, S. 19 ff. m.w.N.

[1979] Barnikol/Beck/Birnbacher/Fangerau, Ärzte Zeitung 17.08.2015 06:08; dazu auch Birnbacher, EthikMed 2016, S. 283, 290f.

[1980] Barnikol/Beck/Birnbacher/Fangerau, Ärzte Zeitung 17.08.2015 06:08.

[1981] Barnikol/Beck/Birnbacher/Fangerau, Ärzte Zeitung 17.08.2015 06:08; Huber, Die medizinische Indikation als Grundrechtsproblem, S. 198; vgl. zu weiteren Kritikpunkten, insbesondere der sog. „Vertreterverfügung" bei Höfling, Chancen, Risiken und Grenzen von BVP aus gesundheits(verfassungs)rechtlicher Sicht, S. 18 ff. m.w.N.

[1982] Ähnlich Barnikol/Beck/Birnbacher/Fangerau, Ärzte Zeitung 17.08.2015 06:08.

a) HPG

Infolge des Hospiz- und Palliativgesetzes (Art. 1 Nr. 10 HPG) wird das Institut der „gesundheitlichen Versorgungsplanung für die letzte Lebensphase"[1983] in § 132g Abs. 1 S. 1 SGB V eingeführt. Dieser ermöglicht vollstationären Pflegeeinrichtungen eine Aufwandsentschädigung, wenn diese dort lebenden Versicherten ein Beratungsangebot machen.[1984] Dies bezieht sich nur auf Betroffenen in stationären Pflegeeinrichtungen. Die Regelung sollte umfassender gelten, um möglichst allen Demenzerkrankten die Chance auf eine umfängliche Geltung ihrer Autonomie zu verschaffen.

b) Änderung des § 1827 BGB

Um die Chancen des Advance Care Planning allen Demenzerkrankten zugänglich zu machen, besteht die Möglichkeit, an die bereits im zivilrechtlichen Betreuungsrecht verortete Möglichkeit der Patientenverfügung nach §§ 1827 ff. BGB anzuknüpfen.[1985] Hier könnte angedacht werden, § 1827 BGB entsprechend anzupassen. Da sich das Advance Care Planning gerade für den hier behandelten Fall fortschreitender kognitiver Erkrankungen anbietet, könnte eine gesetzliche Regelung zunächst auf solche beschränkt werden. Es könnte im Rahmen des § 1827 BGB folgender Abs. 4a ergänzt werden:

§ 1827 Abs. 4 a BGB

(4a) [1]Betreuten, die an einer fortschreitenden Erkrankung leiden, bei der die Einwilligungsunfähigkeit allmählich eintritt, soll wiederholt ein Gesprächsangebot von Betreuer und behandelndem Arzt unterbreitet werden, bei dem die in der Patientenverfügung festgelegten Wünsche im Hinblick auf das jeweilige Krankheitsstadium erörtert und ggf. auf Wunsch der Betroffenen angepasst werden können. [2]An diesem Gespräch sollen, wenn möglich und erwünscht, Angehörige oder andere Bezugspersonen des Betreuten teilnehmen. [3]Die Ergebnisse dieser Gespräche sollen auf einem Beratungsbogen festgehalten und in der Krankenakte aufbewahrt werden. [4]Nach Notwendigkeit und Möglichkeit soll der Patient bei der Entscheidungsfindung unterstützt werden.

[1983] BGBl. 2015, 2114; BT-Drs. 18/5170, 18/5868, 18/6585; dazu auch bei Höfling, Chancen, Risiken und Grenzen von BVP aus gesundheits(verfassungs)rechtlicher Sicht, S. 15.

[1984] Höfling, Chancen, Risiken und Grenzen von BVP aus gesundheits(verfassungs)rechtlicher Sicht, S. 16 m.w.N.; dazu auch ausführlich bei Deutscher Hospiz- und Palliativverband, ACP, S. 3 ff.

[1985] Huber, Die medizinische Indikation als Grundrechtsproblem, S. 198; vgl. zur grundsätzlich begrüßenswerten Verortung der Patientenverfügung im zivilrechtlichen Betreuungsrecht bereits oben ab S. 284.

II. Ausweitung der Möglichkeit von Forschungsverfügungen

Die Möglichkeit der Errichtung einer Forschungsverfügung ist derzeit nur für einen Teilbereich, in dem Forschung möglich wäre, möglich. Für einen ebenso wichtigen Bereich, der über § 40b AMG i.V.m. der VO (EU) 536/2014 hinausgeht, besteht diese Möglichkeit de lege lata trotz erhöhten Forschungsbedarfs gerade im Zusammenhang mit Demenzerkrankungen nicht. [1986] Zudem ist die Regelung im Hinblick auf die zu wahrende Patientenautonomie nicht unproblematisch.[1987] Um diese Probleme in Zukunft einer angemesseneren Lösung zuzuführen, sollen mögliche Regelungsmodelle erörtert und inhaltliche Anforderungen an die Regelung der Forschungsverfügung auf Basis der Ergebnisse von Untersuchungen zum Zweck der Demenzfrüherkennung de lege ferenda formuliert werden.

1. Mögliche Regelungsmodelle

Denkbar wäre es zunächst, eine Integration der Forschungsverfügung in die §§ 1827 ff. BGB vorzunehmen. Zudem könnte in einem originären Regelwerk zur Humanforschung die Möglichkeit einer Forschungsverfügung eröffnet werden.

a) Integration in Regelung der Patientenverfügung

Parallel zur Einführung des Advance Care Planning im Kontext der Patientenverfügung nach § 1827 BGB[1988] könnte ein Advance Research Planning[1989] ermöglicht werden. Zur Unterstützung der Entscheidungsfindung der Betroffenen wäre auch hierbei ggf. an die Entscheidungsassistenz zu denken.[1990] Dadurch könnte auch der Problematik eines entgegenstehenden natürlichen Willens in diesem Kontext weitgehend Abhilfe geschaffen werden.[1991] Dennoch sollte im Hinblick auf die Forschungsverfügung entgegen eines natürlichen Willen keinesfalls eine Zwangsbehandlung[1992] stattfinden – dies wäre mit den Grundsätzen, die im Rahmen der Humanforschung zu beachten sind[1993], nicht vereinbar. Hier überwiegen die zu schützenden

---

[1986] Hierzu aus verfassungsrechtlicher Sicht bereits oben ab S. 286, im Hinblick auf Funktionalität und Praktikabilität ab S. 312 und aus rechtsexterner Perspektive ab S. 334 jeweils m.w.N.

[1987] Vgl. hierzu ausführlich oben ab S. 313 sowie ab S. 336 jeweils m.w.N.

[1988] Vgl. zu diesem Vorschlag soeben ab S. 352.

[1989] Beck/Schicktanz, S. 184; zu sog. Advance Research Directives in Deutschland auch Scholten/Gieselmann/Gather/Vollmann, GeroPsych 2018 S. 77-86.

[1990] Siehe dazu bereits oben in Kapitel 2 zu Alternativen zur Einwilligung bei Humanforschung sowie Duttge, MedR 2019 S. 771-776.

[1991] Zu dieser Problematik in Bezug auf Forschungsverfügungen ausführlich Reimer, S. 308.

[1992] Dazu ausführlich bei Reimer m.w.N. ab S. 317, der im Ergebnis aber eine andere Ansicht vertritt.

[1993] Dazu bereits oben ab S. 53 m.w.N.

Grundrechte der Betroffenen, die gerade im Stadium der Einwilligungsunfähigkeit besonders schützenswert sind.[1994]

Die rechtliche Betreuung, in deren Kontext die Patientenverfügung geregelt ist, soll dazu dienen, die Patientenautonomie zu wahren und den Wünschen des Betreuten im Hinblick auf die Behandlung im Zustand der Einwilligungsfähigkeit zu entsprechen.[1995] Eine darüber hinausgehende Möglichkeit der Vorausverfügung im Hinblick auf Forschungsverfügungen an dieser Stelle einzufügen, erscheint daher nicht wirklich passend und daher nicht begrüßenswert. Ein Verweis auf die Regelung der Patientenverfügung erscheint aus anderen Gesetzen aber möglich, so wie dies auch in § 40b AMG erfolgt ist.

b) Humanforschungsgesetz

Teilweise wird als Alternative zur Erweiterung bestehender Regelungen im Forschungsbereich die Einführung eines Humanforschungsgesetzes angedacht.[1996] Dieses sollte an die Bestimmungen des GenDG weitgehend angeglichen sein bzw. mit diesen in Einklang stehen.[1997] Auch in anderen Ländern sei eine Entwicklung in diesem Bereich zu beobachten.[1998]

c) Integration in Prädiktionsgesetz

Vorzugswürdig erscheint jedoch eine Verortung in dem hier vorgeschlagenen allgemeinen Prädiktionsgesetz[1999], das auf dem GenDG beruhen soll. Da das Errichten von Forschungsverfügungen gerade auf Basis von Untersuchungen zum Zweck der Früherkennung von Krankheiten in hinreichender Bestimmtheit zu erwarten ist, erscheint eine Verortung an dieser Stelle sinnvoll. Dabei ist ein Verweis auf die Regelungen nach §§ 1827 ff. BGB möglich, die nach der hier vorgeschlagenen Einführung des § 1827 Abs. 4a

---

1994 Vgl. auch hierzu oben ab S. 55 m.w.N.

1995 *Götz* in: Grüneberg BGB, § 1821 Rn. 1.

1996 Dazu ausführlich bei Vossenkuhl, S. 114f., auch in diesem Kontext zu Gesetzesentwürfen nach BT-Drs. 17/3868, 17/3790.

1997 Vossenkuhl, S. 115.

1998 Vossenkuhl, S. 115 m.w.N.

1999 Dazu ausführlich soeben ab S. 344.

BGB[2000] auch die Möglichkeit eines Advance Care Planning und einer Entscheidungsassistenz[2001] enthalten würden. Zudem bestünde die Möglichkeit der Einführung eines Straftatbestandes, der einen Verstoß gegen die Vorschriften zur Forschungsverfügung entsprechend § 25 GenDG sanktioniert, um die Strafbarkeitslücke aus §§ 223 ff. StGB zu schließen.[2002]

2. Inhaltliche Anforderungen

Weiterhin sollen die inhaltlichen Anforderungen an eine Kodifikation der Forschungsverfügung in einem allgemeinen Prädiktionsgesetz formuliert werden. Grundsätzlich ist dabei von der Geeignetheit eines Verweises auf die §§ 1827 ff. BGB auszugehen.

a) Legitimationswirkung

Im Sinne der Patientenautonomie ist insbesondere darauf zu achten, die im Zusammenhang mit der geplanten Regelung der Forschungsverfügung entstehende schwächere Legitimationswirkung zu unterbinden.[2003] Nach § 40b Abs. 4 S. 3 AMG bildet die Verfügung lediglich eine Grundlage für die erst im Anschluss auf Basis einer umfassenden Aufklärung erfolgende Einwilligung einer betreuenden Person in ein konkretes Forschungsvorhaben.[2004] Hierauf ist im Rahmen einer Neuregelung zu verzichten, da einer ggf. erforderlichen Anpassung an die aktuelle Situation über die Möglichkeit der Entscheidungsassistenz Genüge getan wird.

b) Aufklärungserfordernis

Darüber hinaus sind im Rahmen von Forschungsverfügungen erhöhte Anforderungen an die Aufklärung zu stellen, insbesondere, was gruppennützige Forschung an später Einwilligungsunfähigen betrifft, um hierbei die Patientenautonomie in hinreichendem Maße schützen zu können. Dies sollte in einer entsprechenden Neuregelung im allgemeinen Prädiktionsgesetz berücksichtigt werden. Dabei kommt eine Aufklärung über bestimmte Studientypen in Betracht, da meist vorher nicht genau definiert werden kann, in welche Studien genau vorab eingewilligt

---

[2000] Dazu soeben ab S. 355.
[2001] Haberstroh/Scholten/Wied/Gieselmann, Fo 2+3/2018, S. 41, 43.
[2002] Vgl. zur Problematik dieser Regelungslücke de lege lata insbesondere im Hinblick auf die Patientenautonomie bereits oben ab S. 337 m.w.N.
[2003] Duttge, Die fremdnützige Forschung an Nichteinwilligungsfähigen, S. 236; vgl. dazu bereits ausführlich oben ab S. 313 m.w.N.
[2004] BT-Drs. 18/8034, S. 46; dazu auch Duttge, Die fremdnützige Forschung an Nichteinwilligungsfähigen, S. 236f.

werden soll.[2005] Dies würde auch die praktische Problematik umgehen, dass eine Einwilligung vorab ansonsten nicht den hohen Bestimmtheitsanforderungen genügt.[2006]

c) Beschränkung auf bestimmte Demenzstadien

Die Möglichkeit einer Forschungsverfügung sollte derzeit auf Stadien der leichten Demenz beschränkt werden, um Zwangsbehandlungen vorzubeugen. Im Kontext von Demenzerkrankungen in Form leichter kognitiver Beeinträchtigungen[2007] und leichter Demenz[2008] wurden positive Ergebnisse im Zusammenhang mit assistierten Entscheidungen erzielt, bei fortgeschritteneren Demenzformen[2009] ist jedoch nicht mit einer eigenen informierten Zustimmung zu rechnen.[2010] Angedacht werden können in Bezug auf Demenzerkrankte aber probeweise Entscheidungen sowie Wege, die der besonderen Krankheitssymptomatik Rechnung tragen, wie die Aktivierung vergangener Erfahrungen oder ein Rückgriff auf persönliche Informationen, Werte und Themen, mit denen sich die möglichen Testpersonen bisher in ihrem Leben befasst haben.[2011]

C. Zusammenfassung und Zwischenfazit zu Kapitel 9

Aus der rechtsinternen und rechtsexternen Bewertung der Regelungen zur Demenzfrüherkennung ergibt sich ein Regelungsbedarf de lege ferenda.

Im Hinblick auf die Beseitigung der wesentlichen Problematik der Ungleichbehandlung der Untersuchungen mittels nichtgenetischer und genetischer Biomarker, die im Rahmen der Demenzfrüherkennung in der Lage sind, nahezu gleich valide Ergebnisse zutage zu fördern, ist die Einführung eines allgemeinen Prädiktionsgesetzes am Vorbild des GenDG sinnvoll.[2012] Inhaltlich ist dabei zu beachten, dass eine Qualitätssicherung auch im Wege des Einsatzes von entsprechend geschultem Fachpersonal erfolgen kann, um praktische Probleme des Arztvorbehalts abzumildern.[2013] Weiterhin wäre so auch eine nebenstrafrechtliche Sanktion der Vornahme von nichtinvasiven Untersuchungen entgegen dem Willen der Betroffenen möglich, die zum Zweck

---

[2005] Dazu ausführlich bei Gieselmann/Scholten/Gather/Vollmann, Fortschr Neurol Psychiatr, DOI: 10.1055/a-0664-798.

[2006] Vgl. oben ab S. 218.

[2007] Siehe dazu aus medizinischer Sicht oben S. 11.

[2008] Siehe dazu aus medizinischer Sicht oben ab S. 11.

[2009] Siehe dazu aus medizinischer Sicht oben ab S. 12.

[2010] Haberstroh/Scholten/Wied/Gieselmann, Fo 2+3/2018, S. 41, 43 m.w.N., trotz Entscheidungsassistenz ist in solchen Konstellationen nicht mit einer eigenen informierten Zustimmung zu rechnen.

[2011] Haberstroh/Scholten/Wied/Gieselmann, Fo 2+3/2018, S. 41, 45.

[2012] Dazu soeben ab S. 342.

[2013] Dazu soeben ab S. 346.

der Demenzfrüherkennung vorgenommen werden.[2014] Auch kann so ein Aufklärungserfordernis für diese Art von Untersuchungen etabliert werden und datenschutzrechtliche Regelungen könnten auf diese Untersuchungsmethode ausgeweitet werden.[2015] Im Rahmen der Regelungen in Bezug auf Angehörige besteht de lege ferenda trotz einiger Schutzlücken kein Regelungsbedarf – hier ist eine Lösung praeter legem, bspw. in Form ethischer Richtlinien und der Einführung von Beratungsangeboten, vorzugswürdig.[2016] Hinsichtlich der Konstellation in Zusammenhang mit dem Arbeits- und Versicherungswesen können die wesentlichen Problempunkte der Regelung de lege lata durch ein allgemeines Prädiktionsgesetz ebenfalls einer Lösung zugeführt werden.

Im Kontext von Regelungen, die Vorausverfügungen betreffen, ist de lege ferenda eine Einführung des vorgeschlagenen § 1827 Abs. 4a BGB wünschenswert, um die Möglichkeit des Advance Care Planning im Rahmen der Patientenverfügung zu statuieren.[2017] Hierdurch kann eine wachsende Bereitschaft zur Errichtung von Patientenverfügungen, eine gesteigerte Validität auch zum Zeitpunkt des Eintritts einer Demenzerkrankung und letztlich ein umfassenderer Schutz der Patientenautonomie erhofft werden.[2018] Für Forschungsverfügungen, die aufgrund des erhöhten Forschungsbedarfs gerade im Zusammenhang mit Demenzerkrankungen gefördert werden sollten, bietet sich eine Regelung im Rahmen des empfohlenen allgemeinen Prädiktionsgesetzes an.[2019] Inhaltlich kann diese im Grundsatz an die Regelung der Patientenverfügung angelehnt werden – zusätzlich sollte aber ein gesondertes Aufklärungserfordernis sowie eine Beschränkung auf bestimmte Demenzarten bzw. Stadien, in denen die Betroffenen kognitiv noch in der Lage sind, ihre Entscheidungen, ggf. unter Assistenz zu überblicken, um abzulehnenden Zwangsbehandlungen vorzubeugen, in der Regelung enthalten sein.[2020]

[2014] Dazu oben ab S. 347.
[2015] Auch hierzu oben ab S. 348.
[2016] Dazu oben ab S. 349.
[2017] Dazu oben ab S. 352.
[2018] Auch hierzu oben ab S. 352.
[2019] Dazu oben ab S. 357.
[2020] Dazu soeben ab S. 358.

Teil IV: Abschließende Betrachtung

© Der/die Autor(en), exklusiv lizenziert an
Springer Fachmedien Wiesbaden GmbH, ein Teil von Springer Nature 2026
S. Kahre-Krüger, *Die Demenzfrüherkennung mittels genetischer & nicht-genetischer Biomarker*, https://doi.org/10.1007/978-3-658-50890-6_11

A. Zusammenfassung

Demenz ist eine vielfältige Erkrankung. Es sind primäre und sekundäre Demenzen zu unterscheiden, wobei primäre Demenzen aufgrund des Umstandes, dass diese derzeit nicht heilbar sind, in den Fokus der Untersuchung gerückt werden. Die häufigsten Arten sind die Alzheimer-Erkrankung und die vaskuläre Demenz. Gemeinsam haben diese die infolge der kognitiven Beeinträchtigungen eintretende Veränderung der Persönlichkeit und zunehmende Beeinträchtigung der Lebensführung der Betroffenen. Unter Prädiktion oder auch Früherkennung wird hier die Vorhersage der Wahrscheinlichkeit des späteren Auftretens einer Krankheit bei einem (noch) gesunden Menschen verstanden. Die Prädiktion ist bei Demenz mittels genetischer und nichtgenetischer Biomarker möglich.

In der **medizinethischen Debatte** im Rahmen der Demenzfrüherkennung sind die Autonomie sowie die Prinzipien des Nutzens und Nichtschadens von entscheidender Bedeutung. Das Prinzip des *informed consent* und die Rechte auf Wissen und Nichtwissen sind Ausdruck der Wahrung der Autonomie der Betroffenen im Rahmen der Demenzfrüherkennung. Im Zusammenhang mit diesen Prinzipien können sich im Rahmen der Demenzfrüherkennung zahlreiche Probleme ergeben.

Im Hinblick auf eine Forschungsverfügung, die auf Grundlage der Ergebnisse der Untersuchungen statuiert werden könnte, sind zudem die medizinethischen Grundlagen der Humanforschung zu beachten. Die Arzneimittelprüfung stellt einen medizinethischen Kompromiss dar, der von einer Nutzen-Risiko-Analyse im Einzelfall abhängt. Die Testpersonen sind zum Zeitpunkt der Durchführung des Forschungsvorhabens im Kontext von Demenzen in der Regel einwilligungsunfähig und damit besonders schutzwürdig.

Die **Regelungen**, die auf die Demenzfrüherkennung anwendbar sind, sind nach den Situationen der Demenzfrüherkennung zu differenzieren: der Informationsgewinnung, dem Umgang mit den Ergebnissen, was insbesondere die Mitteilung derselben einschließt, sowie Regelungen in Bezug auf Dritte wie Angehörige, Arbeitgebende oder Versicherungen. Für Untersuchungen mittels **genetischer Biomarker** gilt auf Grundlage der gesetzgeberischen Annahme einer Sonderrolle genetischer Daten das **GenDG**. Auf die Demenzfrüherkennung mittels **nichtgenetischer Biomarker** finden keine Spezialregelungen wie das GenDG, sondern die **allgemeinen Vorschriften**, Anwendung.

Hinsichtlich der **Gewinnung von Informationen** ist bei einer Handlung gegen den Willen der Betroffenen, also ohne die ggf. erforderliche Einwilligung, eine Strafbarkeit wegen Körperverletzung nach § 223 Abs. 1 StGB denkbar. Invasive Untersuchungen stellen meist eine tatbestandliche Körperverletzung dar, die im Wege der Einwilligung gerechtfertigt sein kann. Gering- oder nichtinvasive Untersuchungen erfüllen die Tatbestandsvoraussetzungen des § 223 Abs. 1 StGB regelmäßig nicht. Als zivilrechtliche Folgen der Untersuchung ohne Einwilligung der Betroffenen kommen sowohl eine vertragliche Haftung aus § 280 Abs. 1 BGB wegen einer Verletzung des Behandlungsvertrags als auch deliktische Ansprüche in Betracht.

§§ 7 – 14 GenDG regeln die Voraussetzungen genetischer Untersuchungen. Im Fokus dieser Regelungen steht die nach § 8 GenDG erforderliche Einwilligung der Betroffenen. Ein ärztliches Handeln, das nicht von einer solchen Einwilligung umfasst ist, zieht eine Strafbarkeit nach § 25 Abs. 1 Nr. 1 GenDG nach sich. Die Einwilligung muss auf einer umfassenden Aufklärung nach § 9 GenDG beruhen. Zusätzlich ist eine genetische Beratung nach § 10 GenDG erforderlich. § 7 Abs. 1, 2 GenDG sehen einen Facharztvorbehalt vor, dessen Nichtbeachtung nach § 26 Abs. 1 Nr. 1, Abs. 3 GenDG eine Ordnungswidrigkeit darstellt. Weiterhin kommt bei Invasivität der genetischen Untersuchung eine Strafbarkeit nach § 223 Abs. 1 StGB in Betracht, wenn die Untersuchung ohne die erforderliche Einwilligung erfolgt.

Im Hinblick auf die **Situation des Umgangs mit den Ergebnissen** der Untersuchungen mittels nichtgenetischer Biomarker sind die Analyse der gewonnenen Proben und Daten, die Mitteilung der Ergebnisse und die anschließende Aufbewahrung der Proben und Daten auseinanderzuhalten. Es können sich aus der Vornahme einer Analyse der bei der Demenzfrüherkennung mittels nichtgenetischer Biomarker gewonnenen Daten und Proben zivilrechtliche Konsequenzen in Form eines Schadensersatzanspruches aus § 83 Abs. 1 S. 1, Abs. 2 BDSG ergeben. Aus strafrechtlicher Sicht kann die Analyse ohne oder gegen den Willen der Betroffenen eine Strafbarkeit nach § 42 Abs. 2 BDSG nach sich ziehen. Weiterhin ist auch unter Umständen eine Strafbarkeit nach den §§ 202a ff. StGB möglich. Entsprechendes gilt auch für den Umgang mit den Proben und Ergebnissen im Anschluss an die Analyse und Mitteilung.

Nach § 25 Abs. 1 Alt. 1 GenDG macht sich strafbar, wer eine genetische Analyse ohne die erforderliche Einwilligung der Betroffenen vornimmt, die auch hierfür nach § 8 Abs. 1 S. 1 GenDG vonnöten ist. Ordnungswidrig handelt nach § 26 Abs. 1 Nr. 1a GenDG, wer eine genetische Probe entgegen des Zwecks, für den sie gewonnen wurde, (§ 13 Abs. 1 S. 1 oder Abs. 2 GenDG) verwendet. Zudem handelt im Sinne des § 26 Abs. 1 Nr. 1 GenDG ordnungswidrig, wer entgegen § 7 Abs. 1, 2 GenDG, also ohne die vorgeschriebene Qualifikation, eine genetische Analyse durchführt.

Im Kontext der **Mitteilung der Ergebnisse** gegen oder ohne den Willen der Betroffenen sind psychische Folgen denkbar, die de lege lata ohne physischen Niederschlag nach der überwiegenden Meinung nicht von § 223 Abs. 1 StGB erfasst werden. Wird das Ergebnis der Untersuchung unbefugt an Dritte weitergegeben, kommt eine Strafbarkeit nach § 203 Abs. 1 Nr. 1 StGB in Betracht. Aus zivilrechtlicher Sicht ist ein Schadensersatzanspruch aus § 280 Abs. 1 BGB möglich, wenn aufgrund einer Diagnose psychischen Belastungen oder Vermögensdispositionen auftreten. Im Rahmen der deliktischen Haftung ist auch bei einer Mitteilung der Ergebnisse der Untersuchung ein Anspruch der Betroffenen aus § 823 Abs. 1 BGB denkbar; hier sind auch rein psychische Folgen beim Betroffenen erfasst.

Zudem ergibt sich aus § 25 Abs. 1 Nr. 1 GenDG eine Strafbarkeit, wenn den Betroffenen die Ergebnisse der Untersuchung ohne die erforderliche Einwilligung nach § 8 Abs. 1 S. 2 GenDG mitgeteilt werden. Weiterhin kommen unter Umständen die allgemeinen Straftatbestände nach § 223 Abs. 1 StGB und § 203 Abs. 1 Nr. 1 StGB in Betracht.

Im Hinblick auf den **anschließenden Umgang mit den Ergebnissen** kommen die allgemeinen Regelungen der DSGVO zur Anwendung. Weiterhin kann eine Ordnungswidrigkeit nach § 26 Abs. 1 Nr. 1b GenDG begangen werden, wenn die genetische Probe entgegen § 13 Abs. 1 S. 2 GenDG nicht oder nicht rechtzeitig vernichtet wird, soweit nicht die DSGVO unmittelbar gilt, § 26 Abs. 3 GenDG.

Schließlich wurden auch die **Regelungen hinsichtlich Dritter** dargestellt, die im Zug der Untersuchung zum Zweck der Demenzfrüherkennung betroffen sein können. Eine Strafbarkeit nach § 223 Abs. 1 StGB im Kontext psychischer Belastungen bei **Angehörigen** durch die Mitteilung der Untersuchungsergebnisse entgegen oder ohne ihren Willen kann de lege lata nur bei einem physischen Niederschlag vorliegen. Wird ihnen entgegen oder ohne den Willen der Betroffenen das Ergebnis der Untersuchung mitgeteilt, ist eine Strafbarkeit des ärztlichen Fachpersonals aus § 203 Abs. 1 Nr. 1 StGB denkbar. Zivilrechtlich kommt eine Haftung aus § 823 Abs. 1 BGB in Betracht, wobei diese nach einem Urteil des BGH[2021] nur für genetische Verwandte gilt und aufgrund des Schutzzwecks der Norm und des allgemeinen Lebensrisikos keine

[2021] BGH NJW 2014 S. 2190, 2190.

Zurechenbarkeit der möglichen psychischen Folgen besteht. Genetisch verwandte Personen werden auch vom GenDG nur bedingt geschützt.

Im **Versicherungs- und Arbeitsbereich** kommt auf strafrechtlicher Ebene zwar keine explizite Strafbarkeit bei einer Benachteiligung in Frage, bei einer unzulässigen Einflussnahme auf die Betroffenen, um sie zur Vornahme von Untersuchungen zum Zweck der Demenzfrüherkennung oder zur Offenbarung der Ergebnisse zu bewegen, ist im Versicherungsbereich eine Strafbarkeit nach § 240 Abs. 1 StGB wegen Nötigung möglich. Als zivilrechtliche Folge ist grundsätzlich eine Vertragsnichtigkeit im Wege des § 134 BGB denkbar. Weitere mögliche Anspruchsgrundlagen finden sich in den §§ 280 Abs. 1 BGB, §§ 280 Abs. 1, 311 Abs. 2, 241 Abs. 2 BGB, § 823 Abs. 1 und 2 BGB. Möglich ist weiterhin ein Folgenbeseitigungsanspruch aus §§ 1004 Abs. 1 S. 1, 823 Abs. 1 BGB, der auf den Abschluss eines Versicherungsvertrages gerichtet sein kann.[2022]

Nach § 25 Abs. 1 Nr. 5 GenDG wird bestraft, wer entgegen § 18 Abs. 1 S. 1 Nr. 2, § 19 Nr. 2 oder § 20 Abs. 1 Nr. 2 GenDG dort genannte Daten oder ein dort genanntes Ergebnis verwendet. Nach § 25 Abs. 1 Nr. 5 GenDG macht sich strafbar, wer entgegen § 19 Nr. 2 GenDG die Mitteilung von Ergebnissen verlangt, Ergebnisse entgegennimmt oder diese sogar verwendet. In zivilrechtlicher Hinsicht kommen für den Fall des Verstoßes gegen die Vorschriften aus §§ 19-22 GenDG Schadensersatz- und Entschädigungsansprüche nach § 21 Abs. 2 GenDG i.V.m. § 15 Abs. 1, 2 AGG in Frage.

Hinsichtlich der zivilrechtlichen Folgen von Verstößen gegen Vorschriften des GenDG trifft das GenDG keine weiteren gesonderten Regelungen, sodass hierbei grundsätzlich auf die bereits dargestellten allgemeinen Regelungen verwiesen werden kann. Bei der Anwendung dieser Normen sind aber die Wertungen des GenDG zu beachten, um diese nicht zu unterlaufen. Zudem besteht die Möglichkeit eines deliktischen Schadensersatzanspruchs aus § 823 Abs. 2 BGB i.V.m. einer Vorschrift aus dem GenDG.[2023]

Auf Grundlage von Untersuchungen zur Demenzfrüherkennung besteht die Möglichkeit, **Vorausverfügungen** für den Fall eines späteren Krankheitseintritts zu statuieren. Zumeist tritt bei Demenzerkrankungen im Verlauf der Krankheit das Stadium der Einwilligungsunfähigkeit ein. Hierauf können sich Vorausverfügungen zum einen im Hinblick auf die Behandlung, dann

---

[2022] Lensing, VuR 2009, S. 411, 417.

[2023] Zu dieser Möglichkeit auch bei Damm, MedR 2012, S. 705, 709; Fündling, S. 279; Schneider, NJW 2014, S. 3133, 3134; ähnlich auch Genenger, NJW 2010, S. 117; Wellenhofer, JuS 2015, S. 651, 652.

im Rahmen der Patientenverfügung nach § 1827 BGB, oder auf die Vornahme von Forschungsvorhaben, dann in Form einer Forschungsverfügung, beziehen. Die **Patientenverfügung** ist in einer detaillierten Regelung in den §§ 1827 ff. BGB kodifiziert, in Anlehnung an diese Regelungen gibt es die Möglichkeit einer **Forschungsverfügung** im Bereich der Arzneimittelprüfung nach § 40b AMG i.V.m. der VO (EU) 536/2014.

Insgesamt lässt sich bei den **Regelungen** trotz vermehrt auftretender Konfliktsituationen unter Berücksichtigung des gesetzgeberischen Entscheidungsspielraumes **kein Verstoß gegen die Verfassung** feststellen. Das lässt sich vor allem darauf zurückführen, dass die grundsätzliche Entscheidung des Gesetzgebers, genetische und nichtgenetische Biomarker unterschiedlich zu behandeln, nicht gegen Art. 3 Abs. 1 GG verstößt. Auch bei den geltenden Regelungen zur Patientenverfügung sowie die geplanten Regelungen in Bezug auf eine Forschungsverfügung ist unter Berücksichtigung des gesetzgeberischen Entscheidungsspielraumes kein Verstoß gegen die Verfassung festzustellen.

Etwas anderes ergibt sich jedoch zum Teil aus einer weiteren, insbesondere über den Entscheidungsspielraum des Gesetzgebers hinausgehenden, Bewertung der Regelungen im Hinblick auf **Funktionalität und Praktikabilität**. Im Einzelnen ergeben sich aber unter den über den gesetzgeberischen Entscheidungsspielraum hinausgehenden Gesichtspunkten der Funktionalität und Praktikabilität eine Vielzahl von Problemen, die de lege ferenda durchaus verbessert werden könnten. Dies gilt etwa für die Regelungen zur Informationsgewinnung im Hinblick auf die Aufklärung im Vorfeld der Untersuchung, insbesondere bzgl. der häufiger vorgenommenen Untersuchungen mittels nichtgenetischer Biomarker. Zudem sind die erhöhten Anforderungen an die Qualifikation der Person, die die Untersuchung vornimmt und nur in Bezug auf die seltenere Untersuchung auf genetische Biomarker gelten, zweifelhaft. Auch die strafrechtliche Regulierung der Analyse der im Rahmen der Untersuchung gewonnenen Daten birgt in Bezug auf die Sonderregelung des GenDG ähnliche Probleme. Die strafrechtliche Regelung in Bezug auf die unbefugte Mitteilung der Untersuchungsergebnisse ist lückenhaft. Die Regulierung in Bezug auf den anschließenden Umgang mit den Ergebnissen hingegen weist im Kontext des Untersuchungsgegenstandes keine Bedenken bzgl. Funktionalität und Praktikabilität auf.

Aus zivilrechtlicher Sicht bestehen keine Bedenken hinsichtlich Praktikabilität und Funktionalität der Regelungen, die bei Untersuchungen zum Zweck der Demenzfrüherkennung zur Anwendung kommen. Eine etwaige Ungleichbehandlung der Daten, die aus Untersuchungen auf nichtgenetische Biomarker stammen, ist hier grundsätzlich über eine analoge Anwendung der Vorschriften vermeidbar und auch anzuraten.

Die Regelungen in Bezug auf **Angehörige** der Betroffenen zeigen ein recht niedriges Schutzniveau, was zum Teil angemessen erscheint, insbesondere in Bezug auf die §§ 223 ff. StGB. Die Regelungen, die im Kontext des Versicherungs- und Arbeitslebens anwendbar sind, sind im Hinblick auf Funktionalität und Praktikabilität im Rahmen der Demenzfrüherkennung problematisch.

Die momentane zivilrechtliche Ausgestaltung der Patientenverfügung in §§ 1827 ff. BGB birgt im Kontext des Untersuchungsgegenstandes im Hinblick auf Funktionalität und Praktikabilität zahlreiche Schwierigkeiten. Auch die derzeit nur kaum vorhandene Möglichkeit einer Forschungsverfügung weist im Hinblick auf Funktionalität und Praktikabilität von Normen Probleme auf.

Auch aus **rechtsexterner Perspektive** ist die gesetzgeberische Annahme einer Sonderrolle genetischer Daten vor dem Hintergrund der Möglichkeiten der Demenzfrüherkennung problembehaftet.

Im Rahmen der Regelungen zur Informationsgewinnung zeigt sich eine Strafbarkeitslücke im Hinblick auf nichtinvasive Untersuchungen mittels nichtgenetischer Biomarker. Gleiches wird im Rahmen der Anforderungen an die Aufklärung deutlich. Eine Ausweitung des im GenDG festgelegten Arztvorbehalts scheint zwar praktisch problematisch, jedoch vor dem Hintergrund des Schutzes der Autonomie auch bei Betroffenen, die Untersuchung mittels nichtgenetischer Biomarker vornehmen lassen, geboten.

Das Recht auf informationelle Selbstbestimmung wird bei Untersuchungen mittels genetischer Biomarker umfassender geschützt - ein vergleichbarer Schutz ist de lege ferenda aufgrund der Vergleichbarkeit der Qualität der Ergebnisse grundsätzlich auch für Untersuchungen mittels nichtgenetischer Biomarker wünschenswert. Der gesetzliche Schutz des Rechts auf Nichtwissen und damit der Patientenautonomie erweist sich im Kontext der Mitteilung der Ergebnisse der Untersuchung insbesondere im Hinblick auf Untersuchungen mittels nichtgenetischer Biomarker als lückenhaft.

Änderungsbedürftig sind de lege ferenda nach rechtsexterner Bewertung auch die Regelungen in Bezug auf Arbeitgebende und Versicherungen. Aufgrund des vergleichbaren Aussagegehalts der verschiedenen Untersuchungsmethoden zum Zweck der Demenzfrüherkennung sollten für

Daten auf Basis genetischer und nichtgenetischer Biomarker ähnliche Vorschriften gelten.[2024] Die Regelungen, die auch die Angehörigen der Betroffenen berühren, sind de lege lata hingegen weitgehend angemessen. Eine Modifikation erscheint auf Basis der Untersuchungsergebnisse nicht erforderlich.

Im Kontext der Regelungen der Patientenverfügung de lege lata wird die Patientenautonomie von Demenzerkrankten nicht hinreichend berücksichtigt. Dies gründet sich vor allem darin, dass die Patientenverfügung eine Momentaufnahme darstellt und Veränderungen im Rahmen des fortschreitenden Prozesses einer Demenzerkrankung nicht ausreichend berücksichtigt werden. Weiterhin ist diskussionswürdig, dass keine Aufklärung erforderlich ist.

Auch bei der Regelung der Forschungsverfügung zeigt sich erheblicher Anpassungsbedarf. Die Normierung in § 40b Abs. 4 S. 3 AMG i.V.m. der VO (EU) 536/2014 ist infolge der regulatorischen Anlehnung an die Patientenverfügung mit ähnlichen Problemen wie diese verbunden. Weiterhin ist auch die Verortung im AMG problematisch, da so eine Forschung nur im Rahmen von Arzneimittelerprobung möglich ist. In eine Forschung im Hinblick auf andere Felder, insbesondere, was nichtgenetische Biomarker zur Früherkennung von Demenz angeht, kann daher trotz des erheblichen Bedarfs de lege lata nicht antizipiert eingewilligt werden.[2025] Diese Probleme bestehen auch im Kontext des Prinzips des Gleichgewichts.[2026] Schließlich tritt auch an dieser Stelle eine Strafbarkeitslücke im Kontext der §§ 223 ff. StGB zutage.[2027]

Im Hinblick auf die Beseitigung der wesentlichen Problematik der Ungleichbehandlung der Untersuchungen mittels nichtgenetischer und genetischer Biomarker, erscheint die **Einführung eines allgemeinen Prädiktionsgesetzes am Vorbild des GenDG** sinnvoll. Inhaltlich sollten die formulierten Vorschläge für die Qualitätssicherung, die nebenstrafrechtliche Sanktion der Vornahme von nichtinvasiven Untersuchungen entgegen dem Willen der Betroffenen sowie das Etablieren eines Aufklärungserfordernisses und die Ausweitung der datenschutzrechtlichen Regelungen beachtet werden. Im Rahmen der Regelungen in Bezug auf Angehörige besteht de lege ferenda trotz einiger Schutzlücken kein Regelungsbedarf – hier erscheint eine Lösung prae-

[2024] Vgl. dazu soeben ab S. 329.
[2025] Vgl. dazu oben ab S. 335.
[2026] Vgl. dazu oben ab S. 336.
[2027] Vgl. dazu soeben ab S. 337.

ter legem vorzugswürdig. Hinsichtlich des Arbeits- und Versicherungswesens können die wesentlichen Problempunkte der Regelung de lege lata durch ein allgemeines Prädiktionsgesetz ebenfalls gelöst werden.

Bzgl. Regelungen, die Vorausverfügungen betreffen, ist de lege ferenda eine **Einführung eines § 1827 Abs. 4a BGB** wünschenswert, um die Möglichkeit des Advance Care Planning im Rahmen der Patientenverfügung zu statuieren. Vorgeschlagen wird folgende Formulierung:

§ 1827 Abs. 4 a BGB

(4a) [1]Betreuten, die an einer fortschreitenden Erkrankung leiden, bei der die Einwilligungsunfähigkeit allmählich eintritt, soll wiederholt ein Gesprächsangebot von Betreuer und behandelndem Arzt unterbreitet werden, bei dem die in der Patientenverfügung festgelegten Wünsche im Hinblick auf das jeweilige Krankheitsstadium erörtert und ggf. auf Wunsch der Betroffenen angepasst werden können. [2]An diesem Gespräch sollen, wenn möglich und erwünscht, Angehörige oder andere Bezugspersonen des Betreuten teilnehmen. [3]Die Ergebnisse dieser Gespräche sollen auf einem Beratungsbogen festgehalten und in der Krankenakte aufbewahrt werden. [4]Nach Notwendigkeit und Möglichkeit soll der Patient bei der Entscheidungsfindung unterstützt werden.

Für Forschungsverfügungen bietet sich eine Regelung im Rahmen des empfohlenen allgemeinen Prädiktionsgesetzes an. Inhaltlich kann diese im Grundsatz an die Regelung der Patientenverfügung angelehnt werden – zusätzlich sollte aber ein gesondertes Aufklärungserfordernis sowie eine Beschränkung auf bestimmte Demenzarten bzw. Stadien, in denen die Betroffenen kognitiv noch in der Lage sind, ihre Entscheidungen, ggf. unter Assistenz zu überblicken, um abzulehnenden Zwangsbehandlungen vorzubeugen, in der Regelung enthalten sein.

B. Abschließendes Fazit und Ausblick

Die Untersuchung zeigt insgesamt, dass das Recht den Anforderungen, die durch die zunehmenden Möglichkeiten der Demenzfrüherkennung gestellt werden, noch nicht gerecht wird. Hier ist der Gesetzgeber in der Pflicht, regulatorisch einzuschreiten, um die Interessen aller Beteiligten de lege ferenda besser schützen zu können. Dieser Handlungsbedarf wird durch die zunehmende Forschung an verschiedensten Methoden zur Demenzfrüherkennung noch verschärft.

Auch hat sich gezeigt, dass der Schutz der Psyche im Strafrecht allgemein oft zu wünschen übrig lässt, obwohl gerade die psychische Gesundheit in der heutigen Zeit einen immer höheren gesellschaftlichen Stellenwert einnimmt.[2028] Trotz zahlreicher Untersuchungen und Diskussionen hat der Gesetzgeber hier bisher keinen erhöhten Handlungsbedarf gesehen. Es bleibt abzuwarten, ob hierzu in der kommenden Zeit ein Umdenken auch im Bereich der Gesetzgebung stattfindet.

Die vielfachen neuen technologischen Entwicklungen, mit denen sich die Menschheit konfrontiert sieht, bieten für die Gesellschaft Chancen und Risiken, die gerade auch durch eine vorausschauende rechtliche Regulierung einen angemessenen Ausgleich der Interessen aller Beteiligten herbeiführen sollten. So kann das Recht dazu beitragen, diese Entwicklungen für die Gesellschaft optimal nutzbar zu machen. Dass dies ansonsten verheerende, insbesondere psychische, Konsequenzen für den Einzelnen haben kann, ist am Beispiel der Demenzfrüherkennung im Rahmen dieser Untersuchung deutlich geworden.

[2028] Dazu bereits F. Knauer, Der Schutz der Psyche im Strafrecht, 2013.

Literaturverzeichnis

Ad hoc Arbeitsgemeinschaft im Diskursverfahren „Konfliktfall Demenzvorhersage"
Konsentierte Stellungnahme. Institut für Ethik und Geschichte der Medizin (UMG) / IEGUS – Institut für europäische Gesundheits- und Sozialwirtschaft, Göttingen/Bochum 2018.
(zitiert: AG „Konfliktfall Demenzvorhersage", Stellungnahme, S.)

Albrecht, Andreas/Albrecht, Elisabeth

- Patientenverfügung ohne Vertreter – geht das? – zugleich Anmerkung zum Beschluss des BGH vom 17.9.2014, XII ZB 202/13-1
  in: MittBayNot 2015 S. 110-114.
- Die Patientenverfügung – jetzt gesetzlich geregelt
  in: MittBayNot 2009 S. 426-435.

Amelung, Knut/Eymann, Frieder
Die Einwilligung des Verletzten im Strafrecht
in: JuS 2001 S. 937 – 946.

Ammann, Daniel
Medizinethik und medizinethische Expertengremien im Licht des öffentlichen Rechts, Berlin 2012.

Auffermann, Niklas/Vogel, Sebastian T.
Wider die Betriebsblindheit – Verhalten bei Durchsuchungen in Arztpraxen und Krankenhäusern
in: NStZ 2016 S. 387-391.

Armbrüster, Christian
Kontrahierungszwang im Allgemeinen Gleichbehandlungsgesetz?
in: NJW 2007 S. 1494-1498.

Bach, Ivo
Das Leben ist kein Schaden
in: NJW 2019 S. 1915-1918.

Baltz, Petra
Lebenserhaltung als Haftungsgrund, Berlin/Heidelberg 2010.
(zitiert: Baltz, S.)

© Der/die Herausgeber bzw. der/die Autor(en), exklusiv lizenziert an Springer Fachmedien Wiesbaden GmbH, ein Teil von Springer Nature 2026
S. Kahre-Krüger, *Die Demenzfrüherkennung mittels genetischer & nicht-genetischer Biomarker*, https://doi.org/10.1007/978-3-658-50890-6

Bamberger, Heinz Georg/Roth, Herbert/Hau, Wolfgang/Poseck, Roman
Beck'scher Online-Kommentar BGB, 71. Edition Stand 01.08.2024
(zitiert: *Bearbeiter/in* in: BeckOK BGB, § Rn.)

Barnikol, Birgit Utako/Beck, Susanne/Birnbacher, Dieter/Fangerau, Heiner
Advance Care Planning – Eine dynamische Form der Patientenverfügung
in: Ärzte Zeitung 17.08.2015 06:08.

Bartram, Claus R.
Wie viel Vorhersage verträgt der Mensch? Möglichkeiten und Grenzen prädiktiver genetischer Diagnostik
in: *Hillenkamp, Thomas (Hrsg.)*, Medizinrechtliche Probleme der Humangenetik, Berlin/Heidelberg 2002, S. 89-110.
(zitiert: Bartram, S.)

Bauer, Axel W.
Normative Entgrenzung – Themen und Dilemmata der Medizin- und Bioethik in Deutschland, Wiesbaden 2017.

Beauchamp, Tom L./Childress, James F.
Principles of Biomedical Ethics, Seventh Edition, New York 2013.

Beck, Susanne

- Was ist ein gutes Strafgesetz?
  in: *Zabel, Benno (Hrsg.)*, Strafrechtspolitik – Grundlagen der Strafrechtswissenschaft, Zürich 2018, S. 45-78.
  (zitiert: Beck, Was ist ein gutes Strafgesetz? S.)
- Krankheitsbegriff im Kontext der Körperverletzungsdelikte
  in: *Beck, Susanne (Hrsg.)*, Krankheit und Recht – Ethische und juristische Perspektiven, Berlin/Heidelberg 2017, S. 101 – 133.
  (zitiert: Beck, Krankheitsbegriff im Kontext der Körperverletzungsdelikte, S.)
- Stammzellforschung und Strafrecht: zugleich eine Bewertung der Verwendung von Strafrecht in der Biotechnologie, 2. Auflage Berlin 2008.
  (zitiert: Beck, S.)

Beck, Susanne/Schicktanz, Silke
„Wer viel weiß hat viel zu sorgen“? Zur Prädiktion von Altersdemenz mittels Biomarker: ethische und rechtliche Fragestellungen
in: Jahrbuch für Ethik und Recht Band 24 (Hrsg.: Hruschka, Joachim/Joerden, Jan C.), Berlin 2016, S. 161-184.

Beck, Susanne/ Barnikol, Utako Birgit/ Birnbacher, Dieter/ Langenberg, Ulrich/ Steinert, Jessica/ Schulenburg, Dirk/ Fangerau, Heiner
Prädiktive Medizin – eine rechtliche Perspektive
in: MedR 2016 S. 753 – 757.

Beckert, Sandra Maria
Einwilligung und Einverständnis
in: JA 2013 S. 507-511.

Beckmann, Rainer

- Indikation und "Therapiezieländerung"
  in: MedR 2018 S. 556-562.
- Patientenverfügungen: Entscheidungswege nach der gesetzlichen Regelung
  in: MedR 2009 S. 582-586.

Beermann, Christopher
Die Patientenverfügung
in: FPR 2010 S. 252-255.

Bender, Denise
Heilversuch oder klinische Prüfung? – Annäherung an eine diffuse Grenze
in: MedR 2005 S. 511-516.

Berghmans, R L P
Advance directives for non-therapeutic dementia research: some ethical and policy considerations
in: Journal of Medical Ethics 1998, S. 32 – 37.

Birnbacher, Dieter

- Patientenverfügung und Advance Care Planning bei Demenz und anderen kognitiven Beeinträchtigungen
  in: Ethik in der Medizin 2016 S. 283 – 294.
- Vulnerabilität und Patientenautonomie – Anmerkungen aus medizinethischer Sicht
  in: MedR 2012 S. 560 – 565.
- Rechtsethische Grenzen der Strafbarkeit in der Reproduktionsmedizin
  in: Jahrbuch für Wissenschaft und Ethik 13 (2008) S. 81 – 106.
- Patientenautonomie und ärztliche Ethik am Beispiel der prädiktiven Diagnostik.
  In: *Honnefelder, Ludger/Streffer, Christian (Hrsg.)*, Jahrbuch für Wissenschaft und Ethik 2 (1997), Berlin 1997, S. 105-119.

Bloy, René
Der strafrechtliche Schutz der psychischen Integrität
in: *Hrsg.: Arnold, Jörg u.a.*: Menschengerechtes Strafrecht – Festschrift für Albin Eser zum 70. Geburtstag, München 2005, S. 233-255.
(zitiert: Bloy in: FS-Eser, S.)

Bobbert, Monika/Werner, Micha H.
Autonomie/Selbstbestimmung im Humanexperiment
in*: Lenk, Christian/Duttge, Gunnar/Fangerau, Heiner (Hrsg.)* Handbuch Ethik und Recht der Forschung am Menschen, Berlin 2014.

Bohnert, Joachim
Der beschuldigte Amtsträger zwischen Aussagefreiheit und Verschwiegenheitspflicht
in: NStZ 2004 S. 301-309.

Borrmann, Lisa
Akzessorietät des Strafrechts zu den betreuungsrechtlichen (Verfahrens-) Regelungen die Patientenverfügung betreffend (§§ 1901a ff. BGB), Berlin 2016.

Brauer, Susanne
Die Autonomiekonzeption in Patientenverfügungen – Die Rolle von Persönlichkeit und sozialen Beziehungen
in: Ethik Med 2008 S. 230-239.

Brox, Hans (Begr.)/Walker, Wolf-Dietrich
Besonderes Schuldrecht, 44. Auflage München 2020.
(zitiert: *Bearbeiter/in*: Brox/Walker, Besonderes Schuldrecht, § Rn.)

Brückl, Daniel
Rechtsfragen zur Verwendung von genetischen Informationen über den Menschen – Ein Beitrag zur rechtlichen Steuerung der Verwendung von Wissen, Berlin 2001.

Buchanan, Allen E./Brock, Dan W.
Deciding for others: The ethics of surrogate decision making, Cambridge 1990.

Bucholtz, Nina/Eckardt, Rahel
Berücksichtigungen ethischer Aspekte bei der Frühdiagnostik demenzieller Erkrankungen
in: ZfMER Heft 2 2012 S.29 – 32.

Bundesärztekammer

- Ärztestatistik zum 31. Dezember 2019
  (zuletzt abgerufen über https://www.bundesaerztekammer.de/ueber-uns/aerztestatistik/aerztestatistik-2019/ am 17.03.2021 um 16:27 Uhr.)
- Stellungnahme zum Umgang mit prädiktiven Tests auf das Risiko für die Alzheimer Krankheit
  in: Deutsches Ärzteblatt 09.03.2018 S. A1-A6.
  (zitiert: BÄK, Stellungnahme, S.)
- Richtlinien zur prädiktiven genetischen Diagnostik
  in: Deutsches Ärzteblatt Heft 19 9. Mai 2003 S. 1297 - 1305.

Bundesministerium der Justiz und für Verbaucherschutz (Hrsg.)
Patientenverfügungen – Leiden – Krankheit – Sterben, Berlin 2017.
(zitiert: BMJ, Patientenverfügungen, S.)

Busch, Markus
Epidemiologie und Bedeutung vaskulärer Risikofaktoren
in: CardioVasc 2011 S. 32 – 38.

Childress, James F.
Methods in Bioethics
in: *Steinbock, Bonnie* (Hrsg.), The Oxford Handbook of Bioethics, New York 2009, S. 15 – 45.

Clark, David P.
Molecular Biology – Understanding the Genetic Revolution, München 2006.

Coeppicus, Rolf

- Offene Fragen zum „Patientenverfügungsgesetz“
in: NJW 2011 S. 2085-2091.
- Anreize zur Errichtung von Patientenverfügungen
in: ZRP 2003 S. 175-178.

Cramer, Regine
Sechs Jahre Gendiagnostikgesetz: Zur Bedeutung des Gesetzes in der ärztlichen Praxis für die Erkennung und Behandlung genetisch-bedingter Erkrankungen unter Bezugnahme auf die Aufgabe der Gendiagnostikkommission
in: MedR 2016 S. 512-516.

Cramer, Stephan
Genom- und Genanalyse – Rechtliche Implikationen einer „prädiktiven Medizin“, Frankfurt am Main 1991.

Dabrock, Peter
Die konstruierte Realität der sog. individualisierten Medizin – Sozialethische und theologische Anmerkungen
in: *Schumpelick, V./ Vogel, B. (Hrsg.)*, Medizin nach Maß: Individualisierte Medizin – Wunsch und Wirklichkeit. Freiburg/Breisgau 2011, S. 285-313.

Damm, Reinhard

- Prädiktive Gendiagnostik, Familienverband und Haftungsrecht
in: MedR 2014 S. 139-147.

- Prädiktive Diagnostik und Demenz - Rechtliche Grundprobleme und medizinische Optionen
  in: GesR 2013 S. 385 – 399.
- Prädiktive Gesundheitsinformationen in der modernen Medizin
  in: DuD 2011 S. 859 – 866.
- Personalisierte Medizin und Patientenrechte - Medizinische Optionen und medizinrechtliche Bewertung
  in: MedR 2011 S. 7-17.
- Medizinrechtliche Grundprinzipien im Kontext von Pflege und Demenz – „Selbstbestimmung und Fürsorge"
  in: MedR 2010, S. 451 – 463.
- Imperfekte Autonomie und Neopaternalismus – Medizinrechtliche Probleme der Selbstbestimmung in der modernen Medizin
  in: MedR 2002, S. 375 – 387.
- Prädiktive Medizin und Patientenautonomie
  in: MedR 1999, S. 437 – 448.

Damm, Reinhard/König, Stefan
Rechtliche Regulierung prädiktiver Gesundheitsinformationen und genetischer „Exzeptionalismus"
in: MedR 2008 S. 62 – 70.

Deutsch, Erwin
Heilversuche und klinische Prüfung – Zulässigkeit und Voraussetzungen
in: VersR 2005 S. 1009-1013.

Deutsch, Erwin/Spickhoff, Andreas
Medizinrecht, 7. Auflage Berlin/Heidelberg 2014.

Deutsche Alzheimer Gesellschaft e.V. Selbsthilfe Demenz

- Informationsblatt 1 – Die Häufigkeit von Demenzerkrankungen
  abrufbar unter https://www.deutsche-alzheimer.de/publikationen/informationsblaetter (abgerufen am 12.09.2024 12:01).
- Informationsblatt 4 – Die Genetik der Alzheimer-Krankheit
  abrufbar unter https://www.deutsche-alzheimer.de/publikationen/informationsblaetter (abgerufen am 12.09.2024 12:02).

Deutscher Ethikrat

- Die Zukunft der genetischen Diagnostik – von der Forschung in die klinische Anwendung – Stellungnahme, Berlin 2013.
  (zitiert: Deutscher Ethikrat, Die Zukunft der genetischen Diagnostik – Stellungnahme, S.)
- Demenz und Selbstbestimmung – Stellungnahme, Berlin 2012.

Deutscher Hospiz- und PalliativVerband e. V.
Advance Care Planning (ACP) in stationären Pflegeeinrichtungen – Eine Einführung auf Grundlage des Hospiz- und Palliativgesetzes (HPG), 23.02.2016.
(zitiert: Deutscher Hospiz- und Palliativverband, ACP, S.)

Diehn, Thomas/Rebhan, Ralf
Vorsorgevollmacht und Patientenverfügung
in: NJW 2010 S. 326-331.

Dölling, Dieter
Gerechtfertigter Behandlungsabbruch und Abgrenzung von Tun und Unterlassen
in: ZIS 2011 S. 345-348.

Dorneck, Carina/Gassner, Ulrich M./Kersten, Jens/Lindner, Josef Franz/Linoh, Kim Philip/Nebe, Katja/Rosenau, henning/Schmidt am Busch, Birgit
Contextual Consent – Selbstbestimmung diesseits der Illusionen des Medizinrechts
in: MedR 2019 S. 431, 439.

Dresser, Rebecca
Dworkin on Dementia – Elegant Theory, Questionable Policy
in: Hastings Center Report, Vol. 25, No. 6 (Nov.-Dec., 1995) S. 32-38.

Duttge, Gunnar

- „Decision-Support-System" für Therapieentscheidungen am Lebensende?
  in: MedR 2019 S. 771-776.
- Die fremdnützige Forschung an Nichteinwilligungsfähigen – Perspektiven der neuen EU-Verordnung zu klinischen Arzneimittelprüfungen
  in: Jahrbuch für Ethik und Recht Band 24 (Hrsg.: Hruschka, Joachim/Joerden, Jan C.), Berlin 2016, S. 223-239.

(zitiert: Duttge, Die fremdnützige Forschung an Nichteinwilligungsfähigen, S.)

- Das Recht auf Nichtwissen in einer informationell vernetzten Gesundheitsversorgung
  in: MedR 2016, S. 664 – 669.
- Rechtlich-Normative Implikationen des Rechts auf Nichtwissen in der Medizin
  in: Wehling, Peter (Hrsg.), Vom Nutzen des Nichtwissens. Sozial- und kulturwissenschaftliche Perspektiven, 2015, S. 75 – 92.
- Das Recht auf Nichtwissen in der Medizin
  in: DuD 2010, S. 34 – 38.
- Disziplinübergreifende Regulierung von Patientenverfügungen: Ausweg aus der strafrechtlichen Zwickmühle?
  In: *Hrsg.: Albers, Marion u.a.*: Patientenverfügungen, Baden-Baden 2008, S. 185-195.
  (zitiert: Duttge in: PatV, S.)

Dworkin, Ronald
Die Grenzen des Lebens – Abtreibung, Euthanasie und persönliche Freiheit, Reinbeck bei Hamburg 1994.

Eberbach, Wolfrahm H.

- Juristische Aspekte einer individualisierten Medizin
  in: MedR 2011 S. 757-770.
- Das neue Gendiagnostikgesetz – Ein Überblick aus juristischer Sicht
  in: MedR 2010 S. 155-163.

Ehlers, Alexander P.F./Broglie, Maximilian G. (Hrsg.)
Arzthaftungsrecht, 5. Auflage München 2014.
(zitiert: *Bearbeiter/in* in: Ehlers/Broglie, Arzthaftungsrecht, Rn.)

Eisenbart, Bettina
Patienten-Testament und Stellvertretung in Gesundheitsangelegenheiten – Alternativen zur Verwirklichung der Selbstbestimmung im Vorfeld des Todes, Baden-Baden 1998.
(zitiert: Eisenbart, S.)

Ellenberger, Jürgen u.a. (Bearb.)
Grüneberg Bürgerliches Gesetzbuch mit Nebengesetzen, 83. Auflage München 2024.
(zitiert: *Bearbeiter/in* in: Grüneberg BGB, § Rn.)

Engländer, Armin
Von der passiven Sterbehilfe zum Behandlungsabbruch – Zur Revision der Sterbehilfedogmatik durch den 2. Strafsenat des BGH
in: JZ 2011 S. 513-520.

Epping, Volker
Grundrechte, 8. Auflage Heidelberg 2019.
(zitiert: Epping, Grundrechte, Rn.)

Epping, Volker/ Hillgruber, Christian (Hrsg.)
Beck'scher Online-Kommentar Grundgesetz, 58. Edition, Stand: 15.06.2024
(zitiert: *Bearbeiter/in* in: BeckOK GG, Art., Rn.)

Eser, Albin (Gesamtredaktion)
Schönke/Schröder Strafgesetzbuch Kommentar, 30. Auflage München 2019.
(zitiert: *Bearbeiter/in* in: Schönke/Schröder StGB, § Rn.)

Fangerau, Heiner/Martin, Michael
Konzepte von Gesundheit und Krankheit – Die Historizität elementarer Lebenserscheinungen zwischen Qualität und Quantität
in: *Viehöver, Willy/Wehling/Peter (Hrsg.)*, Entgrenzung der Medizin, Bielefeld 2011, S. 51-66.

Fehr, Anja
Mobbing am Arbeitsplatz – Eine strafrechtliche Analyse des Phänomens Mobbing, Baden-Baden 2007.

Fisahn, Andreas
Ein unveräußerliches Grundrecht am eigenen genetischen Code
in: ZRP 2001 S. 49-54.

Fischer, Thomas
Strafgesetzbuch mit Nebengesetzen, 71. Auflage München 2024.
(zitiert: Fischer, StGB, § Rn.)

Frankena, William K. (Hrsg.: Hoerster, Norbert)
Ethik – Eine analytische Einführung, 6. Auflage Wiesbaden 2017.

Franzki, Dominik
Der Behandlungsvertrag – Ein neuer Vertragytypus im Bürgerlichen Gesetzbuch, Göttingen 2014.

von Freier, Friedrich
Recht und Pflicht in der medizinischen Humanforschung – zu den Grenzen der kontrollierten Studie, Berlin/Heidelberg 2009.
(zitiert: von Freier, S.)

Frister, Helmut
Strafrecht Allgemeiner Teil, 9. Auflage München 2020.
(zitiert: Frister, AT Kapitel Rn.)

Fündling, Caroline
Recht auf Wissen vs. Recht auf Nichtwissen in der Gendiagnostik, Baden-Baden 2017.

Gaede, Karsten
Durchbruch ohne Dammbruch – Rechtssichere Neuvermessung der Grenzen strafloser Sterbehilfe
in: NJW 2010 S. 2925-2928.

Gaul, Charly
Kann Autonomie „fremdvertreten" werden? Philosophische, medizinische und juristische Überlegungen zur Einstellung lebenserhaltender Therapie bei Schwerstkranken unter Wahrung der Autonomie der Betroffenen
in: Ethik Med 2002 S. 160 – 169.

Gaul, Charly/Helm, Jürgen
„Hochkomplex und individuell" – Die Notwendigkeit, zwischen der Willensäußerung des Patienten, den Wünschen der Angehörigen und der ärztlichen Überzeugung abzuwägen – ein Beispiel
in: Deutsches Ärzteblatt Heft 3 16. Januar 2009, S. A 84-A 87.

Geiß, Karlmann/Greiner, Hans-Peter
Arzthaftpflichtrecht, 7. Auflage München 2014.
(zitiert: *Bearbeiter/in* in: Geiß/Greiner, Abschnitt, Rn.)

Genenger, Angie
Das neue Gendiagnostikgesetz
in: NJW 2010 S. 113-117.

Gieselmann, Astrid/Scholten, Matthé/Gather, Jakov/Vollmann, Jochen
Forschungsvorausverfügungen bei Demenz: Medizinethische Überlegungen zur Aufklärungspflicht
in: Fortschritte der Neurologie Psychiatrie. DOI: 10.1055/a-0664-798.

Golbs, Ulrike
Das Vetorecht eines einwilligungsunfähigen Patienten, Baden-Baden 2006.

Günther, Hans-Ludwig
Strafrecht und Humangenetik
in: ZStW 1990 S. 269-291.

Graf Vitzthum, Wolfgang
Gentechnik und Grundgesetz – Eine Zwischenbilanz
in: *Häberle, Peter/Schmitt Glaeser, Walter/Graf Vitzthum, Wolfgang (Hrsg.)*: Das antizipierte Grundgesetz - Festschrift für Günther Dürig zum 70. Geburtstag, München 1990, S. 185-206.

Gräfin von Hardenberg, Simone
Genetische Gesundheitsdaten in der Individualisierten Medizin - Hinreichender Persönlichkeitsschutz oder rechtlicher Regelungsbedarf?
in: ZD 2014, S. 115-119.

Grimm, Dieter
Verfahrensfehler als Grundrechtsverstöße
in: NVwZ 1985, S. 865-872.

Gröpl, Christoph/Windthorst, Kay/von Coelln, Christian
Grundgesetz – Studienkommentar, 4. Auflage München 2020.
(zitiert: *Bearbeiter/in* in: Studienkommentar GG, Art. Rn.)

Gropp, Walter/Sinn, Arndt
Strafrecht Allgemeiner Teil, 5. Auflage Berlin 2021.
(zitiert: Gropp/Sinn, AT, Fundstelle)

Grüber, Katrin
Menschenwürde und Forschungsinteressen
in: Landeszentrale für politische Bildung Brandenburg (Hrsg.), Die Grenzen des Machbaren. Bioethik in Medizin und Genforschung Potsdam 2005, S. 48-58.

Gründel, Mirko
Einwilligung und Aufklärung bei psychotherapeutischen Behandlungsmaßnahmen
in: NJW 2002 S. 2987-2992.

Haberstroh, Julia/Scholten, Matthé/Wied, Theresa/Gieselmann, Astrid
Forschung bei fraglicher Einwilligungsfähigkeit: ethische Herausforderung und Entscheidungsassistenz
in: Fo 2+3/2018 S. 41-46.

Hahn, Erik/Sendowski, Marc
Der neue „Facharztbeschluss" des BVerfG – berufs- und vergütungsrechtliche Auswirkungen
in: NZS 2011 S. 728-732.

Hahne, Meo-Michaela
Zwischen Fürsorge und Selbstbestimmung – über die Grenzen von Patientenautonomie und Patientenverfügung
in: FamRZ 2003 S. 1619-1622.

Hardtung, Bernhard
Die Körperverletzungsdelikte
in: JuS 2008 S. 864-869.

Haupt, M./Seeber, H./Jänner, M.
Patientenverfügungen und Bevollmächtigungen in gesundheitlichen Angelegenheiten älterer psychisch kranker Menschen
in: Nervenarzt 1999 S. 256-261.

Haupt, M./Jänner, M.
Bereitschaft zur Teilnahme an gruppennütziger Demenzforschung
in: Nervenarzt 2018 S. 801-806.

Häberle, Peter (Hrsg.)
Erbs/Kohlhaas - Strafrechtliche Nebengesetze 251. Ergänzungslieferung, München 2024.
(zitiert: *Bearbeiter/in* in: Erbs/Kohlhaas, § Rn.)

Heinrich, Bernd
Strafrecht Allgemeiner Teil, 6. Auflage Stuttgart 2019.
(zitiert: Heinrich, AT, Rn.)

von Heintschel-Heinegg, Bernd
Beck'scher Online-Kommentar StGB, 62. Edition, Stand: 01.08.2024.
(zitiert: *Bearbeiter/in* in: BeckOK StGB, § Rn.)

Helmchen, Hanfried

- Ethische Implikationen der Neurowissenschaft in der Klinik
in: Nervenarzt 2000 S. 700-708.

- Ethische Erwägungen in der klinischen Forschung mit psychisch Kranken
in: Nervenarzt 2008 S. 1036-1050.

Helmchen, Hanfried/Lauter, Hans (Hrsg.)
Dürfen Ärzte mit Demenzkranken forschen? Stuttgart/New York 1995.

Herbst, Tobias
Autonomie und broad consent in der medizinischen Forschung
in: rphz 2019 S. 271-287.

Herdegen, Matthias
Europarecht, 22. Auflage München 2020.
(zitiert: Herdegen, Europarecht § Rn.)

Herzog, Roman/Herdegen, Matthias/Scholz, Rupert/Klein, Hans (Hrsg.)
Grundgesetz Kommentar, 92. Ergänzungslieferung, München 2020.
(zitiert: *Bearbeiter/in* in: Maunz/Dürig GG, Art., Rn.)

Heyers, Johannes
Prädiktive Gesundheitsinformationen – Persönlichkeitsrechte und Drittinteressen in: MedR 2009 S. 507-512.

Herdegen, Matthias

- Humangenetik und die Steuerungskraft des Verfassungsrechts
  in: *Hillenkamp, Thomas (Hrsg.)*, Medizinrechtliche Probleme der Humangenetik, Berlin/Heidelberg 2002, S. 1-16.
  (zitiert: Herdegen, S.)
- Die Erforschung des Humangenoms als Herausforderung für das Recht
  in: JZ 2000 S. 633-684.

Hibbeler, B./Barnikol, UB. / Maier, W.
Der Zustand einer Demenz ist im Vorfeld kaum vorstellbar
https://www.aerzteblatt.de/nachrichten/54956 (zuletzt abgerufen am 12.09.2024 12:16 Uhr).

Hildt, Elisabeth

- Autonomie in der Medizin
  in: Bundesgesundheitsbl – Gesundheitsforsch – Gesundheitsschutz 2008 S. 827 – 834 (zitiert: BGesBl. 2008, S.).
- Autonomie in der biomedizinischen Ethik – Genetische Diagnostik und Selbstbestimmte Lebensgestaltung, Frankfurt/Main 2006.
- Autonomie. Von den Implikationen eines politisch-moralischen Ideals in Humangenetik und Neurowissenschaften
  in: JCSW 2004 S. 37 – 60.

Hilgendorf, Eric
Einführung in das Medizinstrafrecht, 2. Auflage München 2019.

Höfling, Wolfrahm

- Chancen, Risiken und Grenzen von BVP aus gesundheits(verfassungs)rechtlicher Sicht
  in: *Höfling, Wolfrahm/Otten, Thomas/in der Schmitten, Jürgen (Hrsg.)* Advance Care Planning/Behandlung im Voraus planen: Konzept zur Förderung einer patientenzentrierten Gesundheitsversorgung, Baden-Baden 2019.

- Individualisierte Medizin. Anmerkungen und Einordnungen aus gesundheits(verfassungs)rechtlicher Perspektive
  in: *Schumpelick, Volker u.a. (Hrsg.)* Medizin nach Maß - Individualisierte Medizin - Wunsch und Wirklichkeit, Freiburg im Breisgau 2011 S. 203-218.
- Das neue Patientenverfügungsgesetz
  in: NJW 2009 S. 2849-2852.
- Antizipative Selbstbestimmung – eine kritische Analyse der Entwürfe zu einem Patientenverfügungsgesetz
  in: GesR 2009 S. 181-188.

Holzhauer, Heinz
Patientenautonomie, Patientenverfügung und Sterbehilfe
in: FamRZ 2006 S. 518-528.

Hoppe, Jörg-Dietrich
Patientenverfügung – eine Stellungnahme aus ärztlicher Sicht
in: FPR 2010 S. 257-260.

Huber, Franziska
Die medizinische Indikation als Grundrechtsproblem, Baden-Baden 2020.

Huber, Lara
Patientenautonomie als nichtidealisierte „natürliche Autonomie“
in: Ethik Med 2006 S. 133-147.

Hübner, Marlis/Pühler, Wiebke
Das Gendiagnostikgesetz – neue Herausforderungen im ärztlichen Alltag
in: MedR 2010 S. 676-682.

Hufen, Friedhelm

- In dubio pro dignitate - Selbstbestimmung und Grundrechtsschutz am Ende des Lebens
  in: NJW 2001 S. 849-857.
- Geltung und Reichweite von Patientenverfügungen – Der Rahmen des Verfassungsrechts, Baden-Baden 2009.
  (zitiert: Hufen, S.)

Illes, Franciska/Rietz, Christian u.a.
Einstellung zu psychatrisch-genetischer Forschung und prädiktiver Diagnostik
in: Ethik Med 2003 S. 268 – 281.

Ihrig, Thomas
Leitlinien zur Ermittlung und Durchführung des Patientenwillens – zugleich Anmerkungen zum Beschluss des BGH v. 10.11.2010 – 2 StR 320/10
in: DNotZ 2011 S. 583-589.

Ingelfinger, Ralph
Grundlagen und Grenzbereiche des Tötungsverbots: das Menschenleben als Schutzobjekt des Strafrechts, Köln 2004.

Ipsen, Jörn
Staatsrecht II – Grundrechte, 23. Auflage München 2020.

Irmer, Franziska
Klinische Forschung mit Nichteinwilligungsfähigen, Hamburg 2010.

Jähnke, Burkhard/Laufhütte, Heinrich Wilhelm/Odersky, Walter (Hrsg.)
Strafgesetzbuch Leipziger Kommentar Sechster Band (§§ 223-263a StGB), 11. Auflage Berlin 2005.
(zitiert: *Bearbeiter/in* in: LeiKo StGB, § Rn.)

Jansen, Scarlett
Forschung an Einwilligungsunfähigen, Berlin 2015.

Jarass, Hans D./Pieroth, Bodo
Grundgesetz für die Bundesrepublik Deutschland – Kommentar, 18. Auflage München 2024.
(zitiert: *Bearbeiter/in* in: Jarass/Pieroth GG Art. Rn.)

Jennings, Bruce
Autonomy
in: *Steinbock, Bonnie (Hrsg.),* The Oxford Handbook of Bioethics, New York 2007, S. 72 – 89.

Jescheck, Hans-Heinrich/Weigend, Thomas
Lehrbuch des Strafrechts Allgemeiner Teil, 5. Auflage Berlin 1996.
(zitiert: Jescheck/Weigend, § Abs. Nr.)

Jessen, Frank
Alzheimer-Krankheit: Neukonzeption vor dem Hintergrund aktueller Biomarkerforschung
in: Deutsches Ärzteblatt 21/113 vom 27.05.2016 S. 1028 – 1030.

Jin Choi, Seong
Patientenverfügung und Patientenautonomie zwischen Rechtsdogmatik und Rechtswirklichkeit, Frankfurt am Main 2010.

Joecks, Wolfgang/Jäger, Christian
Studienkommentar StGB, 13. Auflage München 2021.
(zitiert: Joecks, Studienkommentar StGB, § Rn.)

Johnson, Sarah Coate
Advance directives: from the perspective of the patient and the physician
in: J R Soc Med 1996 S. 568-570.

Jonas, Hans
Technik, Medizin und Ethik – Zur Praxis des Prinzips der Verantwortung, Frankfurt 1987.

Jox, Ralf J./Ach, Johann S./ Schöne-Seifert, Bettina
Der “natürliche Wille” und seine ethische Einordnung
in: Deutsches Ärzteblatt Heft 10 7. März 2014 S. 394 – 396.

Jox, Ralf J./Krebs, Miriam/Bickhardt, Jürgen/Heßdörfer, Karlo/Roller, Susanne/Borasio, Gian Domenico
Verbindlichkeit der Patientenverfügung im Urteil ihrer Verfasser
in: Ethik Med 2009 S. 21-31.

Jox, Ralf J./Spickhoff, Andreas/Marckmann, Georg
Forschung mit nicht Einwilligungsfähigen – Nach dem Gesetz ist vor dem Gesetz
in: Deutsches Ärzteblatt Heft 11 17. März 2017 S. 520 - 522.

Jürgens, Andreas/Crailsheim, Guido (Hrsg.)
Betreuungsrecht Kommentar, 6. Auflage München 2019.
(zitiert: *Bearbeiter/in* in: Betreuungsrecht Kommentar, § Rn.)

Kaiser, Dagmar/Schnitzler, Klaus/Friederici, Peter/Dauner-Lieb, Barbara (Hrsg.)
BGB Familienrecht Band 4: §§ 1297-1921, 4. Auflage Baden-Baden 2021.
(zitiert: *Bearbeiter/in* in: NK-BGB, § Rn.)

Kammer für öffentliche Verantwortung der EKD (Hrsg.)
Wenn die alte Welt verlernt wird – Umgang mit Demenz als gemeinsame Aufgabe, Hannover 2015.
(zitiert: EKD, S.)

Kant, Immanuel

- Kritik der praktischen Vernunft, 9. Auflage Hamburg 1929.
- Grundlegung zur Metaphysik der Sitten, 7. Auflage Hamburg 1997.

Kastner, Ulrich/Löbach, Rita
Handbuch Demenz, 4. Auflage München 2018.

Katzenmeier, Christian
Der Behandlungsvertrag – Neuer Vertragstypus im BGB
in: NJW 2013 S. 817-823.

Keller, Rainer
Die Genomanalyse im Strafverfahren
in: NJW 1989 S. 2289 – 2296.

Kern, Bernd-Rüdiger

- (*Hrsg.*): Gendiagnostikgesetz – Kommentar, München 2012.
  (zitiert: *Bearbeiter/in* in: Kern GenDG, § Rn.)
- Unerlaubte Diagnostik – Das Recht auf Nichtwissen
  in: *C. Dierks et al. (Hrsg.)*, Genetische Untersuchungen und Persönlichkeitsrecht, Berlin/Heidelberg 2003, S. 55-70.
  (zitiert: Kern, S.)

- Zivilrechtliche Aspekte der Humangenetik
  in: *Hillenkamp, Thomas (Hrsg.)*, Medizinrechtliche Probleme der Humangenetik, Berlin/Heidelberg 2002, S. 17-34.
- Rechtliche Aspekte der Humangenetik
  in: MedR 2001 S. 9-13.
- Die Bioethik-Konvention des Europarates – Bioethik versus Arztrecht?
  in: MedR 1998 S. 485-490.

Kersten, Jens
Die genetische Optimierung des Menschen – Plädoyer für eine Kritik unserer genetischen Vernunft
in: JZ 2011 S. 161 – 212.

Kiehntopf, Michael/Pagel, Cornelia
Der Entwurf des Gendiagnostikgesetzes – genetischer Exzeptionalismus oder allgemeines Diagnostikgesetz?
in: MedR 2008 S. 344 - 349.

Kienle, Thomas
Die prädiktive Medizin und gentechnische Methoden. Ein Beitrag zur Regelung von Genanalyse und Gentherapie in Deutschland und Europa, Tübingen 1998.

Kloepfer, Michael

- Verfassungsrecht II – Grundrechte, München 2010.
- Humangenetik als Verfassungsfrage
  in: JZ 2002 S. 417-468.

Klöpperpieper, Dirk
Patientenverfügung und Strafrecht
in: FPR 2010 S. 260-266.

Kindhäuser, Urs
Strafrecht Allgemeiner Teil, 9. Auflage Bonn 2019.
(zitiert: Kindhäuser AT, § Rn.)

Kindhäuser, Urs/Neumann, Ulfried/Paeffgen, Hans-Ulrich (Hrsg.)
Nomos Kommentar Strafgesetzbuch, 5. Auflage Baden-Baden 2017.
(zitiert: Bearbeiter/in in: NK § Rn.)

Knauer, Christoph
Ärztlicher Heileingriff, Einwilligung und Aufklärung – Überzogene Anforderungen an den Arzt?
in: Roxin, Claus/Schroth, Ulrich (Hrsg.), Medizinstrafrecht im Spannungsfeld von Medizin, Ethik und Strafrecht, 2. Auflage München 2001, S. 11-30.
(zitiert: C. Knauer, S.)

Knauer, Florian
Der Schutz der Psyche im Strafrecht, Tübingen 2013.
(zitiert: F. Knauer, S.)

Knauf, Christian
Mutmaßliche Einwilligung und Stellvertretung bei ärztlichen Eingriffen an Einwilligungsunfähigen – Zugleich ein Beitrag zur Patientenverfügung, Baden-Baden 2005.
(zitiert: Knauf, S.)

Köhler, Helmut
BGB Allgemeiner Teil, 44. Auflage München 2020.
(zitiert: Köhler, BGB AT, § Rn.)

Koelbing, Friedemann Hanns
Partizipative Entscheidungsfindung bei der Beratung zur Patientenverfügung – ein systematisches Review, Freiburg im Breisgau 2013.

Koppernock, Martin
Das Grundrecht auf bioethische Selbstbestimmung, Berlin 1997.

Kraatz, Erik
Arztstrafrecht, 2. Auflage Stuttgart 2018.
(zitiert: Kraatz, Rn.)

Kratz, Martina
Nicht-konsentierte gendiagnostische Untersuchungen – Analyse des Straftatbestandes § 25 Abs. 1 Nr. 1 GenDG, Berlin 2017.

Kreß, Hartmut
Grenzlinien zwischen Recht und Ethik
in: ZRP 2012 S. 28-30.

Krey, Volker/Heinrich, Manfred/Hellmann, Uwe
Strafrecht Besonderer Teil Band 1 Besonderer Teil ohne Vermögensdelikte, 16. Auflage Stuttgart 2015.
(zitiert: Krey/Heinrich/Hellmann, BT 1, Rn.)

Kröger, Sebastian
Das neue Gendiagnostikgesetz und seine Auswirkungen auf den rechtlichen Rahmen beim Abschluss von Versicherungsverträgen
in: MedR 2010 S. 751-756.

Kubella, Kathrin
Patientenrechtegesetz, Heidelberg 2011.

Kügel, Wilfried/Müller, Rolf-Georg/Hofmann, Hans-Peter (Hrsg.)
Arzneimittelgesetz – Kommentar, 3. Auflage München 2022.
(zitiert: *Bearbeiter/in* in: Kügel/Müller/Hofmann, AMG, § Rn.)

Kühl, Kristian
Strafrecht Allgemeiner Teil, 8. Auflage München 2017.
(zitiert: Kühl, AT, § Rn.)

Kühl, Kristian/Heger, Martin (Bearbeiter)
Strafgesetzbuch Kommentar, 30. Auflage München 2023.
(zitiert: *Bearbeiter/in* in: Lackner/Kühl, StGB, § Rn.)

Kurz, Alexander/Freter, Hans-Jürgen/Saxl, Susanna/Nickel, Ellen (Deutsche Alzheimer Gesellschaft e.V. Selbsthilfe Demenz)
Demenz. Das Wichtigste – Ein kompakter Ratgeber, 8. Auflage Berlin 2019.

Kutzer, Klaus
Vorausverfügter Verzicht auf lebenserhaltende Maßnahmen und das Verbot der Tötung auf Verlangen
in: *Bernsmann, Klaus/Fischer, Thomas (Hrsg.)*: Festschrift für Ruth Rissing-van Saan zum 65. Geburtstag am 25. Januar 2011, Berlin 2011, S. 337-356.
(zitiert: Kutzer in: FS-Rissing-van Saan, S.)

Langenfeld, Andrea
Vorsorgevollmacht, Betreuungsverfügung und Patiententestament nach dem neuen Betreuungsrecht, Konstanz 1994.

Landwehr, Catharina
Selbstbestimmung durch Patientenverfügung, Regensburg 2007.

Lange, Wolfgang
Das Patientenverfügungsgesetz – Überblick und kritische Würdigung –
in: ZEV 2009 S. 537-544.

Lanzrath, Sascha

- Patientenverfügung und Demenz – Der abgestufte Schutz von Willensäußerungen des erkrankten Patienten
  in: MedR 2017 S. 102-107.
- Patientenverfügung und Demenz, Berlin 2016.

Laufs, Adolf (Begr.)/Kern, Bernd-Rüdiger/Rehborn, Martin (Hrsg.)
Handbuch des Arztrechts, 5. Auflage München 2019.
(zitiert: *Bearbeiter/in* in: Laufs/Kern/Rehborn, § Rn.)

Laufs, Adolf/Katzenmeier, Christian/Lipp, Volker (Hrsg.)
Arztrecht, 8. Auflage München 2021.
(zitiert: *Bearbeiter/in* in: Laufs/Katzenmeier/Lipp, Arztrecht, Abschnitt Rn.)

Laufs, Adolf
Das Menschenrechtsübereinkommen zur Biomedizin und das deutsche Recht
in: NJW 1997 S. 776-777.

Lechner, Daniel
Die Auswirkungen des Patientenrechtegesetzes auf den Umfang der ärztlichen Aufklärungspflicht – eine strafrechtliche Analyse
in: MedR 2013 S. 429-432.

Lemmerz, Anna-Luisa
Die Patientenverfügung, Tübingen 2014.

Lemke, Thomas
Untersuchungen ohne Eigenschaften
in: GID 168 S. 3-6.
(zitiert: Lemke, S.)

Lemke, Thomas/Kollek, Regine
Hintergründe, Dynamiken und Folgen der prädiktiven Diagnostik
in: *Viehöver, Willy/Wehling/Peter (Hrsg.)*, Entgrenzung der Medizin, Bielefeld 2011, S. 163-194.

Lensing, Burkard
Gendiagnostik in der Versicherungswirtschaft: Persönlichkeitsrecht versus unternehmerische Freiheit
in: VuR 2009 S. 411-419.

Lieb, Klaus
Interessenkonflikte in der klinischen Arzneimittelforschung – Herausforderungen und Handlungsansätze
in: Fo 2+3/2018 S. 37-40.

Lindner, Josef Franz
Grundrechtsfragen prädiktiver Gendiagnostik
in: MedR 2007 S. 286 – 295.

Lindner, Josef Franz/Huber, Franziska
Widerruf der Patientenverfügung durch den einwilligungsunfähigen Patienten? Das Problem des „natürlichen Willens“
in: NJW 2017 S. 6-10.

Linsa, Andreas
Demenz – neuere Aspekte der Diagnostik und Therapie
in: ZfMER Heft 2 2012 S. 18 – 23.

Lipp, Volker
„Sterbehilfe“ und Patientenverfügung
in: FamRZ 2004 S. 317-324.

Loschelder, Wolfgang
Gesundheitsrechtliche Aspekte des Aids-Problems
in: NJW 1987 S. 1467-1470.

Ludyga, Hannes

- Entschädigung in Geld für Leben nach einem nicht erfolgten Behandlungsabbruch gegen den Willen eines Patienten am Lebensende
  in: NZFam 2017 S. 595-598.
- Der Abbruch lebensverlängernder oder -erhaltender Maßnahmen auf Grund von Patientenverfügungen und die Genehmigung des Betreuungsgerichts
  in: FPR 2001 S. 266-270.

Maetzler, Walter/Berg, Daniela
APOE4 als wichtigster Risikofaktor der Alzheimererkrankung
in: labor&more 2014 S. 18-21.

Magnus, Dorothea

- Patientenverfügung und natürlicher Wille
  in: *Lindner, Franz Josef (Hrsg.)*, Selbstbestimung durch und im Betreuungsrecht, Baden-Baden 2018, S. 93-117.
  (zitiert: Magnus, Patientenverfügung und natürlicher Wille, S.)
- Patientenautonomie im Strafrecht, Tübingen 2015.

Manssen, Gerrit
Staatsrecht II – Grundrechte, 17. Auflage München 2020.
(zitiert: Manssen, Rn.)

Marckmann, Georg
Patientenverfügungen – Vorsorge für das Ende des Lebens
in: ÄBW 2005 S. 332-336.

Markl, Jürgen (Hrsg.)
Purves Biologie, 10. Auflage Heidelberg 2019.
(zitiert: Purves Biologie, S.)

May, Arnd T./Kreß, Hartmut/Verrel, Torsten/Wagner, Till (Hrsg.)
Patientenverfügungen – Handbuch für Berater, Ärzte und Betreuer, Berlin/ Heidelberg 2016.
(zitiert: *Bearbeiter/in* in: Patientenverfügungen, S.)

Medicus, Dieter (Begr.)/Lorenz, Stephan

Schuldrecht II Besonderer Teil, 18. Auflage München 2018.

(zitiert: Medicus/Lorenz, § Rn.)

Meinicke, U./Kosinski, Ch./Zerres, Klaus/Maio, G.

Psychatrische und ethische Aspekte genetischer Diagnostik am Beispiel der Chorea Huntington

in: Nervenarzt 2003, S. 413 – 419.

Menzel, Hans-Joachim

Genomanalyse im Arbeitsverhältnis und Datenschutz

in: NJW 1989 S. 2041-2043.

Merkel, Reinhard

- Zur Frage der Verbindlichkeit von Patientenverfügungen
  in: Ethik Med 2004 S. 298-307.
- Personale Identität und die Grenzen strafrechtlicher Zurechnung: Annäherung an ein unentdecktes Grundlagenproblem der Strafrechtsdogmatik
  in: JZ 1999 S. 502-511.

Michael, Lothar/Morlok, Martin

Grundrechte, 7. Auflage Baden-Baden 2019.

(zitiert: Michael/Morlok, Rn.)

Mitsch, Wolfgang

Die mutmaßliche Einwilligung

in: ZJS 2012 S. 38-43.

Muckel, Stefan

Die Grenzen der Gewissensfreiheit

in: NJW 2000 S. 689-692.

Müller, Gabriele

Die Patientenverfügung nach dem 3. Betreuungsrechtsänderungsgesetz: alles geregelt und vieles ungeklärt

in: DNotZ 2010 S. 169-188.

Müller, Katharina
Entwicklung einer mehrstufigen Analysemethode zur Identifizierung potentieller Biomarker für die Alzheimer Demenz im Blut, Nürnberg 2010.

Müller-Glöge, Rudi/Preis, Ulrich/ Schmidt, Ingrid (Hrsg.)
Erfurter Kommentar zum Arbeitsrecht, 24. Auflage München 2024
(zitiert: *Bearbeiter/in* in: Erfurter Kommentar zum Arbeitsrecht, Art./§ Rn.).

Mühe, Christiane
Mobbing am Arbeitsplatz – Strafbarkeitsrisiko oder Strafrechtslücke? Berlin 2006.

Nationaler Ethikrat

- Prädiktive Gesundheitsinformationen beim Abschluss von Versicherungen – Stellungnahme, Berlin 2007.
- Prädiktive Gesundheitsinformationen bei Einstellungsuntersuchungen – Stellungnahme, Berlin 2005.

Neuner, Jörg
Das Recht auf Uninformiertheit – Zum privatrechtlichen Schutz der negativen Informationsfreiheit
in: ZfpW 2015 S. 257-281.

Olzen, Dirk
Die gesetzliche Neuregelung der Patientenverfügung
in: JR 2009 S. 354-362.

Olzen, Dirk/Kaya, Eylem
Der Behandlungsvertrag, §§ 630a-h BGB
in: JA 2013 S. 661-671.

Olzen, Dirk/Metzmacher, Angela
Erste Überlegungen zum Referentenentwurf für ein Patientenrechtegesetz
in: JR 2012 S. 271-278.

Olzen, Dirk/Schneider, Frank
Das Patientenverfügungsgesetz (PatVG) vom 1. 9. 2009 – Eine erste Bilanz
in: MedR 2010 S. 745-751.

Omlor, Sebastian
Schuldrecht AT: Haftung wegen Lebenserhaltung durch künstliche Ernährung
in: JuS 2019 S. 577-579.

Ost, David E.
The „Right“ not to know
in: Journal of Medicine and Philosophie, 1984, S. 301 – 312.

Picker, Eduard
Menschenrettung durch Menschennutzung?
in: JZ 2000 S. 693-701.

Popp, Andreas
Patientenverfügung, mutmaßliche Einwilligung und prozedurale Rechtfertigung
in: ZStW 2006 S. 639-681.

Präve, Peter
Das Gendiagnostikgesetz aus versicherungsrechtlicher Sicht
in: VersR 2009 S. 857-862.

Prütting, Dorothea (Hrsg.)
Medizinrecht Kommentar, 5. Auflage Köln 2019.
(zitiert: *Bearbeiter/in* in: Prütting Medizinrecht § Rn.)

Quinn, Joseph E. (Hrsg.)
Dementia, West Sussex 2014.

Radau, Wiltrud Christiane
Die Biomedizinkonvention des Europarates - Humanforschung – Transplantationsmedizin – Genetik – Rechtsanalyse und Rechtsvergleich, Berlin Heidelberg 2006.

Rehmann, Wolfgang A.
Arzneimittelgesetz (AMG) – Kommentar, 5. Auflage München 2020.
(zitiert: Rehmann, AMG, § Rn.)

Regenbogen, Daniela/Henn, Wolfrahm
Aufklärungs- und Beratungsprobleme bei der prädiktiven genetischen Diagnostik
in: MedR 2003 S. 152 – 158.

Reimer, Felix
Die Forschungsverfügung, Berlin/Heidelberg 2017.

Rengier, Rudolf

- Strafrecht Besonderer Teil II – Delikte gegen die Person und die Allgemeinheit, 22. Auflage München 2021.
  (zitiert: Rengier, BT II, § Rn.)
- Strafrecht Allgemeiner Teil, 12. Auflage München 2020.
  (zitiert: Rengier, AT § Rn.)

Renner, Thomas
Anm. zu BGH, Beschl. v. 6. 7. 2016 – XII ZB 61/16
in: DNotZ 2017 S. 210-214.

Reus, Katharina
Die neue gesetzliche Regelung der Patientenverfügung und die Strafbarkeit des Arztes
in: JZ 2010 S. 80-84.

Rickmann, Sabine
Zur Wirksamkeit von Patiententestamenten im Bereich des Strafrechts, Frankfurt am Main 1987.

Riedelmeier, Sabine
Ärztlicher Heileingriff und allgemeine Strafrechtsdogmatik, Baden-Baden 2004.

Ringkamp, Daniela
Demenz, Personalität und Praktische Selbstverhältnisse. Eine Auseinandersetzung mit den Möglichkeiten und Grenzen der Patientenautonomie Demenzbetroffener
in: Ethik Med 2017 S. 119-132.

Rissing-van-Saan, Ruth
Strafrechtliche Aspekte der aktiven Sterbehilfe Nach dem Urteil des 2. Strafsenats des BGH v. 25.6.2010 – 2 StR 454/09
in: ZIS 2011 S. 544-551.

Ropers, Hans-Hilger

- Zur Zukunft der Genomforschung und prädiktiven genetischen Diagnostik in: *Schumpelick, Volker u.a. (Hrsg.)* Medizin nach Maß - Individualisierte Medizin - Wunsch und Wirklichkeit, Freiburg im Breisgau 2011, S. 127 – 138.
- Genomsequenzierung – Konsequenzen für die prädiktive genetische Diagnostik
  in: *Duttge, Gunnar/Engel, Wolfgang/Zoll, Barbara (Hrsg.)*, Das Gendiagnostikgesetz im Spannungsfeld von Humangenetik und Recht, Göttingen 2011, S. 61 – 68.

Rosenau, Henning
Die Neuausrichtung der passiven Sterbehilfe – Der Fall Putz im Urteil des BGH vom 25.6.2010 – 2 StR 454/09
in: *Bernsmann, Klaus/Fischer, Thomas (Hrsg.)*: Festschrift für Ruth Rissing-van Saan zum 65. Geburtstag am 25. Januar 2011, Berlin 2011, S. 547-565.
(zitiert: Rosenau in: FS-Rissing-van Saan, S.)

Roxin, Claus/Greco, Luís
Strafrecht Allgemeiner Teil Band 1, 5. Auflage München 2020.
(zitiert: Roxin/Greco, AT I, § Rn.)

Ruppert, Felix
Zur Vergeistigung der Körperverletzung – Schutz der Psyche auf Grundlage eines uferlosen Körperverletzungstatbestandes?
in: JR 2016 S. 686-693.

Rüthers, Bernd (Begr.)/Stadler, Astrid
Allgemeiner Teil des BGB, 20. Auflage München 2020.
(zitiert: Rüthers/Stadler, BGB AT, § Rn.)

Sachs, Michael (Hrsg.)

- Grundgesetz Kommentar, 8. Auflage München 2018
  (zitiert: *Bearbeiter/in* in: Sachs GG Art. Rn.)
- Verfassungsrecht II Grundrechte, 3. Auflage Berlin/Heidelberg 2017.
  (zitiert: Sachs, Kapitel Rn.)

Sahm, Stephan

Patientenverfügung oder advanced care planning? In: *Höfling, Wolfrahm (Hrsg.)*: Das neue Patientenverfügungsgesetz in der Praxis – eine erste kritische Zwischenbilanz, Baden-Baden 2011, S. 122-138.

Säcker, Franz Jürgen/Rixecker, Roland/Oetker, Hartmut/Limperg, Bettina (Hrsg.)

Münchener Kommentar zum Bürgerlichen Gesetzbuch, 9. Auflage München 2022.

(zitiert: *Bearbeiter/in* in: MüKo BGB § Rn.)

Sandhövel, Ulrich

Neue Nummerierung der Paragrafen im BGB bei Vorsorgethemen

in: ZErB 2023 S. 15.

Satzger, Helmut/Schluckebier, Wilhelm/Widmaier, Gunter (Hrsg.)

StGB Strafgesetzbuch Kommentar, 5. Auflage Köln 2020.

(zitiert: Bearbeiter/in in: Satzger/Schluckebier/Widmaier, StGB § Rn.)

Schaade, Gudrun/Kubny-Lüke, Beate

Demenz Alzheimer-Erkrankung – Ein Ratgeber für Angehörige und alle, die an Demenz erkrankte Menschen betreuen, 2. Auflage Idstein 2009.

Schallenberg, Peter

Soziale und ethische Aspekte der personalisierten Medizin

in: medgen 2016, S. 460 – 465.

Scherrer, Johanna

Das Gendiagnostikgesetz – Eine Darstellung unter besonderer Berücksichtigung verfassungsrechtlicher Fragestellungen, Berlin 2012.

Schicktanz, Silke

Zwischen Selbst-Deutung und Interpretation durch Dritte: Zum Wechselverhältnis von soziokulturellen und ethischen Aspekten von Patientenverfügungen

in: Ethik Med 2008 S. 181-190.

Schillhorn, Kerrin/Heidemann, Simone (Hrsg.)

Gendiagnostikgesetz – Kommentar für die Praxis, 2. Auflage Heidelberg 2017.

(zitiert: Schillhorn/Heidemann, § Rn.)

Schmid, Hugo
Die Grundlagen der ärztlichen Aufklärungspflicht
in: NJW 1984 S. 2601-2606.

Schmidtke, Jörg
Vererbung und Ererbtes – Ein humangenetischer Ratgeber, Hamburg 1997.
(zitiert: Schmidtke, Vererbung und Ererbtes, S.)

Schmidt-Bleibtreu, Bruno/Klein, Franz (Begr.), Hofmann, Hans/Henneke, Hans-Günter (Hrsg.)
GG Kommentar zum Grundgesetz, 14. Auflage Köln 2018.
(zitiert: Bearbeiter/in in: S-B./H/H, GG Art. Rn.)

Schmitz-Luhn, Björn/Jessen, Frank/Woopen, Christiane
Biomarker zur Risikoprädiktion
in: Deutsches Ärzteblatt Heft 37 13. September 2019 S. 1592-1596.

Schneider, Angie

- Umfang und Grenzen des Rechts auf Nichtwissen der eigenen genetischen Veranlagung
  in: NJW 2014 S. 3133-3135.
- Der Behandlungsvertrag
  in: JuS 2013 S. 104-108.

Schneider, Hendrik
Die Bedeutung der Patientenverfügung im Strafrecht – Auswirkungen des Urteils des 2. Strafsenats des BGH vom 25.06.2010 auf die notarielle Beratung bei Patientenverfügungen
in: MittBayNot 2011 S. 102-106.

Schöch, Heinz
Die Aufklärungspflicht des Arztes und ihre Grenzen
in: *Roxin, Claus/Schroth, Ulrich (Hrsg.)*, Medizinstrafrecht, 4. Auflage Stuttgart 2010, S. 51-74.
(zitiert: Schöch, S.)

Schöne-Seifert, Bettina
Grundlagen der Medizinethik, Stuttgart 2007.

Scholten, Matthé/Gieselmann, Astrid/Gather, Jakov/Vollmann, Jochen
Advance Research Directives in Germany – A Proposal for a Disclosure Standard
in: GeroPsych 2018 S. 77-86.

Schroeder, Friedrich-Christian
Begriff und Rechtsgut der Körperverletzung
in: *Weigend, Thomas (Hrsg.)*: Festschrift für Hans Joachim Hirsch zum 70. Geburtstag am 11. April 1999, Berlin 1999, S. 725-737.
(zitiert: Schroeder in: FS-Hirsch, S.)

Schröder, Peter
Gendiagnostische Gerechtigkeit – Eine ethische Studie über die Herausforderungen postnataler genetischer Prädiktion, Münster 2004.

Seibl, Maximilian
Die Bestimmtheit von Vorsorgevollmachten und Patientenverfügungen
in: NJW 2016 S. 3277-3280.

Shaw, Margery W.
Invited Editorial Comment Testing for the Huntington Gene: A Right to Know, a Right Not to Know, or a Duty to Know
in: American Journal of Medical Genetics 1987, S. 243 – 246.

Sowada, Christoph
Die hypothetische Einwilligung im Strafrecht
in: NStZ 2012 S. 1-10.

Sperling, Susann
Humangenetische Beratung im Rahmen prädiktiver Gendiagnostik, Halle/Wittenberg 2014.

Spranger, Tade Matthias

- Recht und Bioethik, Tübingen 2010.
- Fremdnützige Forschung an Einwilligungsunfähigen, Bioethik und klinische Arzneimittelprüfung
  in: MedR 2001 S. 238-247.

Stackmann, Nikolaus
Keine richterliche Anordnung von Sterbehilfe
in: NJW 2003 S. 1568-1569.

Steenbreker, Thomas

- Selbstbestimmung und Demenz – medizinethische Grenzen der Patientenverfügung?
  in: MedR 2012 S. 725-728.
- Zivilrechtliche Unbeachtlichkeit eines „natürlichen Willens“ für den Widerruf der Patientenverfügung
  in: NJW 2012 S. 3207-3211.

Steinberg, Georg
Strafe für das Versetzen in Todesangst – Psychische Gesundheit als strafrechtliches Rechtsgut, Baden-Baden 2014.

Sternberg-Lieben, Detlev/Reichmann, Philipp C.
Die gesetzliche Regelung der Patientenverfügung und das medizinische Selbstbestimmungsrecht Minderjähriger
in: NJW 2012 S. 257-262.

Sternberg-Lieben, Detlev

- Gesetzliche Anerkennung der Patientenverfügung: offene Fragen im Strafrecht, insbesondere bei Verstoß gegen die prozeduralen Vorschriften der §§ 1901a ff. BGB
  in: *Hrsg.: Heinrich, Manfred u.a.:* Strafrecht als Scientia Universalis – Festschrift für Claus Roxin zum 80. Geburtstag am 15. Mai 2011 Band 1, Berlin 2011, S. 537-556.
  (Zitiert: Sternberg-Lieben in: FS-Roxin, S.)
- Begrenzung lebensverlängernder Maßnahmen aus strafrechtlicher Sicht – juristischer statt ärztlicher Paternalismus?
  in: *Hrsg.: Arnold, Jörg u.a.*: Menschengerechtes Strafrecht – Festschrift für Albin Eser zum 70. Geburtstag, München 2005, S. 1185-1204.
  (zitiert: Sternberg-Lieben in: FS-Eser, S.)
- „Genetischer Fingerabdruck“ und § 81a StPO
  in: NJW 1987 S. 1242-1247.

Stockter, Ulrich

- Wissen als Option, nicht als Obliegenheit – Aufklärung, Einwilligung und Datenschutz in der Gendiagnostik
  in: *Duttge, Gunnar/Engel, Wolfgang/Zoll, Barbara (Hrsg.)*, Das Gendiagnostikgesetz im Spannungsfeld von Humangenetik und Recht, Göttingen 2011, S. 27 – 52.
  (zitiert: *Stockter* in: Duttge/Engel/Zoll, S.)
- Das Verbot genetischer Diskriminierung und das Recht auf Achtung der Individualität, Berlin 2008.
  (zitiert: Stockter, S.)

Strech, Daniel
Der Umgang mit Wahrscheinlichkeiten und das Vertrauen in die Medizin - Ethische und wissenschaftstheoretische Aspekte einer Evidenz-basierten Medizin am Beispiel der Krebsfrüherkennung
in: Ethik Med 2005 S. 103 – 113.

Stürner, Rolf (Hrsg.)
Jauernig Bürgerliches Gesetzbuch: BGB Kommentar, 19. Auflage München 2023.
(zitiert: *Bearbeiter/in* in: Jauernig BGB, § Rn.)

Stumper, Kai
DNA-Analysen und ein Recht auf Nichtwissen
in: DuD 1995 S. 511-517.

Spickhoff, Andreas

- Medizinrecht, 4. Auflage München 2022.
  (zitiert: *Bearbeiter/in* in: Spickhoff, Medizinrecht, § Rn.)
- Rechtssicherheit kraft Gesetzes durch sog. Patientenverfügungen?
  in: FamRZ 2009 S. 1949-1957.

Stoffers, Tabea
Demenz erleben – Innen- und Außensichten einer vielschichtigen Erkrankung, Wiesbaden 2016.

Tag, Brigitte
Der Körperverletzungstatbestand im Spannungsfeld zwischen Patientenautonomie und Lex artis – Eine arztstrafrechtliche Untersuchung, Berlin/Heidelberg 2000.

Taupitz, Jochen

- Rechtsfolgen des Verlusts der Einwilligungsfähigkeit während einer laufenden AMG-Studie
  in: PharmR 2021 S. 126-130.
- Individualisierte Medizin: Die internationalrechtliche Perspektive
  in: *Schumpelick, Volker u.a. (Hrsg.)* Medizin nach Maß - Individualisierte Medizin - Wunsch und Wirklichkeit Freiburg im Breisgau 2011 S. 219 – 238.
  (zitiert: Taupitz, Individualisierte Medizin: Die internationalrechtliche Perspektive, S.)
- Forschung mit Kindern
  in: JZ 2003 S. 109-118.
- Das Recht auf Nichtwissen
  in: *Hanau, Peter/ Lorenz, Egon/ Matthes, Hans-Christoph (Hrsg.)*, Festschrift für Günther Wiese zum 70. Geburtstag, München 1998, S. 538 – 602.
  (zitiert: Taupitz in: FS-Wiese, S.)
- Privatrechtliche Rechtspositionen um die Genomanalyse: Eigentum, Persönlichkeit, Leistung
  in: JZ 1992 S. 1089-1140.

Thüsing, Gregor/von Hoff, Konrad
Vertragsschluss als Folgenbeseitigung: Kontrahierungszwang im zivilrechtlichen Teil des Allgemeinen Gleichbehandlungsgesetzes
in: NJW 2007 S. 21-26.

Ueding, Helena
Prädiktion und Prävention Psychiatrischer Erkrankungen: Ethische Implikationen an Hand der Beispiele Morbus Alzheimer und Schizophrenie, Tübingen 2016.

Uhlenbruck, Wilhelm
Bedenkliche Aushöhlung der Patientenrechte durch die Gerichte
in: NJW 2003 S. 1710-1712.

Ulsenheimer, Klaus
Arztstrafrecht in der Praxis, 6. Auflage Heidelberg 2021.
(zitiert: Ulsenheimer, Rn.)

Utsch, Mirjam
Strafrechtliche Probleme des Stalking, Berlin 2007.

Verrel, Torsten

- Sterbehilfe bei Patientenverfügungen - Zum rechtfertigenden Behandlungsabbruch auf der Grundlage des Patientenwillens nach den Grundsätzen der Senatsentscheidung vom 25. 6. 2010 – BGH 25.06.2010 Aktenzeichen 2 StR 454/09
  in: NStZ 2011 S. 274 (Besprechung ab S. 276) -278.
- Zivilrechtliche Vorsorge ist besser als strafrechtliche Kontrolle – Zum Stellenwert von Patientenverfügungen, Betreuungsverfügung, Vorsorgevollmacht und vormundschaftsgerichtlicher Genehmigung
  in: MedR 1999 S. 547-550.

Vossenkuhl, Cosima
Der Schutz genetischer Daten unter besonderer Berücksichtigung des Gendiagnostikgesetzes, Berlin/Heidelberg 2013.

Wachsmuth, Werner/Schreiber, Hans-Ludwig
Das Dilemma der ärztlichen Aufklärung – Neue Probleme für die Rechtsprechung
in: NJW 1981 S. 1985 – 1986.

Walter, Tonio
Sterbehilfe: Teleologische Reduktion des § 216 StGB statt Einwilligung! Oder: Vom Nutzen der Dogmatik – Zugleich Besprechung von BGH Urteil vom 25.6.2010 – 2 StR 454/09
in: ZIS 2011 S. 76-82.

Wandt, Manfred
Gesetzliche Schuldverhältnisse, 10. Auflage München 2020.
(zitiert: Wandt, Gesetzliche Schuldverhältnisse, § Rn.)

Wellenhofer, Marina
Schuldrecht BT: Keine Arzthaftung wegen unerwünschter Information über Erbkrankheit
in: JuS 2015 S. 651-652.

Wessels, Johannes/Beulke, Werner/Satzger, Helmut
Strafrecht Allgemeiner Teil, 50. Auflage Heidelberg 2020.
(zitiert: Wessels/Beulke/Satzger, AT, Rn.)

Wetzstein, Verena
Diagnose Alzheimer – Grundlagen der Ethik einer Demenz, Frankfurt am Main 2005.

Weyerer, Siegfried
Gesundheitsberichterstattung des Bundes Heft 28 Altersdemenz, Berlin 2005.

Wieacker, Franz
Rechtsprechung und Sittengesetz
in: JZ 1961 S. 337 – 345.

Wied, Theresa S./Knebel, Maren/Tesky, Valentina A./Haberstroh, Julia
The Human Right to Make One´s Own Choices – Implications for Supported Decision-Making in Persons With Dementia – A Systematic Review
European Psychologist 2019 S. 146-158.

Wiese, Günther
Genetische Analysen an Arbeitnehmern
in: DuD 1993 S. 274-280.

Wiesing, Urban (Hrsg.)
Ethik in der Medizin – Ein Studienbuch, 5. Auflage Ditzingen 2020.
(zitiert: Wiesing, S.)

Wietfeld, Dominik
Selbstbestimmung und Selbstverantwortung – Die gesetzliche Regelung der Patientenverfügung, Baden-Baden 2012.

Wolfslast, Gabriele
Psychotherapie in den Grenzen des Rechts, Stuttgart 1985.

Wollenschläger, Ferdinand
Der Drittbezug prädiktiver Gendiagnostik im Spannungsfeld der Grundrechte auf Wissen, Nichtwissen und Geheimhaltung
in: AöR 2013, Berlin/Heidelberg 2013, S. 162-202.
(zitiert: Wollenschläger, S.)

Wolf, Ursula
Was wollen und sollen wir wissen? Probleme der Humangenetik
in: *Hillenkamp, Thomas (Hrsg.)*, Medizinrechtliche Probleme der Humangenetik, Berlin/Heidelberg 2002, S. 111-118.
(zitiert: Wolf, S.)

Wolff, Heinrich Amadeus (Hrsg.)
Grundgesetz für die Bundesrepublik Deutschland – Handkommentar, 12. Auflage Baden-Baden 2018.
(zitiert: *Bearbeiter/in* in: Hömig/Wolff GG, Art. Rn.)

Wolff, Heinrich Amadeus/Brink, Stefan/von Ungern-Sternberg, Antje (Hrsg.)
BeckOK Datenschutzrecht, 49. Edition Stand: 01.08.2024.
(zitiert: *Bearbeiter/in* in: BeckOK Datenschutzrecht, Art. Rn.)

Wolter, Jürgen (Hrsg.)
SK-StGB – Systematischer Kommentar zum Strafgesetzbuch, 9. Auflage Köln 2017.
(zitiert: *Bearbeiter/in* in: SK-StGB, § Rn.)

Wong, Richard
Advance Care Planning
in: *Faull, Christina/de Caestecker, Sharon/Nicholson, Alex/Black, Fraser (Hrsg.)* Handbook of Palliative Care, Hoboken, New Jersey 2012, S. 93-108.
(zitiert: Wong, ACP, S.)

Wunder, Michael

- Demenz – Ende der Selbstbestimmung?
  in: ZfMER Heft 2 2012 S. 48 – 53.
- Demenz & Selbstbestimmung
  in: Ethik Med 2008 S. 17-25.

Zahn, Matti

Der Einwilligungsunfähige in der Medizin – Zu den Problemen bei medizinischer Behandlung und Forschung, Frankfurt am Main 2012.

Zaudig, Michael

Demenz und „leichte kognitive Beeinträchtigung“ im Alter, Bern 1995.

Zehetgruber, Christoph

Die EMRK, ihre Rechtsstellung sowie die Entscheidungen des EGMR im Stufenbau der deutschen Rechtsordnung
in: ZJS 206 S. 52-60.

Zerres, Klaus

- Prädiktive Medizin: der gesunde Kranke
  in: Schumpleick, Volker u.a. (Hrsg.), Arzt und Patient – Beiträge des Symposiums vom 15. Bis 18. September 2005 in Cadenabbia, Freiburg im Breisgau 2006, S. 554 – 564.
- Wie determinieren uns die Gene?
  in: Schumpelick, Volker u.a. (Hrsg.) Medizin nach Maß - Individualisierte Medizin - Wunsch und Wirklichkeit, Freiburg im Breisgau 2011 S. 113 – 126.

Abkürzungsverzeichnis

ACP	Advance Care Planning
a.F.	alte Fassung
Abs.	Absatz
ÄBW	Ärzteblatt Baden-Württemberg
Art.	Artikel
AMG	Arzneimittelgesetz
Anm.	Anmerkung
BÄK	Bundesärztekammer
BDSG	Bundesdatenschutzgesetz
Beschl.	Beschluss
BGB	Bürgerliches Gesetzbuch
BGH	Bundesgerichtshof
BMJ	Bundesministerium der Justiz und für Verbraucherschutz
BVerfG	Bundesverfassungsgericht
Bspw.	beispielsweise
BT-Drs.	Bundestagsdrucksache
BtÄndG	Betreuungsrechtsänderungsgesetz
Bzgl.	bezüglich
DNA	Desoxyribonukleinsäure (bzw. deoxyribonucleic acid)
DNotZ	Deutsche Notar-Zeitschrift
DSGVO	EU-Datenschutz-Grundverordnung

© Der/die Herausgeber bzw. der/die Autor(en), exklusiv lizenziert an Springer Fachmedien Wiesbaden GmbH, ein Teil von Springer Nature 2026
S. Kahre-Krüger, *Die Demenzfrüherkennung mittels genetischer & nicht-genetischer Biomarker*, https://doi.org/10.1007/978-3-658-50890-6

DuD	Datenschutz und Datensicherheit (Zeitschrift)
e.V.	eingetragener Verein
EL	Ergänzungslieferung
EMRK	Europäische Menschenrechtskonvention
ESchG	Embryonenschutzgesetz
Ethik Med	Ethik in der Medizin
EU	Europäische Union
f.	folgende
ff.	fort folgende
Fo	Forschung Politik – Strategie – Management (Zeitschrift)
FPR	Familie Partnerschaft Recht (Zeitschrift)
GenDG	Gendiagnostikgesetz
gem.	gemäß
GeroPsych	The Journal of Gerontopsychology and Geriatric Psychiatry
GG	Grundgesetz
Ggf.	gegebenenfalls
Grds.	grundsätzlich
HPG	Hospiz- und Palliativgesetz
Hrsg.	Herausgeber
insbes.	insbesondere
JA	Juristische Arbeitsblätter
JCSW	Jahrbuch für Christliche Sozialwissenschaften

J R Soc Med	Journal of the royal society of medicine
JuS	Juristische Schulung
LG	Landgericht
m.w.N.	mit weiteren Nachweisen
mWv	mit Wirkung vom
MBO	(Muster-) Berufsordnung
MedR	Medizinrecht (Zeitschrift)
Medgen	Medizinische Genetik
MittBayNot	Mitteilungen des Bayerischen Notarvereins, der Notarkasse und der Landesnotarkammer Bayern (Zeitschrift)
MMR	Multimedia und Recht (Zeitschrift)
MPDG	Medizinprodukterecht-Durchführungsgesetz
n.F.	neue Fassung
NJW	Neue Juristische Wochenschrift
NJW-RR	NJW Rechtsprechungs-Report
Nr.	Nummer
NStZ	Neue Zeitschrift für Strafrecht
NZFam	Neue Zeitschrift für Familienrecht
NZS	Neue Zeitschrift für Sozialrecht
o.ä.	oder ähnliches
OLG	Oberlandesgericht
PharmR	Pharma Recht (Zeitschrift)
Rn.	Randnummer

Rphz	Rechtsphilosophie – Zeitschrift für die Grundlagen des Rechts
Rspr.	Rechtsprechung
r+s	recht & schaden (Zeitschrift)
S.	Text: Satz, Fußnoten: Seite
s.o.	siehe oben
s.u.	siehe unten
SGB	Sozialgesetzbuch
Sog.	Sogenannte
StGB	Strafgesetzbuch
StPO	Strafprozessordnung
StrlSchG	Strahlenschutzgesetz
StZG	Stammzellgesetz
TPG	Transplantationsgesetz
u.a.	unter anderem
u.U.	unter Umständen
v.a.	vor allem
Var.	Variante
Versch.	Verschiedene
Vgl.	vergleiche
VO	Verordnung
WHO	World Health Organisation (Weltgesundheitsorganisation)
ZErb	Zeitschrift für die Steuer- und Erbrechtspraxis

ZEV	Zeitschrift für Erbrecht und Vermögensnachfolge
ZfMER	Zeitschrift für Medizin – Ethik – Recht
ZJS	Zeitschrift für das Juristische Studium

FSC
www.fsc.org
MIX
Papier | Fördert
gute Waldnutzung
FSC® C083411

Kolibri 360 GmbH
Ferdinand-Jühlke-Straße 7
99095 Erfurt, Deutschland
produktsicherheit@kolibri360.de